Theorie der Unternehmung

Theorie der Unternehmung

Begleitbuch zur gleichnamigen
Vorlesung an der Universität Bremen
zusammengestellt von Carolin Decker

ALWAYS LEARNING

PEARSON

Bibliografische Information der Deutschen Nationalbibliothek

Die Deutsche Nationalbibliothek verzeichnet diese Publikation in der Deutschen Nationalbibliografie; detaillierte bibliografische Daten sind im Internet über http://dnb.dnb.de abrufbar.

Mit Auszügen aus:

Strategisches Management – Eine Einführung, 9. Auflage von Gerry Johnson, Kevan Scholes, Richard Whittin (ISBN 978-3-86894-056-5) Copyright © 2011 by Pearson Deutschland GmbH.
Authorized translation from the English language edition, entitled EXPLORING STRATEGY, 9th edition by Gerry Johnson, Richard Whittington & Kevan Scholes, published by Pearson Education Limited, publishing as Prentice Hall, Copyright © 2011, und

Strategisches Management, 1. Auflage von Sabine Reisinger, Regina Gattringer, Franz Strehl (ISBN 978-3-86894-200-2) Copyright © 2013 by Pearson Deutschland GmbH

10 9 8 7 6 5 4 3 2 1

18 17 16 15

ISBN 978-3-86894-280-4

Programmleitung: Martin Milbradt, mmilbradt@pearson.de
Herstellung: Philipp Burkart, pburkart@pearson.de
Satz: mediaService, Siegen (www.media-service.tv)
Druck und Verarbeitung: Ovimex, Deventer

Printed in the Netherlands

Inhaltsübersicht

Inhaltsverzeichnis

Vorwort

Liebe Leserin, lieber Leser,

das vorliegende Buch ist ein Begleitbuch zur Veranstaltung „Theorie der Unternehmung“ im Fachbereich Wirtschaftswissenschaft an der Universität Bremen. Dieses Modul, das Vorlesungen und darauf abgestimmte Übungen umfasst, soll Ihnen ein grundlegendes Verständnis dafür vermitteln, wie und warum Unternehmen als Institutionen in Märkten agieren, welche Handlungsspielräume sie nutzen können und welchen Zwängen sie unterliegen. Dazu gehören beispielsweise Fragestellungen zu Planungs- und Kontrollprozessen, strategischem Wandel, Diversifikations- sowie Wachstums- und Schrumpfungsstrategien.

Als ich mich auf diese Veranstaltung vorbereitet habe, habe ich mehrere Standardwerke zu Rate gezogen. Dabei ist mir aufgefallen, dass die Inhalte, die ich Ihnen vermitteln möchte, in unterschiedlicher Weise und mit mehr oder weniger starker Gewichtung in den Lehrbüchern dargestellt werden. Dies zeigt, dass die mit der „Theorie der Unternehmung“ verbundenen Fragestellungen vielfältig sind und ein einziges Buch nicht reicht. Für Studierende erschwert diese Vielfalt das Vor- und Nachbereiten von Vorlesungen und Übungen. Oft ergibt sich auch die Schwierigkeit, dass nicht immer alle empfohlenen Lehrbücher zur gewünschten Zeit in der erforderlichen Menge in der Bibliothek frei zugänglich sind.

Diese Überlegungen und meine eigene intensive Beschäftigung mit diesem Fach in Lehre und Forschung haben mich dazu bewogen, komprimiert und auf Ihre Bedürfnisse abgestimmt zusammenzustellen, was mir zur Darstellung der „Theorie der Unternehmung“ wichtig und wissenswert erscheint. Dankenswerterweise hat es mir der Pearson-Verlag ermöglicht, die passenden Kapitel aus zwei Standardwerken auszuwählen und in der Reihenfolge der für die Veranstaltung geplanten Themen anzuordnen. Das Ergebnis ist ein Buch, das Sie über das ganze Semester hinweg begleiten wird. Das Begleitbuch beinhaltet Kapitel aus den beiden Lehrbüchern mit dem jeweils gleichen Titel „Strategisches Management“ von Johnson, Scholes und Whittington (2011) und Reisinger, Gattringer und Strehl (2013). Es ermöglicht es Ihnen, alle Vorlesungen und Übungen zielgerichtet vor- und nachzubereiten. Der in den wöchentlichen Vorlesungen verwendete Foliensatz und die in den zugehörigen Übungen eingesetzten Aufgabenblätter und Fallstudien beziehen sich auf die in diesem Begleitbuch für Sie zusammengestellten Inhalte. Gelegentlich gehen sie auch darüber hinaus und erweitern die dargestellten Inhalte um zusätzliche Aspekte und aktuelle Beispiele aus Forschung und Praxis. Die Besonderheit der Kombination aus dem vorliegenden Begleitbuch und den wöchentlichen Präsenzveranstaltungen besteht darin, dass Unternehmensführung nicht nur aus theoretischer Sicht behandelt wird, wie es der Titel „Theorie der Unternehmung“ vermuten lassen könnte, sondern stets die Brücke zur Managementpraxis geschlagen wird.

Mein Wunsch ist es, dass Sie beim Lesen meine Begeisterung für das Fach „Theorie der Unternehmung“ verstehen werden und ich Ihre Neugier auf Fragen der Unternehmensführung anregen kann. Zudem hoffe ich, dass Ihnen dieses speziell für Sie zusammengestellte Buch so nützlich erscheint, dass Sie es auch über die Veranstaltung hinaus als wertvollen Begleiter in Studium und Praxis erachten werden.

Bremen, im Februar 2015 — Carolin Decker

TEIL I

Aus „Strategisches Management" Johnson, Scholes und Whittington

Sitzung 1: Erkenntnisobjekt: Strategie und strategisches Management

1

ÜBERBLICK

Lernziele

Nach der Lektüre dieses Kapitels sollten Sie in der Lage sein,

- die Eigenschaften strategischer Entscheidungen sowie die Bedeutung von Strategie und strategischem Management zu verstehen und diese vom operativen Management zu unterscheiden.
- zu verstehen, wie sich strategische Prioritäten je nach Managementebene unterscheiden: Von der gesamtunternehmerischen Ebene über die Ebene eines Geschäftsbereichs bis zur operativen Ebene.
- die grundlegende Terminologie der Strategie und ihre Verwendung in verschiedenen Bereichen zu verstehen.
- die drei Schlüsselelemente des strategischen Managementmodells aus „Exploring Corporate Strategy“ zu verstehen.
- zu verstehen, welche Menschen sich mit Strategie befassen – Manager, interne Spezialisten und Strategieberater – und wie ihre Arbeit aussieht.

1.1 Einführung

Das Thema Strategie ist entscheidend für die Zukunft einer jeden Organisation. Wie soll beispielsweise Google – ursprünglich eine Internetsuchmaschine – bei seinem Markteintritt auf dem Mobilfunkmarkt vorgehen? Sollten Universitäten ihre Ressourcen eher auf herausragende Forschung oder auf qualitativ hochwertige Lehre konzentrieren – oder vielleicht versuchen, beides zu kombinieren? Wie soll sich ein kleiner Produzent für Videospiele gegenüber einem dominanten Konsolenhersteller wie etwa Nintendo und Sony verhalten? Was sollte eine Rockband angesichts sinkender CD-Absatzzahlen tun?

All diese Fragen beziehen sich auf die Strategie. Natürlich gehen sie vor allem Unternehmer und Top Manager an der Spitze der Unternehmen etwas an, doch sie richten sich auch an andere Unternehmensbereiche. Denn auch die Manager beispielsweise der mittleren Führungsebenen müssen die strategische Ausrichtung ihres Unternehmens verstehen, um sich einerseits die Unterstützung der oberen Führungsebenen für ihre eigenen Initiativen zu sichern, und um andererseits die Unternehmensstrategie denjenigen erklären zu können, für die sie verantwortlich sind. Jeder, der eine Laufbahn im Managementbereich anstrebt, muss darauf vorbereitet sein, mit potenziellen Arbeitgebern über Strategie zu diskutieren. Natürlich muss man sich auch – möglichst bevor man eine Arbeitsstelle antritt – davon überzeugen, dass die Strategie des neuen Arbeitgebers tragfähig ist. Auch für Spezialisten gibt es im Bereich Strategie einige Karrierechancen, so etwa als Strategieberater, als interne Strategieanalysten oder -planer. Dies sind oft gute Einstiegspositionen für ehrgeizige junge Manager.

Dieses Buch wählt eine breit angelegte Herangehensweise an das Thema Strategie. Es wird sowohl die wirtschaftliche Seite als auch die menschliche Seite betrachtet, bei der es um die praktische Umsetzung von Strategie geht. Eigentlich ist dies ein „Forschungsbuch“, denn die reale Welt der Strategie hat nur selten klare Antworten parat. Geht es um Strategie, so ist es meist sinnvoll, mehrere Optionen zu untersuchen, wobei jede Option sorgfältig geprüft werden muss, bevor eine Entscheidung getroffen wird. Das Buch ist auch für Organisationen interessant, die ihre eigene Ausrichtung für die Zukunft überprüfen und festlegen müssen. Es richtet sich also gleichermaßen an große internationale Konzerne wie auch an kleine Start Up-Firmen; es ist relevant für Organisationen der öffentlichen Hand, etwa Schulen oder Krankenhäuser, und für Non Profit-Organisationen wie Sportclubs oder gemeinnützige Vereine. Strategie geht jede Organisation etwas an – und auch fast jeden Mitarbeiter.

„Die Festlegung langfristiger Ziele für eine Unternehmung und die Ausführung entsprechender Handlungsschritte sowie die Zuteilung entsprechender Ressourcen, um diese Ziele zu erreichen."
Alfred D. Chandler

„Bei der Wettbewerbsstrategie geht es darum, anders zu sein. Man wählt bewusst eine neue Kombination von Aktivitäten, um einen einzigartigen Nutzenmix anbieten zu können."
Michael Porter

„Ein Muster in einem Strom von Entscheidungen"
Henry Mintzberg

„Die langfristige Ausrichtung einer Organisation"
Exploring Strategy

Abbildung 1.1: Definitionen von Strategie

1.2 Was ist Strategie?

Warum werden die Probleme, mit denen Yahoo! konfrontiert ist (siehe Beispiel 1.1), als „strategisch" bezeichnet? Welche Themenbereiche sind strategischer Natur, und was unterscheidet sie von operativen Themen innerhalb einer Organisation?

1.2.1 Die Merkmale strategischer Entscheidungen

Die Begriffe „Strategie" und „strategische Entscheidungen" werden meist mit Themenbereichen wie den folgenden in Verbindung gebracht:

- *Die langfristige Ausrichtung einer Organisation*. Brad Garlinghouse von Yahoo! hatte erkannt, dass für einen strategischen Wandel bei Yahoo! eher ein „Marathon und kein kurzer Sprint" vonnöten sein würde. Bei der von Yahoo! verfolgten Strategie ging es um Entscheidungen mit langfristiger Wirkung darüber, welcher Art von Unternehmen man sein wollte. Eine Umsetzung dieser Entscheidungen würde sehr viel Zeit brauchen.
- *Die Reichweite der organisationalen Aktivitäten.* Sollte sich die Organisation beispielsweise auf nur eine Aktivität konzentrieren oder auf viele verschiedene? Brad Garlinghouse glaubte, dass sich Yahoo! zu sehr in vielen verschiedenen Aktivitäten verzettelt hatte.

- *Der Wettbewerbsvorteil*, den die Organisation gegenüber Konkurrenten hat. Bei Yahoo! lag das Problem darin, dass es dabei war, seinen Wettbewerbsvorteil an schneller wachsende Firmen wie Google zu verlieren. Ein solcher Wettbewerbsvorteil lässt sich auf vielerlei Arten erzielen und kann auch ganz verschiedene Bedeutungen haben. Im öffentlichen Bereich kann ein strategischer Vorteil zum Beispiel darin bestehen, bessere Dienstleistungen zu liefern als andere Anbieter und sich somit die Unterstützung und Finanzierung der Regierung zu sichern.
- *Strategische Anpassung an das Geschäftsumfeld.* Organisationen brauchen eine angemessene *Positionierung* in ihrem Umfeld, etwa in Bezug darauf, inwieweit ihre Produkte oder Dienstleistungen klar definierte Marktbedürfnisse befriedigen. So kann zum Beispiel ein kleines Unternehmen versuchen, eine Nische auf einem Markt für sich zu finden, oder ein global agierender Konzern kann versuchen, Unternehmen aufzukaufen, die bereits erfolgreich ihre Marktposition gefunden haben. Brad Garlinghouse glaubte, dass Yahoo! in zu vielen Geschäftsbereichen erfolgreich sein wollte.
- *Die Ressourcen und Kompetenzen einer Organisation.*[1] Gemäß der auf Ressourcen basierenden Definition von Strategie geht es darum, die strategischen Fähigkeiten einer Organisation, also ihre Ressourcen und Kompetenzen, auszunutzen, um einen Wettbewerbsvorteil zu erzielen und/oder neue Chancen zu schaffen. So könnte eine Organisation beispielsweise versuchen, Ressourcen wie etwa technische Fähigkeiten oder starke Marken zu nutzen. Yahoo! nimmt für sich in Anspruch, einen Markennamen zu haben, der „synonym für das Internet" steht, was dem Unternehmen theoretisch einen klaren Vorteil auf diesem Gebiet verschafft.
- *Die Werte und Erwartungen* mächtiger Handlungsträger innerhalb der Organisation und in ihrem unmittelbaren Umfeld. Diese Handlungsträger – Einzelpersonen, Gruppen oder auch andere Organisationen – können grundlegende Entscheidungen beeinflussen, etwa ob eine Organisation eher einen Expansionskurs verfolgt oder sich mehr mit Konsolidierung befasst, oder wo die Grenzen der organisationalen Aktivitäten gezogen werden. Bei Yahoo! könnten die oberen Führungskräfte versucht haben, Wachstum in zu vielen Bereichen zu erzielen und sie waren in der Übernahme konkreter Verantwortung eventuell zu zurückhaltend. Doch auch die unteren Führungsebenen, ebenso wie normale Mitarbeiter, Zulieferer, Kunden und Internetnutzer, beeinflussen die Zukunft von Yahoo! und werden von ihr beeinflusst. Die Erwartungen und Wertvorstellungen dieser *Interessengruppen* werden einen größeren oder kleineren Einfluss auf die strategische Entwicklung einer Organisation haben, je nachdem, wie mächtig sie sind. Brad Garlinghouses Memo war sicherlich ein gewagter Schritt zur Rettung einer scheinbar fehlschlagenden Strategie.

Insgesamt gesehen könnte man die grundlegendste Definition von Strategie als „langfristige Ausrichtung einer Organisation" formulieren. Die oben beschriebenen Merkmale können jedoch die Grundlage für eine ausführlichere Definition liefern:

Strategie beschreibt die *langfristige Ausrichtung und Aufgabenbereiche* einer Organisation, die in einem sich verändernden *Umfeld Wettbewerbsvorteile* durch ihren Einsatz von *Ressourcen und Kompetenzen* erlangen, mit dem Ziel, die Erwartungen der *Interessengruppen* zu erfüllen.

Strategie

Strategie beschreibt die langfristige Ausrichtung und Aufgabenbereiche einer Organisation, die in einem sich verändernden Umfeld Wettbewerbsvorteile durch ihren Einsatz von Ressourcen und Kompetenzen erlangt, mit dem Ziel, die Erwartungen der Interessengruppen zu erfüllen.

1 Die Frage „Was ist Strategie?" wird bei R. Whittington, *What is strategy – and does it matter?*, International Thomson, 1993/2000; M. Porter, „What is strategy?", *Harvard Business Review*, November–Dezember, 1996, S. 61–78, und F. Fréry, „The fundamental dimensions of strategy", *MIT Sloan Management Review*, Bd. 48, Nr. 1 (2006), S. 71–75 diskutiert.

Abbildung 1.1 fasst diese Merkmale strategischer Entscheidungen zusammen und hebt einige der Implikationen hervor:

- *Komplexität* ist ein definierendes Merkmal von Strategie und strategischen Entscheidungen. Dies trifft vor allem auf Organisationen mit großer geografischer Reichweite zu wie etwa global agierende Firmen oder Firmen mit einer großen Palette an Produkten und Dienstleistungen. So muss sich Yahoo! der Komplexität eines schnell wachsenden Marktes einerseits und von schlecht organisierten internen Abläufen andererseits stellen.
- *Unsicherheit* ist untrennbar mit Strategie verbunden, denn niemand kann die Zukunft genau voraussagen. Für Yahoo! bedeutet das Internetgeschäft ständige und unvorhersehbare Innovation.
- *Operative Entscheidungen* sind mit der Strategie verbunden. So wirken sich etwa alle Versuche, die Geschäftsbereiche von Yahoo! besser zu koordinieren, direkt auf das Design von Internetseiten und Links, auf die Entwicklung einzelner Karrieren und auf die Beziehung zu Werbekunden aus. Diese Verbindung zwischen gesamtunternehmerischer Strategie und operativen Aspekten einer Organisation ist aus zwei weiteren Gründen wichtig. Wenn zum einen diese operationellen Aspekte einer Organisation nicht auf die Strategie ausgerichtet sind, wird diese nicht erfolgreich sein können, gleichgültig, wie wohl durchdacht sie ist. Zum anderen kann besonders auf operativer Ebene ein wahrer strategischer Vorteil erzielt werden. So kann Kompetenz in bestimmten operationellen Aktivitäten bestimmen, welche strategische Entwicklung am sinnvollsten ist.

Beispiel 1.1

Erdnussbutter Manifest von Yahoo!

Strategie kann harte Entscheidungen über die Reichweite eines Unternehmens, sein Management und seine Organisationsstruktur nach sich ziehen.

Im November 2006 schrieb Brad Garlinghouse, MBA-Absolvent und stellvertretender Vorstandsvorsitzender von Yahoo! ein Memo an seine Top Manager, in dem er deutlich machte, dass sich Yahoo!, das diversifizierte Internetunternehmen, im Einsatz seiner Ressourcen verzettelte, sodass diese wie Erdnussbutter auf Toast quasi zu dünn aufgestrichen seien. Hier einige gekürzte Auszüge des Memos:

Vor dreieinhalb Jahren kam ich mit großem Enthusiasmus zu Yahoo!. Den unglaublich großen Chancen standen ebenso großartige Vermögenswerte gegenüber. Und ein wunderbares Team war und ist für den Neuaufbau von Yahoo! verantwortlich. … Doch es steht nicht alles zum Besten. …

Ich kann mir vorstellen, dass innerhalb der obersten Führungsebene viel über die Herausforderungen diskutiert wird, denen wir uns stellen müssen. Auch auf die Gefahr hin, mich zu wiederholen, wollte ich Ihnen meine Ansichten zu unserer aktuellen Situation mitteilen und eine Empfehlung abgeben, wie wir weitermachen können. Ich möchte versuchen, Teil der Lösung und nicht Teil des Problems zu sein.

Unsere Probleme erkennen

Uns fehlt eine zielgerichtete, gemeinsame Vision für unser Unternehmen.

Wir wollen alles tun und alles sein – für alle. Wir wissen seit Jahren darüber Bescheid und sprechen ständig darüber, tun aber nichts, um dieses Problem im Ansatz anzugehen. Wir haben Angst davor, zurückzubleiben. Wir reagieren nur, anstatt einen unerschrockenen Kurs einzuschlagen. Wir sind in einzelne isolierte Teile aufgespaltet, die viel zu oft nicht miteinander kommunizieren. Und wenn wir miteinander reden, so tun wir dies nicht, um gemeinsam eine klar fokussierte Strategie zu erarbeiten, sondern um uns über Zuständigkeit, Strategien und Taktiken zu streiten. …

Jemand hat unsere Strategie einmal so beschrieben, als wollten wir Erdnussbutter über die Myriaden von Möglichkeiten und Chancen verstreichen, die sich immer noch in der Welt des Internets entwickeln. Das Ergebnis: Eine zu dünne Investitionsschicht auf allem, was wir tun, sodass wir uns auf nichts besonders konzentrieren können.

Ich hasse Erdnussbutter. Wir alle sollten sie hassen.

Uns fehlt Klarheit bei den Zuständigkeiten und klare Verantwortlichkeit.

Dies zeigt sich am schmerzhaftesten in der massiven Redundanz überall in der Organisation. Wir bewegen uns heute in einer Organisationsstruktur – die zugegebenermaßen in bester Absicht geschaffen wurde –, die viel zu bürokratielastig ist. Viel zu viele Mitarbeiter haben Kollegen mit ganz ähnlichen oder überlappenden Aufgabenbereichen. Das macht uns langsam und bürdet dem Unternehmen unnötige Kosten auf.

Es gibt einen Grund dafür, warum es zwischen einem Mittelfeldspieler und einem Links-Außen klare Zuständigkeit gibt. Wenn sich beide gleichzeitig auf den Ball stürzen, resultiert das entweder in einem Zusammenstoß oder im Ballverlust. Das Wissen, dass jemand anderer dem Ball nachläuft, und die Hoffnung, einen Zusammenstoß zu vermeiden, hat uns zu langsam und vorsichtig werden lassen. Und auch das führt zum Ballverlust.

Uns fehlt Entschiedenheit.

Wenn man nicht zielgerichtet agiert und die Zuständigkeiten nicht geklärt sind, führt das dazu, dass Entscheidungen entweder gar nicht oder aber erst dann getroffen werden, wenn es schon zu spät ist. Ohne eine klare, zielgerichtete Vision und ohne klare Zuständigkeiten fehlt uns eine übergeordnete Perspektive für unsere Entscheidungen und für die Einsicht, wer diese Entscheidungen treffen sollte. Regelmäßig werden wir von schwierigen und heiklen Entscheidungen ausgebremst. Wir fallen unserer eigenen analytischen Lähmung zum Opfer.

Am Ende haben wir konkurrierende (oder redundante) Arbeitsinitiativen und synergetische Chancen, die isoliert in unseren verschiedenen Abteilungen existieren. …

Unsere Probleme lösen

Uns stehen wunderbare Aktivposten/Aktiva zur Verfügung. Fast jedes andere Medien- und Kommunikationsunternehmen ist grün vor Neid auf unsere Marktposition. Wir haben das größte Publikum, das äußerst engagiert ist, und unser Markenname ist ein Synonym für das Internet.

Wenn wir wieder aufstehen und uns drastisch verändern, werden wir gewinnen.

Ich behaupte nicht, dass es für uns nur einen möglichen Weg gibt, den wir in Zukunft einschlagen können. Ich möchte jedoch zumindest Teil der Lösung unserer Probleme sein, und deshalb habe ich hier einen Plan zusammengestellt, von dem ich glaube, dass er funktionieren kann. Ich glaube fest daran, dass wir schnell handeln müssen, denn ansonsten riskieren wir, sehr bald noch weiter abzurutschen. Mein Plan ist nicht perfekt, doch ist er viel besser als einfach gar nichts zu tun.

Mein Plan stützt sich auf drei Säulen:

1. Konzentration auf die Vision
2. Wiederherstellung klarer Verantwortlichkeiten und Zuständigkeit
3. Durchführung einer radikalen Restrukturierung

1. Konzentration auf die Vision

a. Wir müssen klar und deutlich aussprechen, was wir sind und was wir nicht sind.

b. Wir müssen uns aus Geschäftsbereichen zurückziehen (oder diese verkaufen?), die nicht unserem Kerngeschäft entsprechen, und wir müssen doppelte Projekte und Geschäfte eliminieren.

Ich bin überzeugt, dass wir von der Idee der dünn aufgestrichenen Erdnussbutter wegkommen und uns einer genau definierten Strategie zuwenden müssen, die sich auf bestimmte Einzelbereiche konzentriert. …

2. Wiederherstellung klarer Verantwortlichkeiten und Zuständigkeit

a. Bestehende Geschäftsbereichsleiter müssen Verantwortung dafür übernehmen, wo wir uns heute befinden – Köpfe müssen rollen.

b. Wir müssen mit viel Sorgfalt Führungspositionen schaffen, die umfassende Verantwortung für bestimmte Geschäftsbereiche tragen.

c. Wir müssen unser Leistungs- und Anreizsystem neu gestalten.

Ich glaube, dass es zu viele Geschäftsbereichsleiter gibt, die mit inakzeptablen Ergebnissen und – schlimmer noch – einem inakzeptablen Führungsstil davongekommen sind. Zu oft sind sie (sind wir!) die schlimmsten Übeltäter, was die hier beschriebenen Probleme betrifft. Wir müssen unseren Mitarbeitern sowie unseren Aktionären signalisieren, dass wir diese Führungskräfte (und damit uns) zur Verantwortung ziehen und Dinge verändern. …

3. **Durchführung einer radikalen Restrukturierung**
   a. Die gegenwärtige Struktur unserer Geschäftsbereiche muss verschwinden.
   b. Wir müssen die Matrixstruktur drastisch dezentralisieren und soweit wie möglich abbauen.
   c. Wir müssen unsere Mitarbeiterzahlen um 15-20 Prozent reduzieren.

Ich glaube fest daran, dass wir die Redundanzen, die wir selbst geschaffen haben, einfach nur eliminieren müssen. Der erste Schritt in diese Richtung ist die Restrukturierung unserer Organisation. Wir können mit weniger Personal effizienter sein und schneller mehr Arbeit erledigen. Wir müssen neuen Unternehmenseinheiten und deren Leitung mehr Entscheidungskompetenz zurückgeben. Doch das lässt sich nicht mit winzigen Teilschritten erreichen. Wir müssen grundlegend umdenken und uns neu organisieren, um zu gewinnen. ...

Ich liebe Yahoo! Mit Stolz kann ich sagen, dass diese Firma mein Lebensinhalt ist. Ich habe mir sogar ein Y in meinen Hinterkopf rasiert.

Meine Motivation für dieses Memo ist der felsenfeste Glaube in unsere nach wie vor unglaublichen zukünftigen Möglichkeiten und Chancen. Ich behaupte nicht, die einzigen möglichen Antworten parat zu haben, doch wir müssen dringend eine Diskussion in Gang setzen. Wir brauchen den Wandel und wir brauchen ihn bald. Wir können zu einer stärkeren und schnelleren Firma werden – einer Firma mit einer klareren Vision, klareren Zuständigkeiten und klareren Verantwortlichkeiten.

Wir sind vielleicht gefallen, doch das Rennen ist ein Marathon und kein Sprint. Ich behaupte nicht, dass es einfach wird. Es erfordert Mut, Überzeugung, Einsicht und große Einsatzbereitschaft. Ich freue mich sehr auf die künftigen Herausforderungen.

Lasst uns also wieder aufstehen.

Lasst uns den Ball spielen.

Und aufhören, Erdnussbutter zu essen.

Quelle: Auszüge aus Brad Garlinghouse's Memo an die Manager von Yahoo!, November 2006. Abgedruckt im Wall Street Journal vom 16. November 2006.

Kontrollfragen

1. Warum wurden die Themen, denen sich Yahoo! stellen musste, als strategisch bezeichnet? Beziehen Sie sich auf Abbildung 1.1.
2. Nennen Sie Beispiele für jeden der Kreise Abbildung 1.3.

Bei strategischen Entscheidungen geht es um:

- Die **langfristige** Ausrichtung einer Organisation
- Die **Reichweite** organisatorischer Aktivitäten
- Den zu erzielenden **Wettbewerbsvorteil** gegenüber Konkurrenten
- Die Herbeiführung von Veränderungen innerhalb des **Geschäftsumfelds**
- Den Ausbau von Ressourcen und Kompetenzen (**Fähigkeit**)
- **Werte und Erwartungen** der Stakeholder

Deshalb gilt für Strategien oft:

- Sie sind sehr **komplex**
- Sie entstehen meist in Situationen der **Unsicherheit**
- Sie wirken sich auf **operative** Entscheidungen aus
- Sie erfordern eine **integrierte** Herangehensweise (sowohl innerhalb als auch außerhalb der Organisation)
- Sie beinhalten erhebliche **Veränderungen**

Abbildung 1.2: Strategische Entscheidungen

- Eine effektive Strategie erfordert *Integration*. Manager müssen funktionelle und operationelle Grenzen überschreiten, um strategische Probleme anzugehen und sich mit anderen Managern zu einigen, die – gezwungenermaßen – andere Interessen und vielleicht auch andere Prioritäten haben. So muss Yahoo! beispielsweise geschlossen als Unternehmen auf mächtige Werbekunden aus allen Branchen wie etwa Sony oder Vodafone zugehen.
- *Beziehungen und Netzwerke* außerhalb der Organisation sind für die Strategie wichtig, zum Beispiel zu Zulieferern, Vertriebsunternehmen und Kunden. Für Yahoo! sind besonders die Beziehungen zu Werbekunden und Internetnutzern von entscheidender Bedeutung.
- *Der Wandel* ist oft ein sehr wichtiger Bestandteil einer Strategie. Doch ist es häufig schwierig, einen solchen Wandel aufgrund der Ressourcen und der Organisationsstruktur zu vollziehen. So glaubt zumindest Brad Garlinghouse, dass die Unfähigkeit von Yahoo!, sich zu verändern, auch vom Top Management herrührt, wo man Angst davor hat, schwierige Entscheidungen zu treffen; die Unfähigkeit ist aber auch auf untere Führungsebenen zurückzuführen, weil dort klare Verantwortlichkeiten fehlen.

1.2.2 Die Ebenen der Strategie

Strategien gibt es auf unterschiedlichen Ebenen einer Organisation. Anhand des Beispiels von Yahoo! können mindestens drei verschiedene strategische Ebenen unterschieden werden: Die oberste Ebene, die **Unternehmensgesamtstrategie**, befasst sich mit dem Produkt- und Leistungsprogramm, den Zielen einer Organisation und damit, wie der Unternehmenswert für die verschiedenen Teile (Geschäftseinheiten) der Organisation erhöht werden kann. Eine solche Strategie könnte sich mit geografischer Marktabdeckung, der Vielfalt der Produkt- oder Dienstleistungspalette oder den Geschäftseinheiten befassen und die Frage beantworten, wie vorhandene Ressourcen auf die verschiedenen Unternehmensbereichen verteilt werden sollen. Für Yahoo! lautet eine entscheidende strategische Frage auf gesamtunternehmerischer Ebene ganz klar, ob bestehende Geschäftsbereiche verkauft werden sollen. Im Allgemeinen geht es bei der gesamtunternehmerischen Strategie auch meist um die Erwartungen der Eigentümer – der Aktionäre – und um den Aktienmarkt. Diese Strategie liegt oft in einer ganz ausdrücklichen Formulierung oder aber als impliziertes Leitbild der Organisation vor, welche diese Erwartungen reflektieren. Es ist besonders wichtig, eine klare Unternehmensgesamtstrategie zu haben: Die Entscheidung, welche Geschäftsfelder das Unternehmen abdecken will, ist die *Basis* für andere strategische Entscheidungen.

Die Strategie der zweiten Ebene ist die **Geschäftsbereichsstrategie** Hier geht es darum, wie sich die verschiedenen Geschäftsbereiche innerhalb einer Unternehmensstrategie in ihrem jeweiligen Markt dem Wettbewerb stellen sollten (aus diesem Grund wird die Strategie in den Geschäftsbereichen auch oft „Wettbewerbsstrategie" genannt). Im öffentlichen Sektor entspricht diese strategische Ebene den Entscheidungen, wie einzelne Einheiten Dienstleistungen mit dem größten Mehrwert anbieten können. Dabei geht es meist um Themen wie Preisstrategien, Innovation oder Abgrenzung, etwa durch höhere Qualität oder einen bestimmten Vertriebskanal. Während es bei der gesamtunternehmerischen Strategie also um Themen geht, die die Organisation als Ganzes betreffen, beziehen sich hier strategische Entscheidungen auf einzelne strategische Geschäftseinheiten (SGEs) innerhalb der ganzen Organisation. Eine **strategische Geschäftseinheit** ist ein Teil einer Organisation, für den es einen abgegrenzten externen Markt für Güter oder Dienstleistungen gibt, der sich von anderen SGEs unterscheidet. Yahoo! Photo oder Yahoo! Music sind Beispiele für solche strategischen Geschäftseinheiten.

Natürlich sind in sehr einfachen Organisationen mit nur einem Geschäftsbereich die unternehmerische Strategie und die Strategie des Geschäftsfelds fast identisch. Dennoch ist es auch hier sinnvoll, eine klare Unternehmensstrategie festzulegen, denn sie gibt den Rahmen vor, ob und unter welchen Bedingungen neue Marktchancen genutzt oder bestimmte Geschäftsfelder geschlossen werden sollen. In Organisationen, die mehrere Geschäftsfelder haben, sollte es eine klare Verbindung zwischen den Strategien beider Ebenen geben. Im Fall von Yahoo! sind Beziehungen zu Internetwerbekunden für verschiedene Geschäftsbereiche von Bedeutung, und für alle ist es überlebenswichtig, die Marke Yahoo! zu nutzen, zu schützen und zu fördern. Die auf den Markennamen bezogene Unternehmensstrategie sollte die SGEs unterstützen; gleichzeitig müssen die SGEs auch dafür sorgen, dass ihre Geschäftsstrategien dem Unternehmen als Ganzes oder anderen SGEs innerhalb des Ganzen nicht schaden.

Die dritte strategische Ebene betrifft die operative Seite einer Organisation. Hier gibt es **Funktionsbereichsstrategien**, die sich damit befassen, wie die Funktionseinheiten einer Organisation ihre Ressourcen, Prozesse und Mitarbeiter einsetzen, um die Unternehmens- und Geschäftsstrategien effektiv umzusetzen. So beschäftigt Yahoo! beispielsweise Webpage-Designer in jedem seiner Geschäftsbereiche. Für sie gibt es jeweils angepasste operative Strategien, was Design, Layout und Erneuerung der Seiten betrifft. Tatsächlich hängt der Erfolg einer Geschäftsstrategie in den meisten Organisationen zum Großteil von Entscheidungen oder Aktivitäten ab, die auf operativer Ebene getroffen werden oder erfolgen. Die Integration von operativen Entscheidungen und Strategie wurde oben bereits erwähnt.

Beispiel 1.2 Die Terminologie der Strategie in verschiedenen Bereichen

Die verschiedensten Organisationen setzen die Terminologie der Strategie ein. Vergleichen Sie diese Auszüge aus Veröffentlichungen des Kommunikationsriesen Nokia sowie der Kingston University, einer öffentlichen Hochschule mit Sitz in London und 20.000 Studenten.

Nokia

Vision und Mission: Menschen miteinander zu verbinden bedeutet, ihnen zu ermöglichen, sich dem nahe zu fühlen, was ihnen wichtig ist – wo und wann auch immer das sein mag. Nokia glaubt an die Kommunikation, an den Austausch und an das großartige Potenzial, das darin liegt, die zwei Milliarden Menschen, die schon kommunizieren mit den vier Milliarden zu verbinden, die dies noch nicht tun.

Die Menschen stehen für uns im Mittelpunkt, und wir setzen unsere Technologie ein, um ihnen zu helfen, sich dem nahe zu fühlen, was ihnen wichtig ist. Wachstum folgt dann wie von selbst. In einer Welt, in der jeder mit jedem Verbindung aufnehmen kann, setzt Nokia seine Technologie unter ganz menschlichen Gesichtspunkten ein.

Strategie: Bei Nokia ist und bleibt der Kunde König. Der Fokus auf und das Verständnis für den Kunden muss immer Antrieb sein für unser tägliches Geschäftsgebaren. Nokia möchte vor allem für Anwender, Einzelhändler und Unternehmer Partner erster Wahl sein.

Nokia wird weiterhin ein Wachstumsunternehmen sein, und wir werden uns neue Märkte und Geschäftsbereiche erschließen. Eine weltweit einzigartige Produktivität ist wesentliche Voraussetzung für unseren Erfolg in der Zukunft. Unser Markenziel ist es, bei unseren Kunden zur beliebtesten Marke zu werden.

Diesen Prioritäten folgend konzentriert sich Nokias Unternehmensgesamtstrategie auf fünf Bereiche, die alle langfristige Ziele verfolgen: Erfolgreiche Geräte zu bauen, Dienstleistungen für den Kunden verstärkt über das Internet anzubieten, Unternehmen maßgeschneiderte Lösungen anzubieten, Größenvorteile in Form von Netzwerken zu nutzen, professionelle Dienstleistungen verstärkt anzubieten.

Nokia wird sich vor allem auf drei strategische Vorteile konzentrieren und in diese investieren: Marke und Design, Kundenbindung und -befriedigung, Technologie und Architektur.

Kingston University London

Mission: Die Kingston University möchte die Teilhabe an höherer Bildung fördern, die sie als demokratische Berechtigung ansieht. Sie strebt Spitzenleistungen beim Lernen, Lehren und in der Forschung an, sie möchte das kreative Potenzial all ihrer Mitglieder nutzen und deren Fantasie anregen, und sie möchte ihre Studenten befähigen, einen effektiven Beitrag in der Gesellschaft und Wirtschaft zu leisten.

Vision: Es ist das Ziel der Kingston University, umfassende Bildung für die Allgemeinheit anzubieten. Wir möchten eine Universität sein, die nicht durch gegebene Möglichkeiten eingeschränkt ist, sondern über eine höhere, anspruchsvollere Vision ihrer Zukunft verfügt.

Zielsetzungen:

- all unseren gegenwärtigen und zukünftigen Studenten die gleichen Möglichkeiten und Chancen zu bieten, ihre Lernziele zu verwirklichen.
- eine umfassende Auswahl an qualitativ hochwertigen Kursen sowie ein positives Umfeld anzubieten, das kritisches Lernen unterstützt und persönliche, soziale und arbeitgeberrelevante Fähigkeiten fördert.
- auf dem Gebiet der Forschung und beruflichen Praxis Kompetenz zu entwickeln zum Wohl des Einzelnen, der Gesellschaft und der Wirtschaft.
- Verbindungen zu Anbietern und Interessengruppen aus der Region sowie auf nationaler und internationaler Ebene zu schaffen.
- die Organisation, Struktur und Kultur der Universität so zu prägen, dass sie ihr Leitbild und ihre Ziele optimal verfolgen kann.
- Humankapital sowie finanzielles Kapital so zu verwalten, dass daraus der bestmögliche akademische Wert sowie Geldwert entsteht.

Quellen: www.nokia.com, Kingston University Plan 2006–2010 (www.kingston.ac.uk).

Kontrollfragen

1. Wie passt die von Nokia und der Kingston University verwendete Terminologie zusammen und wie passt sie zu den in Tabelle 1.1 angegebenen Definitionen?
2. Inwieweit unterscheidet sich die Strategie eines kommerziellen Unternehmens wie Nokia von der Strategie einer öffentlichen Organisation wie der Kingston University?
3. Vergleichen Sie die strategischen Ziele Ihrer Universität (oder Ihres Arbeitgebers) mit der Strategie von Nokia oder der Kingston University. (Führen Sie dazu eine Internetsuche mit dem Namen Ihrer Organisation und Begriffen wie „Strategie“, „Vision“ oder „Leitbild“ durch.) Welche Auswirkungen könnten sich aus eventuellen Ähnlichkeiten oder Unterschieden für Sie ergeben?

1.2.3 Die Terminologie der Strategie

Zwar enthält der *Abschnitt 1.2.1* am Ende eine Definition des Begriffs „Strategie", doch in der Praxis begegnen uns viele verschiedene Definitionen unterschiedlicher Autoren. Auch gibt es eine Vielzahl von Begriffen, die im Zusammenhang mit Strategie verwendet werden. Deshalb lohnt es sich, einige dieser Begriffe hier genauer zu betrachten. In Tabelle 1.1 sind einige der Begriffe aufgeführt, die in diesem und anderen Büchern zum Thema Strategie sowie in der allgemeinen Wirtschaftssprache verwendet werden. In Tabelle 1.1 werden die Begriffe anhand einer persönlichen Strategie erklärt, die der eine oder andere Leser vielleicht schon einmal selbst verfolgt hat – die Verbesserung der körperlichen Fitness.

Tabelle 1.1

Die Terminologie der Strategie

Begriff	Definition	Persönliches Beispiel
Mission/Leitbild	Übergeordneter Zweck gemäß der Werte und Erwartungen der Stakeholder	Körperliche Fitness und Gesundheit
Vision oder strategische Absicht	Gewünschtes zukünftiges Ergebnis: Das Bestreben des Unternehmens	Teilnahme am London Marathon
Zielsetzung	Allgemeine Festlegung des Ziels oder Zwecks	Gewichtsverlust und Muskelaufbau
Messbares Planziel	Quantifizierung (wenn möglich) oder genaue Definition des Ziels	Verlust von fünf Kilo bis zum 1. September und Teilnahme am Marathon im nächsten Jahr
Strategische Fähigkeit	Ressourcen, Aktivitäten und Prozesse; einige davon sind einzigartig und bieten einen „Wettbewerbsvorteil"	Örtliche Nähe eines Fitnesscenters, eine erfolgreiche Diät
Strategien	Langfristige Ausrichtung	Regelmäßiger Sport, Teilnahme an lokalen Marathons, Einhaltung einer geeigneten Diät
Geschäftsmodell	Wie funktioniert der Austausch von Produkten, Dienstleistungen und Informationen zwischen den beteiligten Parteien?	Anschluss an ein Netzwerk Gleichgesinnter (z.B. ein Lauftreff)
Kontrolle	Überwachung der Aktionsschritte, um die Effektivität der Strategien und Handlungen einzuschätzen und um (falls nötig) Strategien und/oder Aktionen zu verändern	Überwachung von Gewicht, Kilometern, und Laufzeiten; ist der Fortschritt zufriedenstellend, ist keine weitere Aktion nötig, falls nicht, sind andere Strategien oder Aktionen zu erwägen

Nicht jeder dieser Begriffe wird in jedem Fall in Unternehmen oder Büchern zum Thema Strategie verwendet. Tatsächlich wird der Begriff „Zielsetzung“ in diesem Buch nur selten erwähnt. Auch zeigen die vielen Beispiele in diesem Buch, dass die Verwendung der Terminologie in verschiedenen Unternehmen keineswegs einheitlich ist (siehe auch Beispiel 1.2). Manager und Studenten, die sich dem Themenbereich der Strategie widmen, müssen sich dessen bewusst sein. Außerdem müssen Begriffe wie Leitbilder, Zielsetzungen, messbare Planziele, Strategien, etc. nicht zwingend genau wörtlich formuliert werden. In manchen Unternehmen geschieht dies auf ganz förmliche Art und Weise, in anderen sind Leitbild oder Strategie vielleicht nur implizit vorhanden und müssen somit aus den Handlungen des Unternehmens abgeleitet werden. Dennoch kann im Allgemeinen davon ausgegangen werden, dass die folgenden Begriffe oft verwendet werden:

- Eine *Mission oder ein Leitbild* ist die allgemeine Formulierung der allumfassenden Bestimmung der Organisation, die sich idealerweise an den Werten und Erwartungen der wichtigsten Interessengruppen orientiert und gleichzeitig auf die Größenordnung und Grenzen der Organisation ausgerichtet ist. Oft kann man sich zur Verdeutlichung die scheinbar einfache und doch anspruchsvolle Frage stellen: „Was ist unser Geschäft?“
- Eine *Vision oder strategische Absicht* ist der gewünschte zukünftige Zustand der Organisation. Sie ist eine Bestrebung des Unternehmens, auf die ein Stratege, vielleicht der Firmenchef, die Aufmerksamkeit und Energie aller Organisationsmitglieder konzentrieren wird.
- Eine *Zielsetzung* ist meist ein allgemein formuliertes Ziel, das sich am Leitbild orientiert. Oft ist es qualitativer Natur.
- Eine *messbare Zielvorgabe* ist dagegen meist quantitativ oder zumindest genauer an der allgemeinen Zielsetzung ausgerichtet. In diesem Buch werden die Begriffe „Ziel“ und „Planziel“ verwendet, gleichgültig, ob es eine Quantifizierung gibt oder nicht.
- Die *strategische Fähigkeit* befasst sich mit den Ressourcen und Kompetenzen, über die eine Organisation verfügen kann, um für ihre Kunden Werte zu schaffen. Einzigartige Ressourcen und Kernkompetenzen sind die Basis für den strategischen Vorteil einer Organisation, durch den sie sich von ihren Konkurrenten abhebt.
- Das Konzept der *Strategie* wurde bereits definiert. Darunter versteht man die langfristige Ausrichtung einer Organisation. Meist werden allgemeine Formulierungen verwendet, die festlegen, welche Richtung eine Organisation einschlagen sollte und welche Handlungen nötig sind, um ihre Ziele zu erreichen. So kann sich die Formulierung einer Strategie an Begriffen wie Markteintritt, neue Produkte, Dienstleistungen oder Betriebsarten orientieren.
- Ein *Geschäftsmodell* beschreibt die Produktions-, Dienstleistungs- und Informationsprozesse und die Rollen der beteiligten Gruppen. So ist beispielsweise ein traditionelles Modell für gefertigte Produkte ein linearer Produktionsprozess, angefangen mit den Herstellern der Einzelteile über die Hersteller des Produkts, den Vertrieb, den Einzelhändler bis zum Verbraucher. Information kann jedoch auch direkt zwischen dem Hersteller eines Produkts und dem Endverbraucher fließen (Werbung und Marktforschung).

- Bei der *strategischen Kontrolle* wird überwacht, inwieweit die Strategie gesetzte Ziele erreicht, und es werden korrigierende Maßnahmen vorgeschlagen (oder die Ziele werden neu überdacht).

In diesem Buch werden nach und nach viele andere Begriffe eingeführt und erklärt. Dies sind die Grundlagen, die für den Anfang wichtig sind.

Abbildung 1.2 vergleicht Strategietermini zweier Organisationen, die in völlig unterschiedlichen Bereichen tätig sind. Nokia ist ein Kommunikationsriese aus dem privaten Sektor, der gegen internationale Firmen wie Motorola und Samsung konkurriert. Für Nokia ist der erzielte Gewinn überlebenswichtig, und dennoch richtet das Unternehmen seine Vision und sein Leitbild darauf aus, mehr Menschen rund um die Welt miteinander zu verbinden. Die Kingston University andererseits ist eine öffentliche Universität, die sich der Teilhabe an höherer Bildung verschrieben hat. Doch natürlich muss auch die Universität Einkünfte erzielen und einen Überschuss erwirtschaften, um zukünftig investieren zu können. Auch die Kingston University konkurriert um Studenten und Forschungsgelder und liegt dabei Kopf and Kopf mit vergleichbaren Universitäten in England und weltweit. Für eine öffentliche Organisation sind Strategien auf gesamtunternehmerischer Ebene und auf Geschäftsbereichsebene ebenso wichtig wie für ein kommerzielles Unternehmen wie Nokia.

Strategische Terminologie spielt also in vielen verschiedenen Bereichen eine wichtige Rolle. Ein kleines, neu gegründetes Unternehmen braucht eine Aussage zu seiner Strategie, um Investoren und Geldgeber von seiner Überlebensfähigkeit zu überzeugen. Organisationen der öffentlichen Hand brauchen strategische Aussagen nicht nur, um zu wissen, wohin und woran sie sich orientieren sollen, sondern auch um Geldgebern und überwachenden Behörden zuverlässig zu zeigen, dass das, was sie tun, auch tatsächlich das ist, was sie tun sollen. Organisationen, die von freiwilliger Arbeit getragen werden, müssen spannende Strategien kommunizieren, um Spender und Freiwillige anzulocken. Um innerhalb einer größeren Organisation erfolgreich zu sein, müssen die Manager strategischer Geschäftseinheiten klare Strategien vorlegen, die sich mit den Zielen ihrer Eigentümer und den Bedürfnissen anderer Bereiche innerhalb des Gesamtunternehmens decken. Selbst Organisationen, die sich in Privateigentum befinden, brauchen überzeugende Strategien, um ihre Angestellten zu motivieren und langfristige Beziehungen zu ihren wichtigsten Kunden oder Zulieferern aufzubauen. Die Terminologie der Strategie wird also in vielen verschiedenen Bereichen zu vielen verschiedenen Zwecken eingesetzt. Die Strategie ist Teil der täglichen Arbeitssprache.

1.3 Strategisches Management

Der Begriff *„strategisches Management“* unterstreicht die Bedeutung des Managers, wenn es um Strategien geht. Strategien entstehen nicht einfach von selbst. Dazu werden Menschen gebraucht, ganz besonders Manager, die über Strategien entscheiden und diese umsetzen. In diesem Buch wird der Begriff „strategisches Management“ also verwendet, um das menschliche Element im Themenbereich Strategie hervorzuheben.

Die Funktion des strategischen Managements unterscheidet sich grundlegend von anderen Aspekten des Managements. Der Leiter eines Betriebs muss sich meist mit Problemen der betrieblichen Kontrolle, wie etwa der effizienten Güterproduktion, der Betreuung des Verkaufspersonals, der Überwachung der finanziellen Effizienz oder mit dem Entwurf eines neuen Systems befassen, das das Niveau des Kundendienstes verbessern soll. Diese Aufgaben sind alle sehr wichtig, doch sie befassen sich im Grunde alle mit der effektiven Verwaltung von Ressourcen, die bereits im Einsatz sind (und dies oft nur in einem begrenzten Teil des Unternehmens) und für die bereits eine Strategie existiert. Den Großteil ihrer Zeit verwenden Manager auf diese betriebliche Kontrolle. Sie ist von entscheidender Bedeutung für den Erfolg einer Strategie, jedoch ist sie nicht dasselbe wie strategisches Management.

Beim strategischen Management geht es für den Manager um mehr als nur um einen Teilbereich des betrieblichen Managements. Das strategische Management befasst sich mit der Komplexität, die aufgrund von unklaren und außergewöhnlichen Situationen entsteht, deren Auswirkungen das gesamte Unternehmen und nicht nur einen einzelnen betrieblichen Ablauf betreffen. Dies ist eine große Herausforderung für Manager, die daran gewöhnt sind, lediglich die ihnen zugeteilten Ressourcen im Tagesgeschäft zu verwalten. Die Ausbildung der Führungskräfte kann hier zu einem besonderen Problem werden, denn typischerweise wird vielen Managern über Jahre hinweg beigebracht, wie sie betriebliche Aufgaben bewältigen und operative Verantwortung übernehmen können. Und so neigen viele Buchhalter dazu, auftretende Probleme aus finanzieller Sicht zu sehen, genauso wie IT-Manager, Marketing-Manager oder andere diese Probleme aus der Sicht ihres speziellen Fachgebiets betrachten. Natürlich sind all diese Einzelaspekte wichtig, doch keiner davon reicht allein für sich genommen aus. Ein Manager, der Strategien umsetzen und beeinflussen möchte, muss die Fähigkeit entwickeln, sich einen Überblick zu verschaffen, die Gesamtsituation zu erfassen, der sich das Unternehmen gegenüber sieht, und nicht nur Teilaspekte davon. Dies wird oft als „Helikopterperspektive" bezeichnet.

Ein wesentliches Merkmal des strategischen Managements ist seine Komplexität. Daher müssen Entscheidungen und Beurteilungen auch auf der *Konzeptualisierung* schwieriger Sachverhalte beruhen. Und doch geht es in der frühen Ausbildung und den ersten Erfahrungen von Managern oft nur darum, zu handeln oder detailliert zu *planen* oder zu *analysieren*. Dieses Buch erklärt viele analytische Herangehensweisen an das Thema Strategie und befasst sich außerdem mit Handlungen, die mit strategischem Management zusammenhängen. Der Hauptschwerpunkt liegt allerdings auf dem Verständnis der *strategischen Konzepte*, die diesen Analysen und Handlungen zugrunde liegen.

Strategisches Management

Strategisches Management beinhaltet das Verständnis der strategischen Position einer Organisation, strategischer Wahlmöglichkeiten für die Zukunft sowie der Strategieimplementierung.

Man kann sagen, dass strategisches Management aus drei Hauptelementen besteht, die auch den Rahmen für dieses Buch bilden. **Strategisches Management** beinhaltet das Verständnis der *strategischen Position* einer Organisation, außerdem schließt es *strategische Wahlmöglichkeiten* für die Zukunft sowie die Umsetzung *(Strategie in Aktion)* mit ein. Abbildung 1.3 zeigt diese Elemente und legt ganz grob den Inhalt dieses Buches dar. Der nächste Abschnitt dieses Kapitels beschreibt jedes der drei Elemente des strategischen Managements und legt die Hauptinhalte jedes Elements fest. Zunächst ist es aber wichtig zu verstehen, warum die Elemente in der Abbildung genau auf diese Weise angeordnet wurden.

Die Elemente hätten ebenso in linearer Folge dargestellt werden können – zunächst die strategische Position, dann die Wahlmöglichkeiten und schließlich die entsprechenden Handlungen. Und genauso werden diese Elemente auch in vielen Fachtexten dargelegt. In der Praxis folgen die drei Elemente des strategischen Managements jedoch nicht so linear aufeinander – sie überschneiden und beeinflussen sich vielmehr gegenseitig. Unter bestimmten Umständen ergibt sich beispielsweise ein Verständnis für die strategische Position erst aus der Erfahrung der Strategie in Aktion. Testmarketing für einen Prototypen ist ein gutes Beispiel hierfür. Hier setzt die Strategie in Aktion das Wissen um die strategische Position voraus.

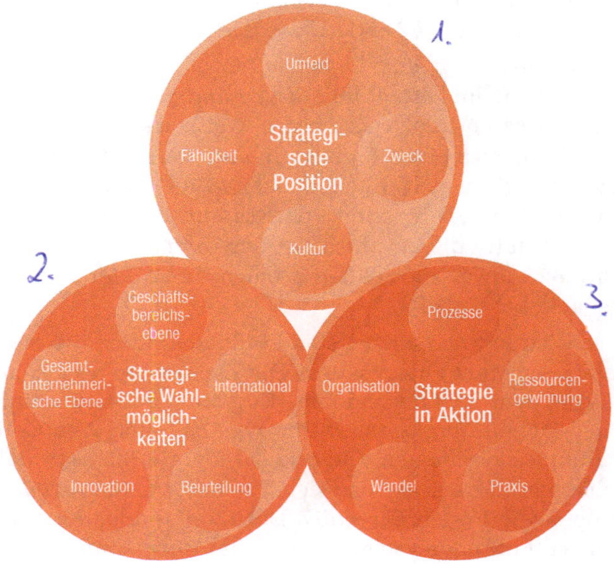

Abbildung 1.3:
Das Modell

Die ineinander greifenden Kreise der Abbildung 1.3 sollen verdeutlichen, dass Strategie eben nicht linearer Natur ist. Position, Wahlmöglichkeiten und Aktion sollten als eng verbundene Elemente gesehen werden, von denen in der Praxis keines Priorität gegenüber einem anderen hat. Nur aus Gründen der strukturellen Vereinfachung wurde dieses Thema auch in diesem Buch in verschiedene Abschnitte aufgegliedert. Die im Buch gegebene Abfolge soll nicht nahe legen, dass der Prozess des strategischen Managements genau diese Abfolge einhalten muss. Die in *Kapitel 15* dargelegten Beispiele, wie sich strategisches Management in der Praxis zeigt, lassen im Gegenteil sogar darauf schließen, dass es meist keine klare Abfolge gibt.

1.3.1 Die strategische Position

Die **strategische Position** berücksichtigt den Einfluss des äußeren Umfelds auf die Strategie, der strategischen Fähigkeiten einer Organisation (Ressourcen und Kompetenzen) sowie der Erwartungen und Einflüsse der Interessengruppen. Die Fragen, die all dies aufwirft, sind wichtiger Bestandteil zukünftiger Strategien. Diese Themenbereiche werden in den ersten vier Kapiteln von Teil I dieses Buches behandelt.

Strategische Position

Die strategische Position berücksichtigt den Einfluss des äußeren Umfelds auf die Strategie, der strategischen Fähigkeiten einer Organisation (Ressourcen und Kompetenzen) sowie der Erwartungen und Einflüsse der Interessengruppen.

- *Das Umfeld.* Die Organisation besteht innerhalb eines komplexen politischen, wirtschaftlichen, sozialen, technologischen, ökologischen und rechtlichen Umfelds. Dieses Umfeld verändert sich und ist für manche Organisationen komplexer als für andere. Zum Verständnis, wie dies die Organisation beeinflusst, muss man bestimmte historische und auf die Umwelt bezogene Auswirkungen ebenso wie erwartete oder potenzielle Veränderungen der Umfeldvariablen betrachten. Aus vielen dieser Variablen ergeben sich *Chancen*, andere bedeuten wiederum *Gefahren* für die Organisation – oder beides gleichzeitig. Ein Problem hierbei ist, dass die Bandbreite der Variablen oft so groß ist, dass es weder möglich noch realistisch ist, jede einzelne zu identifizieren und zu verstehen. Daher müssen aus dieser Komplexität die wichtigsten aus dem Umfeld stammenden Einflüsse auf die Organisation herausgefiltert werden. *Kapitel 2* erklärt, wie das ermöglich werden kann.

- *Die strategischen Fähigkeiten einer Organisation*, also ihre *Ressourcen und Kompetenzen.* Dazu kann man am besten die *Stärken und Schwächen* einer Organisation betrachten (wo gibt es beispielsweise einen Wettbewerbsvorteil oder -nachteil?). Das Ziel besteht darin, sich einen Einblick in die internen Einflüsse und Beschränkungen auf die strategischen Wahlmöglichkeiten für die Zukunft zu verschaffen. Gewöhnlich bietet eine Kombination von Ressourcen und großer Kompetenz in bestimmten Bereichen (in diesem Buch als *Kernkompetenzen* bezeichnet) Vorteile, die der Konkurrenz schwer zu schaffen machen. In *Kapitel 3* werden strategische Fähigkeiten genauer behandelt.
- *Kapitel 4* befasst sich mit den wichtigsten Einflüssen durch die *Interessengruppen* auf die *Zielsetzungen* einer Organisation. Die Zielsetzung lässt sich am deutlichsten aus der *Vision*, dem *Leitbild* und den *Werten* einer Organisation ablesen. Hier kommt auch das Thema *Corporate Governance* ins Spiel: Wem sollte die Organisation in der Hauptsache dienen, und wie sollten die Manager dafür die Verantwortung übernehmen? Daraus ergeben sich Themen wie die *soziale Verantwortung* der Organisation sowie Fragen der *Ethik*. Das Kapitel erläutert, wie beide Varianten internationaler Führungssysteme sowie die *Machtkonfigurationen* innerhalb bestimmter Organisationen seine Zielsetzungen beeinflussen können.
- *Kapitel 5* untersucht den Einfluss *kultureller und historischer Aspekte* auf die Strategie Kulturelle Einflüsse können *organisationsintern*, *branchenspezifisch* oder *national* wirken. Historische Einflüsse können einen Lock In-Effekt bei bestimmten strategischen Abläufen auslösen. Diese Einflüsse können wiederum eine *strategische Drift* auslösen, sodass nötige Veränderungen nicht vorgenommen werden. Das Kapitel zeigt, wie Manager diese historischen und kulturellen Einflüsse auf die Strategie analysieren und angehen können.

Diese Themen der Positionierung spielten für Yahoo! eine große Rolle, als es sich 2006 in der Krise befand. Aus dem externen Umfeld kam die Gefahr des immer stärker werdenden Konkurrenten Google. Yahoo!'s starke Internetmarke sowie bestehende Nutzer waren die Schlüsselressource zur Verteidigung seiner Position. Das Unternehmen hatte mit seinen Zielsetzungen zu kämpfen, denn die oberste Führungsebene tat sich offensichtlich mit Entscheidungen schwer. Dennoch besaß die Firma eine stabile Unternehmenskultur, die so stark war, dass sich sogar Brad Garlinghouse ein Y in seinen Hinterkopf rasieren ließ und seine Firma zu seinem Lebensinhalt machte.

Strategische Wahlmöglichkeiten

Strategische Wahlmöglichkeiten implizieren ein Verständnis für die Grundlagen einer zukünftigen Strategie sowohl auf geschäfts- als auch auf gesamtunternehmerischer Ebene sowie Optionen für die Entwicklung einer Strategie in Hinblick auf Inhalte und Methoden.

1.3.2 Strategische Wahlmöglichkeiten

Strategische Wahlmöglichkeiten implizieren ein Verständnis für die Grundlagen einer zukünftigen Strategie sowohl auf geschäfts- als auch auf gesamtunternehmerischer Ebene sowie Optionen für die Entwicklung einer Strategie in Hinblick auf Inhalte und Methoden. So könnte sich ein Unternehmen zum Beispiel zwischen verschiedenen Diversifikationsmöglichkeiten entscheiden müssen, beispielsweise durch den Eintritt in neue Märkte oder die Herstellung neuer Produkte. Zur Diversifizierung stehen verschiedene Methoden zur Verfügung. So könnte das Unternehmen selbst neue Produkte entwickeln oder eine Organisation übernehmen, die auf diesem Gebiet bereits aktiv ist. Typische Optionen und Methoden sind in Teil II dieses Buches aufgeführt:

- Aus der Entscheidung, wie ein Unternehmen *auf der Ebene seiner Geschäftsbereiche* seinen Wettbewerb gestalten will, ergeben sich strategische Wahlmöglichkeiten. Dabei geht es meist um Preisstrategien und Abgrenzungsstrategien sowie um Entscheidungen, wie mit Mitbewerbern konkurriert oder zusammengearbeitet werden soll. Diese Themen der Strategie auf Geschäftsbereichsebene sind in *Kapitel 6* abgedeckt.
- Auf der höchsten Ebene einer Organisation ergeben sich Themen *gesamtunternehmerischer Strategie*, die sich mit der Reichweite oder Bandbreite einer Organisation befassen. Dazu zählen Diversifizierungsfragen zur Produktpalette und der Marktverteilung. Das größte strategische Problem bei Yahoo! war eben die Tatsache, dass das Unternehmen auf zu vielen Märkten aktiv war. Gesamtunternehmensstrategie beschäftigt sich auch mit den Beziehungen zwischen den einzelnen Teilen einer Organisation und der Frage, wie die „Unternehmenszentrale" für diese Einzelteile Mehrwert schaffen kann. Bei Yahoo! ist nicht klar, wie viel Mehrwert der Konzern für seine Teilbereiche schafft. Diese Themen zur Rolle des Konzerns und seiner Schaffung von Mehrwert werden in *Kapitel 7* behandelt.
- Eine *internationale Strategie* ist eine Form der Diversifizierung hin zu neuen geografischen Märkten. Sie ist oft mit mindestens ebenso vielen Herausforderungen verbunden wie andere Formen der Diversifizierung. *Kapitel 8* untersucht die Wahlmöglichkeiten von Unternehmen bezüglich der Priorität für bestimmte geografische Märkte sowie des Markteintritts durch Export, Lizenzierung, direkte Investition oder Akquisition.
- *Entrepreneurship* steht am Anfang jeder Organisation. Die meisten Organisationen müssen ständig *innovativ* sein, um ihr Überleben zu sichern. *Kapitel 9* betrachtet Wahlmöglichkeiten in Bezug auf Innovation und Entrepreneurship. Wahlmöglichkeiten zur Innovation können darin bestehen, als erster einen neuen Markt zu erschließen, anderen Unternehmen zu folgen oder bei der Entwicklung neuer Produkte und Dienstleistungen mehr oder weniger auf Kundenwünsche zu achten. Beim Entrepreneurship gibt es zahlreiche Wahlmöglichkeiten, so etwa zum Thema Finanzierung, Ausbau wichtiger externer Beziehungen und der Bestimmung des richtigen Zeitpunkts für einen Marktaustritt.
- Organisationen müssen wählen, mit welchen *Methoden* sie ihre Strategien verfolgen. Viele Organisationen ziehen es vor, „organisch" zu wachsen, neue Geschäftsbereiche also mit eigenen Ressourcen aufzubauen. Andere Organisation entwickeln sich durch Fusionen und Übernahmen und/oder strategische Allianzen mit anderen Organisationen weiter. Diese Alternativen werden in *Kapitel 10* behandelt. Am Ende des Kapitels werden die *Erfolgskriterien* aufgeführt, anhand derer verschiedene strategische Entscheidungen bewertet werden können.

1.3.3 Strategie in Aktion

Bei der Implementierung *(Strategie in Aktion)* geht es darum, sicherzustellen, dass ausgewählte Strategien auch tatsächlich in die Tat umgesetzt werden. Diese Themenbereiche werden in den fünf Kapiteln von Teil III wie folgt behandelt:

- Zunächst müssen die *strategischen Entwicklungsprozesse* einer Organisation betrachtet werden. Die Strategien, die eine Organisation verfolgt, sind meist eine Mischung aus *beabsichtigten* und *emergenten* Strategien. Beabsichtigte Strategien sind das Ergebnis formeller strategischer Planung und Entscheidung, doch die tatsächlich verfolgte Strategie ergibt sich oft zum Teil auch aus anderen Faktoren wie etwa Initiativen von unten nach oben innerhalb der Organisation, schnellen Reaktionen auf unerwartete Chancen und Gefahren oder einfach purem Zufall. *Kapitel 11* untersucht sowohl beabsichtigte als auch emergente Faktoren einer strategischen Entwicklung.
- Die *Strukturierung* einer Organisation zur Unterstützung erfolgreicher Leistung. Dies beinhaltet organisationale *Strukturen, Prozesse und Beziehungen* (sowie die Interaktionen dieser Elemente). Brad Garlinghouse glaubte, dass strukturell isolierte Einzelabteilungen, eine Matrix-Organisation und übermäßige Bürokratie große Probleme für Yahoo! darstellten. Mit diesen Themenbereichen befasst sich *Kapitel 12*.
- *Ressource*-Strategien in den verschiedenen Ressource-Bereichen (Mitarbeiter, Informationen, finanzielle Mittel und Technologie) zur Unterstützung der Gesamtstrategie. Ebenso wichtig für den Erfolg ist aber auch der umgekehrte Einfluss, d.h. in welchem Maße sich neue Strategien auf bestimmte Ressourcen und starke Kompetenzen einer Organisation stützen. In *Kapitel 13* geht es um diese Wechselbeziehung.
- Strategisches Management bedeutet auch oft einen *strategischen Wandel. Kapitel 14* betrachtet die unterschiedlichen Themenbereiche zu diesem Punkt. Dazu gehört das Verständnis dafür, wie das Umfeld einer Organisation die Herangehensweise an den Wandel beeinflusst sowie die *Rolle* verschiedener Menschen, die diesen Wandel begleiten. Auch Managementstile bei der Durchführung von Veränderungen und bestimmte erzielte Hebelwirkungen werden betrachtet.
- Das letzte Kapitel dieses Buches befasst sich mit der eigentlichen *Praxis der Strategie. Kapitel 15* steigt in die tatsächlichen Prozesse strategischer Entwicklung und Veränderung ein und beleuchtet die einzelnen Aktivitäten im Detail – die *Menschen*, die an der Strategie beteiligt sind, die *Handlungen*, die sie ausführen müssen sowie bestimmte *Methodiken*, derer sie sich bedienen. Diese praktischen Betrachtungen stellen einen guten Abschluss für dieses Buch dar und bieten ein gutes Rüstzeug für alle, die sich selbst einmal praktisch mit Strategie befassen werden.

Sitzung 2: Strategische Planung

2

ÜBERBLICK

Lernziele

Nach der Lektüre dieses Kapitels sollten Sie in der Lage sein,

- zu erklären, was unter *intendierter* und *emergenter* Strategieentwicklung zu verstehen ist.
- intendierte Prozesse der Strategieentwicklung in Organisationen zu identifizieren; dazu gehören die Rolle von Vision und Anordnung, strategische Planungssysteme und von außen aufgezwungene Strategien.
- emergente Prozesse der Strategieentwicklung zu identifizieren, etwa logischen Inkrementalismus, Ressourcenallokationsprozesse, kulturelle Prozesse und organisationale Politik.
- zu berücksichtigen, dass unterschiedliche Prozesse der Strategieentwicklung in *vielen Formen* und *unterschiedlichen Zusammenhängen* vorgefunden werden können.
- einige der Themen zu erklären, denen Manager bei der Strategieentwicklung begegnen. Zu diesen gehören die Herausforderung, *intendierte* und *realisierte Strategien* zu steuern, die Entwicklung der *lernenden Organisation* und Strategieentwicklung unter *unsicheren* und *komplexen Bedingungen.*

11.1 Einführung

Zentrales Thema von Teil I und II war es, wie strategische Akteure die strategische Position ihrer Organisation verstehen und welche strategischen Wahlmöglichkeiten zur Verfügung stehen. Dieses Kapitel behandelt nun die Frage, *wie sich Strategien entwickeln*, oder genauer, welche allgemeinen Prozesse zu organisationalen Strategien führen (in *Kapitel 15* wird detailliert erläutert, welche Mitarbeiter in diese Prozesse involviert sind, was sie bei der Entwicklung von Strategien tun und welche Methoden angewandt werden).

Es gibt zwei generelle Erklärungen der Strategieentwicklung, die sich allerdings nicht gegenseitig ausschließen. Die erste hängt mit der Idee der *intendierten Strategie* zusammen: Strategien sind das Ergebnis sorgfältiger Überlegungen, die normalerweise mit Entscheidungen des Top Managements verknüpft sind. Dies ist auch mit der Vorstellung verbunden, dass Strategien mithilfe der in diesem Buch erläuterten Konzepte und Werkzeuge entwickelt werden. Diese Erklärung wird manchmal auch als *rationale/analytische Sicht* der Strategieentwicklung bezeichnet oder, wie in den Kommentaren dieses Buches, als *Gestaltungsperspektive* der Strategieentwicklung. Die zweite Erklärung ist die der *emergenten Strategie*: Strategien entwickeln sich nicht auf der Grundlage eines umfassenden Planes, sondern kommen im Laufe der Zeit in Organisationen auf. Die in den Kommentaren dargestellte Diskussion über die Erfahrungen, Ideen und Diskursperspektiven beziehen sich auf diese Erklärung. Dieses Kapitel ist entsprechend dieser zwei Ansichten, der intendierten und emergenten Strategien, strukturiert. Abbildung 11.1 erläutert die Struktur des Kapitels:

Abbildung 11.1: Strategieentwicklungsprozesse

- Der erste *Abschnitt 11.2* befasst sich mit intendierter Strategie. Zuerst wird erklärt, wie Strategien das Resultat der *Vision, Führung oder „Anordnung"* von Einzelpersonen sein können. Dann wird erörtert, wie formelle *Planungssysteme* in Organisationen aussehen können und welche Rolle sie spielen. Der Abschnitt endet mit der Darstellung, wie Strategien von außen *aufgezwungen* werden können.
- Im zweiten Abschnitt des Kapitels (*11.3*) geht es darum, wie Strategien in Organisationen emergent werden. Den unterschiedlichen Erklärungen ist gemeinsam, dass sie Strategieentwicklung nicht als eine besondere und abgetrennte organisationale Aktivität sehen, sondern dass sich Strategien aus alltäglichen und routinemäßigen Abläufen der Organisation entwickeln. Der Abschnitt beginnt mit der Erläuterung des *logischen Inkrementalismus*. Dann wird erklärt, wie Strategien das Ergebnis von *Ressourcenallokationsprozessen* sein könnten. Auch der Einfluss *kultureller Prozesse* in Organisationen und ihre *politischen Prozesse* werden erläutert.
- *Abschnitt 11.4* zeigt auf, dass diese unterschiedlichen Erklärungen der Strategieentwicklung nicht als unabhängig oder sich gegenseitig ausschließend angesehen werden sollten. In der Tat können sie alle in unterschiedlichem Ausmaß oder zu unterschiedlichen Zeiten und in unterschiedlichen Zusammenhängen in Organisationen zutreffen. Es gibt jedoch *Muster der Strategieentwicklung*, die in diesem Abschnitt erläutert werden.
- Im letzten Abschnitt des Kapitels (*11.5*) werden *Implikationen für das Management der Strategieentwicklung* aufgezeigt, zu denen die folgenden gehören:
  - Die Unterscheidung zwischen *intendierter* und *realisierter* Strategie und die sich ergebenden Implikationen für das Management der Strategieentwicklung.
  - Die Herausforderung, eine *lernende Organisation* zu entwickeln.
  - Wie unterschiedliche Herangehensweisen an die Strategieentwicklung mehr oder weniger gut für *stabile, dynamische oder komplexe* Umgebungen geeignet sind.

11.2 Intendierte Strategieentwicklung

Intendierte Strategie

Die intendierte Strategie bezeichnet die von Managern gewünschte Strategie, die bewusst formuliert und geplant wurde.

Die **intendierte Strategie** bezeichnet eine von Managern gewünschte Strategie, die bewusst formuliert und geplant wurde. Ihre Entstehung kann auch mit dem Einsatz der in diesem Buch erläuterten Werkzeuge, Techniken und Rahmenbedingungen für strategische Analyse und Evaluation verbunden sein. Diese können in strategischen Planungssystemen, den Ansichten einzelner strategischer Führer oder Gruppen von Managern über die Strategie ihrer Organisation zur Geltung kommen (siehe *Kapitel 15*).

11.2.1 Strategieentwicklung durch strategische Führung: Die Rolle von Vision und Anordnung

Strategieentwicklung kann eng mit einem strategischen Führer verknüpft sein, also einer Einzelperson (oder einer kleinen Gruppe von Personen), von denen die Strategie abzuhängen scheint. Es handelt sich dabei um Personen, deren Persönlichkeit, Position oder Reputation dazu führen, dass andere sich ihnen bereitwillig unterordnen und ihnen die Strategieentwicklung überlassen. Sie werden daher persönlich mit der Strategie der Organisation identifiziert und sind zentral für sie. Eine solche Einzelperson kann zentral sein, weil es sich dabei um den Inhaber oder Gründer der Organisation handelt. Dies ist oft in kleinen Unternehmen oder Familienunternehmen der Fall, die auch groß und erfolgreich sein können. Es kann auch sein, dass eine Person selbst nach dem Börsengang eines Unternehmens zentral bleibt. Dies ist bei Charles Dunston von Carphone Warehouse oder Rupert Murdoch von der NewsCorp der Fall. Oder ein Firmenchef hat ein Unternehmen in schwierigen Zeiten saniert und personifiziert deshalb den Erfolg der Unternehmensstrategie, wie es bei Michael O'Leary von Ryanair der Fall ist. Oder aber das persönliche Netzwerk eines Individuums in einer Industrie oder einem Organisationsbereich wird als besonders bedeutend angesehen.[1]

In jedem dieser Fälle scheint die Strategie Ergebnis der reiflich durchdachten Intention dieser Führungspersönlichkeit zu sein oder wird zumindest als dieses angesehen. Die Entstehung einer solchen Intention kann wie folgt erklärt werden:

- *Strategische Führung als Gestaltung.* Es könnte sein, dass der strategische Führer die Strategie analytisch durchdacht hat. Dies kann mithilfe der Techniken geschehen, die mit strategischer Analyse und Bewertung assoziiert werden, aber er kann einfach auch nur bewusst, systematisch und auf Grundlage seiner Logik die Themen, denen sich die Organisation gegenübersieht, durchgearbeitet haben und zu seinen eigenen Schlussfolgerungen gelangt sein.
- *Strategische Führung als Vision.* Es kann sein, dass ein strategischer Führer eine allgemeine Vision, Mission oder strategische Intention (siehe *Abschnitt 4.5.2*) festlegt oder damit assoziiert wird, die andere motiviert, von allen geteilte Überzeugungen schafft, die eine effektive Zusammenarbeit ermöglichen, und die detaillierte Ausgestaltung der Strategie durch andere in der Organisation prägt. Einige Autoren sehen dies als die *wichtigste* Rolle eines strategischen Führers.[2]

1 Es gibt Hinweise darauf, dass das soziale Netwerk von Führern sowohl mit einer höheren Leistung als auch mit ihrem persönlichen Ruf verbunden ist. Siehe A. Mehra, A.L. Dixon, D. Brass und B. Robertson, „The social network ties of group leaders: Implications for group performance and leader reputation", *Organization Science*, Bd. 17, Nr. 1 (2006), S. 64–79.

2 Siehe z.B. W. Bennis und B. Nanus, *The Strategies for taking Charge*, Harper & Row, 1985, und J. Collins und J. Porras, *Built to Last: Successful Habits of Visionary Companies*, Harper Business, 2002.

- *Strategische Führung als Anordnung.* Die Strategie einer Organisation kann auch durch einen Einzelnen bestimmt werden. Dies ist vielleicht in inhabergeführten kleinen Unternehmen am offenkundigsten, wo dieser Einzelne alle Aspekte des Unternehmens direkt steuert und kontrolliert. Danny Miller und Isabel Le-Breton weisen darauf hin, dass dies Vor- und Nachteile mit sich bringt. Als positiv kann gesehen werden, dass strategische Anpassungen schnell vorgenommen werden können. Auch können „präzise, innovative, unorthodoxe Strategien durchgesetzt werden, die von anderen nur schwer imitiert werden können". Zu den Kehrseiten gehören dagegen „Überheblichkeit, exzessive Risikobereitschaft und schrullige, irrelevante Strategien".[3]

11.2.2 Strategische Planungssysteme

Oft wird Strategieentwicklung mit formalisierten strategischen Planungssystemen gleichgesetzt.[4] Strategische Planung kann in Form eines systematisierten, stufenweisen, chronologischen Verfahrensprozesses ablaufen, in den verschiedene Teile der Organisation involviert sind. In einer Studie über strategische Planungssysteme großer Ölgesellschaften stellte Rob Grant[5] beispielsweise die folgenden Phasen im Planungszyklus einer großen Aktiengesellschaft fest:

- *Anfängliche Leitlinien.* Den Startpunkt eines Zyklus bilden normalerweise eine Reihe von Richtlinien oder Annahmen über die externe Umwelt (z.B. Preisniveaus und Angebots- und Nachfragebedingungen) und die allgemeinen Prioritäten, Richtlinien und Erwartungen der Konzernzentrale.
- *Planung auf Geschäftsbereichsebene.* Daraufhin entwerfen Geschäftsbereiche oder Abteilungen Strategiepläne, die der Konzernzentrale unterbreitet werden. Die Geschäftsleitung der Konzernzentrale diskutiert dann die Pläne mit den Geschäftsführern, üblicherweise in persönlichen Gesprächen. Auf der Grundlage dieser Diskussionen überarbeiten die Geschäftsbereiche ihre Pläne.
- *Planung auf Gesamtunternehmensebene.* Der Unternehmensplan resultiert aus der Aggregation der Geschäftsbereichspläne. Die Abstimmung der Teilpläne kann durch eine Planungsabteilung des Konzerns erfolgen, die eine Koordinierungsrolle übernimmt. Der Vorstand muss dem Unternehmensplan dann zustimmen.
- Daraufhin werden *finanzielle und strategische Ziele* ausgewählt, um eine Grundlage für die Überwachung der Ergebnisse der Geschäftsbereiche und wichtiger strategischer Prioritäten zu schaffen.

Beispiel 11.1 ist eine schematische Darstellung von zwei unterschiedlichen strategischen Planungssystemen, die Robert Grant in einer Studie über Ölkonzerne beobachtet hat. Einige Unternehmen waren formaler und reglementierter als andere (z.B. die fran-

---

3 Die Rolle des Kommandostils in kleinen Unternehmen wird in „Management insights from great and struggling family businesses" von D. Miller und I. Le Breton-Miller, *Long Range Planning*, Bd. 38 (2005), S. 517–530 diskutiert. Die Zitate hier stammen von S. 519.

4 In den 70er und 80er Jahren wurden viele Bücher über formelle strategische Planungsansätze zur Strategieentwicklung geschrieben. Sie sind inzwischen weniger häufig, siehe z.B. N. Lake, *The Strategic Planning Workbook*, 2. Aufl., Kogan Page, 2006; J.M. Bryson, *Strategic Planning for Public and Nonprofit Organizations: A guide to strengthening and sustaining organizational achievement*, 3. Aufl., Jossey-Bass, 2005; und S. Haines, *The Systems Thinking Approach to Strategic Planning and Management*, St. Lucie Press, 2000.

5 „Strategic planning in a turbulent environment: Evidence from the oil majors" bezeichnet eine von Rob Grant durchgeführte Studie. Siehe Strategic Management Journal, Bd. 24 (2003), S. 491–517.

zösische Elf Aquitaine und die italienische ENI). Diese verließen sich mehr auf schriftliche Berichte und formale Präsentationen sowie festgelegte Planungszyklen, zeigten wenig Flexibilität und hatten spezifische Zielvorgaben in Bezug auf die formalen Pläne. Dort, wo es mehr Formlosigkeit/Flexibilität gab (z.B. bei BP, Texaco und Exxon) legten die Unternehmen größeres Gewicht auf allgemeine finanzielle Ziele. Die zentralen Planungsabteilungen der Unternehmen spielten ebenfalls unterschiedliche Rollen. In einigen Unternehmen agierten sie hauptsächlich als Koordinatoren von Geschäftsplänen, in anderen hatten sie eher die Rolle interner Berater.

Es muss erwähnt werden, dass wichtige strategische Entscheidungen durchaus nicht nur in solchen Planungsprozessen getroffen werden können oder deren direktes Ergebnis sind. So werden zum Beispiel Entscheidungen über Wettbewerbsstrategien auf Geschäftsbereichsebene wohl eher in Besprechungen des Managements in diesem Geschäftsbereich getroffen. Dort können die Prozesse der Strategieentwicklung den in diesem Kapitel und an anderer Stelle dieses Buches erklärten Strategien entsprechen (siehe *Kapitel 15* und die Kommentare). Diese Entscheidungen können danach jedoch in den formalen Unternehmensplan übernommen werden.

Dennoch hat ein strategisches Planungssystem viele Einsatzmöglichkeiten. Es kann etwa eine Rolle dabei spielen, wie die künftige organisationale *Strategie bestimmt* wird. Ein Planungssystem kann zum Beispiel

- dabei *helfen, Analysen und Überlegungen* über komplexe strategische Probleme *zu strukturieren.*
- ermutigen, vorherrschende Überzeugungen, die in einer Organisation einfach als gegeben angenommen werden, *infrage zu stellen und anzufechten.*
- eine *längerfristige Sicht* der Strategie *fördern* als dies sonst der Fall wäre. Planungshorizonte variieren selbstverständlich. In sich schnell verändernden Konsumgüterunternehmen können Jahrespläne über drei bis fünf Jahre angemessen sein. In Unternehmen mit langfristigen Kapitalinvestitionen wie beispielsweise in der Ölindustrie können Planungshorizonte bis zu 15 Jahre (bei Exxon) oder 20 Jahre (bei Shell) betragen.[6]
- *die Koordination von Strategien auf Geschäftsbereichsebene* innerhalb einer übergreifenden Unternehmensstrategie *verbessern.*

In jedem dieser Planungssysteme können die Werkzeuge und Techniken der strategischen Analyse und Entscheidungsfindung Anwendung finden, die in Teil I und II des Buches diskutiert wurden.

6 Ebenfalls der Forschungsarbeit von Grant entnommen, siehe Fußnote 5.

Beispiel 11.1 Strategische Planung bei Shell und ENI

Die Rolle strategischer Planungssysteme kann sich von Unternehmen zu Unternehmen unterscheiden.

Shell

Die strategische Planung bei Shell basiert (i) auf 20-Jahres-Plänen, die alle vier bis fünf Jahre neu auf Grundlage eines Szenarioplanungsprozesses überarbeitet werden, sowie auf (ii) jährlichen Geschäftsplänen mit Zeithorizonten von fünf bis zehn Jahren. Das Ziel ist es, Geschäftsbereichsstrategien weiterzuentwickeln und Strategien der multinationalen Geschäftstätigkeit zu koordinieren.

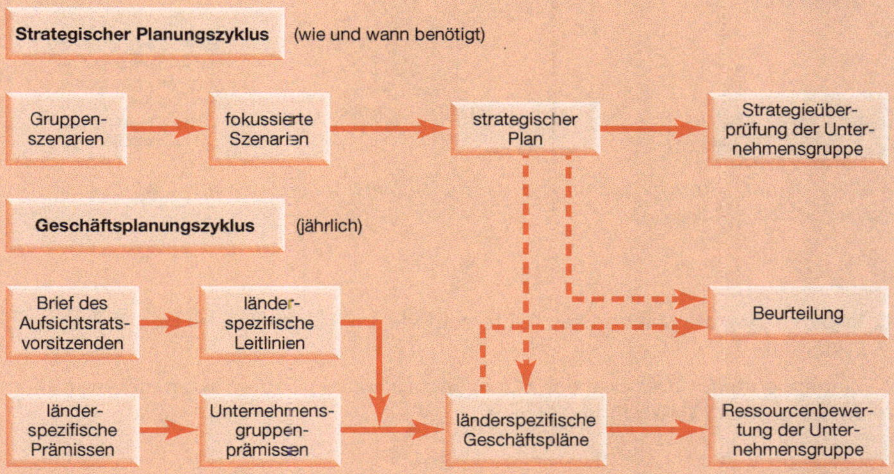

ENI

ENI hat einen jährlichen Planungszyklus mit einem Zeithorizont von vier Jahren, der jeden Geschäftsbereich, Unternehmenssektor und die ganze Gruppe einbezieht. Das erste Jahr des Plans bildet die Grundlage für das Jahresbudget und die Ergebnisziele. Der Schwerpunkt liegt auf der zentralen Unternehmenskontrolle der Geschäftsbereiche und dem Ausüben von Druck auf sie, um größere Effizienz zu erreichen.

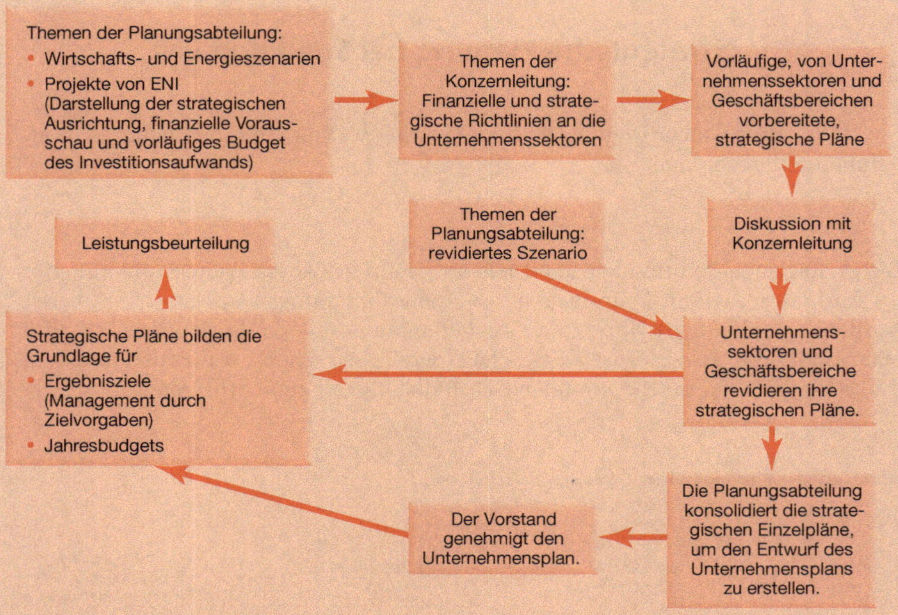

Quelle: R. Grant, „Strategic planning in a turbulent environment", Strategic Management Journal, Bd. 24 (2003), S. 498.

Kontrollfragen

1. Erklären Sie die wichtigsten Unterschiede zwischen den beiden Planungssystemen.
2. Welche anderen Prozesse der Strategieentwicklung laufen wahrscheinlich in einem großen Mineralölkonzern ab?

Ein Planungssystem kann auch die *Umsetzung einer intendierten Strategie in organisationales Handeln* erleichtern, indem es

- die intendierte Strategie von der Zentrale an die Operationseinheiten *kommuniziert*.
- *vereinbarte Zielvorgaben oder strategische Meilensteine* bereitstellt, mit denen die Leistungsergebnisse und -fortschritte überprüft werden können.
- *Ressourcen koordiniert*, die zur Realisierung der Strategie erforderlich sind.

Ein Planungssystem kann auch *psychologisch* eine Rolle spielen, indem es

- *Mitarbeiter* in die Strategieentwicklung *involviert*, wodurch ein Engagement für die Strategie geschaffen werden kann.
- ein *Gefühl der Sicherheit* und Logik für die Organisation schafft, nicht zuletzt bei den Führungskräften, die glauben, dass sie pro-aktiv die künftige Strategie bestimmen und Kontrolle über das Schicksal der Organisation ausüben sollten.

Henry Mintzberg jedoch hat das Ausmaß infrage gestellt, in dem Planung solche Vorteile mit sich bringt.[7] Es gibt vier Risiken beim Einsatz formaler Systeme strategischer Planung:

- *Verwechseln der Strategie mit dem Plan.* Führungskräfte sehen sich selbst bereits als Manager einer Strategie, während sie sich noch im Planungsprozess befinden. Strategie ist nicht das Gleiche wie „der Plan", denn unter Strategie versteht man die langfristige Ausrichtung der Organisation und nicht nur ein schriftliches Dokument. Verbunden damit könnte es zu einer Verwechslung zwischen den *Budgetprozessen* und strategischen Planungsprozessen kommen, die beide als das Gleiche angesehen werden könnten. Das Resultat ist, dass Planung auf die Erstellung finanzieller Vorhersagen reduziert wird, anstatt die in diesem Buch diskutierten Themen zu überdenken. Natürlich ist es wichtig, die Ergebnisse der strategischen Planung in den Budgetprozess zu überführen, aber es handelt sich dabei nicht um dasselbe.
- *Abtrennung von der Realität.* Die für die Umsetzung der Strategien zuständigen Manager sind so mit den alltäglichen Abläufen beschäftigt, dass sie die Verantwortung für strategische Themen an Spezialisten oder Berater abgeben. Diese haben jedoch meist nicht die Macht, in der Organisation etwas zu bewegen. Dies kann dazu führen, dass strategische Planung zu einer intellektuellen Übung wird, die von der Realität des Betriebs abgekoppelt ist. Strategische Planung kann auch zu sehr ins Detail gehen und sich auf umfangreiche Analysen konzentrieren, die, obwohl sie technisch fundiert sind, die wichtigen strategischen Themen übersehen, denen die Organisation gegenübersteht. So ist es zum Beispiel nicht ungewöhnlich, dass Firmen über umfangreiche Informationen über ihren Markt verfügen, aber nur wenig Klarheit über die strategische Bedeutung dieser Informationen herrscht. Das Ergebnis kann eine *Informationsüberflutung* ohne klares Ergebnis sein. Im Extremfall können strategische Planer der Meinung sein, dass die zentral geplante Strategie determiniert, was in einer Organisation geschieht. Tatsächlich spielen jedoch die Mitarbeiter und die Erfahrungen, auf die sie zurückgreifen, eine sehr viel bedeutendere Rolle (siehe *Abschnitt 11.5.1* und *Kapitel 15*). Damit formale Planungssysteme sinnvoll sind, sollten die Verantwortlichen auf diese Erfahrungen zurückgreifen und auch die Mitarbeiter der Organisation einbeziehen, damit die Planung nicht von der Realität der Organisation abgetrennt wird.
- *Mangelnde Übernahme.* Die aus den Überlegungen einer Planungsabteilung oder der höheren Führungskräfte eines Unternehmens resultierende Strategie wird nicht von einer breiten Basis im Unternehmen getragen. In einem extremen Beispiel wurde einem Kollegen, der die Strategie des Unternehmens mit dem Planungsverantwortlichen diskutierte, gesagt, dass es einen Strategieplan gebe, dass dieser aber in der Schublade des Geschäftsführers eingeschlossen sei. Nur dem Planer und einigen wenigen leitenden Angestellten war es erlaubt, Einsicht zu nehmen! Es besteht auch die Gefahr, dass der Prozess der Strategieplanung so beschwerlich ist, dass Einzelne oder Gruppen nur zu Teilen beitragen und *den Plan als Ganzes nicht verstehen.* Das kann dazu führen, dass die Strategie auf Geschäftsbereichsebene nicht mit der intendierten Unternehmensstrategie übereinstimmt. Dies kann besonders in sehr großen Unternehmen zum Problem werden.
- *Dämpfung von Innovationen.* Stark formalisierte und starre Planungssysteme, insbesondere wenn diese mit sehr engen und detaillierten Kontrollmechanismen ver-

7 Viele dieser Gefahren sind dem Buch von H. Mintzberg, *The Rise and Fall of Strategic Planning*, Prentice Hall, 1994, entnommen.

bunden sind, können zu einer unflexiblen, hierarchischen Organisation führen, wodurch Ideen erstickt und die innovative Leistungsfähigkeit gedämpft werden.

Empirische Belege darüber, inwieweit ein solch systematisches Vorgehen dazu führt, dass Organisationen bessere Leistungen erbringen als andere, sind zweifelhaft[8], nicht zuletzt deshalb, weil es schwierig ist, formale Planung als dominanten oder entscheidenden Einfluss auf die Ergebnisse zu isolieren. Es gibt jedoch Hinweise, dass dies insbesondere in einer dynamischen Umwelt vorteilhaft sein kann, wo dezentralisierte Entscheidungsbefugnisse über strategische Entscheidungen erforderlich sind (siehe *Kapitel 12*), zugleich aber die Notwendigkeit besteht, die dezentral entstandenen Strategien zu koordinieren.[9]

Es gab einen Rückgang, was den Einsatz formaler Planungsabteilungen in Unternehmen[10] betrifft, sowie eine Verlagerung der Verantwortung für Strategieentwicklung und -planung auf die Führungskräfte in der Linie (siehe *Kapitel 15*). Strategische Planung vollzieht sich also mehr und mehr projektbasiert und flexibel.[11] Insofern ist die Strategieplanung nicht länger ein Vehikel für die Entwicklung einer intendierten Strategie von oben nach unten, sondern ein Vehikel für die Koordinierung emergenter Strategien (siehe *Abschnitt 11.4.1* über Ressourcenallokation).

11.2.3 Von außen aufgezwungene Strategie

Es gibt Situationen, in denen Manager der Ansicht sind, dass ihnen eine Strategie von mächtigen externen Interessengruppen aufgezwungenen würde. Strategien, die in solcher Weise aufgezwungen werden, können mithilfe der Analyse- und Evaluationsmethoden des rationalen/analytischen Ansatzes oder durch systematische strategische Planung bestimmt worden sein, oder sie könnten auf emergente Art und Weise entstanden sein (siehe *Abschnitt 11.3*). Von den Managern der Organisation, der sie aufgezwungen wurde, wird sie jedoch sicherlich als „intendierte Strategie" empfunden.

Die Regierung kann beispielsweise im öffentlichen Sektor oder in Industrien, über welche sie weitgehende Regulierungsbefugnisse hat, eine bestimmte strategische Richtung vorgeben. Oder sie entscheidet, eine Industrie oder eine Organisation zu deregulieren oder zu privatisieren, die bisher zum öffentlichen Sektor gehörte. So wurde im öffentlichen Sektor in Großbritannien zu Beginn des 21. Jahrhunderts ein interventionistischer Ansatz eingeführt. Schulen und Krankenhäusern, die als leistungsschwach galten, wurden sogenannte „Spezialmaßnahmen" auferlegt, und Manager wurden eingesetzt, um

---

8 Studien über die Beziehung zwischen formaler Planung und finanzieller Leistung sind größtenteils nicht beweiskräftig. Siehe z. B. P. McKiernan und C. Morris, „Strategic planning and financial performance in the UK SMEs: Does formality matter?", *Journal of Management*, Bd. 5 (1994), S. 31–S42. Einige Studien zeigen einen Nutzen in bestimmten Zusammenhängen. So wird z. B. argumentiert, dass es Vorteile für Unternehmer gibt, die neue Unternehmen gründen. Siehe F. Delmar und S. Shane, „Does business planning facilitate the development of new ventures?", *Strategic Management Journal*, Bd. 24 (2003), S. 1165–1185. Andere Studien zeigen eher den Nutzen strategischer Analyse und strategischen Denkens als die Vorteile formaler Planungssysteme; siehe C.C. Miller und L.B. Cardinal, „Strategic planning and firm performance: A synthesis of more than two decades of research", *Academy of Management Journal*, Bd. 37, Nr. 6 (1994), S. 1649–1665.

9 T.J. Andersen, „Integrating decentralized strategy making and strategic planning processes in dynamic environments", Journal of Management Studies, Bd. 41, Nr. 8 (2004), S. 1271–1299.

10 Siehe Fußnote 5.

11 Siehe M. Mankins. „Stop making plans, start making decisions", *Harvard Business Review*, Januar 2006, S. 77–84.

die maroden Organisationen zu transformieren und ihnen eine neue strategische Richtung aufzuzwingen. Auch Unternehmen des privaten Sektors können einer solchen aufgezwungenen Strategierichtung oder signifikanten Einschränkungen ihrer strategischen Wahlmöglichkeiten ausgesetzt sein. Ein multinationales Unternehmen kann in einigen Ländern der Welt behördlichen Auflagen ausgesetzt und gezwungen sein, seine Geschäfte dort nur durch Joint Ventures oder lokale Allianzen abzuwickeln. Ebenso kann ein operativer Geschäftsbereich eines multidivisionalen Unternehmens die Unternehmensstrategie der Muttergesellschaft als aufgezwungene Strategie ansehen.

11.3 Emergente Strategieentwicklung

Auch wenn Strategieentwicklung normalerweise mit Intentionalität assoziiert wird, ist dies nicht immer der Fall. Untersuchungen historischer Muster der Strategieentwicklung in Organisationen zeigen ein Muster auf, das als inkrementelle Strategieentwicklung bekannt wurde. Strategien ändern sich normalerweise nicht in bedeutenden Richtungswechseln, sondern indem sie auf Vergangenem aufbauen und es schrittweise verbessern. Frühere Entscheidungen beeinflussen die zukünftige Richtung und führen zu dem in Abbildung 11.2 beschriebenen Muster. Eine anscheinend kohärente Strategie einer Organisation kann sich auf der Grundlage strategischer Schritte entwickeln, von denen jeder im Sinne der vorangegangenen Schritte Sinn macht. Auch eine Produkteinführung oder eine Investitionsentscheidung können eine strategische Richtung begründen, die wiederum die Entscheidungen über den nächsten strategischen Schritt prägt, der vielleicht in einer Akquisition besteht. Diese wiederum trägt dazu bei, die strategischen Ausrichtung zu konsolidieren, so dass die allgemeine strategische Ausrichtung der Organisation im Laufe der Zeit fundierter wird. Mit der Zeit wird jeder strategische Schritt durch dieses sich entwickelnde Strategiemuster geprägt und verstärkt es wiederum.

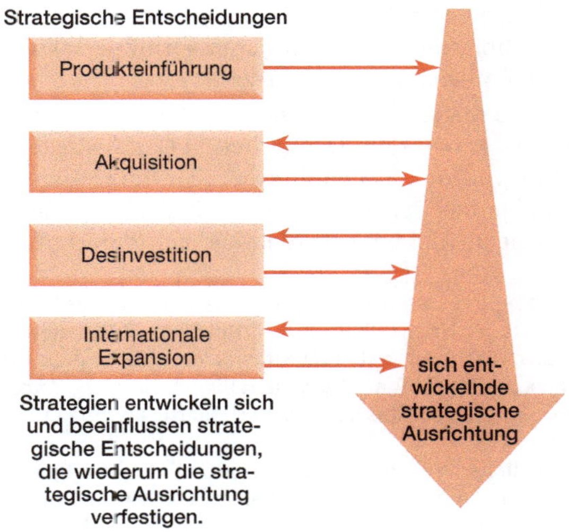

Abbildung 11.2: Strategische Ausrichtung auf Basis früherer Entscheidungen

Es wäre für eine Organisation seltsam und wohl dysfunktional, wenn sie ihre Strategie sehr häufig fundamental ändern würde. Hat eine Organisation einmal eine allgemeine strategische Richtung eingeschlagen, so sollte man erwarten, dass weitere strategische Schritte mit dieser in Einklang stehen. Somit ist ein solches Muster konsistent mit

Emergente, gewachsene Strategien

Emergente, gewachsene Strategien entwickeln sich aus alltäglichen Routineabläufen, Aktivitäten und Prozessen in Organisationen, die zu Entscheidungen führen, welche die langfristige Ausrichtung einer Organisation bestimmen.

Logischer Inkrementalismus

Logischer Inkrementalismus ist die bewusste Entwicklung einer Strategie durch Experimentieren und Lernen auf Basis begrenzter Veränderungen.

der Sichtweise von Strategieentwicklung als einem intentionalen, wohl überlegten und sorgfältig durchdachten Prozess. Jedoch kann dasselbe Muster auch als die beständige Anwendung des Vertrauten interpretiert werden: Organisationen treffen wiederholt Entscheidungen auf der Basis dessen, wo sie herkommen, anstatt auf Basis eines wohl überlegten Blicks in die Zukunft.[12] Oder das Strategiemuster kann als das Ergebnis von Routinen, Aktivitäten und Prozessen innerhalb einer Organisation angesehen werden, die zu Entscheidungen führen, welche die langfristige Ausrichtung einer Organisation[13] festlegen: Ihre Strategie. Diese kumulativen Entscheidungen können dann anschließend zum Beispiel in Jahresabschlüssen oder Strategieplänen als Strategie der Organisation formal beschrieben werden. Dieser Abschnitt erläutert die organisationalen Prozesse, die zu einer solchen **emergenten Strategieentwicklung** führen können.

11.3.1 Logischer Inkrementalismus

In einer Studie großer multinationaler Unternehmen kam James Quinn[14] zu dem Schluss, dass die von ihm beobachteten Strategieentwicklungsprozesse am besten als logischer Inkrementalismus beschrieben werden konnten. **Logischer Inkrementalismus** ist die Entwicklung einer Strategie durch Experimentieren und „Lernen auf Basis begrenzter Veränderungen statt durch die globale Formulierung ganzer Strategien."[15] Hierfür gibt es mehrere Gründe:

- *Umweltunsicherheit.* Manager erkennen, dass sie die Unsicherheit ihrer Umwelt nicht aus der Welt schaffen können, indem sie sich auf die Analyse historischer Daten oder Vorhersagen von Veränderungen verlassen. Stattdessen versuchen sie, sensibel für Umweltsignale zu sein, indem sie die gesamte Organisation dazu anregen, die Umwelt permanent zu beobachten.
- *Generelle Sicht einer Strategie.* Manager haben eher eine allgemeine als eine spezifische Vorstellung davon, was ihre Organisation in Zukunft erreichen soll, und versuchen, sich dieser Position schrittweise anzunähern. Sie sind auch zurückhaltend, präzise Zielvorstellungen zu früh zu spezifizieren, da dies sowohl Ideen unterdrücken als auch Innovation und Experimentieren verhindern könnte. Zielvorstellungen können daher sehr allgemein gehalten sein.
- *Experimentieren.* Viele Manager versuchen, ein starkes, sicheres, aber dennoch flexibles Kerngeschäft zu entwickeln. Die in diesem Geschäft gemachten Erfahrungen begründen dann sowohl ihre Entscheidungen über die weitere Entwicklung dieses Geschäfts als auch über das Experimentieren mit „Nebenprojekten". In den frühen Phasen einer Strategieentwicklung werden sie sich daher nur versuchsweise auf

12 Siehe S. Elbanna, „Strategic decision making: Process perspectives", *International Journal of Management Reviews*, Bd. 8, Nr. 1 (2006), S. 1–20 für eine Erklärung der Unterschiede zwischen einer reiflich durchdachten, geplanten Strategieentwicklung und inkrementellen Erklärungen. Siehe G. Johnson, „Re-thinking incrementalism", *Strategic Management Journal*, Bd. 9 (1988), S. 75–91 für eine Diskussion unterschiedlicher Erklärungen inkrementeller strategischer Änderungen.

13 Zwei der ersten ausführlichen Fallstudien, die zeigen, wie kulturelle und politische Prozesse zur Emergenz von Strategien führen, sind A. Pettigrew, *The Awakening Giant*, Blackwell, 1985, und G. Johnson, *Strategic Change and the Management Process*, Blackwell, 1987.

14 J.B. Quinn´s Recherchen involvierten die Untersuchung strategischer Änderungen in Unternehmen und wurde in *Strategies for Change*, Irwin, 1980, veröffentlicht. Siehe auch J.B. Quinn, „Strategic change: Logical incrementalism", in J.B. Quinn und H. Mintzberg, *The Strategy Process*, 4. Aufl., Prentice Hall, 2003.

15 Siehe J.B. Quinn, Strategies for Change, Fußnote 14, S. 58.

andere strategische Optionen festlegen. Solche Experimente liegen nicht nur im Verantwortungsbereich des Top Managements. Sie entwickeln sich auch aus dem, was Quinn als „Subsysteme“ einer Organisation beschreibt. Damit meint er Gruppen von Mitarbeitern, die zum Beispiel mit der Produktentwicklung, der Positionierung eines Produkts, der Diversifikation, den externe Beziehungen, etc. befasst sind.

- *Koordinierung emergenter Strategien.* Top Manager können eine Mischung *formaler und informaler*, sozialer und politischer Prozesse nutzen (siehe *Abschnitt 11.3.4*), um die sich aus diesen Subsystemen entwickelnden Muster von Strategien miteinander zu verbinden. Diese können dann für bestimmte Interessengruppen (z.B. Aktionäre, Finanzkommentatoren, Medien), die die Strategie der Organisation verstehen sollen, zu kohärenten Ausführungen über die Strategie zusammengefasst werden.

Quinn argumentiert, dass logischer Inkrementalismus trotz seiner emergenten Natur eine „bewusste, zielgerichtete, pro-aktive Praktik von Führungskräften“ ist, die dazu dient, die Informationsgrundlage für Entscheidungen zu verbessern und eine psychologische Identifikation der Mitarbeiter mit der Strategieentwicklung zu schaffen. In gewisser Hinsicht umfasst logischer Inkrementalismus also Prozesse, die eine Brücke zwischen Intentionalität und Emergenz schlagen. Denn sie sind wohlüberlegt und intendiert, basieren aber gleichzeitig auf sozialen Prozessen der Umweltbeobachtung durch die Organisation und Experimenten in Subsystemen, um Ideen auszuprobieren.

Diese Sichtweise der Strategieentwicklung ähnelt der von Managern, wenn sie beschreiben, wie Strategien in ihren Organisationen entstehen. In Beispiel 11.2 finden sich Beispiele von Managern, die Strategieentwicklungsprozesse in ihren Organisationen aus ihrer Sicht erklären. Sie sehen ihre Aufgabe als Strategieentwickler als fortwährendes, pro-aktives Verfolgen eines strategischen Ziels, als Reagieren auf Aktivitäten der Wettbewerber und als Adaptieren an die Umwelt, ohne dass viel Einsatz nötig ist, um Effizienz und Arbeitsleistung aufrechtzuerhalten.

Die Entwicklung von Strategien auf diese Art hat deutliche Vorteile. Fortwährendes Austesten und eine sukzessive Umsetzung der Strategie bedeuten bessere Informationen für die Entscheidungsfindung und ermöglichen eine bessere Planung der Abfolge wichtiger Entscheidungen. Da Veränderungen nach und nach stattfinden, wird die Möglichkeit erhöht, Engagement für Veränderungen in der Organisation zu schaffen und zu entwickeln. Da die unterschiedlichen Teile oder „Subsysteme“ der Organisation in einem beständigen, fortwährenden Zusammenspiel sind, können Manager voneinander etwas über die Machbarkeit bestimmter Vorgehensweisen lernen. Solche Prozesse berücksichtigen auch die politische Natur des organisationalen Lebens, da kleinere Veränderungen auf weniger Widerstand stoßen als ein großer Wandel. Zudem bedeutet diese Art der Formulierung von Strategien, dass die Implikationen der Strategie fortwährend getestet werden. Diese fortwährende Neuanpassung macht Sinn, wenn die Umwelt einen sich fortwährend ändernden Einfluss auf die Organisation ausübt.

Beispiel 11.2

Eine inkrementalistische Sicht strategischen Managements

Manager sehen ihre Aufgabe oft als das Management von Anpassungen, also die Strategie fortwährend mit der Umwelt in Einklang zu bringen, während die Effizienz gewahrt und die Interessengruppen bei Laune gehalten werden.

- „Es gibt eine einfache Analogie. Um sich beim Gehen vorwärts zu bewegen, schafft man ein Ungleichgewicht. Man lehnt sich nach vorne und weiß nicht, was passiert. Glücklicherweise setzt man einen Fuß nach vorne und ist wieder im Gleichgewicht. Das ist genau das, was wir die ganze Zeit tun – es ist also nie bequem."
- „Ich beginne umfassende Diskussionen mit Menschen innerhalb und außerhalb des Unternehmens. Aus diesen ergibt sich letztendlich ein Muster. Es ist wie beim Zusammensetzen eines Puzzles. Zuerst erscheint ein vager Umriss eines Ansatzpunktes wie beispielsweise das Segel eines Schiffes in einem Puzzle. Dann wird plötzlich der Rest des Puzzles ganz klar, und man wundert sich, warum man es nicht schon die ganze Zeit gesehen hat."
- „Wir haben in der Vergangenheit nicht stillgestanden, und mit unserer gegenwärtigen Aufstellung werden wir auch in Zukunft nicht stillstehen; aber was ich damit wirklich meine, ist, dass es ein Weg der Evolution und nicht der Revolution ist. Einige Firmen haben ein Erfolgsrezept und halten starr an diesem fest, weil es alles ist, was sie kennen. Firma X zum Beispiel hat sich nicht hinreichend an Veränderungen angepasst und musste deshalb eine Revolution einleiten. Wir haben uns nach und nach angepasst, und das ist meiner Meinung nach auch das, was wir tun sollten. Wir halten immer Ausschau nach neuen Möglichkeiten, ohne dabei aber unseren Weg zu verlassen."
- „In unserem Geschäft weiß man nie, was die Zukunft bringt, denn sie ändert sich sehr schnell. Deshalb beschäftige ich einige der besten Köpfe der Branche. Ihr Job ist es, zu den Ersten zu gehören, die wissen, was passiert, und durch ihre Arbeit die Zukunft zu gestalten. Ich gebe ihnen keinen Strategieplan vor, dem sie folgen müssen. Meine Aufgabe ist es, aus dem, was sie mir sagen und was sie tun, eine Strategie zu erkennen. Natürlich stimmen sie nicht immer überein – warum sollten sie auch, denn sie können die Zukunft ja auch nicht kennen –, also gibt es viele Debatten, häufige Experimente, und oftmals werden Abschätzungen vorgenommen."
- „In diesem Zusammenhang ist die Analogie mit einem Schachspiel hilfreich. Das Ziel beim Schach ist klar: Den Sieg zu erringen, indem der König des Gegenspielers erobert wird. Die meisten Spieler beginnen mit einem strategischen Spielzug, der einen Gegenzug des Gegners unterstellt. Kommt der Gegenzug zustande, folgt der nächste Zug, basierend auf der vorherigen Gewinnstrategie, automatisch. Der Reiz des Schachspiels ist jedoch die Unvorhersehbarkeit der Züge des Gegners. Es ist unmöglich, das Ergebnis eines Schachspiels vorherzusagen, und deshalb beschränken sich die Spieler darauf, an den Möglichkeiten und Wahrscheinlichkeiten der nächsten Spielzüge zu arbeiten."

Quellen:

1. Zitate aus Interviews, die von A. Bailey als Teil eines Forschungsprojekts durchgeführt wurden, die vom Economic and Social Research Council (Grant No. R000235100) gefördert wurden.

2. Auszug aus J.B. Quinn, Strategies for Change, Irwin, 1980.

3. Auszug aus G. Johnson, Strategic Change and the Management Process, Blackwell, 1987.

4. Geschäftsführer eines Hightech-Unternehmens in einem Interview mit einem Co-Autor.

5. Von einem Manager in einem MBA-Studiengang.

Kontrollfragen

1. Bezug nehmend auf diese Erklärungen der Strategieentwicklung: Worin bestehen die Hauptvorteile der inkrementellen Strategieentwicklung?
2. Führt eine inkrementalistische Strategieentwicklung in jedem Fall zu strategischer Abdrift (siehe *Abschnitt 11.6.1*)? Wie kann dies vermieden werden?

11.3.2 Ressourcenallokationsprozess

Der **Ressourcenallokationsprozess** (RAP) erklärt die Strategieentwicklung so: Die realisierte Strategie entwickelt sich als Ergebnis der Art und Weise, in der Ressourcen innerhalb einer Organisationen alloziert werden.[16] Dies wird nach zwei amerikanischen Professoren, Joe Bower und Robert Burgelman[17], die in ihren Studien ähnliche Prozesse beobachteten, auch oft als „Bower-Burgelman-Erklärung" der Strategieentwicklung bezeichnet. Andere kamen später zu dem gleichen Ergebnis.[18]

Ressourcenallokationsprozess

Nach dem Ressourcenallokationsprozess-Ansatz entwickelt sich die realisierte Strategie als Ergebnis der Art und Weise, in der Ressourcen innerhalb einer Organisation alloziert werden.

Wie die logische inkrementelle Sicht der Strategieentwicklung räumt auch die RAP-Erklärung ein, dass es unrealistisch ist, eine Strategie von oben nach unten, präskriptiv, detailliert und unternehmensweit zu bestimmen. Dies gilt insbesondere für große, komplexe Organisationen. Eine sich verändernde und unsichere Umwelt nebst den kognitiven Einschränkungen von Managern beim Umgang damit bedeutet, dass Strategie besser als das Resultat von Problemen oder Themen erklärt wird, die dann bearbeitet werden, wenn sie auftauchen. Die RAP-Erklärung betont die formellen und informellen Prozesse, mit denen dies geschieht, insbesondere:

- *Verhandlungen über organisationale Ebenen hinweg.* Probleme und ihre Lösung sind normalerweise die Folge von Verhandlungen über die Ebenen einer Organisation hinweg. Am offensichtlichsten ist dies zwischen einer Unternehmenszentrale und Geschäftsbereichen oder aber zwischen einem Geschäftsbereich und seinen operativen Einheiten oder Funktionsbereichen. Solche Probleme oder Themen beginnen normalerweise mit einer Abweichung. Dabei kann es sich zum Beispiel um eine Diskrepanz der Erwartungen des Top Managements mit dem Aktienkurs handeln; oder auf Geschäftsbereichsebene um eine Verschlechterung des Marktanteils oder der Wettbewerbsposition; oder auch um die Unterschreitung des Gewinns im Vergleich mit den Erwartungen der Unternehmenszentrale. In jedem dieser Fälle

16 Diese Definition basiert auf der Definition auf S. 349 von J.L. Bower und C.G. Gilbert, „A revised model of the resource allocation process", in J.L. Bower und C.G. Gilbert (Hrs.), *From Resource Allocation to Strategy*, Oxford University Press, 2005, S. 439–455.

17 Die ursprünglichen Studien stammen von J.L. Bower, *Managing the Resource Allocation Process: A Study of Corporate Planning and Investment*, Irwin, 1972; und R.A. Burgelman, „A model of the interaction of strategic behaviour, corporate context and the concept of strategy", *Academy of Management Review*, Bd. 81, Nr. 1 (1983), S. 61–70; und „A process model of internal corporate venturing in the diversified major firm", *Administrative Science Quarterly*, Bd. 28 (1983), S. 223–244.

18 Siehe z. B. T. Noda und J. Bower, „Strategy as iterated processes of resource allocation", *Strategic Management Journal*, Bd. 17 (1996), S. 159–192.

ist es notwendig, sich über die Bedeutung dieser Diskrepanz auf einer Ebene (zum Beispiel der Geschäftsbereichsebene) in Bezug auf eine andere (beispielsweise der Unternehmensebene) Gedanken zu machen und die Erwartungen darüber anzugleichen, was angegangen werden soll. Das Thema wird dann meist auf der Ebene bearbeitet, die für das Problem angemessen ist. Handelt es sich zum Beispiel um ein marktbezogenes Problem, so ist die Marketingabteilung oder ein Projektteam in dem Geschäftsbereich zuständig. Es ist unwahrscheinlich, dass es im Detail vom Geschäftsbereichsleiter oder dem strategischen Planer des Geschäftsbereichs behandelt wird oder gar von der Unternehmenszentrale. Der Punkt, auf den hier nochmals ausdrücklich hingewiesen wird, ist, dass ein Großteil der Entscheidungen, worauf fokussiert und wie entschieden werden soll, oft tief unten in den Subsystemen einer Organisation stattfinden können.

- *Der Einfluss von RAP* auf die Lösung von Problemen. Alle Organisationen verfügen über Systeme, Routinen und Standards, mittels derer über neue Vorhaben, Produkte oder Dienstleistungen entschieden wird. Diese spielen eine bedeutende Rolle dabei, welche Problemlösungen vorgeschlagen werden und welchen dann Ressourcen zugewiesen werden. Ein Beispiel: Viele Unternehmen verfügen über Kriterien für die Eignung neuer Projektvorschläge, die auf Renditebasen beruhen (z.B. der Gesamtkapitalrendite). Die Höhe dieser Renditemesslatten beeinflusst zweifellos, welche neuen Ideen vorgeschlagen werden; einige werden weniger Kapitalausstattung benötigen oder das Potenzial haben, größere Erträge zu erwirtschaften als andere. Das gleiche Kriterium wird dann beeinflussen, welche Lösungsvorschläge angenommen werden. Würden andere Ressourcenallokationskriterien Anwendung finden, würden wahrscheinlich auch andere Lösungen vorgeschlagen und ausgewählt werden.

Abbildung 11.3: Strategieentwicklung durch Ressourcenallokationsprozesse

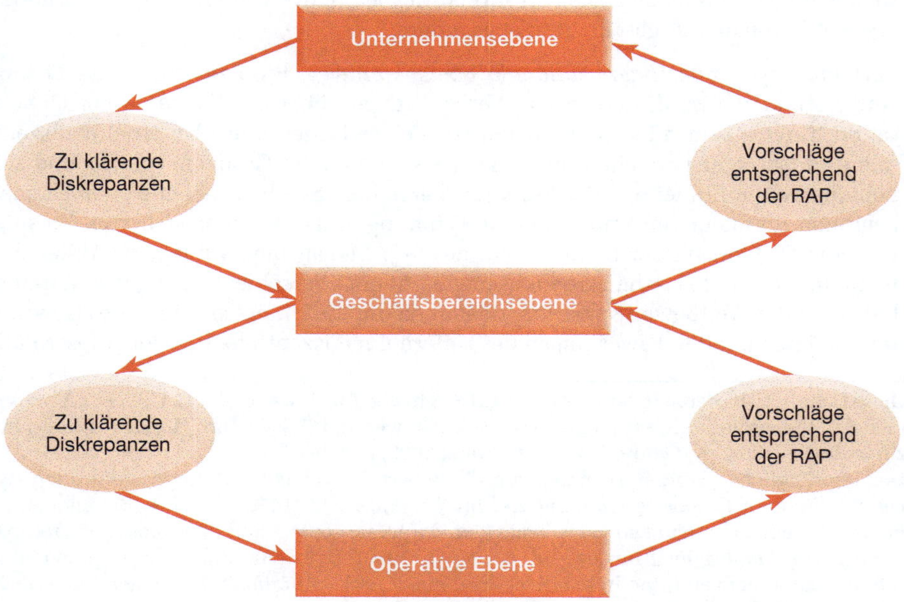

Abbildung 11.3 bietet eine Zusammenfassung der RAP-Erklärung, wie Strategien entstehen. Die Fallstudie am Ende des Kapitels zeigt, wie sie dabei hilft, die großen strategischen Veränderungen bei Intel in den 1980er Jahren zu erklären. Das Top Management der Firma sah Intel als Speicherhersteller im Bereich der Dynamic Random Access Memorys (DRAMS). Die Strategieänderung hin zu einem Mikroprozessor-Unternehmen kam damals nicht durch das Top Management zustande, sondern weil die internen Ressourcenallokationsroutinen Projekte mit höheren Gewinnmargen favorisierten. Dadurch erhielt das neu entstehende Mikroprozessorgeschäft mehr Ressourcen und damit eine Grundlage für künftige Investitionen und ein Wachstum, das größer als das des DRAMS-Geschäfts[19] war. Beispiel 11.3 zeigt jedoch, dass lokalisierte Prozesse die Strategieentwicklung zwar erklären, aber auch zu bedeutenden Problemen führen können.

Zum Schluss sollte erwähnt werden, dass die RAP-Erklärungen viele Gemeinsamkeiten mit der sich entwickelnden Rolle der strategischen Planung aufweisen (siehe *Abschnitt 11.2.2*) und der Art, wie Geschäftsbereiche oder operative Einheiten innerhalb einer Organisation mit der Zentrale zusammenarbeiten. Der Schwerpunkt der RAP liegt jedoch mehr auf den Prozessen innerhalb der Subsysteme, die eine emergente Strategie hervorbringen.

Beispiel 11.3

Viacoms europäische Strategie in den 1990er Jahren

Strategieprozesse auf Geschäftsbereichsebene können unternehmensweiten Themen nicht gerecht werden.

Nach seiner Übernahme des Unternehmens im Jahr 1987 gewann Sumner Redstone als Vorstandsvorsitzender von Viacom, einem US-amerikanischen internationalen Medienkonglomerat, Frank Biondi als CEO. Unter der Leitung von Biondi wuchs Viacom bis Mitte der 1990er Jahre kontinuierlich.

Biondis Ansatz der Unternehmensführung bestand in der Förderung einer Hochleistungskultur. Geschäftsbereiche wurden mit einem hohen Maß an operativer Autonomie ausgestattet, die durch finanzielle Anreize verstärkt wurde, welche an den Erfolg der Geschäftsbereiche gebunden waren. Dazu gehörte, dass diese die Verantwortung für ihre Strategie und die Kontrolle über Ressourcen auf Divisionsebene hatten.

Mitte der 1990er Jahre stand Viacom vor der Aufgabe, seine europäische Strategie in Anbetracht des zunehmenden globalen Wettbewerbs zu überdenken. Zu Viacoms europäischen Sparten gehörten Paramount und MTV/Nickelodeon, deren größte Konkurrenten Unternehmen waren, die Teil von Rupert Murdochs NewsCorp. waren. Die NewsCorp. wurde zentral mit einer globalen Vision geführt. Murdoch, die zentrale Figur, verfolgte einen sehr viel zentralisierteren und interventionistischen Führungsstil. Er übernahm gelegentlich auch selbst vorübergehend die Führung eines Geschäftsbereichs.

19 Die Geschichte von Intel wurde auch von Robert Burgelman aufgeschrieben, *siehe Strategy as Destiny: How strategy making shapes a company's future,* Free Press, 2002. Ebenso von Burgelman: „Fading memories: A process theory of strategic business exit in dynamic environments", *Administrative Science Quarterly,* Bd. 39 (1994), S. 34–56.

Ende 1995 wurden bei Paramount und MTV/Nickelodeon zwei getrennte strategische Themen diskutiert, die bedeutende Investitionen erfordern würden. Paramount wollte in den Markt der satellitenbasierten Verbreitung von Programmen investieren. Die bevorzugte strategische Option war eine langfristige Partnerschaft mit der Kirch-Gruppe, die über einen solchen Service verfügte.

Andererseits plante MTV/Nickelodeon eine Marktöffnung in Europa durch die Schaffung lokal zugeschnittener Sender. MTV/Nickelodeon war der Ansicht, dass dadurch auf dem bereits etablierten Markennamen aufgebaut werden könne, während auch den begrenzten Fremdsprachenkenntnissen kleiner Kinder in den lokalen Märkten Rechnung getragen würde. Daher war die bevorzugte Strategie, anstelle einer exklusiven Partnerschaft mit der Kirch-Gruppe der Erwerb lokalisierter Inhalte durch kapitalbasierte Partnerschaften mit mehreren Unternehmen, die Satellitenfernsehen einführen wollten.

Diese strategischen Fragen wurden von den Managementteams der zwei europäischen Sparten verhandelt. Obwohl sie kooperieren wollten, um Synergien auszuschöpfen, konnten sie sich nicht auf eine Strategie einigen. Es wurde daher beschlossen, dass Paramount die Führung in Verhandlungen mit möglichen Medienpartnern in Europa übernehmen sollte, während MTV/Nickelodeon seine strategischen Präferenzen Paramount gegenüber verdeutlichen würde. Biondi nahm an diesen Verhandlungen nicht aktiv teil. Die internen Verhandlungen über die bevorzugte Strategie zogen sich über den Rest des Jahres hin, ohne dass ein Konsens erreicht wurde. Dadurch wurden die gewünschten Marktentwicklungen in Europa verzögert, was den Wettbewerb verstärkte. Das wiederum führte dazu, dass in immer kürzeren Zeiträumen auf strategische Herausforderungen reagiert werden musste, und zu der Erkenntnis, dass der dezentrale Ansatz der Unternehmensentwicklung nicht funktionierte. Im Januar 1996 entließ Redstone deshalb Biondi als CEO, übernahm selbst die Kontrolle und führte einen zentralisierteren strategischen Führungsstil ein, um Geschwindigkeit und Effizienz der strategischen Entscheidungsfindung zu beschleunigen.

(Viacom fusionierte später mit CBS, löste aber 2007 diese Verbindung wieder und operierte erneut als getrenntes Unternehmen unter der Führung von Sumner Redstone.)

Quelle: Basierend auf T.R. Eisenmann und J.L. Bower „The entrepreneurial M-form: A case study of strategic integration in a global media company", in J.L. Bower und C.G. Gilbert (Hrs.), From Resource Allocation to Strategy, Oxford University Press, 2005, S. 307–329.

Erarbeitet von Michael Ubben, Lancaster University Management School.

Kontrollfragen

1. Wie unterschieden sich Viacoms Strategieentwicklungsprozesse von den in Beispiel 11.1 erklärten strategischen Planungsansätzen?
2. Welcher der in *Kapitel 7* erklärten Ansätze des „Corporate Parenting“ wurde von Biondi übernommen?
3. Wie hätten die 1995 bei Viacom auftretenden Probleme vermieden werden können?

11.3.3 Politische Prozesse

Die RAP-Erklärung betont die Bedeutung von Verhandlungen zwischen organisationalen Ebenen der Strategieentwicklung. Dies signalisiert, wie wichtig hier politische Prozesse sind. Manager behaupten oft, die von ihrer Organisation verfolgte Strategie sei das Ergebnis von Verhandlungen und Machtpolitik zwischen Führungskräften oder zwischen Koalitionen innerhalb der Organisation und wichtigen Interessengruppen. Führungskräfte oder Koalitionen versuchen sich immer wieder so zu positionieren, dass sich ihre Ansichten durchsetzen oder dass sie die Ressourcen der Organisation kontrollieren, die für den künftigen Erfolg ausschlaggebend sind. So waren zum Beispiel Motorolas Unfähigkeit, schnell genug von der anlogen zur digitalen Technologie für Mobiltelefone zu wechseln und der folgende Verlust der Marktdominanz (siehe Beispiel 5.1) im Wesentlichen das Ergebnis von Machtkämpfen zwischen Geschäftsbereichen, die versuchten, ihre jeweils eigenen Interessen zu wahren.[20] Die **politische Perspektive**[21] der Strategieentwicklung besagt, dass sich Strategien aus Verhandlungsprozessen zwischen mächtigen internen und externen Interessengruppen entwickeln. Dies ist die Welt der Kämpfe in Vorstandsetagen, wie sie oft in Filmen porträtiert werden. Beispiel 11.4 zeigt, wie Vodafone 2006 in die Schlagzeilen geriet, als die Interessen unterschiedlicher geschäftsführender Vorstandmitglieder, Aufsichtsräte und verschiedener Interessengruppen über die Strategieentwicklung des Unternehmens aufeinander prallten.

Politische Perspektive

Die politische Perspektive der Strategieentwicklung besagt, dass sich Strategien aus Verhandlungsprozessen zwischen mächtigen internen und externen Interessengruppen entwickeln.

Politische Aktivität wird oft als ein negativer, aber unvermeidlicher Einflussfaktor auf die Strategieentwicklung angesehen, der einer gründlichen Analyse und rationalem Denken im Wege steht. Eine politische Perspektive auf strategisches Management weist darauf hin, dass die rationalen und analytischen Prozesse, die oft mit der Entwicklung einer Strategie in Verbindung gebracht werden (siehe *Abschnitt 11.2.1*), nicht so objektiv und leidenschaftslos sind wie es den Anschein hat. Zielvorgaben können etwa die Ambitionen mächtiger Individuen widerspiegeln. In strategischen Debatten verwendete Informationen sind nicht immer politisch neutral. Vielmehr können Daten und Informationen, die hervorgehoben oder heruntergespielt werden, eine Quelle der Macht für diejenigen sein, die kontrollieren, was als wichtig angesehen wird. In der Tat können Manager oder Koalitionen Einfluss aufeinander ausüben, weil sie wichtige

20 Siehe S. Finkelstein, „Why smart executives fail: Four case histories of how people learn the wrong lessons from history“, *Business History*, Bd. 48, Nr. 2 (2006), S. 153–170.

21 Für politische Perspektiven über Management siehe J.R. DeLuca. *Political Savvy: Systematic Approaches to Leadership Behind the Scenes*, 2. Aufl., Evergreen Business Group, 1999; und G.J. Miller. *Managerial Dilemmas: The Political Economy of Hierarchy*, Cambridge University Press, 2006.

Informationsquellen kontrollieren. Mächtige Personen oder Gruppen können auch die Identifikation von Schlüsselthemen beeinflussen sowie die letztlich gewählten Strategien oder die Art, wie diese ausgewählt werden.[22] Unterschiedliche Sichtweisen werden nicht nur deshalb verfolgt, weil sie die Herausforderungen der Umwelt oder des Wettbewerbs reflektieren, sondern auch, weil sie Auswirkungen auf den Status und den Einfluss verschiedener Interessengruppen haben.

Nichts von alledem dürfte überraschen. In der Art und Weise, wie Organisationsmitglieder strategische Fragen angehen, bewegen sie sich zwar innerhalb einer einheitlichen organisationalen Kultur (siehe *Kapitel 4*), sie werden aber gleichzeitig durch die folgenden Faktoren in unterschiedlicher Weise beeinflusst, nämlich durch

- *persönliche Erfahrungen*, die mit ihrer Rollen innerhalb der Organisation verbunden sind.
- *Konkurrenz um Ressourcen und Einfluss* zwischen den verschiedenen Subsystemen der Organisation und mächtigen Mitarbeitern, die daran interessiert sind, die Macht ihrer Positionen zu bewahren oder zu erhöhen.[23]
- *den relativen Einfluss von Interessengruppen* auf verschiedene Teile der Organisation; so kann eine Finanzabteilung zum Beispiel besonders sensibel auf den Einfluss von Finanzinstitutionen reagieren, während Vertrieb oder Marketing stark durch Kunden beeinflusst werden.[24]
- *unterschiedlichen Zugang zu Informationen* oder die Wichtigkeit dieser Informationen für eine bestimmte Rolle und Funktion.

Beispiel 11.4 Kämpfe in der Vorstandsetage bei Vodafone

Politische Prozesse in Organisationen können die Strategieentwicklung beeinflussen.

Vodafone wurde unter der Führung von Sir Christopher Gent, dem „Präsidenten auf Lebenszeit" des Unternehmens, zum Global Player in der Telekommunikationsbranche. Nach der Übernahme von Mannesmann im Jahr 2000 schien Vodafone jedoch vom Weg abgekommen zu sein. Einige der getätigten Auslandsakquisitionen waren erfolglos, Investoren forderten höhere Renditen, und Beobachter argumentierten, dass die Gents Strategie anhängende „alte Garde" die Konvergenz von Technologien wie Breitband, Informationstechnologie, Fernsehen und Internet nicht berücksichtigt habe.

---

22 Für eine Diskussion und ein Erklärungsmodel dieser politischen Perspektive siehe V.K. Narayanan und L. Fahey, „The micro politics of strategy formulation", *Academy of Management Review*, Bd. 7, Nr. 1 (1982), S. 25–34.

23 Für ein Beispiel über den Einfluss verschiedener politischer Koalitionen siehe S. Maitlis und T. Lawrence, „Orchestral manoeuvres in the dark: Understanding failure in organizational strategizing", *Journal of Management Studies*, Bd. 40, Nr. 1 (2003), S. 109–140.

24 Dies wird manchmal auch als „Ressourcenabhängigkeitsperspektive" der Strategieentwicklung genannt. Für die ursprüngliche Argumentation siehe J. Pfeffer und G.R. Salancik, *The External Control of Organisations: A Resource Dependence Perspective*, Harper & Row, 1978.

Mitte 2006 wurde bekannt, dass Vorstandschef Arun Sarin in Verhandlungen über den Verkauf von Vodafones Mehrheitsbeteiligung an seinem japanischen Geschäftsbereich stand. In den USA war die Rede davon, dass Verizon daran interessiert sei, Vodafones 45-prozentigen Anteil an Verizon Wireless aufzukaufen. Es wurde auch berichtet, dass Sarin den Verkauf von Arcor, Vodafones deutscher Festnetzsparte, in Betracht ziehe. In all diesen Geschichten wurde Sarin als „Freund der Aktionäre" dargestellt, der versuche, Anlagevermögen zu liquidieren, um die Dividenden zu verbessern und eine Expansion in das Breitbandgeschäft zu finanzieren.

Dies führte in der Vorstandsetage zu einem Bruch zwischen den Unterstützern von Sarin und der alten Garde, die die globale Entwicklungsstrategie der Gent-Ära unterstützten. Die *Financial Times* berichtete am 6. März 2006, dass Lord Maclaurin, Vodafones Board-Vorsitzender, „die Geduld mit Herrn Sarin verliere." Der *Observer* meldete am 12. März 2006, dass Maclaurin angestrebt habe, „das Thema der Amtszeit Sarins … im Board zur Abstimmung zu bringen, aber nach Beratungen mit den nicht in die operative Geschäftsführung eingebundenen Mitgliedern des Boards wurde klar, dass er keine Mehrheit erhalten würde".

Sarins Anhänger argumentierten, dass er sich mit strategischen Themen auseinandersetze, die schon früher hätten behandelt werden sollen.

Es gab auch Berichte, dass Investoren Druck auf Unterstützer der alten Garde einschließlich Lord Maclaurin ausübten, damit er früher als geplant ausscheide, um Platz für einen neuen Board-Vorsitzenden, Sir John Bond, zu machen. Ein Großinvestor wurde im *Observer* damit zitiert, er hoffe, dass Sir John Bond dazu beitragen werde, die Angelegenheit zu klären. Er fügte hinzu:

> *Ich weiß nicht, was Gent hier immer noch tut. Diese Positionen machen immer Ärger. Ob ich glaube, dass er immer noch hier sein sollte? Nein.*

Im März 2006 gab Sir Christopher sein Amt als lebenslanger Präsident der Vodafone-Gruppe auf.

Investoren setzten sich auch für das Ausscheiden von nicht für die operative Geschäftsführung verantwortlichen Board-Mitgliedern ein, die als nicht hinreichend unabhängig angesehen wurden und entweder dem Camp von Sarin oder dem Camp der alten Garde zugerechnet wurden.

Zudem berichtete der *Observer*, dass Sarin Peter Bamford, den Chief Marketing Officer, abgesetzt habe, weil er als „zu Pro-Gent und Pro-Maclaurin" eingeschätzt wurde, und fügte hinzu, dass „Sarin das Unternehmen fester in den Griff genommen hat; er hat in den letzten zwölf Monaten 90 Prozent der Führungskräfte des Unternehmens ersetzt."

Im Juli 2006, als Sir John Bond sein Amt als neuer Vorsitzender des Boards antrat, brachte er seine Unterstützung für Sarin zum Ausdruck, warnte jedoch, dass dessen Leistung „unter fortwährender Überprüfung" stehe. Als Lord Maclaurin in der Hauptversammlung an Sir John übergab, gab er zwar zu, dass die vergangen sechs Monate nicht leicht gewesen seien, beharrte aber darauf, dass es „keine – ich wiederhole – keine Meinungsverschiedenheiten im Board gegeben hat".

Mitte 2007 gab es kaum noch Berichte über Meinungsverschiedenheiten im Board. Im Gefolge schwächerer Gewinnaussichten tauchten jedoch Berichte über mögliche Übernahmen oder sogar eine Zerschlagung der Unternehmensgruppe auf. Solche Berichte entbehrten laut Sarin jedoch jeglicher Grundlage.

Quelle: Daily Telegraf, 7. März 2006; Financial Times, 6. und 8. März, 26. Juli 2006, 29. Mai, 1. Juni 2007; Observer, 12. März 2006.

Kontrollfragen

1. Identifizieren Sie die wichtigsten Interessengruppen sowie deren Ansichten und Einfluss auf die Geschehnisse von 2006.
2. Halten Sie Ereignisse bei Vodafone für außergewöhnlich?
3. Welche Strategie verfolgt Vodafone seit 2006? Weist dies darauf hin, dass sich eine der rivalisierenden Gruppen durchgesetzt hat?

Unter solchen Bedingungen sind emergente und inkrementelle Muster der Strategieentwicklung wahrscheinlich. Emergent meint hier, dass sich die Strategie aus Feilschen und Verhandeln entwickelt und nicht aus einer sorgfältig analysierten und reiflich durchdachten Intention. Inkrementelle Muster entwickeln sich aus zwei Gründen. Zum einen ist ein Kompromiss unvermeidlich, wenn unterschiedliche Meinungen in der Organisation aufeinandertreffen und verschiedene Parteien ihre politischen Muskeln spielen lassen. Zum anderen ist es gut möglich, dass diejenigen, die Macht ausüben, diese durch die bestehende Strategie gewonnen haben. In der Tat könnte es ihre Macht gefährden, wenn bedeutende Änderungen der Strategie vorgenommen würden. Unter solchen Umständen ist es wahrscheinlich, dass die Suche nach einer Kompromisslösung, die unterschiedlichen Machtansprüchen Rechnung trägt, zu einer Strategie führt, die eine Anpassung der bislang verfolgten beinhaltet.

Es gibt jedoch auch alternative Perspektiven, unter denen der Einfluss politischer Prozesse betrachtet werden kann. So könnten die Konflikte und Spannungen, die den unterschiedlichen Erwartungen und Interessen entspringen und sich in politischer Aktivität manifestieren, eine Quelle neuer Ideen sein oder alte Herangehensweisen infrage stellen (siehe die Diskussionen über die „Ideenperspektive" in den Kommentaren).[25] Neue Ideen können von verschiedenen „Champions", die um die beste Idee oder den besten Zukunftsweg kämpfen, unterstützt oder abgelehnt werden. Ohne solche Konflikte und Spannungen gäbe es auch keine Innovation. Das produktive Management solcher Spannungen kann Ausdruck einer gelernten Kompetenz oder einer dynamischen Fähigkeit einer Organisation sein (siehe *Abschnitt 3.4.5*), die ihr einen Wettbewerbsvorteil verschafft. Zudem kann die Ausübung von Macht beim Management eines strategischen Wandels wichtig sein, wie *Kapitel 14* (*Abschnitt 14.4.5*) zeigt.

25 Hierbei handelt es sich um das von J.M. Bartunek, D. Kolb und R. Lewicki vorgebrachte Argument in „Bringing conflict out from behind the scenes: Private informal, and nonrational dimensions of conflict in organizations", in D. Kolb und J. Bartunek (Hrs.), *Hidden Conflict in Organizations: Uncovering Behind the Scenes Disputes*, Sage, 1992.

All dies legt nahe, dass politische Aktivität als Einfluss auf die Strategieentwicklung ernst genommen werden sollte. Welche Überlegungen auch immer Eingang in eine Strategie finden, sie müssen Hand in Hand mit Aktivitäten gehen, welche sich auf die ablaufenden politischen Prozesse beziehen. Dies wird insbesondere in den *Abschnitten 4.4.1 - 4.4.2* und *14.4.5* dieses Buches sowie in den Kommentaren erläutert.

11.3.4 Kulturelle Prozesse

Die Bedeutung der Unternehmenskultur wurde an anderer Stelle des Buches (siehe insbesondere *Kapitel 5*) bereits angesprochen. Unter Organisationskultur versteht man, was in einer Organisation als selbstverständlich angesehen wird. Dazu gehören die von den Mitgliedern einer Organisation geteilten grundlegenden Annahmen und Überzeugungen (in diesem Buch Paradigmen genannt) und die unhinterfragt als gegeben angenommene Art und Weise, wie Dinge getan werden, sowie Strukturen, die in den äußeren Ringen des kulturellen Netzes zusammengefasst sind (siehe *Abschnitte 5.4.5* und *4.4.6* und Abbildung 5.7). Die **kulturelle Erklärung der Strategieentwicklung** lautet, dass sich die Strategie aus den in Organisationen unhinterfragt als gegeben angenommenen Annahmen und Verhaltensweisen ergibt. Es sollte betont werden, dass dieses Nicht-Hinterfragte definiert oder zumindest steuert, wie die Mitarbeiter einer Organisation diese und ihre Umwelt wahrnehmen. Es schränkt auch ein, was als angemessenes Verhalten und Aktivität angesehen wird. *Kapitel 5* und *Abschnitt 14.3* geben hierfür Beispiele. Es ist wichtig, die Auswirkungen dieser Prozesse auf die emergente und inkrementelle Strategieentwicklung zu erkennen sowie mögliche Konsequenzen, die hieraus erwachsen.

Kulturelle Erklärung der Entwicklung einer Strategie

Die kulturelle Erklärung der Entwicklung einer Strategie lautet, dass sich die Strategie aus den in Organisationen als unhinterfragt als gegeben angenommenen Annahmen und Verhaltensweisen ergibt.

In gewisser Hinsicht bietet dies eine grundlegende Dimension der vorangegangenen Erklärungen der Strategieentwicklung. Das beobachtete Muster inkrementeller Strategieentwicklung kann zum Beispiel mittels beabsichtigten logischen Inkrementalismus erklärt werden (siehe *Abschnitt 11.3.1*). Es kann jedoch auch als Ergebnis der organisationalen Kultur erklärt werden.[26] In ähnlicher Weise hebt das kulturelle Netz den starken Einfluss von unhinterfragten organisationalen Routinen und Machtstrukturen hervor. Zu den Routinen zählen auch die RAP, die zentral für die RAP-Erklärung der Strategieentwicklung sind; Machtstrukturen sind zentral für die oben erläuterten politischen Prozesse.

11.4 Muster der Strategieentwicklung

Die Diskussion der unterschiedlichen Strategieentwicklungsprozesse in den *Abschnitten 11.2* und *11.3* spricht weitere wichtige Punkte an:

- *Multiple Strategieentwicklungsprozesse.* Es besteht die Gefahr, dass die Beschreibung der oben erläuterten Prozesse suggeriert, dass diese separat bestehen oder sich gegenseitig ausschließen. Dies ist jedoch nicht der Fall. In der Tat ist es wahrscheinlich, dass mehrere der Prozesse in einer Organisation wirken. Wie bereits angedeutet, können die hier erklärten unterschiedlichen Prozesse auch quasi ineinander existieren. Gibt es beispielsweise in einer großen Organisation ein Planungssystem, dann verfügt diese Organisation auch über RAP. In diesen finden zweifellos auch

26 Dies wird von Gerry Johnson in „Re-thinking incrementalism“, Fußnote 12, detaillierter erklärt.

politische Aktivitäten statt, sogar das Planungssystem selbst kann für Verhandlungszwecke genutzt werden. Wenn es ferner in einer Organisation eine dominierende Art der Strategieentwicklung gibt, dann ist es sehr wahrscheinlich, dass auch andere Prozesse vorkommen. Es gibt Belege, dass Organisationen, die mehrere Prozesse der Strategieentwicklung anwenden, bessere Ergebnisse aufweisen als solche, die vorwiegend einzelne Ansätze nutzen.[27] Es sollte daher anerkannt werden, dass es *nicht die eine richtige oder falsche Art der Strategieentwicklung* gibt. Die Herausforderung für Manager besteht also darin, die potenziellen Vorteile unterschiedlicher Prozesse der Strategieentwicklung zu erkennen, so dass sie Organisationen schaffen können, die innerhalb einer sich ändernden Umwelt anpassungsfähig und innovativ sind, und dennoch die Vorteile formeller Prozesse der Planung und Analyse, die hierfür notwendig sind, zu nutzen.[28]

- *Kontextabhängige Unterschiede.* Prozesse der Strategieentwicklung unterscheiden sich *im Zeitverlauf und in unterschiedlichen Zusammenhängen*. Eine Organisation, die aufgrund einer turbulenten Umwelt oder der Notwendigkeit eines internen strategischen Wandels rasante Änderungen durchlebt, wird andere Strategieentwicklungsprozesse aufweisen als eine Organisation in einer stabilen Umwelt. Die Fallstudie am Ende des Kapitels zeigt dies am Beispiel von Intel von den 80er Jahren bis zur Jahrtausendwende. Unterschiedliche Strategieentwicklungsprozesse tendierten dazu, in einigen Entwicklungsstufen des Unternehmens ausgeprägter zu sein als in anderen, was sich anscheinend als vorteilhaft erwies.

Tabelle 11.1 verknüpft diese beiden Beobachtungen und zeigt einige typische Muster der Strategieentwicklungsprozesse in unterschiedlichen organisationalen Kontexten.[29]

27 Siehe S. Hart und C. Banbury, „How strategy making processes can make a difference", *Strategic management Journal*, Bd. 15, Nr. 4 (1994), S. 251–269.

28 Diese Idee einer Balance zwischen analytischer Starre und Intuition und Vorstellungskraft ist das Thema von G. Szulanski und K. Amin, „Learning to make strategy: Balancing discipline and imagination", *Long Range Planning*, Bd. 34 (2001), S. 537–556.

29 Zwei Ansätze zur Analyse von Prozessen der Strategieentwicklung siehe A. Bailey, K. Daniels und G. Johnson, „Validation of a multi-dimensional measure of strategy development processes", British Journal of Management, Bd. 11 (2000), S. 151–162 und S.L. Hart, „An integrative framework for strategy-making processes", Academy of Management Review, Bd. 17, Nr. 2 (1992), S. 327–351.

Tabelle 11.1

Konfigurationen von Strategieentwicklungsprozessen

Dominierende Dimensionen	Merkmale	Und nicht	Typische Kontexte
Planung **Inkrementalismus** (logischer Inkrementalismus)	standardisierte Planungsverfahren systematische Datensammlung und Analysen Fortwährendes Überwachen des Umfelds Laufende Anpassung der Strategie versuchsweise Festlegung der Strategie schrittweise, eng begrenzte Änderung	Eingriffe des externen Umfelds dominante Individuen politische Prozesse Machtvolle Einflussgruppen	Produktions- und Dienstleistungsorganisationen Stabile oder wachsende Märkte Reife Märkte Freundliches Umfeld
Inkrementell **Kulturell** **Politisch**	Verhandlungen und Kompromisse zwischen Gruppen mit konträren Interessen Größere Wahrscheinlichkeit, dass Gruppen, die kritische Ressourcen kontrollieren, Einfluss auf die Strategie haben Standardisierte Vorgehensweisen In die Geschichte der Organisation eingebettete Routinen und Verfahren Graduelle Anpassungen der Strategie	Bewusster, beabsichtigter Prozess Eindeutig definierte Verfahren Analytische Evaluation und Planung Bewusste Absicht des Managements	Professionelle Dienstleistungsunternehmen (z.B. Unternehmensberatungen oder Anwaltskanzleien) Instabiles, turbulentes Umfeld Neue und wachsende Märkte
Aufgezwungen **Politisch**	Strategie wird von außen aufgezwungen (z.B. durch Gesetzgebung, Mutterkonzern) Wahlfreiheit erheblich eingeschränkt Politische Aktivität innerhalb der Organisation und zwischen externen Akteuren	Strategie wird innerhalb der Organisation bestimmt Planungssysteme beeinflussen die Strategieentwicklung Einfluss auf die strategische Ausrichtung hauptsächlich durch Manager innerhalb der Organisation	Organisationen des öffentlichen Sektors, größere Tochtergesellschaften von Produktions- und Finanzdienstleistungsunternehmen Bedrohliche, rückläufige, instabile und feindliche Umwelten

Die Ergebnisse basieren auf einer Erhebung über die Wahrnehmung von Strategieentwicklungsprozessen, die in den 1990er Jahren an der Cranfield School of Management durchgeführt wurde.

- *Wie sich Strategien entwickeln, wird von verschiedenen Personen unterschiedlich wahrgenommen.* Tabelle 11.2 zeigt beispielsweise, dass höhere Führungskräfte Strategieentwicklung eher als intendierten, rationalen, analytisch geplanten Prozess sehen, während mittlere Führungskräfte Strategieentwicklung eher als das Ergebnis kultureller und politischer Prozesse wahrnehmen. Manager von Organisationen des öffentlichen Sektors nehmen Strategien eher als von außen aufgezwungen wahr als Manager kommerzieller Unternehmen, was vor allem daran liegt, dass ihre Organisationen Regierungsbehörden verantwortlich sind.[30] Mitarbeiter in Familienunternehmen neigen dazu, eher den Einfluss mächtiger Einzelpersonen wie etwa der Firmeneigner wahrzunehmen. Beispiel 11.6 enthält sehr unterschiedliche Sichtweisen der Entwicklung einer äußerst erfolgreichen Strategie.

Tabelle 11.2

Strategieentwicklungsprozesse in der Wahrnehmung von Managern

	Ebene in der Organisation		Stabilität des Umfelds	
Wahrnehmung darüber, dass Folgendes gegeben ist:	**CEO**	**Mittleres Management**	**Höher**	**Niedriger**
Präzision der Zielvorgaben	Ja	Nein	Ja	Nein
Detaillierte Planung	Ja	Nein	Ja	Nein
Systematische Analyse des Umfelds	Ja	Nein	Ja	--
Sorgfältige Evaluation strategischer Optionen	Ja	Nein	--	--

Die Ergebnisse basieren auf einer Erhebung über die Wahrnehmung von Strategieentwicklungsprozessen, die in den 1990er Jahren an der Cranfield School of Management durchgeführt wurde. Die Ergebnisse zeigen die statistisch signifikanten Unterschiede.

Sitzung 3: Der Konflikt zwischen Eigentum und Management

3

ÜBERBLICK

Lernziele

Nach der Lektüre dieses Kapitels sollten Sie in der Lage sein,

- die Komponenten der Stufen der Corporate Governance einer Organisation zu identifizieren.
- Unterschiede zwischen den Governance-Strukturen weltweit sowie deren Vor- und Nachteile zu verstehen.
- Unterschiede bei den Positionen zur sozialen Verantwortung zu erkennen, die die Organisationen vertreten, und zu verstehen, wie ethische Sachverhalte den strategischen Zweck beeinflussen.
- eine Interessengruppenanalyse durchzuführen, um so den Einfluss unterschiedlicher Interessengruppen in Bezug auf ihre Macht und ihre Interessen identifizieren zu können sowie
- geeignete Mittel und Wege zu finden, um den strategischen Zweck einer Organisation in Form von Aussagen über deren Werte, Vision, Mission oder Ziele ausdrücken zu können.

4.1 Einführung

Interessengruppen

Interessengruppen sind diejenigen Einzelpersonen oder Gruppen, die von der Organisation abhängig sind, um ihre eigenen Ziele zu erreichen, und von denen wiederum auch die Organisation abhängig ist.

In den letzten beiden Kapiteln wurde jeweils der Einfluss des Umfelds und der Fähigkeiten auf die strategische Position einer Organisation genauer beleuchtet. Eine grundlegende Entscheidung, die getroffen werden muss, betrifft jedoch die *Zielsetzung* der Strategie, die es zu verfolgen gilt. Das ist das Thema dieses Kapitels, in dem auch der Einfluss der Erwartungen von *Interessengruppen* einer Organisation auf diese Zielsetzung betrachtet wird. **Interessengruppen** sind diejenigen Einzelpersonen oder Gruppen, die von der Organisation abhängig sind, um eigene Ziele zu erreichen und von denen wiederum auch die Organisation abhängig ist. Ein grundlegender Aspekt, der in diesem Kapitel zur Sprache kommt, bezieht sich darauf, ob der strategische Zweck der Organisation als Reaktion auf eine bestimmte Interessengruppe, zum Beispiel die Aktionäre einer Aktiengesellschaft, definiert werden sollte, oder allgemeinere Interessen aller Interessengruppen berücksichtigen soll – wobei im Extremfall auch die Gesellschaft und das Gemeinwohl dazu zu zählen wären. Dieser Aspekt wird zu einer Reihe wichtiger Themen in Bezug gesetzt:

- In *Abschnitt 4.2* geht es um *Corporate Governance* und das *Regelwerk* in dem eine Organisation funktioniert. Hier wird darauf eingegangen, wie formell gebildete Gremien wie Investorengruppen oder Aufsichtsräte den strategischen Zweck durch formalisierte Prozesse zur Überwachung der Entscheidungen und Handlungen der Führungskräfte beeinflussen. Daraus ergibt sich wiederum der Aspekt der *Rechenschaft*. Wem sind Strategen Rechenschaft schuldig? International gesehen gibt es erhebliche Unterschiede in der Herangehensweise an das Thema der Corporate Governance, wobei sich diese allgemein ausgedrückt entweder an den Aktionären oder an weiter gefassten Interessengruppen orientiert. Diese verschiedenen Ansätze kommen hier ebenfalls zur Sprache.

- *Abschnitt 4.3* befasst sich mit Themen der *sozialen Verantwortung und Ethik*. Hier lautet die Frage, welche Zwecke eine Organisation erfüllen sollte. Wie sollten Manager auf die Erwartungen reagieren, die die Gesellschaft an sie stellt, wobei damit sowohl die *soziale Verantwortung der Organisation* als Ganzes als auch das *Verhalten einzelner* – auch der Manager selbst – innerhalb der Organisation gemeint ist.

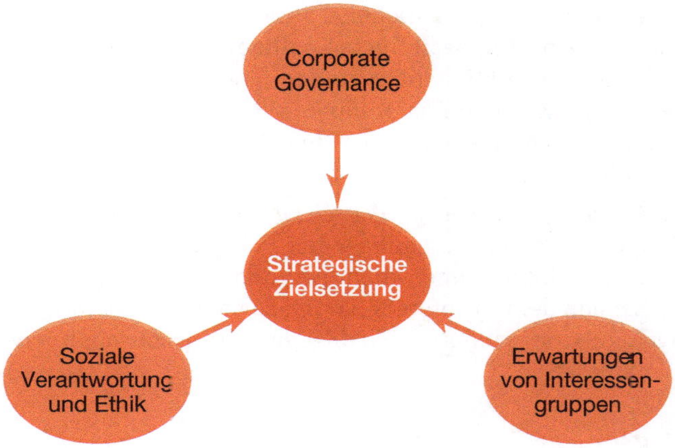

Abbildung 4.1: Einflüsse auf die strategische Zielsetzung

- Angesichts all dieser Aspekte ist und bleibt es wichtig, die *verschiedenen Erwartungen der Interessengruppen* und ihren relativen Einfluss auf den strategischen Zweck zu verstehen. Dazu muss man sowohl die *Macht* als auch die *Interessen* unterschiedlicher Interessengruppen berücksichtigen. Auf dieses Thema wird in der *Interessengruppenanalyse* eingegangen.
- Das Kapitel schließt mit der Betrachtung der verschiedenen Arten und Weisen, wie eine Organisation ihre strategischen Zielsetzungen ausdrücken kann. Dazu zählen Aussagen über *Werte, Vision, Leitbild oder Ziele.*

Abbildung 4.1 fasst diese verschiedenen Einflüsse auf den strategischen Zweck, die in diesem Kapitel zur Sprache kommen, zusammen.

4.2 Corporate Governance[1]

Corporate Governance befasst sich mit den Kontrollstrukturen und -systemen, mittels derer Manager an diejenigen berichten müssen, die einen legitimen Einfluss auf die Organisation haben.[2] Aus drei wesentlichen Gründen wird dieses Thema für Organisationen heute immer wichtiger:

Corporate Governance

Corporate Governance befasst sich mit den Kontrollstrukturen und -systemen, mittels derer Manager an diejenigen berichten müssen, die einen legitimen Einfluss auf die Organisation haben.

1 Wertvolle allgemeine Literatur über Corporate Governance: R. Monks und N. Minow (Hrs.), *Corporate Governance*, 3. Aufl. , Blackwell, 2003, und J. Solomon, *Corporate Governance and Accountability*, 2. Aufl., Wiley, 2007. Wer an jährlicher Information über neue Forschungsergebnisse interessiert ist, kann diese in „Corporate Governance Digest", *Business Horizons* finden (meist in der Mai-Ausgabe).

2 Diese Definition basiert – in adaptierter Form – auf S. Jacoby, „Corporate governance and society", *Challenge*, Bd. 48, Nr. 4 (2005), S. 69–87.

- Die *Trennung von Eigentum und Managementkontrolle von Organisationen* (die heute mit Ausnahme sehr kleiner Unternehmen der Norm entspricht) bedeutet, dass die meisten Organisationen innerhalb einer unternehmerischen Hierarchie oder Kette operieren. Diese Kette stellt die Gruppen dar, die eine Organisation durch ihre Beteiligung an Eigentum oder Management der Organisation beeinflussen.
- Seit dem Ende der 1990er Jahre wird aufgrund von *Firmenskandalen* die Debatte darüber immer lauter, wie verschiedene Stufen der Corporate Governance interagieren und sich gegenseitig beeinflussen sollten. Am interessantesten ist hier das Verhältnis zwischen den Aktionären und dem Vorstand eines Unternehmens, doch auch die Beziehung zwischen Regierung oder anderen öffentlichen Behörden, die Finanzmittel zur Verfügung stellen, und den Organisationen des öffentlichen Sektors darf hier nicht vernachlässigt werden.
- Auch die *gestiegene Verantwortlichkeit gegenüber weiter gefassten Interessen* der Interessengruppen wird immer häufiger ins Feld geführt. Besonders betont wird das Argument, dass Unternehmen nicht nur den „Eigentümern“ und „Managern“ innerhalb der Ebenen der Corporate Governance mehr sichtbare Verantwortung und Reaktion zeigen müssen, sondern auch allgemeinere gesellschaftliche Interessen im Auge behalten müssen.

4.2.1 Die Stufen der Corporate Governance

Die Stufen der Corporate Governance beleuchten die Rollen und Beziehungen verschiedener Gruppen, die alle an der Führung einer Organisation beteiligt sind. In einem kleinen Familienbetrieb sind diese Stufen recht einfach: Es gibt Aktionäre, die gleichzeitig Familienmitglieder sind, es gibt einen Vorstand, dem einige Familienmitglieder angehören, und es gibt Manager, unter denen einige sicher auch zur Familie gehören. Hier gibt es also nur drei Stufen. Abbildung 4.2 aber zeigt die typischen Stufen einer großen, an der Börse notierten Organisation. Hier sorgt die Größe der Organisation dafür, dass es weitere Ebenen des internen Managements gibt. Aufgrund der Börsennotierung kommen außerdem mehrere Ebenen für Aktionäre hinzu. Einzelinvestoren (die endgültigen Nutznießer) investieren oft in Form von kollektiven Fonds, etwa Investmentgesellschaften oder Pensionsfonds, in Aktiengesellschaften. Diese Fonds wiederum investieren dann im Namen der Investoren in eine Reihe von Unternehmen. Solche Fonds gewinnen immer mehr an Bedeutung. Im Jahr 2006 befanden sich 50 Prozent des Firmenkapitals amerikanischer Aktiengesellschaften in der Hand von Fonds (1970 waren es lediglich 19 Prozent gewesen). In Großbritannien lag dieser Anteil sogar bei 70 Prozent (25 Prozent im Jahr 1963). Auch in anderen europäischen Ländern sind ähnliche Trends zu beobachten. Meist werden Fonds von Fondsverwaltern betrieben und kontrolliert, wobei die täglichen Investitionen von Investmentmanagern durchgeführt werden. Es ist also gut möglich, dass die endgültigen Nutznießer gar nicht wissen, an welchen Unternehmen sie beteiligt sind, sodass sie auch keine Möglichkeit haben, auf den Vorstand dieser Unternehmen direkt Einfluss zu nehmen.

Abbildung 4.2: Die Stufen der Corporate Governance eines Unternehmens: Typische Berichtsstrukturen

Die Beziehungen innerhalb solcher Stufen der Corporate Governance können mithilfe des *Principal-Agent-Modell* verstanden werden.[3] In diesem Fall werden die Agenten von den Prinzipalen bezahlt, damit diese in ihrem Auftrag handeln, ebenso wie Hausbesitzer einen Makler mit dem Verkauf ihres Hauses beauftragen. In Abbildung 4.2 sind die Nutznießer die endgültigen Prinzipale und die Fondsverwalter sind ihre Agenten, die eine gute Rendite für deren Investitionen erzielen müssen. Auf den unteren Stufen sind auch die Vorstände von Unternehmen Prinzipale und die Manager der oberen Führungsebenen sind hier die Agenten. Zwischen den letzten Prinzipalen und den Managern am Ende gibt es viele Agentenschichten, wobei der Berichtsmechanismus zwischen den Schichten jeweils zur Unvollkommenheit neigt.

3 Das Principal-Agent-Modell ist Teil der Agency-Theorie, welche sich innerhalb der Disziplin der Mikroökonomie entwickelt hat, heute aber, wie hier beschrieben, auch im Bereich Management häufig herangezogen wird. Zwei wichtige Literaturhinweise sind K. Eisenhardt, „Agency theory: An assessment and review“, *Academy of Management Review*, Bd. 14, Nr. 1 (1989), S. 57–74; J.-J. Laffont und D. Martimort, *The Theory of Incentives: The Principal–Agent Model*, Princeton University Press, 2002.

Die Prinzipal-Agent-Theorie nimmt an, dass Agenten nur dann gewissenhaft für Prinzipale arbeiten, wenn es sorgfältig ausgewählte, angemessene Anreize gibt. Aus Abbildung 4.2 geht jedoch hervor, dass in großen Organisationen die Vorstandsmitglieder und andere Manager, die für Strategie zuständig sind, oft sehr weit vom endgültigen Nutznießer der Unternehmensleistung entfernt sind. Unter solchen Umständen gibt es zweierlei Risiken:

- *Fehlausrichtung von Anreizen und Kontrolle.* Zwar bewegt sich der Einfluss der einzelnen Glieder abwärts auf den Stufen der Corporate Governance weiter, doch die Erwartungen einer Gruppe werden dabei nicht in angemessener Weise an die nächste Gruppe weitergegeben. So kommt es den endgültigen Nutznießern vielleicht hauptsächlich auf die langfristige Sicherheit ihres Pensionsfonds an, während die Investmentmanager und die Analysten des Vorstands, mit denen sie zusammenarbeiten, eher auf kurzfristiges Wachstum bedacht sind.
- *Eigeninteresse.* Jeder Agent kann auch aus Eigeninteresse heraus handeln. Ein Manager kann nach einer Beförderung und/oder nach höheren Einnahmen streben, Investmentmanager möchten gerne einen höheren Bonus verdienen und so weiter.

In der Folge können Entscheidungen getroffen werden, die nicht im besten Interesse des endgültigen Nutznießers liegen. Genau das ist bei vielen der Firmenskandale der letzten Jahre geschehen, wobei der Fall Enron in diesem Zusammenhang wohl am meisten Bekanntheit erlangt hat (siehe Beispiel 4.1).

Hier können die Stufen der Corporate Governance dazu dienen, wichtige Aspekte deutlich zu machen, die strategisches Management beeinflussen können:

- *Wem ist man verantwortlich?* Eine grundlegende Frage in großen Unternehmen lautet, ob Führungskräfte sich *einzig* dem Aktionär verantwortlich fühlen sollten oder als „Verwalter der Vermögenswerte des Unternehmens" handeln sollten, die im Namen eines größeren Kreises von Interessengruppen agieren[4] (siehe Beispiel 4.6). Auch bei den formalen Stufen der Corporate Governance variiert dies von Land zu Land, wie *Abschnitt 4.2.3* zeigt.
- *Wer sind die Aktionäre?* Was bedeutet es für Corporate Governance, wenn Manager ihre Hauptverantwortung nicht gegenüber den Aktionären sehen? Wie oben erklärt, sind die endgültigen Nutznießer von den Managern weit entfernt, weshalb viele Manager die Verantwortung ihnen gegenüber als rein theoretisch ansehen. In der Praxis interagieren die Verantwortlichen eines Unternehmens wahrscheinlich am häufigsten mit institutionellen Vertretern dieser Aktionäre – einem Investmentmanager oder Analysten eines Pensionsfonds oder einer Versicherung vielleicht. Auch hier ergibt sich das Prinzipal-Agent-Problem. Die endgültigen Nutznießer sind auch von Investmentmanagern und Analysten weit entfernt, die außerdem wiederum ihre eigenen Interessen verfolgen könnten. Strategen innerhalb eines Unternehmens haben demnach eine schwierige Wahl zu treffen, selbst wenn sie für die Hauptverantwortlichkeit dem Aktionär gegenüber eintreten. Sollen sie Strategien entwickeln, von denen sie glauben, sie seien im besten Interesse einer sehr zerstückelten Gruppe unbekannter Aktionäre? Oder sollen sie Strategien entwickeln, die die Bedürfnisse und Bestrebungen der Investmentmanager erfüllen? Vor einem ähnlichen Problem

4 Das Thema der Verantwortlichkeit der Manager wird diskutiert bei J. Kay, „The Interessengruppen Corporation", in G. Kelly, D. Kelly und A. Gamble, *Interessengruppen Capitalism*, Macmillan, 1997.

stehen auch Manager des öffentlichen Sektors. Vielleicht möchten sie Strategien entwickeln, die im Interesse der Öffentlichkeit liegen, sehen sich aber gleichzeitig der direkten Überwachung einer öffentlichen Behörde ausgesetzt, die im Auftrag der Regierung handelt. Soll die Strategie nun dem Gemeinwohl dienen oder der Überwachung der Behörde Stand halten? So haben sich beispielsweise Manager und Ärzte im britischen Gesundheitswesen dem Wohlergehen ihrer Patienten verschrieben. Doch immer mehr wird die Art und Weise, wie sie ihre Dienstleistungen anbieten können, von Zielen bestimmt, die ihnen von einer Regierungsbehörde auferlegt werden, welche mutmaßlich selbst glaubt, im besten Interesse der Öffentlichkeit zu handeln.

- *Die Rolle institutioneller Anleger.* Die Rolle institutioneller Anleger in Bezug auf die Strategie einer Firma unterscheidet sich je nach Organisationsstruktur in verschiedenen Ländern der Welt (siehe *Abschnitt 4.2.3*). Überall geht es jedoch darum, wie sehr sie aktiv Strategien beeinflussen sollten oder dies tun. Historisch gesehen haben Investoren in Wirtschaftssystemen wie Großbritannien oder den USA ihren Einfluss auf Unternehmen einfach dadurch ausgeübt, dass sie Aktien gekauft und verkauft haben; mit den strategischen Belangen einer Firma setzte man sich hingegen im Detail nicht auseinander. Der Aktienmarkt wird durch die Bewegungen des Aktienkurses zum Richter des unternehmerischen Handelns. Es zeichnet sich jedoch allmählich ab, dass Investoren sich mehr und mehr aktiv mit den Strategien der Firmen beschäftigen, in die sie investieren.[5] Dieses aktive Interesse fällt zwar sehr unterschiedlich aus[6], steigt aber generell an; und es gibt Nachweise, dass institutionelle Anleger, die aktiv mit den Vorständen an der Strategieentwicklung arbeiten, als Nutznießer besser gestellt sind als diejenigen, die dies nicht tun.[7]
- *Überwachung und Kontrolle.* Angesichts der Bedenken zum Thema Corporate Governance, die im letzten Jahrzehnt erheblich angestiegen sind, werden heute immer wieder Anläufe genommen, um Instrumente zur Überwachung und Kontrolle der Aktivitäten der Agenten der verschiedenen Stufen einzubauen, um die Interessen der endgültigen Nutznießer zu sichern. Abbildung 4.2 zeigt die Informationen, die in der Regel jedem Glied in der Kette zur Verfügung stehen, um die Leistung der anderen Kettenglieder beurteilen zu können. Es gibt immer mehr gesetzlich vorgeschriebene Regelungen sowie freiwillige Richtlinien, die den Vorständen vorschreiben, Informationen offen zu legen und ihre Aktivitäten regulieren. Dennoch bleibt den Unternehmen noch viel Freiraum in ihrer Entscheidung, welche Informationen an wen weitergegeben werden sollen und auch, welche Informationen sie von denjenigen einfordern, die an sie berichten. Welche Informationen sollen beispielsweise Investment-Analysten zur Verfügung gestellt werden, die Einfluss auf den Aktienkurs des Unternehmens haben? Wie detailliert sollte ein Vorstandsvorsitzender seine Strategie den Aktionären in Veröffentlichungen wie etwa dem Geschäftsbericht erklären? Auch Probleme des internen *Reportings* müssen hier angegangen

5 Große Verfechter dieser Position sind S. Davies, J. Lukomnik und D. Pitt-Watson, *The New Capitalists*, Harvard Business School Press, 2006.

6 Für eine Typologie und Beispiele, wie Investoren sich mit Unternehmen aktiv beschäftigen, siehe N. Amos und W. Oulton, „Approaching and engaging with CR", *Corporate Responsibility Management*, Bd. 2, Nr. 3 (2006), S. 34–37.

7 Siehe M. Becht, J. Franks, C. Mayer and S. Rossi, *Returns to Shareholder Activism: Evidence from a clinical study of the Hermes UK Focus Fund*, European Corporate Governance Institute: *www.ecgi.org/activism/index.php*.

werden. Welche geeigneten Ziele und Maßnahmen gibt es, um dem Management eines Unternehmens entsprechende Anreize zu bieten und es gleichzeitig zu überwachen? Sollte es dabei hauptsächlich um die Verbesserung des Shareholder *Value* gehen? Oder eignet sich ein Ansatz über die Balanced *Scorecard* besser, um die Bedürfnisse verschiedener Interessengruppen zu erfüllen (siehe *Abschnitt 12.3.5*)? Sind die typischen Methoden der Buchhaltung (wie etwa die Rendite des eingesetzten Kapitals) die besten Messgrößen, oder sollten die verwendeten Messgrößen genau auf die Bedürfnisse bestimmter Strategien oder die Erwartungen bestimmter Interessengruppen/Aktionäre abgestimmt werden? Auf diese Fragen gibt es keine eindeutigen Antworten. Wie die Antwort der Manager lautet, hängt davon ab, wie sie den strategischen Zweck ihrer Organisation definieren, was wiederum von ihrer Einschätzung abhängt, wem sie sich verantwortlich fühlen.

Beispiel 4.1 **Der Enron- Skandal**

Die Entscheidungen des Managements sind nicht immer im Interesse der Aktionäre – was manchmal katastrophale Folgen hat.

Enron war eines der weltweit größten Unternehmen in den Bereichen Elektrizität, Erdgas, Faserstoffe, Papier und Kommunikation mit Hauptsitz in Houston, Texas. Es beschäftigte etwa 21.000 Mitarbeiter und wies im Jahr 2000 Einnahmen von $ 101 Milliarden aus (€ 80 Milliarden). Ende 2001 zeigte sich jedoch, dass die der Öffentlichkeit präsentierte finanzielle Lage zum Großteil auf systematischem und kreativem buchhalterischem Betrug basierte. Als Enron Ende 2001 in den USA Konkurs anmelden musste, war das der bisher größte derartige Fall in der amerikanischen Geschichte; 4000 Menschen verloren ihren Arbeitsplatz. Der Skandal führte auch zur Auflösung von Arthur Andersen, einer der großen fünf Wirtschaftsprüfungsunternehmen in den USA.

Viele der von Enron aufgeführten Vermögenswerte waren im Wert aufgebläht, betrügerisch oder einfach nicht vorhanden. Enron hatte Schulden und Verluste in Offshore-Unternehmen ausgelagert, die im Jahresabschluss nicht berücksichtigt wurden. Außerdem wurden ausgeklügelte finanzielle Transaktionen mit verwandten Unternehmen (sogenannten Gesellschaften für Sonderzwecke) durchgeführt, um unrentable Transaktionen aus den Firmenbüchern heraus zu halten. Spätere Untersuchungen ergaben, dass einige Führungskräfte bei Enron von den Offshore-Konten wussten, auf denen die Verluste des Unternehmens versteckt waren. Andrew Fastow, Leiter der Finanzabteilung, leitete das Team, welches die Offshore-Firmen ins Leben rief, und manipulierte Geschäfte, um sich, seiner Familie und Freunden hunderte Millionen Dollar an garantiertem Einkommen zu sichern – auf Kosten der Aktionäre. Als der Skandal öffentlich wurde, fiel der Kurs der Enron-Aktie von über $ 90 auf $ 0,30.

Eine Anhörung vor dem US-Kongress ergab, dass eine Gruppe von Enron-Angestellten schon 1998 Bedenken geäußert hatte. Wachsende Unruhe führte Mitte 2001 schließlich zu einer Versammlung aller Mitarbeiter, auf der andere Themen in diesem Zusammenhang diskutiert wurden. Nach dieser Versammlung traf sich die Vizepräsidentin Sherron Watkins mit dem damaligen Vorstandsvorsitzenden, dem verstorbenen Ken Lay, und übergab ihm ein Memo, in dem sie ihre Besorgnis ausdrückte. Besonders hob sie die Rolle von Vinson & Elkins, LLP, einer großen und angesehenen amerikanischen Anwaltskanzlei, und von Arthur Anderson LLP hervor, die sich ihrer Meinung nach an den dubiosen Geschäften mitschuldig gemacht hatten. Das Top Management bat Vinson & Elkins, diesen Bedenken nachzugehen, doch die Kanzlei berichtete, dass außer etwas „Bilanzkosmetik“ und „aggressiver und kreativer Buchhaltung“ bei den Gesellschaften für Sonderzwecke nichts zu beanstanden sei. Auch Arthur Andersen bestätigte, dass er mit der Buchhaltung zufrieden sei.

Ende Oktober 2002 ordnete die Börsenaufsichtsbehörde der USA offizielle Ermittlungen bei Enron an, wobei auch bei Arthur Andersen immer mehr schmutzige Details ans Licht kamen. Als Anderson Mitte November von der Börsenaufsichtsbehörde offiziell informiert wurde, war bereits ein Großteil der Betriebsprüfungsunterlagen von Enron vernichtet worden. Daraufhin wurde im Juni 2002 gegen Andersen Anklage erhoben. Dieser Prozess brachte auch Andersens Buchhaltungsbetrug bei WorldCom ans Licht und löste eine Welle weiterer Buchhaltungsskandale aus.

J.P. Morgan Chase, Citigroup, Merrill Lynch, Credit Suisse First Boston, Canadian Imperial Bank of Commerce (CIBC), Bank America, Barclays Bank, Deutsche Bank und Lehman Brothers – sie alle wurden als Beteiligte an einer Reihe betrügerischer Transaktionen genannt, die betroffene Aktionäre am Ende über $ 25 Milliarden kosteten. Auch zwei Anwaltskanzleien wurde eine Beteiligung an diesen Betrügereien nachgewiesen: Vinson & Elkins und Kirkland & Ellis, einer Kanzlei mit Sitz in Chicago, die für Enron einige der Gesellschaften für Sonderzwecke vertrat.

Mitte 2006 bekannten sich 16 Mitglieder der Führungsebene Enrons schuldig oder wurden in der Folge zu Strafen verurteilt, darunter Ken Lay, Jeff Skilling (CEO), David Delainey (Leiter des Bereichs Energiehandel), Richard Causey (Leiter der Buchhaltung), Andrew Fastow (Finanzleiter) und Mark Koenig (Leiter des Bereichs Anlegerpflege).

Zusammengestellt von Rajshree Prakash, University of Lancaster Management School.

Kontrollfragen

1. Welche Mechanismen der Corporate Governance hätten die Ereignisse bei Enron verhindern können (oder müssen)?
2. Welche Veränderungen der Corporate Governance müssen vorgenommen werden, um Ähnliches zu verhindern?

Es gibt also mindestens fünf Gründe dafür, dass die Stufen der Corporate Governance nicht fehlerfrei funktionieren: (i) Fehlende Klarheit darüber, wer die endgültigen Nutznießer sind,(ii) ungleiche Aufteilung der Macht zwischen den Stufen, (iii) diese Ebenen haben in unterschiedlicher Form Zugang zu Informationen, (iv) Agenten auf verschiedenen Ebenen könnten ihre eigenen Interessen verfolgen und (v) sie könnten Messwerte und Ziele verwenden, die ihre eigenen Interessen und nicht die Interessen der endgültigen Nutznießer widerspiegeln. Unter solchen Umständen überrascht es nicht, dass es immer wieder Anläufe gibt, die angemessene Unternehmensorganisation zu reformieren und dass sich Governance-Strukturen überall auf der Welt verändern.

4.2.2 Reformen der Corporate Governance

Viele Regierungen haben die Reform der Corporate Governance sehr aktiv vorangetrieben. Am einschneidensten ist hier wohl das neue US-Gesetz Sarbanes-Oxley-Act zu nennen, das nach dem Enron-Skandal verabschiedet wurde. Es forderte strengere buchhalterische Richtlinien und steigerte die Unabhängigkeit der Wirtschaftsprüfer vom Management.[8] Andere Regierungen haben Gremien eingesetzt, die bei spezifischen Themenbereichen der Corporate Governance beratend tätig sein sollen.[9] Ursprünglich konzentrierten sich diese Gremien auf Fragen der internen finanziellen Kontrolle und der externen Offenlegung von Informationen.[10] Später richteten sie ihr Augenmerk auf die Ausweitung interner Kontrollen über die einfache Überwachung der Finanzen hinaus und nahmen die Rolle und Effektivität der Führungskräfte der mittleren Führungsebenen ins Visier.[11] Im öffentlichen Sektor wurde ähnlich vorgegangen. In Großbritannien widmete man dem *Risikomanagement* bei Strategien von Organisationen der öffentlichen Hand besonderes Interesse – traditionell gesehen ein Schwachpunkt in diesem Land.[12] Diese Reformen haben sich sehr deutlich ausgewirkt. So sind nun Unternehmensberatungen gezwungen, ihre Tätigkeit als Wirtschaftsprüfer strikt von ihrer Beratertätigkeit zu trennen. Viele verkauften sogar aufgrund des Sarbanes-Oxley-Acts ihr Unternehmensberatungsgeschäft – die Strategie der Beratungsfirmen wurde also ganz direkt beeinflusst genauso wie die Grundlagen für die Beratungsdienstleistungen dieser Unternehmen.

Ebenso ergaben Umfragen, dass Finanzleiter ihre Aufmerksamkeit eher auf die Rolle eines Verwalters verlegen und weniger die Rolle eines aktiven Strategen einnehmen.[13] Gleichzeit wuchs die Bedeutung unabhängiger Führungskräfte der mittleren Ebene, die das Verhalten ihrer Unternehmen überwachen. Einige Führungskräfte haben jedoch Bedenken geäußert, so etwa der Firmenchef der Bank of Queensland in Australien:

---

8 Sarbanes-Oxley Act of 2002, PL 107–204, 116 Stat 745 (30. Juli 2002).

9 Der Beitrag jedes dieser Berichte ist bei G. Vinten, „Corporate governance: The need to know", *Industrial and Commercial Training*, Bd. 32, Nr. 5 (2000), S. 173–178 genau zusammengefasst.

10 Der Treadway- (1987) und COSO- (1992) Bericht in den USA und die Cadbury-Berichte (1992 and 1996) in Großbritannien.

11 Zum Beispiel in Großbritannien die Hampel- (1998), Turnbull- (1999) and Higgs- (2003) Berichte.

12 Die Bedeutung von Risikomanagement auf dem öffentlichen Sektor wird angesprochen in „Supporting innovation: Managing risk in government departments", *Report by the Controller and Auditor General*, The Stationery Office, Juli 2000.

13 Die Rolle der Finanzleiter bei J. Weber, M. Arndt, E. Thornton, A. Barrett und D. Frost, „CFOs in the hot seat", *Business Week*, 17. März 2003, S. 65–68.

Überregulierung kann und wird den Unternehmergeist im Keim ersticken; sie wird Innovationen stoppen, denn immer mehr Ressourcen werden auf die Einhaltung der Regeln verwendet und nicht mehr darauf, besser als die Konkurrenz abzuschneiden.[14]

Außerdem werden Bedenken laut, dass die Struktur von Unternehmensvorständen zwar reformbedürftig sein mag, dass aber das eigentliche Problem im Verhalten der Vorstandsmitglieder liegt. Daraus ergibt sich für die Verantwortlichen in der Politik (in der Regierung), dass Mittel und Wege gefunden werden müssen, die Stufen der Corporate Governance so zu verändern, dass Direktoren und Manager (als Agenten) ganz klar ermutigt oder angehalten werden, solche Strategien zu verfolgen, oder sich so zu verhalten, dass die Interessen ihrer Prinzipale wie oben beschrieben bewahrt werden. Die Förderung derartiger Veränderungen ist eine große Herausforderung angesichts der bereits geäußerten Bedenken, Top Manager seien hauptsächlich darauf aus, große Unternehmensimperien aufzubauen, sich durch die Hierarchie nach oben zu arbeiten und ihre persönliche finanzielle Vergütung zu steigern, ohne in angemessener Art und Weise auf die Folgen für den endgültigen Nutznießer zu achten.

4.2.3 Verschiedene Governance-Strukturen

Oft wird ein Unternehmen von einem Vorstand oder einer Geschäftsführung geleitet. Die gesetzlich festgelegte Hauptverantwortung dieses Vorstands liegt darin, sicherzustellen, dass eine Organisation die Wünsche und Anforderungen der wichtigsten Interessengruppen erfüllt. Wer diese wichtigsten Interessengruppen sind, das ist jedoch ganz unterschiedlich. In einigen Teilen der Welt sind dies auf dem privaten Sektor ganz klar die Aktionäre, anderswo gibt es aber eine breitere und differenziertere Interessengruppenbasis. Im öffentlichen Sektor ist die Leitung einer Organisation dem politischen Arm der Regierung verantwortlich – meist durch eine zwischengelagerte „Agentur“ wie etwa eine staatliche Finanzbehörde. Diese Unterschiede führen auch zu Unterschieden in der Art und Weise, wie Unternehmen operieren, wie die Zielsetzungen einer Organisation gelagert sind und wie Strategien entwickelt werden. Auch Rolle und Zusammensetzung der Vorstände variieren stark.[15]

Auf allgemeinster Ebene gibt es zwei Governance-Strukturen“ : Das Aktionärsmodell (oder Shareholder-Modell) und das Stakeholder-Modell.[16] In verschiedenen Teilen der Welt sind diese beiden Modelle mehr oder weniger weit verbreitet.

14 S. Wiesenthal, „CFOs caught up in red tape“, *Australian Financial Review*, 2003, S. 16.

15 Diese Landesunterschiede werden in allgemeinen Büchern (Fußnote 1) und auch bei T. Clarke und S. Clegg, Changing Paradigms: The transformation of management knowledge in the 21th century, Harper Collins, 2000, Kap. 5, diskutiert.

16 Innerhalb dieser weit gefassten Klassifizierung gibt es weitere Modelle. Das marktorientierte System, das langfristige Investorensystem (A. Murphy und K. Topyan, „Corporate Governance: A critical survey of key concepts, issues, and recent reforms in the US“, *Employee Responsibility and Rights Journal*, Bd. 17, Nr. 2 (2005), S. 75–89) ist dem Aktionärsmodell ähnlich, da es Ansichten wie den diversifizierten Aktienbesitz und Übernahmen als Mechanismus der Unternehmenskontrolle unterstützt. Das System langfristiger Investoren und das Rhein-Modell (M. Albert, *Capitalism against Capitalism*, Whurr Publishers, 1992) ähneln dem Interessengruppenmodell mit einer Philosophie der einvernehmlichen Arbeit am Erfolg der Gruppe mit Merkmalen wie der direkten Mitsprache der Interessengruppen im Vorstand und Gewerkschaften, die sich die Macht mit dem Management teilen.

Das Shareholder-Modell der Unternehmensführung

Hier stehen die Aktionäre ganz legitim an erster Stelle, was das Vermögen angeht, das von Unternehmen erzeugt wird. Befürworter argumentieren allerdings, dass eine Maximierung des Shareholder Value auch anderen Interessengruppen von Nutzen ist. Der Aktienbesitz ist diversifiziert, jedoch wird ein großer Anteil der Aktien von Finanzinstituten gehalten. Der Aktienhandel stellt – zumindest im Prinzip – einen regulierenden Mechanismus der Maximierung des Shareholder Value dar, denn unzufriedene Aktionäre können ihre Aktien ja jederzeit verkaufen, sodass der Aktienkurs sinken und die Gefahr von Übernahmen erfolgloser Unternehmen steigen würde.

Gute Beispiele für das Shareholder-Modell sind die Volkswirtschaften der USA und Großbritanniens. Unternehmen in den USA haben meist eine einschichtige Board-Struktur, wobei die Mehrheit der Mitglieder nicht am Management beteiligt ist. Dieser Schwerpunkt auf externen Mitgliedern soll die Unabhängigkeit des Vorstands stärken und ihm seine wichtigste Aufgabe, im Namen der Aktionäre die Handlungen des Unternehmens zu beaufsichtigen, erleichtern. Doch natürlich birgt dies auch Probleme. Denn der Vorstandschef spielt häufig eine zentrale Rolle bei der Auswahl der externen Vorstandsmitglieder, was die gewünschte Unabhängigkeit sehr infrage stellt. Außerdem kann es sein, dass externe Mitglieder nicht ausreichend Zeit haben oder die Probleme des Unternehmens nicht wirklich kennen[17].

Auch in Großbritannien ist die Board-Struktur einschichtig, wobei die Ämter des Vorstandschefs und des Firmenchefs meist getrennt sind. Der Vorsitzende des Vorstands ist dabei meist ein firmenexternes Mitglied. Der Anteil der am Management beteiligten Mitglieder des Vorstands liegt bei großen Unternehmen üblicherweise zwischen einem Drittel und der Hälfte der Mitglieder insgesamt. Der Vorstand spielt eine zentrale Rolle und muss das Unternehmen zum einen voranbringen, zum anderen aber auch im Namen der Aktionäre beaufsichtigen.

Es gibt Argumente für und gegen das Shareholder-Modell. Die *positiven Argumente* lauten:

- *Vorteile für Investoren.* Im Vergleich zum Stakeholder-Modell erzielen die Investoren hier höhere Renditen. Auch können sie durch eine Diversifizierung ihres Aktienbesitzes auf dem Aktienmarkt, wo Aktien schnell ge- und verkauft werden können, ihr Risiko senken.
- *Vorteile für die Wirtschaft.* Da das System es den Aktionären erleichtert, höhere Risiken einzugehen, ist es wahrscheinlicher, dass dadurch Wirtschaftswachstum und Entrepreneurship gefördert werden. Ein weiteres Argument lautet, dass der Grund, warum ein ungewöhnlich großer Teil der Investitionen aus der EU nach Großbritannien fließt, darin liegt, dass dort die Eigentumsverhältnisse offener und für neue Investoren durchschaubarer sind als anderswo.
- *Vorteile für das Management.* Die Trennung von Eigentum und Management sorgt wohl dafür, dass strategische Entscheidungen sich objektiver auf die potenziell unterschiedlichen Anforderungen und Beschränkungen von Finanz-, Arbeits- und Verbrauchermärkten einstellen können. Diversifizierter Aktienbesitz bedeutet auch, dass kein einzelner Aktionär Unternehmensentscheidungen kontrollieren kann, vorausgesetzt, das Unternehmen ist erfolgreich.

---

17 Aus einer Umfrage von Korn/Ferry International Survey zitiert von K. Keasey, S. Thompson und M. Wright, *Corporate Governance: Accountability, Enterprise and International Comparisons*, Wiley, 2005.

Einige der *negativen Argumente* sind:

- *Nachteile für Investoren.* Diversifizierter Aktienbesitz verhindert eine genaue Überwachung des Managements. Das könnte zur Folge haben, dass Manager einen Teil des Shareholder Value zugunsten ihrer eigenen Interessen opfern. So könnten Firmenchefs darauf aus sein, durch Fusionen, die keinen Mehrwert bringen, ihr eigenes Ego und Image zu stärken.
- *Nachteile für die Wirtschaft – das Risiko der kurzfristigen Ausrichtung.* Fehlende Kontrolle des Managements kann dazu führen, dass Manager Entscheidungen treffen, um ihre eigene Karriere voran zu treiben (etwa durch eine Beförderung). Dies und die Gefahr von Übernahmen kann Manager dazu bringen, sich auf Kosten langfristiger Projekte nur auf kurzfristige Gewinne zu konzentrieren[18].
- *Die Reputation des Unternehmens und die Gier der Top Manager.* Fehlende Kontrolle der Manager macht es Top Managern möglich, sich hohe Leistungsvergütungen in Form von Gehältern, Boni und Aktienoptionen auszubezahlen. Manager in den USA verfügen über ein 531mal höheres Einkommen als ihre Angestellten. In Japan dagegen sind Managementgehälter nur etwa zehnmal so hoch wie normale Gehälter.[19]

Das Stakeholder-Modell der Unternehmensführung

Ein alternatives Modell der Unternehmensführung, das in unterschiedlicher Form vorliegt, ist das Stakeholder-Modell. Es gründet sich auf das Prinzip, dass Vermögen von einer Vielzahl an Interessengruppen erzeugt, bewahrt und verteilt wird. Dazu gehören natürlich auch die Aktionäre, aber auch andere Investoren, wie etwa Banken sowie Mitarbeiter oder deren Gewerkschaftsvertreter. So gesehen muss sich das Management auf viele Interessengruppen einstellen, die selbst auch in offiziellen Gremien vertreten sein können.

Solche Stakeholder-Modelle werden manchmal auch als *Bremsklotzsystem der Unternehmensführung* bezeichnet.[20] Denn häufig sind eine oder zwei große Investorengruppen die Haupteigentümer eines Unternehmens. So haben in Deutschland fast drei Viertel aller börsennotierten Unternehmen einen Mehrheitseigner. Außerdem spielen in Ländern wie Schweden oder Deutschland auch Banken eine wichtige Rolle, und in Japan besitzen Banken oft Unternehmensanteile und stellen nicht nur einfach Kredite zur Verfügung. Außerdem gibt es oft ein komplexes Netz an gegenseitigen Aktienbeteiligungen zwischen Unternehmen.

Deutschland und Japan werden oft als Beispiele für das Stakeholder-Modell genannt. In Deutschland ist die Organstruktur bei Aktiengesellschaften und GmbHs zweischichtig und besteht aus einem Aufsichtsrat, der für Unternehmen mit mehr als 500 Mitarbeitern gesetzlich vorgeschrieben ist, und einem Vorstand. Im Aufsichtsrat werden die Interessen verschiedener Gruppen vertreten, darunter Aktionäre, Mitarbeiter, aber häufig auch Banken, Rechtsanwälte und Börsenexperten. Strategische Planung und

---

18 Siehe Keasey et al. (reference 17) und ebenso J.A. McCahery, P. Moerland, T. Raijmakers und L. Renneboog, *Corporate Governance Regimes: Convergence and diversity*, Oxford University Press, 2002.

19 Siehe S. Jacoby (2005) (siehe Fußnote 2).

20 J. Zwiebel, „Block investment and partial corporate control", *Review of Economic Studies*, Bd. 62, Nr. 211 (1995), S. 161.

betriebliche Kontrolle obliegen zwar dem Vorstand, wichtige Entscheidungen wie etwa Fusionen und Übernahmen müssen aber vom Aufsichtsrat abgesegnet werden. Auch in anderen europäischen Ländern wie etwa Frankreich oder den Niederlanden gibt es solche zweischichtigen Systeme.

In Japan wird Gewinnmaximierung oder Shareholder Value nicht als das vorrangige Ziel eines Unternehmens betrachtet; wichtiger sind hier langfristiges Wachstum und Sicherheit der Firma. Die Eigentumsverhältnisse sind sehr konzentriert; nur eine kleine Gruppe von Investoren besitzt große Teile eines Unternehmens. Außerdem gibt es auch hier gegenseitige Firmenbeteiligungen, wobei große Unternehmen Aktien anderer Unternehmen besitzen und Banken dieselbe Untergruppe finanzieren. In Japan gibt es ein einschichtiges Vorstandssystem. Hier werden Manager aus der obersten Führungsebene eines Unternehmens zu Vorstandsmitgliedern ernannt, sodass der Vorstand fast ausschließlich aus unternehmensinternen Mitgliedern besteht.[21] Als gutes Vorstandsmitglied gilt seit jeher ein Manager, der die Interessen der Mitarbeiter gut vertritt.

Die *Vorteile* des Stakeholder-Modells sind:

- *Vorteile für Interessengruppen.* Einerseits wird argumentiert, dass die vielfältigen Interessen der Interessengruppen hier berücksichtigt werden. Andererseits wird auch und zusätzlich argumentiert, dass der große Einfluss der Mitarbeiter ganz besonders risikoreiche Entscheidungen und Investitionen verhindert.
- *Vorteile für Investoren.* Ein vielleicht ironisch anmutendes Argument lautet, dass es gerade Blockinvestitionen sind, die vielerlei wirtschaftliche Vorteile haben. So kann das Management unter Umständen genauer überwacht werden, und die großen Investoren haben besseren Zugang zu firmeninternen Informationen. Verfügen nur wenige Blockinvestoren über Macht und Einfluss, so kann im Falle von Fehlentscheidungen des Managements auch schneller eingegriffen werden.
- *Langfristige Ausrichtung.* Ein weiteres Argument lautet, dass große Investoren – Banken oder andere Firmen beispielsweise – ihre Investitionen als etwas Langfristiges ansehen, sodass der Druck kurzfristiger Erfolge sinkt[22] und eine langfristig gute Leistung mehr in den Vordergrund tritt.

Doch es gibt auch *Argumente, die gegen das Stakeholder-Modell sprechen*:

- *Nachteile für das Management.* Eine zu genaue Überwachung kann zu übermäßiger Einmischung führen, sodass sich Entscheidungsprozesse verlangsamen und das Management bei wichtigen Entscheidungen seine Objektivität verliert.
- *Nachteile für Investoren.* Wenn Aktionäre weniger Druck ausüben können, werden langfristige Investitionen in Projekte vorgenommen, deren Renditen unter den Markterwartungen liegen.

---

21 Siehe C.A. Mallin, Corporate Governance, Oxford University Press, 2004, und S.F. Copp, 'The institutional architecture of UK corporate governance reform: An evaluation', Journal of Banking Regulation, Bd. 7, Nr. 1/2 (2006), S. 41–63.

22 Die zu kurzfristige Ausrichtung ist ein Problem mit anglo-amerikanischer Tradition und steht dem Rhein-Modell gegenüber, das in Deutschland, der Schweiz, den Beneluxländern und anderen nordeuropäischen Ländern weiter verbreitet ist. Siehe M. Albert, „The Rhine model of capitalism: An investigation", in W. Nicoll, D. Norburn und R. Schoenberg (Hrs.), *Perspectives on European Business*, Whurr Publishers, 1995.

- *Nachteile für die Wirtschaft.* Es gibt weniger Alternativen zur Finanzmittelbeschaffung, sodass die Wachstumsmöglichkeiten und die Möglichkeiten unternehmerischer Tätigkeit begrenzt sind.

Diese Vor- und Nachteile werden in Abbildung 4.3 nochmals zusammengefasst.

Es soll auch darauf hingewiesen werden, dass sich die verschiedenen Modelle ebenfalls auf die Finanzierung von Unternehmen auswirken. Im Shareholder-Modell ist das Aktienkapital die wichtigste Form der langfristigen Finanzierung; Handelsbanken stellen zudem Kreditkapital zur Verfügung, sodass hier die Beziehungen zu den Banken durch Verträge definiert sind. Dies hat wesentliche Auswirkungen: Manager müssen die finanzielle Ausstattung ihres Unternehmens auf ein vernünftiges Maß beschränken, sodass große strategische Entwicklungen gleichzeitig mehr Aktienkapital erfordern. Das Unternehmen selbst verfügt außerdem über mehr Einfluss, was eigene strategische Entscheidungen angeht, denn die Banken streben nicht nach strategischem Mitspracherecht. Schlagen Strategien jedoch fehl, so kann die Abhängigkeit des Unternehmens von der Bank als Hauptaktionär immer größer werden. Dies geschieht oft in kleinen Familienbetrieben. Im Extremfall können die Banken ihren Einfluss geltend machen und ihre Finanzmittel abziehen, selbst wenn dies zum Konkurs des Unternehmens führt. Im Gegensatz dazu verfügen in einigen Stakeholder-Modellen (besonders in Japan und in geringerem Maß auch in Deutschland) Banken oft über erhebliche Aktienbeteiligungen oder gehören sogar derselben Dachgesellschaft an. Sie halten sich nicht so sehr zurück, sondern möchten sich aktiv an strategischen Entscheidungen beteiligen.

	Shareholder-Modell	Stakeholder-Modell
Vorteile	Für Investoren: • Höhere Renditen • Reduziertes Risiko Für die Wirtschaft: • Förderung von Entrepreneurship • Förderung interner Investitionen Für das Management: • Unabhängigkeit	Für Investoren: • Genauere Überwachung des Managements • Langfristigere Entscheidungshorizonte Für Interessengruppen: • Abschreckung risikoreicher Entscheidungen
Nachteile	Für Investoren: • Schwierige Überwachung des Managements Für die Wirtschaft: • Gefahr der kurzfristigen Ausrichtung Und die Gier des Top Management	Für das Management: • Potenzielle Einmischung • Langsamerer Entscheidungsprozess • Weniger Unabhängigkeit Für die Wirtschaft: • Weniger Finanzierungsmöglichkeiten für Wachstum

Abbildung 4.3: Vor- und Nachteile von Führungssystemen

Governance-Strukturen im Wandel

Immer mehr Stimmen werden laut, die eine Veränderung dieser traditionellen Führungsmodelle fordern. Einige dieser gewünschten Veränderungen wurden bereits in *Abschnitt 4.2.1* im Zusammenhang mit den Stufen der Corporate Governance erwähnt.

Dennoch gibt es Andeutungen, dass sich Führungssysteme überall auf der Welt immer mehr dem Shareholder-Modell annähern. Dies liegt an einigen der oben erwähnten Vorteile, besonders der Ansicht, dass sowohl Aktionäre als auch andere Interessengruppen von diesem Ansatz profitieren. Weitere Gründe sind die immer wichtiger werdenden institutionellen Anleger, die im Namen einer immer größeren Masse an Aktionären handeln sowie die wachsende Globalisierung und internationale Fusionen und Übernahmen.[23]

So gewinnen zum Beispiel in Japan institutionelle und ausländische Investoren immer mehr Einfluss, und durch Deregulierung und Liberalisierung wächst der Druck, Governance-Strukturen zu verändern. Auch in Deutschland drängt man auf Veränderungen. So argumentierte Jürgen Thumann vom deutschen Arbeitgeberverband BDI Mitte 2006, dass deutsche Unternehmen, wollten sie international wettbewerbsfähig bleiben, die Arbeitnehmervertretung in ihren Vorständen gründlich überdenken müssten. Dies würde nicht zuletzt die Kosten reduzieren und Entscheidungen beschleunigen.

Auch in anderen Ländern beginnen sich die Governance-Strukturen zu verändern. In Schweden befanden sich die meisten Firmen traditionell in Privatbesitz oder in der Hand von Stiftungen, Holdings oder Investmentunternehmen, die ebenfalls in Privateigentum waren. Schon im Jahr 2005 jedoch befanden sich nur noch knapp 15 Prozent der Marktkapitalisierung im Besitz einzelner Eigentümer – auch hier wächst der Einfluss institutioneller Anleger.[24] Auch durch den Eintritt Schwedens in die EU verringerten sich die Beschränkungen auf den Kapitalfluss in das Land, sodass mehr und mehr Unternehmen in den Besitz ausländischer Investoren übergehen. Trotzdem gibt es in den meisten Firmen immer noch einen Mehrheitseigner, der über sehr viel Einfluss und Entscheidungsmacht verfügt, sodass dies dem Shareholder-Modell sehr nahe kommt.

In Indien gab es bis in die 1980er Jahre hinein ein hohes Maß an Protektionismus durch den Staat – strategisch wichtige Branchen wie die Flugindustrie oder die Banken waren verstaatlicht und ausländische Investitionen im Land waren stark reglementiert. Seit 1991 jedoch kommt es auch hier zu radikalen Veränderungen. Importlizenzen wurden abgeschafft und Einfuhrzölle reduziert. Die Reglementierungen bezüglich des ausländischen Kapitals wurden in einigen Branchen verringert, von einigen Unternehmen der öffentlichen Hand wurden Investitionen abgezogen; gleichzeitig erhielten diese die Erlaubnis, sich an den internationalen Börsen listen zu lassen.[25] Zwar gibt es in Indien immer noch sehr viele Familienbetriebe, doch auch hier werden zunehmend Eigentum und Management voneinander getrennt. Die hier propagierten neuen Governance-Strukturen zeigen einen Trend in Richtung Shareholder-Modell mit einem Vorstandsgremium mit 30 bis 50 Prozent firmenexternen Mitgliedern.

In China ist die wichtigste Interessengruppe der Staat oder sehr regierungsnahe Institutionen. Hier gibt es ein zweischichtiges Vorstandssystem. Der Aufsichtsrat setzt sich zu mindestens einem Drittel aus Mitarbeitern des jeweiligen Unternehmens zusammen, die aber auf die Aktivitäten des Unternehmens wenig Einfluss haben, denn dafür ist der Unternehmensvorstand zuständig. In diesem Vorstand müssen auch externe Mitglieder sein, die nicht am Management beteiligt sind und seit kurzem auch ausdrücklich

23 Für eine weitere Abhandlung zu dieser Konvergenz siehe H. Hansmann, und R. Kraakman, „Toward a single model of corporate law?“, in J.A. McCahery, P. Moerland, T. Raijmakers und L. Renneboog (Hrs.), *Corporate Governance Regimes: Convergence and diversity*, Oxford University Press, 2002.

24 Siehe R. Skog, „A remarkable decade: The awakening of Swedish institutional investors“, *European Business Law Review*, Bd. 16, Nr. 5 (2005), S. 1017–1031.

25 Siehe V. Gupta und K. Gollakota, „History, ownership forms and corporate governance in India“, *Journal of Management History*, Bd. 12, Nr. 2 (2006), S. 185–197.

unabhängig sein müssen. Die Ernennung von Führungskräften wurde seit jeher streng von der Regierung überwacht, doch auch hier sinkt der staatliche Einfluss allmählich. Trotzdem begannen die meisten hochrangigen Wirtschaftsvertreter ihre Karrieren in Regierungspositionen.[26]

Auf dem öffentlichen Sektor gibt es sehr viele verschiedene Führungsgremien und -Organisationen, doch auch hier lassen sich Gemeinsamkeiten ausmachen. Diese Führungsgremien repräsentieren häufig wichtige Interessengruppen. Oft ist dies sogar gesetzlich vorgeschrieben oder wird einfach in der Praxis so gehandhabt. Ganz besonders gilt dies für die Vertretung von Mitarbeitern und Gewerkschaften in Führungsgremien. In vielen Ländern lässt sich ein Trend in Richtung eines höheren Anteils an (sogenannten) unabhängigen Führungskräften beobachten. Diese unabhängigen Vertreter lassen sich am ehesten mit den externen Vorstandmitgliedern des privaten Sektors vergleichen, die nicht am Management beteiligt sind.

4.2.4 Wie Führungs- und Kontrollgremien Strategien beeinflussen

Immer häufiger wird nun darüber diskutiert, welche Rolle Organmitglieder in Unternehmen spielen. Denn beim Board bzw. Vorstand und Aufsichtsrat liegt letztendlich die Verantwortung für Erfolg und Misserfolg einer Organisation sowie für die Gewinne der Aktionäre oder weiter gefasster Interessengruppen; daher muss er sich mit Strategie auseinandersetzen. Es gibt zwei grundlegende Auswahlmöglichkeiten, wie dies geschehen kann:

- Das strategische Management kann voll und ganz *an das Management delegiert* werden – wobei der Vorstand lediglich über Vorhaben und Entscheidungen informiert wird und diese genehmigt. Hier erfordert die „Verwalterrolle" des Vorstands Prozesse zur Sicherstellung, dass die Zielsetzungen der Organisation und ihre Strategien nicht auf Kosten anderer Interessengruppen – insbesondere der Eigentümer – vom Management „vereinnahmt" werden. Der Enron-Fall ist hier ein extremes Beispiel.
- Der Vorstand kann sich *mit dem Management zusammen in den strategischen Managementprozess einbringen*. Dies birgt jedoch zahlreiche praktische Probleme wie etwa die verfügbare Zeit und das verfügbare Wissen (besonders) der externen Vorstandsmitglieder, um diese Aufgabe optimal erfüllen zu können. Solche Probleme lassen sich besonders in wohltätigen oder gemeinnützigen öffentlichen Organisationen beobachten, deren Führungsgremien und Verwaltungen sich ganz der guten Sache verschrieben haben und gerne aktiv werden möchten, aber nur wenig konkretes Wissen mitbringen.

In den Richtlinien, die immer häufiger von Regierungen[27] festgelegt oder auch von Beobachtern befürwortet werden, um sicherzustellen, dass Vorstände im Interesse ihrer Aktionäre und Nutznießer handeln, tauchen immer wieder ähnliche Themen auf:

26 Für weitere Erklärungen zur Entwicklung in China siehe G.S. Liu und P. Sun, „The class of shareholdings and its impacts on corporate performance: A case of state shareholdings in Chinese public corporations", *Corporate Governance*, Bd. 13, Nr. 1 (2005), S. 46–59, und G. Chen, M. Firth, D. Gao und O.M. Rui, „Ownership structure, corporate governance, and fraud: Evidence from China", *Journal of Corporate Finance*, Bd. 12, Nr. 3 (2006), S. 424–448.

27 In den USA: Der Sarbanes-Oxley Act (2002). In Großbritannien: D. Higgs, „Review of the role and effectiveness of nonexecutive directors", Ministerium für Handel und Industrie, 2003.

- Vorstände müssen möglichst *„unabhängig“ vom Management* eines Unternehmens arbeiten. Die Rolle der externen Vorstandsmitglieder, die nicht direkt am Management beteiligt sind, wird also immer wichtiger.
- Vorstände müssen *in der Lage sein, die Aktivitäten der Manager genau zu überwachen.* Die kollektive Erfahrung des Vorstands, seine Ausbildung und die ihm zur Verfügung stehenden Informationen sind also von zentraler Bedeutung.
- Vorstandsmitglieder müssen ausreichend *Zeit* haben, ihre Aufgaben angemessen zu erfüllen. Also gilt es auch zu bedenken, ob die Anzahl der Vorstandspositionen, die eine Einzelperson innehaben kann, begrenzt werden soll.
- Am meisten kommt es jedoch auf das *Verhalten des Vorstands* und seiner Mitglieder an[28], gleichgültig, welche strukturellen Vereinbarungen getroffen wurde. Wichtig sind etwa Respekt, Vertrauen, „konstruktive Reibung“ zwischen den Vorstandsmitgliedern, ein fließendes Rollenverständnis, die Verantwortung des Einzelnen und der Gruppe sowie die Bewertung der Leistungen der einzelnen Mitglieder und des gesamten Vorstands.

4.2.5 Die Wahl der Unternehmensrechtsformen

Innerhalb der existierenden grundlegenden Governance-Strukturen wirken sich auch unterschiedliche Unternehmensrechtsformen auf die Zielsetzungen einer Organisation und die verfolgten Strategien aus. Auch hier ergeben sich Fragen, ob eine gewählte Unternehmensrechtsform für die strategischen Zwecke einer Organisation die richtige ist.

- *Ist das Firmenkapital in privater oder öffentlicher Hand?* Diese Frage stellt sich für viele Wirtschaftsunternehmen. Im Laufe ihrer Entwicklung und ihres Wachstums gehen viele Organisationen – so etwa Familienbetriebe – vom Privateigentum in öffentliches Eigentum als börsennotiertes Unternehmen über. Zu einer solchen Entscheidung kann es kommen, weil die Eigentümer beschließen, dass zur Finanzierung des Firmenwachstums mehr Kapital benötigt wird. Die Familienmitglieder, denen das Unternehmen gehört, müssen erkennen, dass sich dadurch ihre Rolle verändert. Sie müssen sich nun gegenüber einer viel größeren Gemeinschaft an Aktionären und Institution, die in deren Namen handeln, verantworten.
- *Ein Verkauf des gesamten Unternehmens oder von Teilen des Unternehmens.* Vor dieser Wahlmöglichkeit kann ein Vorstand stehen, dessen Unternehmen in der Verantwortung steht, seinen Aktionären einen angemessenen Kapitalertrag zu liefern. So könnte dieser Vorstand zu der Ansicht gelangen, dass eine andere Dachorganisation diesen wichtigen Zweck vielleicht besser erfüllen könnte. Vielleicht wird eine Organisation aber auch zu einem *Übernahmekandidaten* und der Vorstand entscheidet, dass das Übernahmeangebot für die Aktionäre attraktiver ist als die Erträge, die man selbst für die Zukunft versprechen kann.
- Auch die *Übernahme eines anderen Unternehmens* kommt in Betracht. Daraus können sich vielfältige Fragen und Probleme bezüglich der Zielsetzung der neuen Kapitalgesellschaft ergeben, wie *Kapitel 7* (siehe *Abschnitt 7.4*) erläutert. Es wird jedoch immer wieder in Frage gestellt, ob Übernahmen im besten Interesse der Aktionäre liegen. Oft bleiben die versprochenen Vorteile und Gewinne für den Aktionär aus,

---

28 Siehe D. Norburn, B. Boyd, M. Fox und M. Muth, „International corporate governance reform“, *European Business Journal*, Bd. 12, Nr. 3 (2000), S. 116–133, und J. Sonnenfeld, „What makes great boards great“, *Harvard Business Review*, Bd. 80, Nr. 9 (2002), S. 106–113.

und zumindest kurz- oder mittelfristig kommt es häufig zu einem Verlust an Shareholder Value. Am meisten Sorge bereiten hier das Prinzipal-Agent-Problem und der potenzielle *Interessenkonflikt* zwischen dem Vorstand und den Aktionären. Vielleicht sind Vorstandsmitglieder lediglich auf weitere Übernahmen aus, um ihr Imperium zu erweitern, ihre finanzielle Vergütung zu erhöhen oder weil sie der Meinung sind, dass Investmentanalysten das daraus entstehende Wachstum erwarten. Fusionen und Übernahmen werden detaillierter in *Kapitel 10* (*Abschnitt 10.2.2*) behandelt.

- *Gemeinschaftseigentum und Partnerschaften* sind in vielen Branchen traditionell weit verbreitet. So gehören Versicherungsgesellschaften und Baugenossenschaften oft den Kunden und Mitgliedern und nicht den Aktionären. Theoretisch lassen sich durch ein solches Arrangement die wichtigsten Nutznießer, also die Aktionäre und die Kunden, miteinander vereinbaren, sodass sich Strategien leichter im Sinne beider Gruppen entwickeln lassen. Durch eine solche Struktur können die Besitzverhältnisse jedoch stark zerstückelt sein, was ebenfalls zu dem oben erwähnten Prinzipal-Agent-Problem führt. So wurden etwa viele Baugenossenschaften in Großbritannien zu Banken umgewandelt, sodass sich auch die Eigentumsverhältnisse änderten. Das Gemeinschaftseigentum wurde aufgelöst, wodurch sich auch die Governance-Strukturen änderten und mehr einem normalen Unternehmen annäherten. Es zeichnet sich auch ab, dass sogar Anwaltskanzleien und Wirtschaftsprüfungsgesellschaften, die traditionell immer in Form von Partnerschaften bestehen, sich mehr und mehr unternehmerischen Eigentumsmodellen zuwenden.
- In vielen Ländern kam und kommt es immer wieder zu *Privatisierungen* staatlicher Unternehmen. Historisch gesehen wurden die meisten Bereiche des öffentlichen Lebens streng von überregionalen oder regionalen Regierungsbehörden überwacht. Viele Regierungen entschlossen sich zu Privatisierungen, um Organisationen zu zwingen, sich den Kräften des freien Marktes zu stellen, sich besser auf die Bedürfnisse der Kunden und den bestehenden Wettbewerbsdruck einzustellen – und um Zugriff auf das Kapital des privaten Sektors zu erlangen. Die Manager andererseits erhielten mehr Handlungsspielraum in Bezug auf die Wahl ihrer Strategie – welche Produkte oder Dienstleistungen sie anbieten konnten; die Fähigkeit zur Diversifikation, zur Kapitalbeschaffung, etc.

4.3 Unternehmensethik und soziale Verantwortung[29]

Der Diskussion über Corporate Governance liegt das Thema zugrunde, dass schon in der Einführung behandelt wurde. Liegt die Zielsetzung einer Organisation und ihrer Strategie darin, einer wichtigen Interessengruppe wie etwa den Aktionären zu nützen, oder soll sie einem größeren Kreis an Interessengruppen nützen? Daraus ergibt sich wiederum die Frage, welche Erwartungen die Gesellschaft an eine Organisation hat und wie diese sich auf deren Zwecke auswirken. Immer mehr Staaten und Regierungen

29 Immer wieder gibt es neue Literatur zum Thema Unternehmensethik. Nützliche Einblicke hierzu gewähren P. Werhane und R.E. Freeman, „Business ethics: The state of the art", *International Journal of Management Research, Bd. 1, Nr. 1 (1999), S. 1–16. Dies ist eine* gute Zusammenfassung der jüngsten Veröffentlichungen zur Wirtschaftsethik. Aktive Manager können sich auch B. Kelley, *Ethics at Work*, Gower, 1999, zuwenden. Hier sind viele in diesem Abschnitt behandelte Themen abgedeckt und auch die Richtlinien des Institute of Management über ethisches Management werden behandelt. Siehe auch M.T. Brown, *Corporate Integrity: Rethinking organizational ethics and leadership*, Cambridge University Press, 2005.

vertreten die Meinung, dass diese Erwartungen nicht allein durch die Festlegung von Regeln erfüllt werden können. Hier kommt außerdem das Thema der Wirtschaftsethik ins Spiel, die auf zwei verschiedenen Ebenen existiert:

- Auf *makroökonomischer Ebene* gibt es Themen, die sich auf die Rolle von Unternehmen und anderen Organisation innerhalb der Gesellschaft beziehen. Die Erwartungen hierzu reichen von einer freien Unternehmenskultur im Laisser-faire-Stil auf der einen Seite bis hin zu genauen, engmaschigen Vorgaben aus der Gesellschaft auf der anderen Seite. Bei der grundlegenden ethischen Einstellung einer Organisation geht es um ihre *soziale Verantwortung.*
- Auf der *Ebene des Einzelnen* bezieht sich Unternehmensethik auf das Verhalten und die Handlungen von Einzelpersonen innerhalb einer Organisation. Dieses Thema ist für das Management von Organisationen allgemein von großer Bedeutung, hier wird darauf aber in Bezug auf die Rolle der Manager innerhalb des strategischen Managementprozesses eingegangen.

4.3.1 Corporate social responsibility – Die soziale Verantwortung eines Unternehmens

Das Regelwerk des Umfelds und die Governance-Struktur einer Organisation legen ihre Mindestverpflichtungen gegenüber ihren Interessengruppen fest.

Soziale Verantwortung eines Unternehmens

Die soziale Verantwortung eines Unternehmens (corporate social responsibility) bezieht sich auf die Art und Weise, in welcher eine Organisation über ihre rechtlich festgelegten Mindestverpflichtungen gegenüber ihren Interessengruppen hinausgeht.

Die **soziale Verantwortung eines Unternehmens** *(Corporate social responsibility)* bezieht sich auf die Art und Weise, in welcher eine Organisation über ihre rechtlich festgelegten Mindestverpflichtungen gegenüber ihren Interessengruppen hinausgeht. Die rechtlichen Regelwerke, innerhalb derer Organisationen agieren, achten die Rechte verschiedener Interessengruppen in sehr unterschiedlichem Maß. *Vertraglich gebundene Interessengruppen* wie Kunden Zulieferer oder Mitarbeiter haben beispielsweise eine Rechtsbeziehung zu einer Organisation, wohingegen *allgemeine Interessengruppen* – lokale Gemeinden, Konsumenten (im Allgemeinen) oder andere Interessengruppen – nicht unter dem Schutz des Gesetzes stehen.[30] Die soziale Verantwortung der Unternehmen ist für diese allgemeinen Interessengruppen von besonderer Bedeutung.

Verschiedene Organisationen nehmen bezüglich ihrer sozialen Verantwortung sehr unterschiedliche Haltungen ein. Diese verschiedenen Haltungen werden auch dadurch reflektiert, wie sie das Management einer solchen Verantwortung handhaben. Abbildung 4.4 zeigt vier Stereotypen, um diese Unterschiede zu verdeutlichen. Die Liste der berücksichtigten Interessen der Interessengruppen wird hier von Position zu Position immer umfassender, und auch die Bandbreite der Kriterien, die zur Bewertung von Leistung und Strategien herangezogen wird, wird immer größer. Die darauf folgende Diskussion erklärt, wie sich diese Haltungen in den Aktivitäten von Unternehmen widerspiegeln.[31]

30 J. Charkham, „Corporate governance lessons from abroad“, *European Business Journal*, Bd. 4, Nr. 2 (1992), S. 8–16.

31 Basierend auf einer Forschungsarbeit des Center for Corporate Citizenship at the Boston College, dargestellt in P. Mirvis und B. Googins, „Stages of corporate citizenship“, *California Management Review*, Bd. 48, Nr. 2 (2006), S. 104–126.

	Laisser-faire	Aufgeklärtes Selbstinteresse	Forum für Interaktionen der Interessengruppen	Gestalter der Gesellschaft
Grundprinzip	Gesetzeskonformität: Gewinn machen, Steuern zahlen und Arbeitsplätze anbieten	Vernünftiger Geschäftssinn	Nachhaltigkeit oder dreifacher Endgewinn	Veränderung von Markt und Gesellschaft
Führungsstil	Dezentral	Unterstützend	Sich einsetzend	Visionär
Management	Verantwortung beim mittleren Management	Systeme sorgen für optimale Umsetzung	Verantwortung beim Vorstand: Überwachung innerhalb der gesamten Organisation	Verantwortung liegt bei jedem Einzelnen innerhalb der gesamten Organisation
Verhalten	Defensiv gegenüber Druck von außen	Reaktiv gegenüber Druck von außen	Proaktiv	Definierend
Beziehung zu Interessengruppen	Einseitig	Interaktiv	Partnerschaft	Allianzen zwischen mehreren Organisationen

Abbildung 4.4: Positionen bezüglich der sozialen Verantwortung von Unternehmen

Die *Laisser-faire-Position* stellt eine extreme Haltung dar, denn hier vertreten die Organisationen die Ansicht, dass die einzige Verantwortung eines Unternehmens darin besteht, die kurzfristigen Interessen der Aktionäre zu berücksichtigen und „Gewinn zu machen, Steuern zu bezahlen und Arbeitsplätze zur Verfügung zu stellen".[32] Es obliegt der Regierung, durch Gesetzgebung und Regulierung Beschränkungen festzulegen, die die Gesellschaft den Unternehmen in ihrem Streben nach wirtschaftlicher Effizienz nach eigenem Ermessen auferlegt. Die Organisationen halten sich an dieses Mindestmaß an Verpflichtungen – mehr aber auch nicht. Erwartet man von den Unternehmen, soziale Pflichten zu übernehmen, die über dieses Mindestmaß hinausgehen, so kann das im Extremfall die Autorität des Staates untergraben.

Diese Position kann von Führungskräften bezogen werden, die ideologisch von ihr überzeugt sind, oder von kleineren Unternehmen, die keine ausreichenden Ressourcen besitzen, um mehr als die Mindestanforderungen zu erfüllen. Wird etwas für das Allgemeinwohl der Gesellschaft getan, so wird dies im Hinblick auf die Verbesserung der Rentabilität gerechtfertigt.[33] Eine solche Situation liegt vor, wenn einem Unternehmen beispielsweise soziale Verpflichtungen als Voraussetzung für die Erlangung neuer Verträge (wenn etwa von Zulieferern an Organisationen der öffentlichen Hand eine Personalpolitik der Chancengleichheit verlangt wurde) oder zur Verteidigung ihres guten Rufs auferlegt wurden. Die Verantwortung für solche Entscheidungen liegt typischerweise bei den Managern der mittleren Führungsebene oder Abteilungsleitern und nicht bei der obersten Führungskräften, denn diese sehen diese Rolle nicht als Teil ihrer Aufgabe. Die Beziehungen zu den Interessengruppen sind hier höchstwahrscheinlich

32 Als Zusammenfassung der Argumentation Milton Friedmans wird oft zitiert: M. Friedman: „The social responsibility of business is to increase its profits", *New York Times Magazine*, 13. September (1970).

33 Siehe A. McWilliams und D. Seigel, „Corporate social responsibility: A theory of the firm perspective", *Academy of Management Review*, Bd. 26 (2001), S. 117–127.

eher einseitig und nicht interaktiv. Natürlich besteht bei dieser Einstellung die Gefahr, dass die Gesellschaft von den Unternehmen etwas ganz anderes erwartet. Tatsächlich steigen die Erwartungen der Gesellschaft an große Organisationen, und es zeigt sich, dass sich die Firmenchefs dessen durchaus bewusst sind und auch die Ansicht teilen, dass Organisationen in sozialen Belangen aktiver sein sollten.[34]

Das *aufgeklärte Selbstinteresse* ist geprägt vom Erkennen des *langfristigen finanziellen Nutzens für den Aktionär* von gut betreuten Beziehungen zu anderen Interessengruppen. Die Rechtfertigung für soziales Handeln liegt darin, dass es auch wirtschaftlich gesehen sinnvoll ist. Die *Reputation*[35] einer Organisation ist entscheidend für ihren langfristigen finanziellen Erfolg, und es muss ein Geschäftsplan für eine aktivere Haltung in Bezug auf soziale Belange entwickelt werden, um zum Beispiel neue Mitarbeiter gewinnen und halten zu können. Hier können philanthropische Aktionen[36] einer Organisation oder ihr Handeln für das Gemeinwohl durchaus als vernünftige Investition gesehen werden, die mit anderen Investitions- oder Werbeausgaben vergleichbar ist. Die finanzielle Förderung wichtiger Sport- oder Kunstveranstaltungen ist hier als Beispiel zu nennen. Außerdem ist es wichtig, fragwürdige Marketingaktionen zu meiden, damit es auf diesem Gebiet keine zusätzlichen gesetzlichen Regelungen geben muss. Manager vertreten die Ansicht, dass eine Organisation nicht nur ihren Aktionären verantwortlich ist, sondern auch für die *Beziehungen zu* anderen Interessengruppen Verantwortung trägt (zu unterscheiden von der direkten *Verantwortung für* andere Interessengruppen). Die Kommunikation mit verschiedenen Interessengruppen ist in dieser Position sicherlich intensiver als bei Organisationen, die sich dem Laisser-faire-Stil verschrieben haben. Hier ist es auch durchaus möglich, dass Organisationen auch Systeme und Richtlinien einführen, um die Einhaltung bewährter Methoden zu gewährleisten (z.B. die Umweltnorm ISO 14.000, den Schutz der Menschenrechte im internationalen Geschäft, etc.) und ihre Leistungen in Bezug auf soziale Verantwortung überwachen. Auch das Top Management könnte in diesem Themenbereich eine größere Rolle spielen, zumindest indem es sein Unternehmen aktiv in seiner sozialen Rolle unterstützen.

Ein Forum für die Interaktion mit Interessengruppen[37] berücksichtigt ausdrücklich die Interessen und Erwartungen vieler verschiedener Interessengruppen – nicht nur diejenigen der Aktionäre – als Einflussfaktoren auf Organisationszweck und -strategie. Hier lautet das Argument, dass die Leistung einer Organisation auf vielseitigere Weise gemessen werden sollte als nur durch ihre Zahlen. Unternehmen, die diese Haltung einnehmen, könnten wirtschaftlich unrentable Geschäftsbereiche halten, um Arbeitsplätze zu sichern. Sie könnten von Herstellung und Verkauf „anti-sozialer" Produkte Abstand nehmen und für das Gemeinwohl finanzielle Einbußen in Kauf nehmen. Einige Finanzdienstleister bieten ihren Investoren auch sozial verantwortliche Investmentprodukte an. Diese enthalten nur Beteiligungen an Organisationen, deren Aktivitäten hohe Standards sozialer Verantwortung erfüllen.

---

34 Siehe The State of Corporate Citizenship in the US: A view from inside, 2003–2004, Center for Corporate Citizenship, Boston College; auch dargelegt in Mirvis und Googins, Fußnote 31.

35 Siehe S. Macleod, „Why worry about CSR?", *Strategic Communication Management*, August/September (2001), S. 8–9.

36 Siehe M. Porter und M. Kramer, „The competitive advantage of corporate philanthropy", *Harvard Business Review*, Bd. 80, Nr. 12 (2002), S. 56–68.

37 H. Hummels, „Organizing ethics: A Interessengruppen debate", *Journal of Business Ethics*, Bd. 17, Nr. 13 (1998), S. 1403–1419.

Hier gibt es allerdings Probleme bezüglich des Gleichgewichts der Interessen verschiedener Interessengruppen. Viele Organisationen des öffentlichen Sektors positionieren sich zu Recht in diesem Bereich, da sie eine große Vielzahl von Erwartungen erfüllen müssen. Diese große Vielfalt kann außerdem oft nur unzureichend in Form von eindeutigen Leistungsmesszahlen berücksichtigt werden. Außerdem vertreten viele kleine Familienbetriebe aufgrund ihrer Arbeitsweise diese Haltung. Sie bringen ihre eigenen Interessen mit den Interessen ihrer Mitarbeiter und den Interessen der lokalen Gemeinschaft in Einklang, selbst wenn dies zu einer Einschränkung ihrer strategischen Wahlmöglichkeiten führt (z.B. Produktionsverlagerung ins Ausland oder heimische Produktion). Solche Organisationen brauchen zwangsläufig länger, um neue Strategien zu entwickeln, denn sie müssen diese in umfassender Weise mit vielen Interessengruppen abstimmen und schwierige Kompromisse zwischen widersprüchlichen Interessen der Interessengruppen erzielen, wie in *Abschnitt 4.3* besprochen.

Im Rahmen einer Balanced Scorecard können Unternehmen Ziele entwerfen, die soziale Verantwortung innerhalb des operativen Geschäfts berücksichtigen, und sie aktiv und in koordinierter Weise verfolgen. Es wird erwartet, dass sich eine solche Unternehmensposition auch im Verhalten der einzelnen Mitarbeiter innerhalb des Unternehmens widerspiegelt.

Für *Gestalter der Gesellschaft* sind finanzielle Belange nur zweitrangig oder werden sogar als einschränkend empfunden. Bei ihnen handelt es sich um Aktivisten, die die Gesellschaft und ihre Werte verändern möchten. Ein solches Unternehmen könnte genau zu diesem Zweck gegründet worden sein, wie dies etwa bei The Body Shop der Fall ist. Die soziale Verantwortung ist hier die eigentliche *Daseinsberechtigung* des Unternehmens. Es kann seinen strategischen Zweck darin sehen, „die Spielregeln zu verändern“, was ihm durchaus von Nutzen sein kann, was es aber hauptsächlich zum Wohl der Gesellschaft tut. Organisationen mit dieser Haltung operieren nur selten allein; meist bilden sie Partnerschaften mit anderen – kommerziellen und nicht kommerziellen – Organisationen, um gemeinsam ihre Ziele zu erreichen.

Inwieweit dies eine tragfähige ethische Haltung ist, hängt von Themen wie Regulierung, Corporate Governance und Verantwortlichkeit ab. Diese Haltung ist für Unternehmen in privater Hand leichter umsetzbar, denn hier gibt es keine externen Aktionäre, denen man verantwortlich ist. Viele sind der Meinung, dass die großen historischen Erfolge öffentlicher Dienstleister, die die Lebensqualität von Millionen von Menschen entscheidend verbessern konnten, zum Großteil darauf zurückzuführen sind, dass diese Organisationen „eine Mission zu erfüllen hatten“ und außerdem von einem entsprechenden politischen Rahmenwerk unterstützt wurden. In vielen Ländern ergeben sich jedoch große Herausforderungen bezüglich der Legitimität solcher von einer Mission geprägten Haltungen öffentlicher Dienstleister, und es werden Forderungen laut, dass Bürger (als Steuerzahler), von ihnen die beste Leistung erwarten sollten. Auch gemeinnützige Organisationen sehen sich ähnlichen Problemen gegenüber. Für ihre Existenz ist es von grundlegender Bedeutung, die Verbesserung der Interessen bestimmter gesellschaftlicher Gruppen mit großem Eifer voranzutreiben, doch sie müssen sich auch um ihr finanzielles Überleben kümmern, was dazu führen kann, dass sie als zu kommerziell angesehen werden und man glaubt, sie würden zu viel Geld für Verwaltung und Werbung ausgeben.

Beispiel 4.2 Der Zusammenbruch von Lehman Brothers

Die Entscheidungen des Top Managements liegen vielleicht nicht immer im besten Interesse der Aktionäre – und das kann katastrophale Folgen haben.

Im Jahr 2008 war Lehman Brothers die viertgrößte Investment Bank der USA. Gegründet wurde sie bereits Mitte des 19. Jahrhunderts und hatte unter der Führung des aktuellen CEO Dick Fuld eine Strategie des schnellen Wachstums verfolgt, was ebenso wie bei anderen Banken auch die Entwicklung von Derivaten im Zusammenhang mit dem Höhenflug des Immobilienmarktes mit einschloss. Man wollte damit die Angreifbarkeit der Banken durch Fluktuationen des Marktes reduzieren und es ihnen ermöglichen, durch eine „Wertpapier-Absicherung" höhere Kreditrisiken einzugehen.

Die Zeitung *The Times* formulierte, dass Lehmans Strategie der groß angelegten Investitionen auf dem US-amerikanischen Immobilienmarkt Ausdruck der „Hoffnung" sei, man könne „die hohen Profite der Großen im Immobiliengeschäft kopieren. Dazu wurden Immobilienschulden als vermarktbare Finanzpakete verschnürt und an Investoren verkauft, um so das Risiko zu diversifizieren, indem es auf viele Einzelinvestoren verteilt wurde". Das Problem dabei war, dass auch eher zweifelhafte Vermögenswerte in diesen Paketen enthalten waren. Als schließlich der Immobilienmarkt zusammenbrach und die Preise in den Keller stürzten, erkannte Lehman zusammen mit vielen anderen Banken, die die gleiche Strategie verfolgt hatten, dass das Risiko keineswegs diversifiziert worden war und die neu kreierten Finanzprodukte wertlos waren. Die Banken, Lehman eingeschlossen, hatten den Markt falsch interpretiert und auf Produkte gesetzt, die nur von sehr wenigen Menschen wirklich verstanden wurden. Zu allem Übel hatte Lehman seine Investitionen auf dem Immobilienmarkt noch ausgebaut, als sich die Anfänge der Kreditkrise bereits abzeichneten.

Im September 2008 brach Lehman zusammen und musste Konkurs anmelden. Die Schockwelle dieses Zusammenbruchs war auf der ganzen Welt zu spüren, denn immer mehr Banken mussten sich an ihre Regierungen oder neue Investoren wenden und um finanzielle Unterstützung bitten. Der Leitartikel in *The Times* weist die Schuld für diese Probleme Dick Fuld und seiner Führungsriege zu:

> *Mr. Fuld ist seit 1994 Alleinherrscher über Lehmans. Er ist eine merkwürdige Kreuzung aus Gordon Gekko und Tony Soprano und gilt an der Wall Street als kompromissloser Mogul, der seine Kollegen öffentlich herunterputzt. Er sagt zwar gern und lautstark seine Meinung, doch wenn es ums Zuhören geht, ist er wenig begabt. Letztendlich führte er sich und sein Umfeld gründlich in die Irre, nachdem seine Bank bereits Ende der 1990er knapp einem Konkurs entkommen war. Damals hatten er und seine Bank alle nötigen Vorkehrungen getroffen, um jede weitere Finanzkrise zu überstehen.*

Auf der Jahreshauptversammlung der Bank im April 2008 sagte Fuld:

Das Schlimmste haben wir in der Finanzbranche hinter uns.

Zwei Monate später musste seine Bank Quartalsverluste in Höhe von $ 2,8 Mrd. (etwa € 2 Mrd.) vermelden ... Was mit Lehman Brothers geschehen ist, wäre vermeidbar gewesen. Mr. Fuld hätte seine Bank mit klügerer Hand führen können. Wäre die Führungsriege nicht so willfährig gewesen, hätte man sein Tun strenger überwacht oder ihn sogar ausbooten können. Nach dem Zusammenbruch von Bear Stearns (eine weitere große Investment Bank) hätte der Vorstand von Lehman Brothers vor allem darauf achten müssen, eine solche Katastrophe zu verhindern.

The Times fuhr fort, dass der Lehman-Vorstand, der ja nun neue Finanzmittel brauchte, um überleben zu können, die Möglichkeit gehabt hätte, die Bank oder Teile davon zu verkaufen, so etwa das Fondsmanagement. Statt dessen „stellte sich heraus, dass Fuld und sein Vorstand völlig unrealistische Vorstellungen von dem wahren Wert ihrer Bank hatten ... und ... keinerlei Verständnis für das Geschäftsmodell ihrer Bank oder die Veränderungen des Finanzmarktes zeigten ..."

Quelle: The Times, 16. September 2008, S. 2.

Kontrollfragen

1. Warum haben sich Fuld und sein Vorstand wohl in der beschriebenen Art und Weise verhalten?
2. Welche anderen Mechanismen innerhalb der Führungskette hätten das Geschehene verhindern können (oder sollen)?
3. Welche Veränderungen der Corporate Governance sind nötig, um ähnliche Ereignisse zu verhindern?

Grundsätzlich ausgedrückt stehen die Gestalter der Gesellschaft am anderen Ende des Spektrums, dessen Anfang die Laisser-faire-Unternehmen bilden. Man muss aber auch berücksichtigen, dass einige große Unternehmen, die einen Laisser-faire-Ansatz verfolgen wie etwa NewsCorp oder Haliburton sich auch aktiv für die Gestaltung der Gesellschaft einsetzen, obwohl das natürlich im Rahmen ihrer eigenen Vorstellung von der Rolle des Unternehmens in der Gesellschaft geprägt ist.

Immer mehr Manager vertreten die Ansicht, dass der Laisser-faire Stil nicht mehr akzeptabel ist[38], dass Unternehmen im Gegenteil eine sozial verantwortliche Position vertreten sollten. Dies hat nicht nur rein ethische Gründe. Viele Manager glauben, dass eine solche Haltung auch wirtschaftliche Vorteile bringt und dass Risiken entstehen, wenn sie sie vernachlässigen. Soziale Verantwortung zu übernehmen senkt das Risiko negativer Reaktionen von Interessengruppen (darunter nicht zuletzt Kunden) und kann dafür sorgen, dass Mitarbeiter Loyalität entwickeln und motiviert sind. Soziale Verantwortung lässt sich also in dreifacher Weise rechtfertigen: Es entstehen soziale Vorteile, Vorteile für die Umwelt und höhere Gewinne. Viele sind sogar der Meinung, sozial ver-

38 D. Vogel, „Is there a market for virtue? The business case for corporate social responsibility", *California Management Review*, Bd. 47, Nr. 4 (2005), S. 19–45.

antwortliche Strategien würden die Grundlage für die Erlangung eines Wettbewerbsvorteils schaffen. Es kommt darauf an, eine Win-win-Situation zu erzeugen, um den wirtschaftlichen Ertrag aus Investitionen in die Umwelt zu optimieren:[39]

> *Die Grundfrage … lautet nicht, ob sich eine Sache lohnt, sondern ob sie die Chance birgt, gemeinsame Werte zu schaffen – das heißt einen bedeutenden Nutzen für die Gesellschaft bringt, der auch für das Unternehmen wertvoll ist.*[40]

Die Bekämpfung der AIDS-Pandemie in Afrika ist für ein Pharmaunternehmen oder für ein afrikanisches Bergbauunternehmen nicht nur ein „gutes Werk", es ist auch für ihre eigenen Interessen von zentraler Bedeutung. Ähnlich verhält es sich mit der der Verringerung des Kohlenmonoxyd-Ausstoßes, der für einen Autohersteller eine große unternehmerische Chance darstellt.[41] Die schwedische Lobby für umweltfreundlichere Verpackungen brachte Ecolean dazu, Verpackungen zu produzieren, die nicht nur umweltverträglicher sind, sondern auch 25 Produkte billiger als die Produkte der Konkurrenz.[42]

Es ist jedoch nicht ganz klar, ob eine solche Haltung immer auch wirtschaftliche Vorteile bringt. Nimmt man die Ansicht über den Wettbewerbsvorteil allerdings ernst, sollte dieser auch in Form höherer Gewinne messbar sein. Doch die Beweise sind hier nicht ganz eindeutig. Es gibt Hinweise auf eine Verbindung zwischen dem Ansatz des aufgeklärten Selbstinteresses und guten finanziellen Ergebnissen.[43] So haben Wissenschaftler beispielsweise versucht, herauszufinden, ob ethisch handelnde Investmentfonds bessere Ergebnisse erzielen als andere Fonds, weil sie in Unternehmen investieren, die soziale Verantwortung übernehmen. Einige sind der Ansicht, dass die Ergebnisse beider Fondsarten gleich sind und argumentieren, dass höhere Gewinne keine Basis für soziale Verantwortung sein können.[44] Andere argumentieren, dass es sehr wohl Hinweise auf bessere finanzielle Ergebnisse gibt, wenn die Fähigkeiten solcher Investoren berücksichtigt werden, die besten Investitionsmöglichkeiten auszuwählen.[45] Kurz gesagt, bei diesem Thema herrscht große Uneinigkeit.

---

39 S.A. Waddock und C. Bodwell, „Managing responsibility: What can be learned from the quality movement", *California Management Review*, Bd. 47, Nr. 1 (2004), S. 25–37, und R. Orsato, „Competitive environmental strategies: When does it pay to be green?", *California Management Review*, Bd. 48, Nr. 2 (2006), S. 127–143.

40 Dieses Zitat stammt von Porter und Kramer, Fußnote 36.

41 Diese Beispiele stammen von Porter und Kramer, Fußnote 36.

42 From Orsato, Fußnote 39.

43 K. Schnietz und M. Epstein, „Does a reputation for corporate social responsibility pay off?", *Social Issues in Management Conference Papers*, Academy of Management Proceedings, 2002. Diese Abhandlung zeigt, dass die Fortune 500 Unternehmen, die auch im Domini Social Index waren, bessere Leistungen in Bezug auf ihre Aktienerträge erzielten als andere.

44 Siehe D. Vogel, Fußnote 38.

45 M.L. Barnett und R.M. Salomon („Beyond dichotomy: The curvilinear relationship between social responsibility and financial performance", *Strategic Management Journal*, Bd. 27, Nr. 11 (2006), S. 1101–1122) sind der Meinung, dass Forschungsarbeiten, wie sie von Vogel durchgeführt wurden, die Auswahlprogramme der Investoren nicht genügend beachten. Je intensiver diese Auswahlprogramme sind – abhängig davon, wie sie durchgeführt werden – desto mehr kann auch die finanzielle Leistung steigen.

Abbildung 4.5 wirft einige Fragen auf, die zur Bewertung des sozial verantwortlichen Handelns einer Organisation dienen können. Mittels eines *sozialen Berichtswesens*[46] kann sichergestellt werden, dass Aspekte des sozial verantwortlichen Handelns systematisch überprüft werden. Einige progressive Organisationen haben dieses Mittel mittlerweile perfektioniert. Eine solche Revision kann in vielerlei Formen durchgeführt werden, angefangen von sozialen Betriebsprüfungen, die von unabhängigen externen Organisationen durchgeführt werden, über soziale Aspekte, die jedes Unternehmen heute in seinem Jahresbericht offen legen muss (so etwa bestimmte auf die Umwelt bezogene Aspekte) bis hin zur freiwilligen Bewertung eigener sozialer Leistungen durch die Unternehmen.

Sollten Organisationen verantwortlich sein für ...

INTERNE ASPEKTE

Das Wohlergehen der Mitarbeiter
... Krankenversicherung, Hilfe bei der Eigenheimfinanzierung, langes Fehlen wegen Krankheit, Hilfe für Angehörigen, etc.?

Arbeitsbedingungen
... sichere Arbeitsplätze, bessere Arbeitsverhältnisse, soziale und Sporteinrichtungen, Lohnniveau über Mindestlohn, Weiterbildung und Entwicklung?

Strukturierung der Arbeitsaufgaben
... Gestaltung der Aufgaben, sodass die Mitarbeiter zufrieden sind und nicht nur wirtschaftliche Effizienz beachtet wird? (Dazu gehören auch Aspekte des Gleichgewichts zwischen Arbeit und Freizeit.)

Geistiges Eigentum
... Anerkennung des privaten Wissens einzelner Mitarbeiter, ohne auf Unternehmenseigentum zu pochen?

EXTERNE ASPEKTE

Umweltaspekte
... Reduzierung der Umweltverschmutzung auf Werte unterhalb gesetzlich vorgeschriebener Grenzen, wenn Konkurrenten dies nicht tun?
... Energiesparen?

Produkte
... Gefahren aufgrund des sorglosen Umgangs mit Produkten durch den Verbraucher?

Märkte und Marketing
... sich gegen den Verkauf in bestimmten Märkten entscheiden?
... Marketingstandards?

Zulieferer
... „faire" Handelsbedingungen?
... Zulieferer auf die schwarze Liste setzen?

Beschäftigung
... positive Diskriminierung zugunsten von Minderheiten?
... Arbeitsplatzerhaltung?

Aktivitäten für die Gemeinschaft
... Unterstützung lokaler Ereignisse und lokaler Sozialprojekte

Menschenrechte
... Beachtung der Menschenrechte in Bezug auf Kinder, Arbeit, die Rechte von Mitarbeitern, Gewerkschaften und unterdrückender politischer Regime? Sowohl direkt als auch in der Auswahl der Märkte, Zulieferer und Partner?

Abbildung 4.5: Einige Fragen zur sozialen Verantwortung von Unternehmen

Sitzung 4: Strategische Entscheidungsträger und Strategieprozesse

4

ÜBERBLICK

Lernziele

Nach der Lektüre dieses Kapitels sollten Sie in der Lage sein,

- *die wichtigsten Menschen zu identifizieren, die an der Entwicklung einer Strategie beteiligt sind*, darunter das Top Management, Strategieberater, strategische Planer und Manager der mittleren Führungsebene.
- zu beurteilen, welche Menschen je nach vorliegenden Problemen und Themenbereichen an der Strategieentwicklung beteiligt werden sollten.
- verschiedene Ansätze strategischer Aktivitäten zu beurteilen, darunter *Analyse, Platzierung strategischer Themen, Entscheidungsfindung* und *Kommunikation*.
- zentrale Elemente der verschiedenen, häufig zur Strategieentwicklung eingesetzten Methoden zu erkennen wie etwa *Strategieworkshops, Projekte, Hypothesentests* und das Verfassen von *Fallstudien und Strategieplänen*.

15.1 Einführung

Im letzten Kapitel dieses Buches wird untersucht, wie die eigentliche Praxis der Strategie abläuft, wobei die theoretischen Konzepte, Instrumente und Techniken, die in früheren Kapiteln vorgestellt wurden, erneut zum Einsatz kommen. Nun geht es um praktische Handlungen und Entscheidungen, z.B. wie ein Manager bei der Entwicklung und Umsetzung einer Strategie konkret vorgeht. Während in *Kapitel 11* der gesamte organisationale Prozess der Strategieentwicklung behandelt wurde, geht dieses Kapitel mehr ins Detail: Jetzt geht es darum, was *innerhalb* dieses Prozesses geschieht. Ziel ist es, zu untersuchen, wie und was die einzelnen Beteiligten tatsächlich zur konkreten, praktischen Strategieentwicklung und -umsetzung beitragen, seien dies nun Top Manager, Spezialisten für strategische Planung, Strategieberater oder Manager weiter unten in der Organisation. Beim strategischen Erfolg geht es nicht nur darum, über eine gute Strategie zu *verfügen*, man muss diese auch umsetzen können, d.h. die richtigen Menschen müssen zur richtigen Zeit das Richtige tun.

Das Kapitel teilt sich in drei Kernbereiche:

- *Die Strategen.* Zunächst werden die verschiedenen Rollen vorgestellt, die alle an der Entwicklung und Umsetzung einer Strategie beteiligt sind. Denn dies sind keineswegs nur die Top Manager. Wie in *Kapitel 11* bereits erwähnt, ist eine Strategie häufig emergent, wobei Menschen aus allen Bereichen der Organisation und sogar von außerhalb der Organisation beteiligt sind. Beispiel 15.6 am Ende des Kapitels befasst sich mit dem kontroversen Thema der Rolle externer Strategieberater. Der Leser kann für sich feststellen, wie und wo er bereits Teil dieser strategischen Rollen ist, oder welche Rolle er in der Zukunft ausfüllen möchte.
- *Aktivitäten des Strategieentwicklung und -umsetzung.* Zudem werden die Aktivitäten und Arbeitsschritte betrachtet, die Strategen ausführen. Dies beinhaltet nicht nur die strategische Analyse, die ein zentrales Thema dieses Buches ist, sondern auch das Management strategischer Themen und Probleme im Laufe der Zeit, die

Realitäten strategischer Entscheidungsfindung und die wichtige Aufgabe, getroffene strategische Entscheidungen der gesamten Organisation zu kommunizieren.

- *Methoden der Strategieentwicklung und -umsetzung*. Der letzte Abschnitt befasst sich mit einigen praktischen Methoden, die Managern bei der Umsetzung ihrer strategischen Entscheidungen zur Verfügung stehen. Darunter finden sich Strategie-Workshops zur Formulierung oder Kommunikation einer Strategie, Strategieprojekte und strategische Beraterteams, Hypothesentests, die der strategischen Arbeit eine Richtung geben können, sowie das Verfassen strategischer Pläne und Fallstudien.

Abbildung 15.1 integriert diese drei Bereiche innerhalb der *Pyramide der Praxis*[1]. Die Pyramide konzentriert sich auf drei Fragen, die sich durch das gesamte Kapitel ziehen: *Wer* soll an der Entwicklung und Umsetzung einer Strategie beteiligt werden? *Wie* sollen strategische Aktivitäten konkret ausgeführt werden? *Welche* Methoden sollten zur Organisation dieses strategischen Prozesses zum Einsatz kommen? Die Pyramide platziert die Strategen an die Spitze dieses Prozesses. Dies hebt den Einfluss und die Fähigkeiten der Strategen in Bezug auf die Strategieentwicklung und -umsetzung hervor. Sie sind es, die die Aktivitäten und Methoden auswählen und umsetzen, die die Basis der Pyramide bilden. Die Entscheidungen und die Fähigkeiten der Strategen können also das Endergebnis maßgeblich beeinflussen. Das restliche Kapitel möchte Strategen, die mit der Praxis der Strategie zu tun haben, eine Hilfestellung geben für die wichtigsten Entscheidungen, die sie bei ihrer Arbeit treffen müssen.

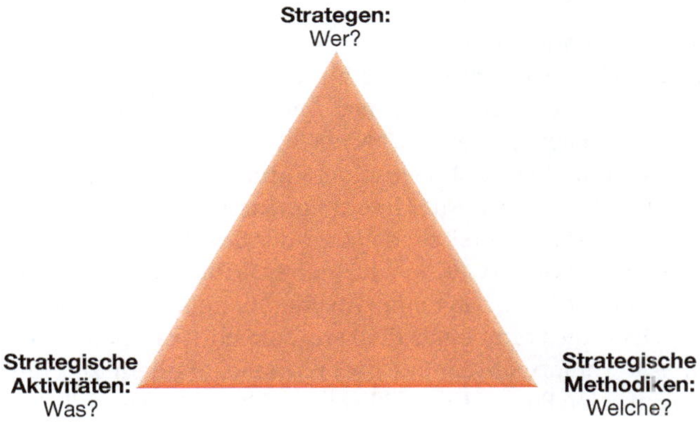

Abbildung 15.1: Die Pyramide strategischer Praxis

15.2 Die Strategen

Dieser Abschnitt stellt die verschiedenen Menschen vor, die an einem strategischen Prozess beteiligt sind. Dabei wird beim Top Management begonnen, doch es wird insgesamt eine viel größere Bandbreite an potenziellen Beteiligten berücksichtigt, von Strategieplanern und Beratern bis hin zu Managern der mittleren Ebenen. Ein zentraler

1 Eine theoretische Basis für diese Pyramide findet sich bei R. Whittington, „Completing the practice turn in strategy research“, *Organization Studies*, Bd. 27, Nr. 5 (2006), S. 613–634; und P. Jarzabkowski, J. Balogun und D. Seidl, „Strategizing: The challenges of a practice perspective“, *Human Relations*, Bd. 60, Nr. 1 (2007), S. 5–27.

Aspekt ist dabei, wie die Manager der mittleren Ebenen ihren Einfluss auf die Strategie ausweiten können.[2]

15.2.1 Top Manager und Geschäftsbereichsleiter

Die konventionelle Sichtweise geht davon aus, dass die Strategieentwicklung Sache des Top Managements ist. Dafür ist es unbedingt notwendig, dass die Funktionen des Top Managements klar von den operativen Verantwortlichkeiten getrennt sind, sodass die Manager sich auf die Gesamtunternehmensstrategie konzentrieren können.[3] Sind Top Manager direkt an den operativen Belangen eines Unternehmens beteiligt wie etwa an den Bereichen Marketing oder Bereitstellung der Produkte oder Dienstleistungen, laufen sie Gefahr, aufgrund ihrer Verantwortung für das Tagesgeschäft die langfristigen strategisch wichtigen Themen aus den Augen zu verlieren und nur noch die Interessen ihrer jeweiligen Abteilungen oder Geschäftseinheiten zu vertreten, sodass die Interessen des Unternehmen als Ganzes auf der Strecke bleiben. Zumindest auf dem privaten Sektor unterstreichen die Titel und Berufsbezeichnungen der Top Manager ihre Verantwortung im Bereich Strategie: Geschäftsbereichsleiter steuern und leiten, Manager managen.

In der Realität umfasst der Aufgabenbereich eines Top Managers natürlich viel mehr als nur anzuleiten und Anweisungen zu geben. Zudem übernehmen verschiedene Mitglieder der obersten Führungsriege eines Unternehmens auch unterschiedliche Rollen, je nachdem, ob es sich um den *Vorstandsvorsitzenden*, um das *Top Managementteam* oder um *Aufsichtsratsmitglieder* handelt:

- Der *Vorstandsvorsitzende* eines Unternehmens wird häufig als „Chefstratege" gesehen, der letztendlich die Verantwortung für alle strategischen Entscheidungen trägt. Die Vorstandsvorsitzenden großer Firmen verbringen meist etwa ein Viertel ihrer Arbeitszeit mit dem Thema Strategie.[4] Michael Porter betont, wie wichtig es für ein Unternehmen ist, einen klaren strategischen Führer zu haben, der disziplinierte Entscheidungen darüber trifft, was zur Unternehmensstrategie passt und was nicht.[5] So gesehen steht der Vorstandsvorsitzende (oder der Geschäftsführer) als Person für die Strategie und ist auch verantwortlich für deren Erfolg. Die klare Zuweisung dieser individuellen Verantwortung sorgt ohne Zweifel für eine eindeutige Fokussierung auf dieses Thema. Doch dies birgt auch Risiken. Zunächst kann eine so ausschließliche Zuweisung dieser Verantwortung auf den Firmenchef allein zu einer übermäßigen Konzentration auf seine Person führen. In einer solchen Organisation reagiert man auf Rückschläge einfach, indem man die Position des Firmenchefs neu besetzt, anstatt die internen Ursachen des Misserfolgs zu ergründen. Zudem können erfolgreiche Firmenchefs ein übergroßes Selbstvertrauen entwickeln, sich als die Retter und Helden ihrer Organisation betrachten und so immer ehrgeizigere strategische Initiativen

---

2 Eine gute Übersicht über die Rolle verschiedener Manager in Bezug auf die Strategie gemäß der sich weiterentwickelnden Vorstellung von strategischem Management liefert T. O´Shannassy, „Modern strategic management: Balancing strategic thinking and strategic planning for internal and external stakeholders", *Singapore Management Review*, Bd. 25, Nr. 1 (2003), S. 53–67.

3 Die klassische Aussage hierzu liefert A. Chandler, *Strategy and Structure: Chapters in the History of American Enterprise*, MIT Press, 1962.

4 S. Kaplan und E. Beinhocker, „The real value of strategic planning", *MIT Sloan Management Review*, Winter (2003), S. 71–76.

5 M.E. Porter, „What is strategy?", *Harvard Business Review*, November–Dezember 1996, S. 61–78.

auf den Weg bringen wollen.[6] Die Selbstüberschätzung solch heroischer Anführer führt nicht selten zu spektakulären Fehlschlägen. Jim Collins` Nachforschungen über „große“ amerikanische Unternehmen, die ihre Konkurrenz langfristig ausstechen konnten, ergab, dass deren Vorstandvorsitzende zumeist bescheidene und bodenständige Persönlichkeiten waren, die ihre Position schon sehr lange innehatten.[7]

- Das *Top Managementteam*, häufig die Vorstandsmitglieder eines Unternehmens, tragen auch Verantwortung für die Strategie. Natürlich bringen sie ihre persönlichen Erfahrungen und Ansichten mit. In der Theorie sollten sie in der Lage sein, den Vorstandsvorsitzenden herauszufordern, um so die Strategiedebatte zu bereichern. In der Praxis jedoch sehen sich die Vorstandsmitglieder diesbezüglich mindestens drei verschiedenen Einschränkungen gegenüber. Erstens tragen sie in den allermeisten Firmen, mit Ausnahme der großen multinationalen Konzerne, operative Verantwortung, die sie entweder von der Gesamtstrategie ablenkt oder ihr Denken beeinflusst. So befasst sich der Marketingleiter natürlich hauptsächlich mit Themen des Marketings, für den Produktionsleiter steht die Produktion im Vordergrund, etc. Zum zweiten wird das Top Managementteam meist durch den Vorstandvorsitzenden bestimmt, was natürlich dazu führt, dass ihm die nötige Unabhängigkeit fehlt, um wirklich unbequeme Fragen zu stellen. Und schließlich kommt es in vielen Top Managementteams, besonders dort, wo die Mitglieder einen ähnlichen Hintergrund haben oder von einem dominanten Anführer geleitet werden, häufig zu einer „Gruppendenkweise“, wobei man innerhalb der Gruppe auf Einigkeit Wert legt und große Konflikte eher meidet.[8] Top Managementteams können dieses Phänomen vermeiden, indem sie möglichst verschiedene Mitglieder in ihr Team holen (etwa Manager unterschiedlichen Alters, Geschlechts oder mit unterschiedlicher Laufbahn) und indem sie Meinungen, die von außen – zum Beispiel von Aufsichtsratsmitglieder – kommen, immer offen begegnen.[9]
- *Aufsichtsratsmitglieder* tragen keine exekutive Managementverantwortung innerhalb der Organisation und sollten daher theoretisch in der Lage sein, eine externe und objektive Perspektive der angestrebten Strategie beizusteuern. Meist besteht der Aufsichtsrat eines börsennotierten Unternehmens zu einem gewissen Teil aus unternehmensexternen Mitgliedern, obwohl die Corporate Governance-Systeme je nach Land stark variieren (siehe *Kapitel 4*). Oft arbeiten gerade diese externen Mitglieder eng mit dem Vorstandsvorsitzenden zusammen, wenn es um die Strategieentwicklung geht, denn sie stellen ein wichtiges Bindeglied zu den Investoren des Unternehmens dar. Dennoch kann ihre Möglichkeit, einen echten Beitrag zur Strategieentwicklung zu leisten, ebenfalls begrenzt sein. Denn Aufsichtsratsmitglieder üben ihr Amt nur in Teilzeit aus. Daher haben sie hauptsächlich eine beratende Funktion und hinterfragen Strategieansätze des Top Managements. Eine ihrer Hauptfunktionen besteht auch darin, sicherzustellen, dass es in ihrer Organisation

6 M. Haywood und D. Hambrick, „Explaining the premium paid for large acquisitions: Evidence of CEO hubris“, *Administrative Science Quarterly*, Bd. 42, Nr. 1 (1977), S. 103–128.

7 J. Collins, *Good to Great*, Random House, 2001.

8 I. Janis, Victims of Groupthink: A Psychological Study of Foreign-Policy Decisions and Fiascoes, Houghton Mifflin, 1972; R.S. Baron, „So right it´s wrong: Groupthink and the ubiquitous nature of polarized group decision making“, in Mark P. Zanna (Hrs.), Advances in experimental social psychology, Bd. 37, S. 219–253, Elsevier Academic Press, 2005.

9 C. Boone, W. Von Olffen, A. Van Witteloostuijn und B. De Brabander, „The genesis of top management team diversity: Selective turnover among top management teams in Dutch newspaper publishing“, *Academy of Management Journal*, Bd. 47, Nr. 5 (2004), S. 633–656.

ein klares System zur Entwicklung, Umsetzung und Neudefinition von Strategie gibt. Aufsichtsratsmitglieder verfügen meist über viel Autorität und Erfahrung, sind wirklich unabhängig vom Top Managementteam und werden vor jeder Aufsichtsratssitzung umfassend informiert.[10]

Man darf nicht automatisch davon ausgehen, dass das Top Management über alle nötigen Fähigkeiten zur Strategieentwicklung und -umsetzung verfügt. Oft werden fähige Mitarbeiter aufgrund ihres operativen Erfolgs oder ihrer Fachkenntnisse auf einem bestimmten Gebiet zum Manager befördert, der nun eine strategische Rolle übernehmen muss. Doch solche Erfahrungen bereiten einen Manager nicht notwendigerweise auf die analytische und leitende Tätigkeit vor, die er nun bei der Strategieentwicklung ausführen muss. Führende Manager müssen über mindestens drei zentrale Eigenschaften verfügen, wenn sie einen wertvollen Beitrag zur gesamtunternehmerischen Strategie leisten wollen:

- Die *Beherrschung analytischer Konzepte und Techniken*, wie sie etwa in diesem Buch vorgestellt wurden, ist ein sehr wichtiger Aspekt, der nicht als selbstverständlich vorausgesetzt werden kann. Dies gilt besonders für öffentliche oder Non-profit-Organisationen, in denen strategisches Denken noch recht neu ist.[11] In manchen Fällen kann ein Trainingsprogramm das Verständnis strategischer Konzepte und Techniken erweitern und unterstützen.
- Auch *soziale Fähigkeiten* sind notwendig, wenn es darum geht, Kollegen in anderen Führungspositionen angewandte Analysen zu erklären und sie davon zu überzeugen. Wieder kann man nicht automatisch davon ausgehen, dass alle Manager solche Fähigkeiten perfekt beherrschen, doch auch hier können professionelle Berater helfen.[12]
- Die *Akzeptanz der Gruppe* als Teilnehmer an strategischen Diskussionen. Ein Vorstand ist ebenso wie ein Managementteam eine soziale Gruppe, in der sich die Mitglieder den Respekt der anderen erwerben müssen.[13] Klare, eindeutige Erfolge im eigenen Verantwortungsbereich sind normalerweise Voraussetzung, um als Teilnehmer an strategischen Diskussionen der gesamten Organisation anerkannt zu werden.

---

10 Im angelsächsischen System siehe T. McNulty und A. Pettigrew, „Strategists on the board", *Organization Studies*, Bd. 20, Nr. 1 (1999), S. 47–74; P. Stiles und B. Taylor, *Boards at Work: How Directors view their roles and responsibilities*, Oxford University Press, 2001.

11 Eine aufschlussreiche Fallstudie über den Leiter eines Orchesters und dessen Unvermögen in Bezug auf Methoden der Strategieentwicklung siehe S. Maitlis, „Taking it from the top: How CEOS influence (and fail to influence) their boards", *Organization Studies*, Bd. 25, Nr. 8 (2004), S. 1275–1313.

12 Für eine ausführliche Analyse eines Managers, der seine Kollegen nicht überzeugen konnte, siehe D. Samra-Fredericks, „Strategizing as lived experience and strategists´ everyday efforts to shape strategic direction", *Journal of Management Studies*, Bd. 42, Nr. 1 (2003), S. 1413–1442.

13 Für eine Analyse von Top Managementteams als „Praxisgemeinschaften", in denen Praktiker erst die eigene Legitimierung erlangen müssen, bevor sie als Mitglieder akzeptiert werden, siehe R. Whittington, „Learning to Strategise", *SKOPE Working Paper*, Nr. 23, University of Oxford, 2002.

15.2.2 Strategische Planer

Strategische Planer, manchmal auch als Manager für Unternehmensentwicklung oder ähnliches bezeichnet, sind *Manager, welche die formale Verantwortung haben, einen Beitrag zu Strategieprozessen zu leisten* (siehe *Kapitel 11*). Obwohl kleine Unternehmen nur sehr selten einen strategischen Planer in Vollzeit beschäftigen, sind diese in großen Firmen häufig anzutreffen und werden auch auf dem öffentlichen Sektor und in Nonprofit-Organisationen immer beliebter. Wie in Beispiel 15.1 gezeigt, schreiben solche Organisationen oft Stellen für strategische Planer aus. Die Spezifikationen dieser Positionen in einer strategischen Einheit der britischen Regierung geben ein klares Bild der Fähigkeiten, die von einem strategischen Planer erwartet werden. Ein solcher Stratege entwickelt nicht nur die Strategie, sondern unterstützt auch andere Abteilungen dabei, eigene Fähigkeiten im Strategiebereich zu entwickeln. Strategisches Denken und analytische Fähigkeiten sind hier ganz klar von zentraler Bedeutung, doch auch die Fähigkeit klar zu kommunizieren und gut im Team zu arbeiten, ist sehr wichtig. Die Rolle des Strategen beschränkt sich nicht nur auf theoretische Analysen im Back-Office.

Strategische Planer

Strategische Planer, manchmal auch als Manager für Unternehmensentwicklung oder ähnliches bezeichnet, sind Manager, welche die formale Verantwortung haben, einen Beitrag zu Strategieprozessen zu leisten.

Auch wenn die in Beispiel 15.1 beschriebene Arbeitsstelle extern ausgeschrieben ist, so werden strategische Planer doch zumeist intern aus der Organisation rekrutiert. Denn interne strategische Planer verfügen höchstwahrscheinlich über einen Vorteil in den wichtigen Aufgabenbereichen, die mit reiner Analyse nichts zu tun haben. Sie bringen ein intuitives Verständnis für das Unternehmen, bestehende Netzwerke mit wichtigen Personen der Organisation und Glaubwürdigkeit gegenüber ihren Kollegen mit. Außerdem kann eine interne Besetzung einer strategischen Planungsposition für den betroffenen Manager eine wichtige Entwicklungs- und Karrierestufe auf dem Weg in die oberste Führungsebene sein.[14] Eine Teilnahme an strategischen Diskussionen ermöglicht ambitionierten Managern den Zugang zu wichtigen Führungskräften und verschafft ihnen einen Überblick über die Organisation als Ganzes.

Strategische Planer treffen selbst keine strategischen Entscheidungen. Sie haben aber zumeist drei wichtige Aufgaben:[15]

Beispiel 15.1 **Gesucht: Teammitglied für Strategieeinheit**

Die folgende Stellenausschreibung erschien auf der Internetseite des britischen Kabinettsbüros. Sie gewährt einen Einblick in die Aufgabenbereiche strategischer Planer und die erforderlichen Fähigkeiten sowie den geforderten beruflichen Hintergrund.

14 *R.M. Grant, „Strategic planning in a turbulent environment: Evidence from the oil majors", Strategic Management Journcl, Bd. 24, Nr. 6 (2003), S. 491–517.*

15 E. Beinhocker und S. Kaplan, „Tired of strategic planning?", *McKinsey Quarterly*, Sonderausgabe über Risiko und Risk and Resilienz (2002), S. 49–57; S. Kaplan and E. Beinhocker, „The real value of strategic planning", *MIT Sloan Management Review*, Winter 2003, S. 71–76.

Stellenbeschreibung für ein Teammitglied: Bereich A

Über die Strategieeinheit

Die PMSU erfüllt drei wichtige Aufgaben:

- Durchführung von Strategieprüfungen und Formulierung beratender Hinweise gemäß den Prioritäten der Politik des Premierministers;
- Unterstützung der Regierungsministerien bei der Entwicklung effektiver Strategien und politischer Maßnahmen – Hilfestellung bei der Entwicklung ihrer strategischen Fähigkeiten;
- Identifizierung und effektive Verbreitung von Denkanstößen zu aktuellen Problemen und Herausforderungen Großbritanniens, z.B. durch regelmäßige strategische Prüfungen.

Der Inhaber dieser Stelle wird kleinen Teams angehören, die sich mit Problemen und Themen befassen, die innovatives, unkonventionelles Denken erfordern, damit die Ziele der britischen Regierung erreicht werden können. Diese Teams setzen sich aus Mitgliedern innerhalb und außerhalb des Staatsdienstes zusammen und arbeiten für einen Zeitraum von drei bis vier Wochen oder drei bis vier Monaten oder auch länger intensiv an den jeweiligen Problemen.

Kandidaten müssen über intensive Erfahrungen im Bereich Politik oder Strategie sowie über exzellente interpersonelle Fähigkeiten verfügen. Außerdem sollten sie klare und ansprechende Texte verfassen können. Herausragende Fähigkeiten im Bereich Analyse und Problemlösung sind für diese Position absolut unerlässlich.

Wichtige Kompetenzen für die Strategieeinheit

Strategisches Denken

1. Kenntnis und Verständnis für die Prioritäten der Regierung
2. Kenntnis des weiten politischen Umfelds, das auch politische und institutionelle Einschränkungen umfassen sollte
3. Fähigkeit, aus komplexen Informationen klare Zielsetzungen und Strategien ableiten zu können

Analyse und Einsatz von Daten

1. Kenntnis und Verwendung verschiedener analytischer Instrumente
2. Verwendung verschiedener Instrumente zur Sammlung und Auswertung von Informationen
3. Teamarbeit mit verschiedensten analytischen Experten, um Projektziele zu erreichen
4. Verständnis komplexer statistischer Daten
5. Verständnis für die Kriterien guter und nützlicher Daten

Mitarbeitermanagement

1. Fähigkeit, Einzelpersonen zu Höchstleistungen zu motivieren
2. Praktizierung von Gleichbehandlung und Diversität, Förderung von Best Practice-Standards
3. Fähigkeit, sinnvolles Feedback zu geben, das die Mitarbeiter umsetzen können

Mitarbeitermanagement

1. Fähigkeit, Einzelpersonen zu Höchstleistungen zu motivieren
2. Praktizierung von Gleichbehandlung und Diversität, Förderung von Best Practice-Standards
3. Fähigkeit, sinnvolles Feedback zu geben, das die Mitarbeiter umsetzen können

Programm- und Projektmanagement

1. Fähigkeit, im Team einen Projektplan auszuarbeiten
2. Management und Überwachung von Programm- oder Projektrisiken
3. Sicherstellung einer effektiven Kommunikation mit wichtigen Interessengruppen

Spezielle Fachkenntnisse

Erforderlich

1. Aussagekräftige Qualifikationen oder Abschlüsse in den Bereichen Volkswirtschaft, Sozialpolitik, operative Forschung oder ähnliches
2. Exzellente quantitative und qualitative analytische Fähigkeiten
3. Kenntnis des Sektors – ein Verständnis sozialer politischer Maßnahmen ist von Vorteil

Wünschenswert

1. Erfahrung im Bereich der Arbeit in einem beratenden Forschungsinstitut oder einer führenden Unternehmensberatung oder dem analytischen Arm einer Regierungsbehörde.

Quelle: Auszüge aus Strategy Unit Job Description for a Team Member: Band A from www.cabinetoffice.gov.uk/strategy/jobs/band_a.asp. Reproduziert gemäß den Bestimmungen der Click-Use Lizenz.

Kontrollfragen

1. Warum wäre diese Position für Sie attraktiv? Wo liegen die Nachteile?
2. Welche relevanten Fähigkeiten und Erfahrungen bringen Sie bereits mit und welche Fähigkeiten und Erfahrungen brauchen Sie noch, damit Sie sich um diese Stelle bewerben könnten?

- *Information und Analyse.* Strategische Planer verfügen über die Zeit, die Fähigkeiten und die Ressourcen, um den Entscheidungsverantwortlichen alle nötigen Informationen und Analysen zur Verfügung zu stellen. Dies kann sich aufgrund irgendeines „auslösenden Moments“ ergeben – wie etwa einer möglichen Fusion –, kann aber auch Teil eines regelmäßigen Planungszyklus sein. Verfügt eine Organisation über fundierte Informationen und Analysen, kann sie schneller und selbstsicherer auf unvorhergesehene Ereignisse reagieren. Strategische Planer können diese Informationen und Analysen auch in Formate verpacken, die eine klare Kommunikation strategischer Entscheidungen sicherstellen.

- *Manager des strategischen Prozesses.* Strategische Planer können sowohl in der Unternehmenszentrale als auch in einzelnen Geschäftseinheiten Manager durch strategische Planungszyklen begleiten. Strategische Planer können Instrumente, analytische Techniken und strategisches Training anbieten, um die Manager eines Geschäftsbereichs bei der Entwicklung ihrer Strategien zu unterstützen. Sie können auch Vorstandsvorsitzenden helfen, Strategien zu entwerfen, die auf ihre jeweiligen Probleme und Erfordernisse eingehen.
- *Sonderprojekte.* Strategische Planer können das Top Management auch bei Sonderprojekten recht effektiv unterstützen, etwa wenn es um Übernahmen oder organisationalen Wandel geht. In diesem Fall arbeiten strategische Planer meist in Projektteams mit Managern der mittleren Ebene und häufig auch mit externen Beratern zusammen. Erfahrung im Bereich Projektmanagement ist hier sehr wichtig (siehe *Abschnitt 15.4.4*).

15.2.3 Manager der mittleren Führungsebene

Wie bereits in *Abschnitt 15.2.1* erwähnt, schließt ein Großteil der konventionellen Managementtheorie die Manager der mittleren Führungsebene von der Entwicklung und Umsetzung von Strategien aus. Ihnen fehlt nach allgemein vorherrschender Meinung ein geeignetes Ziel ebenso wie die nötige langfristige Perspektive, denn sie sind zu sehr mit dem Tagesgeschäft befasst.[16] Dieser Sichtweise folgend setzen die Manager der mittleren Führungsebene eine Strategie lediglich in die Praxis um. Eine Beteiligung dieser Manager am strategischen Entwicklungsprozess selbst kann jedoch in mindestens zweierlei Hinsicht von Vorteil sein. Erstens verbessern sich dadurch häufig die Entscheidungen, denn die Manager der mittleren Ebene kennen die Realitäten der Organisation und ihres Marktes aus erster Hand und verfügen über die aktuellsten Informationen. Zweitens verbessert sich durch ihre Beteiligung auch die Umsetzung der Strategie. Manager der mittleren Ebene, die auch am ursprünglichen Formulierungsprozess der Strategie beteiligt waren, können die strategischen Absichten besser in die Praxis umsetzen, fühlen sich den festgelegten strategischen Zielen eher persönlich verpflichtet und kommunizieren diese auch effektiver an ihr Team.[17]

Heutzutage zeichnen sich drei Trends ab, die für eine stärkere Beteiligung des mittleren Managements an der Strategieentwicklung sorgen.[18] Erstens gestalten viele Organisationen ihre Strukturen immer dezentraler, um in einem immer schnelllebigeren und wettbewerbsintensiven Umfeld schneller reagieren zu können. Folglich wird auch strategische Verantwortung weiter unten in der Hierarchie der Organisation angesiedelt. Zum zweiten sind Manager der mittleren Ebene durch umfangreichere betriebswirtschaftliche Ausbildungsprogramme heute besser qualifiziert und trauen sich auch strategische Entscheidungen eher zu als in der Vergangenheit. Solche hochqualifizierten Manager der mittleren Ebene sind heute besser in der Lage und auch willens, sich am Strategieprozess zu beteiligen. Zum dritten bedeutet die Verlagerung des wirtschaftlichen Schwerpunkts von der traditionellen Fertigung hin zu professionellen Dienstleistungen (wie etwa Gestaltung, Beratung, Finanzdienste), dass die wichtigen Quellen eines Wett-

16 A. Chandler, *Strategy and Structure: Chapters in the History of American Enterprise*, MIT Press, 1962.

17 S. Floyd and B. Wooldridge, *Building Strategy from the Middle*, Sage, 2000.

18 G. Johnson, L. Melin und R. Whittington, „Micro-strategy and strategising: Towards an activity-based view", *Journal of Management Studies*, Bd. 40, Nr. 1 (2003), S. 3–22.

bewerbsvorteils nicht länger Ressourcen wie etwa Kapital sind, das von der Zentrale zugeteilt wird, sondern vielmehr das Wissen der Mitarbeiter, die die tatsächliche operative Arbeit leisten. Manager der mittleren operativen Führungsebene verstehen diese auf Fachwissen basierenden Quellen des Wettbewerbsvorteils viel effektiver als die weiter entfernten Top Manager. Aus diesen drei Gründen werden mittlere Manager heute verstärkt in den Prozess der Strategieformulierung eingebunden (siehe auch Beispiel 11.5).

Selbst dort, wo die Manager der mittleren Ebene formell nicht am strategischen Prozess beteiligt sind, können sie ihren informellen Einfluss steigern, wenn sie über folgende Faktoren verfügen:

- *Zentrale organisationale Positionen.* Mittlere Manager, die Verantwortung für strategisch wichtige Bereiche der Organisation tragen, können informell großen Einfluss ausüben, denn sie verfügen höchstwahrscheinlich über wichtiges Fachwissen und ihre uneingeschränkte Unterstützung der Strategie ist besonders wichtig. Es ist also nicht verwunderlich, dass Manager der mittleren Führungsebene, die für große Abteilungen oder Geschäftseinheiten Verantwortung tragen, auch großen Einfluss auf strategische Entscheidungen haben.[19] Ebenso haben Manager von Unternehmensbereichen, die sich nach außen orientieren (wie etwa der Bereich Marketing) meist mehr Einfluss als Manager von Unternehmensbereichen, die nach innen gerichtet sind (wie etwa Qualitätsmanagement oder Betriebsabläufe).[20] Manager der mittleren Ebene, die Einfluss auf die Strategie ihres Unternehmens nehmen wollen, müssen sich also an der richtigen Stelle innerhalb der Organisation positionieren.
- *Zugang zu Netzwerken der Organisation.* Manager der mittleren Führungsebene verfügen vielleicht nicht über hierarchische Macht, können aber ihre Einflussmöglichkeiten dennoch steigern, indem sich ihre internen organisationalen Netzwerke nutzen. Können sie Informationen von verschiedenen Mitgliedern dieser Netzwerke sammeln, so erhalten sie dadurch wahrscheinlich einen umfassenden, integrativen Einblick in die Geschehnisse ihrer Organisation. Ein solcher Einblick ist für andere, die eine spezialisierte Position innerhalb der Organisation innehaben, eher schwer zu erlangen. Können Netzwerke mobilisiert werden, um Probleme aufzudecken oder anzusprechen und bestimmte Vorschläge zu unterstützen, so wird dadurch mehr Einfluss ausgeübt als dies ein einzelner Manager der mittleren Ebene alleine vermögen würde.[21] Strategisch einflussreiche mittlere Manager sind daher meist auch gut im Umgang mit Netzwerken.
- *Zugang zur „strategischen Konversation" der Organisation.* Strategien werden nicht in isolierten, formalen Abläufen entworfen und umgesetzt, sondern entwickeln sich als Teil einer fortlaufenden strategischen Konversation zwischen respektierten Managern.[22] Eine Organisation, die auch die Manager der mittleren Führungsebene an diesem Austausch beteiligen möchte, sollte eine offene strategische Kultur pflegen, d.h. auch diese Manager in Strategieworkshops (siehe *Abschnitt 15.4.1*)

19 A. Watson und B. Wooldridge, „Business unit manager influence on corporate-level strategy formulation", *Journal of Managerial Issues*, Bd. 18, Nr. 2 (2005), S. 147–161.

20 S. Floyd und B. Wooldridge, „Middle management´s strategic influence and organizational performance", *Journal of Management Studies*, Bd. 34, Nr. 3 (1997), S. 465–485.

21 S. Mantere, „Strategic practices as enablers and disablers of championing activity", *Strategic Organization*, Bd. 3, Nr. 2 (2005), S. 157–184.

22 F. Westley, „Middle managers and strategy: Microdynamics of inclusion", *Strategic Management Journal*, Bd. 11 (1990), S. 337–351.

mit einbeziehen oder eine Strategiediskussion des Top Managements als Teil eines Managementtrainingsprogramms anbieten. Mittlere Manager, die sich an dieser strategischen Konversation beteiligen möchten, sollten möglichst viele Gelegenheiten nutzen, auf formeller oder informeller Ebene mit Top Managern zusammenzutreffen; sich mit der in ihrer Organisation verwendeten strategischen Sprache vertraut machen; sich über die strategischen Themen und Probleme ihrer Organisation informieren; und ihre eigenen persönlichen Beiträge zu diesen Themen vorbereiten.

Auf dem öffentlichen Sektor entsprechen die Ebenen des Top Managements und des mittleren Managements der Unterscheidung zwischen den Politikern und den Ministerialbeamten. Ebenso wie der Firmenchef formal die strategische Richtung vorgibt, so sind auch gewählte Politiker traditionell für die Festlegung politischer Maßnahmen zuständig. Die Ministerialbeamten dagegen haben die Aufgabe, diese umzusetzen. Doch auch diese Rollenaufteilung wird heute von drei neuen Trends infrage gestellt. Erstens hat sich durch die immer größere Bedeutung *spezialisierten Fachwissens* der strategische Einfluss mehr in Richtung der Beamten verlagert, die zumeist aus einer bestimmten Fachrichtung kommen, während Politiker typischerweise Generalisten sind. Zum zweiten hat die Reform des öffentlichen Sektors in vielen Ländern zu einer *verstärkten Auslagerung* verschiedener Funktionen zu quasi-unabhängigen „Agenturen" oder QUANGOs (quasi-autonome Nicht-Regierungsorganisationen) geführt, die trotz einiger Einschränkungen viele Entscheidungen unabhängig treffen können. Und zum dritten haben die gleichen Reformprozesse auch die internen Strukturen innerhalb der öffentlichen Organisationen verändert, wobei Einheiten dezentralisiert wurden und einzelnen Beamten mehr Verantwortung übertragen wurde. All dies wird durch die Diskussion über das „neue öffentliche Management" noch gefördert, das Beamte dazu anregt, mehr Eigenverantwortung und Initiative zu zeigen. Kurz gesagt übernehmen auch die Ministerialbeamten einen immer größeren Teil der strategischen Arbeit.[23]

15.2.4 Strategieberater

Organisationen beauftragen auch häufig externe Berater mit der Entwicklung von Strategien. Führende Beratungsfirmen mit dem Schwerpunkt Strategie sind zum Beispiel Bain, die Boston Consulting Group, Monitor und McKinsey & Co.[24] Die meisten der großen allgemeinen Unternehmensberatungen bieten außerdem Dienstleistungen auf dem Gebiet der Strategieentwicklung und -analyse an. Es gibt aber auch kleinere Beratungsfirmen und einzelne Berater, die sich auf das Thema Strategie spezialisiert haben.[25]

---

23 Siehe D. Moyniham, „Ambiguity in policy lessons: The agentification experience", *Public Administration*, Bd. 84, Nr. 4 (2006), S. 1029–1050, sowie L.S. Oakes, B. Townley und D.J. Cooper, „Business planning as pedagogy: Language and control in a changing institutional field", *Administrative Science Quarterly*, Bd. 43, Nr. 2 (1997), S. 257–292.

24 Die Homepages der führenden Strategieberatungsfirmen sind nützliche Informationsquellen zum Thema Strategieberatung und Strategie im Allgemeinen sowie auch zum Thema Karriere als Strategieberater: Siehe *www.mckinsey.com*; *www.bcg.com*; *www.bain.com*; *www.monitor.com*.

25 Die Website der European Federation of Management Consultancies Associations *www.feaco.org* ist eine gute Informationsquelle zu Trends in der Strategieberatungsbranche im Allgemeinen. P. May und F. Czeniawska, *Management Consulting in Practice*, Kogan Page, 2005, bietet viele Fallstudien über Interventionen durch Berater, z.B. beim Thema Strategie.

Berater können bei der Strategieentwicklung einer Organisation verschiedene Rollen übernehmen:[26]

- *Analyse, Prioritätenbestimmung und Generierung von Optionen.* Vielleicht haben die Top Manager bereits vorliegende strategische Probleme identifiziert, diese sind aber so zahlreich oder es herrscht so viel Uneinigkeit, dass die Organisation nicht mehr klar sieht, wie es weitergehen soll. Hier können Berater diese Probleme mit einem neutralen Blick von außen nochmals analysieren, Prioritäten setzen, oder dem Management Optionen zur Lösung aufzeigen. Dazu kann es natürlich nötig sein, vorgefasste Meinungen des Managements über strategische Themen infrage zu stellen.
- *Übertragung von Wissen.* Eine wichtige Rolle von Beratern besteht auch darin, Ansichten, Einblicke und die Schlussfolgerungen ihrer Analysen mittels Meetings und Diskussionen innerhalb der Organisation zu verbreiten. Ebenso ermöglichen sie den Austausch von Wissen zwischen Organisationen. Sie sind schließlich die Wissensträger und die Anwender von Best Practice-Standards für ihre Kunden.
- *Förderung strategischer Entscheidungen.* Durch ihre Arbeit können die Berater auch selbst die Entscheidungen, die die Organisation schließlich trifft, wesentlich mit beeinflussen. Eine Reihe großer Beratungsfirmen wurden und werden immer wieder dafür kritisiert, zu viel Einfluss auf die Entscheidungen ihrer Kunden auszuüben, was für diese zu großen Problemen führt. So war die führende Beratungsfirma McKinsey & Co. in hohem Maß an der Entwicklung des sehr kontroversen Geschäftsmodells „asset-lite" der Firma Enron beteiligt, und hatte auch die fehlgeschlagene „Hunter"-Strategie der SwissAir bezüglich strategischer Allianzen befürwortet.[27]
- *Umsetzung eines strategischen Wandels.* Berater spielen eine zentrale Rolle, wenn es um die Bereiche Projektplanung, Unterstützung und Training bezüglich eines strategischen Wandels geht. Dies ist ein Fachbereich, der immer mehr Bedeutung erlangt, nicht zuletzt deshalb, weil auch hier Kritik an den Beratern laut wurde, ihre Kunden mit neuen Strategieempfehlungen allein zu lassen, ohne die Verantwortung für deren Umsetzung zu übernehmen.

Der tatsächliche Wert und Nutzen der Arbeit von Strategieberatern wird sehr kontrovers diskutiert (siehe Beispiel 15.6 am Ende dieses Kapitels). Enron zahlte McKinsey & Co. jährliche Beratungshonorare von $ 10 Mio. (€ 8 Mio.), bevor die Firma unterging. Die Berater werden aber auch häufig für Fehlschläge und Probleme verantwortlich gemacht, die in Wahrheit auf den schlechten Umgang des Kunden mit dem Beratungsprozess zurückzuführen sind. Viele Unternehmen wählen ihre Berater unsystematisch aus; sie stellen ihnen zu Beginn ihrer Arbeit keine Projektbeschreibungen zur Verfügung und setzen auch die Empfehlungen der Berater nicht um. Es gibt drei wichtige

26 Für theoretische Diskussionen über Strategieberatung siehe L. Arendt, R. Priem und H. Ndofor, „A CEO-adviser model of strategic decision-making", *Journal of Management*, Bd. 31, Nr. 5 (2005), S. 680–699; eine empirische Studie liefert M. Schwarz, „Knowing in practice: How consultants work with clients to create, share and apply knowledge", *Academy of Management Best Papers*, Proceedings, 2004.

27 C.D. McKenna, *The World's Newest Profession*, Cambridge University Press, 2006; R. Whittington, P. Jarzabkowski, M. Mayer, E. Mounoud, J. Nahapiet und L. Rouleau, „Taking strategy seriously: Responsibility and reform for an important social practice", *Journal of Management Inquiry*, Bd. 12, Nr. 4 (2003), S. 396–409.

Maßnahmen, die Kundenorganisationen zur besseren Nutzung strategischer Beratung ergreifen können:[28]

- *Professioneller Einkauf von Beratungsdiensten*, etwa durch darauf spezialisierte Mitarbeiter der Einkaufsabteilung. Berater sollten nicht aufgrund persönlicher Beziehungen zu Top Managern beauftragt werden, wie dies zu häufig der Fall ist. Stattdessen sollte die Einbeziehung von Beratern wie jede andere Einkaufsentscheidung behandelt und entsprechend standardisierter Einkaufskriterien gehandhabt werden. Ein professioneller Einkauf sorgt für klare Projektbeschreibungen, eine ausgedehnte Suche nach geeigneten Beratern, angemessene Preisbildung und eine gute Abstimmung zwischen den verschiedenen Beratungsprojekten und umsetzbaren Schlussempfehlungen. Der deutsche Technikkonzern Siemens zum Beispiel betreibt einen professionellen Einkauf von Beratungsdienstleistungen und erstellt routinemäßig eine Liste der zehn am besten geeigneten Beratungsfirmen.
- Die *Entwicklung von Überwachungsfähigkeiten*, um ein Portfolio aus Beratungsprojekten verfolgen zu können. Die Deutsche Bahn verfügt ebenso wie der Automobilgroßkonzern Daimler über eine zentrale Verwaltungsstelle, die alle Beratungsprojekte innerhalb des gesamten Unternehmens überwacht und koordiniert. Diese zentrale Verwaltungsstelle ist bereits an der anfänglichen Kaufentscheidung der Beratungsdienstleistung beteiligt und kann laufenden Projekten systematische Governance-Strukturen auferlegen, die klare Verantwortlichkeiten und Berichtsprozesse enthalten, sowie am Projektende eine Prüfung und eine Beurteilung vorsehen.
- *Effektive Partnerschaften* mit Beratern können die Durchführung eines Projekts und auch den Wissenstransfer an dessen Ende effektiver machen. Projektteams sollten wenn möglich aus einer Mischung an Beratern und internen Managern des Kunden zusammengesetzt werden. Die Manager verfügen über internes Wissen, kennen die ungeschriebenen Unternehmensregeln und sorgen auch häufig für mehr Glaubwürdigkeit und Respekt gegenüber dem Projekt. Die Teammitglieder, die vom Kunden kommen, verfügen auch nach dem Weggang der Berater über das erworbene Wissen und die zusätzliche Erfahrung und können so die Umsetzung der Empfehlungen unterstützen. Sie sollten daher bereit sein, sich dem anspruchsvollen Arbeitspensum der Beratungsfirmen anzupassen.

15.2.5 Wer soll an der Strategie beteiligt sein?

Die Anzahl der Menschen, die potenziell am Thema Strategie beteiligt sein kann, ist also recht groß; zum Vorstandsvorsitzenden und dem Top Managementteam kommen noch nebenamtliche Vorstandsmitglieder, strategische Planer, Strategieberater, Manager der mittleren Führungsebene und vielleicht sogar Vertreter externer Interessengruppen hinzu. Daraus ergeben sich häufig praktische Dilemmata bezüglich der Beteiligung all dieser Gruppen an bestimmten strategischen Problemen. Das Paradoxon beim Thema Strategiebeteiligung besteht darin, dass diejenigen, die bezüglich der Strategie den besten Zugang zum Vorstandsvorsitzenden haben, meist strategische Planer und Strategieberater sind, die wiederum für die Umsetzung der Strategie keinerlei Verant-

28 S. Appelbaum, „Critical success factors in the clientconsulting relationship", *Journal of the American Academy of Business*, März 2004, S. 184–191; M. Mohe, „Generic strategies for managing consultants: Insights from client companies in Germany", *Journal of Change Management*, Bd. 5, Nr. 3 (2005), S. 357–365.

wortung tragen und die Realitäten des operativen Geschäfts nicht kennen (siehe Abbildung 15.2). Die Manager der mittleren Ebene, die sowohl die Umsetzungsverantwortung als auch das erforderliche Wissen haben, haben möglicherweise kaum Zugang zu den strategischen Diskussionen mit dem Vorstandsvorsitzenden, da sie mit ihrer operativen Verantwortung zu beschäftigt sind oder als voreingenommen eingeschätzt werden. Strategien werden also nicht unbedingt von den richtigen Menschen gemacht.

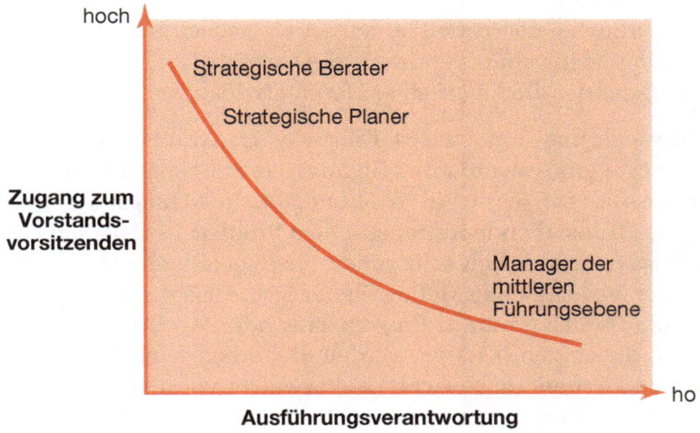

Abbildung 15.2: Das Zugang/Ausführung-Paradoxon

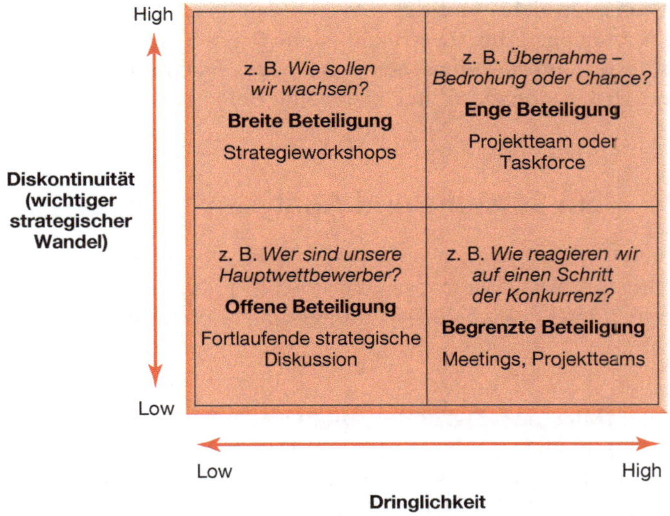

Abbildung 15.3: Wer soll an der Strategieentwicklung beteiligt sein?

Allerdings gibt es keine Patentlösung für das Problem der Beteiligung am strategischen Prozess. Forschungsprojekte der Firma McKinsey & Co. legen nahe, dass es von der Art des strategischen Problems abhängen sollte, wer an der Lösung beteiligt wird (siehe Abbildung 15.3).[29] Hochgradig dringende Probleme und Probleme, die eine große strategische Veränderung bedeuten (wie etwa die Möglichkeit einer Übernahme), sollten

29 E. Beinhocker und S. Kaplan, „Tired of strategic planning?“, *McKinsey Quarterly*, Sonderausgabe über Risiko und Reaktionsvermögen (2002), S. 49–57: Abbildung 2, S. 56.

von kleinen Projektteams übernommen werden, die aus den einflussreichsten Managern und vielleicht Planern und Beratern bestehen. Themen, die auch mit Veränderungen verbunden sind, aber einen längeren Zeitrahmen haben (wie etwa Wachstumsoptionen), können von der Beteiligung einer größeren Gruppe aus Managern, vielleicht auch von einem strategischen Workshop (siehe *Abschnitt 15.4.1*) profitieren. Probleme, die eher zur Routine gehören, aber schnell angegangen werden müssen (wie die Preisstrategie eines Konkurrenten), erfordern zur Lösung eher kleinere Gruppen, die z.B. nur aus den betroffenen Marketing und operativen Managern bestehen können. Die offenste Beteiligungsform sollte bei der fortlaufenden „strategischen Konversation" aller Manager der Organisation angewandt werden. Diese thematisiert beispielsweise die wichtigsten Konkurrenten oder die langfristige Marktentwicklung.

Mit diesen Unterscheidungen möchte McKinsey & Co. darauf hinweisen, dass es keine allgemeingütige Regel gibt, was die Beteiligung verschiedener Personen am Strategieprozess betrifft, dass es aber sehr wohl Kriterien gibt, die Manager als Anleitung nutzen können, wer – je nach anstehendem strategischem Problem – an dessen Lösung beteiligt werden soll. Manager sollten sich sehr genau überlegen, wen sie beteiligen möchten, und sie sollten auch verschiedene Methoden zur Strategieentwicklung klug anwenden, gleichgültig, ob die Strategie nun in Projektteams oder Workshops erarbeitet wird. In jedem Fall sollten diejenigen beteiligt werden, die einen wichtigen Beitrag zum Strategieprozess leisten können, im Normalfall aber außen vor bleiben würden. Um einen integrativeren Ansatz zu erreichen, stehen betroffenen Managern eine Reihe verschiedener Techniken zur Verfügung. IBM hat dies beispielsweise mithilfe seiner „strategischen Jam Sessions" erreicht, und das International Trade Centre hat in Uganda eine ähnlich offene Strategiebeteiligung erreicht (siehe Beispiel 15.2). Auf dem öffentlichen Sektor wird häufig das Internet eingesetzt, um kontroverse politische Themen in öffentlichen Foren zur Diskussion zu stellen, siehe zum Beispiel *www.communities.gov.uk*.

Beispiel 15.2 Jam Sessions und Analysen

Die Beteiligung am Strategieprozess kann sowohl für global agierende Konzerne als auch für sich neu entwickelnde Unternehmen wichtig sein.

Jam Sessions bei IBM

IBM hat eine $ 3 Mio. teure IT-Plattform entwickelt, die es den 300.000 Mitarbeitern des Firma ermöglicht, sich an globalen Debatten über strategische Themen und Probleme zu beteiligen (siehe Beispiel 14.5). Diese Debatten werden „Jam Sessions" genannt, nach den strukturierten Improvisationen in der Jazz-Musik. Solche Jam Sessions beinhalten sowohl persönliche Meetings zum Austausch und zur Ideensammlung als auch themenbezogene Forumsdiskussionen online sowie eine elektronische Ideenbewertung, die im Intranet vorgenommen werden kann. Jeder Mitarbeiter von IBM kann sich an diesen Jam Sessions beteiligen. IBM-Manager Mike Malloney erklärt: „Es ist wie bei einer Jazz Combo – auch bei uns entwickeln die Mitarbeiter Ideen ihrer Kollegen weiter und bauen darauf auf, und das alles findet in einem strukturierten Rahmen statt. In den Jam Sessions vermischen sich Technologie und ganz ursprüngliche Ideenfindung."

IBM hat in den Jam Sessions Themen wie die Rollen des Managements, die Integration nach einer Fusion, organisationale Behinderungen von Innovationen und Einnahmenwachstum zur Diskussion gestellt. Auch die Entwicklung neuer Werteaussagen („Values Jam") wurde hier diskutiert. Dieser Values Jam zog sich über einen Zeitraum von drei Jahren hin, das Forum wurde 2,3 Millionen Mal besucht und enthielt zum Schluss über eine Million Wörter. Zehntausende neuer Ideen der Mitarbeiter wurden gesichtet, und es entstanden daraus 65 zentrale Ideen, die mittels Online-Abstimmungen und IBMs eigenentwickelte Sprachanalysesoftware („Jamalyzer") festgelegt wurden. Daraufhin machte sich ein kleines Team an die Arbeit und entwickelte aus diesen Ideen drei übergreifende Wertebereiche, die auf Innovation, dem Kunden und auf Vertrauen basierten. Vorstandsvorsitzender Sam Palmisano kommentierte den Values Jam so:

> *Ja, die elektronische Diskussion war hitzig, kontrovers und manchmal unschön. ... Wir hatten vorher drei oder vier Jam Sessions online durchgeführt ... , doch keine davon hätte uns auf die Emotionen vorbereiten können, die durch dieses Thema losgetreten wurden.*

Quellen: S.J. Palmisano, „Leading change when business is good", Harvard Business Review, Dezember 2004, S. 60–70; PR Newswire, 30. November 2005.

Analyse und Bewertung in Uganda

Das International Trade Centre (ITC) in Genf (*www.intracen.org*) unterstützt Unternehmen bei der Verbesserung ihres Exportgeschäfts. In vielen Entwicklungsländern, die zu seinem Tätigkeitsfeld gehören, gibt es wenig zuverlässige veröffentlichte Informationen; Aktivitäten zur Entwicklung des Landes sind unkoordiniert, und die Einheimischen stehen den unbekannten Helfern aus dem Ausland skeptisch gegenüber. Die Industrie der Fischverarbeitung und des Fischexports in Uganda ist ein Beispiel dafür, dass solche Probleme aber durchaus überwunden werden können.

Das ITC arbeitete mit der ugandischen Behörde für Exportförderung zusammen und organisierte ein Zusammentreffen verschiedener Interessengruppen aus allen Bereichen des Wertnetzwerks dieser Industrie, bei dem es um eine Strategie zur Exportsteigerung ging. An diesem Treffen nahmen Firmeninhaber, Gemeindevorsteher, Regierungsbeamte und Vertreter von Entwicklungsagenturen ebenso teil wie Dienstleister aus den Bereichen Transport, Qualitätskontrolle, Zoll, Bankwesen, Fracht und Verpackung. Das Treffen fand in Kampala statt, wo man eine Reihe von Übungen vornahm, um Marktchancen zu identifizieren, die genaue Leistung verschiedener Bereiche der Branche zu betrachten und die Umsetzung von Entwicklungshilfemaßnahmen zur organisieren.

Man bildete die wichtigsten Ebenen der Wertketten auf großformatigen Blättern ab, wobei man sich von den Zielmärkten rückwärts bis hin zu den Angebotsquellen bewegte. Probleme und Marktanforderungen, die den gesamten Sektor betrafen, wurden in ihre einzelnen Komponenten in Bezug auf die Wertkette aufgespaltet und auch auf diesen Blättern dargestellt. Dieser Prozess brachte stillschweigendes Wissen und „Marktrealitäten" zum Vorschein und sorgte für die

Entwicklung neuer Ideen zur Wertsteigerung, Kostensenkung und Diversifikation (siehe Beispiel 3.4). Außerdem konnten sich die Teilnehmer nun ein Bild von der Gesamtsituation der Industrie und deren Chancen machen, ihre gegenseitigen Abhängigkeiten verstehen, gemeinsam Lösungen gestalten und Prioritäten setzen, um die Leistungen der Industrie zu steigern und festzulegen, wer welche Teile der neuen Strategie wie umsetzen sollte.

Quelle: Ian Sayers, Leitender Berater des privaten Sektors, Abteilung für Handelsförderung, International Trade Centre, Genf.

Kontrollfragen

1. Warum war es für IBM und für die ugandische Fischereiindustrie wichtig, viel Input von verschiedenen Seiten zu bekommen? Welche strategischen Themen und Probleme würden ein solch breit angelegtes Input nicht erfordern?
2. Würden Sie einer kleineren Firma angehören, die nicht über die IT-Ressourcen von IBM oder die Hilfestellung der Regierung wie in Uganda verfügt, wie könnten Sie dennoch das Input ihrer Mitarbeiter zur Strategiegestaltung bekommen?

15.3 Der Strategieprozess

Im vorangegangenen Abschnitt wurden die wichtigsten strategischen Rollen vorgestellt; dieser Abschnitt konzentriert sich nun darauf, was die beteiligten Personen im Rahmen des Strategieprozesses zu tun haben. Die wichtigsten Aktivitäten werden dabei in logischer Folge behandelt, angefangen mit der ersten strategischen Analyse, dann gefolgt von der richtigen Platzierung der strategischen Themen, der Entscheidungsfindung und schließlich der Kommunikation der gewählten Strategie. In der Praxis laufen diese Schritte allerdings eher selten in dieser logischen Reihenfolge ab. Oft werden Entscheidungen ohne große Analysen getroffen; häufig werden sie auch in der Kommunikationsphase völlig neu interpretiert. Es müssen jedoch einige wichtige Entscheidungen getroffen werden bezüglich der Art und Weise des Strategieprozesses, besonders in Bezug auf das Vertrauen der Manager in formale, analytische Rationalität.

15.3.1 Strategische Analyse

Große Teile dieses Buches befassen sich mit strategischer Analyse, und diese ist auch tatsächlich ein wichtiger Bestandteil des Strategieprozesses. Wie in *Kapitel 11* bereits erwähnt, ergibt sich Strategie häufig eben nicht aus einer einfachen rationalen Analyse. Diese Analysen finden oft spontan statt, sind unvollständig und werden außerdem nicht zu Ende gebracht. Solche Analyseaktivitäten erfüllen oft noch andere Funktionen und sind nicht nur Input für eine spätere strategische Entscheidung.

Zunächst einmal werden Analysen in der Praxis eher selten so eingesetzt, wie dies in der Theorie vorgesehen ist. Die SWOT-Analyse (Strenghts, Weaknesses, Opportunities und Threats) ist das am häufigsten verwendete Analyseinstrument der Strategie[30], doch auch die praktische Anwendung dieser relativ einfachen Analysetechnik entspricht meist keineswegs dem theoretischen Ideal (siehe *Kapitel 3*). Eine Studie ergab häufige Abweichungen von den Empfehlungen der Lehrbücher, die sowohl Manager als auch Berater verursachten.[31] So ergeben sich aus einer SWOT-Analyse in der Praxis oft lange Listen verschiedener Faktoren (Stärken, Schwächen, Chancen und Risiken), die unmöglich zu managen sind; häufig sind es 50 und mehr. All diese Faktoren werden folglich nur sehr selten genauer definiert oder ausgearbeitet; es wird also wenig tiefer gehende Analyse betrieben, um sie auszuwerten; und auch in nachfolgenden strategischen Diskussionen werden sie meist nicht oder kaum berücksichtigt. Eine SWOT-Analyse sollte laut theoretischer Definition zielgerichteter sein, zu einer tiefgehenden Untersuchung der Umstände und daraufhin zu konkreten Handlungen bezüglich Faktoren mit Priorität führen. Wenn man die praktischen Erfahrungen mit der SWOT-Analyse als typisch bezeichnen kann, so könnten Manager oft eine Wertsteigerung erreichen, indem sich solche Instrumente zur Strategieanalyse konsequenter und korrekter einsetzen.

Oft ist aber eine derartige Kritik an falscher Analyse verfehlt. Denn schließlich müssen dabei sowohl *Kosten* als auch *Zweck* bedacht werden. Eine solche Analyse kostet viel Zeit und auch viele Ressourcen. Zunächst müssen relevante Informationen gesammelt werden, was besonders dann kostspielig ist, wenn daran externe Berater beteiligt sind. Was den Zeitfaktor betrifft, besteht außerdem immer das Risiko einer *„Paralyse durch Analyse“*; in einem solchen Fall verwenden Manager zu viel Zeit darauf, ihre Analysen perfekt auszugestalten, und zu wenig Zeit für die eigentlichen Entscheidungen und Handlungen.[32] Manager müssen entscheiden, wie viel Analyse sie wirklich brauchen; vielleicht ist in manchen Fällen eine schnelle, intuitive Entscheidung ausreichend oder besser. Was den Zweck angeht, so geht es bei einer Analyse nicht immer einfach um die Bereitstellung benötigter Informationen für fundierte strategische Entscheidungen.[33] Oft liegt ihr Zweck ganz woanders. Wird ein Projekt gestartet, um ein bestimmtes Thema zu analysieren, so kann dies in manchen Fällen sogar eine absichtliche *Verschleppung* zum Ziel haben, sodass eine anstehende Entscheidung hinausgeschoben wird. Eine Analyse kann aber auch rein *symbolisch* sein, um eine bereits getroffene Entscheidung rational zu begründen. Manager können um die Analyse eines Themas gebeten werden, um sich dadurch ihre *Unterstützung* für Entscheidungen zu sichern, die sie andernfalls vielleicht ablehnen würden. Analysen können aber auch *politisch* sein und dafür sorgen, dass die Probleme eines Managers oder eines Teils der Organisation Priorität erhalten.

30 G. Hodgkinson, R. Whittington, G. Johnson und M. Schwarz, „The role of strategy workshops in strategy development processes: Formality, communication, coordination and inclusion“, *Long Range Planning*, Bd. 30 (2006), S. 479–496.

31 T. Hill und R. Westbrook, „SWOT analysis: It´s time for a product recall“, *Long Range Planning*, Bd. 30, Nr. 1 (1997), S. 46–52. Ein praktisches Beispiel einer besseren Anwendung liefert R.G. Dyson, „Strategic development and SWOT analysis at the University of Warwick“, *European Journal of Operational Research*, Bd. 15, Nr. 2 (2004), S. 631–640.

32 A. Langley, „Between paralysis by analysis and extinction by instinct“, *Sloan Management Review*, Bd. 36, Nr. 3 (1995), S. 63–76.

33 A. Langley, „In search of rationality: The purposes behind the use of formal analysis in organisations“, Administrative Science Quarterly, Bd. 34 (1989), S. 598–631.

Die verschiedenen Zwecke einer Strategieanalyse wirken sich auf die betroffenen Manager in zweierlei Hinsicht aus:

- *Die Gestaltung und Art der Analyse muss ihrem wahren Zweck folgen.* Von diesem wahren Zweck – Information, Politik oder Symbol – hängt ab, wie viele und welche Menschen an der Analyse beteiligt werden, wie viel Zeit und Geld darauf verwendet wird und wie die anschließende Kommunikation der Ergebnisse aussieht. Angesehene Beratungsunternehmen sind oft sehr sinnvoll, wenn es um politische oder symbolische Analysen geht. Muss die Unterstützung vieler Mitarbeiter eingeholt werden, so ist es sinnvoll, viele Manager der mittleren Führungsebene an der Analyse zu beteiligen.
- *Es müssen angemessene Investitionen in die technische Qualität der Analyse erfolgen.* Bei vielen Projekten können die sich daraus ergebenden strategischen Entscheidungen entscheidend verbessert werden, wenn man auch die technische Qualität der angewandten Analyse verbessert. In manchen Fällen kann es aber auch kontraproduktiv wirken, wenn man auf absoluter technischer Perfektion besteht. So kann eine SWOT-Analyse, die viele kritische Themen und Probleme aufwirft, den Managern dazu dienen, ihrer eigenen Frustration Luft zu machen, bevor sie sich an die tatsächliche strategische Arbeit machen. Manchmal macht es mehr Sinn, kontroverse Themen einfach offen zu lassen, anstatt sie zu hinterfragen, zu beleuchten oder gar zu vertagen, was die betroffenen Manager verärgern würde und sich negativ auf ihre Beiträge zu den folgenden Schritten auswirken würde.

15.3.2 Strategische Themen verkaufen

Eine Organisation sieht sich immer vielen strategischen Problemen gleichzeitig gegenüber. In komplexen Organisationen kann es aber sein, dass die Manager diesen Themen und Problemen nicht immer die gleiche Bedeutung beimessen und manche von ihnen sie gar nicht wahrnehmen. Einige Probleme werden einfach durch die Unternehmenshierarchie herausgefiltert; andere werden von dringenderen Aspekten an den Rand gedrängt. Außerdem fehlen den obersten Führungskräften in der Regel Zeit und Ressourcen, um auf alle Probleme, die ihnen vorgelegt werden, tatsächlich eingehen zu können. Die strategischen Probleme konkurrieren um die Aufmerksamkeit der Manager. Das Problem, das die Aufmerksamkeit des Managers bekommt, ist also nicht immer das wichtigste.[34]

Platzierung strategischer Themen

Unter der Platzierung strategischer Themen versteht man den Prozess, durch den die Aufmerksamkeit und Unterstützung des Top Managements und anderer wichtiger Interessengruppen für strategische Themen gewonnen wird.

Manager müssen demnach ihre jeweiligen strategischen Anliegen den Mitgliedern der obersten Führungsebene und auch anderen wichtigen Interessengruppen „verkaufen". Sie können nicht davon ausgehen, dass ihre Themen automatisch deren Aufmerksamkeit oder gar deren Unterstützung erhalten, wie wichtig sie den Managern auch immer erscheinen mögen. Bei der **Platzierung strategischer Themen** müssen Manager mindestens vier Aspekte beachten, wollen sie für ihre Themen Aufmerksamkeit und Unterstützung erlangen:

- *Verpackung der Themen.* Viel Sorgfalt sollte darauf verwendet werden, wie die Themen verpackt oder wie sie präsentiert werden. Natürlich muss ihre strategische

34 Dies bezieht sich auf die auf Aufmerksamkeit basierende Perspektive eines Unternehmens: Siehe W. Ocasio und J. Joseph, „An attention-based theory of strategy formulation: Linking micro and macro perspectives in strategy processes", *Advances in Strategic Management*, Bd. 22 (2005), S. 39–62.

Bedeutung unterstrichen werden, indem sie mit *kritischen strategischen Zielen* oder *Leistungskennzahlen* in Verbindung gebracht werden. Die Präsentation sollte den kulturellen Normen der Organisation entsprechen, wobei allgemein gesprochen Klarheit und kurze präzise Formulierungen immer erfolgreicher sind als Komplexität und Länge. Oft ist es hilfreich, wenn gleichzeitig mit dem strategischen Problem bereits *potenzielle Lösungen* vorgestellt werden. Fehlen diese, so wirkt ein Problem häufig zu schwierig, um überhaupt in Angriff genommen zu werden.

- *Formale und informelle Wege.* Manager müssen sowohl formale als auch informelle Wege berücksichtigen, denn beide können sehr einflussreich sein. Abbildung 15.4 zeigt einige *formale Wege* zur Platzierung strategischer Themen in multidivisionalen Organisationen (basierend auf General Electric).[35] Hier teilen sich die formalen Wege in gesamtunternehmerische, die verschiedenen Managementebenen betreffende und das Personal betreffende Wege auf. Auf gesamtunternehmerischer Ebene sind diese die jährliche Geschäftsbesprechung, die der Vorstandsvorsitzende mit jedem Divisionsleiter abhält, sowie die jährlichen Strategieklausuren (oder Workshops) der obersten Führungsebene. Wege der verschiedenen Managementebenen sind die regelmäßige Interaktion der operativen Manager und der Divisionsleiter untereinander und mit dem Vorstandsvorsitzenden und anderen Vorstandmitgliedern. Und schließlich existieren zahlreiche Berichtssysteme an Stabsfunktionen, etwa im Bereich Finanzwesen, HR und strategische Planung. Solche formalen Wege funktionieren natürlich in beide Richtungen. So werden strategische Pläne oft mehrfach zwischen Division und Zentrale ausgetauscht, bis eine allgemein befriedigende Lösung gefunden ist. Formale Wege werden jedoch zur Platzierung strategischer Themen eher selten genutzt. Viel effektiver können die *informellen Wege* sein, die sich oft entscheidend auf die Kultur der Organisation auswirken. Beispiele sind spontane Gespräche mit einflussreichen Managern auf dem Korridor, auf Geschäftsreisen oder beim Mittagessen.[36]
- *Allein oder im Team.* Manager sollten auch überlegen, ob sie ihre Themen alleine verkaufen oder eine Koalition aus Förderern zusammenstellen wollen, die bevorzugt aus einflussreichen Mitgliedern bestehen sollte. Eine solche Koalition sorgt für Glaubwürdigkeit und verleiht dem jeweiligen Thema mehr Gewicht. Die Fähigkeit, eine solche Koalition zu bilden, kann ein guter Test sein, ob das jeweilige Thema wirklich von Bedeutung ist; lassen sich andere Manager nicht davon überzeugen, so gilt dasselbe bestimmt auch für den Vorstandsvorsitzenden. Möchte man aber Unterstützer gewinnen, so kann das auch Kompromisse oder aber die Zusicherung der eigenen Unterstützung für ein anderes Thema mit sich bringen, wodurch die Klarheit des anstehenden Problems verwischt werden kann.
- *Zeitliche Koordination.* Auch sie ist für die richtige Platzierung eines Themas entscheidend. Ein kurzfristiger Leistungseinbruch oder die Übergangsphase von einem Top Managementteam zum nächsten sind keine guten Zeitpunkte für die Platzierung wichtiger strategischer Themen.

---

35 Ibid.

36 Für eine aufschlussreiche Analyse der Bedeutung von gemeinsamem Essen und anderen informellen Momenten für die Beeinflussung der Strategie siehe A. Sturdy, M. Schwarz und A. Spicer, „Guess who's coming to dinner? Structures and the use of liminality in strategic management consultancy", *Human Relations*, Bd. 10, Nr. 7 (2006), S. 929–960.

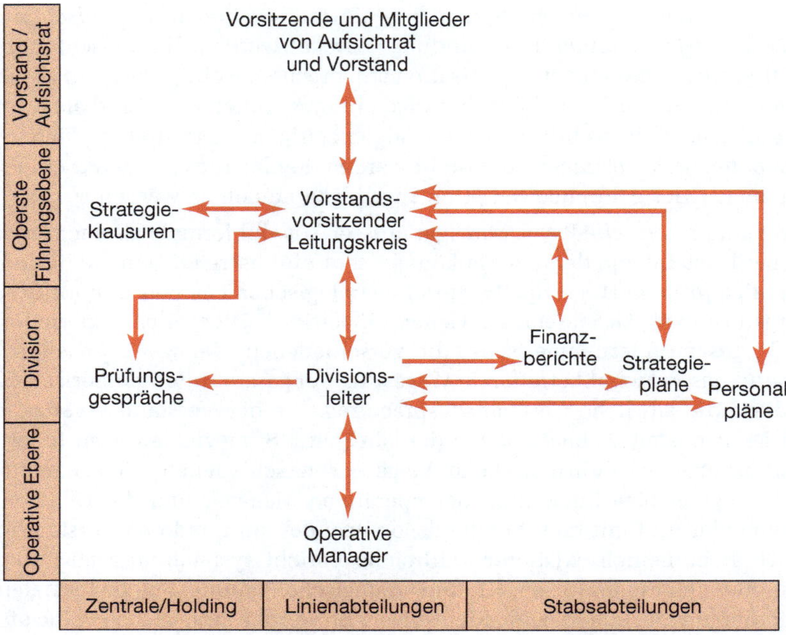

Abbildung 15.4: Formale Kanäle zur Platzierung strategischer Themen

Natürlich ist die richtige Platzierung eines strategischen Themas nur der Anfang. Selbst wenn ein solches Thema die Aufmerksamkeit einflussreicher Führungskräfte erlangt hat und man sich über nötige Handlungsschritte und Ressourcen einig ist, sollten die Manager dafür sorgen, dass diese Aufmerksamkeit auch *dauerhaft* ist.[37] Ursprüngliche Zusagen des Top Managements müssen geschützt werden. Wenn sich das betreffende strategische Problem im Laufe der Zeit verändert, erfordert es vielleicht irgendwann mehr Aufmerksamkeit und Ressourcen als anfangs zugesagt. Es ist also wichtig, schon zu Anfang regelmäßige Überprüfungen und einige relevante Kennzahlen zu vereinbaren, um so die dauerhafte Aufmerksamkeit des Top Managements zu erhalten, das dann auch hoffentlich bereit sein wird, nach Bedarf mehr Ressourcen zur Verfügung zu stellen.

15.3.3 Strategische Entscheidungsfindung

Entscheidungen über strategische Themen werden auf vielerlei Weise getroffen. Erfolg oder Misserfolg solcher Entscheidungen lassen sich nicht immer rational erklären. Auch werden solche Entscheidungen selten ganz unvoreingenommen getroffen.[38] Der Begriff der Platzierung strategischer Themen weist schon auf den sogenannten *Champion`s Bias* hin, auf die Wahrscheinlichkeit nämlich, dass die betroffenen Manager die Argumentation zugunsten ihres jeweiligen Anliegens übertreiben. Ähnlich funktioniert das

37 B. Yakis und R. Whittington, „Sustaining strategic issues: Five longitudinal cases in human resource management", (wissenschaftlicher Beitrag an der) *Academy of Management*, Philadelphia, 2007.

38 D. Lovallo und O. Siboney, „Distortions and deceptions in strategic decisions", McKinsey Quarterly, Bd. 1 (2006). Eine gute Übersicht verschiedener voreingenommener Entscheidungen findet sich bei G. Hodgkinson und P. Sparrow, The Competent Organization, Open University Press, 2002.

Sonnenblumensyndrom, also die Tendenz (wie Sonnenblumen, die der Sonne folgen), sich beim Prozess der Entscheidungsfindung den ranghöchsten Managern anzuschließen oder deren Meinung vorherzuahnen, bevor sie diese ausgesprochen haben. Top Manager, die viele Entscheidungen treffen müssen, überschätzen oft ihre Kompetenz, was zu übertrieben optimistischen Entscheidungen führt, besonders in Fällen, in denen wenig konkrete Daten zur Verfügung stehen. Gleichzeitig können solche Manager auch risikoscheu sein, sodass große Nachteile eines Projekts sie vorschnell zurückschrecken lassen, auch wenn es nicht sehr wahrscheinlich ist, dass diese Nachteile sich auch tatsächlich spürbar auswirken.

Um effektive und konsequente Entscheidungen zu garantieren, genügt es also nicht, diese einfach in die Hände eines Managementteams zu legen. Katherine Eisenhardts Untersuchungen über strategische Entscheidungsfindung in sich schnell verändernden Umgebungen weist darauf hin, dass sich Manager an vier hilfreiche Richtlinien halten können[39]:

- *Verschiedene, simultane Alternativen aufbauen.* Hat man mehrere Alternativen gleichzeitig zur Auswahl, kann dies eine kritische Diskussion fördern; so kann man Phänomenen wie dem Champion's Bias und dem Sonnenblumensyndrom entgegenwirken. Außerdem beschleunigt es den Entscheidungsprozess, wenn relevante Vorschläge nicht nach und nach auftauchen, sodass mögliche neue Alternativen erst nach einer eingehenden Prüfung und letztendlichen Ablehnung eines vorangegangenen Vorschlags auf den Tisch kommen. Die Barclays Bank beispielsweise wendet diese Methode an und untersucht verschiedene Alternativen gleichzeitig. Hier gibt es sogar eine Firmenregel, die besagt, dass Vorschläge niemals einzeln, sondern immer nur mit zwei oder drei Alternativen präsentiert werden dürfen.[40]
- *Echtzeit-Informationen nutzen.* Eisenhardts Untersuchungen ergaben, dass Führungskräfte, die schnelle Entscheidungen treffen müssen, deswegen nicht weniger Informationen nutzen; sie nutzen nur eine andere Art, nämlich Echtzeit-Informationen. Diese Manager bevorzugen unmittelbare Informationen von aktuellen Betriebsabläufen und greifen eher selten auf statistische Trends und Vorhersagen zurück. Sie verbringen viel Zeit mit persönlichen Gesprächen und Meetings und leiten ihre Geschäfte, indem sie viel herumwandern. Sie prüfen die aktuellsten Indikatoren wie etwa wöchentliche oder sogar tägliche Verkaufszahlen, Zahlen über Bargeldumlauf, Lagerbestand oder die unfertigen Erzeugnisse. Besonders in einem sich schnell verändernden Umfeld ist eine schnelle Entscheidung vielleicht besser als eine zögerliche Entscheidung. Außerdem sind auf Trends basierende Daten ohnehin rasch überholt.
- *Meinungen erfahrener Manager einholen.* Erfahrene Manager der Organisation oder Branche können aufgrund fundierter Erfahrungswerte schnelles Feedback darüber geben, was wahrscheinlich funktioniert und was nicht. Diese Erfahrung ermöglicht es ihnen auch, die richtigen Fragen zu stellen. Erfahrene Manager haben einen schnelleren Instinkt, der häufig zuverlässiger und auch glaubwürdiger ist als eine langwierige Analyse eines unerfahrenen Kollegen oder eines Beraters. Ältere Manager der mittleren Führungsebene, die sich am Ende ihrer Karriereleiter befinden, haben oft viel Relevantes zu erzählen, denn sie verfügen nicht nur über viel Erfahrung, sondern haben auch weniger ihre eigenen Interessen im Sinn.

39 K. M. Eisenhardt, „Speed and strategic choice: How managers accelerate decision making", *California Management Review*, Frühling 1990, S. 39–54.

40 M. Mankins, „Stop wasting valuable time", *Harvard Business Review*, September 2004, S. 58–65.

- *Nach Einigkeit streben, aber nicht um jeden Preis.* Manager, die schnelle Entscheidungen treffen müssen, streben nach Einigkeit innerhalb ihres Entscheidungsteams, bestehen aber nicht darauf. Oft kann es zu lange dauern, einen absoluten Konsens zu erreichen, was mittelmäßige Entscheidungen zur Folge hat, die auf dem kleinsten gemeinsamen Nenner basieren. Manager müssen erkennen, dass sich Probleme nicht immer zur allgemeinen Zufriedenheit aller lösen lassen. Eisenhardts Rat lautet, dass der Vorstandsvorsitzende oder andere Führungskräfte irgendwann den Mut aufbringen müssen, einfach eine Entscheidung zu treffen. Nachdem sie ihre eigene Meinung äußern konnten, ist es auch die Aufgabe anderer Manager, diese Entscheidung als endgültig zu akzeptieren und sich an die Umsetzung zu machen.

Allerdings wird schnelle Entscheidungsfindung in ihrer Effektivität häufig überschätzt. Viele Entscheidungen werden nicht konsequent umgesetzt. Und viele Strategien sind emergent und basieren keineswegs auf bewussten Entscheidungen (siehe *Kapitel 11*).[41]

Zwei weit verbreitete Ansichten über Entscheidungsfindungen wurden bisher implizit infrage gestellt: Zum einen ist *Intuition* nicht immer schlecht.[42] Viele Echtzeit-Informationen oder die langjährige Erfahrung älterer Manager können für ein gutes „Bauchgefühl" sorgen, wenn es darum geht, Entscheidungen zu treffen. Dieses Bauchgefühl kann die Grundlage für Entscheidungen sein, für die es ohnehin nicht viele zuverlässige Informationen gibt, wenn es beispielsweise um die Schaffung radikal neuer Märkte oder Produkte geht. Zum anderen können auch *Konflikte* einen Entscheidungsprozess durchaus bereichern[43], denn sie können einen Champion's Bias offen legen und eine allzu optimistische Selbsteinschätzung eines Managers infrage stellen. Konflikte treten am häufigsten in bunt zusammengestellten Managementteams auf, deren Mitglieder auch gerne einmal der Advocatus Diaboli sind und Annahmen oder einen schnellen Konsens hinterfragen. Doch produktive Konflikte brauchen ein sorgfältiges Management. Die Teammitglieder müssen finale Entscheidungen akzeptieren und sich gegenseitig Respekt zollen.

15.3.4 Die Kommunikation der Strategie

Über eine Strategie zu entscheiden, ist nur der erste Schritt, denn die Entscheidungen müssen auch kommuniziert werden. Manager müssen bedenken, welche Interessengruppen informiert werden (*Kapitel 4*) und wie sie diese Information jeder einzelnen Gruppe präsentieren sollen. Aktionäre, wichtige Kunden und Mitarbeiter sind in den meisten Fällen von zentraler Bedeutung und haben alle unterschiedliche Bedürfnisse und Anforderungen. Also muss es zu jeder neuen Strategie auch eine passende Kommunikationsstrategie geben.

Die Kommunikation mit den Mitarbeitern ist in der Regel zwingend notwendig, damit die gewählte Strategie überhaupt umgesetzt werden kann. Wie in *Kapitel 5* beschrieben, weichen viele Strategien mit der Zeit von deren ursprünglicher Intention ab. Verstehen die Mitarbeiter die neue Strategie nicht, können sie sie auch nicht richtig umsetzen. Und

---

41 S. Elbanna, „Strategic decision-making: Process perspectives", *International Journal of Management Reviews*, Bd. 8, Nr. 1 (2006), S. 1–20.

42 C. Miller und R.D. Ireland, „Intuition in strategic decisionmaking: Friend or foe in the fast-paced 21st century?", *Academy of Management Executive*, Bd. 21, Nr. 1 (2005), S. 19–30.

43 K.M. Eisenhardt, J. Kahwajy und L.J. Bourgeois, „Conflict and strategic choice: How top teams disagree", *California Management Review*, Bd. 39, Nr. 2 (1997), S. 42–62.

tägliche Interaktionen zwischen Managern der unteren Ebenen und normalen Mitarbeitern können eine beabsichtigte Strategie schnell scheitern lassen. So wird zum Beispiel eine neue Strategie für verbesserten Kundendienst mit Sicherheit fehlschlagen, wenn die zuständigen Manager ihre Mitarbeiter nicht konsequent gemäß der neuen Strategie einstellen, schulen und auch belohnen; alte Gewohnheiten sind Gift für eine Verbesserung strapazierter Kundenbeziehungen. Ein Beispiel für eine Organisation, die darauf achtet, dass alle ihre Mitarbeiter neue Strategien wirklich verstehen, ist der Volvo- Konzern, dessen Ziel es ist, dass 90 Prozent der Mitarbeiter die strategischen Ziele ihrer Organisation kennen, was im Rahmen einer jährlichen Umfrage geprüft wird.[44]

Bei der Gestaltung einer Kommunikationsstrategie für Mitarbeiter müssen besonders vier Elemente berücksichtigt werden[45]:

- *Fokus.* Die Kommunikation sollte sich auf die wichtigsten Komponenten der Strategie konzentrieren und unnötige Details oder allzu komplexe Sprache vermeiden. Die berühmte Aussage von Jack Welch, Vorstandsvorsitzendem von General Electric, dass sein Unternehmen „auf allen seinen Märkten entweder die Nummer Eins oder die Nummer Zwei" sein sollte, ist deshalb so berühmt, weil sie sich klar auf die Bedeutung der Marktdominanz des Unternehmens konzentriert.
- *Einfluss.* Die Kommunikation sollte mit starken Worten und Bildern die Mitarbeiter beeinflussen und beeindrucken. So trägt die neue Strategie des britischen Sozialdienstes den eingängigen Titel „Our health, our care, our say" (etwa „Unsere Gesundheit, unsere Aufgabe, unser Wort"), um zu verdeutlichen, dass diese neue Strategie für alle Bürger von Bedeutung ist.[46] Ein „roter Faden" kann dabei helfen, alle Schritte, die noch vor den Mitarbeitern liegen, logisch zu erklären und die Zukunft für die Organisation und deren Kunden darzustellen. Ein angeschlagenes medizinisches Zentrum in New Mexico kommunizierte seine neue Strategie und inspirierte gleichzeitig seine Mitarbeiter mittels folgender Beschreibung der Organisation „Raiders of the Lost Art" (etwa „die Räuber der verlorenen Kunst"), die gleichzeitig Mut in einer Zeit des Elends und eine Rückbesinnung auf alte Werte ausdrückte.[47] Visuelle Hilfsmittel können ebenso von großer Bedeutung sein. Jeff Bezos von Amazon zeichnet einen „virtuosen Kreis", um aufzuzeigen, wie die Wachstumsstrategie des Unternehmens einen Kreislauf in Gang setzt, in dem geringere Kosten für verbesserte Kundenerfahrungen sorgen, die dadurch zahlreicher werden, was wiederum zu einer größeren Produktauswahl führt, etc.[48]
- *Medien.* Die Wahl der geeigneten Medien zur Verbreitung der neuen Strategie ist ein wichtiger Punkt.[49] Massenmedien wie etwa E-Mail, Sprachnachrichten, Veröffentlichungen der Firma, Videos, Intranet oder Blogs der führenden Manager können dafür sorgen, dass alle Mitarbeiter sehr schnell die gleichen Informationen erhal-

44 C. Nordblom, „Involving middle managers in strategy at Volvo Group", *Strategic Communication Management*, Bd. 10, Nr. 2 (2006), S. 24–28.

45 Dies baut auf M. Thatcher auf, „Breathing life into business strategy", *Strategic Communication Management*, Bd. 10, Nr. 2 (2006), S. 14–18.

46 Siehe *www.cabinetoffice.gov.uk/strategy/ work_areas/index.asp.*

47 G. Adamson, J. Pine, T. van Steenhoven und J. Kroupa, „How story-telling can drive strategic change", *Strategy and Leadership*, Bd. 34, Nr. 1 (2006), S. 36–41.

48 R.W. Keidel, „Strategize on a napkin", *Strategy and Leadership*, Bd. 33, Nr. 4 (2005), S. 58–59.

49 R.H. Lengel und R.L. Daft, „The selection of communication media as an executive skill", Academy of Management Executive, Bd. 2, Nr. 3 (1988), S. 225–232.

ten, sodass schädliche Unsicherheiten oder Gerüchte vermieden werden. Jedoch sind persönliche Gespräche ebenfalls sehr wichtig, denn sie zeigen das persönliche Engagement der Manager und ermöglichen eine direkte Interaktion mit den betroffenen Mitarbeitern. Also könnten oberste Führungskräfte *Roadshows* organisieren, in denen sie ihre Botschaft den jeweiligen Mitarbeitern in Konferenzen oder Workshops an verschiedenen Standorten direkt überbringen. Außerdem könnten sie sogenannte *Kaskaden* starten, wobei jede Managementebene den Auftrag erhält, die neue strategische Botschaft an die ihnen direkt unterstellten Mitarbeiter weiterzugeben, die wiederum denselben Auftrag erhalten, usw.[50]

- *Einbindung der Mitarbeiter.* Oft ist es hilfreich, einige Mitarbeiter direkt in die Strategie mit einzubinden, sodass sie sehen können, was diese für sie persönlich bedeutet und wie sich ihre Rolle verändern wird. Hier kann ein Austausch im Rahmen einer Roadshow oder einer Kaskade helfen, doch manche Organisationen sind auch noch einfallsreicher, wenn es um das aktive Engagement der Mitarbeiter geht. Eine Organisation des öffentlichen Sektors in Großbritannien lud beispielsweise die gesamte Belegschaft zu einer Tageskonferenz ein, auf der die neu gewählte Strategie vorgestellt werden sollte. Während dieser Konferenz konnten die Mitarbeiter ein Foto von sich selbst an eine „Zusage-Wand" heften zusammen mit einem handschriftlich verfassten Versprechen, mindestens einen Aspekt ihrer Arbeit zu verändern, um der neuen Strategie zu entsprechen.[51] Dieselbe Organisation schuf auch einen Teppich, der die strategische Reise der Organisation darstellte. Dann wurden alle Mitarbeiter aufgefordert, den Weg in die angestrebte Zukunft zu beschreiten.

Man muss erkennen, dass gerade der Kommunikationsprozess die Strategie in verschiedenster Art und Weise verändern kann. Die Kommunikation durch die Manager und die Aufnahme der Information durch die Mitarbeiter geht meist mit einer Neuinterpretation einher; Kaskaden und Roadshows decken nicht selten neue Probleme auf.[52] So gesehen ist die Kommunikation keineswegs der Abschluss des strategischen Prozesses, sondern führt zur Identifikation neuer strategischer Themen für die nächste Runde der Strategiedefinition.

15.4 Strategiemethoden

Strategen verwenden eine ganze Reihe mehr oder weniger standardisierter Methoden zur Organisation und Kontrolle ihrer strategischen Aktivitäten. Die Methoden, die hier vorgestellt werden, sind keine analytischen Konzepte oder Techniken, wie in den vorangegangenen Kapiteln dieses Buches erwähnt, sondern praktische Ansätze für das Management des Strategieprozesses. Dieser Abschnitt spricht zunächst die Methoden an, die zur Ausübung strategischer Aktivitäten angewendet werden könnten. Am Anfang steht häufig ein Strategie-Workshop. Darauf können eine Reihe strategischer Projekte folgen. Solche Projekte werden oft von Techniken wie dem Hypothesentest

50 Beispiele für Roadshows und Kaskaden sind zu finden bei M. Thatcher, „Breathing life into business strategy", *Strategic Communication Management*, Bd. 10, Nr. 2 (2006), S. 14–18.

51 R. Whittington, E. Molloy, M. Mayer und A. Smith, „Practices of strategizing/organizing: Broadening strategy work and skills", *Long Range Planning*, Bd. 39 (2006), S. 615–629.

52 Zum Thema Kommunikation durch die Manager der mittleren Führungsebene siehe J. Balogun und G. Johnson, „Organizational restructuring and middle manager sensemaking", *Academy of Management Journal*, Bd. 47, Nr. 4 (2004), S. 523–540.

bestimmt. Das Ergebnis des Strategieprozesses muss schließlich meist im Format einem Geschäftsplan oder einem strategischen Plan entsprechen. Dieser Abschnitt stellt wichtige Aspekte all dieser Methoden vor. Es werden zwar Richtlinien angeboten, jedoch sollte klar sein, dass keine dieser Methoden ein Patentrezept für den Erfolg darstellt.

15.4.1 Strategie-Workshops

Strategie-Workshops (manchmal auch Klausurtage, Strategietage, etc. genannt) sind eine häufig angewandte Methode des Strategieprozesses.[53] Hier arbeiten Führungskräfte in Gruppen ein oder zwei Tage lang intensiv an der Strategie ihrer Organisation, wobei sie sich dabei meist nicht an ihrem Arbeitsplatz befinden. Diese Führungskräfte stehen meist an der Spitze ihrer Organisation, doch auch für größere Managergruppen können solche Workshops sehr nützlich sein. In einem Workshop werden Strategien in der Regel formuliert oder neu überdacht, doch auch ihre Umsetzung ist hier ein Thema ebenso wie die Kommunikation der Strategien an ein breiteres Publikum. Workshops können entweder spontan organisiert werden, oder aber sie sind Teil des regelmäßigen strategischen Planungsprozesses. Ebenso können sie einzeln oder in Serie abgehalten werden. Workshops erleichtern aber nicht nur den Strategieprozess, sie fördern auch die Teambindung und die persönliche Entwicklung einzelner Mitarbeiter. Beispiel 15.3 zeigt, welche Zwecke ein strategischer Workshop erfüllen kann.

Strategie-Workshops

In Strategie-Workshops (manchmal auch Klausurtage, Strategietage, etc. genannt) arbeiten Führungskräfte in Gruppen ein oder zwei Tage lang intensiv an der Strategie ihrer Organisation, wobei sie sich dabei meist nicht an ihrem Arbeitsplatz befinden.

Obwohl strategische Workshops durchaus einen wertvollen Beitrag zur Strategieentwicklung und -umsetzung einer Organisation leisten können, könnten sich durch sie auch mindestens zwei Probleme ergeben.[54] Zunächst kann es sein, dass in solchen Workshops lediglich die bereits bestehenden Ansichten und Meinungen der Manager bestätigt werden. Dies gilt besonders, wenn die Workshops zur Routine geworden sind und wenn immer die gleichen Teilnehmer dabei sind. So können keine neuen Ideen entstehen, die den Status quo radikal infrage stellen. Zudem können Workshops den Kontakt zu anschließenden Aktionen verlieren. Weil sie eben losgelöst von den üblichen Abläufen der Organisation stattfinden, ist es schwierig, die in den Workshops erarbeiteten Ideen und die dort entstandene Begeisterung in die normalen Arbeitsabläufe zu integrieren.

Die Gestaltung von Strategie-Workshops muss dem Zweck entsprechen, den sie erfüllen sollen. Der wahrgenommene Erfolg steht in direktem Zusammenhang mit der Formulierung klarer Ziele.[55] Manager der oberen Führungsebene sollten vorher sorgfältig definieren, welche Ziele sie in einem Workshop oder einer Reihe von Workshops erreichen wollen, und diese genau darauf abstimmen. Manager, die Workshops gestalten müssen, welche bestehende strategische Ansichten infrage stellen sollen, sollten folgende Punkte beachten:

53 Für eine neue Umfrage zu Strategie-Workshops in der Praxis siehe G. Hodgkinson, R. Whittington, G. Johnson und M. Schwarz, „The role of strategy workshops in strategy development processes: Formality, communication, coordination and inclusion“, *Long Range Planning*, Bd. 30 (2006), S. 479–496.

54 C. Bowman, „Strategy workshops and top-team commitment to strategic change“, *Journal of Managerial Psychology*, Bd. 10, Nr. 8 (1995), S. 4–12; B. Frisch und L. Chandler, „Off-sites that work“, *Harvard Business Review*, Bd. 84, Nr. 6 (2006), S. 117–126.

55 G. Hodgkinson, R. Whittington, G. Johnson und M. Schwarz, „The role of strategy workshops in strategy development processes: Formality, communication, coordination and inclusion“, Long Range Planning, Bd. 30 (2006), S. 479–496.

- *Bestehen auf der richtigen Vorbereitung.* Workshops sind meist zu kurz, um viel Zeit für eingehende Analysen zu gewähren. Außerdem kann es schwierig und zeitaufwändig sein, die entsprechenden Informationen bereit zu stellen. Daher kann es sehr hilfreich sein, darauf zu bestehen, dass die Teilnehmer wichtige Themen, Analysen oder Informationen für den Workshop vorbereiten, und diese dann vor Ort kurz präsentieren, sodass sie als Input für eine anschließende Diskussion dienen können. Diese kann sich dann auf konkrete Fakten stützen; auch können unangenehme Informationen nicht so leicht ignoriert werden.
- *Beteiligung von Führungskräften außerhalb des obersten Führungsteams.* Es kann auch nützlich sein, unternehmensexterne Führungskräfte zum Workshop einzuladen, die eine objektive Perspektive mitbringen. Alternativ können auch Manager der mittleren Führungsebene hinzugezogen werden, denn sie kennen die Themen der täglichen Betriebsabläufe am besten und ihre Teilnahme kann sich positiv auf ihre Karriereentwicklung und die Managementnachfolge auswirken.
- *Beteiligung externer Berater als Moderatoren.* Zieht man Berater als Leiter und Moderatoren eines Workshops hinzu, so können sich die beteiligten Manager besser auf die eigentliche Diskussion konzentrieren, diese bleibt bei den wichtigen strategischen Themen und die Beiträge aller Teilnehmer werden gleichermaßen berücksichtigt. Ein Berater kann auch in der Lage sein, den Workshop mit zu gestalten und kurze Simulationsübungen oder Analysen anzubieten. Auch im Nachhinein kann ein Berater bei der Umsetzung der Ergebnisse helfen. Solche Berater müssen aber erfahren, einfühlsam und nicht zu dominant sein.
- *Aufbrechen organisationaler Routinen.* Ein außergewöhnlicher Veranstaltungsort für einen Workshop außerhalb der Bürogebäude kann dafür sorgen, dass die Teilnehmer sich von den alltäglichen Belangen ihrer Arbeitsroutine lösen, denn er ist Symbol dafür, dass dieser Workshop nicht den normalen Normen und Hierarchien der Organisation unterworfen ist. Klare Regeln, die den Gebrauch von mobilen Kommunikationsmitteln einschränken, können wichtig sein, um eine Ablenkung durch organisationale Belange zu minimieren. Spielerische Übungen am Anfang – sogenannte Ice Breaker – können Kreativität freisetzen und eine Atmosphäre schaffen, die Gewöhnliches infrage stellt.[56]

Beispiel 15.3

Strategie-Workshops bei ESB Power Generation

Strategie-Workshops können vielerlei Zwecke erfüllen, die alle mit Strategieentwicklung und strategischem Wandel in Zusammenhang stehen.

Der Geschäftsführer von ESB Power Generation, zuständig für den Betrieb von Kraftwerken in Irland, machte sich Sorgen, dass bevorstehende Deregulierungen und eine mögliche Privatisierung in der Zukunft bedeuten würden, dass sich sein Unternehmen in Zukunft stark verändern müsse. Man würde Markanteil und auch Kosten radikal senken müssen, und zum ersten Mal in seiner Geschichte überhaupt bekäme es das Unternehmen mit direkter Konkurrenz zu tun. Eine

56 L. Heracleous und C. Jacobs, „The serious business of play“, *MIT Quarterly*, Herbst 2005, S. 19–20.

gründliche Untersuchung der zukünftigen Strategie der Organisation war notwendig, und er entschloss sich, zu diesem Zweck eine Reihe von Strategie-Workshops abzuhalten, an denen Mitglieder verschiedener organisationaler Ebene beteiligt werden sollten.

Top Team-Workshop

Der Prozess begann mit einem zweitätigen Top Team-Workshop, in dem es um eine Reihe von Fragen ging:

- Welche wichtigen makroökonomischen Kräfte werden die Organisation in den nächsten fünf Jahren am meisten beeinflussen? Zum einen ist da die Deregulierung, doch sie könnte unterschiedliche Formen annehmen. Auch neue Technologien und Rohstoffkosten wurden als Unbekannte genannt, die einen zentralen Einfluss auf die Organisation haben könnten.
- Wie könnte die Konkurrenz in Zukunft aussehen? Konkurrenten kämen höchstwahrscheinlich nicht aus dem lokalen Umfeld, sondern eher in Form anderer Energielieferanten aus Ländern der Europäischen Union.
- Welche möglichen Zukunftsszenarien ergeben sich daraus?
- Über welche Wettbewerbsvorteile könnte die Organisation neuen Konkurrenten gegenüber verfügen, und auf welche strategischen Fähigkeiten gründen sich diese? Angesichts der verschiedenen Arten von Kraftwerken, die ESB in Irland betrieb, war ein möglicher Vorteil sicherlich die Flexibilität des Angebots auf dem Markt verglichen mit möglichen Konkurrenten.
- Welche strategischen Optionen standen für einen Wettbewerb in einem deregulierten Umfeld zur Verfügung? Gleichgültig welches Szenario sich nun bewahrheiten würde, die Strategie der Organisation würde in jedem Fall drastisch verändert werden müssen. Man musste sich immer auf die Differenzierungsvorteile und deren weiterer Entwicklung konzentrieren.

Workshops mit Managern der mittleren Führungsebene

Die nächste Workshop-Ebene dehnte die Diskussion auf die Manager aus, die direkt dem Top Team unterstanden. Außerdem wurden Spezialisten aus anderen Funktionen eingeladen. Diese prüften die Ausführungen des Top Teams, wobei sie den gleichen Diskussionsprozess durchliefen, um zu prüfen, ob sie zu ähnlichen Ergebnissen kommen würden. Der Geschäftsführer bestätigte, dass es ihm dabei auch darum ging, sicherzustellen, dass alle Teilnehmer wahrnahmen, dass ein Wandel notwendig war und dass sie einen solchen auch unterstützen würden, auch wenn dies eine radikal neue Strategie bedeuten würde.

Zwei solche Workshops wurden abgehalten, und tatsächlich wurde die Strategie des Top Teams bestätigt. Außerdem wurde erarbeitet, was eine Strategie, die auf Flexibilität aufbaute, für die operativen Prioritäten der verschiedenen Unternehmensfunktionen bedeuten würde.

Beteiligung der gesamten Organisation an der Planung des Wandels

Nun sah man sich dem Problem eines notwendigen strategischen Wandels gegenüber. Um ein öffentliches Versorgungsunternehmen in ein wettbewerbsfähiges differenziertes Unternehmen zu verwandeln, das auf Flexibilität baute, musste die gesamte Organisation von oben bis unten verändert werden. Diese Veränderungen sollten erneut in Workshops erarbeitet werden, die sich besonders mit dem notwendigen kulturellen Wandel auseinandersetzen sollten. Damit wollte man bezwecken, dass nicht nur die physischen Ressourcen zur Verfügung standen, um die nötige Flexibilität zu erreichen, sondern dass auch die Mitarbeiter und deren Umgang miteinander und mit Kunden diese Flexibilität ausstrahlten. Dazu wurden verschiedene Workshops für die oberste Führungsebene bis hin zu den Leitern der Produktionseinheiten abgehalten, um allen zu vermitteln, was eine Kultur der Flexibilität bedeutete, welche Veränderung genau erforderlich waren und welche Handlungen Priorität hatten.

Kontrollfragen

1. Welche Analyseinstrumente könnten in den verschiedenen Workshops zum Einsatz gekommen sein?
2. Wenn Sie ein Berater wären, der diese Workshops moderiert, welche Probleme würden Sie für die Workshops auf den verschiedenen Ebenen jeweils vorhersehen?
3. Welche Vor- und/oder Nachteile könnten solche Workshops im Vergleich zu anderen Ansätzen zur Strategieentwicklung für eine solche Organisation haben?

Manager, die Workshops gestalten wollen, die sich verstärkt an den nachfolgenden Handlungen orientieren, sollten folgende Punkte beachten:

- *Formulierung einer Aktionsliste, der alle Teilnehmer zustimmen.* Am Ende des Workshops sollte viel Zeit für die Überprüfung der erzielten Ergebnisse und die Vereinbarung nötiger nachfolgender Handlungsschritte reserviert werden.
- *Zusammenstellung von Projektgruppen.* Workshops können auf der Kohäsion bestimmter Themengruppen aufbauen, indem mehrere Manager beauftragt werden, gemeinsam daran zu arbeiten und über ihre Arbeit entweder in einem Meeting mit der obersten Führungsebene oder in nachfolgenden Workshops zu berichten.
- *Information über beschlossene Aktionen.* Informiert man möglichst viele Mitarbeiter der Organisation über beschlossene Aktionen, so erhöht dies das Engagement und die Bereitschaft der Workshop-Mitglieder, diese Aktionen auch tatsächlich durchzuführen. Außerdem werden Ängste und Neugier derjenigen abgebaut, die nicht am Workshop beteiligt waren.
- *Sichtbares Engagement des Top Managements.* Der Vorstandsvorsitzende oder andere Mitglieder der obersten Führungsriege müssen während des Workshops und auch danach durch Worte und Taten signalisieren, dass sie voll und ganz hinter diesen Prozessen stehen. Mitglieder der obersten Führungsebene müssen immer

anwesend sein und dürfen sich nicht von Belangen außerhalb des Workshops ablenken lassen. Sie müssen alle Teilnehmer unterstützen und bei den beschlossenen Aktionen eine klare Führungsposition übernehmen.

Natürlich gibt es auch für Strategie-Workshops keine eindeutige Erfolgsformel. Meist bringen sie einflussreiche Menschen zusammen, die Themen diskutieren, die ihnen persönlich sehr am Herzen liegen. Hält man einen Workshop aber an einem Ort weitab vom Büro in absichtlich ungezwungener Atmosphäre ab, so bedeutet dies noch lange nicht, dass die Politik der Organisation ganz und gar außen vor bleibt.[57]

15.4.2 Strategieprojekte

Sowohl die Entwicklung als auch die Umsetzung einer Strategie findet oft in Form eines Projekts oder einer Task Force statt.[58] In **Strategieprojekten** werden Mitarbeiterteams angewiesen, über einen bestimmten Zeitraum hinweg an den besonderen Aspekten einer Strategie zu arbeiten. Solche Projekte können zur Aufdeckung von Problemen oder Chancen als Teil des strategischen Prozesses definiert werden. So können sie zum Beispiel die Aufgabe haben, neue Chancen auf internationalen Märkten zu erkunden. Sie können aber auch der Umsetzung einzelner beschlossener Elemente einer Strategie dienen, etwa der organisationalen Umstrukturierung oder der Verhandlung über ein Joint Venture. Die Umsetzung eines Strategieplans oder eines Workshops in eine Reihe konkreter Projekte ist eine gute Möglichkeit, um sicherzugehen, dass Intentionen tatsächlich in die Tat umgesetzt werden. Solche Projekte können auch von einer größeren Managergruppe bearbeitet werden.

Strategieprojekte

In Strategieprojekten werden Mitarbeiterteams angewiesen, über einen bestimmten Zeitraum hinweg an den besonderen Aspekten einer Strategie zu arbeiten.

Das Management von Strategieprojekten sollte sich nicht vom Management anderer Projekte unterscheiden. Das bedeutet insbesondere[59]:

- *Ein klarer Auftrag.* Alle Beteiligten sollten sich über die Ziele des Projekts einig sein, die ein sorgfältiges Management brauchen. Diese Ziele sind der Maßstab für den Erfolg des Projekts. In vielen Fällen besteht das Risiko, dass im Projektverlauf immer wieder neue Ziele hinzugefügt werden (schleichende Änderung des Projektziels).
- *Engagement des Top Managements.* Das Engagement des Top Managements muss lang anhaltend und gleichbleibend hoch sein. Da sich die Zeit- und Aufgabenpläne des Top Managements häufig ändern, sollte eine regelmäßige Kommunikation erfolgen.

---

57 Für eine Diskussion über gescheiterte Strategieworkshops aus verschiedenen Perspektiven siehe G. Hodgkinson und G. Wright, „Confronting strategic inertia in a top management team: Learning from failure“, *Organization Studies*, Bd. 23, Nr. 6 (2002), S. 949–978; sowie R. Whittington, „Completing the practice turn in strategy research“, *Organization Studies*, Bd. 27, Nr. 5 (2006), S. 613–634.

58 P. Morris und A. Jamieson, „Moving from corporate strategy to project strategy“, *Project Management Journal*, Bd. 36, Nr. 4 (2005), S. 5–18. Eine vergleichende Studie verschiedener Teams zur Entwicklung von Strategieprojekten ist zu finden bei F. Blackler, N. Crump und S. McDonald, „Organizing processes in complex activity networks“, *Organization*, Bd. 72, Nr. 2 (2000), S. 277–300. Siehe auch S. Paroutis und A. Pettigrew, „Strategizing in the multi-business firm: Strategy teams at multiple levels and over time“, *Human Relations*, Bd. 60, Nr. 1 (2007), S. 99–135.

59 *H. Sirkin, P. Keenan und A. Jackson, „The hard side of change management“, Harvard Business Review, Oktober 2005, S. 109–118; J. Kenny, „Effective project management for strategic innovation and change in an organizational context“, Project Management Journal, Bd. 34, Nr. 1 (2003), S. 43–53.*

- *Meilensteine und Überprüfungen.* Von Anfang an sollten für das Projekt klare Meilensteine feststehen, die einem abgestimmten Zeitplan folgend als Zwischenziele erreicht werden. Dadurch wird es möglich, den Verlauf des Projekts zu überprüfen und falls nötig, Änderungen vorzunehmen. Auch der Erfolg des Projekts wird anhand dieser Zwischenziele ersichtlich.
- *Geeignete Ressourcen.* Die wichtigste Ressource sind in der Regel die Mitarbeiter. Es muss die richtige Mischung an Fähigkeiten vorhanden sein, darunter auch Fähigkeiten des Projektmanagements. Außerdem sollte von Anfang an darauf geachtet werden, dass die Projektbeteiligten zu einem Team zusammenwachsen. Solche Strategieprojekte sind für die beteiligten Manager oft nur Teilzeitaufgaben; sie müssen auch weiterhin ihre täglichen Aufgaben erledigen. Es ist also wichtig, dass diese Manager die richtige Balance finden für beide Aufgabenbereiche. Denn ihre tägliche Arbeit kann häufig die Überhand gewinnen, sodass ihnen nicht mehr genug Zeit für die Projektarbeit bleibt.

Strategieprojekte sind oft im Rahmen von *Programmen* oder *Portfolios* organisiert. Ein Programm besteht aus mehreren Projekten, die sich mit Themen und Problemen befassen, die alle etwas miteinander zu tun haben wie etwa eine Reihe von Projekten, die alle unterschiedliche Wachstumschancen ausleuchten. Das Portfolio enthält alle Projekte des Unternehmens und setzt sich vielleicht aus mehreren Projektprogrammen zusammen. Es ist wichtig, dass sowohl Programme als auch Portfolios klare Führungs-, Berichts- und Überprüfungssysteme besitzen, denn sonst können einzelne Projekte leicht miteinander in Konkurrenz geraten. Programmmanager müssen besonders auf Themenüberlappungen und Redundanzen achten und dementsprechend Projekte zusammenführen oder beenden, die aufgrund sich verändernder Umstände keinen eigenen Zweck mehr verfolgen. Auch die oberste Führungsebene sollte einen klaren und genauen Überblick über das gesamte Portfolio besitzen und ebenso in er Lage sein, Projekte oder sogar ganze Programme zu verschmelzen und zu beenden, um eine „Initiativenmüdigkeit“ zu vermeiden, die sich oft einstellt, wenn zu viele Projekte gestartet werden.

15.4.3 Hypothesentests

Hypothesentest

Der Hypothesentest ist eine Methodik bei Strategieprojekten, die insbesondere zur Bestimmung von Prioritäten bei der Untersuchung strategischer Themen und Optionen angewendet wird.

Strategieprojektteams stehen gewöhnlich unter dem Druck, in kurzer Zeit Lösungen für sehr komplexe Probleme liefern zu müssen. Der **Hypothesentest** ist eine effektive Methode, um die Ausrichtung eines Projekts zu bestimmen und wird von Strategieberatungsfirmen und Mitgliedern von Strategieprojektteams häufig angewendet.

Der Hypothesentest auf dem Gebiet der Strategie ist dem Hypothesentest im wissenschaftlichen Bereich nachempfunden.[60] Man beginnt mit der Festlegung und Beschreibung des Ist-Zustands *(die deskriptive Hypothese)* und versucht dann, diesen Ist-Zustand mithilfe realer Daten zu überprüfen. So könnte eine deskriptive Hypothese aus dem Bereich der Strategie lauten, dass ein großes Produktionsvolumen in einer bestimmten Branche eine zentrale Voraussetzung für Rentabilität ist. Um diese Hypothese zu testen, könnte ein Projektteam zunächst Daten über die Größe der Organisation sammeln und diese dann mit der Rentabilität der Organisation in Korrelation setzen. Eine Bestätigung dieser ursprünglichen beschreibenden Hypothese (dass kleine

60 Dieser Abschnitt basiert auf E. Rasiel und P.N. Friga, *The McKinsey* Mind, McGraw-Hill, 2001; H. Courtney, *20/20 Foresight: Crafting Strategy in an Uncertain World*, Harvard Business School Press, 2001, sowie auf unveröffentlichtem Material von J. Liedtka, University of Virginia.

Organisationen relativ unrentabel arbeiten) würde dann zur Formulierung mehrerer *präskriptiver Hypothesen* führen, die Aussagen darüber treffen, wie eine bestimmte Organisation vorgehen sollte. Für ein kleines Unternehmen der Branche würden sich diese Hypothesen hauptsächlich darauf beziehen, ihr Produktionsvolumen zu steigern. Eine solche Hypothese könnte beispielsweise besagen, dass sich ein größeres Produktionsvolumen gut durch Übernahmen erreichen ließe; eine weitere Hypothese könnte sein, dass dies durch Allianzen erreicht werden kann. Diese präskriptiven Hypothesen könnten dann durch weitere konkrete Daten überprüft werden.

Bei dieser Form des Hypothesentests geht es letztendlich darum, praktische Prioritäten für die strategische Arbeit zu setzen. Sie unterscheiden sich also durchaus von der strikt wissenschaftlichen Durchführung eines Hypothesentests (siehe Beispiel 15.4). Ziel ist es, die Aufmerksamkeit des Managements auf eine sehr begrenzte Auswahl vielversprechender Hypothesen zu konzentrieren, um nicht die Gesamtheit aller Möglichkeiten berücksichtigen zu müssen. Daten werden gesammelt, um bevorzugte Hypothesen zu stützen, während in der Wissenschaft das Ziel formal darin besteht, zu versuchen, eine Hypothese zu widerlegen. Führt ein Unternehmen einen Hypothesentest durch, so möchte es im Rahmen begrenzter Zeit und Ressourcen eine tragfähige und zufriedenstellende Lösung für ein Problem finden und nicht den wissenschaftlichen Beweis für eine Tatsache erbringen. Die Auswahl der richtigen Hypothesen kann durch das sogenannte Quick-and-Dirty-Testing (QDT) erleichtert und beschleunigt werden. Diese Tests bauen auf der vorhandenen Erfahrung der Teammitglieder sowie auf leicht zugänglichen Daten auf, um aussichtslose Hypothesen schnell ablehnen zu können, ohne dass zu viel Zeit darauf verschwendet werden muss.

Beispiel 15.4 Hypothesentests in einer Bank

Diese Beschreibung eines Beratungsauftrags bei einer großen diversifizierten Bank zeigt, wie Hypothesentests ein Strategieprojekt beeinflussen können.

1. Definition des Problems/der Frage

Die erste Aufgabe der Berater besteht darin, das bestehende Problem zu definieren. Wie so oft handelt es sich dabei auch hier um eine Lücke zwischen dem, was der Kunde (die Bank) möchte, nämlich ein bestimmtes Maß an Rentabilität für ein bestimmtes Produkt, und dem, was der Kunde tatsächlich vorzuweisen hat, nämlich eine rückläufige Rentabilität. Kurz gesagt besteht das von dem Beratern definierte Problem darin, dass die Rentabilität der Bank für dieses Produkt unterhalb der Zielvorgabe liegt.

2. Entwicklung einer Reihe konkurrierender deskriptiver Hypothesen bezüglich der Ursachen des Problems

Die Berater sammeln einige vorläufige Daten und beziehen auch ihre eigenen Erfahrungen mit ein, um daraus einige mögliche deskriptive Hypothesen über die Ursachen für das Problem zu formulieren. So wissen sie, dass einige große nationale Konkurrenten diese Art Produkt bereits aus ihrem Angebot nehmen, dass die Rentabilität dieses Produkts von Anbieter zu Anbieter extrem variiert, und dass einige spezialisierte Neueinsteiger sich einen erheblichen Marktanteil sichern konnten. Es zeichnen sich drei mögliche Hypothesen ab: Dass die Branchenstruktur grundsätzlich unattraktiv ist; dass der Bank die richtigen strategischen Fähigkeiten fehlen; und dass die Bank das falsche Kundensegment anspricht. Mittels Quick-and-Dirty-Testing können die Berater die ersten beiden Hypothesen ausklammern, denn schließlich gibt es Anbieter, die mit dem Produkt durchaus Gewinne erzielen und auch die Bank verfügt aufgrund langjähriger Erfahrung mit diesem Produkt über die entsprechenden relevanten Fähigkeiten. Demnach lautet die ursprüngliche deskriptive Hypothese, dass die Bank ein unrentables Kundensegment anspricht.

3. Überprüfung der ursprünglichen deskriptiven Hypothese

Im nächsten Schritt entwerfen die Berater eine Studie, um die benötigten Daten zu sammeln und um diese Hypothese zu stützen. Sie führen eine Marktsegmentanalyse nach Kundengruppen durch, indem sie Interviews mit Kunden verschiedener Einkommensgruppen und aus verschiedenen Regionen durchführen. Sie analysieren, welche Dienstleistungen die verschiedenen Segmente einfordern, sowie die Gebühren, die sie bereit wären, dafür zu bezahlen. Die Berater kommen zu dem Ergebnis, dass die gesammelten Daten ihre Anfangshypothese bestätigen: Die Filialen der Bank befinden sich hauptsächlich an Standorten, die wohlhabende Kunden, die für diese Art Produkt mehr bezahlen würden, nicht frequentieren. (Wäre es den Beratern nicht möglich gewesen, ihre Hypothese zu bestätigen, hätten sie sich erneut den anderen beiden Hypothesen aus Schritt 2 zugewandt.)

4. Entwicklung einer präskriptiven Hypothese

Die Berater entwickeln daraufhin präskriptive Hypothesen bezüglich notwendiger Handlungsschritte, um rentabler Kundensegmente zu gewinnen. Eine dieser Hypothesen lautet, dass eine bessere Standortwahl für die Filialen die Rentabilität steigern wird. Die Berater führen Datensammlung und -analyse durch, um diese Hypothese zu stützen, und vergleichen beispielsweise die Rentabilität verschiedener Filialen an unterschiedlichen Standorten. Sie finden heraus, dass die wenigen Filialen, die sich zufällig am richtigen Ort befinden, bei diesem Produkt tatsächlich eine höhere Rentabilität aufweisen.

5. Empfehlungen an den Kunden

Die Berater arbeiten eine Reihe vorläufiger Empfehlungen aus, die auf der genannten deskriptiven Hypothese und den verifizierten präskriptiven Hypothesen basieren. Eine dieser Empfehlungen lautet, dass die Standorte der Filialen verändert werden müssen. Die Empfehlungen werden in Absprache mit wichtigen Managern der Bank auf Tauglichkeit und Machbarkeit geprüft und deren Feedback wird entsprechend angepasst. Abschließend präsentieren die Berater ihre endgültigen Empfehlungen.

Quelle: Jeanne Liedtka, Darden School of Management, University of Virginia.

Kontrollfragen

1. Wählen Sie ein wichtiges strategisches Problem einer Organisation aus, mit der Sie vertraut sind (oder eine Organisation, über deren Probleme in der Presse berichtet wird, oder eine entsprechende Fallstudie). Versuchen Sie, einige deskriptive Hypothesen zu erarbeiten, die sich mit diesem Problem befassen. Legen Sie dann mithilfe von Quick-and-Dirty-Testing eine ursprüngliche deskriptive Hypothese fest.
2. Welche Daten sollten Sie sammeln, um diese deskriptive Hypothese zu bestätigen und wie würden Sie dabei vorgehen? Sollte die deskriptive Hypothese bestätigt werden, welche mögliche präskriptive Hypothese würde sich daraus ergeben?

15.4.4 Geschäftspläne und strategische Pläne

Handlungsschritte zur Strategiebestimmung wie Workshops oder Projekte sind meist darauf ausgerichtet, als Ergebnis einen *Geschäftsplan* oder einen *strategischen Plan* zu liefern. Behält man dieses finale Ziel vor Augen, so ergibt sich automatisch eine Struktur für die strategische Arbeit: Das gewünschte Endergebnis bestimmt die vorzunehmenden Handlungen. Ein **Geschäftsplan** bezieht sich meist auf einen bestimmten Vorschlag, z.B. eine Investition in neue Maschinen. Ein **strategischer Plan** dagegen ist umfassender und berücksichtigt die strategische Ausrichtung der gesamten Organisation über einen längeren Zeitraum hinweg, z.B. drei Jahre oder mehr (siehe *Kapitel 11*). Viele Organisationen verfügen über Standardvorlagen für Geschäftspläne oder strategische Pläne, die im konkreten Fall auch immer verwendet werden sollten. Existieren solche Vorlagen nicht, lohnt es sich, erfolgreiche Geschäftspläne oder strategische Pläne aus der jüngsten Vergangenheit der Organisation genau zu betrachten und daraus Anleihen zu nehmen. Es ist wichtig, dass der Geschäftsplan oder der strategische Plan in Bezug auf Stil, Form und Inhalt der Organisationskultur entspricht.

Geschäftsplan
Ein Geschäftsplan liefert Daten und Argumente für eine bestimmte strategische Initiative, etwa die Investition in neue Ausrüstung.

Strategischer Plan
Ein strategischer Plan liefert die Daten und Argumente für eine bestimmte, für einen längeren Zeitraum fomulierte Strategie für die gesamte Organisation.

Ein Projektteam, das einen Geschäftsplan ausarbeiten möchte, muss folgende Kriterien erfüllen[61]:

61 J. Walker, „Is your business case compelling?“, *Human Resource Planning*, Bd. 25, Nr. 1 (2002), S. 12–15; M. Pratt, „Seven steps to a business case“, *Computer World*, 10. Oktober 2005, S. 35–36.

- *Konzentration auf strategische Anforderungen.* Das Team sollte die Gesamtstrategie der Organisation identifizieren und seinen Geschäftsplan genau darauf abstimmen. Dabei dürfen nicht nur die Belange einer bestimmten Abteilung berücksichtigt werden. Ein Geschäftsplan darf nicht den Eindruck vermitteln, lediglich ein Projekt der Personal- oder IT-Abteilung zu sein. Er sollte sich auf einige wenige zentrale Punkte beschränken, wobei die Prioritäten meist klar bei den Themen liegen, die sowohl strategisch wichtig als auch relativ leicht anzugehen sind.
- *Gestützt von wichtigen Daten.* Das Team muss geeignete Daten sammeln, wobei Finanzzahlen, die den gewünschten Ertrag einer Investition belegen, in der Regel am wichtigsten sind. Doch auch qualitative Daten dürfen nicht vernachlässigt werden – so etwa treffende Zitate aus Interviews mit Mitarbeitern oder wichtigen Kunden oder neuere Beispiele für Erfolge oder Misserfolge der Organisation oder der Konkurrenz. Einige strategische Vorteile lassen sich allerdings einfach nicht quantifizieren, sind aber dennoch von zentraler Bedeutung: Informationen über Handlungsschritte der Konkurrenz können hier sehr wichtig sein. Das Team sollte immer auch Hintergrundinformationen liefern, die den Einsatz und das Ausmaß der Nachforschungen belegen, um die vorliegenden Daten zu sammeln.
- *Praktische Lösungen und Handlungsvorschläge.* Wie oben bereits erwähnt, erhalten Themen, die sich mit der Lösung von Problemen befassen, häufig die meiste Aufmerksamkeit. Das Team sollte ausführlich darauf eingehen, wie Vorschläge umgesetzt werden können und wer für die Umsetzung verantwortlich ist. Mögliche Barrieren sollten klar aufgezeigt werden. Auch sollten alternative Szenarien erkannt werden, besonders eventuelle Risiken bei Misserfolgen. Die Machbarkeit ist hier ein zentraler Punkt.
- *Vorgabe klarer Maßstäbe für den Fortschritt.* Möchte man eine umfangreiche Investition über einen längeren Zeitraum hinweg vornehmen, so wirkt es immer beruhigend, wenn klare Maßstäbe zur Überwachung eines regelmäßigen Fortschritts angeboten werden. Auch Überprüfungsmechanismen erhöhen die Glaubwürdigkeit eines Geschäftsplans.

Beispiel 15.5

Ein Geschäftsplan für die Universitätsbibliothek von Notre Dame

Eine Universitätsbibliothek bewertet ihren Strategieplanungsprozess

Als die Universität von Notre Dame in Indiana, USA, beschloss, eine campusweite Initiative zur strategischen Planung durchzuführen, startete die Universitätsbibliothek eine eigene strategische Initiative zur Überprüfung ihrer Planungsprozesse. Zu diesem Zweck stellte der Direktor der Bibliothek eine Arbeitsgruppe bestehend aus vier Mitgliedern zusammen, die zehn Wochen lang (zusätzlich zu ihren normalen Pflichten) zusammenarbeiten sollten, um die bestehenden Planungssysteme der Bibliothek zu beurteilen, die als eher schwach eingeschätzt wurden. Basierend auf dieser Beurteilung würde dann die Bibliothek ihre eigenen Übungen zur strategischen Planung durchführen.

Die Arbeitsgruppe setzte sich aus folgenden Mitgliedern zusammen: Der leitende Assistent des Direktors, der 15 Jahre Berufserfahrung in der Bibliothek mitbrachte, der Budgetverantwortliche der Bibliothek, der Bibliothekar aus dem Bereich Betriebswirtschaft, der zu dieser Zeit ein MBA-Studium absolvierte, sowie der Leiter der Arbeitsgruppe, ein Bibliothekar mit dem Fachgebiet Mathematik, der vor seiner Anstellung bei der Bibliothek bei einer Unternehmensberatung gearbeitet hatte. Schnell legte die Arbeitsgruppe vier Arbeitsphasen fest:

- Ablauf und operative Definition von Planung.
- Festlegung eines geeigneten Planungsrahmens für die Bibliothek und deren bestehende Materialien.
- Beurteilung der bestehenden Materialien angesichts dieses Rahmens und Bewertung der Gesamtkohärenz.
- Empfehlung eines Planungsprozesses für die Zukunft.

Durch die Suche in betriebswirtschaftlicher Literatur und professionellen Ressourcen konnte die Arbeitsgruppe bald eine operative Definition des Begriffs strategische Planung festlegen. Dann wurden einige veröffentlichte Rahmenwerke für Planungsprozesse untersucht, von denen schließlich fünf systematisch auf einer Tafel direkt miteinander verglichen wurden. Nach diesem Vergleich einigte man sich auf eines dieser Rahmenwerke und versuchte nicht, eine eigene maßgeschneiderte Variante zu entwerfen. Anschließend durchsuchte die Arbeitsgruppe das eigene Material der Bibliothek nach relevantem Stoff zum Thema Planung, angefangen von Vorträgen des Direktors bis hin zu formalen Aussagen zu Vision und Leitbild der Bibliothek.

Als die Arbeitsgruppe das gefundene Material mit dem ausgewählten Planungsrahmen verglich, zeigten sich große Lücken. So fehlte beispielsweise jegliche explizite Aussage zum strategischen Planungsprozess der Bibliothek oder jegliche Aussage, die als strategischer Gesamtplan gewertet werden konnte. Bei der Bewertung dieses Materials fand die Arbeitsgruppe heraus, dass sich einzelne Veröffentlichungen oft widersprachen und dass eine konkrete Umsetzung häufig nicht stattgefunden hatte. Schließlich empfahl die Gruppe der Bibliothek, einen völlig neuen strategischen Plan aufzustellen, zu dem alle Mitarbeiter der Bibliothek beitragen sollten.

Der letzte Arbeitsschritt der Gruppe bestand darin, ihre Ergebnisse und Empfehlungen der Bibliotheksleitung zu präsentieren. Der Leiter der Arbeitsgruppe beschreibt, was bei dieser Präsentation gut lief und was weniger gut:

> *Wir führten sie in einer einstündigen Sitzung durch unsere vier Arbeitsschritte. Wir konnten … den Begriff der strategischen Planung gut erklären und auch das Rahmenwerk für die strategische Planung gut beschreiben. Wir hätten uns aber mehr Zeit für die Erklärung der Definitionen nehmen sollen … daraus ergeben sich immer wieder Schwierigkeiten. Wer kann schon den genauen Unterschied zwischen einem Leitbild und einer Vision erklären? Trotzdem konnten wir unsere Schlussfolgerungen und Empfehlungen überzeugend präsentieren, und einige unserer Zuhörer zeigten sich sogar begeistert bereit, einen gründlichen strategischen Planungsprozess in Angriff zu nehmen.*

Innerhalb eines Jahres hatte der Direktor der Bibliothek einen strategischen Plan entwickelt, der auch von der Universitätsleitung unterstützt wurde.

Quelle: J. Ladwig, „Assess the state of your strategic plan“, Library Administration and Management, Bd. 19, Nr. 2 (2005), S. 90–93.

Kontrollfragen

1. Über welche zentralen Stärken verfügten die Arbeitsgruppe und auch der Prozess, den sie in Angriff nahmen?
2. Welche Probleme hätte es geben können?

Viele spezifische Bewertungstechniken im Rahmen eines Geschäftsplans werden in *Kapitel 10* erklärt.

Was Ausrichtung, Daten, Handlungsschritte und auch Maßstäbe für den Fortschritt angeht, so haben auch strategische Pläne ähnliche Eigenschaften. Sie sind allerdings umfangreicher und können für Start Ups, für Geschäftseinheiten innerhalb einer großen Organisation sowie für gesamte Organisationen eingesetzt werden (siehe auch Beispiel 15.5). Auch hier kann das Format variieren, und die gewählte Variante muss unbedingt der Organisationskultur entsprechen. Ein typischer strategischer Plan hat jedoch in den meisten Fällen folgende Bestandteile, die den Arbeitsplan des Strategieteams bestimmen sollten[62]:

- *Aussagen über Leitbild, Mission und Ziele.* Dies sind die bestimmenden Faktoren der Strategie und wichtige Ausgangspunkte des gesamten Prozesses. Obwohl dies die theoretischen Ausgangspunkte sind, wird ein Strategieteam im Laufe seines Arbeitsprozesses häufig darauf zurückkommen, wenn es um andere Aspekte des strategischen Plans geht. Es lohnt sich außerdem, frühere Aussagen der Organisation zu diesen Themen zu vergleichen, um Übereinstimmung sicherzustellen, siehe besonders *Kapitel 4*.
- *Analyse des Umfelds.* Diese sollte das gesamte Umfeld abdecken und sowohl Makrotrends als auch spezifischere Themen bezüglich Kunden, Zulieferern oder Konkurrenten mit einschließen. Außerdem sollte es das Team nicht mit der Analyse allein bewenden lassen, sondern klare strategische Implikationen daraus ableiten, siehe *Kapitel 2*.
- *Analyse der Organisation.* Diese sollte die Stärken und Schwächen der Organisation behandeln und auch deren Produkte im Vergleich zur Konkurrenz betrachten. Außerdem sollte eine klare Aussage zum Thema Wettbewerbsvorteil enthalten sein. Um Voreingenommenheiten zu vermeiden und die Glaubwürdigkeit zu erhöhen, kann das Team Aussagen von Kunden über die Stärken und Schwächen der Organisation einholen, siehe *Kapitel 3*.
- *Vorgeschlagene Strategie.* Diese sollte sich klar auf die oben genannten Analysen von Umfeld und Organisation beziehen und auch das Leitbild, die Vision und die Ziele stützen. Das Team sollte einen klaren und realistischen Zeitplan für die Umsetzung vorlegen. Besonders hilfreich sind hier *Kapitel 6* bis *10*.

62 Zwei praktische Bücher über den Entwurf von Geschäftsplänen oder strategischen Plänen sind P. Tiffany und S. Peterson, *Business Plans for Dummies*, IDG Books, 2004; und P. Walcoff, *The Fast- Forward MBA in Business Planning for Growth*, Wiley, 1999.

- *Ressourcen.* Das Team muss eine detaillierte Analyse der erforderlichen Ressourcen erstellen, die auch die Option zum Erwerb dieser Ressourcen enthält. Finanzielle Ressourcen sind hier besonders wichtig, weshalb der Plan Gewinn- und Verlustrechnungen, Kapitalflussrechnungen und Bilanzen des gesamten Planungszeitraums enthalten muss. Andere wichtige Ressourcen sind Mitarbeiter, besonders Manager oder Mitarbeiter mit speziellen Fachkenntnissen, siehe besonders *Kapitel 13*.

Beispiel 15.6 Sind Strategieberater wirklich von Nutzen?

Strategieberater werden sehr häufig am strategischen Prozess beteiligt und bringen meist auch fundierte analytische Fähigkeiten und viel Projekterfahrung mit. Warum wird ihre Rolle dann so kontrovers diskutiert?

Es gibt zahlreiche Bücher, die an Strategieberatern kein gutes Haar lassen. Titel wie *Con Tricks, Dangerous Company* und *Rip Off!* sind nur einige Beispiele. Und es gibt auch einige spektakuläre Misserfolge zu berichten. Wie in *Abschnitt 15.2.4* beschrieben war McKinsey & Co. für viele strategische Fehler von Enron und SwissAir mit verantwortlich.

Meist werden Strategieberatern drei Dinge vorgeworfen: Erstens wird kritisiert, dass sie sich zu sehr auf junges, unerfahrenes Personal verlassen, das frisch aus der Uni kommt und zum Großteil keinerlei Kenntnis oder Verständnis mitbringt, wie Organisationen und deren Märkte wirklich funktionieren. Ein weiterer Vorwurf lautet, sie würden lediglich ihre Empfehlungen abliefern und sich dann verabschieden, ohne sich um die Umsetzung zu kümmern. Drittens gelten Berater als teuer und überbezahlt. Es wird ihnen außerdem nachgesagt, sie wollten immer nur nutzlose Zusatzprojekte verkaufen. So zahlen die Kunden am Ende für mehr Beratung als sie wirklich brauchen; und diese ist zudem zum Großteil unrealistisch und undurchführbar.

Solche Vorwürfe sind möglicherweise unfair. Die meisten großen Unternehmensberatungen sind heute branchenspezifisch organisiert und bauen in bestimmten Bereichen Fachwissen auf. Außerdem werden verstärkt erfahrende Manager aus den jeweiligen Branchen eingestellt. Die meisten Berater ziehen es zudem vor, im Team gemeinsam mit Mitarbeitern ihrer Kunden zu arbeiten, sodass der Kunde bereits an der Generierung der Empfehlungen beteiligt ist, die er später implementieren soll. Einigen Beratungsfirmen wie etwa Bain ist es ganz wichtig, auch an der Implementierung selbst beteiligt zu werden. Und schließlich agieren auch Unternehmensberatungen auf einem Wettbewerbsmarkt, und ihre Kunden sind in der Regel anspruchsvolle Käufer, die sich nicht ohne Weiteres Beratungen andrehen lassen, die sie gar nicht brauchen. Die Tatsache, dass das Umsatzvolumen der Beratungsfirmen in Europa von € 3 Mrd. 1996 auf € 8 Mrd. 2008 angestiegen ist, zeigt deutlich, dass hier rege Nachfrage herrscht.

Außerdem gibt es auch Erfolge zu vermelden. Bain gibt an, die durchschnittlichen Aktienkurse seiner Kunden hätten seit 1980 den Standard & Poors 500-Index der größten US-amerikanischen Unternehmen im Verhältnis vier zu eins übertroffen (*www.bain.com*) Einige erfolgreiche Führungskräfte kamen ursprünglich aus dem Bereich Unternehmensberatung, darunter Lou Gerstner, der IBM die Wende brachte, und Meg Whitman, Firmenchefin von eBay, die ihre Karriere beide als Berater bei McKinsey & Co. begannen. Und eines der weltweit erfolgreichsten Bücher zum Thema Management, *„Das Großunternehmen"*, entstand aus dem Beratungsauftrag den General Motors während des Zweiten Weltkriegs an Peter Drucker vergab.

Aus den Argumenten der Kritiker lassen sich dennoch folgende Hinweise ableiten: Unternehmen sollten in jedem Fall darauf achten, nur Berater mit entsprechend relevantem Branchenhintergrund zu beauftragen, die Analyse sollte immer direkt mit der Implementierung verbunden werden, und natürlich muss man die Kosten für die Beratung immer genau im Auge behalten. James O`Shea und Charles Madigan schließen ihr Buch mit einem provokativen Zitat aus Machiavellis *Der Fürst*: „Dies ist eine unfehlbare Regel: Ein Fürst, der nicht selbst weise ist, kann nicht weise beraten werden. … Ob ein Ratschlag gut ist, hängt von der Klugheit des Fürsten ab, der ihn einholt – und es hängt nicht umgekehrt die Klugheit des Fürsten ab von einem guten Rat."

Quellen: The European Federation of Management Consultancy Associations (www.feaco.org); J. O`Shea und C. Madigan, Dangerous Company: Consulting Powerhouses and the Business they Save and Ruin, Penguin, 1998; C.D. McKenna, The World's Newest Profession: Management Consulting in the Twentieth Century, Cambridge University Press, 2006.

Kontrollfragen

1. Welche Maßnahmen kann ein Strategieberater ergreifen, um einen potenziellen Kunden von seiner Effektivität zu überzeugen?
2. Gibt es Gründe für die Vermutung, dass manche Menschen die Kritik am Geschäftsgebaren der Unternehmensberater gerne übertreiben?

ZUSAMMENFASSUNG

- Die Praxis der Strategie beinhaltet wichtige Entscheidungen der Fragen, wer an der Strategie beteiligt werden soll, welche Aktivitäten gewählt werden, und welche Methoden angewandt werden sollen, um diese Aktivitäten zu steuern.
- Vorstandsvorsitzende, leitende Führungskräfte, unternehmensexterne Führungskräfte, strategische Planer, Strategieberater und Manager der mittleren Führungsebene sind häufig am Strategieprozess beteiligt. Die Beteiligung der Manager mittlerer Führungsebenen kann aufgrund des Paradoxons Zugang zum Vorstand/Implementierungsverantwortung leiden, doch das Ausmaß

- angemessener Beteiligung sollte dennoch von der Art des Problems abhängen.
- Der Strategieprozess beinhaltet Analysen, Platzierung strategischer Themen, Entscheidungsfindung und Kommunikation. Manager dürfen nicht davon ausgehen, dass all diese Aktivitäten völlig rational oder logisch ablaufen und können daher auch ganz bewusst auf die nicht-rationalen Eigenschaften ihrer Mitarbeiter eingehen.
- Praktische Methoden, die den Weg durch den Strategieprozess weisen, sind unter anderem Strategie-Workshops, Strategieprojekte, Hypothesentests und die Formulierung von Geschäftsplänen und strategischen Plänen.

Z U S A M M E N F A S S U N G

Aufgaben

*Kennzeichnet schwierigere Aufgaben.

15.1 Sehen Sie sich im Internet die Einstellungs- oder Karriereseite einer großen Unternehmensberatung an (z.B. *www.bain.com*, *www.bcg.com*, *www.mckinsey.com*). Was sagt ihnen die dort enthaltene Information über die Art strategischer Beratungsarbeit? Würden Sie diese Arbeit gern tun?

15.2 Sehen Sie sich den Internetauftritt einer großen Organisation (privat oder öffentlich) an und beurteilen Sie die Art und Weise, wie diese ihre Strategie der Öffentlichkeit kommuniziert. Beziehen Sie sich auf *Abschnitt 15.3.4* und beurteilen Sie, wie zielgerichtet die Kommunikation ist; wie eindrücklich sie ist; und wie wahrscheinlich es ist, dass sie die Mitarbeiter begeistert.

15.3 Nehmen Sie an, Sie sollten einen Strategie-Workshop gestalten: Wer sollte teilnehmen und welche Rollen sollten die Teilnehmer übernehmen, wenn (a) die Organisation angesichts einer Krise ihre grundlegende Strategie neu überdenken muss; oder (b) die Organisation die Unterstützung für ein langfristiges umfangreiches Programm eines strategischen Wandels erlangen muss?

*15.4 Wählen Sie eine beliebige Fallstudie aus diesem Buch und nehmen Sie an, Sie seien ein Strategieberater. Schlagen Sie eine anfängliche deskriptive Hypothese vor (*Abschnitt 15.4.3*) und definieren Sie, welche Daten Sie für deren Überprüfung brauchen. Wen hätten Sie gern in Ihrem Strategieprojektteam (siehe *Abschnitte 15.2.4* und *15.4.2*)?

*15.5 Besuchen Sie ein Geschäftsplanarchiv (wie etwa das der University of Maryland unter *www.businessplanarchive.org* , oder verwenden Sie Google für Ihre Suche). Wählen Sie einen für Sie interessanten Geschäftsplan aus und bewerten Sie diesen unter Bezugnahme auf *Abschnitt 15.4.4*.

Integrative Aufgabe

15.6 Schreiben Sie einen Geschäftsplan für ein Unternehmen, mit dem Sie vertraut sind, oder für eine der Organisationen aus den Fallstudien. (Zur Vereinfachung sollten Sie ein nicht-diversifiziertes Unternehmen oder eine Geschäftseinheit einer großen Organisation wählen.) Stellen Sie dort, wo Angaben fehlen, angemessene Annahmen auf oder schlagen Sie Möglichkeiten vor, diese Lücken zu schließen. Kommentieren Sie, ob und in welcher Form Sie unterschiedliche Versionen dieses strategischen Plans für (a) Investoren oder (b) Mitarbeiter zur Verfügung stellen würden.

Literaturempfehlungen

- Für eine Übersicht zum Thema der Beteiligung des Top Managements an Strategie siehe P. Stiles und B. Taylor, *Boards at Work: How Directors View their Roles and Responsibilities*, Oxford University Press, 2001. Für eine Übersicht über die Rolle der Manager mittlerer Führungsebenen siehe S. Floyd und B. Wooldridge, *Building Strategy from the Middle*, Sage, 2000.
- Drei Sonderausgaben von wissenschaftlichen Zeitschriften bieten akademische Studien über Strategie in der Praxis: „Micro strategy and strategizing", *Journal of Management Studies*, Bd. 40, Nr. 1 (2003); „Strategizing: The challenges of a practice perspective", *Human Relations*, Bd. 60, Nr. 1 (2007); und „The crafts of strategy", Bd. 41, Nr. 3 (2008), *Long Range Planning*.
- Eine praktische Anleitung zu Strategiemethoden bieten E. Rasiel und P.N. Friga, *The McKinsey Mind*, McGraw-Hill, 2001. Dieses Buch ist von weitaus allgemeinerer Relevanz als diese spezielle Beratungsfirma.
- P. Walcoff, *The Fast-Forward MBA in Business Planning for Growth*, Wiley, 1999, ist eine praktische Anleitung zum Verfassen von Geschäftsplänen oder strategischen Plänen. Es bietet viele Modelle und Vorlagen.

Fallstudie
Beispiel Ray Ozzie, Softwarestratege

In den Jahren 2005 und 2006 übernahm Ray Ozzie beim Computergiganten Microsoft eine immer zentralere strategische Rolle und hatte sich schließlich zum leitenden Softwarearchitekten des Unternehmens entwickelt. Der zentrale Punkt von Ozzies neuer Strategie war es, Microsofts Internetpräsenz zu erhöhen, denn das Unternehmen war in diesem Punkt weit hinter Internet Upstarts wie Google und Yahoo! zurückgefallen. Zur Entwicklung dieser neuen Strategie bedurfte es mehr als nur der Formulierung einer gewagten und anspruchsvollen neuen Vision für Microsoft. Ozzie sah sich, schon was die reinen Praktiken des Strategieprozesses anbetraf, schwierigen Entscheidungen gegenüber. Also musste er Strategieklausurtage organisieren, an denen sich das Top Management dem Strategieprozess widmen konnte; er musste außerdem dafür sorgen, dass der Strategieprozess auch nach diesen Treffen nicht an Schwung verlor, und schließlich musste er entscheiden, wie die zentralen Themen der neu entwickelten Strategie am besten kommuniziert werden konnten.

Abbildung 15.5: Bill Gates (links) und Ray Ozzie (rechts)

Ozzie galt bei vielen Experten als Softwaregenie. 1984 hatte er die Firma Iris Associates gegründet, die fünf Jahre später, unter Vertrag für die Lotus Development Corporation, die erste kommerzielle E-Mail und Kollaborationssoftware für große Unternehmen, Lotus Notes, auf den Markt brachte. 1994 übernahm die Lotus Development Corporation Iris für $ 84 Mio. (€ 67 Mio.) und wurde im nächsten Jahr ihrerseits durch den Computerriesen IBM aufgekauft. Wiederum drei Jahre später verließ Ozzie IBM und gründete Groove Networks, eine neue Firma für Kollaborationssoftware. Im März 2005 wurde Groove Networks von Microsoft aufgekauft, das diese Kollaborationssoftware in die nächste Generation seiner Office-Produkte integrieren wollte. So kam Ozzie als neuer Mitarbeiter zu Microsoft.

Der Preis, den Microsoft für Groove Networks bezahlt hatte, wurde nie veröffentlicht, doch der Verkauf machte Ozzie mit Sicherheit zu einem noch wohlhabenderen Mann, als er es ohnehin schon war. Doch in anderer Hinsicht war seine Position keineswegs so komfortabel. Er begann seine Arbeit bei Microsoft als einer von drei technischen Direktoren und als einer von insgesamt 70.000 Angestellten. Außerdem pendelte er anfangs jede Woche von seinem Wohnort Boston an der Ostküste der USA zu seinem Arbeitsplatz im Hauptsitz von Microsoft in Redmond an der Westküste. Und schließlich war Ozzie bei Groove Networks sein eigener Herr gewesen und hatte es zudem mit einem sehr viel kleineren Unternehmen mit nur 200 Angestellten zu tun. In einem Interview mit MSNBC sagte er dazu: „Das Wunderbare an einer kleinen Firma ist, dass man seine ganze Aufmerksamkeit und Arbeitskraft auf eine Sache konzentrieren kann – die Auswirkung ist aber am Ende insgesamt gesehen eher gering. In einem größeren Konzern kann ich meinen Einfluss nicht so zielgerichtet steuern, dieser wirkt sich aber auf eine viel größere Bandbreite an Themen und Produkten aus.“

Die Firma, der sich Ozzie angeschlossen hatte, verfügte in der Tat über eine enorme Bandbreite an Produkten. Sie zeichnete verantwortlich für das neue Microsoft Windows-Betriebssystem; für die ebenso weitverbreiteten Microsoft Office-Programme; für den Bereich Xbox PC-Spiele; für das MSN-Internetportal; und für den MSNBC-Kabelfernsehsender. Der Gesamtumsatz belief sich auf $ 40 Mrd. und die Barreserven des Unternehmens lagen bei $ 35 Mrd. Immer noch wurde Microsoft von Bill Gates dominiert, der die Firma 1975 gegründet hatte und sich 2005 damit brüstete, in den seitdem vergangenen 30 Jahren jeden einzelnen Tag gearbeitet zu haben. 2005 hatte Bill Gates noch die Position des leitenden Softwarearchitekten inne.

Zu diesem Zeitpunkt aber schien es, als trete das Unternehmen auf der Stelle. Zwar stiegen Umsatz und Gewinn immer noch an, doch der Aktienkurs war schon einige Jahre lang nicht mehr gestiegen. Nach einem Höchststand von $ 60 pro Aktie bewegte sich der Kurs nun konstant um $ 25 herum (siehe Abbildung). Microsofts Geschäftsmodell beruhte im Kern auf dem Verkauf der eigenen Softwareprodukte entweder direkt an den Kunden oder an Computerhersteller zur Installation auf deren Maschinen. Dieses Modell sah sich nun einer neuen Herausforderung durch kostenlose Open Source-Software (etwa von Linux) und auch durch Internetfirmen gegenüber, deren Software sich kostenlos aus dem Internet herunterladen ließ und durch Werbekunden (z.B. Google oder Yahoo!) finanziert wurde. Microsoft wurde von vielen bereits als ein Unternehmen von gestern angesehen.

Die erste Strategieklausurtagung

Ozzie kam nicht als völliger Neuling zu Microsoft. Wie das *Fortune Magazine* berichtete, hatte Ozzie bereits vor seiner Einstellung an den Strategieklausurtage im März teilgenommen, wo sich ca. 110 der wichtigsten Führungspersönlichkeiten von Microsoft, darunter auch Bill Gates, trafen. Zu dieser zweitägigen Klausur hatte Microsofts CEO, Seve Ballmer, geladen. Sie fand in der direkt am Pazifik gelegenen, sehr luxuriösen Semiahmoo-Hotelanlage statt, zu der auch ein Wellnessbereich und zwei Golfplätze gehörten. Dem *Fortune*-Artikel zufolge begann man die Klausur mit einer Gruppenübung, wobei die Führungskräfte Teams mit je sechs oder sieben Mitgliedern bildeten. Jede Gruppe erhielt einen Beutel mit Einzelteilen eines batteriebetriebenen Marsfahrzeugs. Die Aufgabe bestand darin, dieses Fahrzeug so schnell wie möglich, aber auch mit so wenigen Teilen wie möglich zusammenzubauen. Das Team von Bill Gates gewann. Am zweiten Tag hielten die Gruppen offene Brainstorming-Sitzungen ab, bei denen verschiedene strategische Themen zur Sprache kamen. Ozzie wurde zusammen mit Gates und einigen weiteren Technologen einer Gruppe zugeteilt, die den „Kern" von Microsoft definieren sollte – Dinge also, die Microsoft erfolgreich machten und die auf alle Produktlinien des Unternehmens übertragen werden konnten. Ozzie erinnerte sich an diese Sitzung: „Es war das erste Mal, dass ich als Insider beobachten konnte, wie die Firmenmitglieder mit Bill umgingen." Als die Gruppe in den Konferenzraum ging, kommentierte er dies *Fortune* gegenüber so: „Bill schien ganz automatisch im Mittelpunkt zu stehen, und alle anderen gruppierten sich um ihn herum. Manchmal verhielten sie sich ihm gegenüber regelrecht ehrerbietig. Andererseits schien er in so mancher lebhaften Diskussion auch einfach nur ein normaler Kollege zu sein."

Microsofts „Kern" erwies sich als das zentrale Thema dieser Klausur im Semiahmoo. Ballmer schien jedoch nicht in der Lage, auf den dort erzielten Ergebnissen aufzubauen. Er gab einer Gruppe führender Manager den Auftrag, ein größeres Event zu organisieren, um dieses Thema zu vertiefen, doch diese weigerte sich mit der Begründung, dieser Schritt sei voreilig und es verursache nur unnötige Unruhe, zu diesem Zeitpunkt noch mehr Mitarbeiter in dieses Thema hineinzuziehen. Der Enthusiasmus von Semiahmoo schien bereits verflogen zu sein, doch dann wandte sich Ballmer an Ozzie mit der Bitte, das Konzept des strategischen Kerns weiterzuentwickeln. Wenig später organisierte Ozzie auf Ballmers Auftrag hin eine weitere Managementklausur für den Monat Juni. Ozzies Kommentar zu *Fortune*: „Ich war mehr als nervös, denn ich hatte ja noch nie zuvor mit diesen Leuten zusammengearbeitet."

Die zweite Strategieklausurtagung

Ozzie arbeitete bei der Organisation dieser zweiten Klausurtagung eng mit Ballmer, Gates und einigen anderen Führungskräften zusammen. Sie war als eintägiges Event im Robinswood House, einem kleinen Hotel aus dem 19. Jahrhundert in der Nähe der Microsoft-Zentrale, geplant. Dazu eingeladen waren lediglich 15 Top Manager; Gates war nicht darunter. Die Räumlichkeiten im Robinswood waren eng und eher spartanisch – die Teilnehmer saßen dicht gedrängt in einem kleinen Raum. Die Heizung funktionierte nicht richtig und auch das Essen gab Anlass für Beschwerden. Jeder Teilnehmer hatte vor dieser Klausur ein 51 Seiten langes, von Ozzie verfasstes Memo erhalten, in dem dieser darstellte, welchen strategischen Herausforderungen sich Microsoft aus seiner Sicht gegenüber sah.

Zu Beginn der Klausur ging Ozzie nochmals auf diese Herausforderungen ein. *Fortune* zufolge sprach Ozzie zwar wie gewohnt ruhig und verbindlich, doch fand er auch sehr klare Worte bezüglich der Fehler, die Microsoft in der Vergangenheit gemacht hatte. Ozzie erinnerte sich, wie die Gruppe nach dieser Einführung eine „kathartische Übung" durchlief, in der jeder negative Aspekt der technischen und organisationalen Strategie der letzten Jahre angesprochen wurde. „Eine Geschichte nach der anderen wurde erzählt." Microsofts Führungsspitze arbeitete 14 Stunden lang ununterbrochen und diskutierte die Zukunft ihres Unternehmens. Am Ende kam man zu dem Schluss, dass ein grundlegender Wandel nötig sei. Ballmer richtete schließlich folgenden Appell an seine Kollegen: „Wenn es etwas gibt, was euch stört, sagt es jetzt." Niemand meldete sich.

Die Umsetzung

Dieses Mal arbeiteten Ballmer und Ozzie verstärkt daran, die Ergebnisse dieser Klausur auch umzusetzen. Eine Reihe wöchentlicher Treffen der Teilnehmer der Klausur wurden anberaumt, wobei deren Erscheinen Pflicht war. Ozzie stellte die Tagesordnungen für diese Treffen zusammen, und acht Wochen lang debattierten die Teilnehmer in dem Konferenzraum direkt neben Ballmers Büro über verschiedene Aspekte der neuen Strategie. Natürlich gab es immer noch viele Meinungsverschiedenheiten, doch es wurden auch Fortschritte erzielt. Mitte September gab Ballmer eine Reihe grundlegender organisationaler Veränderungen und Beförderungen bekannt. Die wichtigste Veränderung betraf die Verschmelzung von Windows und MSN zu der neuen Geschäftseinheit Platform Products and Services innerhalb des Microsoft-Konzerns, die direkt auf dem Internet aufbaute. Ebenso von großer Bedeutung war Ozzies Beförderung zum technischen Direktor für ganz Microsoft und sein Umzug mit Büro und Mitarbeitern in die Hochsicherheitssuite im obersten Stockwerk des Gebäudes, wo sich auch die Büros von Gates und Ballmer befanden.

Die Internetstrategie entwickelte sich weiter. Ende Oktober gaben Gates und Ozzie jeweils wichtige interne Memos heraus (die auch bald im Internet erschienen). Gates' Memo stammte vom 30. Oktober, einem Sonntag, hatte das Thema Internet Services Software und wurde allen obersten Führungskräften, deren direkten Untergebenen und führenden Ingenieuren per E-Mail zugestellt. Gates nahm Bezug auf sein vor zehn Jahren verfasstes Memo mit dem Titel „Die Internetwelle", das innerhalb des Unternehmens Microsoft eine Revolution ausgelöst hatte mit dem Ziel, sich der Herausforderung Internet der ersten Generation zu stellen. Dann wandte er sich dem neuen Thema, nämlich den auf Internetsoftware basierenden (oder internetbasierten) Dienstleistungen zu. Außerdem fügte er Ozzies Memo an, das er folgendermaßen kommentierte: „Ich bin sicher, dass dieser Schritt rückblickend ebenso entscheidend sein wird, wie es die Internetwelle war. Ray beschreibt die großartigen Dinge, die wir mit unseren Partnern mithilfe der internetbasierten Dienstleistungen erreichen können. Uns steht der nächste große Wandel bevor."

Das von Ozzie verfasste Memo stammte vom vorangegangenen Freitag und richtete sich an die oberste Führungsebene sowie deren direkte Untergebene. Es umfasste 5000 Worte und trug den Titel „Der Umbruch der internetbasierten Dienstleistungen". Das Memo begann positiv mit der Versicherung, dass sich Microsoft mitten in der bisher wichtigsten Entwicklungsphase neuer Produkte befand, wobei sich Ozzie auf die Xbox 360 und viele andere Produkte bezog. Doch dann wurden die Leser des Memos schnell daran erinnert, dass die Innovationen des Unternehmens in einer Zeit großer Turbulenzen und Veränderungen entstanden. Solch eine Situation hatte es schon einmal gegeben. Das Memo betonte, dass Microsoft in seiner gesamten Unternehmensgeschichte seine Kernstrategie und Ausrichtung etwa alle fünf Jahre hatte von Grund auf überdenken und neu gestalten müssen.

Ozzie erwähnte drei dieser früheren Wandlungsprozesse, die bis in die 1990er Jahre zurückreichten, darunter auch die Internetwelle. Dann stellte er klar, dass es ein neues Geschäftsmodell gab, das sich auf durch Werbung finanzierte, internetbasierte Software konzentrierte. Nach dieser neuen Information legte er jedem Leser dringend ans Herz, sich über die Veränderungen des Unternehmensumfelds, über die Stärken und Schwächen der Firma und über ihre Verantwortung als Marktführer Gedanken zu machen. Er warnte, dass die Firma in akuter Gefahr sei, wenn seine Kollegen nicht reflektierten und schnell und entschieden reagierten. Immer wieder verwendete er das Wort „wir", um auf die gemeinsam zu bewältigende Herausforderung hinzuweisen.

Ozzies E-Mail enthielt weitere Details. Er kritisierte das Innovationsverhalten von Microsoft in der Vergangenheit und warnte vor innovativeren Konkurrenten, wobei er konkret die Namen Google, Apple, Yahoo! sowie Start Ups wie Flickr und Skype erwähnte. Anschließend wurden drei entscheidende Grundsätze vorgestellt, die für grundlegende Verschiebungen im Wettbewerbsumfeld sorgten: Die Macht des durch Werbung gestützten Wirtschaftsmodells; die Effektivität eines neuen Geschäftsmodells, das auf Internet-Downloads setzte; und die Nachfrage nach integrierten Nutzererfahrungen, die „einfach funktionieren". Daraus wurden nun neue Chancen entwickelt, wobei das immer wieder verwendete Schlagwort „nahtlos" für integrierte, nutzerfreundliche Kundenerfahrungen stand, gleichgültig ob es um die Bereiche Arbeit, Unterhaltung oder Kommunikation ging. Außerdem zeichnete das Memo wichtige Implikationen dieser Entwicklung für alle drei Microsoft-Divisionen vor.

Die letzten Teile von Ozzies Memo waren besonders bemerkenswert. In einem Abschnitt, den er mit „Was ist anders" betitelte, wandte sich Ozzie direkt an mögliche Skeptiker unter seinen Lesern. Er gab zu, dass viele argumentieren könnten, seine Aussagen enthielten nicht recht viel Neues, und dass Microsoft schon seit vielen Jahren, sogar schon seit Beginn der 1990er Jahre, an den hier beschriebenen Themen arbeitete. Man könnte also sagen, sein Memo sei keine große Sache.

Doch dann zählte Ozzie vier Punkte auf, die dafür sorgten, dass dieser Fall anders war als die letzten. Der erste Punkt war sehr einfach. Er machte ganz klar, dass „Bill" Gates und „Steve" Ballmer, die er beim Vornamen nannte, absolut von der in diesem Memo beschriebenen neuen Vision überzeugt waren. Als Beweis führte er die kürzlich durchgeführte Neuorganisation der Firma in drei Divisionen an, wodurch auch die neuen Platform Products and Services-Gruppe entstanden war.

Die drei weiteren Gründe hoben die ungeheure Vielfalt der neu eröffneten Möglichkeiten durch die Markteinführung der neuen Produkte sowie die neuen technischen Möglichkeiten und die Bedrohung durch die Konkurrenz hervor.

Der letzte Abschnitt des Memos trug den Titel „Neue Schritte“. Hier stellte Ozzie einen genauen Zeitplan vor, der vorsah, dass Divisionsleiter einzelne „Szenarienverantwortliche“ bestimmten, die verschiedene Initiativen vorantreiben sollten, eng mit Ozzie zusammenarbeiten würden, sich gegenseitig abstimmen konnten und schließlich konkrete neue Pläne entwickeln würden. Ozzie gab die Adresse eines Internetblogs an, in dem regelmäßig neue Dokumente sowie seine eigenen Gedanken veröffentlicht werden würden. Außerdem versprach er, auch andere Mittel und Wege auszuprobieren, damit die Mitarbeiter von Microsoft direkt mit ihm in Kontakt treten und sich an der strategischen Konversation beteiligen konnten.

Am 1. November präsentierten Bill Gates und Ray Ozzie gemeinsam die neue Strategie des Unternehmens auf einer Pressekonferenz in San Francisco. Im Juni 2006 verkündete Gates, er werde ab sofort nicht mehr Vollzeit in seinem Unternehmen arbeiten und sich im Laufe der nächsten zwei Jahre ganz zurückziehen. Ozzie übernahm Gates Position als leitender Softwarearchitekt des Unternehmens. Inzwischen hatte er sich eine Wohnung in der Nähe des Firmenhauptsitzes zugelegt, von der aus er den Hafen von Seattle überblicken konnte. Seine Frau begann, zu ihm zu pendeln.

Hauptquellen: D. Kirkpatrick und J.L. Yang, „Microsoft's new brain“, Fortune, 15. Mai 2006, S. 52–63; Bill Gates: Internet Software Services auf http://blogs.zdnet.com/web2exploer/?page_id=53; „Ray Ozzie: The Internet Services Disruption“ auf www.scripting.com/disruption/ozzie/TheinternetServicesDisruptio.htm; „Microsoft to buy Groove Networks“, MSNBC, 10. März 2005.

Kontrollfragen

1. Warum konnte der Enthusiasmus aus der Klausur im Semiahmoo zum Thema „Microsofts Kern“ nicht auf die Firma übertragen werden?
2. Warum war Ozzie mit seiner Klausurtagung im Robinswood erfolgreicher und konnte auch nachsetzen?
3. Kommentieren Sie Ozzies Kommunikationsstrategie in Bezug auf den Internet Services-Umbruch.

Sitzung 5: Analyse des Makroumfelds und der Branchenstruktur

ÜBERBLICK

5

Lernziele

Nach der Lektüre dieses Kapitels sollten Sie in der Lage sein,

- das große Makroumfeld einer Organisation in Bezug auf politische, wirtschaftliche, soziale, technologische, ökologische und rechtliche Faktoren (engl. Akronym PESTEL) zu analysieren.
- die wichtigsten Antriebskräfte dieses Makroumfelds zu erkennen und sie zum Entwurf verschiedener Szenarien einzusetzen, die eine Veränderung des Umfelds widerspiegeln.
- die Five-Forces-Analyse zu nutzen, um die Attraktivität von Branchen und Sektoren in Bezug auf Investitionen zu bestimmen und deren Wandlungspotenzial zu erkennen.
- strategische Gruppen, Marktsegmente und kritische Erfolgsfaktoren zu definieren, und diese zu nutzen, um strategische Lücken und Chancen auf dem Markt zu erkennen.

2.1 Einführung

Das Umfeld einer Organisation verleiht dieser die Mittel, um zu überleben. Auf dem privaten Sektor sind es zufriedene Kunden, die ein Unternehmen am Leben halten. Auf dem öffentlichen Sektor übernehmen diese Rolle u.a. die Regierung, Patienten oder Studenten. Doch das Umfeld birgt auch Gefahren wie etwa im Falle einer feindlichen Verlagerung der Nachfrage, neuer Regeln und Bestimmungen, revolutionärer neuer Technologien oder des Eintritts neuer Konkurrenten auf den Markt. So kann eine Veränderung des Umfelds fatale Folgen für eine Organisation haben. Nach 200 Jahren des Wohlstands wäre beispielsweise der Hersteller der gedruckten Encyclopedia Britannica fast untergegangen und dem Aufstieg elektronischer Informationsquellen wie etwa Encarta von Microsoft oder Wikipedia zum Opfer gefallen. Es ist daher überlebenswichtig, dass ein Manager sein Umfeld sorgfältig analysiert, um Veränderungen zu erahnen und – wenn möglich – zu beeinflussen.

Dieses Kapitel bietet deshalb eine Grundstruktur zur Analyse eines sich wandelnden, komplexen Umfelds an. Diese Grundstruktur bestehen aus einer Reihe von Schichten, die hier kurz vorgestellt und in Abbildung 2.1 gezeigt werden:

- *Das Makroumfeld* ist die äußerste Schicht. Sie besteht aus den grundlegenden Umfeldfaktoren, die fast alle Organisationen mehr oder weniger stark beeinflussen. Hier kann die PESTEL Analyse herangezogen werden, um aufzuzeigen, wie *politische, wirtschaftliche, soziale, technologische, ökologische und rechtliche Faktoren* eine Organisation beeinflussen. Diese Analyse liefert die wichtigsten „Daten", um die *Hauptantriebskräfte des Wandels* zu identifizieren. Mittels dieser Hauptantriebskräfte können mögliche zukünftige *Szenarien* konstruiert werden. Diese befassen sich damit, wie Strategien möglicherweise verändert werden müssen, je nachdem, wie sich das Unternehmensumfeld verändern *könnte*.

Abbildung 2.1: Schichten des Unternehmensumfelds

- *Die Branche oder der Sektor* bildet die nächste Schicht des allgemeinen, weit gefassten Umfelds. Diese besteht aus Organisationen, die die gleichen Produkte oder Dienstleistungen produzieren. Hier bietet sich besonders die Analyse der *Five Forces* an, um die Attraktivität bestimmter Branchen sowie potenzielle Gefahren außerhalb der bereits existierenden Konkurrenz zu erkennen. Die wichtigste Frage dieses Kapitels (Abbildung 2.9) befasst sich mit der Bedeutung von Erfolgsfaktoren, die die gesamte Branche und nicht nur einen bestimmten Geschäftsbereich betreffen.
- *Konkurrenten und Märkte* sind die Schichten, die die Organisation direkt umschließen. Innerhalb der meisten Branchen und Sektoren gibt es viele verschiedene Organisationen mit unterschiedlichen Merkmalen, die alle auf verschiedenen Ebenen miteinander konkurrieren – manche sind sich näher, manche sind weiter entfernt. Der Begriff der *strategischen Gruppen* kann helfen, nahe und entfernte Konkurrenten voneinander zu unterscheiden. Ebenso sind die Kundenerwartungen auf einem Markt nicht alle genau gleich. Sie haben vielmehr unterschiedliche Anforderungen von unterschiedlicher Wichtigkeit, die mittels der Begriffe *Marktsegmente* und *kritische Erfolgsfaktoren* besser verstanden werden können.

Dieses Kapitel befasst sich mit jeder dieser drei Schichten beginnend mit dem Makroumfeld.

2.2 Das Makroumfeld

Die drei wichtigen Konzepte dieses Abschnitts – PESTEL, wichtige Antriebskräfte und Szenarien – sind miteinander verwandte Analyseinstrumente des weit gefassten Makro umfelds einer Organisation. PESTEL bietet einen breit gefächerten Überblick, die Antriebskräfte zeigen die Faktoren auf, die am wichtigsten sind, und mittels der Szenarien, die auf diesen Antriebskräften aufbauen, lassen sich verschiedene zukünftige Entwicklungsmöglichkeiten des Makroumfelds darstellen.

2.2.1 Die PESTEL Analyse

PESTEL Analyse

Die PESTEL Analyse differenziert sechs Gruppen von Einflussfaktoren des Makroumfelds: politische, wirtschaftliche, soziale, technologische, die ökologische Umwelt betreffende und rechtliche Faktoren.

Die **PESTEL Analyse** (Abbildung 2.1) bietet eine umfassende Liste von Einflussfaktoren auf den möglichen Erfolg oder Misserfolg bestimmter Strategien. PESTEL ist das englische Akronym für politische, wirtschaftliche, soziale, technologische, die Umwelt betreffende und rechtliche Faktoren.[1] Der politische Faktor betont die Rolle des Staates, der wirtschaftliche Faktor bezieht sich auf makroökonomische Aspekte wie Wechselkurse, Geschäftszyklen und unterschiedliche Wirtschaftswachstumsraten weltweit. Soziale Einflüsse sind u.a. sich verändernde Kulturen und Demografien, etwa die immer älter werdende Bevölkerung in vielen westlichen Ländern. Technologische Faktoren beziehen sich auf Innovationen, beispielsweise das Internet, Nanotechnologie oder den Erfolg neuer Materialen. Die Umweltfaktoren befassen sich mit ausdrücklich „grünen“ Belangen wie etwa Umweltverschmutzung und Müll. Die rechtlichen Aspekte schließlich beziehen sich auf vom Gesetz verordnete Beschränkungen oder Veränderungen, zum Beispiel Gesetze zur Gesundheit und Sicherheit am Arbeitsplatz oder Gesetze zu Fusionen und Übernahmen.

Für einen Manager ist es sehr wichtig, zu analysieren, wie sich diese Faktoren aktuell verändern und wie sie sich wahrscheinlich in der Zukunft verändern werden, denn daraus ergeben sich Auswirkungen für die Organisation. Viele dieser Faktoren sind miteinander verbunden. So können technologische Entwicklungen auch Auswirkungen auf wirtschaftliche Faktoren (z.B. Schaffung neuer Arbeitsplätze), auf soziale Faktoren (mehr Freizeit) und auf Umweltfaktoren (weniger Umweltverschmutzung) haben. Man kann sich vorstellen, dass eine Analyse all dieser Faktoren sehr langwierig und kompliziert sein kann.

Die wichtigsten Antriebskräfte des Wandels

Die wichtigsten Antriebskräfte des Wandels sind Faktoren aus dem Umfeld, die sich in hohem Maße auf den Erfolg oder Misserfolg einer Strategie auswirken können.

Um also nicht von der Fülle an vorhandenen Details überwältigt zu werden, ist es wichtig, beizeiten etwas Abstand zu nehmen und die **wichtigsten Antriebskräfte des Wandels** zu identifizieren. Diese Kräfte sind die Faktoren mit dem größten Einfluss, die den Erfolg oder Misserfolg einer Strategie wesentlich mitbestimmen. Solche typischen Antriebskräfte variieren je nach Branche oder Sektor. So muss sich ein Einzelhändler auf dem Modemarkt hauptsächlich mit sozialen Veränderungen auseinandersetzen, die den Geschmack und das Kaufverhalten der Kunden beeinflussen, zum Beispiel Kräfte, die diese dazu bringen, außerhalb einzukaufen. Ein Computerhersteller dagegen muss sich mit technologischen Veränderungen befassen wie etwa einer höheren Geschwindigkeit bei Mikroprozessoren. Für Manager im öffentlichen Sektor geht es in der Hauptsache um soziale Veränderungen (z.B. eine alternde Bevölkerung), politische Veränderungen (wechselnde Budgets und politische Maßnahmen der Regierung) und rechtliche Neuerungen (neue Verordnungen). Eine Identifizierung der wichtigsten Antriebskräfte des Wandels ermöglicht es einem Manager, sich auf die PESTEL Faktoren zu konzentrieren, die am wichtigsten sind und somit die höchste Priorität haben. Viele andere Veränderungen können damit in Zusammenhang stehen (so kann eine alternde Bevölkerung für neue politische Maßnahmen und eine Neuverteilung staatlicher Geldmittel sorgen). Ohne ein klares Gespür für die wichtigsten Antriebskräfte des Wandels ist ein Manager nicht in der Lage, Entscheidungen zu treffen, die effektives Handeln nach sich ziehen.

1 PESTEL ist die Ausweitung der PEST Analyse (politisch, wirtschaftlich, sozial und technologisch) und befasst sich außerdem mit Umweltfaktoren und rechtlichen Aspekten. Für eine Anwendung der PEST Analyse auf die Welt der Wirtschaftsuniversitäten, die auch für PESTEL relevant ist, siehe H. Thomas, „An analysis of the environment and competitive dynamics of management education“, *Journal of Management Development*, Bd. 26, Nr. 1 (2007), S. 9–21.

Beispiel 2.1 **PESTEL Analyse der Luftfahrtindustrie**

Einflüsse auf das Umfeld einer Organisation lassen sich in sechs Gruppen einteilen. Für die Luftfahrtindustrie könnte eine erste Liste aller Einflüsse gemäß der sechs Kategorien der PESTEL Analyse wie folgt aussehen:

Politisch:

- Staatliche Unterstützung für heimische Fluglinien
- Sicherheitschecks
- Beschränkungen von Migration

Wirtschaftlich:

- Nationale Wachstumsraten
- Treibstoffpreise

Sozial:

- Mehr Reiseaktivitäten älterer Menschen
- Internationale Studentenaustauschprogramme

Technologisch:

- Effizientere Motoren und Flugzeuge
- Technologien zur Sicherheitsüberwachung
- Telekonferenzen im Unternehmensbereich

Ökologisch:

- Lärmbelästigung und -eindämmung
- Steuerung des Energieverbrauchs
- Landbedarf für wachsende Flughäfen

Rechtlich:

- Beschränkungen bei Fusionen
- Vorzugsrechte auf Flughäfen für manche Fluglinien

Kontrollfragen

1. Welche zusätzlichen, die Umwelt betreffenden Faktoren würden Sie zu dieser ersten Liste für die Luftfahrtindustrie hinzufügen?
2. Ausgehend von Ihrer umfassenderen Liste: Welche Faktoren würden Sie als die „wichtigsten Antriebskräfte des Wandels" für Fluglinien in den nächsten fünf Jahren ansehen?

2.2.2 Der Entwurf von Szenarien

Wenn in einem Geschäftsumfeld große Unsicherheit aufgrund seiner Komplexität oder aufgrund raschen Wandels (oder aufgrund beider Faktoren) herrscht, ist es unmöglich, nur eine einzige Sichtweise dazu zu entwickeln, wie Einflüsse aus dem Umfeld die Strategien einer Organisation beeinflussen könnten, und es wäre auch in der Tat gefährlich, eine solche einseitige Sichtweise zu wählen. Szenarienanalysen werden durchgeführt, um verschiedene Möglichkeiten in Betracht zu ziehen und Manager davor zu bewahren, sich vor Alternativen zu verschließen. Diese **Szenarien** bieten plausible alternative Ansichten darüber, wie sich das Unternehmensumfeld einer Organisation in Zukunft

Szenarien

Szenarien sind detaillierte und plausible Modelle darüber, wie sich das Unternehmensumfeld einer Organisation in Zukunft verändern könnte; sie thematisieren die Hauptantriebskräfte für Veränderungen, über welche große Unsicherheit herrscht.

verändern könnte.[2] Sie stützen sich meist auf die PESTEL Analyse und die wichtigsten Antriebskräfte des Wandels, bieten aber eben nicht nur eine einzige Vorhersage über zukünftige Veränderungen des Umfelds an.

Die Szenarien beginnen meist mit den wichtigsten Antriebskräften mit der größten Unsicherheit. Diese Antriebskräfte könnten die Ansichten über zukünftige Entwicklungen grundlegend verändern, je nachdem, wie sie sich selbst entwickeln. So sind in der Ölindustrie diese Antriebskräfte beispielsweise technologischer Wandel, Ölreserven, Wirtschaftswachstum und internationale politische Stabilität. Man kann davon ausgehen, dass technologischer Wandel und Ölreserven relativ stabile Faktoren sind, während Wirtschaftswachstum und politische Stabilität dies eher nicht sind. So könnte man Szenarien entwerfen, die diese beiden Faktoren besonders berücksichtigen. Natürlich stehen sie auch miteinander in Beziehung: Hohe politische Instabilität und niedriges Wirtschaftswachstum treten meist gemeinsam auf. Die Konstruktion plausibler Alternativen über das zukünftige Geschäftsumfeld hängt also hauptsächlich von der Kombination verwandter Antriebskräfte zu in sich stimmigen Szenarien ab. In der oben genannten Analyse kann man also bisher von zwei stimmigen und plausiblen Szenarien ausgehen: Eines geht von geringem Wachstum und hoher Instabilität, das andere von starkem Wachstum und geringer Instabilität aus.

Wichtig ist dabei, dass diese Szenarien nicht versuchen, das Unvorhersehbare vorherzusagen. Es kommt lediglich darauf an, plausible Alternativen für die Zukunft in Betracht zu ziehen. Wenn man über alternative Szenarien nachdenkt und diskutiert, verbessert sich dadurch die Aufmerksamkeit in einer Organisation, denn Manager nehmen die Kräfte des Unternehmensumfelds besser wahr und merken, was wirklich wichtig ist. Manager sollten auch Strategien (oder alternative Pläne) für jedes Szenario entwickeln und bewerten. Dann sollten sie das Umfeld beobachten, um zu sehen, wie es sich tatsächlich entwickelt und ihre Strategien entsprechend anpassen.

Da Diskussion und Lernprozess beim Entwerfen verschiedener Szenarien so wichtig und wertvoll sind, und da sich die einzelnen Szenarien mit so großen Unsicherheiten befassen, raten manche Experten den Managern davon ab, genau drei verschiedene Szenarien zu entwerfen. Denn dadurch gerät man leicht in die Unterscheidung „optimistisch", „mittel", „pessimistisch". Ein Manager konzentriert sich dann automatisch auf das mittlere Szenario und vernachlässigt die anderen beiden, sodass auch der Lernprozess und die Alternativplanungen reduziert werden. Es ist also immer besser, entweder zwei oder vier Szenarien zu haben, damit sich keine eindeutige Mitte ergibt. Es kommt nicht darauf an, dass alle Szenarien sich erfüllen: Der Wert besteht einfach darin, verschiedene Möglichkeiten in Erwägung zu ziehen, durchzudenken und entsprechend zu planen.

2 Für eine Abhandlung über Szenarienplanung in der Praxis siehe K. van der Heijden, *Scenarios: The art of strategic conversation*, 2. Aufl., Wiley, 2005. Dazu, wie sich Szenarienplanung mit anderen Formen der Umfeldanalyse kombinieren lässt, siehe P. Walsh, „Dealing with the uncertainties of environmental change by adding scenario planning to the strategy reformulation equation", *Management Decision*, Bd. 1, Nr. 43 (2005), S. 113–122, und G. Burt, G. Wright, R. Bradfield und K. van der Heijden, „The role of scenario planning in exploring the environment in view of the limitations of PEST and its derivatives", *International Studies of Management and Organization*, Bd. 36, Nr. 3 (2006), S. 50–76. Für weitere Ausführungen zur Szenarienanalyse unter Verwendung kausaler Felder mit einer Fallstudie über den Irakkrieg siehe B. MacKay und P. McKiernan, „Back to the future: History and the diagnosis of environmental context", *International Studies of Management and Organization*, Bd. 36, Nr. 3 (2006), S. 93–110.

Beispiel 2.2 zeigt eine Szenarienplanung aus der Biotechnologie bis zum Jahr 2020. Die Autoren berücksichtigen allerdings nicht unzählige Faktoren bei ihrer Analyse, sondern konzentrieren sich auf zwei Hauptantriebskräfte, die (i) große potenzielle Auswirkungen haben und (ii) unsicher sind: Technologischer Fortschritt und öffentliche Akzeptanz. Beide Antriebskräfte können sich in der Zukunft verschieden entwickeln, sodass sich vier in sich stimmige Szenarien entwerfen lassen. Jedem Szenario wird ein einprägsamer Name gegeben, um die Kommunikation und die Diskussion zu vereinfachen. Die Autoren sagen nicht voraus, dass sich ein bestimmtes Szenario wahrscheinlich gegen die anderen durchsetzen wird. Sie sprechen auch nicht über relative Wahrscheinlichkeiten. Solche Vorhersagen würden Diskussionen und Lernprozesse im Keim ersticken, während Wahrscheinlichkeiten eine unberechtigte Genauigkeit vortäuschen würden.

Szenarien sind dort besonders sinnvoll, wo es nur wenige Antriebskräfte gibt, die den Erfolg einer Strategie beeinflussen können, wo große Unsicherheit über vorhandene Einflussfaktoren herrscht, wo verschiedene Szenarien auch wirklich grundlegende Veränderungen bedeuten und wo Organisationen viel in die Zukunft investieren müssen, was sehr unflexibel und schwer zu korrigieren ist. Die Ölindustrie, wo Unternehmen in die Untersuchung von Ölfeldern investieren müssen, die 20 oder mehr Jahre Öl liefern können, hat bei der Verwendung von Szenarien traditionell eine Führungsrolle übernommen, denn auf diese Branche treffen alle drei oben genannten Punkte zu.[3]

Beispiel 2.2

Szenarien für die Biowissenschaft im Jahr 2020

Keiner kennt die Zukunft, doch man kann sich auf verschiedene Alternativen vorbereiten.

Im Jahr 2006 arbeiteten Forscher der Wharton Business School mit führenden Unternehmen wie Hewlett Packard, Johnson & Johnson und Procter & Gamble zusammen, um vier Szenarien für die Zukunft der Biowissenschaften im Jahr 2020 zu entwerfen. Biowissenschaften schließen spannende High Tech-Branchen und -Techniken wie etwa Genomforschung, Stammzellentherapie, Klonen und regenerative Medizin mit ein. Ziel war es, ein weit gefasstes Rahmenwerk für Regierungen, Unternehmen, Forscher und Ärzte zu liefern, mit dem sie bei der Einschätzung der Zukunft in Bezug auf ihre besonderen Belange arbeiten konnten. Das Wharton-Team war sich bewusst, dass man in vielen High Tech-Bereichen in der Vergangenheit geleistete Versprechen nicht einhalten konnte; so wurde die Kernkraft in den späten 1970er Jahren plötzlich sehr unbeliebt. Die Zukunft der Biowissenschaften ist also alles andere als sicher.

3 Für die Entwicklung der Szenarienpraxis bei Shell Oil, einer der einflussreichsten Firmen, siehe P. Cornelius, A. van de Putte und M. Romani, „Three decades of scenario planning in Shell", *California Management Review*, Bd. 49, Nr. 1 (2005), S. 92–109.

Das Team identifizierte zwei grundlegende, aber unsichere Antriebskräfte des Wandels: Technologischer Fortschritt und öffentliche Akzeptanz. Die Unsicherheit des ersten Faktors lag im Erfolg der Technologien; schließlich hatte auch die Kernenergie nicht die billige Energie geliefert, auf die man ursprünglich gehofft hatte. Die Unsicherheit des zweiten Faktors ergab sich daraus, dass die öffentliche Meinung in Bezug auf Biowissenschaften zweigeteilt ist. Denn viele Menschen fordern ein Ende von Stammzellenforschung und Klonen. Die Möglichkeiten des technologischen Erfolgs oder Misserfolgs sowie der öffentlichen Akzeptanz oder Ablehnung lassen eine Matrix mit vier Grundszenarien entstehen.

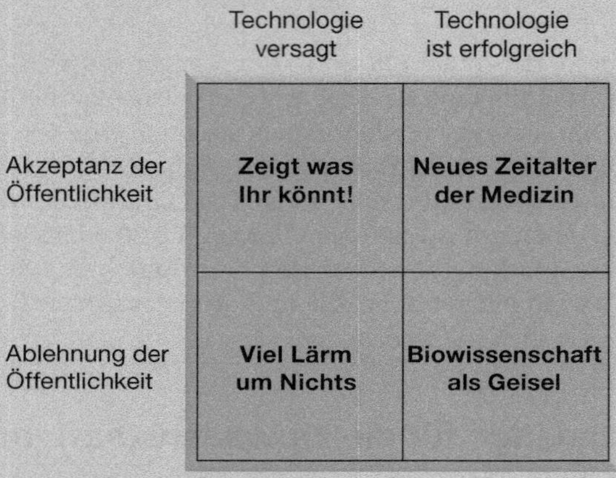

Das Szenario *„Zeigt, was ihr könnt!"* entwirft eine Welt, in der umfangreiche Forschungsinitiativen von Regierung und Unternehmen nicht die erhofften Heilmittel für Krankheiten wie Alzheimer und AIDS liefern konnten, in welche die Öffentlichkeit aber immer noch große Hoffnungen setzt. Hier stehen viele Unternehmen unter Beschuss und es droht ein Eingreifen des Staates. Im Szenario *„Viel Lärm um nichts"* wird die Öffentlichkeit nach vielen technologischen Enttäuschungen langsam skeptisch. Daraus folgt, dass die staatlichen Geldmittel für die Forschung an Universitäten und in Unternehmen versiegen. Das Szenario *„Biowissenschaft als Geisel"* ist ganz anders. Hier machen die technologischen Erfolge der Öffentlichkeit Angst, sodass sie sie ablehnen. Ethische Bedenken und Sicherheitsbedenken sorgen für strenge Einschränkungen von Forschung, Prüfung und Marketing. Im Szenario *„Neues Zeitalter der Medizin"* schließlich herrschen sowohl öffentliche Akzeptanz als auch technologischer Erfolg vor. Die privaten Unternehmen und die Forschungslabore der Universitäten sind gemeinsam sehr erfolgreich und liefern einer dankbaren Öffentlichkeit viele Innovationen.

Bei diesen vier Szenarien kommt es nicht darauf an, eines für wahrscheinlicher als die anderen zu halten. Das Wharton-Team möchte vielmehr zeigen, dass jedes möglich ist. Obwohl Unternehmen aus der Biowissenschaft sich oft zu schnell nur auf das Szenario des neuen Zeitalters konzentrieren, sollten sie aber eigentlich auch die anderen Möglichkeiten im Auge behalten. Es soll aufgezeigt werden, dass sie mit ihren Erwartungen technologischer Innovationen sorgsam umgehen und großen Wert auf die öffentliche Meinung legen sollten. Andernfalls könnte die Biowissenschaft die neue Kernkraftindustrie des 21. Jahrhunderts werden.

Quelle: http://mackcenter.wharton.upenn.edu/biosciences.

Kontrollfrage

1. Welche der beiden Antriebskräfte – technologischer Fortschritt oder öffentliche Akzeptanz – können Unternehmen am ehesten beeinflussen? Wie sollten sie diesen Einfluss ausüben?

2.3 Branchen und Sektoren

Im vorangegangenen Abschnitt ging es um den Einfluss der Kräfte des Makroumfelds auf Erfolg oder Misserfolg von Unternehmensstrategien. Doch die Auswirkungen dieser allgemeinen Faktoren zeigen sich meist im unmittelbaren Unternehmensumfeld, indem sich die Wettbewerbskräfte, die um eine Organisation herum herrschen, verschieben. Hier kommt es für die meisten Organisationen vor allem auf den Wettbewerb innerhalb ihrer Branche oder ihres Sektors an. Die Wirtschaftstheorie definiert eine **Branche** als „eine Gruppe von Unternehmen, die dasselbe Kernprodukt oder dieselbe Kerndienstleistung anbieten“[4], oder weiter gefasst als „Gruppe von Unternehmen, die Produkte herstellt, die leicht gegeneinander ausgetauscht werden können“[5]. Dieses Verständnis der Branche kann auch auf öffentliche Dienste ausgeweitet werden; hier spricht man aber eher von einem *Sektor*. Auch in den Bereichen Sozialdienste, Gesundheitswesen und Bildung gibt es viele Lieferanten der gleichen Dienstleistungen, die um Ressourcen konkurrieren. Aus strategischer Sicht ist es daher für die Manager einer jeden Organisation wichtig, die Wettbewerbskräfte der eigenen Branche zu verstehen, denn sie bestimmen die Attraktivität dieser Branche und den möglichen Erfolg oder Misserfolg einzelner Organisationen darin.

Branche

Eine Branche wird durch eine Gruppe von Unternehmen gebildet, die dasselbe Kernprodukt oder dieselbe Kerndienstleistung anbieten.

Dieser Abschnitt befasst sich zunächst mit dem *Five-Forces-Modell* von Michael Porter zur Branchenanalyse und stellt dann Techniken zur Analyse der *Dynamik* von Branchen oder Sektoren vor.

4 D. Rutherford, *Routledge Dictionary of Economics*, 2. Aufl., Routledge, 1995.

5 Siehe M.E. Porter, Competitive Strategy: Techniques for analysing industries and competitors, Free Press, 1980, S. 5.

2.3.1 Wettbewerbskräfte – das Five-Forces-Modell

Five-Forces-Modell

Das Five-Forces-Modell evaluiert die Attraktivität einer Branche oder eines Industriesektors auf Basis von Wettbewerbskräften.

Porters **Five-Forces-Modell**[6] wurde ursprünglich zur Abwägung der Attraktivität (Gewinnpotenzial) verschiedener Branchen entwickelt. Die *Five Forces* bestimmen die Struktur einer Branche (siehe Abbildung 2.2). Bei der ursprünglichen Entwicklung des Modells dachte man zwar an Unternehmen, doch die Analyse einer Branchenstruktur mittels dieses Modells ist für die meisten Organisationen ebenso sinnvoll. Sie kann ein sinnvoller Ausgangspunkt für eine strategische Analyse auch dort sein, wo Gewinnkriterien nicht zutreffen. In großen Teilen des öffentlichen Sektors hat jede der Five Forces ihr Gegenstück. Die Five Forces können nicht nur bei der Bewertung der Attraktivität einer Branche oder eines Sektors hilfreich sein, sie können auch einen Fahrplan für nötige Aktionen an wichtigen Knotenpunkten liefern.

Abbildung 2.2: Das Five-Forces-Modell

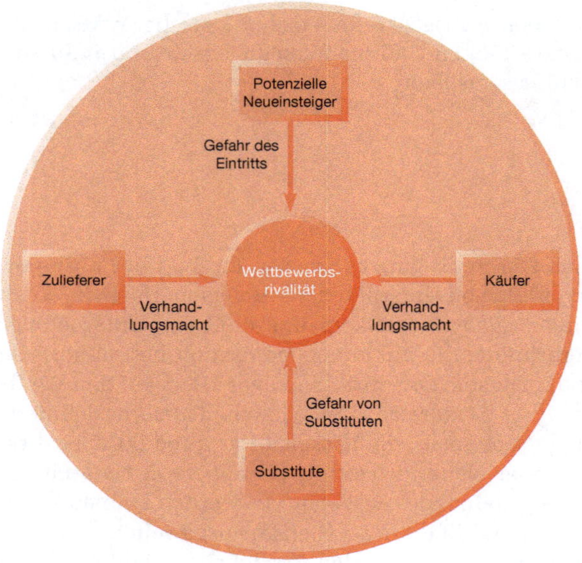

Die Five Forces sind:

- *Die Markteintrittsgefahr* in einer Branche,
- *die Gefahr von Substituten* zu den Produkten oder Dienstleistungen einer Branche,
- *die Macht der Käufer* dieser Produkte oder Dienstleistungen,
- *die Macht der Zulieferer* innerhalb der Branche sowie
- *das Ausmaß der Rivalität* zwischen Konkurrenten der Branche.

Porters grundlegende Botschaft lautet, dass eine Branche für den Wettbewerb nicht attraktiv ist, wenn diese Five Forces stark sind. Denn dann herrscht zu viel Konkurrenz und der Druck ist zu hoch, um vernünftige Gewinne zu erzielen. Im weiteren Verlauf dieses Abschnitts werden alle Five Forces im Detail erläutert.

6 Porter, Fußnote 5, Kap. 1. C. Christensen, „The past and future of competitive advantage", *Sloan Management* Review, Bd. 42, Nr. 2 (2001), S. 105–109 liefert eine interessante Kritik und Neuerungen zu einigen der Faktoren, die dem Porter-Modell zugrunde liegen.

Die Markteintrittsgefahr

Wie leicht ein Unternehmen in eine Branche einsteigen kann, beeinflusst ganz natürlich den Wettbewerb in dieser Branche. Die Markteintrittsgefahr hängt vom Ausmaß und von der Höhe der **Eintrittsbarrieren** ab. Dies sind Faktoren, die von Unternehmen, die neu auf einen Markt eintreten, überwunden werden müssen, damit sie dort wettbewerbsfähig sein können. Hohe Eintrittsbarrieren sind ein Vorteil für bereits bestehende Konkurrenten, denn sie schützen sie vor Neuankömmlingen. Typische Barrieren sind:

Eintrittsbarrieren

Eintrittsbarrieren sind Faktoren, die von Unternehmen, die neu auf einen Markt eintreten, überwunden werden müssen, damit sie dort wettbewerbsfähig sein können.

- *Größe und Erfahrung.* In manchen Branchen sind *Größenvorteile* von extremer Bedeutung, so etwa bei der Herstellung von Autos oder in der Werbung für schnelllebige Konsumgüter. Hat ein etabliertes Unternehmen einmal hohe Produktionszahlen erreicht, wird es für Neueinsteiger sehr teuer, nachzuziehen; zudem bleiben so lange, bis ein ähnliches Produktionsvolumen erreicht ist, die Stückkosten hoch. Dieser Größenvorteil verstärkt sich noch, wenn der Markteintritt hohe *Investitionen erfordert* wie etwa Forschungskosten in der pharmazeutischen Industrie oder eine gute Kapitaldecke in der Automobilbranche. Eintrittsbarrieren ergeben sich auch durch die Auswirkungen der *Erfahrungskurve*, die etablierten Unternehmen einen Kostenvorteil verschafft, da sie bereits gelernt haben, Dinge effektiver zu tun als ein unerfahrener Neueinsteiger (siehe *Kapitel 3*). Bis ein neues Unternehmen mit der Zeit ähnliche Erfahrungen gesammelt hat, werden seine Produktionskosten wahrscheinlich höher sein. Natürlich können sich verändernde Geschäftsmodelle auch für eine Verschiebung der Größenvorteile sorgen oder bestimmte Erfahrungen redundant werden lassen. So braucht man beim Internet-Banking lediglich 10.000 aktive Kunden (besonders wenn diese aus einer gewinnbringenden Nische kommen); außerdem sind Erfahrungen aus bestehenden traditionellen Filialen relativ unwichtig.
- *Zugang zu Zulieferern und Vertriebskanälen.* In manchen Branchen besitzen die Hersteller die Kontrolle über ihre Zulieferer und/oder Vertriebskanäle. Manchmal geschieht dies durch direktes Eigentum (vertikale Integration), manchmal einfach durch die Loyalität von Kunden oder Zulieferern. In einigen Branchen haben Neueinsteiger diese Hürde überwunden, indem sie bestimmte Vertriebskanäle umgingen und ihre Produkte über das Internet direkt an den Kunden verkauften (z.B. Dell Computer und Amazon).
- *Zu erwartende Vergeltungsmaßnahmen.* Wenn ein Unternehmen, das über einen Markteintritt nachdenkt, davon ausgeht, dass die Vergeltungsmaßnahmen eines bestehenden Unternehmens den Eintritt verhindern oder ihn zu kostspielig machen würden, dann stellt dies ebenfalls eine Eintrittsbarriere dar. Solche Vergeltungsmaßnahmen könnten ein Preiskrieg oder eine kämpferische Marketing-Aktion sein. Allein das Wissen, dass etablierte Unternehmen bereit sind, zurückzuschlagen, reicht schon als Eintrittsbarriere aus. Diese dynamische Interaktion zwischen etablierten Unternehmen und potenziellen Neueinsteigern wird in *Abschnitt 2.3.2* noch genauer behandelt. Auf internationalen Märkten kann es an vielen verschiedenen Stellen oder Orten zu einer solchen Vergeltung kommen (siehe *Kapitel 8*).
- *Gesetzgebung oder Handlungen des Staates.* Rechtliche Beschränkungen des Markteintritts reichen vom Patentschutz (etwa bei pharmazeutischen Produkten), über Marktregulierungen (etwa durch Rentenverkäufe) bis hin zum direkten Eingreifen des Staates (etwa durch Zölle). Fallen solche staatliche Schutzmaßnahmen weg, sind bestehende Unternehmen natürlich durch Neueinsteiger angreifbar, so wie dies bei der Deregulierung der Flugindustrie der Fall war.

- *Abgrenzung.* Abgrenzung bedeutet, ein Produkt oder eine Dienstleistung anzubieten, dessen/deren Wert höher eingeschätzt wird, als dies bei der Konkurrenz der Fall ist. Die Bedeutung dieses Punktes wird genauer in *Kapitel 6* behandelt. Autos grenzen sich beispielsweise durch Qualität und Markennamen ab. Stahl ist dagegen im Großen und Ganzen ein Rohstoff, der nicht abgegrenzt werden kann und daher pro Tonne verkauft wird. Hier wählen die Käufer einfach den billigsten Anbieter. Durch Abgrenzung sinkt die Gefahr eines Markteintritts, denn sie steigert die Kundenloyalität.

Die Gefahr von Substituten

Substitute

Substitute können die Nachfrage nach einer bestimmten Produktart senken, wenn Konsumenten zu den Alternativprodukten wechseln.

Substitute sind Produkte oder Dienstleistungen, die ähnliche Vorteile liefern wie die Produkte und Dienstleistungen einer Branche, aber durch einen anderen Prozess entstehen. So ist Aluminium ein Substitut für Stahl bei Automobilien; Züge sind Substitute für Autos; Film und Theater sind ebenfalls Substitute. Manager konzentrieren sich oft auf die Konkurrenz aus der eigenen Branche und vernachlässigen die Gefahr von Substituten. Substitute können die Nachfrage nach einer bestimmten „Produktklasse" reduzieren, wenn die Verbraucher auf Alternativen umsteigen. Das kann sogar soweit gehen, dass bestimmte Produktklassen obsolet werden. Damit aber der Substituteffekt wirkt, ist ein tatsächliches Umsteigen auf andere Produkte eigentlich gar nicht nötig. Schon das Risiko der Substitution sorgt für eine Deckelung der Preise innerhalb einer Branche. Obwohl also der Eurostar keine direkte Konkurrenz durch andere Zugverbindungen zwischen London und Paris hat, werden die Kosten, die für eine Fahrt verlangt werden können, dennoch letztendlich durch die Preise von Verbindungsflügen zwischen beiden Städten gedeckelt. Zwei wichtige Punkte gilt es in Bezug auf Substitute zu bedenken:

- *Das Preis-Leistungs-Verhältnis* ist ein wichtiger Faktor bei der Gefahr von Substitution. Ein Substitut ist immer noch eine wirkungsvolle Bedrohung, selbst wenn es teurer ist, solange es einen Leistungsvorteil bietet, den die Verbraucher wertschätzen. So ist Aluminium zwar teurer als Stahl, sein Vorteil für die Herstellung mancher Autoteile besteht jedoch darin, relativ leicht und korrosionsbeständig zu sein. Es kommt eben nicht nur auf den Preis allein, sondern auch auf das Preis-Leistungs-Verhältnis an.
- *Branchenexterne Effekte* sind der Kern des Substitutionskonzepts. Substitute kommen von außerhalb der Branchen etablierter Unternehmen und dürfen nicht mit der Bedrohung von Konkurrenten innerhalb einer Branche verwechselt werden. Der Wert des Substitutionskonzepts besteht darin, dass Manager dazu gezwungen werden, über ihre eigene Branche hinauszuschauen und auch weiter entfernte Gefahren und Beschränkungen zu bedenken. Je mehr Substitutionsgefahr besteht, desto unattraktiver ist meist die betroffene Branche.

Die Macht der Käufer

Käufer

Käufer sind die unmittelbaren Kunden einer Organisation (die nicht notwendiger Weise die Endkunden sein müssen).

Natürlich sind die Kunden ausschlaggebend für das Überleben jedes Unternehmens. Manchmal haben jedoch Kunden – hier **Käufer** – eine so starke Verhandlungsposition, dass Zulieferer kaum Gewinne machen können.

Die *Macht der Käufer* ist meist unter den folgenden Bedingungen am größten:

- *Konzentrierte Käufer.* Wenn nur einige wenige Großkunden für den Großteil des Umsatzes verantwortlich sind, so steigt die Käufermacht. Dies gilt in vielen europäischen Ländern für Grundnahrungsmittel wie Milch, denn hier bestimmen meist nur einige wenige Einzelhändler den Markt. Wenn ein einziges Produkt oder eine Dienstleistung einen hohen Prozentsatz der gesamten Einkäufe der Käufer ausmacht, so wächst ihre Macht ebenfalls. Denn dann ist es wahrscheinlicher, dass sie viele Produkte vergleichen, um den besten Preis zu bekommen, und dass sie die Preise der Hersteller eher drücken, als sie dies bei weniger wichtigen Produkten tun würden.
- *Geringe Umstellungskosten.* Wenn Käufer leicht von einem Zulieferer zu einem anderen wechseln können, haben sie eine starke Verhandlungsposition und können die Preise der Zulieferer drücken, die sie als Kunden dringend brauchen. Meist sind die Umstellungskosten bei kaum abgegrenzten Produkten wie Stahl eher gering.
- *Die Gefahr der Käuferkonkurrenz.* Verfügt der Käufer selbst über bestimmte Ausstattungen oder Betriebsanlagen, oder hat er die Möglichkeit, eine solche Ausrüstung zu erwerben, so besitzt er meist mehr Verhandlungsmacht gegenüber dem Zulieferer. Denn dann kann er androhen, die Arbeit des Zulieferers selbst zu tun. Dies wird *rückwärtige vertikale Integration* genannt, denn damit bewegt man sich zurück zum Ursprung der gelieferten Produkte. Dazu kommt es, wenn etwa keine zufriedenstellende Einigung über Preise und Qualität zwischen Käufer und Zulieferer erzielt werden kann. So haben zum Beispiel einige Glashersteller gegenüber ihren Kunden an Macht verloren, als einige große Fensterhersteller beschlossen, eigenes Glas zu produzieren.

Hier ist es sehr wichtig, den Begriff der Käufer vom Begriff des Endverbrauchers abzugrenzen. So sind für Unternehmen wie Nestlé oder Unilever Käufer in der Regel Einzelhändler wie etwa Carrefour oder Tesco und keine normalen Verbraucher (siehe Ausführungen zum Thema „strategischer Kunde“ in *Abschnitt 2.4.3*). Carrefour und Tesco besitzen viel mehr Verhandlungsmacht als jeder normale Verbraucher. Die hohe Kaufkraft solcher Supermärkte ist zu einem starken Druckmittel auf die entsprechenden Zulieferer geworden.

Die Macht der Zulieferer

Zulieferer versorgen die Organisation mit dem, was sie zur Herstellung ihrer Produkte oder Dienstleistungen benötigt. Dies kann sowohl Treibstoff, Rohstoffe und Ausrüstung als auch Arbeitskraft und Finanzmittel beinhalten. Die Faktoren, die die Macht der Zulieferer stärken, sind die Gegenspieler der Faktoren für die Käufermacht. Also ist die *Macht der Zulieferer* unter folgenden Bedingungen meist sehr groß:

> **Zulieferer**
>
> Zulieferer versorgen die Organisation mit dem, was sie zur Herstellung ihrer Produkte oder Dienstleistungen benötigt, unter anderem Arbeitskräfte oder finanzielle Ressourcen.

- *Konzentrierte Zulieferer.* Wenn nur einige wenige Produzenten die Zulieferung dominieren, haben diese Zulieferer mehr Macht über die Käufer. Die Eisenerzindustrie ist jetzt konzentriert und befindet sich in den Händen von drei Hauptzulieferern, sodass die Stahlfirmen, die stark fragmentiert sind, in einer sehr schlechten Verhandlungsposition für diesen wichtigen Rohstoff sind.
- *Hohe Umstellungskosten.* Wenn es sehr teuer oder umständlich ist, den Zulieferer zu wechseln, steigt die Abhängigkeit des Käufers und schwächt somit seine Position. Microsoft ist ein mächtiger Anbieter, denn hier sind die Umstellungskosten auf ein anderes Betriebssystem enorm hoch. Die Käufer sind bereit, einen Aufpreis zu zahlen, um Probleme zu vermeiden, und Microsoft weiß das.

- *Die Gefahr der Zuliefererkonkurrenz.* Zulieferer verfügen über mehr Macht, wenn sie Kunden ausschließen können, die als Zwischenhändler agieren. So konnten zum Beispiel Fluglinien harte Verträge mit Reisebüros aushandeln, denn die Zunahme von Online-Buchungen eröffnete ihnen einen direkten Zugang zum Kunden. Dies wird *vorwärts gerichtete vertikale Integration* genannt, denn damit bewegt man sich weiter auf den Endverbraucher zu.

Die meisten Organisationen haben viele Zulieferer, daher muss man sich in der Analyse auf die wichtigsten Zulieferer oder Zuliefererarten konzentrieren. Verfügen sie über große Macht, können Zulieferer die gesamten potenziellen Gewinne ihrer Käufer für sich beanspruchen, einfach nur dadurch, indem sie ihre Preise erhöhen. So ist es vielen Fußballstars gelungen, ihre Honorare in astronomische Höhen zu treiben, während die führenden Fußballvereine – ihre „Käufer" – um Gelder kämpfen müssen.

Wettbewerbsrivalität

Diese vier weiter gefassten Wettbewerbskräfte (die vier Pfeile in dem Modell) wirken sich allesamt auf die direkte Wettbewerbsrivalität zwischen der Organisation und ihren unmittelbaren Rivalen aus. So steigern niedrige Eintrittsbarrieren die Zahl der Konkurrenten, und mächtige Käufer mit geringen Umstellungskosten zwingen ihre Zulieferer in eine harte Rivalität, um die besten Angebote machen zu können. Je mehr Wettbewerbsrivalität besteht, umso schwerer haben es etablierte Unternehmen in einer Branche.

Wettbewerber

Wettbewerber sind Organisationen mit ähnlichen Produkten oder Dienstleistungen, welche die gleiche Kundengruppe ansprechen.

Wettbewerber sind Organisationen mit ähnlichen Produkten oder Dienstleistungen, die auf die gleichen Kundengruppen abzielen (also keine Substitute anbieten). In der europäischen Transportbranche sind Air France und British Airways Rivalen, Züge dagegen sind Substitute. Zusätzlich zu den vier oben genannten Kräften gibt es eine Reihe weiterer Faktoren, die das Ausmaß der Wettbewerbsrivalität innerhalb einer Branche oder eines Sektors beeinflussen:

- *Gleichgewicht der Konkurrenten.* Wenn alle Konkurrenten in etwa gleich groß sind, besteht die Gefahr eines sehr intensiven Wettbewerbs, denn ein Konkurrent möchte die anderen dominieren. Umgekehrt gibt es häufig in weniger hart umkämpften Branchen eine oder zwei dominante Organisationen, die von den kleineren Vertretern der Branche meist nicht direkt herausgefordert werden. (Diese konzentrieren sich beispielsweise auf Marktnischen, um nicht die Aufmerksamkeit der großen Konkurrenten auf sich zu ziehen.)
- *Wachstumsrate der Branche.* Wächst eine Branche sehr stark, so kann auch eine Organisation mit dem Markt wachsen. Stagniert das Wachstum aber, oder ist es gar rückläufig, so geht das Wachstum eines Wettbewerbers immer auf Kosten eines anderen Wettbewerbers und trifft auf harte Gegenwehr. Oft herrscht auf Märkten mit geringen Wachstumsraten daher ein harter Preiskampf und geringe Rentabilität. Der *Lebenszyklus einer Branche* beeinflusst ihre Wachstumsraten und somit auch die dort herrschenden Wettbewerbsbedingungen; siehe *Abschnitt 2.3.2*.
- *Hohe Fixkosten.* Große Rivalität herrscht auch meist in Branchen mit hohen Fixkosten, die sich etwa durch hohen Investitions- oder Kapitalbedarf oder durch großen Forschungsaufwand ergeben. Die Unternehmen bemühen sich, ihre Produktionskosten pro Stück zu senken, indem sie in größeren Mengen produzieren: Dazu senken sie häufig ihre Preise und bringen so die Konkurrenz dazu, es ihnen nachzumachen, sodass es letztendlich zu einem Preiskrieg kommt, unter dem alle Beteiligten

leiden. Ähnliches gilt, wenn eine Produktionssteigerung nur in großen Stückzahlen erfolgen kann (wie etwa bei der Herstellung von Chemikalien oder Glas), denn in einem solchen Fall entsteht durch das betroffene Unternehmen kurzfristig eine Überkapazität in der gesamten Branche, was wiederum zu verstärktem Wettbewerb durch Nutzung der Kapazität führt.

- *Hohe Austrittsbarrieren.* Gibt es in einer Branche hohe Austrittsbarrieren – etwa durch Schließungen oder Investitionsabbau – so steigt dadurch meist die Rivalität. Dies gilt besonders in rückläufigen Branchen. Überschüssige Kapazitäten sind die Folge, also kämpfen die etablierten Unternehmen darum, ihren Marktanteil zu halten. Für solche hohen Austrittsbarrieren kann es viele Gründe geben, etwa hohe Redundanzkosten oder teure Investitionen in spezielle Vermögenswerte wie Fabriken und Maschinen, die andere Unternehmen nicht kaufen würden.
- *Geringe Abgrenzung.* Auf einem Rohstoffmarkt, wo Güter und Dienstleistungen sich kaum gegeneinander abgrenzen lassen, steigt die Rivalität, denn die Kunden können sehr leicht von einem Konkurrenten zum anderen wechseln, sodass der einzig mögliche Wettbewerb über den Preis betrieben werden kann.

Beispiel 2.3 Konsolidierung der Stahlindustrie

Die Five-Forces-Analyse macht es leichter zu verstehen, warum sich die Attraktivität einer Branche verändert.

Lange galt die Stahlindustrie als statisch und unrentabel. Die Unternehmen konzentrierten sich auf das eigene Land, waren häufig verstaatlicht und die Gewinne blieben aus – in den ersten Jahren nach 2000 gingen allein in den USA über 50 unabhängige Stahlproduzenten in Konkurs. Doch die jüngste Vergangenheit brachte die Revolution. So zahlte etwa 2006 das Unternehmen Mittal Steel $ 35 Mrd. (€ 28 Mrd.) für die Übernahme des europäischen Stahlgiganten Arcelor. Dadurch entstand der weltweit größte Stahlproduzent. Im folgenden Jahr kaufte das indische Konglomerat Tata das englisch-holländische Stahlunternehmen Corus für $ 13 Mrd. auf. Diese hohen Preise sprachen dafür, dass man durchaus daran glaubte, in der Branche eine Wende herbeiführen zu können.

Neueinsteiger

In den letzten zwei Jahrzehnten sind zwei mächtige Gruppen neu auf den Stahlmarkt gekommen: Zunächst stieg nach einer Zeit der Privatisierung und Reorganisation Russland im Jahr 2009 zum zweitgrößten Stahlexporteur (nach Japan) auf, wobei Unternehmen wie Severstal und Evraz die Führung übernahmen. Doch auch China entwickelte sich zu einer Weltmacht auf dem Stahlmarkt. Vom Beginn der 1990er Jahre bis 2009 konnten chinesische Stahlproduzenten ihre Kapazitäten um das Sechsfache steigern. Obwohl Chinas Anteil an der weltweit verfügbaren Produktionskapazität im Jahr 2009 bei über 40 Prozent lag, wurde hier in der Hauptsache für den heimischen Markt produziert. 2009 belegte China auf dem weltweiten Stahlexportmarkt lediglich Rang vier.

Substitute

Die Stahlproduktion bedient sich einer Technologie aus dem 19. Jahrhundert und wird zunehmend von anderen Materialen abgelöst, etwa von Aluminium in der Autoindustrie, bei Verpackungen und in der Plastikherstellung oder von Keramik und anderen Gemischen in vielen High Tech-Bereichen. Die technischen Fortschritte bei der Stahlproduktion selbst sorgen manchmal sogar für einen Bedarfsrückgang. So wurden Dosen aus Stahl im Laufe der letzten Jahrzehnte allmählich um etwa ein Drittel dünner.

Käufermacht

Die wichtigsten Stahlkäufer sind internationale Autofirmen, etwa Ford, Toyota und Volkswagen. Autohersteller sind anspruchsvoll und oft führend bei der technischen Entwicklung ihrer Materialen. Zumindest in den USA hat der Niedergang der einst dominierenden „Großen Drei" – General Motors, Ford und Chrysler – dazu geführt, dass viele neue Kunden auf den heimischen Markt drängen, denn Autobauer wie BMW, Toyota, Nissan und Honda gründen hier neue Produktionswerke. Aus der Branche der Metallverpackungen kommen weitere wichtige Kunden. Führende Dosenhersteller wie Crown Holdings, die ein Drittel aller Lebensmitteldosen in Nordamerika und Europa produziert, kaufen Stahl in großen Mengen und koordinieren ihre Einkäufe rund um die Welt.

Zulieferermacht

Eisenerz ist der wichtigste Rohstoff für die Stahlproduktion. Die drei großen Lieferanten – CVRD, Rio Tinto und BHP Billton – kontrollieren 70 Prozent des internationalen Marktes. Zwischen 2005 und 2008 vervierfachte sich der Marktpreis, und selbst im Jahr 2010 lag er trotz Rezession immer noch doppelt so hoch wie 2005.

Wettbewerbsrivalität

Die Stahlbranche war über lange Zeit sehr zerstückelt: Im Jahr 2000 waren die fünf größten Stahlproduzenten weltweit für nur 14 Prozent der gesamten Produktion verantwortlich. Firmen wie Nucor in den USA, Thyssen-Krupp in Deutschland sowie Mittal und Tata reagierten, indem sie schwächere Konkurrenten weltweit aufkauften. Im Jahr 2009 lag der Gesamtanteil der fünf größten Produzenten bereits bei 20 Prozent. Der neue Stahlgigant ArcelorMittal war allein für etwa 10 Prozent der weltweiten Stahlproduktion verantwortlich und beherrschte ein Fünftel des europäischen Marktes. Trotz eines Konjunkturhochs 2008 und einer rückläufigen Phase im Jahr 2009 entsprach der Stahlpreis auf dem Weltmarkt im Jahr 2010 in etwa dem von 2005.

Kontrollfragen

1. Welche der Five Forces wirkte sich in jüngster Zeit eher positiv auf die Stahlproduzenten aus, welche eher negativ?
2. Erklären Sie die Übernahmestrategien von Unternehmen wie Mittal, Tata und Nucor.
3. Was könnte sich in der Zukunft verändern und so die Stahlindustrie noch attraktiver oder aber weniger attraktiv machen.

Auswirkungen der Five-Forces-Analyse

Das Five-Forces-Modell bietet nützliche Einblicke in Bezug auf die Kräfte, die im Branchen- oder Sektorenumfeld einer Organisation wirken. Beispiel 2.3 beschreibt diese Five Forces innerhalb der sich verändernden Stahlindustrie. Es ist jedoch wichtig, das Modell nicht nur zur einfachen Auflistung der Five Forces zu nutzen. Im Grunde kommt es vielmehr auf eine Bewertung der Attraktivität einer Branche an. Jede Analyse sollte also mit einer Beurteilung abschließen, ob in einer Branche gute Wettbewerbsbedingungen herrschen oder nicht.

Als nächstes sollte die Analyse dazu anregen, die Auswirkungen dieser Kräfte zu untersuchen. Diese sind zum Beispiel:

- *In welche Branchen sollte man einsteigen (oder aus welchen aussteigen)?* Der grundlegende Zweck des Five-Forces-Modells besteht darin, die relative Attraktivität verschiedener Branchen zu ermitteln. Wirken die Kräfte nur schwach, handelt es sich um eine attraktive Branche. Manager sollten in Branchen investieren, in denen die Five Forces zu ihren Gunsten wirken, und sich aus Branchen zurückziehen oder diejenigen ganz vermeiden, wo sich die Kräfte negativ auf ihre Organisation auswirken.
- *Welchen Einfluss kann man ausüben?* Branchenstrukturen sind nicht immer fest verankert, sondern können oft durch gezieltes strategisches Management beeinflusst werden. So können Organisationen beispielsweise Eintrittsbarrieren errichten, indem sie ihre Werbebudgets erhöhen und so die Loyalität der Kunden steigern. Sie können Konkurrenten aufkaufen und dadurch den Wettbewerb entschärfen und ihre Macht über Käufer oder Zulieferer ausbauen. Branchenstrukturen können also auf vielerlei Weise beeinflusst werden. Dies alles gehört zum Thema *Wettbewerbsstrategien* und wird in *Kapitel 6* näher betrachtet.
- *Wie unterscheiden sich die Auswirkungen auf die einzelnen Konkurrenten?* Veränderungen der Branchenstruktur haben nicht auf alle Konkurrenten die gleiche Wirkung, gleichgültig ob sie spontan oder geplant geschehen. Wenn Eintrittsbarrieren aufgrund höherer Ausgaben für Forschung und Entwicklung oder für Werbung geschaffen werden, kann dies es kleineren Konkurrenten in der Branche unmöglich machen, mit den Großen mitzuhalten, sodass sie schließlich ausgepresst werden. Ebenso schadet wachsende Zulieferermacht besonders den kleinen Wettbewerbern. Hier hilft eine Analyse der strategischen Gruppen (siehe *Abschnitt 2.4.1*).

Obwohl die Five-Forces-Analyse ursprünglich aus dem privaten Sektor kommt, kann sie sich auch sehr wohl auf Organisationen der öffentlichen Hand auswirken. So können die Five Forces etwa genutzt werden, um das Angebot an Dienstleistungen zu steuern oder den Fokus auf wichtige Bereiche zu lenken. Es kann sich lohnen, die Managementinitiative von einem Bereich mit vielen einzelnen und sich überschneidenden Dienstleistungen (wie etwa Sozialarbeit, Bewährungshilfe oder Bildung) auf ein Gebiet zu verlagern, in dem weniger Wettbewerb herrscht und wo sich die Organisationen stärker gegeneinander abheben. Ebenso könnten Strategien entwickelt werden, um die Abhängigkeit von besonders mächtigen und teuren Zulieferern wie etwa Energielieferanten zu mindern.

Wichtige Kernpunkte für den Einsatz des Five-Forces-Modells

Das Five-Forces-Modell muss behutsam verwendet werden und ist, selbst auf Branchenebene, nicht unbedingt vollständig. Beim Einsatz des Modells sollte man folgende drei Kernpunkte beachten:

- *Festlegung der „richtigen" Branche.* Die meisten Branchen können auf verschiedenen Ebenen analysiert werden. So besteht die Luftfahrtindustrie aus mehreren Segmenten wie etwa Inlandsflüge oder Langstrecken und hat unterschiedliche Kundengruppen wie Urlauber, Geschäftsleute und Frachttransporte (siehe *Abschnitt 2.4.2* unten). Höchstwahrscheinlich wirken die die Wettbewerbskräfte in jedem dieser verschiedenen Segmente anders und können auch separat analysiert werden. Oft bietet es sich an, eine Branchenanalyse aufzuteilen und jedes Segment einzeln zu betrachten. Das Gesamtbild der Branche kann dann aus den Einzelanalysen zusammengesetzt werden.

Konvergenz

Konvergenz bedeutet, dass vormals voneinander getrennte Branchen beginnen, sich allmählich zu überlappen in Bezug auf ihre Aktivitäten, Technologien, Produkte und Kunden.

- *Konvergierende Branchen.* Oft ist es schwierig, Branchen gegeneinander abzugrenzen, da sich die Grenzen ständig verändern. So unterliegen viele Branchen, besonders im High Tech-Bereich, einer **Konvergenz**, d.h. vormals voneinander getrennte Branchen beginnen sich allmählich zu überlappen in Bezug auf ihre Aktivitäten, Technologien, Produkte und Kunden.[7] Der technologische Fortschritt brachte beispielsweise eine Konvergenz zwischen der Telefon- und der Fotobranche hervor, denn immer mehr Handys verfügen über Kameras und Videofunktionen. Für einen Hersteller von Fotoprodukten wie Kodak stellen Handys zunehmend Substitute dar, und bald müssen Firmen wie Nokia oder Samsung als direkte Konkurrenten wahrgenommen werden.
- *Komplementäre Produkte.* Einige Analysten sprechen von einer „sechsten Kraft", Organisationen nämlich, die komplementäre Produkte oder Dienstleistungen liefern. Solche *Komplementoren* sind Unternehmen, von denen Kunden komplementäre Produkte erwerben, die zusammen mehr wert sind als einzeln. So sind Dell und Microsoft insofern Komplementoren, als Computer und Software natürlich für den Kunden komplementäre Produkte darstellen. Microsoft ist darauf angewiesen, dass Dell leistungsfähige Geräte produziert, auf denen die neueste Software aufgespielt werden kann. Umgekehrt braucht Dell Microsoft, damit die Geräte überhaupt genutzt werden können. Ebenso sind die Macher des Fernsehprogramms und die Hersteller von Fernsehzeitungen Komplementoren. Hier ergeben sich zwei weiterführende Aspekte. Zunächst haben Komplementoren die Möglichkeit zur *Kooperation.* Für Microsoft und Dell macht es durchaus Sinn, sich gegenseitig über die eigenen neuesten technischen Entwicklungen zu informieren. Daraus ergibt sich eine erhebliche Verschiebung der Perspektive. Während Porter's Five-Forces-Modell alle Organisationen als Konkurrenten um ihren Anteil vom „Branchenkuchen" darstellt, könnten Komplementoren zusammenarbeiten und so sogar den Wert des gesamten Kuchens steigern.[8] Aufgrund dessen könnten Komplementoren allerdings auch

7 Siehe L. Van den Berghe und K. Verweire, „Convergence in the financial services industry", *Geneva Papers on Risk and Insurance*, Bd. 25, Nr. 2 (2000), S. 262–272, und A. Malhotra und A. Gupta, „An investigation of firms' responses to industry convergence", *Academy of Management Proceedings*, 2001, G1–6.

8 Für Abhandlungen über den Bedarf eines kollaborativen Wettbewerbsansatzes sowie eines Ansatzes nach Porter für die Branchenanalyse siehe J. Burton, „Composite strategy: The combination of collaboration and competition", *Journal of General Management*, Bd. 21, Nr. 1 (1995), S. 3–28, und R. ul-Haq, *Alliances and Co-evolution: Insights from the Banking Sector*, Palgrave Macmillan, 2005.

einen Großteil des verfügbaren Marktwerts für sich selbst beanspruchen. Microsoft etwa erzielt weitaus höhere Gewinne als die Hersteller komplementärer Computerprodukte und die hohen Margen des Unternehmens drücken die Umsätze und Margen anderer Firmen wie etwa Dell. Das Potenzial von Kooperation oder Antagonismus, das sich aus einer solchen „sechsten Kraft“ ergibt, muss bei der Branchenanalyse mit in Betracht gezogen werden.[9]

2.3.2 Die Dynamik einer Branchenstruktur

Die Analyse einer Branchenstruktur kann leicht zu statisch geraten, schließlich bedeutet Struktur meist gleichzeitig Stabilität.[10] Aus den vorhergehenden Abschnitten ergibt sich jedoch die Frage, wie sich Wettbewerbskräfte *im Laufe der Zeit* verändern. Es ist sehr wahrscheinlich, dass die Hauptantriebskräfte des Wandels eine Branchenstruktur verändern und eine Analyse verschiedener Szenarien kann helfen, die sich daraus ergebenden Auswirkungen zu verstehen. Dieser Abschnitt befasst sich mit drei weiteren Herangehensweisen an das Verständnis veränderbarer Branchenstruktur: Das Konzept des *Branchenlebenszyklus*, der Begriff des *Hyperwettbewerbs* und die *komparative Five-Forces-Analyse.*

Der Branchenlebenszyklus

Der Einfluss der Five Forces variiert meist in Abhängigkeit zur jeweiligen Phase des Branchenlebenszyklus. Dieser Begriff beinhaltet, dass eine Branche in ihrer Entwicklung meist klein beginnt, dann eine Phase raschen Wachstums erlebt (das Gegenstück zur Adoleszenz im menschlichen Lebenszyklus), die schließlich in einer Periode der „Marktbereinigung“ gipfelt. In den letzten beiden Phasen des Zyklus zeigt sich ein geringes oder gar Nullwachstum („Reife“) bevor schließlich die Phase des Rückgangs („Alter“) einsetzt. Aus jeder dieser Phasen ergeben sich Auswirkungen auf die Five Forces.[11]

In der *Entwicklungsphase* wird noch experimentiert. Meist gibt es einige wenige Akteure auf dem Markt, die nur in geringem Maße miteinander konkurrieren und stark gegeneinander abgegrenzte Produkte anbieten. Die Five Forces wirken meist nur schwach, doch auch die Gewinne fallen aufgrund hoher Investitionsanforderungen oft mager aus. In der nächsten Phase herrscht starkes Wachstum und geringe Rivalität, denn der Markt bietet genügend Chancen für jeden. Käufer möchten sich vielleicht schnell große Vorräte sichern, sind dadurch nicht sehr anspruchsvoll und verringern so ihre eigene Macht. Ein Nachteil dieser Wachstumsphase besteht darin, dass meist nur geringe Eintrittsbarrieren vorhanden sind, da die bestehenden Konkurrenten noch klein sind und bisher weder viele Erfahrungen gesammelt noch die Loyalität ihrer Kunden erworben haben. Ein weiterer potenzieller Nachteil liegt in der Macht der Zulieferer,

---

9 Die klassische Diskussion liefern A. Brandenburger und B. Nalebuff, „The right game: Use game theory to shape strategy“, *Harvard Business Review*, Bd. 73, Nr. 4 (1995), S. 57–71. Zu den Gefahren der Komplementoren siehe D. Yoffie und M. Kwak, „With friends like these“, *Harvard Business Review*, Bd. 84, Nr. 9 (2006), S. 88–98.

10 Es gibt eine gute Diskussion über die statische Natur des Porter-Modells und anderer Einschränkungen bei M. Grundy, „Rethinking and reinventing Michael Porter's five forces model“, *Strategic Change*, Bd. 15 (2006), S. 213–229.

11 Eine klassische akademische Übersicht des Branchenlebenszyklus liefert S. Klepper, „Industry life cycles“, *Industrial and Corporate Change*, Bd. 6, Nr. 1 (1996), S. 119–143, siehe auch A. McGahan, „How industries evolve“, *Business Strategy Review*, Bd. 11, Nr. 3 (2000), S. 1–16.

wenn Komponenten oder Material knapp werden, die die schnell wachsenden Unternehmen für ihre Expansion brauchen. Die Phase der *Marktbereinigung* beginnt, sobald sich das Wachstum verlangsamt, sodass der zunehmende Wettbewerb die Schwächsten der Neueinsteiger vom Markt vertreibt. In der *Reifephase* werden die Eintrittsbarrieren meist höher, da die Vertriebskanäle alle kontrolliert werden und Größenvorteile sowie die Vorteile der Erfahrungskurve ins Spiel kommen. Produkte oder Dienstleistungen werden oft standardisiert. Käufer werden mächtiger, denn der Reiz des Neuen ist verschwunden und es fällt ihnen leichter, zwischen den Anbietern zu wechseln. Für große Unternehmen kommt es typischerweise hauptsächlich auf den Marktanteil an, denn ist dieser groß, schützt er sie vor der Macht der Käufer und bietet einen Wettbewerbsvorteil bei den Kosten. In der Phase des *Rückgangs* kann es schließlich zu extremer Rivalität kommen, besonders dort, wo es hohe Austrittsbarrieren gibt, denn sinkende Umsatzzahlen zwingen die verbleibenden Konkurrenten zu einem harten Kampf gegeneinander. Abbildung 2.3 fasst einige der Bedingungen der verschiedenen Phasen des Lebenszyklus nochmals zusammen.

Dennoch darf man nicht zu sehr an die Unvermeidbarkeit der verschiedenen Lebensphasen glauben. So folgen die Phasen nicht unbedingt immer in gleicher Reihenfolge aufeinander. Die Länge der Wachstumsphasen variiert erheblich je nach Branche, und oft verursacht eine Innovation eine Beschleunigung der Reifephase. So durchlief die Telefonbranche, die sich ein Jahrhundert lang auf Festnetztelefone stützte, durch die Einführung von Handys und Internettelefonie ihre Reifephase in Rekordzeit. Anita McGahan warnt vor der „Reifementalität", die viele Manager selbstzufrieden werden lässt, sodass sie auf neue Konkurrenz zu spät reagieren.12 Denn auch in einer reifen Branche geht es nicht immer nur um das Warten auf den Abstieg. Obwohl ein stetiges Fortschreiten durch die einzelnen Lebensphasen nicht unvermeidlich ist, erinnert das Konzept des Lebenszyklus den Manager dennoch daran, dass sich Bedingungen im Laufe der Zeit ändern. Besonders in sich schnell verändernden Branchen muss die Five-Forces-Analyse regelmäßig überarbeitet werden.

Abbildung 2.3: Der Branchenlebenszyklus

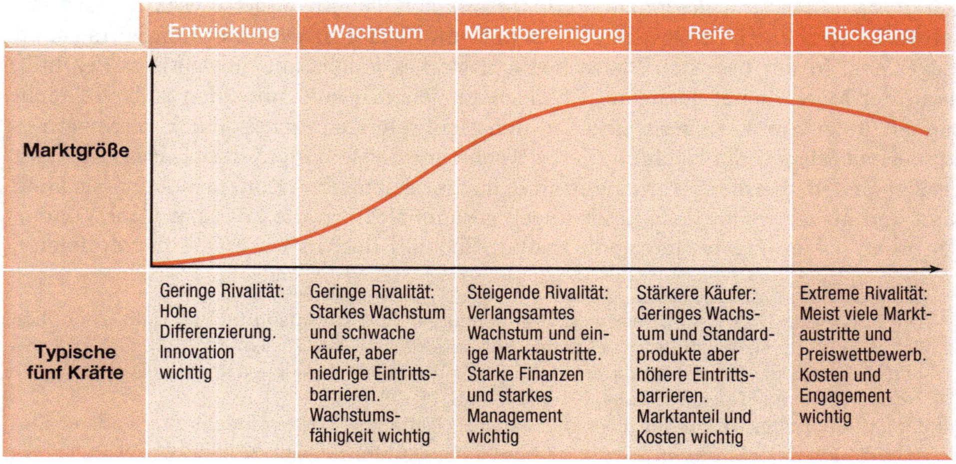

12 A. McGahan, „How industries evolve", *Business Strategy Review*, Bd. 11, Nr. 3 (2000), S. 1–16.

Hyperwettbewerb und Wettbewerbszyklen

Konkurrenten reagieren mit ihren Handlungen ständig aufeinander: Preissenkungen werden kopiert und Innovationen imitiert. Diese Abfolge von Aktion und Reaktion wird als *Wettbewerbszyklus* bezeichnet. In manchen Branchen werden solche Interaktionen so intensiv und schnell, dass dadurch die Branchenstruktur regelrecht unterwandert wird. Solche Branchen werden als *hyperkompetitiv* bezeichnet (d.h. der Wettbewerb ist sehr intensiv), und alle Beteiligten werden durch die aggressiven Interaktionen der Konkurrenten in rasche Abwärtsspiralen gezwungen. Die Konkurrenten starten ständig Angriffe und Gegenangriffe, sodass keine Stabilität entstehen und auch keine nachhaltigen Gewinne erzielt werden können. Das Konzept der Wettbewerbszyklen unterstreicht die Tatsache, dass Branchenstrukturen nicht „natürlich gewachsen" sind, sondern oft durch bewusste strategische Handlungen von Konkurrenten geformt und verändert werden. Abbildung 2.4 zeigt einen theoretischen Wettbewerbszyklus; ein empirisches Beispiel ist in Beispiel 2.4 beschrieben.

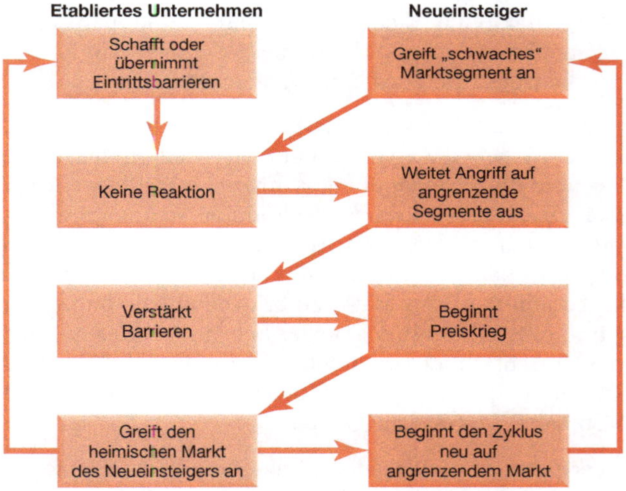

Abbildung 2.4: Wettbewerbszyklen

Beispiel 2.4

Wettbewerbszyklen

Veränderungen des Geschäftsumfelds und Aktionen der Konkurrenten schwächen die Wettbewerbsposition von Organisationen, die ihrerseits mit Gegenangriffen reagieren. Auch der Wettbewerb bewegt sich in Zyklen, sodass ein Wettbewerbsvorteil immer nur vorübergehend besteht.

Betrachten wir die Interaktionen zwischen Francotop, dem sehr rentablen und dominanten Unternehmen in einer Marktnische für Konsumgüter in Frankreich, und Deutsche Spitze, einer deutschen Firma mit einem ähnlichen Produkt, die sich auf dem europäischen Markt etablieren wollte.

Die erste Wettbewerbsaktion von Deutsche Spitze bestand darin, französische Konsumenten einer Altersgruppe anzusprechen, in der Konsum und Markenbewusstsein jeweils gering waren. Francotop hatte seine Marketingaktionen auf die Gruppe der über 25-Jährigen beschränkt, und die Deutschen sahen ihre Chance, den Markt auf die 18- bis 25-Jährigen auszudehnen. Mit ihren Werbeaktionen waren sie bei dieser Gruppe auch recht erfolgreich. Diesen ersten Schritt ignorierte Francotop, denn das eigene Geschäft wurde dadurch nicht beeinträchtigt. Der zweite Schritt, den Deutsche Spitze machte, war allerdings ein Angriff auf den wichtigsten Markt von Francotop, die ältere Verbrauchergruppe. Das brachte Francotop dazu, ebenfalls eine Werbekampagne zu starten, die das Markenbewusstsein in seinem traditionellen Marktsegment stärken sollte. Dadurch hoffte man, das deutsche Unternehmen in seine ursprüngliche Nische zurückzudrängen.

Deutsche Spitze reagierte mit einer Gegenkampagne und Preissenkungen – und untergrub damit die Margen des französischen Rivalen. Daraufhin eskalierte der Wettbewerb mit einem Angriff von Francotop auf den deutschen Markt. Diese größere Wettbewerbsaktivität rächte sich, denn beide ursprünglich starken Märkte wurden zunehmend ausgehöhlt und es kam nach und nach zu einer Verschmelzung des deutschen und des französischen Marktes.

Zu diesem Zeitpunkt könnte sich dieser gesamte Wettbewerbszyklus in einem angrenzenden Markt, wie etwa Großbritannien wiederholen. Stattdessen sah Deutsche Spitze aber die Chance, die ursprüngliche Wettbewerbsbasis aus Kosten und Qualität zu verlassen und seine Produkte so anzupassen, dass sie für die professionelle Nutzung interessant wurden. Seine Kernkompetenzen in der Forschung und Entwicklung ermöglichten es dem deutschen Unternehmen, sein neues Produkt schneller auf den Markt zu bringen als die französische Konkurrenz. Dann wurde dieser Vorteil des ersten Schritts ausgebaut, und es wurden Eintrittsbarrieren errichtet und verteidigt. So wurden spezielle Betreuer für die wichtigsten Kunden engagiert, Sonderangebote für eine schnelle Nutzung des Produkts und Dreijahresverträge angeboten.

Diese starke Marktposition wurde jedoch vom französischen Unternehmen angegriffen, und so kam es zu einem ähnlichen Wettbewerbszyklus wie oben beim Konsumgut beschrieben. Doch das deutsche Unternehmen hatte mittlerweile genügend finanzielle Reserven angelegt, um einen Preiskrieg überleben zu können, den es selbst anzettelte. Es war bereit und in der Lage, finanzielle Verluste über einen längeren Zeitraum hinweg in Kauf zu nehmen als die französische Konkurrenz – die schließlich den professionellen Markt verlassen musste.

Kontrollfragen

1. Hätte das französische Unternehmen den Wettbewerbszyklus verlangsamen können?
2. Wie hätte das französische Unternehmen den deutschen Konkurrenten von einer Eskalation des Wettbewerbs, zum eigenen Vorteil, auf dem professionellen Markt abhalten können?

Abbildung 2.4 zeigt einen Wettbewerbszyklus, der aus verschiedenen Aktionen und Reaktionen zweier Konkurrenten über einen bestimmten Zeitraum hinweg besteht. Er beginnt mit dem Angriff eines Neueinsteigers auf den etablierten Marktanteil eines bestehenden Unternehmens, das scheinbar durch lange bestehende Barrieren geschützt ist. Der Neueinsteiger greift ganz bewusst ein ungeschütztes Marktsegment des gesamten Marktes an. Kommt vom etablierten Konkurrenten keine starke Gegenwehr (kein Rückschlag also), so weitet der Neuankömmling seinen Angriff auf angrenzende Marktsegmente aus. Dadurch besteht die Gefahr des erhöhten Branchenwettbewerbs und damit rasch sinkender Gewinne. In Abbildung 2.4 reagiert das etablierte Unternehmen schließlich, indem es die Eintrittsbarrieren erhöht und durch stärkere Abgrenzung die Loyalität der Kunden stärkt. Der Neueinsteiger kontert mit einem Preiskrieg. Der letzte Ausweg des etablierten Unternehmens besteht darin, den heimischen Markt des Eindringlings anzugreifen. Dadurch hofft es, genug Schaden anzurichten, um den Neuankömmling zum Rückzug zu zwingen. So steigt auch die Rivalität auf dem heimischen Markt. Gleichzeitig tut das bestehende Unternehmen alles, um seine Eintrittsbarrieren zu erhöhen.

Beispiel 2.4 zeigt einen ähnlichen Wettbewerbszyklus auf internationaler Ebene. Hier finden Aktionen und Gegenaktionen der Konkurrenten gleichzeitig an mehreren Orten statt. So löste eine Wettbewerbsaktion innerhalb einer Arena, der aggressive Angriff des deutschen Unternehmens auf den französischen Markt, keinen Gegenangriff in derselben Arena (Frankreich), sondern auf dem heimischen Markt des deutschen Unternehmens aus.

Die Wettbewerbsdynamik zwischen Organisationen, die auf verschiedenen Produktmärkten oder geografischen Märkten konkurrieren (wie in Beispiel 2.4) bezeichnet man als *Multimarkt-Wettbewerb*, d.h. als Wettbewerb, der an verschiedenen Punkten innerhalb eines Geschäftsbereichs stattfindet. Ein solcher potenzieller Multimarkt-Wettbewerb bedeutet aber nicht immer gleichzeitig eine Steigerung der Wettbewerbsrivalität. Diese kann aufgrund von höheren Kosten und drohenden aggressiven Aktionen und Reaktionen sogar sinken.[13] Für ein etabliertes Unternehmen kann der Besitz einer kleinen Präsenz auf dem Hauptmarkt eines potenziellen Konkurrenten für eine Abschreckung jeglicher aggressiver Angriffe durch diesen Konkurrenten sorgen. Dieser weiß nämlich, dass er einen sofortigen Vergeltungsschlag auf seinem wertvollsten Markt riskiert, wo der für ihn größte Schaden angerichtet werden kann.

Zu einem **Hyperwettbewerb** kommt es, wenn sich Häufigkeit, Kühnheit und Aggressivität der Interaktionen der Konkurrenten immer weiter steigern, sodass die Marktbedingungen sich dauernd im Ungleichgewicht und Wandel befinden.[14] Dadurch sind jedoch die Branchenstrukturen auf Dauer instabil, und keine Branche kann für einen bestimmten Zeitraum mit absoluter Sicherheit als attraktiv eingeschätzt werden. In einer Zeit des Hyperwettbewerbs würde es sich nicht lohnen, viel in den Aufbau von Eintrittsbarrieren zu investieren oder zu versuchen, die Wettbewerbsrivalität zu ver-

Hyperwettbewerb

Zu einem Hyperwettbewerb kommt es, wenn sich Häufigkeit, Kühnheit und Aggressivität dynamischer Aktionen der Konkurrenten immer weiter steigern, sodass die Marktbedingungen sich dauernd im Ungleichgewicht und Wandel befinden.

13 J. Gimeno und C. Woo, „Hypercompetition in a multimarket environment: The role of strategic similarity and multi-market contact on competition de-escalation“, Organisation Science, Bd. 7, Nr. 3 (1996), S. 323–341.

14 Diese Definition stammt von D'Aveni, Fußnote 12, S. 2. In seinem späteren Buch R. D'Aveni, *Strategic Supremacy: How industry leaders create spheres of influence*, Simon & Schuster International, 2002, nennt er Beispiele für Strategien, mit deren Hilfe eine starke Position unter Hyperwettbewerbsbedingungen erhalten werden kann.

mindern, indem zum Beispiel Konkurrenzfirmen aufgekauft werden. Die Reaktionen der Konkurrenten werden in jedem Fall früher oder später für eine Unterwanderung der attraktiven Branchenstruktur sorgen. Die Nachhaltigkeit eines Wettbewerbsvorteils wird in *Kapitel 3* im Detail behandelt, während auf Wettbewerbsaktionen und -reaktionen im Fall eines Hyperwettbewerbs in *Kapitel 6* erneut eingegangen wird. Einige Analysten gehen davon aus, dass sich aufgrund der internationalen Konkurrenz und des technischen Fortschritts gegenwärtig alle Branchen allgemein immer mehr in Richtung eines Hyperwettbewerbs bewegen. Forschungsergebnisse zur Entwicklung des Hyperwettbewerbs sind jedoch zweigeteilt, und es empfiehlt sich in jedem Fall, nicht in Panik zu geraten und sich zu unangemessenen Aktionen eines Hyperwettbewerbs verleiten zu lassen.[15] Aggressive Zyklen verstärken sich oft ganz von selbst und sind – einmal in Schwung gebracht – nur schwer wieder aufzuhalten.

Komparative Branchenstrukturanalysen

Die Begriffe „Branchenlebenszyklus" und „Wettbewerbszyklus" weisen jeweils verstärkt darauf hin, dass es sehr sinnvoll ist, eine Branchenstrukturanalyse dynamisch zu gestalten. Ein effektives Mittel hierfür ist ein Vergleich der Five Forces im Laufe der Zeit mittels eines einfachen „Radarschemas."

Abbildung 2.5: Komparative Analyse einer Branchenstruktur

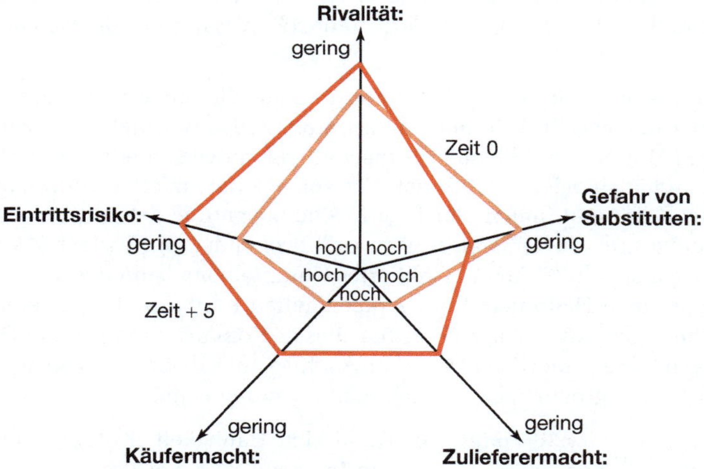

Abbildung 2.5 bietet ein Rahmenwerk zur Zusammenfassung der Wirkung jeder der Five Forces, die auf fünf Achsen dargestellt sind. Je weiter man sich auf den Achsen nach außen bewegt, umso mehr nimmt die jeweilige Kraft ab. Ist die Wirkung der Kräfte gering, so ist die von den Linien zwischen den Achsen umschlossene Fläche groß; ist die Wirkung der Kräfte groß, ist diese Fläche entsprechend klein. Je größer die Fläche, umso größer ist demnach auch das Gewinnpotenzial. In Abbildung 2.5 herrscht in der abgebildeten Branche zum Zeitpunkt 0 (verdeutlicht durch die hellblauen Linien)

15 G. McNamara, P. Vaaler und C. Devers, „Same as ever it was: The search for evidence of increasing hypercompetition", *Strategic Management Journal*, Bd. 24 (2003), S. 261–268 und R. Wiggins und T. Ruefli, „Schumpeter's ghost: Is hypercompetition making the best of times shorter?", *Strategic Management Journal*, Bd. 26, Nr. 10 (2005), S. 887–911.

relativ geringe Rivalität (nur wenige Konkurrenten), und die Gefahr der Substitution ist gering. Das Risiko, Neueinsteiger anzuziehen, ist mäßig hoch, doch ist sowohl die Macht der Käufer als auch die Macht der Zulieferer relativ hoch. Insgesamt kann die Attraktivität der Branche für eine Neuinvestition als mäßig eingeschätzt werden.

Angesichts der Tatsache, dass sich Branchen dynamisch entwickeln, muss ein Manager aber auch in die Zukunft blicken: In diesem Fall geht der Blick fünf Jahre in die Zukunft, was durch die dunkelblauen Linien in Abbildung 2.5 verdeutlicht wird; hier sehen die Manager einen gewissen Anstieg des Substitutionsrisikos voraus. (Vielleicht entwickeln sich neue Technologien.) Andererseits sagen sie auch voraus, dass die Gefahr des Markteintritts neuer Unternehmen zurückgeht, während die Macht von Käufern und Verkäufern ebenfalls rückläufig sein wird. Auch die Rivalität sinkt weiter. Dieses sieht wie der klassische Fall einer Branche aus, in der einige wenige Unternehmen mit der Zeit den Markt dominieren. Die von den dunkelblauen Linien umschlossene Fläche ist groß, was auf eine relativ attraktive Branche hindeutet. Für ein Unternehmen, das die Chance hat, solch eine dominante Position einzunehmen, kann sich eine Investition durchaus lohnen.

Vergleicht man die Five Forces über einen bestimmten Zeitraum hinweg mithilfe eines solchen Radarschemas, so kann man dadurch den dynamischen Aspekt der Branchenanalyse erfassen. Ähnliche Schemata können zur Analyse von Diversifikationsentscheidungen (*Kapitel 7*) herangezogen werden. Hier können unterschiedliche Branchen, wo ein Markteintritt möglich ist, bezüglich ihrer Attraktivität verglichen werden. Die Linien stellen natürlich nur ungefähre Werte dar, denn sie fassen die vielen einzelnen Elemente, die jede der Kräfte ausmachen, zu einem Gesamtwert zusammen. Ist die Wirkung einer der Kräfte besonders negativ, so fällt auf, dass die positive Einschätzung auf den anderen vier Achsen dadurch zunichte gemacht werden kann: So kann eine Branche, in der Rivalität, Substitutionsgefahr, Eintrittsbarrieren und Zulieferermacht gering sind, dennoch unattraktiv sein, wenn mächtige Käufer stark reduzierte Preise erzwingen können. Beachtet man die oben genannten Einschränkungen, so kann ein solches Radarschema dennoch sowohl für eine erste als auch für eine finale, detailliertere Analyse ein nützliches Hilfsmittel sein.

Sitzung 6: Konkurrentenanalyse und strategische Gruppen

6

ÜBERBLICK

2.4 Konkurrenten und Märkte

Vielleicht ist eine Analyse der Branche oder des Sektors zu allgemein angelegt, um genaue Einblicke in die Konkurrenzsituation zu gewährleisten. Die Five Forces können sich auch unterschiedlich auf verschiedene Marktteilnehmer auswirken. So sind Ford und Porsche beispielsweise in derselben Branche aktiv (Automobile), doch sind sie unterschiedlich positioniert; schon die Käufer- und Zulieferermacht sind für beide sehr verschieden. Also ist es oft sinnvoll, die verschiedenen Elemente voneinander zu trennen. In vielen Branchen gibt es eine Reihe von Unternehmen, die jeweils über ganz verschiedene Fähigkeiten verfügen und auf unterschiedlichen Ebenen konkurrieren. Diese Unterschiede der Konkurrenten können mit dem Begriff der *strategischen Gruppen* erfasst werden. Auch zwischen Kunden kann es erhebliche Unterschiede geben. Diese können über die Unterscheidung zwischen *strategischen Kunden* und Endkunden und über die Unterscheidung verschiedener *Marktsegmente* erfasst werden. Konzentriert man sich auf strategische Gruppen und Marktsegmente, so achtet man dadurch automatisch auf *ausschlaggebende Erfolgsfaktoren* sowie darauf, *was Kunden wertschätzen*.

2.4.1 Strategische Gruppen[16]

Strategische Gruppen

Strategische Gruppen sind Organisationen innerhalb einer Branche oder eines Sektors, die ähnliche Eigenschaften aufweisen, ähnliche Strategien verfolgen oder in ähnlicher Weise miteinander konkurrieren.

Strategische Gruppen sind Organisationen innerhalb einer Branche oder eines Sektors, die ähnliche Eigenschaften aufweisen, ähnliche Strategien verfolgen oder in ähnlicher Weise miteinander konkurrieren. Diese Eigenschaften unterscheiden sich von den Eigenschaften anderer strategischer Gruppen derselben Branche. So bilden im Lebensmitteleinzelhandel Supermärkte, Delikatessengeschäfte und Tante-Emma-Läden jeweils eigene strategische Gruppen. Es gibt viele verschiedene Eigenschaften, anhand derer sich strategische Gruppen unterscheiden lassen; sie können jedoch in zwei Gruppen eingeteilt werden (siehe Abbildung 2.9)[17]: Zunächst geht es um die *Reichweite* der Aktivitäten einer Organisation (z.B. Produktpalette, geografische Marktabdeckung, Reichweite der Vertriebskanäle, etc.). Die zweite Gruppe definiert sich durch den Einsatz der Ressourcen (z.B. Marken, Marketingausgaben und das Ausmaß der vertikalen Integration). Zum Verständnis, welche dieser Eigenschaften für bestimmte Branchen eine besonders große Rolle spielen, muss man die Geschichte und Entwicklung sowie die im Umfeld wirkenden Kräfte dieser Branche verstehen.

Strategische Gruppen können anhand zweidimensionaler Grafen dargestellt werden. So kann eine Achse die Reichweite der Produktpalette abbilden, während die andere die Marketingausgaben darstellt. Eine Methode zur Festlegung der entscheidenden Dimensionen für die Darstellung strategischer Gruppen ist die Identifizierung der erfolgreichsten Unternehmen (gemessen an deren Größe oder Rentabilität) innerhalb einer Branche. Diese können dann mit wenig erfolgreichen Unternehmen verglichen werden. Eigenschaften, die alle erfolgreichen Unternehmen, nicht aber die erfolglosen Unternehmen gemeinsam haben, sind für die Abbildung der strategischen Gruppen meist sehr wichtig. So können die rentabelsten Unternehmen einer Branche etwa eine kleine Produktpalette und gleichzeitig hohe Marketingausgaben haben, während die weniger erfolgreichen Firmen umgekehrt eine große Palette und geringere Ausgaben aufweisen. In diesem Fall sind die beiden relevanten Dimensionen für die Darstellung Produktpalette und Marketingausgaben. Eine mögliche Empfehlung für eine weniger rentable Firma könnte also lauten, die Produktpalette zu reduzieren und gleichzeitig mehr für Marketing auszugeben. In Beispiel 2.5 zeigt Abbildung 2.6 eine Darstellung der wichtigsten Institutionen der Niederlande, die im Jahr 2007 einen MBA-Abschluss anbieten.

16 Für eine Übersicht über die Forschungsarbeiten zu strategischen Gruppen siehe J. McGee, H. Thomas und M. Pruett, „Strategic groups and the analysis of market structure and industry dynamics“, *British Journal of Management*, Bd. 6, Nr. 4 (1995), S. 257–270. Für ein Beispiel zur Anwendung der Analyse strategischer Gruppen siehe C. Flavian, A. Haberberg und Y. Polo, „Subtle strategic insights from strategic group analysis“, *Journal of Strategic Marketing*, Bd. 7, Nr. 2 (1999), S. 89–106. Ein neues Beispiel ist J. Pandian, J. Rajendran, H. Thomas und O. Furrer, „Performance differences across strategic groups: An examination of financial market-based performance measures“, *Strategic Change*, Bd. 15, Nr. 7/8 (2006), S. 373–383.

17 Diese Eigenschaften basieren auf Porter, Fußnote 5.

Beispiel 2.5 Strategische Gruppen bei der MBA-Ausbildung in den Niederlanden

Die Darstellung strategischer Gruppen kann Einblicke über die Wettbewerbsstrukturen von Branchen und Sektoren und über Entwicklungschancen und -beschränkungen gewähren.

In den ersten Jahren des 21. Jahrhunderts gab es in den Niederlanden drei verschiedene Institutionen, in denen man einen MBA-Abschluss erwerben konnte: Traditionelle Universitäten, private, gewinnorientierte Wirtschaftshochschulen (FPBS) und Fachhochschulen.

- Traditionelle Universitäten boten viele verschiedene Studienfächer an, führten Forschungsprojekte durch und zogen Studenten auf nationaler und internationaler Ebene an. Die Studienprogramme waren eher akademisch ausgerichtet und weniger berufsorientiert. Ein Universitätsabschluss wurde allgemein als hochwertiger angesehen als der Abschluss an einer Fachhochschule.
- FPBS-Institute waren relativ neu und boten lediglich MBA-Abschlüsse an. In einigen dieser Institute kann man inzwischen auch einen DBA-Abschluss, also einen Doktortitel erwerben. Die meisten dieser Institute befanden sich in der Nähe der Landeshauptstadt. Hier wurden die Kurse meist aktiver gestaltet, was besonders für bereits berufstätige Manager attraktiv war. Viele Studenten verfügten bereits über einen Abschluss von einer Universität oder Fachhochschule. Einige dieser Schulen erhielten Akkreditierungen des Dutch Validation Council. Im Jahr 2005 erkannte der niederländische Bildungsminister das Institut NIMBAS, ein FPBS, als offizielle „universiteit" an. NIMBAS fusionierte später mit TIAS, der Wirtschaftshochschule der Universität von Tiburg.
- Fachhochschulen (die in den Niederlanden HogeScholen heißen) zogen meist Studenten aus der Region an. Hier konzentrierte sich die Ausbildung mehr auf die praktische Anwendung erlernter Theorien als auf die Förderung konzeptionellen Denkens. Einige Fachhochschulen boten MBA-Abschlüsse an, in manchen Fällen in Zusammenarbeit mit britischen Universitäten.

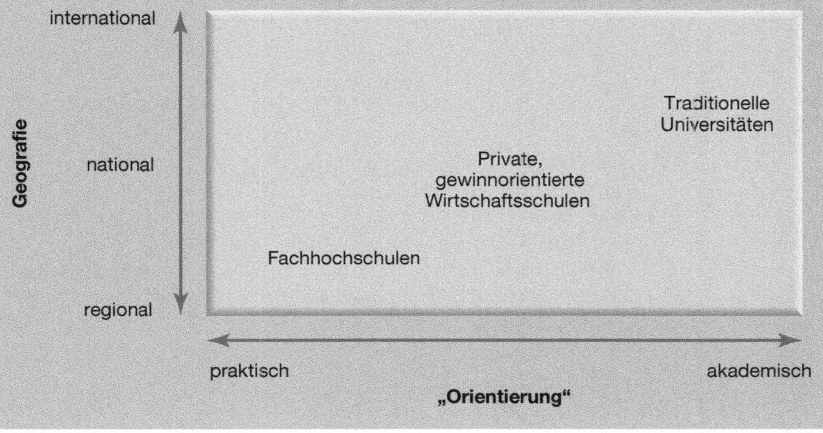

Abbildung 2.6: Strategische Gruppen in der MBA-Ausbildung in den Niederlanden

Abbildung 2.6 zeigt, wie diese drei Institutionen sich bezüglich ihrer geografischen Abdeckung und „Ausrichtung" positionierten.

Abbildung 2.7: Mobilitätsbarrieren

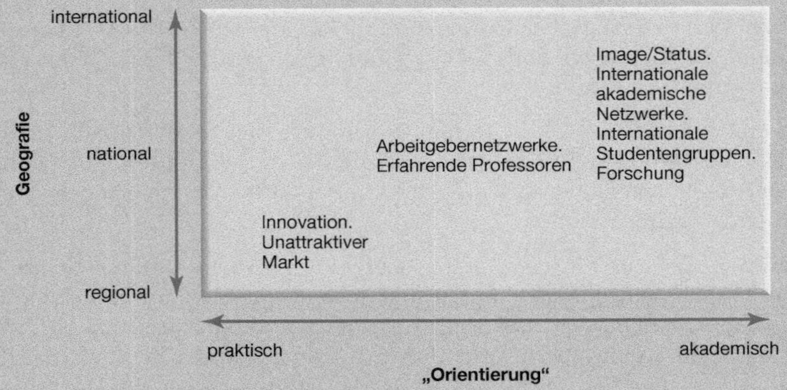

Abbildung 2.7 zeigt die Barrieren, denen sich Organisationen gegenübersahen, die von einer Gruppe in eine andere wechseln wollten (hier werden die *Eintrittsbarrieren* in die neue Gruppe gezeigt). Versuchte ein FPBS-Institut beispielsweise in die strategische Gruppe der traditionellen Universitäten zu wechseln, musste es sich dazu zunächst eine Reputation in den Bereichen Forschung und Innovation erwerben. Forschungsarbeit könnte für solche Institute aber durchaus nicht interessant sein, denn dadurch entstehen nur hohe Kosten, und die Erfolgsaussichten sind gering. Ein Wechsel einer traditionellen Universität zum FPBS-Institut könnte im Gegenzug ebenfalls schwierig sein, da den Professoren die entsprechende Ausbildung des Aktivlernens sowie die Erfahrung bei der Arbeit mit älteren Studenten fehlt.

Abbildung 2.8: Strategischer Freiraum

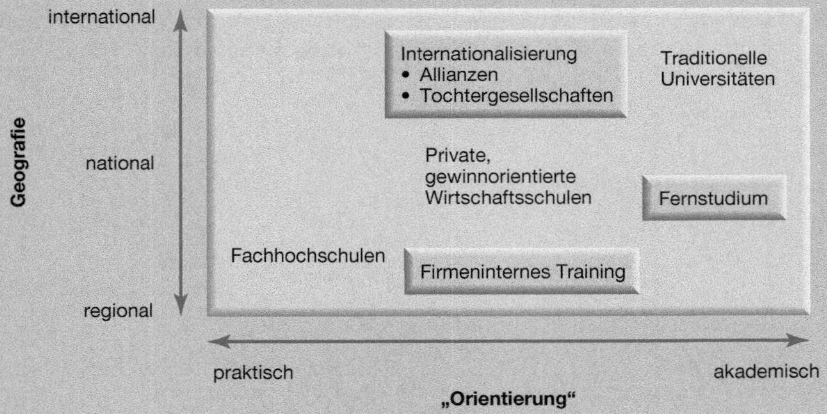

Abbildung 2.8 zeigt, wo sich „strategischer Freiraum" auftun könnte. Diese Freiräume entstehen durch Veränderungen des Makroumfelds – besonders durch Globalisierung und durch die Informationstechnologie. Dadurch können sich Möglichkeiten für holländische Wirtschaftshochschulen ergeben, internationale Kunden anzulocken. Doch auch das umgekehrte Risiko, dass internationale Konkurrenten auf den holländischen Markt drängen könnten, führt zu Besorgnis.

Die Informations- und Kommunikationstechnologie ermöglicht es den Studenten, auch zuhause oder am Arbeitsplatz zu studieren und zu lernen und gewährt ihnen zusätzlich Zugang zu einem internationalen Netzwerk. So könnte eine amerikanische oder britische Hochschule über das Internet Studieninhalte bereitstellen und die Studenten vor Ort durch Partnerschaften mit holländischen Instituten unterstützen. Die Universität von Phoenix hat beispielsweise bereits begonnen, Verbindungen in diese Richtung aufzunehmen.

Quelle: Dies ist eine aktualisierte Version von D.J. Eppink und S. de Waal, „Global Influences on the public sector", in G. Johnson und K. Scholes (Hrs.), Exploring Public Sector Strategy, FT/Prentice Hall, 2001, Kap. 3.

Kontrollfrage

1. Wie könnte diese Analyse die nächsten strategischen Schritte jeder der drei Institutsarten beeinflussen?

Es ist sinnvoll zu betrachten, inwieweit Organisationen sich in Bezug auf folgende **Merkmale** voneinander *unterscheiden*:

Reichweite der Aktivitäten

- Ausmaß der Produkt- oder Dienstleistungsvielfalt
- Ausmaß der geografischen Abdeckung
- Anzahl der bedienten Marktsegmente
- Genutzte Vertriebskanäle

Einsatz der Ressourcen

- Ausmaß (Anzahl) der **Marken**
- **Marketingbemühungen** (z.B. Werbeaktionen, Größe des Verkäuferteams)
- Ausmaß der **vertikalen Integration**
- Produkt- oder Service**qualität**
- **Position im Bereich Technologie** (Führungsposition oder Nachfolger)
- **Größe** der Organisation

Abbildung 2.9: Einige Merkmale zur Identifikation strategischer Gruppen

Es gibt mindestens drei Gründe, warum dieses Konzept der strategischen Gruppen sinnvoll und nützlich ist:

- *Zum Verständnis des Wettbewerbs.* Manager können sich auf ihre direkten Konkurrenten innerhalb ihrer jeweiligen strategischen Gruppe konzentrieren und müssen nicht die gesamte Branche mit einbeziehen. Außerdem können sie die Dimensionen bestimmen, die sie am ehesten von den anderen Gruppen unterscheiden, und die so die Basis für ihren relativen Erfolg oder Misserfolg darstellen. Diese Dimensionen können sie dann ins Zentrum ihrer Handlungen stellen.
- *Zur Analyse strategischer Möglichkeiten.* Grafische Darstellungen strategischer Gruppen können die attraktivsten „strategischen Freiräume" innerhalb einer Branche aufzeigen. Einige dieser Freiräume sind vielleicht „weiße Flecken", die wenig besetzt sind. Auf dem holländischen MBA-Markt sind solche Beispiele etwa Berufsabschlüsse für den internationalen Markt und eine semi-akademische Ausbildung für den regionalen Markt in Form von innerbetrieblichen Ausbildungen. Solche weißen Flecken könnten ungenutzte Chancen darstellen. Andererseits könnten sie sich auch zu „schwarzen Löchern" entwickeln, die unmöglich zu nutzen sind und jedem Neueinsteiger Schaden zufügen. Die Darstellung einer strategischen Gruppe ist lediglich die erste Stufe einer Analyse. Weiße Flecken müssen sorgfältig geprüft werden, denn nicht alle sind wirkliche strategische Freiräume.
- *Zur Analyse von Mobilitätsbarrieren.* Natürlich ist es mit Kosten verbunden, sich außerhalb seiner strategischen Gruppe zu bewegen, um bestehende Chancen auszunutzen. Oft sind dazu schwierige Entscheidungen und knappe Ressourcen notwendig. Ein Merkmal strategischer Gruppen sind folglich „Mobilitätsbarrieren", die die Bewegung von einer strategischen Gruppe zur anderen behindern. Sie haben Ähnlichkeit mit den Eintrittsbarrieren des Five-Forces-Modells. In Beispiel 2.5 zeigt Abbildung 2.7 Beispiele für Mobilitätsbarrieren, die die innerhalb der Branche festgelegten Gruppierungen behindern. Sie können ganz erhebliche Ausmaße annehmen: So muss ein regionaler Anbieter einer Berufsausbildung, der in die internationale akademische Gruppe eintreten möchte, erst das passende Image aufbauen, Netzwerke mobilisieren, seine Lehrmethoden ändern und seine Entgeltstrukturen aufbessern. Ebenso wie bei den Eintrittsbarrieren ist es auch hier von Vorteil, sich in einer strategischen Gruppe zu befinden, in der hohe Mobilitätsbarrieren herrschen, um so Imitationen zu vermeiden.

2.4.2 Marktsegmente

Marktsegment

Ein Marktsegment wird durch eine Kundengruppe mit ähnlichen Bedürfnissen gebildet, die sich von den Bedürfnissen der Kunden in anderen Teilen des Marktes unterscheiden.

Das oben eingeführte Konzept der strategischen Gruppen hilft uns, Ähnlichkeiten und Unterschiede der „Produzenten" zu verstehen – jenen Organisationen also, die tatsächliche oder potenzielle Konkurrenten darstellen. Das Konzept der Marktsegmente dagegen konzentriert sich auf die unterschiedlichen Bedürfnisse der Kunden. Ein **Marktsegment**[18] wird durch eine Kundengruppe mit ähnlichen Bedürfnissen gebildet, die sich von den Bedürfnissen der Kunden in anderen Teilen des Marktes unterscheiden. In *Kapitel 3* wird klar, dass das Verständnis dessen, was Kunden (und andere Interessengruppen) wertschätzen und wie eine Organisation und deren Konkurrenten posi-

18 Eine nützliche Abhandlung zur Segmentierung in Bezug auf Wettbewerbsstrategien ist zu finden bei M.E. Porter, *Competitive Advantage*, Free Press, 1985, Kap. 7. Siehe auch die Abhandlung über Marktsegmentierung in P. Kotler, G. Armstrong, J. Saunders und V. Wong, *Principles of Marketing*, 3. europ. Aufl., FT/Prentice Hall, 2002, Kap. 9. Für eine detailliertere Übersicht über Segmentierungsmethoden siehe M. Wedel und W. Kamakura, *Market Segmentation: Conceptual and methodological foundations*, 2. Aufl., Kluwer Academic, 1999.

tioniert sind, um diese Bedürfnisse zu befriedigen, wesentlich zum Verständnis der strategischen Fähigkeiten beitragen.

Art des Faktors	Verbrauchermärkte	Branchen-/ organisatorische Märkte
Merkmale von Mitarbeitern/ Organisationen	Alter, Geschlecht, Hautfarbe Einkommen Größe der Familie Position im Lebenszyklus Standort Lebensstil	Branche Standort Größe Technologie Rentabilität Management
Einkaufs-/ Nutzungs-situation	Größe des Einkaufs Markenloyalität Zweck der Nutzung Einkaufverhalten Wichtigkeit des Einkaufs Auswahlkriterien	Anwendung Wichtigkeit des Einkaufs Volumen Häufigkeit des Einkaufs Ablauf des Einkaufs Auswahlkriterien Vertriebskanal
Die Bedürfnisse und Präferenzen des Nutzers bezüglich Produktmerk-malen	Produktähnlichkeit Preispräferenz Markenpräferenzen Gewünschte Merkmale Qualität	Leistungsansprüche Hilfe vom Zulieferer Markenpräferenzen Gewünschte Merkmale Qualität Dienstleistungsansprüche

Abbildung 2.10: Einige Grundlagen der Marktsegmentierung

Der Begriff der Marktsegmente sollte einen Manager an einige wichtige Punkte erinnern:

- *Die Bedürfnisse der Kunden* können aus einer ganzen Reihe von Gründen ganz verschieden sein. Einige dieser Gründe werden in Abbildung 2.10 aufgezeigt. Theoretisch könnte jeder dieser Faktoren zur Identifizierung eines Marktsegments herangezogen werden. In der Praxis ist es aber wichtig, zu überlegen, welche Grundlagen für die Festlegung von Segmenten auf einem bestimmten Markt am wichtigsten sind. Auf Zulieferermärkten wird eine Segmentierung beispielsweise oft anhand einer Klassifizierung nach Käuferbranchen vorgenommen, etwa „wir verkaufen an die Haushaltsgerätebranche". Es könnte jedoch sein, dass dies nicht die wichtigste Basis für eine Segmentierung ist, wenn man auch die Zukunft mit einbezieht. Eine Segmentierung nach Käuferverhalten (etwa Direktkauf im Gegensatz zu Kauf über Dritte, z.B. Zwischenhändler) oder nach Kaufwert (etwa Großeinkäufer im Vergleich zu Käufern, die häufig geringe Mengen kaufen) könnte für einige Märkte geeigneter sein. Tatsächlich ist es oft sogar sinnvoll, verschiedene Segmentierungsgrundlagen auf denselben Markt anzuwenden, um so die Dynamik des Marktes und seine Veränderung besser zu verstehen.
- *Der relative Marktanteil* (d.h. der Marktanteil im Verhältnis zu dem der Konkurrenz) innerhalb eines Marktsegments ist ein wichtiger Aspekt. Die Organisationen, die die meiste Erfahrung bei der Betreuung eines bestimmten Marktsegments erworben haben, sollten nicht nur geringere Kosten haben, sondern auch Beziehungen aufgebaut haben, die für andere schwer anzugreifen sind. Je nach Marktsegment könnten die Kunden unterschiedliche Dinge wertschätzen, weshalb die „Produzenten" am ehesten in Segmenten erfolgreich sein werden, die ihren ganz eigenen Stärken entsprechen. Es könnte für sie dagegen sehr schwer sein, auf breiterer Front mit ande-

ren zu konkurrieren. So ist zum Beispiel eine kleine, lokal bekannte Brauerei, die auf Basis ihrer niedrigen Preise aufgrund geringer Vertriebs- und Marketingkosten mit den großen Markenherstellern konkurriert, automatisch auf das Segment des lokalen Marktes beschränkt, in dem niedrige Preise geschätzt werden.

- Viele Entwicklungen des Geschäftsumfelds haben Einfluss darauf, wie Marktsegmente *identifiziert und bedient* werden können.[19] Diese wurden in diesem Kapitel bereits erwähnt. So kann eine Segmentierung sogar auf den untersten Ebenen stattfinden, wenn genügend Kundendaten vorhanden sind, die elektronisch verarbeitet werden können. Außerdem muss gleichzeitig eine hohe Flexibilität der betrieblichen Aktivitäten der Organisation gegeben sein. So können sogar einzelne Kunden (sog. „Einzelmärkte") unterschieden werden. Internetanbieter mit speziellen Angeboten zielen beispielsweise ganz selektiv auf einzelne Kunden, ausgehend von deren früheren Einkaufsmustern. Die Tatsache, dass Kunden immer wohlhabender und mobiler werden, bedeutet, dass eine geografische Segmentierung wesentlich weniger effektiv sein kann als eine Segmentierung nach Lebensstandard (über nationale Grenzen hinweg.)

Sitzung 7: Ressourcen und Fähigkeiten der Unternehmung

7

ÜBERBLICK

Lernziele

Nach der Lektüre dieses Kapitels sollten Sie in der Lage sein,

- die Elemente der strategischen Fähigkeit in Organisationen zu unterscheiden: Ressourcen, Kompetenzen, Kernkompetenzen und dynamische Fähigkeiten.
- die Bedeutung der stetigen Verbesserung bei der Kosteneffizienz als strategische Fähigkeit zu erkennen.
- zu analysieren, wie strategische Fähigkeiten einen nachhaltigen Wettbewerbsvorteil basierend auf ihrem Wert, ihrer Seltenheit, ihrer Unnachahmlichkeit und ihrer Nicht-Austauschbarkeit bieten können.
- strategische Fähigkeit mittels Wertkettenanalyse, Aktivitätsübersicht, Benchmarking und SWOT-Analyse zu identifizieren.
- zu beurteilen, wie ein Manager die strategischen Fähigkeiten seiner Organisation entwickeln kann.

3.1 Einführung

Ressourcen-orientierter Ansatz

Der ressourcen-orientierte Ansatz der Strategie erklärt die Wettbewerbsvorteile und die überlegene Leistung einer Organisation durch besondere Fähigkeiten.

Kapitel 2 zeigte, wie im externen Umfeld einer Organisation sowohl strategische Chancen als auch Gefahren entstehen können. Zwar sind Tesco, Sainsbury's und Asda alle im selben Wettbewerbsumfeld tätig, dennoch ist Tesco klar das erfolgreichste Unternehmen. Hier ist nicht das Umfeld entscheidend, sondern die internen *strategischen Fähigkeiten*. Dieses Kapitel befasst sich mit der Bedeutung dieser strategischen Fähigkeit. Es gibt drei wichtige Konzepte zu diesem Thema. Zunächst einmal sind Organisationen nicht identisch, sondern haben verschiedene Fähigkeiten; sie sind also diesbezüglich „heterogen". Zum zweiten kann es für eine Organisation schwierig sein, die Fähigkeiten einer anderen zu erlangen oder zu kopieren. So kann Sainsbury's nicht so einfach ebenso viele Einzelhandelsstandorte erlangen wie Tesco, genauso wenig wie dessen Management oder dessen Erfahrung. Zum dritten gilt Folgendes: Erlangt eine Organisation einen Wettbewerbsvorteil, so gelingt ihr das aufgrund von Fähigkeiten, die ihre Rivalen nicht vorweisen oder nur schwer erlangen können. Dadurch lässt sich wiederum erklären, warum einige Organisationen erfolgreicher agieren können als andere. Sie verfügen über Fähigkeiten, die es ihnen ermöglichen, im Vergleich zu anderen Organisationen mit geringeren Fähigkeiten zu niedrigeren Kosten zu produzieren oder ein besseres Produkt zu Standardkosten herzustellen.[1] Diese Konzepte stützen den sogenannten **ressourcenorientierten Ansatz**[2] der Strategie. Er erklärt die Wettbewerbsvorteile und die überle-

1 Außergewöhnliche Gewinne, wie sie hier definiert sind, werden von Wirtschaftswissenschaftlern auch manchmal als *Rents* bezeichnet. Für eine auf Strategie bezogene Erklärung siehe R. Perman und J. Scoular, *Business Economics*, Oxford University Press, 1999, S. 67–73.

2 Dieses Konzept wurde von B. Wernerfelt, „A resource-based view of the firm", *Strategic Management Journal*, Bd. 5, Nr. 2 (1984), S. 171–180 eingeführt. Eine vielzitierte Arbeit legte J. Barney, „Firm resources and sustained competitive advantage", *Journal of Management*, Bd. 17, Nr. 1 (1991), S. 99–120 vor. Heute gibt es viele Bücher und Arbeiten, die diesen Ansatz erklären und zusammenfassen. Siehe z.B. den Anfang von D.J. Teece, G. Pisano und A. Shuen, „Dynamic capabilities and strategic management", *Strategic Management Journal*, Bd. 18, Nr. 7 (1997), S. 509–534; sowie die einführende Arbeit von D. Hoopes, T. Madsen und G. Walker, „Why is there a resource based view?", für die Sonderausgabe des *Strategic Management Journal*, Bd. 24, Nr. 10 (2003), S. 889–902.

gene Leistung einer Organisation durch besondere Fähigkeiten. Das Kapitel besteht aus sechs Abschnitten:

- *Abschnitt 3.2* befasst sich mit den *Grundlagen strategischer Fähigkeit* und behandelt die Unterscheidung zwischen *Ressourcen* und *Kompetenzen*.
- In *Abschnitt 3.3* geht es um die lebenswichtige Basis der strategischen Fähigkeiten jeder Organisation, um die Fähigkeit nämlich, *Kosteneffizienz* zu erlangen und diese dauerhaft zu verbessern.
- *Abschnitt 3.4* geht darauf ein, welche Fähigkeiten es einer Organisation ermöglichen, ihren Wettbewerbsvorteil im Laufe der Zeit zu *halten* (auf dem öffentlichen Sektor könnte die entsprechende Frage lauten, wie Organisation dauerhaft relativ gesehen bessere Leistungen erbringen können).
- *Abschnitt 3.5* erklärt, wie der Begriff des *organisationalen Wissens* mit der strategischen Fähigkeit in Bezug zu setzen ist und wie dieser zum Wettbewerbsvorteil einer Organisation beitragen kann.
- In *Abschnitt 3.6* wird darauf eingegangen, wie verschiedene Arten von strategischen Fähigkeiten analysiert werden können. Darunter sind die *Wertkettenanalyse* und *Wertnetzwerkanalyse*, *Aktivitätsübersichten* und *Benchmarking*. Der Abschnitt endet mit einer Erklärung zum Einsatz der SWOT-Analyse als Grundlage zur Zusammenfassung aller Einblicke aus den Analysen des Umfelds (in *Kapitel 2* erklärt) und der strategischen Fähigkeiten in diesem Kapitel.
- *Abschnitt 3.7* schließlich befasst sich mit der Frage, wie Manager durch interne und externe Entwicklung, durch den richtigen Umgang mit Mitarbeitern und durch den Aufbau dynamischer Fähigkeiten *strategische Fähigkeit entwickeln* können.

3.2 Grundlagen strategischer Fähigkeiten

Verschiedene Autoren, Manager und Berater verwenden unterschiedliche Begriffe und Konzepte für die Erklärung, welche Bedeutung strategische Fähigkeit hat. Angesichts dieser Unterschiede ist es wichtig, zu verstehen, wie diese Begrifflichkeiten hier verwendet werden. Insgesamt gesehen können **strategische Fähigkeiten** als die Ressourcen und Kompetenzen einer Organisation definiert werden, die sie braucht, um zu überleben und erfolgreich zu sein. Abbildung 3.1 zeigt die Elemente strategischer Fähigkeit, die in diesem Kapitel zur Erklärung dieses Konzepts verwendet werden.

Strategische Fähigkeiten

Als strategische Fähigkeiten werden diejenigen Ressourcen und Kompetenzen einer Organisation bezeichnet, die sie benötigt, um zu überleben und erfolgreich zu sein.

	Ressourcen	Kompetenzen
Schwellenfähigkeiten	**Schwellenressourcen** • materiell • immateriell	**Schwellenkompetenzen**
Fähigkeiten für den Wettbewerbsvorteil	**Einzigartige Ressourcen** • materiell • immateriell	**Kernkompetenzen**

Abbildung 3.1: Strategische Fähigkeiten und Wettbewerbsvorteil

3.2.1 Ressourcen und Kompetenzen

Materielle/tangible Ressourcen

Materielle/tangible Ressourcen sind die physisch fassbaren Ressourcen einer Organisation wie etwa Fabriken, Personal und Finanzen.

Der grundlegendste Begriff in diesem Zusammenhang lautet wahrscheinlich „Ressourcen". **Materielle Ressourcen** sind die physisch fassbaren Ressourcen einer Organisation wie etwa Fabriken, Personal und Finanzen. **Immaterielle Ressourcen**[3] sind nicht fassbare Vermögenswerte wie Informationen, Reputation und Wissen. Typischerweise gibt es folgende vier Kategorien für die Ressourcen einer Organisation:

- *Sachwerte* – wie etwa Maschinen, Gebäude oder die Produktionskapazität einer Organisation. Der Zustand dieser Ressourcen, also ihr Alter, ihre Kapazität und ihr Standort entscheiden über die Nutzbarkeit der jeweiligen Ressource
- *Finanzielle Ressourcen* – wie Kapital, Bargeld, Debitoren und Kreditoren und Geldgeber (Aktionäre, Banken, etc.)
- *Humanressourcen* – hier sind die Zusammensetzung (etwa das demografische Profil), die Fähigkeiten und das Wissen der Mitarbeiter und anderer Menschen innerhalb der Netzwerke einer Organisation gemeint
- *Geistiges Kapital* – als immaterielle Ressource – schließt Patente, Marken, Geschäftssysteme und Kundendatenbanken mit ein. Der Wert dieser Ressourcen lässt sich erkennen, wenn Unternehmen verkauft werden, denn ein Teil des Unternehmenswerts ist immer „Goodwill"; in einer Wirtschaft, die auf Wissen aufgebaut ist, ist dieses geistige Kapital meist ein wichtiger Vermögenswert für jede Organisation

Immaterielle/intangible Ressourcen

Immaterielle/intangible Ressourcen bezeichnen physisch nicht-fassbare Ressourcen wie Information, Reputation und Wissen.

Natürlich sind solche Ressourcen wichtig. Doch was ein Unternehmen tut – wie es diese Ressourcen einsetzt und anwendet – ist von mindestens ebenso großer Bedeutung wie die Ressourcen selbst. Modernste Maschinen, wertvolles Wissen oder Markenimage wären sinnlos, würden sie nicht effektiv eingesetzt. Die Effizienz und Effektivität physischer und finanzieller Ressourcen oder der Mitarbeiter in einer Organisation hängen nicht nur von deren bloßer Existenz ab, sondern davon, wie damit umgegangen wird, wie die Mitarbeiter kooperieren, wie gut sie sich anpassen können, ob sie innovativ sind, ob gute Beziehungen zu Kunden und Zulieferern herrschen und ob Erfahrungen und Lerneffekte genutzt werden. Der Begriff **„Kompetenzen"** beschreibt die Fertigkeiten und Fähigkeiten, mittels derer Ressourcen durch die Aktivitäten und Prozesse einer Organisation effektiv eingesetzt werden.

Kompetenzen

Kompetenzen sind die Fertigkeiten und Fähigkeiten, mittels derer Ressourcen durch die Aktivitäten und Prozesse einer Organisation effektiv eingesetzt werden.

Innerhalb dieser breit gefassten Definitionen werden meist auch noch andere Begriffe verwendet. Ein Blick auf die beiden in Tabelle 3.1 gegebenen Beispiele ist für die weiteren Erklärungen in diesem Kapitel sicherlich sinnvoll. Ein Beispiel bezieht sich auf die Unternehmenswelt, das andere auf die Welt des Sports.

---

3 Immer häufiger werden immaterielle Ressourcen als strategisch wichtig erkannt. Siehe T. Clarke und S. Clegg, *Changing Paradigms: The transformation of management knowledge for the 21st century*, Harper Collins, 2000, S. 342 (darin wird Arthur Andersens Ansicht über immaterielle Ressourcen verdeutlicht.); R. Hall, „The strategic analysis of intangible resources", *Strategic Management Journal*, Bd. 13, Nr. 2, (1992), S. 135–144; und auch „A framework linking intangible resources and capabilities to sustainable competitive advantage", *Strategic Management Journal*, Bd. 14, Nr. 8 (1993), S. 607–618.

Tabelle 3.1

Strategische Fähigkeit: Die Terminologie

Begriff	Definition	Beispiel (Sport)
Strategische Fähigkeit	Die Fähigkeit, so zu agieren, dass man überlebt und erfolgreich ist. Sie wird gestützt durch die Ressourcen und Fähigkeiten einer Organisation.	Ausrüstung und sportliche Fähigkeiten passend zu einem ausgewählten Sportereignis
Schwellenressourcen	Die nötigen Ressourcen, um die Mindestanforderungen der Kunden zu befriedigen und so zu überleben.	Ein gesunder Körper (für Einzelsportler); Medizinische Einrichtungen und Fachpersonal; Trainingsstätten und -ausrüstung; Versorgung mit Nahrungsmitteln
Schwellenkompetenzen	Die nötigen Aktivitäten und Prozesse, um die Mindestanforderungen der Kunden zu befriedigen und so zu überleben	Individuelle Trainingspläne; Physiotherapie/richtiger Umgang mit Verletzungen; Ernährungsplan
Einzigartige Ressourcen	Ressourcen, die den Wettbewerbsvorteil untermauern und für Konkurrenten schwer zu erlangen oder zu imitieren sind	Außergewöhnlich leistungsfähiges Herz und Lungen; Größe oder Gewicht; Weltklasse Trainer
Kernkompetenzen	Aktivitäten, die den Wettbewerbsvorteil untermauern und für Konkurrenten schwer zu erlangen oder zu imitieren sind	Eine Kombination aus Engagement, Durchhaltevermögen, genügend Zeit zum Trainieren; anspruchsvollen Wettbewerben und dem Willen zu siegen

3.2.2 Schwellenfähigkeiten

Man muss unterscheiden zwischen Fähigkeiten (Ressourcen und Kompetenzen), die eine Organisation lediglich am Leben halten und solchen, die ihr einen Wettbewerbsvorteil und wirklich überlegene Leistungen verschaffen. **Schwellenfähigkeiten** bezeichnen diejenigen Fähigkeiten, die eine Organisation mindestens besitzen muss, um die notwendigen Voraussetzungen für die Aufnahme des Wettbewerbs in einem Markt zu erfüllen Dies können *Schwellenressourcen* sein, um die Mindestanforderungen der Kunden zu erfüllen. So bedeutet die steigende Nachfrage der modernen vielseitigen Einzelhändler an ihre Zulieferer, dass diese Zulieferer eine recht komplexe Infrastruktur haben müssen, um einfach nur die Chance zu haben, den Anforderungen der Einzelhändler gerecht zu werden. Dies können aber auch *Schwellenkompetenzen* sein, die erforderlich sind, um Ressourcen so einzusetzen, dass die Anforderungen der Kunden befriedigt und besondere Strategien unterstützt werden. Die Einzelhändler erwarten nicht einfach nur, dass ihre Zulieferer die nötige IT-Infrastruktur vorweisen können, sie müssen sie auch effektiv nutzen, um das erwartete Serviceniveau anbieten zu können.

Schwellenfähigkeiten

Schwellenfähigkeiten bezeichnen diejenigen Fähigkeiten, die eine Organisation mindestens besitzen muss, um die notwendigen Voraussetzungen für die Aufnahme des Wettbewerbs in einem Markt zu erfüllen.

Aus der Identifikation und dem Management der Schwellenkompetenzen ergeben sich mindestens zwei wesentliche Herausforderungen:

- Das *Schwellenniveau für Fähigkeiten ändert sich* mit der Veränderung bedeutender Erfolgsfaktoren (siehe *Abschnitt 2.4.4*) durch die Aktivitäten von Konkurrenten und neuen Marktteilnehmern. Um bei dem oben begonnenen Beispiel zu bleiben: Die Zulieferer wichtiger Einzelhändler haben vor zehn Jahren noch nicht dieselbe IT- und Logistik-Ausstattung verlangt, wie dies heute der Fall ist. Doch das Bedürfnis der Einzelhändler, Kosten zu sparen, effizienter zu arbeiten und die Verfügbarkeit ihrer Waren jederzeit garantieren zu können, bedeutet, dass auch ihre Erwartungen an ihre Zulieferer im Laufe dieses Zeitraums erheblich gestiegen sind und immer noch steigen. Daher müssen auch die Zulieferer ihre Ressourcen und Kompetenzen bezüglich ihrer Logistik beständig überprüfen und verbessern, um im Geschäft zu bleiben.
- Vielleicht müssen in anderen Bereichen *ausgleichende Zugeständnisse* gemacht werden, um die Schwellenfähigkeiten zu erlangen, die für verschiedene Kunden erforderlich sind. So fällt es beispielsweise manchen Unternehmen schwer, sowohl in Marktsegmenten aktiv zu sein, die große Mengen an Standardprodukten erfordern, als auch in Marktsegmenten, auf denen hochwertige Spezialprodukte nachgefragt werden. Im ersten Fall sind meist Fabriken mit hoher Kapazität und schnellen Produktionsraten sowie standardisierte hocheffiziente Systeme und günstige Arbeitskräfte erforderlich, während für den zweiten Fall gut ausgebildete Arbeitskräfte, flexibel arbeitende Fabriken und innovative Fähigkeiten benötigt werden. Die Gefahr besteht darin, dass eine Organisation für keines der beiden Marktsegmente die erforderlichen Schwellenfähigkeiten erlangen könnte.

3.2.3 Einzigartige Ressourcen und Kernkompetenzen

Einzigartige Ressourcen

Einzigartige Ressourcen sind diejenigen Ressourcen, welche die entscheidende Basis für einen Wettbewerbsvorteil bilden und von anderen Unternehmen weder einfach erlangt noch imitiert werden können.

Kernkompetenzen

Kernkompetenzen sind die Fertigkeiten und Fähigkeiten, mittels derer Ressourcen durch die Aktivitäten und Prozesse einer Organisation eingesetzt werden, sodass ein Wettbewerbsvorteil entsteht, den andere nicht imitieren oder erlangen können.

Schwellenfähigkeiten sind zwar durchaus wichtig, sorgen allein für sich genommen aber noch nicht für einen Wettbewerbsvorteil und sind auch keine Basis für überdurchschnittliche Leistungen. Dazu benötigt eine Organisation unverwechselbare und einzigartige Fähigkeiten, die für Konkurrenten schwer zu imitieren sind. Dafür könnten **einzigartige Ressourcen** verantwortlich sein, die die entscheidende Basis für den Wettbewerbsvorteil darstellen und die von anderen weder erlangt noch imitiert werden können – ein gut etablierter Markenname ist hier ein gutes Beispiel. Wahrscheinlicher noch ist es aber, dass eine Organisation einen Wettbewerbsvorteil erlangt, weil sie über unverwechselbare, sogenannte Kernkompetenzen verfügt. Der Begriff der Kernkompetenz wurde vor allem von Gary Hamel und C.K. Prahalad entwickelt. Es existieren zwar mehrere Definitionen, hier verstehen wir aber unter **Kernkompetenzen**[4] die Fähigkeiten, mittels derer Ressourcen durch die Aktivitäten und Prozesse einer Organisation eingesetzt werden, sodass ein Wettbewerbsvorteil entsteht, den andere nicht imitieren oder erlangen können. Einem Zulieferer, der zum Beispiel auf dem Einzelhandelsmarkt

4 Gary Hamel und C.K. Prahalad brachten den Begriff der Kernkompetenz auf, siehe zum Beispiel G. Hamel und C.K. Prahalad, „The core competence of the corporation", *Harvard Business Review*, Bd. 68, Nr. 3 (1990), S. 79–91. Der Ansatz, Strategieentwicklung von den Ressourcen und Kompetenzen einer Organisation abhängig zu machen, wird bei G. Hamel und C.K. Prahalad, „Strategic intent", *Harvard Business Review*, Bd. 67, Nr. 3 (1989), S. 63–76, und G. Hamel und C.K. Prahalad, „Strategy as stretch and leverage", *Harvard Business Review*, Bd. 71, Nr. 2 (1993) S. 75–84 diskutiert. Siehe auch G. Hamel und A. Heene (Hrs.), *Competence-based Competition*, Wiley, 1994.

einen Wettbewerbsvorteil erlangt, könnte dies auf der Basis einer einzigartigen Ressource wie etwa einer starken Marke gelungen sein. Oder es könnte ihm gelungen sein, seine Dienstleistungen so anzubieten oder so stabile Kundenbeziehungen aufzubauen, dass Konkurrenten dies nicht nachahmen können – eine Kernkompetenz. *Abschnitt 3.4* dieses Kapitels befasst sich ausführlicher damit, wie einzigartige Ressourcen und Kernkompetenzen zu einem langfristigen Wettbewerbsvorteil beitragen können.

Nimmt man all die oben genannten Aspekte zusammen, kann man folgende Schlussfolgerung ziehen: Um zu überleben und erfolgreich zu sein, muss eine Organisation sich den Herausforderungen ihres Umfelds stellen, wie in *Kapitel 2* erklärt. Die kritischen Erfolgsfaktoren, die sich aus den Wünschen und Bedürfnissen ihrer Kunden ergeben, sind besonders wichtig für ihre Leistungsfähigkeit. Darauf wurde in *Abschnitt 2.4.4* eingegangen. Die strategische Fähigkeit, dies zu erreichen, ist abhängig von den in der Organisation verfügbaren Ressourcen und Kompetenzen. Diese müssen eine bestimmte Schwelle erreichen, damit die Organisation überleben kann. Die weitere Herausforderung besteht dann darin, einen Wettbewerbsvorteil zu erlangen. Dazu muss die Organisation über strategische Fähigkeiten verfügen, die Konkurrenten nur schwer nachahmen oder erlangen können. Dies könnten einzigartige Ressourcen, aber wahrscheinlicher noch Kernkompetenzen sein. Beispiel 3.1 zeigt, wie Führungskräfte verschiedener Unternehmen die strategischen Fähigkeiten ihrer Organisationen beschreiben.

Beispiel 3.1 Strategische Fähigkeiten

Führungskräfte verschiedener Organisationen legen Wert auf unterschiedliche strategische Fähigkeiten.

Freeport-McMoRan Copper and Gold, Inc. ist ein internationales Bergbauunternehmen mit Sitz in Nordamerika. Aufgrund seiner „umfangreichen, langlebigen, geografisch weit verbreiteten Vermögenswerte sowie seiner erheblichen nachgewiesenen und wahrscheinlichen Kupfer-, Gold- und Molybdänvorkommen" behauptet es seine Führungsposition in der Bergbauindustrie. Besonders die Aktivitäten in Indonesien sind für das Unternehmen ein „wesentlicher Vorteil" durch die „erstklassige Grasbergmine, die 1988 entdeckt wurde und über das weltweit größte einzelne Kupfer- und Goldvorkommen verfügt".

Quelle: Jahresbericht 2006.

Daniel Bouton, Vorstandvorsitzender und Firmenchef von **Société Générale** auf die Frage: *Wie halten Sie Ihren Wettbewerbsvorteil bei Aktienderivaten?*

Die Eintrittsbarrieren sind hoch, denn es existieren zwei wesentliche Kostenfaktoren. Zunächst ist da die IT-Ausstattung. Die benötigten Systeme kosten mindestens 200 Millionen pro Jahr, und man kann sie auch nicht einfach bei Dell oder SAP kaufen. Zum zweiten braucht man Unmengen von Mitarbeitern, die am Risikomanagement arbeiten. Bevor man ein Produkt auf den Markt bringen kann, müssen die Leute aus dem Front Office das erste Modell entwickeln, ausrechnen und vorstellen. Dann muss der IT-Fachmann das entsprechende System kreieren, um alle zehn Sekunden die Risiken berechnen zu können. Und man braucht ein gutes Team, das alle Hypothesen nochmals prüft und bestätigt. Und schließlich benötigt man noch erstklassige Mitarbeiter im Middle und Back Office.

Quelle: Interview von Clive Horwood in Euromoney, Bd. 27, Nr. 447 (Juli 2006), S. 84-89.

Tony Hall, Leiter des **Royal Opera House** in London:

„Weltklasse“ ist weder ein nichtssagender noch ein zu prahlerischer Anspruch. Im Zusammenhang mit unserem Haus bezieht sich der Begriff auf die Qualität unserer Mitarbeiter, auf das Niveau unserer Produktionen und auf die Vielfältigkeit unserer Arbeit und unserer Initiativen. Einzigartig? Ein ‚Ja‘ ganz ohne Scham. Wir lassen uns nicht gerne Etiketten wie ‚Elite‘ anheften, denn das hat den offensichtlich negativen Beigeschmack der Exklusivität. Dennoch möchte ich, dass die Menschen hier zuallererst den Eindruck gewinnen, dass wir tatsächlich elitär sind, nämlich aufgrund der Tatsache, dass wir die besten Sänger, Tänzer, Regisseure, Designer, das beste Orchester, den besten Chor und auch das beste Team hinter der Bühne und in der Verwaltung haben. Außerdem gelingt es uns auch, ein größtmögliches und völlig verschiedenartiges Publikum zu erreichen.

Quelle: Jahresbericht 2005/6, S.11.

Dave Swift, Firmenchef von **Whirlpool** Nordamerika:

Zur Ausführung unserer Strategie benötigen wir eine einzigartige Kombination aus Kompetenzen, die wir auch weiterhin für unsere Kunden weltweit weiterentwickeln. Den Ausgangspunkt neuer Kompetenzen bildet unsere sogenannte „Kundenexzellenz“ – unsere Fähigkeit, die Bedürfnisse unserer Kunden aktiv zu verstehen und vorherzusehen. Die Kundenexzellenz wird von verschiedenen, analytischen Hilfsmitteln getragen, die es unseren Mitarbeitern ermöglichen, die Wünsche und Bedürfnisse unserer Kunden an jeder Stelle des Kaufzyklus zu analysieren und Prioritäten zu setzen. Der Kaufzyklus beginnt, wenn sich der Kunde zum ersten Mal ein Gerät im Internet ansieht und dann ins Geschäft geht und stöbert; auch die Eigenschaften und die Ästhetik des Produkts spielen eine Rolle. Schließlich folgen Installation und Kundendienst und eventuell der Kundenwunsch, diesen Zyklus zu wiederholen. Mit diesen Einblicken in das Kundenverhalten entwickeln wir dann mittels unserer innovativen Hilfsmittel kundenorientierte Lösungen. So können wir ständig neue Innovationen vorweisen, die einen beständigen Wert von $ 3 Milliarden haben … Unser Kundenwissen gepaart mit unseren innovativen kundenorientierten Lösungen sorgen für die Attraktivität unserer Marken und schaffen Mehrwert für unsere Aktionäre.

Quelle: Jahresbericht der Whirlpool Corporation 2005.

Kontrollfragen

1. Teilen Sie die Vielfalt der Fähigkeiten, die die Führungskräfte erwähnten, gemäß der in *Abschnitt 3.2* und Tabelle 3.1 genannten Kategorien ein.
2. Welche Fähigkeiten könnten Bezug nehmend auf *Abschnitt 3.4* besonders wichtig sein, um einen Wettbewerbsvorteil zu erlangen und warum?
3. Beantworten Sie für eine Organisation Ihrer Wahl erneut die Fragen 1 und 2.

3.3 Kosteneffizienz

Für viele Manager zählt das Kostenmanagement zu den wichtigsten strategischen Fähigkeiten. Das trifft auch zu. Außerdem werden durch diesen Ansatz der Kosteneffizienz als strategischer Fähigkeit einige der in *Abschnitt 3.2* erwähnten Aspekte erneut erklärt.

Den Kunden kommt Kosteneffizienz in Form von niedrigeren Preisen oder vielseitigeren Produkten zum gleichen Preis zugute. Das Management der Kostenbasis einer Organisation könnte auch die Basis für einen Wettbewerbsvorteil sein (siehe *Abschnitte 6.3.1* und *6.4.1*). Aus zwei Gründen wird aber das Kostenmanagement für viele Organisationen zu einer strategischen Schwellenfähigkeit:

- *Kunden schätzen Produkteigenschaften nicht zu jedem Preis.* Steigt der Preis zu sehr, verzichten sie auf Qualität und wählen eher den niedrigeren Preis. Die Herausforderung besteht also darin, ein angemessenes Qualitätsniveau zu einem akzeptablen Preis anzubieten. Das bedeutet, dass die Kosten immer so gering wie möglich gehalten werden, dem angebotenen Wert aber entsprechen müssen. Ist das nicht der Fall, werden viele Kunden zu anderen Produkten greifen, oder Konkurrenten drängen auf den Markt.
- Aufgrund der *Wettbewerbsrivalität* müssen die Kosten beständig sinken, denn auch die Konkurrenz wird versuchen, ihre Kosten zu reduzieren, um ihre Rivalen bei ähnlichem Produktwert im Preis zu unterbieten.

Sollen die Kosten effektiv unter Kontrolle gehalten werden, müssen besonders die *wichtigsten Kostentreiber* (siehe Abbildung 3.2) wie folgt beachtet werden:

- *Größenvorteile* können für einen Fertigungsbetrieb von besonderer Bedeutung sein, denn der hohe Kapitaleinsatz der Fabrik muss durch großes Produktionsvolumen ausgeglichen werden. Besonders wichtig war dies immer schon in der Automobil-, Chemie- und Metallindustrie. In anderen Branchen wie etwa bei Getränken, Tabak und Lebensmitteln spielen Größenvorteile bei Vertrieb und Marketing eine große Rolle.[5]

5 Perman und Scoular behandeln Größenvorteile und Unterschiede zwischen Branchen auf den Seiten 91–100 ihres Buches (siehe Fußnote 1).

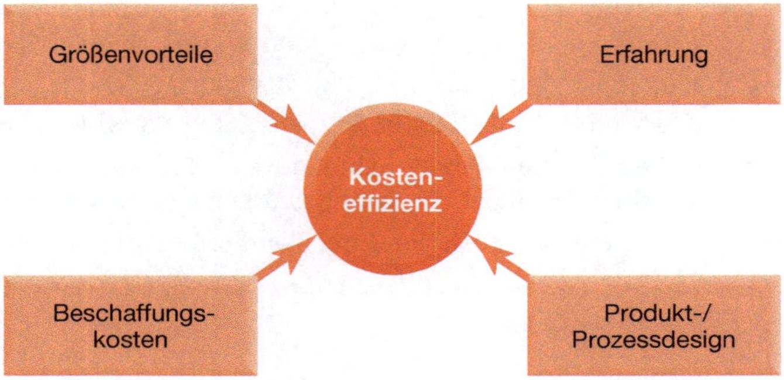

Abbildung 3.2: Quellen der Kosteneffizienz

- *Beschaffungskosten* können wichtig sein. Hier kann der Standort eine große Rolle spielen, weshalb sich Stahl- und Glashersteller traditionell in der Nähe von Rohstoffvorkommen oder Energiequellen angesiedelt haben. In einigen Fällen stellte der Besitz von Rohstoffen eine einzigartige Ressource dar, die zu einem Kostenvorteil verhalf. Beschaffungskosten spielen besonders bei Unternehmen eine Rolle, die als Zwischenhändler auftreten. Denn hier ist der Wert, den sie selbst hinzufügen, eher gering, und Identifikation und Management von Input-Kosten ist ein besonders wichtiger Erfolgsfaktor. So legen Einzelhändler großen Wert darauf, geringere Beschaffungskosten tragen zu müssen als ihre Konkurrenten.
- Auch das *Produkt-/Prozessdesign* beeinflusst die Kosten. Die Effizienz von Produktionsprozessen konnten viele Organisationen bisher steigern, indem sie ihre *Kapazitätsauslastung* erhöhten, ihre *Arbeitsproduktivität* steigerten, den (Material-)*Ertrag* erhöhten und die Nutzung des *Betriebskapitals* verbesserten. Begreift man die relative Bedeutung jedes dieser einzelnen Punkte, so kann man seine Wettbewerbsposition halten. Ein Beispiel in Bezug auf die Kapazitätsauslastung: Ein unbesetzter Platz im Flugzeug, in der Bahn oder im Theater kann nicht für einen späteren Verkauf „eingelagert" werden. Also ist die Vermarktung von Sonderangeboten (bei gleichzeitigem Schutz des Kerngeschäfts) mit den richtigen IT-Systemen, die Einkünfte analysieren und optimieren, eine wichtige Fähigkeit. Auch das Produktdesign beeinflusst die Kosten in anderen Teilen des Wertesystems, etwa beim Vertrieb oder beim Kundendienst. Auf dem Markt für Kopiergeräte glich beispielsweise Canon den Wettbewerbsvorteil von Xerox vollständig aus (dieser stützte sich auf Kundendienstnetzwerke), indem es einen Kopierer entwickelte, der wesentlich weniger Wartung erforderte.
- *Erfahrung*[6] kann eine wichtige Grundlage für Kosteneffizienz sein; es gibt Beweise dafür, dass sich ein Wettbewerbsvorteil aus der Beziehung zwischen der kumulativen Erfahrung, die in einer Organisation angehäuft wird, und ihren Stückkosten ergibt. Dies wird als *Erfahrungskurve* bezeichnet, siehe Abbildung 3.3. Die Erfahrungskurve besagt, dass eine Organisation, die in jedem beliebigen Bereich tätig ist, im Laufe der Zeit Kompetenzen in diesem Bereich entwickelt, und daher effektiver arbeitet. Da Unternehmen mit größerem Marktanteil auch mehr „kumulative Erfahrung" haben – einfach nur, weil sie ein größeres Volumen an Produkten oder Dienstleistungen anbieten – folgt daraus, dass es wichtig ist, seinen Marktanteil zu halten und möglichst zu vergrößern, wie in *Kapitel 2* beschrieben. Wichtig ist aber

6 P. Conley, *Experience Curves as a Planning Tool*, verfügbar als Schrift der Boston Consulting Group. Siehe auch A.C. Hax und N.S. Majluf, in R.G. Dyson (Hrs.), *Strategic Planning: Models and analytical techniques*, Wiley, 1990.

auch, dass es der *relative Marktanteil* in einem definierbaren Markt ist, der zählt. Dieser Ansatz der Erfahrungskurve beinhaltet bedeutsame Auswirkungen, die die Wettbewerbsposition einer Organisation entscheidend beeinflussen können.

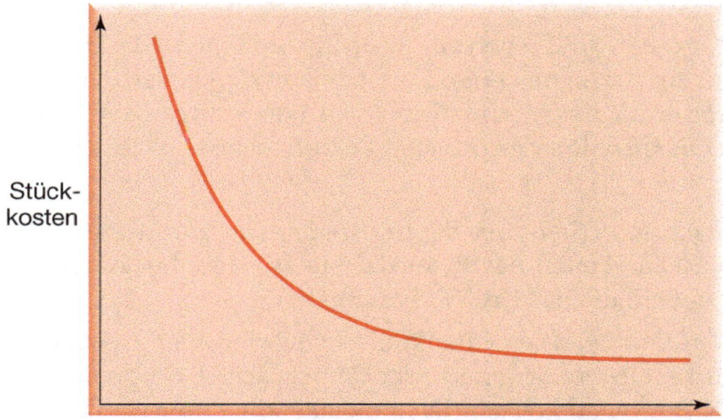

Abbildung 3.3: Die Erfahrungskurve

- *Wachstum ist* auf vielen Märkten *nicht optional.* Wenn sich eine Organisation entschließt, langsamer zu wachsen als ihre Konkurrenz, sollte sie davon ausgehen, dass diese langfristig – aufgrund ihrer größeren Erfahrung – Kostenvorteile erlangen werden.
- *Die Stückkosten sollten von Jahr zu Jahr sinken.* Dies sollte aufgrund der kumulativen Erfahrung geschehen. In schnell wachsenden Branchen geschieht dies schnell, doch selbst in reifen Branchen sollte es zu diesem Kostenrückgang kommen. Organisationen, die ihn nicht erreichen können, fallen höchstwahrscheinlich ihren Konkurrenten zum Opfer, denen dies gelingt. Das bedeutet, dass die *beständige Kostenreduktion* für eine Organisation auf einem Wettbewerbsmarkt eine *Notwendigkeit* ist. Auch wenn sich daraus allein kein Wettbewerbsvorteil ergibt, so ist dies doch eine Schwellenkompetenz, die das Überleben sichert.
- *Der Pioniervorteil kann wichtig sein.* Die Organisation, die sich entlang der Erfahrungskurve nach unten bewegt, indem sie einen Markt als erste erschließt, sollte ihre Kostenbasis verringern können, denn sie hat ihren Rivalen immer erste akkumulierte Erfahrungen voraus.

3.4 VRIN: Strategische Fähigkeiten als Basis eines Wettbewerbsvorteils

Wie kann ein Stratege beurteilen, welche Fähigkeiten einer Organisation die Grundlage eines nachhaltigen Wettbewerbsvorteils und herausragender wirtschaftlicher Leistung sein könnten? Hebt sich die Organisation nicht von ihren Konkurrenten ab, so liegt wie oben bereits erwähnt ein solcher Wettbewerbsvorteil wahrscheinlich nicht vor, und es kann auch kein überdurchschnittlicher Gewinn erzielt werden. Schwellenfähigkeiten sorgen vielleicht dafür, dass man mit der Konkurrenz auf gleicher Höhe ist, doch einen Vorteil gewähren sie nicht. In diesem Abschnitt werden vier wichtige Kriterien vorgestellt, die zur Bewertung von Fähigkeiten herangezogen werden können. Dabei geht es in der Hauptsache darum, ob sie Grundlage eines Wettbewerbsvorteils sind: Value

VRIN

Die Abkürzung VRIN steht für vier Kriterien zur Bewertung strategischer Fähigkeiten als Basis eines Wettbewerbsvorteils: Value (Wert), Rarity (Seltenheit), Inimitability (unvollständige Imitierbarkeit) und Non-substitutability (Nicht-Substituierbarkeit).

(Wert), **R**arity (Seltenheit), **I**nimitability (unvollständige Imitierbarkeit) und **N**on-substitutability (Nicht-Substituierbarkeit) – oder **VRIN**.[7]

3.4.1 V-Value: Der Wert strategischer Fähigkeiten

Strategische Fähigkeiten sind **wertvoll**, wenn sie auf einem Markt bei einem bestimmten Kostenniveau zur Erlangung eines potenziellen Wettbewerbsvorteils dienen, die es einer Organisation ermöglichen, trotzdem einen akzeptablen Gewinn zu erzielen (wenn es sich um eine Organisation des privaten Sektors handelt).[8] Es sind vier Bestandteile zu nennen:

- *Chancen nutzen und Gefahren neutralisieren.* Die grundlegende Frage lautet, ob die gegebenen Fähigkeiten das Potenzial bieten, sich den Herausforderungen und Chancen zu stellen, die das Umfeld bereithält.
- *Nutzen für den Kunden.* Dieser Punkt erscheint vielleicht zu offensichtlich, doch in der Praxis wird er allzu oft ignoriert oder kaum beachtet. So kann es sein, dass sich ein Manager auf Fähigkeiten konzentrieren möchte, die *er* für wertvoll erachtet, die aber die kritischen Erfolgsfaktoren der Kunden (siehe *Abschnitt 2.4.3*) keineswegs erfüllen. Vielleicht sehen Manager aber auch eine bestimmte Fähigkeit einfach nur deshalb als wertvoll an, weil nur ihr Unternehmen diese besitzt. Doch es ist keineswegs allein für sich genommen ein Wettbewerbsvorteil, wenn man über einzigartige Fähigkeiten verfügt. Hier sind die Erkenntnisse aus den *Abschnitten 3.2.2* und *3.2.3* sehr wichtig.
- *Potenzieller Wettbewerbsvorteil.* Die Fähigkeiten einer Organisation müssen dazu dienen, ein Produkt oder eine Dienstleistung anbieten zu können, die die Konkurrenz gegenwärtig nicht anbietet oder in den Fokus stellt.
- *Kosten.* Die Kosten, die das Produkt oder die Dienstleistung verursachen, müssen es dem Unternehmen ermöglichen, trotzdem den daraus (z.B. von Investoren) erwarteten Gewinn zu erzielen. Es besteht immer die Gefahr, dass die Kosten für die Entwicklung der Fähigkeiten, die benötigt werden, um das zu liefern, was Kunden wirklich wertschätzen, so hoch sind, dass das resultierende Produkt oder die Dienstleistung nicht mehr rentabel sind.

Manager müssen sich also genau überlegen, welche Aktivitäten ihrer Organisation für die Erbringung dieses Nutzens besonders wichtig und welche weniger wichtig sind. Die Wertkettenanalyse und die grafische Darstellung aller Aktivitäten, die in den *Abschnitten 3.6.1* und *3.6.2* erklärt werden, können hier hilfreich sein.

3.4.2 R-Rarity: Seltenheit

Verfügen konkurrierende Organisationen über ähnliche Fähigkeiten, so können sie auf strategische Initiativen des Rivalen schnell reagieren. Dies geschieht immer wieder im Rahmen des Wettbewerbs zwischen Autoherstellern, die in ihre Fahrzeuge mehr Extras einbauen. Sobald sich zeigt, dass diese Sonderausstattungen von Kunden geschätzt werden, werden sie von einem Großteil aller Hersteller angeboten, die alle meist die gleichen Technologien nutzen. **Seltene Fähigkeiten** dagegen sind Fähigkeiten, über die nur eine oder sehr wenige Organisationen verfügen. In diesem Fall kann ein gege-

7 Die VRIN-Kriterien wurden ursprünglich von Jay Barney in seiner Arbeit von 1991 eingeführt.

8 Für eine Diskussion über den Begriff „Wert" siehe C. Bowman und V. Ambrosini, „Identifying valuable resources", *European Management Journal*, Bd. 25, Nr. 4 (2007), S. 320-329.

bener Wettbewerbsvorteil länger vorhalten. So kann ein Unternehmen beispielsweise über patentierte Produkte verfügen, die einen Wettbewerbsvorteil gewähren. Dienstleistungsunternehmen können seltene Ressourcen in Form von intellektuellem Kapital besitzen, also etwa besonders begabte Mitarbeiter haben. Einige Büchereien nennen einzigartige Büchersammlungen ihr Eigen, die es sonst nirgendwo gibt. Ein Unternehmen kann eine sehr starke Marke haben. Auch die gute Lage eines Einzelhandelsgeschäfts kann ausschlaggebend sein. In Bezug auf Kompetenzen kann eine Organisation über einzigartige Fähigkeiten verfügen, die sich im Laufe der Zeit entwickelt haben, oder es kann besondere Beziehungen zu Kunden oder Zulieferern aufgebaut haben, die der Konkurrenz fehlen. Was das Ausmaß eines Wettbewerbsvorteils aufgrund von Seltenheit angeht, so gilt es jedoch, zwei wichtige Punkte zu bedenken:

- *Erfüllung von Kundenbedürfnissen.* Wieder ist Seltenheit allein nur von geringem Wert, wenn die eingesetzten Ressourcen oder Fähigkeiten nicht zur Bereitstellung von Produkten oder Dienstleistungen führen, die Kundenbedürfnisse befriedigen und von diesen wertgeschätzt werden.
- *Nachhaltigkeit.* Seltenheit kann nur vorübergehend sein. So können sehr talentierte Mitarbeiter durchaus einen Vorteil bieten, aber auch ein Risiko darstellen. 2009 gab die Finanzpresse ihrer wachsenden Besorgnis bezüglich Apple Ausdruck. Mit der Gesundheit des CEO, Steve Jobs, stand es nicht zum Besten, was zu Schlagzeilen führte wie „Kann Apple ohne Steve Jobs überleben?“[9]. Es kann sogar gefährlich sein, davon auszugehen, dass Ressourcen und Fähigkeiten, die selten sind, dies auch bleiben. Basiert der Erfolg eines Unternehmens auf etwas Einzigartigem, so werden die Konkurrenten höchstwahrscheinlich alles daran setzen, dies auch zu erlangen oder zu imitieren. Es kann also nötig werden, andere Grundlagen für eine Nachhaltigkeit in Betracht zu ziehen.

3.4.3 I-Inimitability: Nicht-Imitierbarkeit

Es sollte mittlerweile klar geworden sein, dass die Suche nach strategischen Fähigkeiten, die einen nachhaltigen Wettbewerbsvorteil gewähren, nicht leicht ist. Es ist wichtig, dass die betreffenden Fähigkeiten für die Kunden wertvoll und auch relativ selten sind, doch das reicht vielleicht nicht aus. Ein nachhaltiger Wettbewerbsvorteil basiert auch auf **nicht-imitierbaren Fähigkeiten**, d.h. auf Fähigkeiten, die Konkurrenten nur schwer nachahmen oder erlangen können. So basiert der Wettbewerbsvorteil einiger Dienstleistungsorganisationen auf der Kompetenz einzelner Mitarbeiter; Beispiele wären ein Arzt, der eine neue Operationstechnik beherrscht, ein fähiger Fondsmanager, der Manager einer erfolgreichen Sportmannschaft oder der CEO eines Unternehmens. Da diese Personen jedoch ihre Organisation jederzeit verlassen und/oder zur Konkurrenz wechseln können, könnte diese Ressource schnell wirkungslos sein. Einen nachhaltigeren Vorteil bieten Fähigkeiten, die sich auf die Einstellung, Ausbildung, Motivation und Entlohnung solcher Mitarbeiter beziehen oder die eine Unternehmenskultur gestalten, die fähige Mitarbeiter anzieht. Denn so ist sichergestellt, dass diese nicht zur Konkurrenz abwandern.

Dies soll zwar keine Verallgemeinerung sein, doch ist es zumindest ungewöhnlich, dass sich der Wettbewerbsvorteil einer Organisation auf besondere materielle Vermögenswerte zurückführen lässt, denn diese können mit der Zeit meist imitiert oder gekauft

9 „Kann Apple ohne Steve Jobs überleben?“, *Sunday Times*, 18. Januar 2009.

werden. Ein solcher Vorteil ergibt sich dagegen oft daraus, wie die vorhandenen Ressourcen bezüglich der Aktivitäten einer Organisation eingesetzt werden; er basiert also anders ausgedrückt auf Kompetenzen.[10] So wird ein Computersystem allein die Wettbewerbsposition eines Unternehmens nicht verbessern, denn die Konkurrenz kann wahrscheinlich auf dem freien Markt ein ganz ähnliches System kaufen. Die Fähigkeiten dagegen, die nötig sind, um ein solches System zu entwickeln, zu verwalten und optimal zu nutzen, können viel schwerer zu imitieren sein. Dies ist noch wahrscheinlicher, wenn zwei Bedingungen erfüllt sind:

- *Überdurchschnittliche Leistung.* Die Fähigkeiten führen dazu, dass das Produkt oder die Dienstleistung weitaus besser sind als die der Konkurrenz.
- *Verbundene Kompetenzen.* Wenn die Fähigkeit Aktivitäten, Kenntnisse und Wissen innerhalb und außerhalb der Organisation in einer Art und Weise integriert, die einzigartig und allseitig kompatibel ist. Diese *Verbindungen* zwischen den Aktivitäten sind es in einem solchen Fall, die dafür sorgen, dass ein Wettbewerbsvorteil entsteht. Es gibt vier Gründe, warum Konkurrenten diese Verbindungen nur schwer imitieren können. Sie sind in Abbildung 3.4 zusammengefasst und werden im Folgenden kurz erklärt:

Abbildung 3.4: Kriterien für die Nicht-Imitierbarkeit strategischer Fähigkeiten

Komplexität

Die Kernkompetenzen einer Organisation können aufgrund ihrer Komplexität schwer imitierbar sein. Dafür kann es zwei Hauptgründe geben:[10]

- *Interne Verknüpfungen.* Besonderer Wert für den Kunden könnte daraus entstehen, dass Aktivitäten und Prozesse miteinander verknüpft werden können. *Abschnitt 3.6.2* und Abbildung 3.7 zeigen, wie solche miteinander verknüpften Aktivitäten bildlich dargestellt werden können, sodass sie leichter verständlich sind. Doch auch wenn ein Konkurrent über eine solche bildliche Abbildung verfügt, ist es unwahrscheinlich, dass er sie in ihrer ganzen Komplexität reproduzieren kann. Dies liegt nicht nur an der Komplexität an sich, sondern auch daran, dass diese sich über

10 Siehe dazu auch die Metastudie von S.L. Newbert, „Empirical research on the resource based view of the firm: An assessment and suggestions for future research", Strategic Management Journal, Nr. 28 (2007), S. 121–146.

einen langen Zeitraum hinweg aufgrund von Gewohnheiten und Praktiken entwickelt hat (siehe unten).

- *Externe Verknüpfung.* Organisationen können es anderen erschweren, ihre Grundlagen für einen Wettbewerbsvorteil nachzuahmen oder zu erwerben, indem sie mit den Kunden zusammen Aktivitäten entwickeln, die eine Abhängigkeit des Kunden von der Organisation herstellen. Dies wird manchmal als *Co-Spezialisierung* bezeichnet. So gab etwa ein Hersteller von industriellem Schmierstoff sein Konzept auf, seine Produkte einfach nur zu verkaufen. Stattdessen einigte man sich mit dem Kunden darauf, die Schmierstoffe auch an Ort und Stelle beim Kunden anzuwenden und aufzubringen. Dazu wurden feste Ziele für Kosteneinsparungen vereinbart. Je effizienter der Schmierstoff eingesetzt wurde, desto mehr profitierten beide Seiten. Einen ähnlichen Vorteil können Softwareunternehmen erlangen, deren eigene Programme auf ganz spezielle Kundenbedürfnisse abgestimmt sind.

Kausale Mehrdeutigkeit[11]

Ein weiterer Grund für die schwierige Nachahmbarkeit von Kompetenzen besteht darin, dass es Konkurrenten schwerfällt, die Ursachen und Wirkungen, die den Vorteil einer Organisation ausmachen, genau zu erkennen. Dies nennt man *kausale Mehrdeutigkeit*, die in zwei Formen auftreten kann[12]:

- *Charakteristische Mehrdeutigkeit* – hier ist die Bedeutung der Eigenschaft selbst schwer zu erkennen und zu verstehen, vielleicht weil sie auf stillschweigendem Wissen basiert oder in der Organisationskultur verwurzelt ist. So zeigt sich beispielsweise das Fachwissen der Einkäufer eines erfolgreichen Modehauses wahrscheinlich an den hohen Umsätzen, die mit den jedes Jahr neu gekauften Waren erzielt werden. Dennoch ist es sehr schwierig zu verstehen, was genau diese Fachkenntnisse ausmacht. Und so wird es für die Konkurrenz schwer, diese zu imitieren.
- *Mehrdeutigkeit bei den Verknüpfungen* – hier können Konkurrenten nicht erkennen, welche Aktivitäten und Prozesse voneinander abhängen, um Verknüpfungen zu schaffen, die Kernkompetenzen entstehen lassen. Die Fachkenntnisse der Modeeinkäufer beschränken sich höchstwahrscheinlich nicht auf eine Person oder auch auf nur eine Funktion. Im Gegenteil gibt es sicherlich ein ganzes Netzwerk aus Zulieferern und Intelligenzverknüpfungen für das Marktverständnis und auch Verbindungen zu Modeschöpfern. In manchen Organisationen geben die Manager sogar zu, dass nicht einmal sie selbst alle Verknüpfungen ganz durchschauen, die für ihre Kunden wertvoll sind. Ist dies der Fall, so ist es natürlich für die Konkurrenz erst recht schwierig, diese zu verstehen.

Kultur und Geschichte

Kernkompetenzen können fester Bestandteil einer Unternehmenskultur werden. Die Koordination verschiedener Aktivitäten geschieht „natürlich“, weil die Mitwirkenden

11 Die wegweisende Abhandlung über kausale Doppeldeutigkeit stammt von S. Lippman und R. Rumelt, „Uncertain imitability: An analysis of interfirm differences in efficiency under competition“, *Bell Journal of Economics*, Bd. 13 (1982), S. 418–438.

12 Die Unterscheidung zwischen charakteristischer Mehrdeutigkeit und Verknüpfungsmehrdeutigkeit wird genau erklärt bei A.W. King und C.P. Zeithaml, „Competencies and firm performance: Examining the causal ambiguity paradox“, *Strategic Management Journal*, Bd. 22, Nr. 1 (2001), S. 75–99.

ihre Rolle im Gesamtbild kennen oder einige Dinge einfach ganz selbstverständlich auf eine bestimmte Art und Weise durchgeführt werden. Dies können wir bei sehr erfolgreichen Sportmannschaften beobachten oder auch in Teams, in denen viele unterschiedliche Fachleute zusammenarbeiten wie etwa in einem Theater. Ein anderes Beispiel ist ein Unternehmen, das verschiedenste Aktivitäten integriert, um seine Kunden optimal zu bedienen. Die Tatsache, dass solche Kompetenzen oft förmlich in einer Unternehmenskultur eingebettet sind, ergibt sich oft aus der Wahrscheinlichkeit, dass sie sich über lange Zeit hinweg und in eine ganz bestimmte Richtung entwickeln konnten. Die Ursprünge und die Geschichte der Entwicklung solcher Kompetenzen wird als Pfadabhängigkeit[13] bezeichnet. Sie treffen speziell auf ein Unternehmen zu und können nicht imitiert werden (siehe auch *Abschnitt 5.3.1*). Wie in *Kapitel 5* erklärt, besteht aber auch hier die Gefahr, dass die kulturelle Einbettung dieser über Jahre hinweg entwickelten Kompetenzen so vollständig geschieht, dass diese sich nicht mehr ändern lassen und zu Rigiditäten werden.

Wandel

Hier wird das Konzept der dynamischen Fähigkeiten relevant. Schafft sich eine Organisation eine Grundlage für einen Wettbewerbsvorteil in Form von Ressourcen oder Fähigkeiten, die sich mit der Marktdynamik oder den Kundenwünschen ebenfalls verändern, wird es für Konkurrenten noch schwerer, diese Faktoren zu imitieren. Es ist klar, dass Organisationen, die eine Führungsposition auf dem Markt anstreben, innovativ sein und neue Märkte kreieren möchten, dies nur auf Basis dynamischer Fähigkeiten erreichen können. Sie sind beständig bestrebt, die Konkurrenz zu überflügeln, indem sie immer neue Grundlagen dafür schaffen.

3.4.4 N-Non-substitutability: Nicht-Substituierbarkeit

Gelingt es einer Organisation, ihren Kunden Nutzen anzubieten und Kompetenzen zu entwickeln, die selten und schwer zu imitieren sind, so kann das bedeuten, dass es für andere Organisationen schwierig ist, diese zu kopieren. Dennoch besteht die Gefahr der Austauschbarkeit. Diese könnte auf zwei Arten geschehen:

- *Substitution von Produkten oder Dienstleistungen.* Wie bereits in *Kapitel 2* anhand des Five-Forces-Modells erklärt, kann ein Produkt oder eine Dienstleistung insgesamt der Substitution zum Opfer fallen. So wird das Postsystem immer mehr von E-Mail-Systemen abgelöst. Gleichgültig, wie komplex oder wie sehr kulturell eingebettet die Kompetenzen des Postsystems auch waren, diese Art der Substitution konnte trotzdem nicht verhindert werden.
- *Kompetenzsubstitution.* Eine Substitution kann aber nicht erst auf Produkt- oder Dienstleistungsebene, sondern bereits auf Ebene der Kompetenzen stattfinden. Handwerklich geprägte Branchen mussten oft Verluste hinnehmen, da sie sich zu sehr auf die Kompetenzen gut ausgebildeter Handwerker verließen, die schließlich durch spezialisierte Systeme und die Mechanisierung ersetzt wurden.

---

13 Für eine umfassendere Diskussion zu diesem Thema im Zusammenhang mit strategischer Fähigkeit siehe die Abhandlung von Teece et al. (Fußnote 2), und D. Holbrook, W. Cohen, D. Hounshell und S. Klepper, „The nature, sources and consequences of firm differences in the early history of the semiconductor industry“, *Strategic Management Journal*, Bd. 21, Nr. 10–11 (2000), S. 1017–1042.

Zusammengefasst und vor dem Hintergrund des ressourcenorientierten Ansatzes müssen Manager überlegen, ob ihre Organisationen über strategische Fähigkeiten verfügen, die ihnen einen nachhaltigen Wettbewerbsvorteil verschaffen. Dazu muss bedacht werden, wie und in welchem Ausmaß Fähigkeiten vorliegen, die (i) für Käufer wertvoll, (ii) selten, (iii) nicht imitierbar und (iv) nicht substituierbar sind.

Wie Abbildung 3.5 zeigt, liegt hier ein additiver Effekt vor. Je mehr der vier Kriterien eine strategische Fähigkeit erfüllt, umso nachhaltiger ist der Wettbewerbsvorteil, den sie gewährt. Gibt es solche Fähigkeiten für einen Wettbewerbsvorteil nicht, müssen Manager überlegen, ob sie entwickelt werden können. Wie dies geschehen kann, wird in *Abschnitt 3.7* behandelt.

V	Value – Wert: Gibt es Fähigkeiten, die für den Kunden wertvoll sind und einen potenziellen Wettbewerbsvorteil gewähren?
R	Rarity – Seltenheit: Gibt es Fähigkeiten, über die keine (oder nur wenige) Konkurrenten auch verfügen?
I	Inimitability – Nicht-Imitierbarkeit: Ist es schwer für Konkurrenten, bestehende Fähigkeiten zu imitieren?
N	Non-substitutability – Nicht-Substituierbarkeit: Ist das Risiko einer Substitution bestehender Fähigkeiten gering?

Zunehmender Grad eines nachhaltigen Wettbewerbsvorteils

Abbildung 3.5: VRIN

Beispiel 3.2 Strategische Fähigkeit für Plasco

Strategische Fähigkeit zur Untermauerung eines erfolgreichen Wettbewerbs kann auf einer komplexen Verknüpfung beruhen, die tief in der Geschichte und Kultur einer Organisation verwurzelt ist.

Plasco, ein Hersteller von Plastikprodukten, hatte mehrere Großkunden aus dem Einzelhandelsbereich von der Konkurrenz abgeworben. Die Manager brannten darauf, die Grundlagen für diesen Erfolg zu verstehen, um dadurch ihre strategischen Fähigkeiten besser erkennen zu können. Dazu führten sie eine Analyse über den Kundenwert durch (wie in *Abschnitt 2.4.4* erklärt) und schlossen daraus, dass die Einzelhändler, die ihnen den größten Erfolg gebracht hatten, besonderen Wert auf einen starken Markennamen, eine solide Produktpalette, Innovation, guten Service und zuverlässige Lieferung legten. Plasco stach die Konkurrenz besonders in den Bereichen Lieferung, Kundendienst und Produktpalette aus.

Dann stellten sie ihre Aktivitäten grafisch dar, wie in *Abschnitt 3.6.2* erklärt (siehe Abbildung 3.8). Einige der Erkenntnisse, die dies brachte, waren der höchsten Führungsebene bereits bekannt. Einige andere Erklärungen für ihren Erfolg waren ihnen aber nicht bewusst.

Als sie die Grundlagen für ihre zuverlässige Lieferung analysierten, konnten sie keine Gründe finden, warum ihre Leitungen besser waren als die der Konkurrenz. Die logistische Ausstattung ihrer Firma unterschied sich nicht von der anderer Firmen. Sie war grundlegend notwendig und enthielt keinesfalls einzigartige Schwellenressourcen und -kompetenzen.

Als sie aber die Aktivitäten untersuchten, die ihren guten Kundendienst ausmachten, ergaben sich andere Erklärungen. Schnell fanden sie heraus, dass ein Großteil ihres Erfolges darauf zurückzuführen war, dass sie viel flexibler waren als ihre Konkurrenz, die hauptsächlich aus einem international agierenden US-Großkonzern bestand. Doch die Grundlagen dieser Flexibilität waren nicht so leicht auszumachen. Sie äußerste sich beispielsweise in der Fähigkeit, Bestellungen der Einzelhändler ganz kurzfristig anzupassen. Hatte der Einkäufer eines Einzelhändlers einen Fehler gemacht, so nahm Plasco problemlos Ware zurück, die schon ausgeliefert worden war. Die Aktivitäten, die diese Flexibilität ermöglichten, waren weitaus weniger leicht zu definieren. Die grafische Abbildung brachte einige Erklärungen ans Licht:

- Der Junior-Manager und seine Mitarbeiter legten die Firmenregeln sehr flexibel aus, um Ware von wichtigen Kunden zurücknehmen zu können, denn genau genommen erlaubten das die Regeln und Systeme des Unternehmens nicht.
- Die Auslastung der Werke war geringer und die Produktionsprozesse waren weniger automatisiert als bei der Konkurrenz, also konnte man Produktionsabläufe leichter kurzfristig ändern. Andererseits schrieben die Firmenregeln vor, die Kapazitätsauslastung und somit auch die Produktivität zu steigern und mehr Automatisierung einzuführen. Doch das Produktionsmanagement der unteren Ebenen ließ sich mit der Umsetzung dieser Anweisungen Zeit, denn man wusste, dass das die Flexibilität vermindern und die Fähigkeit einschränken würde, die Dienstleistungen anzubieten, die der Kunde wünschte.

Viele dieser Tatsachen ergaben sich aus dem Wissen sehr junger Führungskräfte, Vertreter und Mitarbeiter der Fabriken. Sie wussten, wie „das System funktioniert“ und wie man zusammenarbeiten musste, um die Probleme der Einzelhändler möglichst optimal zu lösen. Dabei ging es nicht um Firmenstrategie oder offizielle Ausbildung, sondern um Gewohnheiten und Praktiken, die sich über Jahre hinweg entwickelt hatten. Daraus waren Beziehungen zwischen Vertretern und Einzelhändlern entstanden, die es diesen ermöglichten, auch einmal um „das Unmögliche“ zu bitten, wenn Schwierigkeiten auftraten.

Eine stabile Logistik und qualitativ hochwertige Produkte waren natürlich wichtig, die Kernkompetenz aber, die den Erfolg des Unternehmens letztendlich ausmachte, ergab sich aus einer Verknüpfung verschiedener Aktivitäten, die sich im Laufe der Zeit entwickelt hatten. Und es fiel sowohl dem Unternehmen selbst als auch der Konkurrenz schwer, die entscheidenden Punkte genau zu definieren.

Kontrollfragen

1. Warum könnte es einem großen, automatisierten Plastikhersteller in den USA schwerfallen, mit seinen Kunden ebenso umzugehen wie Plasco?
2. Wie sollte die oberste Führungsebene bei Plasco auf die Erklärungen der strategischen Fähigkeit reagieren, die die grafische Abbildung der Aktivitäten erbracht hatte?
3. Was könnte die Grundlagen für Plascos Wettbewerbsvorteil zunichte machen?

Sitzung 8: Organisationales Wissen und strategische Fähigkeiten

8

ÜBERBLICK

3.5 Organisationales Wissen[14]

Mit zunehmendem Interesse an strategischen Fähigkeiten haben Autoren immer häufiger die Bedeutung des organisationalen Wissens betont. **Organisationales Wissen** ist die kollektive Erfahrung, die durch Systeme, Routinen und den Austausch innerhalb der Organisation angesammelt wird. Dieser Begriff ist eng verwandt mit dem der Kompetenzen, die bisher in diesem Buch behandelt wurden.

Organisationales Wissen

Organisationales Wissen ist die kollektive Erfahrung, die durch Systeme, Routinen und den Austausch innerhalb der Organisation angesammelt wird.

Es gibt verschiedene Gründe, warum organisationales Wissen heute als so wichtig gilt. Da Organisationen immer komplexer und größer werden, wird der Austausch des Wissens der Mitarbeiter immer mehr zur Herausforderung. Zum zweiten gibt es heute Informationssysteme, die einen solchen Wissensaustausch immer besser ermöglichen.[15] Und zum dritten ist es, wie bereits in diesem Kapitel erwähnt, weniger wahrscheinlich, dass Organisationen durch ihre materiellen Ressourcen einen Wettbewerbsvorteil erzielen werden. Viel häufiger entsteht dieser aus der Art und Weise, wie Dinge getan werden, und aus der akkumulierten Erfahrung. Das Wissen darüber, wie Dinge basierend auf dieser Erfahrung getan werden, ist also von entscheidender Bedeutung.

Zwei Punkte sollten in diesem Zusammenhang erwähnt werden:

- *Explizites und implizites organisationales Wissen.* Organisationales Wissen kann in vielerlei Formen vorliegen. Nonaka und Takeuchi[16] unterscheiden zwischen zwei Arten des Wissens. *Explizites Wissen* ist kodifiziert, und „objektives" Wissen wird auf formelle, systematische Art und Weise vermittelt. Es könnte sogar in Form einer kodifizierten Informationsressource wie einem Systemhandbuch vorliegen. *Implizites Wissen* dagegen ist persönlich, kontextspezifisch und dadurch schwer zu formalisieren und zu kommunizieren. Für den Einzelnen erfordert organisationale Kompetenz meist beide Wissensarten. Ein Fahranfänger wendet zum Beispiel

14 Wie wichtig es ist, Wissen zu analysieren und zu verstehen, wird diskutiert bei I. Nonaka und H. Takeuchi, *The Knowledge Creating Company*, Oxford University Press, 1995; und V. von Krogh, K. Ichijo und I. Nonaka, *Enabling Knowledge Creation: How to unlock the mystery of tacit knowledge and release the power of innovation*, Oxford University Press, 2000. Es gibt auch Artikelsammlungen über organisationales Wissen, z.B. die Sonderausgabe des *Strategic Management Journal*, R. Grant und J.-C. Spender (Hrs.), Bd. 17 (1996), und die *Harvard Business Review on Knowledge Management*, HBR Press, 1998.

15 Peter Drucker (siehe Management Challenges for the 21st Century, Butterworth–Heinemann, 1999) und andere haben auf das Wachstum einer auf Wissen aufgebauten Wirtschaft Bezug genommen.

16 Siehe Fußnote 18.

ausdrückliches Wissen an, das er wahrscheinlich von einem Fahrlehrer gelernt hat, und entwickelt dadurch allmählich eigene Kenntnisse über das Autofahren. Das stillschweigende Wissen, das man zum Autofahren benötigt, kommt jedoch erst allmählich durch die Fahrpraxis. Je formeller und systematischer ein Wissenssystem ist, desto größer ist allerdings auch die *Gefahr der Imitation*, weshalb dieses Wissen auch in Bezug auf die Wettbewerbsstrategie umso wertloser ist. Kann das Wissen kodifiziert werden, ist die Gefahr der Imitation größer. Ein nicht imitierbarer Wettbewerbsvorteil liegt viel eher dort vor, wo Einzelpersonen oder Personengruppen über das relevante Wissen verfügen.

- *Praxisgemeinschaften (Communities of practice).* Die gegenseitige Beteiligung an Wissen und Erfahrung innerhalb von Organisationen ist ein sozialer und kultureller Prozess, der auf *Praxisgemeinschaften* beruht[17], die Informationen entwickeln und miteinander teilen, weil alle Beteiligten davon profitieren. Dies kann auf formelle Weise, z.B. über das Internet geschehen, doch auch soziale Kontakte und Vertrauen sind hier sehr wichtige Aspekte. Tatsächlich kommt es in *Kulturen, die von Vertrauen geprägt sind* und keine starren hierarchischen oder funktionalen Grenzen aufweisen, weitaus häufiger zu einem Wissensaustausch. So haben Organisationen etwa versucht, den Wissensaustausch zu verbessern, indem sie zu diesem Zweck Computersysteme einrichten ließen. Es wird jedoch immer klarer, dass zwar ein Teil des Wissens kodifiziert und im Computer erfasst werden kann, dass es jedoch sehr schwer ist, Wissen dann zu kodifizieren, wenn sein Wert eben erst durch den Austausch und das Teilen entsteht.

Diese Beobachtungen weisen ganz deutlich auf die Verbindungen zwischen organisationalem Wissen und anderen, in diesem Buch behandelten Themen hin. Organisationales Wissen kann zwar von Nutzen sein, muss sich aber mit einem sich verändernden Umfeld ebenfalls entwickeln. So gesehen sind organisationales Wissen und Lernprozesse eng miteinander verwandt. Beide Konzepte müssen nun in Bezug auf dynamische Fähigkeiten betrachtet werden, die sich immer neuen Bedingungen anpassen müssen, wie in *Abschnitt 3.4.5* oben erklärt. Die Verbindungen zwischen Wissen, Erfahrung und sozialer Interaktion müssen auch zu den kulturellen Aspekten der Strategie in Bezug gesetzt werden, auf die in *Kapitel 5* näher eingegangen wird.

---

17 E.C. Wenger und W.M. Snyder, „Communities of practice: The organizational frontier", *Harvard Business Review*, Bd. 73, Nr. 3 (2000), S. 201–207; und E. Wenger, *Communities of Practice: Learning, Meaning and Identity*, Cambridge University Press, 1999.

Beispiel 3.3

Der Aufbau dynamischer Fähigkeiten in einem neuen Unternehmensprojekt

Netzwerke und Partnerschaften können für Unternehmen und ihre Manager dynamische Fähigkeiten und Lerneffekte bringen.

HMD Chemical ist ein neues Unternehmensprojekt für klinische Technologien mit Sitz in Edinburgh und zielt darauf ab, klinische Versuchsreihen für Unternehmen, die neue Medikamente entwickeln, effizienter zu machen. Ursprünglich stellte HMD maßgeschneiderte Lösungen mittels Telefontechnologie (z.B. interaktive Spracherkennung) zur Verfügung, um klinische Versuchsreihen zu überwachen. Dies war jedoch, meist aufgrund menschlicher Fehler, problematisch. Daher strebte HMD die Entwicklung eines Produkts an, das auf einer anderen Technologie beruhte: Radiofrequenzidentifikation. Dadurch wollte man auch eine Marktdiversifizierung erreichen, besonders durch internationale Expansion. Um diesen neuen Markt zu erobern, mussten neue Fähigkeiten entwickelt werden, um HMDs aktuelle Ressourcen- und Fähigkeitenkonfigurationen auszuweiten und zu verändern, anders gesagt: Es wurden dynamische Fähigkeiten benötigt.

HMD entschloss sich, eine Partnerschaft mit einem großen, gut etablierten Unternehmen einzugehen, von dem es sich Legitimität, Ressourcen und neue Chancen erhoffte: Sun Microsystems, ein internationaler Konzern mit einer großen Firmenpräsenz in Schottland. HMD-Mitbegründer Ian Davison kommentiert:

> *Die Verbindung mit einer großen Firma bringt eine gewisse Sicherheit.*

Sun interessierte sich für die Produktidee von HMD und innerhalb von Monaten entwickelte sich die Partnerschaft sehr erfolgreich. Davidson glaubte, dass sich dadurch für HMD große Vorteile ergaben:

> *Wir bekamen von der Partnerschaft das, was wir wollten, denn es gelang uns, auf Basis der Sun Technologie einen Prototyp zu bauen. Die Erfahrungen von HMD zeigen auch den Aufbau dynamischer Fähigkeiten auf verschiedenen Ebenen.*

Es ergaben sich Chancen für gegenseitiges Lernen. Aus Sicht von HMD lag der Vorteil im Zugang zu neuen Technologien. Dabei lag ein besonderer Nutzen darin, dass Sun auf seine weitverbreiteten Ressourcen überall in Großbritannien und darüber hinaus (etwa in Westeuropa) zugreifen konnte. Auch öffnete der gute Ruf von Sun viele Türen für HMD. Als der Prototyp fertig war, startete HMD eine gemeinsame Verkaufskampagne mit Sun und wandte sich an einen potenziellen internationalen Kunden, und es gab in der Folge eine Präsentation auf dem Firmengelände von Sun in Schottland. Solche Aktivitäten ermöglichten aktives Lernen von Prozessen wie Produktentwicklung und Verkauf.

Für HMD ergaben sich auch noch weitere Vorteile:

- *Produktentwicklung.* Durch die Entwicklung eines Prototyps mit Sun mussten Fähigkeiten und Ressourcen integriert werden, um Synergien zu erzeugen. So wurde das technische Wissen von HMD, das sehr auf den Kunden für klinische Versuchsreihen bezogen war, mit der Hardware-Architektur von Sun kombiniert.
- *Gemeinschaft.* Durch Inputs von einem Vermittler aus dem öffentlichen Sektor erhielt HMD wichtige Informationen über formale Aspekte der Schließung von Bündnissen wie etwa die Rechtslage bei gemeinsamem geistigem Eigentum. Außerdem schätzte HMD den Nutzen inoffizieller sozialer Netzwerke, die für das reibungslose Funktionieren der gemeinsamen Aktivitäten sorgte.
- *Strategische Entscheidungsfindung.* HMD konnte innerhalb seines Unternehmens neue Denkweisen entwickeln, etwa bezüglich der Identifikation externer Informationsquellen. Dies wurde aus der Entscheidung deutlich, die Partnerschaft um einen Dritten zu erweitern.

Auf individueller Ebene lernten viele HMD-Manager auch „neue Tricks", indem sie zwanglose Rituale einführen wie etwa Brainstorming-Sitzungen und tägliche Diskussionsrunden. Die Manager waren der Meinung, dass solche Lernprozesse HMD helfen konnten, ein nächstes Bündnis einzugehen, in dem einige Aspekte gleich bleiben, andere aber verändert werden müssten. Davidson kommentierte:

> *In der Zukunft würden wir an eine solche Beziehungen im Großen und Ganzen ähnlich herangehen. (Aber) ich glaube, wir würden versuchen, von Beginn an klarere Unternehmensziele und Grenzen festzulegen.*

Zusammengestellt von Shameen Prahantham, Managementfakultät, University of Glasgow

Kontrollfragen

1. Auf welchen Ebenen können Unternehmen von dynamischen Fähigkeiten profitieren?
2. Wie tragen Netzwerkbeziehungen wie etwa strategische Partnerschaften potenziell zur Entwicklung dynamischer Fähigkeiten bei?
3. Welche anderen gemeinsamen Aktivitäten innerhalb einer Organisation und organisationsübergreifend könnten solche dynamischen Fähigkeiten hervorbringen? Wie?
4. Kann die Entwicklung dynamischer Fähigkeiten absichtlich geplant werden? Wie?

3.6 Die Diagnose strategischer Fähigkeit

Bisher befasste sich dieses Kapitel mit Erklärungen zum Thema strategische Fähigkeiten und verwandten Begriffen. Dieser Abschnitt geht nun darauf ein, wie strategische Fähigkeiten erkannt werden können.

3.6.1 Die Wertkette und das Wertnetzwerk

Sollen Organisationen einen Wettbewerbsvorteil erzielen, indem sie ihren Kunden einen Wert liefern, so müssen Manager verstehen, welche ihrer Aktivitäten besonders zur Schaffung dieser Werte beitragen und welche nicht. Die Begriffe „Wertkette" und „Wertnetzwerk" können hierbei sehr hilfreich sein.

Wertkette

Die **Wertkette** beschreibt die Kategorien von Aktivitäten in und rund um eine Organisation herum, die zusammen ein Produkt oder eine Dienstleistung erschaffen. Der Begriff wurde in Zusammenhang mit Wettbewerbsstrategie von Michael Porter geprägt.[18] Abbildung 3.6 stellt die Wertkette vor. **Primäraktivitäten** sind direkt mit der Erzeugung oder Lieferung eines Produkts oder einer Dienstleistung befasst. Für den Hersteller eines Produktes sind dies zum Beispiel:

- *Interne Logistik* befasst sich mit dem Erhalt, der Lagerung und der Verteilung von Ressourcen für die Herstellung eines Produkts oder einer Dienstleistung, z.B. Materialverwaltung, Lagerbestandskontrolle, Transport, etc.
- *Operationen* wandeln diese Ressourcen in das endgültige Produkt oder die endgültige Dienstleistung um: Handhabung der Maschinen, Verpackung, Montage, Tests, etc.
- *Externe Logistik* nimmt das fertige Produkt oder die Dienstleistung auf, lagert sie und liefert sie an den Kunden aus. Darunter fallen Lagerverwaltung, Materialverwaltung, Vertrieb, etc.
- *Marketing und Verkauf* stellen die Mittel zur Verfügung, durch welche Kunden/Nutzer auf das Produkt oder die Dienstleistung aufmerksam gemacht werden und wodurch sie diese kaufen können. Dazu zählen Verkaufsverwaltung, Werbung und Verkauf.
- *Dienstleistungen* umfassen alle Aktivitäten, die den Wert von Produkt oder Dienstleistung steigern oder stabil halten wie etwa Installation, Reparatur, Ausbildung und Ersatzteile.

Wertkette
Eine Wertkette beschreibt die Kategorien von Aktivitäten innerhalb und um eine Organisation herum, die zusammen Produkte oder Dienstleistungen erschaffen.

Primäraktivitäten
Primäraktivitäten sind direkt mit der Erzeugung oder Lieferung eines Produkts oder einer Dienstleistung befasst.

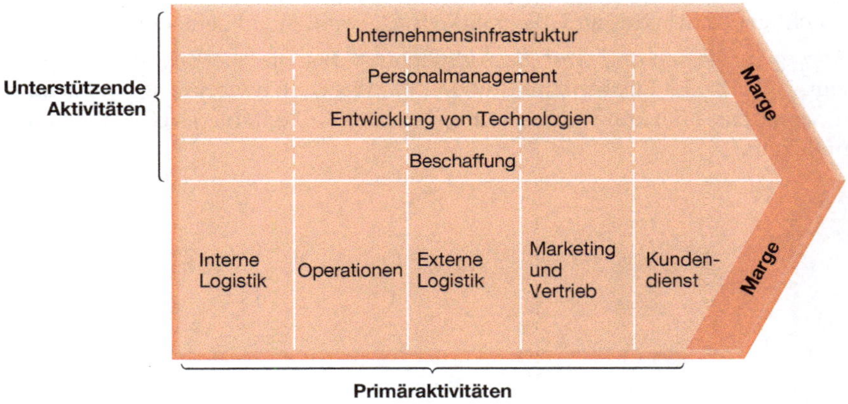

Abbildung 3.6: Die Wertkette in einer Organisation

18 Eine ausführliche Diskussion des Begriffs „Wertkette" und dessen Anwendung kann bei M.E. Porter, *Competitive Advantage*, Free Press, 1985, gefunden werden.

Unterstützende Aktivitäten

Unterstützende Aktivitäten tragen zur Verbesserung der Effektivität oder Effizienz von Primäraktivitäten bei.

Jede dieser Gruppen von Primäraktivitäten ist mit **unterstützenden Aktivitäten** verbunden. Diese tragen zur Verbesserung der Effektivität oder Effizienz der Primäraktivitäten bei:

- *Beschaffung.* Die *Prozesse*, die in vielen Teilen der Organisation ablaufen, um die verschiedenen Ressourcen für die Primäraktivitäten zu erlangen.
- *Entwicklung von Technologien.* Jede Wert schaffende Aktivität basiert auf einer Technologie, auch wenn diese nur aus Know-how besteht. Manche Technologien stehen in direkter Verbindung zu einem Produkt (z.B. F&E, Produktdesign) oder zu den damit verbunden Prozessen (z.B. Prozessentwicklung) oder zu einer bestimmten Ressource (z.B. Verbesserung der Rohstoffe).
- *Personalmanagement.* Dieser Bereich durchzieht alle Primäraktivitäten. Er befasst sich mit Aktivitäten wie Neueinstellungen, Betreuung, Ausbildung, Weiterentwicklung und Vergütung der Mitarbeiter einer Organisation.
- *Infrastruktur.* Das formale System für Planung, Finanzwesen, Qualitätskontrolle, Informationsmanagement und die Strukturen und Normabläufe, die alle Teil der Organisationskultur sind (siehe *Abschnitt 5.4*).

Die Wertkette kann bei der Analyse der strategischen Position einer Organisation in zweierlei Hinsicht von Nutzen sein:

- *Für allgemeine Beschreibungen von Aktivitäten*, die Manager erkennen lassen können, ob an einer bestimmten Stelle der Wertkette eine Ballung von Aktivitäten vorliegt, die für den Kunden Vorteile bringen. Ein Unternehmen könnte beispielsweise im Bereich externe Logistik besonders gute Leistung bringen in Verbindung mit den Aktivitäten für Marketing und Verkauf und unterstützt von neu entwickelten Technologien. Operationen und die interne Logistik dagegen könnten weniger erfolgreich ablaufen. Die Wertkette bringt Manager auch dazu, darüber nachzudenken, welche Rolle die einzelnen Aktivitäten spielen. In einem kleinen Familienbetrieb, der frische Sandwichs und Snacks verkauft, kann die Zubereitung der Sandwichs zum einen als „Arbeitsprozess“, aber auch als „Marketing“ bezeichnet werden, denn die Reputation und die Beliebtheit des Geschäfts entstehen durch die sozialen Beziehungen und das Gespräch zwischen Kunde und Verkäufer. Was ist nun richtig? Man könnte sagen, dass dieser Teil als „Operation“ bezeichnet wird, wenn er schlecht gemacht wird, und als „Marketing“, wenn er gut gemacht wird.
- In Bezug auf *Kosten und Wert der Aktivitäten.*[19] Beispiel 3.4 zeigt dies an der Fischzucht. Ugandische Fischzüchter nutzten die Wertkettenanalyse, um herauszuarbeiten, worauf sie sich konzentrieren mussten, um ein rentableres Geschäftsmodell zu entwickeln.

19 Für ein ausführliches Beispiel der Wertkettenanalyse siehe A. Shepherd, „Understanding and using value chain analysis“, in Veronique Ambrosini (Hrs.), *Exploring Techniques of Analysis and Evaluation in Strategic Management*, Prentice Hall, 1998.

Beispiel 3.4

Eine Wertkette für ugandische Exporte von gekühlten Fischfilets

Selbst kleine Unternehmen können Teil einer internationalen Wertkette sein. Eine Analyse kann auch hier strategische Vorteile bringen.

Eine Fischfabrik in Uganda erwirtschaftete kaum Gewinne. Arme Fischer aus den Dörfern in der Nähe fingen die Fische von ihren eigenen kleinen Motorbooten aus. Kurz vor dem Auslaufen holten sie sich Eis und Plastikbehälter für den Fisch von den Vertretern der Fabrik, die ihnen ihren Fang nach ihrer Rückkehr abkauften. Die Behälter wurden zusammen mit der Fischereiausrüstung und einigen Bootsteilen importiert. Alles musste von den Vertretern im Voraus bar bezahlt werden. Manchmal waren aber Eis und Ausrüstung nicht rechtzeitig verfügbar. Fisch, der mit zu wenig Eis gekühlt wurde, erzielte nur die Hälfte des Preises von ordnungsgemäß gekühltem Fisch oder konnte manchmal gar nicht verkauft werden. Die Fischfabrik verarbeitete die Filets immer in der gleichen Weise: Die Abfälle wurden einfach zurück in den See geworfen. Einmal die Woche kamen ausländische Händler und kauften die besseren Filets; sie sagten nicht, an wen sie diese weiter verkauften und kauften manchmal auch nur sehr wenig.

Durch die Abbildung der Wertkette wurde klar, dass es entlang der Kette überall Möglichkeiten gab, Mehrwert zu erzeugen und Verluste zu reduzieren. Zusammen mit externen Spezialisten entwickelten die Fischer und die Fischfabrik eine Strategie zur Verbesserung ihrer Fähigkeiten, wie rechts dargestellt, und gründeten ein erfolgreich international agierendes Unternehmen, die Lake Victoria Fish Company, die regelmäßig Fisch weltweit per Luftfracht exportiert. Unter *www.ufpea.co.ug* finden sich mehr Informationen über ihre aktuellen Aktivitäten. Genaueres über den von ihnen genutzten analytischen Prozess findet sich unter *www.justreturn.ch*.

(Die angegebenen ungefähren Preise und Kosten geben die Situation vor Einführung der Verbesserungen wieder.)

Quelle: Ian Sayers, leitender Berater für den privaten Sektor, Division of Trade Support Services, International Trade Centre, Genf. E-mail: sayers@intracen.org

Kontrollfragen

1. Erstellen Sie eine Wertkette für ein anderes Unternehmen und stellen Sie dabei die Aktivitäten aller Teilbereiche dar.
2. Schätzen Sie die relativen Kosten und/oder Vermögenswerte im Zusammenhang mit diesen Aktivitäten.
3. Welche strategischen Auswirkungen ergeben sich aus Ihrer Analyse?

Das Wertnetzwerk

Wertnetzwerk

Ein Wertnetzwerk bezeichnet die interorganisatorischen Verbindungen und Beziehungen, die zur Erstellung von Produkten oder Dienstleistungen nötig sind.

Eine einzelne Organisation betreibt meist nicht alle Wert schaffenden Aktivitäten vom Design bis hin zur Auslieferung des fertigen Produkts im eigenen Haus. Meist liegt eine Spezialisierung auf bestimmte Bereiche vor, sodass jede Organisation Teil eines größeren *Wertnetzwerks* ist. Das **Wertnetzwerk**[20] ist die Kombination aus interorganisatorischen Verbindungen und Beziehungen, die zur Schaffung eines Produkts oder einer Dienstleistung nötig sind (siehe Abbildung 3.7). Eine Organisation muss sich also darüber im Klaren sein, welche Aktivitäten es selbst durchführen sollte und welche es unter Umständen fremdvergeben sollte. Da allerdings in den Bereichen Beschaffung und Vertrieb meist die höchsten Kosten entstehen, aber auch der größte Wert geschaffen wird, müssen Manager diesen gesamten Prozess verstehen und auch begreifen, wie sie bestehende Verbindungen und Beziehungen verwalten können, um den Wert für den Kunden zu verbessern. Es reicht nicht aus, nur nach innen auf die eigene Organisation zu blicken. Die Qualität eines Herdes oder eines Fernsehers wird beispielsweise nicht nur von den Aktivitäten des Herstellers selbst beeinflusst, sondern auch von der Qualität der Einzelteile des Zulieferers und der Leistung des Vertriebsunternehmens.

Ein Manager muss also die Grundlagen der strategischen Fähigkeiten seiner Organisation im Zusammenhang des großen Wertnetzwerks verstehen. Vier Kernpunkte sind hier zu beachten:

- *Welche Aktivitäten sind für die strategischen Fähigkeiten einer Organisation von entscheidender Bedeutung*, welche sind weniger wichtig? Ein Unternehmen, das auf einem Markt mit intensivem Wettbewerb aktiv ist, muss vielleicht in wichtigen Bereichen seine Kosten senken und kann dies nur durch die Fremdvergabe an kostengünstigere Produzenten. Ein anderes Unternehmen ist vielleicht der Meinung, dass es immens wichtig ist, die direkte Kontrolle über entscheidende Fähigkeiten zu behalten, besonders wenn diese sich auf Aktivitäten und Prozesse beziehen, die seiner Meinung nach für die Erlangung eines Wettbewerbsvorteils von zentraler Bedeutung sind. So mussten Diamantenschleifer traditionell Rohdiamanten vom Großunternehmen De Beers beziehen. In einem revolutionären Schritt entschloss sich jedoch der Lev Leviev-Konzern, in eigene Diamantenminen zu investieren, denn hier war man der Ansicht, dass „nichts stabil" sei, „außer man besitzt seine eigene Mine"[21].
- *Wo sind die Gewinnreservoire?*[22] **Gewinnreservoire** bezeichnen die unterschiedlichen Gewinnpotenziale, die an verschiedenen Stellen der Wertschöpfungskette erzielbar sind. Einige Teile eines Wertnetzwerks können aufgrund des unterschiedlich intensiven Wettbewerbs schon von Natur aus gewinnbringender sein als andere. In der Computerindustrie waren zum Beispiel der Markt für Mikroprozessoren und Software immer schon rentabler als der Markt für Hardware. Die strategische Frage lautet nun, ob es möglich ist, sich auf das Gebiet mit dem größten Gewinnpotenzial zu konzentrieren. Hier muss sehr vorsichtig vorgegangen werden. Es ist eine Sache, ein solches Potenzial zu erkennen; auf diesem Gebiet mit den Fähigkeiten der Organisation erfolgreich zu sein, ist hingegen eine ganz andere Sache. So erkannten in den 1990er Jahren etwa viele Autohersteller, dass auf dem Gebiet der Dienstleistun-

Gewinnreservoire

Gewinnreservoire bezeichnen die unterschiedlichen Gewinnpotenziale, die an verschiedenen Stellen der Wertschöpfungskette erzielbar sind.

20 P. Timmers, *Electronic Commerce*, Wiley, 2000, S. 182–193, liefert eine interessante Diskussion darüber, wie Wertnetzwerke durch Computertechnologie geschaffen und verändert werden.

21 Dieses Zitat wird Lev Leviev in der *Financial Times*, 14. Dezember 2006, S. 10, zugeschrieben.

22 Die Bedeutung von Gewinnreservoiren wird diskutiert von O. Gadiesh und J.L. Gilbert, „Profit pools: A fresh look at strategy", *Harvard Business Review*, Bd. 76, Nr. 3 (1998), S. 139–147.

gen, z.B. bei der Autovermietung und -finanzierung, viel größere Gewinne zu holen waren als bei der Herstellung. Doch ihnen fehlten die relevanten Kompetenzen, um in diesen Bereichen erfolgreich zu sein.

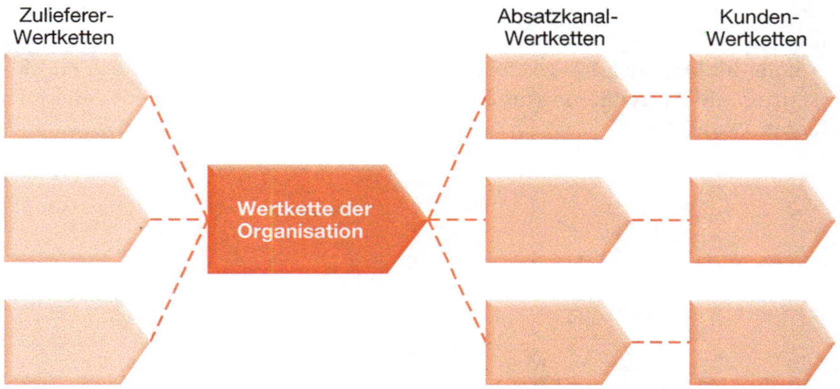

Abbildung 3.7: Das Wertnetzwerk

- Die Entscheidung, bestimmte Aktivitäten oder Teile *„selbst zu machen oder zu kaufen"*, ist daher von großer Bedeutung. Hier geht es darum, bestimmte Aktivitäten nach *außen fremdzuvergeben*. Heute gibt es Unternehmen, die die Vorteile des sogenannten Outsourcings anbieten (siehe Diskussion in *Abschnitt 12.4.2*). Je mehr Aktivitäten eine Organisation fremdvergibt, desto wichtiger wird ihre Fähigkeit, die Leistungen anderer Organisationen innerhalb des Wertnetzwerks zu beeinflussen. Diese Fähigkeit kann ihr sogar zu einem Wettbewerbsvorteil verhelfen.
- *Kooperationen.* Wer könnten im Wertnetzwerk die besten Partner sein? Und welche *Beziehungen* sollte man zu jedem Partner entwickeln? Sollten sie zum Beispiel als Zulieferer oder eher als Allianzpartner angesehen werden (siehe *Abschnitt 10.2.3*)? Manche Unternehmen konnten von engeren Beziehungen zu Zulieferern profitieren, denn sie kooperierten auch in Bereichen wie Marktintelligenz, Produktdesign und F&E.

3.6.2 Aktivitätsübersichten

Es fällt einem Manager oft schwer, die strategische Fähigkeit seiner Organisation klar zu definieren. Zu oft wird zu viel Wert auf Fähigkeiten gelegt, die der Kunde gar nicht wertschätzt, die aber innerhalb der Organisation für wichtig gehalten werden, weil sie vielleicht in der Vergangenheit schon geschätzt wurden. Oder man legt auf Faktoren wert, die eigentlich „entscheidende Erfolgsfaktoren" sind (Produkteigenschaften, die vom Kunden besonders wertgeschätzt werden.) wie „guter Service" oder „zuverlässige Lieferung", während es bei der strategischen Fähigkeit um die Ressourcen, Prozesse und Aktivitäten geht, die die Fähigkeit untermauern, solche kritischen Erfolgsfaktoren zu erreichen. Manchmal werden auch Fähigkeiten auf zu allgemeiner Ebene identifiziert. Dies ist nicht überraschend, denn die strategische Fähigkeit ist ja meist tief in einer komplexen, kausal mehrdeutigen Kombination aus miteinander verbundenen Fähigkeiten verwurzelt (siehe *Abschnitt 3.4.3*). Soll aber aktiv mit diesen Fähigkeiten umgegangen werden, ist es wichtig, sie genau zu identifizieren, zu verstehen und die Verbindungen zu entdecken, die für die relevanten Kompetenzen verantwortlich sind.

Eine Art der Analyse ist hier die Aktivitätsübersicht, die aufzuzeigen versucht, wie die verschiedenen Aktivitäten einer Organisation miteinander zusammenhängen. Beispiel 3.2 beschreibt die Suche der Manager von Plasco nach den strategischen Fähigkeiten der Organisation mithilfe einer Aktivitätsübersicht. Zu diesem Thema gibt es auch Computerprogramme[23], oder man kann einfacher vorgehen und wie in Abbildung 3.8 gezeigt ein Netzwerkdiagramm zeichnen.[24] Diese Abbildung wurde von Managergruppen innerhalb der Organisation geschaffen. Sie arbeiteten mit einem externen Moderator und stellten die Aktivitäten ihrer Organisation zunächst mit Klebezetteln auf einer großen leeren Wand dar.[25]

Abbildung 3.8: Eine Aktivitätsübersicht

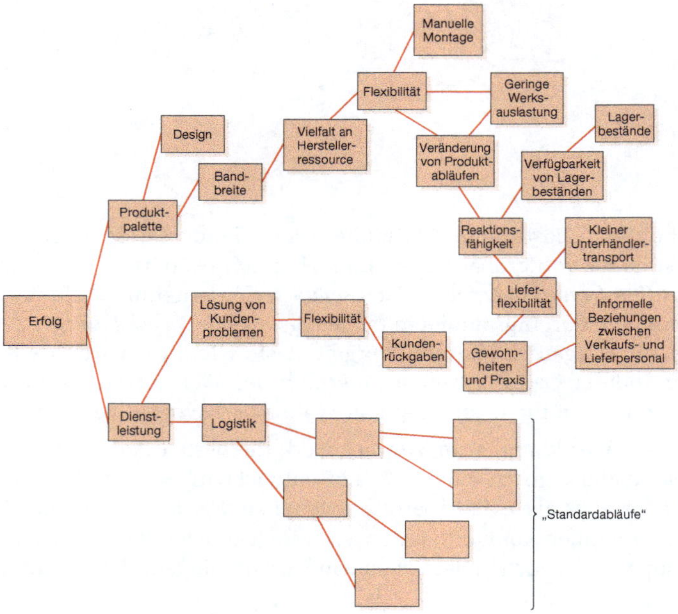

Zunächst wurde eine Analyse der Konkurrenten durchgeführt, wie in *Abschnitt 2.4.4* erklärt. Hier wollte man zwei Dinge feststellen: (i) Die kritischen Erfolgsfaktoren in Bezug auf ihre Kunden und (ii) in welchem dieser Faktoren sie besser waren als ihre Konkurrenz. Als kritische Erfolgsfaktoren wurden Markenreputation, Produktpalette, Innovation, exzellenter Kundendienst und Lieferzuverlässigkeit identifiziert. Besonders in den Bereichen Kundendienst und Produktpalette hob sich Plasco deutlich von seinen Konkurrenten ab. Es gelang den Managern relativ schnell, das zu identifizieren,

23 Ein gutes Beispiel solcher computergestützten Systeme zur Analyse organisationaler Fähigkeiten findet sich in der Arbeit von C. Eden und F. Ackermann, „Mapping distinctive competencies: A systemic approach", *Journal of the Operational Research Society*, Bd. 51, Nr. 1 (2000), S. 12–20.

24 Für eine umfassendere Beschreibung solcher Netzwerk-Abbildungen siehe V. Ambrosini, *Tacit and Ambiguous Resources as Sources of Competitive Advantage*, PalgraveMacmillan, 2003. Siehe auch F. Ackermann und C. Eden mit I. Brown, *Making Strategy*, Sage, 2005, Kap. 6.

25 Die Arbeit von P. und G. Johnson, „Facilitating group cognitive mapping of core competencies" (in *Mapping Strategic Knowledge*, Anne Huff und Mark Jenkins (Hrs.), Sage, 2002), erklärt einige der Probleme beim Verständnis einer solchen grafischen Abbildung.

was Porter als *höhere Ordnung strategischer Themen* bezeichnet[26]: Ihr wichtigster Vorteil lag in ihrer Flexibilität und der schnellen Reaktionsfähigkeit. Die Gründe, warum genau Plasco besser war als die Konkurrenz, traten jedoch erst zu Tage, als diese Themen genauer untersucht wurden, indem die ihnen zugrunde liegenden Kompetenzen und Ressourcen unter die Lupe genommen wurden. Dazu fragten die Manager immer genauer nach, welche Aktivitäten den Kunden von Nutzen waren. Abbildung 3.7 zeigt nur eine Auswahl dieser Aktivitäten. Die fertige Übersicht bestand aus Hunderten von Zetteln, auf denen Aktivitäten vermerkt waren, die alle in irgendeiner Form zu den strategischen Fähigkeiten der Organisation beitrugen. Die in Beispiel 3.2 beschriebenen, sich auf Aktivitäten stützenden Kompetenzen, die in Abbildung 3.7 nochmals zusammengefasst werden, wurden in diesem diagnostischen Prozess entwickelt.

Allgemein ausgedrückt kann man aus solchen Übersichten folgende Lehren darüber ziehen, wie ein Wettbewerbsvorteil erreicht werden kann und welche Beziehungen zwischen Kompetenzen und Wettbewerbsvorteilen bestehen:

- *Konsequenz und Bestärkung.* Die verschiedenen Aktivitäten, die für den Kunden Wert schöpfend sind, weisen höchstwahrscheinlich alle in die gleiche Richtung und bauen aufeinander auf anstatt sich zu behindern (so machte es der offene Managementstil bei Plasco erst möglich, dass Regeln so flexibel ausgelegt werden konnten).
- *Schwierige Imitation.* Es ist schwieriger für einen Konkurrenten, eine Kombination aus miteinander verbundenen Aktivitäten zu imitieren als nur einzelne Aktivitäten nachzuahmen. Bei Plasco hatten sich diese Verbindungen über Jahre hinweg aufgebaut, waren kulturell eingebettet, komplex und kausal mehrdeutig – die Lektionen von *Abschnitt 3.4.3.* Wenn der international agierende Konkurrent von Plasco sich dazu entschließen würde, auf der gleichen Grundlage der Flexibilität zu konkurrieren, hätte er keine vergleichbare Erfahrung, auf der er aufbauen könnte.
- *Einbußen.* Selbst wenn eine Imitation möglich wäre, könnte sich für Konkurrenten ein anderes Problem ergeben. So könnte Plascos Konkurrent seine gegenwärtige Position bei seinen bestehenden Kunden, die er zufriedenstellt, durch standardisierte Massenproduktion in Gefahr bringen.

3.6.3 Benchmarking[27]

Dieser Abschnitt befasst sich mit den Vorteilen des Benchmarking, das zum Verständnis beitragen kann, wie sich die strategischen Fähigkeiten einer Organisation in Bezug auf ihre internen Prozesse mit denen anderer Organisationen vergleichen lässt.

---

26 Michael Porter erklärt, dass eine Abbildung sogenannter „Aktivitätssysteme" bei der Betrachtung von Wettbewerbsstrategie wichtig sein kann, in seinem Artikel „What is strategy?" (*Harvard Business Review*, Bd. 74, Nr. 6 (1996), S. 61–78).

27 Benchmarking wird sowohl im privaten wie auch im öffentlichen Sektor häufig eingesetzt. S. Codling, *Benchmarking Basics*, Gower, 1998, liefert hier eine praxisorientierte Hilfestellung. Siehe auch J. Holloway, *Identifying Best Practices in Benchmarking*, Chartered Institute of Management Accountants, 1999. Und für eine Übersicht über den Einsatz von Benchmarking im öffentlichen Bereich siehe M. Wisniewski, „Measuring up to the best: A manager's guide to benchmarking", in G. Johnson und K. Scholes (Hrs.), *Exploring Public Sector Strategy*, Financial Times/Prentice Hall, 2001, Kap. 5.

Beim Thema Benchmarking gibt es verschiedene Ansätze:

- *Historisches Benchmarking.* Organisationen können ihre Leistung mit der früherer Jahre vergleichen, um irgendwelche bedeutenden Veränderungen festzustellen. Die Gefahr besteht darin, dass dies zu übergroßer Selbstzufriedenheit führen kann, denn was wirklich zählt, sind die Verbesserungen im Vergleich zur Konkurrenz.
- *Branchen-/Sektorenbenchmarking.* Auch ein Vergleich mit der Leistung anderer Organisationen der gleichen Branchen oder ein Vergleich verschiedener öffentlicher Organisationen, die die gleiche Dienstleistung gewähren, kann Einblicke über eigene Leistungsstandards gewähren, wenn man verschiedene Leistungsindikatoren anwendet. Einige Organisationen der öffentlichen Hand haben tatsächlich auf die Tatsache reagiert, dass es in ihrem Bereich strategische Gruppen gibt, indem sie nur Vergleiche mit ähnlichen Organisationen und nicht mit allen angestellt haben. So trennen beispielsweise kommunale Behörden und Polizeidienststellen zwischen „ländlich" und „städtisch" und stimmen ihr Benchmarking und ihre Referenzgrößen darauf ab. Eine allgemein gültige Gefahr beim Vergleich von Branchennormen (ob nun im privaten oder im öffentlichen Sektor) besteht aber darin, dass ja auch die gesamte Branche schlechte Leistungen abliefern und im Wettbewerb mit anderen Branchen negativ abschneiden kann, die die Kundenbedürfnisse anders und besser befriedigen können. Eine weitere Gefahr des brancheninternen Benchmarking liegt darin, dass Branchengrenzen durch Wettbewerbsaktivitäten und Branchenkonvergenz verschwimmen können. So steigen zum Beispiel Supermärkte (nach und nach) ins Bankgeschäft für Privatkunden ein, und auch ein Benchmarking muss dies widerspiegeln (wie eben das Benchmarking traditioneller Banken).
- *Klassenbesten-Benchmarking.* Diese Form des Benchmarking vergleicht die Leistung einer Organisation mit der Leistung des „Klassenbesten" – wo dies möglich ist. So sollen die Beschränkungen anderer Ansätze überwunden werden. Dadurch kann auch die Einstellung eines Managers infrage gestellt werden, dass akzeptable Verbesserungen der Leistung durch eine schrittweise Veränderung von Ressourcen oder Kompetenzen erreicht werden können. So kann sich eine grundlegendere Überlegung über die Verbesserung organisationaler Kompetenzen ergeben. Beispielsweise konnte British Airways die Wartung der Flugzeuge, das Auftanken und die Bodenzeiten verbessern, indem das Unternehmen die Abläufe rund um die Boxenstopps bei Formel-Eins-Rennen studierte.[28] Eine Polizeieinheit, die ihre Reaktion auf telefonische Notrufe verbessern wollte, untersuchte die Abläufe in Call Centern der Bank und IT-Branche.

Die Bedeutung des Benchmarking liegt also nicht so sehr in der detailgenauen „Mechanik" der Vergleiche, sondern darin, wie sich diese Vergleiche auf organisationales Verhalten auswirken können. Man kann diese Technik als Prozess verstehen, der einem Unternehmen neuen Schwung für Verbesserungen und Veränderungen verleiht. Doch auch hier gibt es Gefahren:

- *Verzerrte Messungen.* Beim Benchmarking kann es dazu kommen, dass „man das bekommt, was man misst", was aber gleichzeitig nicht das ist, was man strategisch beabsichtigt. Dadurch kann sich das Verhalten in einer Organisation auf unbeab-

28 Siehe A. Murdoch, „Lateral benchmarking, or what Formula One taught an airline", *Management Today*, November 1997, S. 64–67. Siehe auch die Fallstudie zur Formel Eins im Abschnitt Fallstudien in diesem Buch (Text und Fall-Ausgabe).

sichtigte oder dysfunktionale Weise verändern. So wurden britische Universitäten in Ranglisten bezüglich ihrer Forschungsergebnisse, der Qualität ihrer Lehre und dem beruflichen Erfolg ihrer Absolventen anhand ihres Einstiegsgehalt geführt. Dadurch wurden Akademiker „gezwungen“, sich mit ihren wissenschaftlichen Veröffentlichungen an bestimmten akademischen Fachpublikationen zu orientieren, was mit der Qualität der Ausbildung an Universitäten sehr wenig zu tun hat.

- *Oberflächliche Vergleiche.* Benchmarking vergleicht Input (Ressourcen), Output oder Ergebnisse. Bei dieser Vorgehensweise werden keine Gründe für gutes oder schlechtes Abschneiden von Organisationen ermittelt, denn es werden auch keine Kompetenzen direkt miteinander verglichen. So kann sich zwar zeigen, dass eine Organisation beim Kundendienst schlechter abschneidet als eine andere, doch die Gründe werden nicht aufgedeckt. Ein gut strukturiertes Benchmarking kann jedoch Manager dazu bringen, diese Gründe zu ermitteln und so zu verstehen, wie ihre Kompetenzen verbessert werden können.

3.6.4 Stärken-/Schwächen- und Chancen-/Risiken-Analyse[29]

Die wichtigsten strategischen Botschaften aus dem Unternehmensumfeld (*Kapitel 2*) und aus diesem Kapitel können in Form einer Analyse der Stärken, Schwächen, Chancen und Risiken einer Organisation (englisches Akronym: SWOT) zusammengefasst werden. Eine **SWOT-Analyse** (Stärken-/Schwächen- und Chance-/Risiken-Analyse) fasst die wichtigsten Aspekte aus dem Unternehmensumfeld und der strategischen Fähigkeit einer Organisation zusammen, die den wahrscheinlich größten Einfluss auf die Strategieentwicklung haben. Diese Analyse kann auch als Basis dienen, um strategische Optionen zu erkennen und zukünftige Handlungsweisen zu bewerten.

SWOT-Analyse

Eine SWOT-Analyse (Stärken-/Schwächen- und Chance-/Risiken-Analyse) fasst die wichtigsten Aspekte aus dem Unternehmensumfeld und der strategischen Fähigkeit einer Organisation zusammen, die den wahrscheinlich größten Einfluss auf die Strategieentwicklung haben.

Hier besteht das Ziel darin, zu erkennen, inwieweit Stärken und Schwächen für die Veränderungen innerhalb des Unternehmensumfelds relevant sind oder inwieweit sie darauf eingehen können. Soll aber die strategische Fähigkeit einer Organisation erkannt werden – um auf dieses Kapitel Bezug zu nehmen –, muss man bedenken, dass diese Analyse niemals absolut, sondern relativ zu verstehen ist. Sie ist also nur sinnvoll, wenn sie komparativ durchgeführt wird – wenn Stärken, Schwächen, Chancen und Risiken im Vergleich zu Konkurrenten analysiert werden. Beispiel 3.5 zeigt die SWOT-Analyse eines Pharmaunternehmens (Pharmacare).[30] Hier wird davon ausgegangen, dass die wichtigsten Einflüsse aus dem Umfeld in Analysen ermittelt wurden, die in *Kapitel 2* erklärt wurden und dass wichtige Stärken und Schwächen mittels der in diesem Kapitel erklärten Analysetechniken identifiziert wurden. Um es Managern zu ermöglichen, die Beziehungen zwischen Einflüssen aus dem Umfeld und den Stärken und Schwächen ihrer Organisation einzuschätzen, wird eine Bewertungsskala (von

29 Der SWOT Ansatz als vernünftige Checkliste wird schon seit vielen Jahren verwendet. Siehe z.B. S. Tilles, „Making strategy explicit“, in I. Ansoff (Hrs.), *Business Strategy*, Penguin, 1968. Siehe auch T. Jacobs, J. Shepherd und G. Johnson in ihrem Kapitel über die SWOT-Analyse in V. Ambrosini (Hrs.), *Exploring Techniques of Strategy Analysis and Evaluation*, Prentice Hall, 1998. Für eine kritische Diskussion über den Missbrauch/Gebrauch von SWOT siehe T. Hill und R. Westbrook, „SWOT analysis: It's time for a product recall“, *Long Range Planning*, Bd. 30, Nr. 1 (1997), S. 46–52.

30 Für Hintergrundlektüre zur Pharmaindustrie siehe zum Beispiel „The drug industry – from bench to bedside“, *The Economist*, 4. November 2006, und G. Pisano, *Science Business*, Harvard Business School Press, 2006.

plus 5 bis minus 5) benutzt. Positive Werte (+) bedeuten, dass die Stärken einer Organisation dazu beitragen können, dass sie aus einer umfeldbedingten Veränderung Vorteile ziehen oder ein daraus entstehendes Problem bewältigen kann oder dass eine Schwäche durch eine solche Veränderung ausgeglichen wird. Ein negativer Wert (-) zeigt, dass eine Stärke vermindert wird oder eine Schwäche die Organisation davon abhält, Probleme, die sich aus diesen umfeldbedingten Veränderungen ergeben, zu bewältigen.

Der Aktienkurs von Pharmacare war immer weiter gefallen, denn die Investoren waren besorgt, dass die starke Marktposition des Unternehmens in Gefahr war. Eine Fusion, die sich als problematisch erwies, verschlimmerte die Situation zusätzlich. Der pharmazeutische Markt veränderte sich, neue Geschäftspraktiken entstanden, denn es gab neue Technologien, man wollte Medikamente zu niedrigeren Preisen anbieten, und die Politik suchte nach Mitteln und Wegen, um mit den explodierenden Kosten für das Gesundheitswesen und dem immer mündigeren Patienten umzugehen. Konnte Pharmacare mithalten? Eine strategische Analyse der Firmenposition (Beispiel 3.5a) bestätigte die Stärken flexibler Verkäufer, eines bekannten Markennamens und einer neuen Gesundheitsabteilung. Es gab jedoch auch große Schwächen, nämlich ein relatives Versagen im Bereich billiger Medikamente, im Bereich Informations- und Kommunikationstechnologie (ICT) und die Unfähigkeit, mit den immer besser informierten Anwendern umzugehen. Als man den Einfluss vom Umfeldfaktoren auf die Konkurrenz untersuchte (Beispiel 3.5b), zeigte sich, dass Pharmacare immer noch besser war als sein traditioneller Konkurrent (Unternehmen W), doch auch potenziell angreifbar von sich verändernden Dynamiken in der allgemeinen Branchenstruktur durch Nischenunternehmen (X und Y).

Eine SWOT-Analyse kann helfen, sich auf die Wahlmöglichkeiten der Zukunft zu konzentrieren und darauf, inwieweit eine Organisation diese strategischen Entscheidungen umsetzen kann. Es bestehen jedoch zwei große Risiken:

- Eine SWOT-Analyse kann *lange Listen* von augenscheinlichen Stärken, Schwächen, Chancen und Risiken ergeben, wobei aber verloren geht, welche Punkte wirklich wichtig und welche von weniger großer Bedeutung sind.
- Es besteht die Gefahr einer *zu starken Verallgemeinerung*. Erinnern wir uns an die Lektionen von *Abschnitt 3.6.1* und *3.6.2*. Die Identifikation einer sehr allgemeinen Erklärung strategischer Fähigkeiten liefert noch keine Aufklärung über die zugrunde liegenden Gründe für diese Fähigkeiten. Die SWOT-Analyse kann kein Ersatz sein für eine drastischere Analyse, die mehr Einblick bringt wie etwa die in *Kapitel 2* und *3* beschriebenen Techniken.

Beispiel 3.5 SWOT-Analyse von Pharmacare

Eine SWOT-Analyse untersucht die Beziehung zwischen Einflüssen aus dem Umfeld und den strategischen Fähigkeiten einer Organisation im Vergleich zu deren Konkurrenten.

Tabelle 3.2

SWOT-Analyse von Pharmacare

	Umfeldveränderung (Chancen und Gefahren)					
	Einschränkungen im Gesundheitswesen	Komplexe und sich verändernde Kaufstrukturen	Gesteigerte Integration des Gesundheitswesens	Informierte Patienten	+	-
Stärken						
Flexible Verkäufer	+3	+5	+2	+2	+12	0
Größenvorteile	0	0	+3	+3	+6	0
Starker Markenname	+2	+1	0	-1	+3	-1
Abteilung zur Ausbildung im Bereich Gesundheitswesen	+4	+3	+4	+5	+16	0
Schwächen						
Eingeschränkte Kompetenzen in Biotechnologie und Genetik	0	0	-4	-3	0	-7
Immer geringere F&E-Produktivität	-3	-2	-1	-2	0	-8
Schwache ICT Kompetenz	-2	-2	-5	-5	0	-14
Übermäßiges Vertrauen in erfolgreiche Produkte	-1	-1	-3	-1	0	-6
Ergebnisse der Umfeldeinflüsse	+9 -6	+9 -5	+9 -14	+10 -12		

Tabelle 3.3

SWOT-Analysen der Konkurrenten

	Umfeldveränderung (Chancen und Risiken)				
	Einschränkungen im Gesundheitswesen	Komplexe und sich verändernde Kaufstrukturen	Gesteigerte Integration des Gesundheitswesens	Informierte Patienten	Einfluss insgesamt
Pharmacare Großes internationales Unternehmen mit sinkendem Aktienkurs, geringer Forschungsproduktivität und viel Bürokratie nach Megafusion	-3 Unternehmen hat zu kämpfen, um neuen Regulatoren der Einschränkungen im Gesundheitswesen die Kosteneffizienz neuer Medikamente zu beweisen.	+6 Bekannte Marke, flexibles Verkaufspersonal gepaart mit einer neuen Abteilung zur Ausbildung im Gesundheitswesen schafft positive Synergien	-3 Schwache ICT und fehlende Integration nach der Fusion. Dadurch sind Vertrieb, Forschung und Verwaltung allesamt geschwächt	-2 Unternehmen muss sich noch an den durch das Internet gestärkten und besser informierten Patienten gewöhnen.	-2 Sinkende Leistung verstärkt durch die Fusion
Unternehmen W Großes Pharmaunternehmen mit unausgewogener Reaktion auf den Wandel, verliert Einfluss in neuen Wettbewerbsbereichen	-4 Konzentration auf althergebrachten Verkaufsstil durch Werbeaktionen anstelle den Ärzten zu helfen, die Kosten durch Medikamente zu drosseln	-4 Traditionell eingestelltes Verkaufspersonal ohne Hilfe vom Marketing, das auf nationale Unterschiede nicht eingehen kann	+0 Allianzen mit Ausstattungsherstellern ohne jedoch zu sehr daran zu arbeiten den gegenseitigen Nutzen von Medikamenten und neuen Operationstechniken zu zeigen	+4 Neueinstellungen in der ITC Abteilung arbeiten an einer ganz neuen Integration des Patienten über alle Funktionen hinweg	-4 Das gesamte Unternehmen muss modernisiert werden

Unternehmen X Partnerschaft zwischen einer gemeinnützigen Einrichtung, die von Menschen mit Erfahrung im Bereich Risikokapital geführt wird und führenden Krankenhaus-Genetikern	+3 Potenziell in der Lage, schnelle Fortschritte im Bereich Erbkrankheiten zu liefern	+2 Möglicherweise in der Lage diese durch innovative, kosteneffektive Medikamente zu umgehen	+2 Innovative Medikamente können dazu beitragen, das Gesundheitswesen zu integrieren, weil Patienten zuhause bleiben können	+3 Patienten kämpfen dort um Behandlungsfortschritte, wo in jüngster Zeit keine Verbesserungen erzielt wurden	+10 Könnte Grundlage eines neuen Geschäftsmodells zur Entdeckung neuer Medikamente sein – muss sich aber erst bewähren
Unternehmen Y Entwickelt nur Medikamente für seltene Krankheiten	+3 Partnerschaft mit großem Pharmakonzern ermöglicht die Entwicklung von Medikamenten, die vom Konzern entdeckt wurden, die dieser aber nicht wirtschaftlich weiterverfolgen kann.	0 Konzentration auf kleine Marktsegmente; dadurch nicht so anfällig für die allgemeine Marktstruktur. Doch der innovative Ansatz kann auch riskant sein.	+2 Innovative Nutzung des Internets, um zu zeigen, warum die Weiterentwicklung von Produkten, die nur bei sehr seltenen Erkrankungen von Nutzen sind, trotzdem lohnend ist.	+1 Kostenfreie Call Center für Patienten mit seltenen Erkrankungen: Unternehmen und Patienten verfolgen gesetzte Leitlinien mit großer Leidenschaft	+6 Neuer Ansatz; kann sowohl als riskant als auch als der Gewinner angesehen werden – oder als beides!

Kontrollfragen

1. Was sagt die SWOT-Analyse über die Wettbewerbsposition von Pharmacare innerhalb der gesamten Branche aus?
2. Wie bereitwillig identifizieren die Führungskräfte bei Pharmacare die Stärken und Schwächen der Konkurrenz?
3. Identifizieren Sie die Vor- und Nachteile einer SWOT-Analyse (über die im Text genannten Punkte hinausgehend), wie sie in diesem Beispiel dargestellt ist.

Zusammengestellt von Jill Sheperd, Segal Graduate School of Business, Simon Fraser University, Vancouver, Canada.

3.7 Das Management strategischer Fähigkeiten

Im letzten Abschnitt ging es um die Identifizierung strategischer Fähigkeit. In diesem Abschnitt wird nun betrachtet, was ein Manager über diese Identifizierung hinaus tun kann, um die strategische Fähigkeit seiner Organisation zu managen und zu verbessern.

3.7.1 Beschränkungen beim Management strategischer Fähigkeiten

Eine Lektion, die sich aus dem Verständnis strategischer Fähigkeiten ergibt, lautet, dass die wertvollsten Grundlagen strategischer Fähigkeit in Bereichen einer Organisation liegen können, die schwer herauszuarbeiten oder zu spezifizieren sind. Wie kann man also das managen, was sich nicht einmal klar definieren lässt? Im Plasco-Beispiel verbargen sich etwa einige der Fähigkeiten der Organisation in Aktivitäten, die nicht direkt dem Management der Führungsebene unterstanden. Es ist wichtig, zu verstehen, wozu Manager in der Lage sind und was sie nicht können, je nachdem, wie genau sie die Grundlagen ihrer strategischen Fähigkeit verstehen und diese wertschätzen.[31] Es kann zu schwierigen Umständen kommen:

- *Kompetenzen werden geschätzt, aber nicht verstanden.* Vielleicht weiß ein Manager, dass es in seiner Organisation Aktivitäten gibt, die sich positiv auswirken, und vielleicht kennt er auch deren Wert, versteht aber dennoch nicht, wie es zu dieser positiven Wirkung kommt. So kann die Wertschöpfung etwa von hoch spezialisierten Fähigkeiten abhängen wie bei einem High-Tech-Unternehmen oder von komplexen Verknüpfungen weit unten im Unternehmen. Die Lektion lautet, dass Manager mit den Grundlagen solcher Fähigkeiten sorgsam umgehen müssen, um sie nicht zu zerstören. Gleichzeitig müssen aber auch die *Ergebnisse und die für den Kunden entstehenden Vorteile überwacht* werden.
- *Kompetenzen werden nicht geschätzt.* Vielleicht weiß ein Manager, dass es in seiner Organisation Aktivitäten und Prozesse gibt, erkennt aber nicht deren positive Auswirkung oder deren Wert. Es besteht die Gefahr, dass dieser Manager den falschen Weg einschlägt. So könnte er beispielsweise Bereiche auslagern oder schließen, die einen tatsächlichen oder potenziellen Wettbewerbsvorteil bringen, weil er vielleicht auf Kostensenkung bedacht ist. Plascos Manager könnten zum Beispiel in ihrem Bestreben nach einer effektiveren Produktion gleichzeitig die Flexibilität eingeschränkt haben. Es wäre klug, die Fähigkeiten, die Werte schaffen, mittels einer Wertkettenanalyse oder der grafischen Aktivitätsübersicht besser zu verstehen, bevor man wie die Plasco-Manager in der Vergangenheit solche Entscheidungen trifft.
- *Kompetenzen werden erkannt, geschätzt und verstanden.* Dies könnte bei einer von Plasco durchgeführten Analyse herausgekommen sein. Hier könnten die Plasco-Manager also in der Lage sein, solche Kompetenzen zu fördern und weiterzuentwickeln, indem sie zum Beispiel sicherstellen, dass sie von den Richtlinien des Unternehmens unterstützt werden. Das Risiko besteht in diesem Fall darin, dass Manager mit allen Mitteln versuchen könnten, solche Fähigkeiten zu erhalten, indem sie sie zu sehr formalisieren oder kodifizieren, sodass sie letztendlich wie „in Stein gemeißelt" sind.

31 Dieser Abschnitt nimmt Bezug auf die Arbeit von Veronique Ambrosini; siehe Fußnote 28.

3.7.2 Die Entwicklung strategischer Fähigkeiten[32]

Manager können strategische Fähigkeiten auf unterschiedliche Art und Weise fördern:

- *Fähigkeiten hinzufügen und verändern.* Können Fähigkeiten hinzugefügt oder verändert werden, sodass sie noch sicherer Ergebnisse liefern, die die kritischen Erfolgsfaktoren bedienen? Können im Fall Plasco interne Mittel und Wege gefunden werden, um noch schneller auf die Bedürfnisse der Kunden reagieren zu können?
- *Fähigkeiten ausbauen.* Manager könnten strategische Fähigkeiten in einem Unternehmensbereich identifizieren, etwa beim Kundendienst eines geografischen Standorts eines internationalen Unternehmens, die es an anderen Standorten nicht gibt. Dann könnten sie versuchen, diese an allen Standorten auszubauen. Dies scheint zwar ein ganz einfaches Vorhaben zu sein, Studien[33] haben jedoch ergeben, dass dem nicht so ist. Es kann schwierig sein, die Fähigkeiten eines Organisationsbereichs auf einen anderen zu übertragen, denn daraus ergibt sich das Problem, Veränderungen zu managen (siehe *Kapitel 14*).
- *Fähigkeiten ausdehnen.* Manager könnten die Möglichkeit sehen, aus bestehenden Fähigkeiten neue Produkte oder Dienstleistungen zu entwickeln. So ist tatsächlich der Aufbau neuer Unternehmen auf diese Art und Weise die Grundlage der verwandten Diversifikation, die in *Abschnitt 7.3.1* erklärt wird.[34]
- *Unternehmerische Handwerksarbeit.* Es gibt wissenschaftliche Beweise dafür[35], dass sich strategische Fähigkeiten aus der Nutzung von Ressourcen, Fähigkeiten und Wissen entwickeln lassen, die von anderen bisher ignoriert oder abgelehnt wurden. Dies geschieht sogar sehr häufig bei der Entwicklung neuer Geschäftsmodelle. So basierte die Entwicklung dänischer Windturbinen auf der Improvisation mit verfügbaren „bescheidenen Ressourcen" und den Fähigkeiten einer „Zusammenstellung verschiedener Akteure".[36] Soziale Netzwerke, die von anderen ignoriert wurden, werden zum Aufbau von Technologieunternehmen und Informationssystemen benutzt. Designer experimentieren mit verschiedenen Konfigurationen, um neue Systeme zu kreieren, die auf ihrer eigenen und der Erfahrung anderer basieren.
- *Aktivitäten auslaufen lassen.* Könnten aktuelle Aktivitäten, die dem Kunden nicht wirklich wichtige Werte einbringen, beendet, fremdvergeben oder in kostenreduzierter Form weitergeführt werden? Diese Frage stellten sich Branchenneulinge wie Ryanair oder EasyJet und schufen so neue Geschäftsmodelle für Billigflieger.
- *Die Entwicklung externer Fähigkeiten.* Auch der Blick nach außen kann Entwicklungsmöglichkeiten für neue Fähigkeiten bieten. So könnten Manager durch Übernahmen, Allianzen oder Joint Ventures danach streben, neue Fähigkeiten zu entwickeln oder zu erlernen (siehe *Abschnitt 10.2.3*).

---

32 Für eine umfassendere Diskussion zum Management strategischer Fähigkeit siehe C. Bowman und N. Collier, „A contingency approach to resource-creation processes", *International Journal of Management Reviews*, Bd. 8, Nr. 4 (2006), S. 191–211.

33 Siehe C.A. Maritan und T.H. Brush, „Heterogeneity and transferring practices: Implementing flow practices in multiple plants", *Strategic Management Journal*, Bd. 24, Nr. 10 (2003), S. 945–960.

34 In ihrer Arbeit von 1990 diskutierten Hamel und Prahalad (siehe Fußnote 4) die Ausdehnung von Kompetenzen als Basis der verwandten Diversifikation.

35 Siehe T. Baker und R.E. Nelson, „Creating something from nothing: Resource construction through entrepreneurial bricolage", *Administrative Science Quarterly*, Bd. 50, Nr. 3 (2005), S. 329–366.

36 Diese Zitate stamen aus einer Studie von R. Garud und P. Karnoe, „Bricolage versus breakthrough: Distributed and embedded agency in technological entrepreneurship", *Research Policy*, Bd. 32, Nr. 2 (2003), S. 277–300.

3.7.3 Personalmanagement zur Entwicklung von Fähigkeiten

Eine der Lektionen dieses Kapitels besagt, dass strategische Fähigkeiten oft in den alltäglichen Aktivitäten verborgen sind, die Mitarbeiter leisten. Es ist also wichtig, diese Mitarbeiter zu befähigen, die Relevanz ihrer Handlungen in Bezug auf die strategischen Fähigkeiten der Organisation zu erkennen. Genauer gesagt:

- *Zielgerichtetes Training und Entwicklung* können möglich sein. Unternehmen entwerfen oft sehr allgemein gehaltene Trainings- und Entwicklungsprogramme. Zur Verfolgung eines strategischen Zwecks könnte es wichtig sein, die Entwicklung von Kompetenzen ins Visier zu nehmen, die einen Wettbewerbsvorteil erzielen können. So kannte ein Unternehmen aus dem Ingenieurwesen zwar die Fähigkeiten seiner Mitarbeiter in Bezug auf technische Fertigkeiten bei der Produktion, erkannte aber gleichzeitig, dass dies Eigenschaften waren, über die auch Konkurrenten verfügten, und dass die Fähigkeiten der Mitarbeiter so entwickelt werden mussten, dass diese innovativer an den Kundendienst herangingen, der für den Kunden sehr wertvoll war. Also änderte das Unternehmen seine Trainingsprogramme, um diesen Anforderungen gerecht zu werden.
- *Maßnahmen der Personalpolitik* könnten bei der Entwicklung bestimmter Kompetenzen zum Einsatz kommen. So wollte sich eine Ölfirma beispielsweise einen Wettbewerbsvorteil aufgrund enger Kundenbeziehungen auf dem Markt für Industrieöl aufbauen. Zu diesem Zweck wurde sichergestellt, dass Außendienstmitarbeiter, die auf diesem Gebiet besonders fähig waren, befördert und in verschiedene Länder geschickt wurden, um diese Kundenbeziehungen zu entwickeln.
- *Organisationales Lernen* kann auch als extrem wichtiger Punkt erkannt werden, besonders wenn sich schnelle Veränderungen ergeben. Hier können die *dynamischen Fähigkeiten* einer Organisation (siehe *Abschnitt 3.4.5*) ihren Erfolg ausmachen, denn dadurch können sie nötige Kompetenzen beständig anpassen. Ihre wichtigste Kompetenz ist eigentlich die Fähigkeit, zu lernen und sich weiterzuentwickeln. In diesem Zusammenhang können die Eigenschaften einer sogenannten „lernenden Organisation" besonders wichtig werden (siehe *Abschnitt 11.5.2*). Um dieses Ziel zu erreichen, müssen Manager allerdings einsehen, dass verschiedene, manchmal sogar sich widersprechende Ideen und Vorstellungen wertvoll sein können und dass Experimentieren an der Tagesordnung sein muss. Daher müssen sie sich auch überlegen, wie solches Verhalten geschützt und gefördert werden kann. So könnte es eben sein, dass gerade die Mitarbeiter, die zu einem solchen Lernprozess am meisten beitragen, innerhalb der Organisation am wenigsten Einfluss haben, weil sie vielleicht gerade erst neu eingestiegen sind oder in der Hierarchie weit unten stehen. Sie brauchen also den Schutz einflussreicherer Mitarbeiter.
- Auf strategischer Ebene kann es auch darauf ankommen, *das Bewusstsein der Mitarbeiter zu entwickeln*, dass es wirklich auf ihren Beitrag ankommt. Häufig beschweren sich Mitarbeiter darüber, dass „niemand wertschätzt, was ich tue". Zeigt und erklärt man ihnen dagegen, wie sich ihr Beitrag in das große strategische Bild der Organisation einfügt, so erhöht sich zum einen die Wahrscheinlichkeit, dass sie wirklich produktive Arbeit leisten, um dadurch einen Wettbewerbserfolg zu erzielen, zum anderen steigt ihre Motivation.

Beispiel 3.6 zeigt einen wichtigen Aspekt, den Autoren zum Thema strategische Fähigkeiten immer wieder hervorheben.

Sitzung 9: Gesamtunternehmensstrategien

9

ÜBERBLICK

Lernziele

Nach der Lektüre dieses Kapitels sollten Sie in der Lage sein,

- alternative strategische Ausrichtungen zu identifizieren, darunter Marktdurchdringung oder -konsolidierung, Produktentwicklung, Marktentwicklung und Diversifikation.
- zu erkennen, wann Diversifikation eine effektive Strategie für Wachstum ist.
- verschiedene Diversifikationsstrategien zu unterscheiden (verbundene und nicht verbundene Diversifikation) und Bedingungen zu identifizieren, unter denen diese Strategien am besten funktionieren.
- die Art und Weise zu analysieren, wie eine Unternehmenszentrale den Wert ihres Portfolios an Geschäftsbereichen steigern oder zerstören kann.
- Geschäftsbereichsportfolios zu analysieren und zu beurteilen, wo sich eine Investition lohnt und wo nicht.

7.1 Einführung

Kapitel 6 beschäftigte sich mit den Wahlmöglichkeiten auf der Ebene des einzelnen Geschäfts- oder Organisationsbereichs, z.B. durch Preisstrategien oder Differenzierung. In diesem Kapitel werden Wahlmöglichkeiten behandelt, die eine Organisation bezüglich ihrer Produkte und Märkte hat (siehe Abbildung iii in der Einführung zu diesem Teil des Buchs). Sollte sich eine Organisation nur auf einige wenige Produkte oder Märkte konzentrieren? Oder sollte ihre Ausrichtung breiter gefasst sein und sehr diversifizierte Produkte (oder Dienstleistungen) umfassen und diversifizierte Märkte bedienen? Viele Organisationen entscheiden sich in der Tat dafür, viele neue Produkt- und Marktbereiche in ihr Programm aufzunehmen. So begann beispielsweise die Virgin-Gruppe im Bereich Musik, ist aber heute hochgradig diversifiziert und auf den Märkten für Urlaubsreisen, Kino, Einzelhandel, Flugreisen und Bahnreisen aktiv. Sony begann mit der Produktion kleiner Radios und produziert heute Spiele, Musik und Kinofilme sowie eine Vielzahl an elektronischen Produkten. Wenn sich Unternehmen neuen Geschäftsbereichen zuwenden, beziehen sich ihre Strategien auch nicht mehr nur auf die Ebene der einzelnen Geschäftsbereiche, sondern müssen auch die Wahlmöglichkeiten auf Gesamtunternehmensebene berücksichtigen, die mit dem Management vieler unterschiedlicher Unternehmensbereiche und Märkte einhergehen.

Zunächst wird in diesem Kapitel die von Ansoff erdachte Matrix vorgestellt, die eine Reihe ursprünglicher Alternativen bezüglich der strategischen Ausrichtung darstellt. Die vier grundlegenden Ausrichtungen lauten: *Gesteigerte Durchdringung* bestehender Märkte; *Marktentwicklung*, was auch den Aufbau neuer Märkte etwa im Ausland oder in neuen Kundensegmenten mit einschließt; *Produktentwicklung*, d.h. Verbesserung bestehender Produkte und Innovationen; *Diversifikation*, womit eine umfassende Erweiterung der Reichweite einer Organisation in Bezug auf Produkte und Märkte gemeint ist. Dieses Kapitel befasst sich besonders ausführlich mit dem Thema Diversifikation. Es werden gute Gründe genannt, die dafür sprechen, und Warnungen vor weniger guten Gründen ausgesprochen. Denn Diversifikation zahlt sich nicht immer aus. *Kapitel 8* greift die Internationalisierung als eine Form der Marktentwicklung auf, *Kapitel 9* behandelt die Produktentwicklung durch Innovation und Entrepreneurship.

Aus der Diversifikation ergeben sich die weiteren Themen dieses Kapitels. Das erste Thema bezieht sich auf die Rolle der Führungskräfte auf Gesamtunternehmensebene, die die Position einer **Unternehmenszentrale** in Bezug auf die einzelnen Geschäftsbereiche einnehmen, welche die Portfolios diversifizierter Organisationen bilden. Wie können aber die Aktivitäten, Entscheidungen und Ressourcen der Gesamtunternehmensebene für eine Wertschöpfung für die einzelnen Geschäftsbereiche sorgen, da sie doch vom eigentlichen Markt sehr weit entfernt sind? Wie aus dem letzten Beispiel dieses Kapitels hervorgeht (Beispiel 7.6), wird die Rolle der Strategie auf Gesamtunternehmensebene mit Skepsis betrachtet. Der zweite Aspekt bezieht sich darauf, wie eine gute Mischung an Geschäftsbereichen innerhalb des Portfolios erzielt werden kann. Welche Bereiche sollte die Unternehmenszentrale fördern, welche sollten abgestoßen werden? Hier helfen verschiedene Portfolio-Matrizen bei der Struktur der Wahlmöglichkeiten auf Gesamtunternehmensebene.

Unternehmens-zentrale

Die Unternehmenszentrale (corporate parent) ist die Managementebene über den Geschäftseinheiten, die nicht direkt mit Käufern und Konkurrenten interagiert.

In diesem Kapitel geht es nicht nur um große Unternehmen und Konzerne. Auch kleine Firmen können aus einer Reihe von Geschäftsbereichen bestehen. So kann ein lokales Bauunternehmen einen Regierungsauftrag übernehmen oder für andere Unternehmen oder für private Hausbesitzer arbeiten. Dies sind nicht nur verschiedene Marktsegmente, auch die Arbeitsweise und die erforderlichen Fähigkeiten, um einen Wettbewerbserfolg zu erlangen, sind höchstwahrscheinlich auch sehr unterschiedlich. Außerdem muss der Besitzer des Unternehmens entscheiden, wie stark er in die verschiedenen Bereiche investiert und sich dort engagiert. Organisationen der öffentlichen Hand wie etwa kommunalpolitische Behörden oder Gesundheitsbehörden bieten auch unterschiedliche Dienstleistungen an, die den Geschäftsbereichen eines Privatunternehmens entsprechen. Die Strategie auf Gesamtunternehmensebene ist im höchsten Maß relevant, wenn es um die Definition der organisationalen Grenzen auf dem öffentlichen Sektor geht. Entscheidungen über Privatisierung und Outsourcing können als Reaktionen darauf betrachtet werden, dass Organisationen des öffentlichen Sektors, die als „Organisationszentrale“ fungieren, es nicht schaffen, ausreichend Mehrwert zu erzeugen.

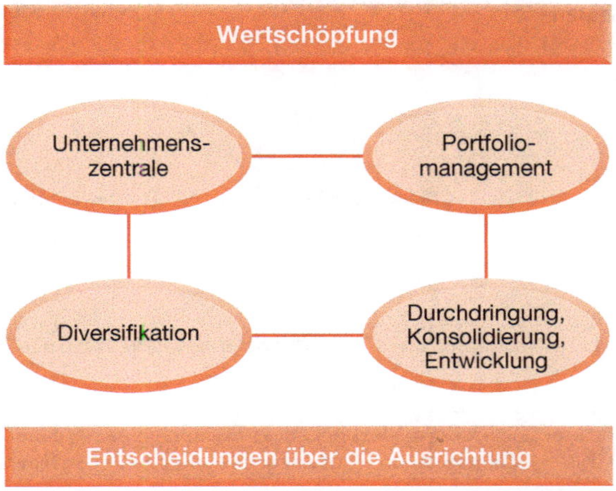

Abbildung 7.1: Strategische Ausrichtungen und Strategie auf Gesamtunternehmensebene

Abbildung 7.1 fasst die wichtigsten Themen dieses Kapitels zusammen. Nach einer genauen Betrachtung der strategischen Ausrichtungen nach Ansoff konzentriert sich das Kapitel besonders auf die Diversifikation. Daraus ergeben sich wiederum zwei verwandte Aspekte, die sich auf die Rolle der Unternehmenszentrale und die Anwendung der Unternehmensportfolio-Matrizen beziehen.

7.2 Strategische Ausrichtungen

Die Produkt-/Marktwachstumsmatrix nach Ansoff[1] ist eine einfache Methode, die vier grundlegenden Ausrichtungen der strategischen Entwicklung darzustellen, siehe *Abbildung 7.2*. Ein Unternehmen beginnt meist in Quadrant A, links oben, mit seinen bestehenden Produkten und Märkten. Der Matrix folgend hat das Unternehmen nun die Wahl, seinen bestehenden Markt weiter zu *durchdringen* (und somit in Quadrant A zu bleiben); *neue Produkte* für bestehende Märkte zu *entwickeln* (und sich somit nach rechts in Quadrant B zu bewegen); bestehende Produkte auf *neuen Märkten* anzubieten (eine Bewegung nach unten in Quadrant C); oder den radikalsten Schritt in Richtung einer vollständigen *Diversifikation* zu tun, d.h. völlig neue Märkte und neue Produkte zu erschließen (Quadrant D).

Die Ansoff-Matrix betrachtet ausdrücklich Wachstumsoptionen. Doch Wachstum alleine ist selten ein gutes Ziel. Organisationen der öffentlichen Hand wird oft vorgeworfen, sich zu sehr auf ihre übermäßige Bürokratie zu konzentrieren; ebenso wirft man manchen Managern des privaten Sektors vor, auf Kosten der Aktionäre eigene Imperien aufzubauen. Deshalb fügt dieses Kapitel die *Konsolidierung* als fünfte Option hinzu. Bei der Konsolidierung geht es darum, bestehende Produkte und Märkte zu schützen, weshalb sie in Quadrant A zu finden ist. In den weiteren Teilen dieses Abschnitts werden diese fünf strategischen Ausrichtungen im Detail betrachtet. Siehe Beispiel 7.1 als angewandtes Beispiel der Ansoff-Matrix auf den Springer-Verlag.

Abbildung 7.2: Strategische Ausrichtungen (Ansoff-Matrix)

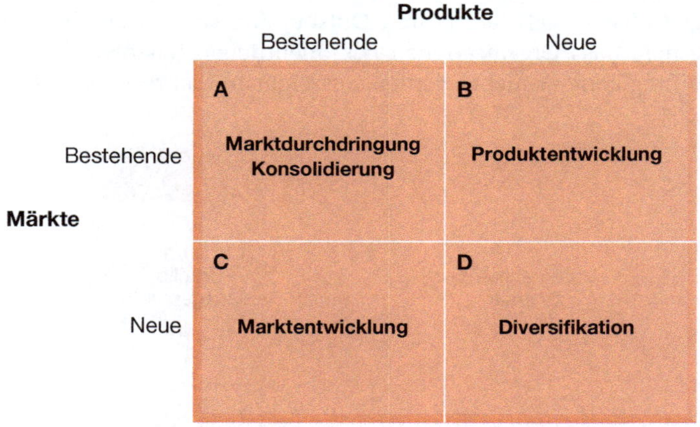

Quelle: Adaptiert von H. Ansoff, The New Corporate Strategy, Penguin, 1988, Kap. 6.

1 Dies ist eine Erweiterung der Produkt-Markt-Matrix: Siehe H. Ansoff, *The New Corporate Strategy*, Penguin, 1988, Kap. 6. Diese Ansoff-Matrix wurde später zu der aufgezeigten Matrix weiterentwickelt.

7.2.1 Marktdurchdringung

Die weitere **Marktdurchdringung**, die der Organisation eine Ausweitung ihres Marktanteils mittels ihrer bestehenden Produktpalette ermöglicht, ist auf den ersten Blick die offensichtlichste aller strategischen Ausrichtungen. Sie baut auf bereits existierenden strategischen Fähigkeiten auf, sodass sich die Organisation nicht in bisher unbekanntes neues Territorium vorwagen muss. Die Ausrichtung der Organisation bleibt unverändert. Außerdem bedeutet ein größerer Marktanteil auch mehr Macht gegenüber Käufern und Zulieferern (in Bezug auf das Five-Forces-Modell), mehr Größenvorteile und Vorteile auf der Erfahrungskurve.

Marktdurchdringung

Marktdurchdringung findet statt, wenn eine Organisation ihren Marktanteil ausweitet.

Beispiel 7.1 **Strategische Ausrichtungen für Axel Springer**

Das deutsche Verlagshaus hat viele Möglichkeiten – und auch das nötige Geld, um diese zu verfolgen.

Im Jahr 2007 standen Matthias Döpfner, Vorstandsvorsitzendem und Chef des Axel Springer Verlags, etwa € 2 Mrd. für Investitionen in neue Projekte zur Verfügung. Im Jahr zuvor hatte die Kartellbehörde die vollständige Übernahme des größten deutschen Medienkonzerns ProSiebenSat1 vereitelt, sodass Döpfner nun nach neuen Investitionsmöglichkeiten suchte.

1946 von Axel Springer selbst gegründet, war der Verlag schon 2007 das größte deutsche Verlagshaus für Zeitungen und Zeitschriften mit über 10.000 Mitarbeitern und mehr als 150 Titeln. Berühmte Titel waren z.B. *Die Welt*, die *Berliner Morgenpost*, *Bild* und *Hörzu*. Außerhalb Deutschlands war der Springer-Verlag das mächtigste Verlagshaus in Osteuropa. Außerdem hielt das Unternehmen mehrere kleine Beteiligungen an deutschen Radio- und Fernsehsendern, die wichtigste davon war ein zwölfprozentiger Anteil an ProSiebenSat1. Axel Springer beschrieb die Erlangung der Marktführerposition auf dem deutschen Kernmarkt, die Internationalisierung und Digitalisierung als seine strategischen Ziele

Eine weitere Digitalisierung des Kerngeschäfts Zeitungen und Magazine war ganz klar ein wichtiger strategischer Aspekt und würde erhebliche finanzielle Mittel erfordern. Außerdem gab es die Chance, neue Magazine auf den deutschen Markt zu bringen. Doch Döpfner zog vor allem die Möglichkeit einer Übernahme in Betracht. „Es versteht sich von selbst“, sagte er gegenüber der *Financial Times*, „dass wir jedes große internationale Medienunternehmen, das auf den Markt kommt (d.h. zum Verkauf steht), sehr genau untersuchen werden – gleichgültig, ob es sich dabei um Printmedien, Fernsehen oder Internet handelt“.

Döpfner nannte einige spezielle Übernahmemöglichkeiten. So war er zum Beispiel immer noch am Kauf eines großen europäischen Fernsehsenders interessiert, selbst wenn dieser wohl nicht aus Deutschland sein würde. Außerdem interessierte ihn der Kauf unterbewerteter Vermögenswerte traditioneller Medien (d.h. Printmedien), die er im Stil eines Eigenkapitalinvestors umstrukturieren und so aufwerten könnte:

Liebend gerne würde ich Unternehmen kaufen, die umstrukturiert werden müssten – so können wir durch unser Management und Fachwissen für Wertschöpfung sorgen.

Döpfner beruhigte seine Aktionäre jedoch, indem er ihnen versicherte, er habe nicht das Bedürfnis, „etwas Großes zu tun, um etwas Großes zu erreichen“.

Hauptquelle: Financial Times Deutschland, 2. April 2007.

Kontrollfragen

1. BeziehenStrategische Ausrichtungen und Strategie auf Gesamtunternehmensebeneauf Abbildung 7.1 und klassifizieren Sie die verschiedenen strategischen Ausrichtungen, die Matthias Döpfner für Axel Springer in Betracht zieht.
2. Verwenden Sie die Ansoff-Matrix und definieren Sie, welche anderen Optionen Matthias Döpfner verfolgen könnte.

Organisationen, die eine höhere Marktdurchdringung erreichen möchten, müssen sich jedoch zwei Herausforderungen stellen:

- *Vergeltungsschläge durch Wettbewerber.* Betrachtet man das Five-Forces-Modell (siehe *Abschnitt 2.3.1*), so verstärkt eine höhere Marktdurchdringung höchstwahrscheinlich die Konkurrenz innerhalb der Branche, denn andere Wettbewerber auf dem Markt verteidigen ihre Marktanteile. Ein heftigerer Wettbewerb kann zu Preiskriegen oder teuren kämpferischen Marketingkampagnen führen, die die Unternehmen teurer kommen, als es jegliche Ausweitung des Marktanteils wert ist. Die Risiken eines aggressiven Vergeltungsschlags sind größer auf Märkten mit geringem Wachstum, denn hier geht eine Ausweitung des Marktanteils viel stärker auf Kosten anderer Wettbewerber. Wenn das Risiko eines Vergeltungsschlags besteht, brauchen Unternehmen strategische Fähigkeiten, die ihnen einen klaren Wettbewerbsvorteil verleihen. Auf Märkten mit geringem oder negativem Wachstum kann es daher viel effektiver sein, einfach andere Konkurrenten zu übernehmen. Einige Unternehmen sind auf diese Weise rasch gewachsen. In der Stahlindustrie etwa stieg die indische Firma LNM (Mittal) zwischen 2001 und 2009 zum weltweit größten Stahlproduzenten auf, indem sie andere Stahlkonzerne weltweit aufkaufte. Firmenübernahmen können die Rivalität auf dem Markt effektiv vermindern, indem man die Zahl der unabhängigen Konkurrenten reduziert und sie unter einem Dach konsolidiert; siehe auch die Konsolidierungsstrategie in *Abschnitt 7.2.2*.
- *Rechtliche Beschränkungen.* Eine größere Marktdurchdringung kann offizielle Wettbewerbshüter auf den Plan rufen, die eine zu große Marktmacht befürchten. Die Kartellbehörden der meisten Länder haben das Recht, mächtigen Unternehmen Beschränkungen aufzuerlegen oder Fusionen und Übernahmen zu verhindern, die zu einem solchen Machtausbau führen würden. Die Kartellbehörde Großbritanniens, die Competition Commission, kann jede Fusion oder Übernahme untersuchen, bei der das neu entstehende Unternehmen einen Marktanteil von über 25 Prozent erlangen würde. Diese Übernahme/Fusion kann dann entweder verhindert werden, oder es werden Maßnahmen ergriffen, um die Marktmacht zu schmälern. Die

Europäische Kommission überblickt den gesamten europäischen Markt und kann in ähnlicher Weise intervenieren. Als sich beispielsweise Gaz de France und Suez, zwei Versorgungsunternehmen mit dominanter Marktstellung in Frankreich und Belgien, 2006 entschlossen, zu fusionieren, bestand die Europäische Kommission darauf, dass beide Unternehmen ihre Marktmacht reduzierten, indem sie ihre Tochtergesellschaften abstießen und ihre Netzwerke für Konkurrenten öffneten.[2]

7.2.2 Konsolidierung

Man spricht von **Konsolidierung**, wenn sich eine Organisation in defensiver Weise auf ihre bestehenden Märkte und Produkte konzentriert. Formal gesehen wäre diese Strategie im selben Quadranten der Ansoff-Matrix zu finden wie die Marktdurchdringung, orientiert sich allerdings nicht in Richtung Wachstum. Eine Konsolidierung kann in zweierlei Form vorliegen:

Konsolidierung
Man spricht von Konsolidierung, wenn sich eine Organisation in defensiver Weise auf ihre bestehenden Märkte und Produkte konzentriert.

- *Verteidigung des bestehenden Marktanteils.* Organisationen, die es mit aggressiven Wettbewerbern zu tun haben, die ihren Marktanteil mit allen Mitteln vergrößern möchten, müssen hart und oft sehr kreativ darum kämpfen, das zu schützen, was sie bereits innehaben. Obwohl der Marktanteil allein meist kein strategisches Ziel sein sollte, ist es doch wichtig, sicherzustellen, dass seine Größe ausreicht, um das Unternehmen langfristig am Leben zu halten. So muss etwa der Umsatz groß genug sein, damit wichtige Fixkosten wie etwa für Forschung und Entwicklung getragen werden können. Zur Verteidigung des Marktanteils sind Differenzierungsstrategien oft sehr effektiv, denn sie steigern die Kundenloyalität und die Wechselkosten.
- *Downsizing oder Abstoßen bestimmter Geschäftsbereiche.* Eine Verkleinerung des Unternehmens durch die Reduzierung verfügbarer Kapazitäten ist besonders dann oft unvermeidbar, wenn der Markt insgesamt schrumpft. Eine Alternative besteht darin, bestimmte Aktivitäten an andere Unternehmen zu verkaufen. Eine Verkleinerung des Unternehmens kann oft durch die Bedürfnisse der Aktionäre begründet sein, etwa wenn ein Unternehmer, der sich auf seinen nahen Ruhestand vorbereitet, sein Unternehmen verkleinern und vereinfachen möchte. Eine Schließung oder ein Verkauf von Geschäftsbereichen, die dem Kerngeschäft fern sind, kann auch einen späteren Verkauf des Kerngeschäfts an einen potenziellen Kunden vereinfachen.

Der Begriff „Konsolidierung" wird auch manchmal zur Beschreibung von Strategien herangezogen, die auf den *Kauf von Konkurrenten* in einer fragmentierten Branche abzielen, in der es meist auch noch wirtschaftlich bergab geht. Wenn eine konsolidierende Firma schwächere Konkurrenten aufkauft und Kapazitäten reduziert, kann sie auf diese Weise ihre Marktmacht steigern und ihre gesamte Effizienz erhöhen. Da diese Form der Konsolidierung gleichzeitig den Marktanteil erhöht, könnte man sie auch als eine Form der Marktdurchdringung bezeichnen, obwohl hier die Motivation im Grunde defensiv ist.

Obwohl weder die Konsolidierung noch die Marktdurchdringung statische Strategien sind, bringen die Einschränkungen beider strategischer Wege viele Manager dazu, andere strategische Ausrichtungen in Betracht zu ziehen.

2 Zur Berechtigung der Europäischen Kommission zum Eingriff in den Wettbewerb siehe *http://ec.europa.eu/competition*; Zur britischen Kartellbehörde Competition Commission siehe *www.competitioncommission.org.uk*.

7.2.3 Produktentwicklung

Produktentwicklung

Produktentwicklung liegt vor, wenn Organisationen modifizierte oder neue Produkte auf bestehenden Märkten anbieten.

Produktentwicklung liegt vor, wenn Organisationen modifizierte oder neue Produkte (oder Dienstleistungen) auf bestehenden Märkten anbieten. Dies ist eine eingeschränkte Erweiterung der Reichweite einer Organisation. In der Praxis erfordert selbst die Marktdurchdringung ein gewisses Maß an Produktentwicklung, doch hier geht es um mehr Innovation. Für Sony bedeutete eine solche Produktentwicklung die Weiterentwicklung des Walkman als tragbares Musiksystem zur Wiedergabe von Kassetten über die Wiedergabe von CDs hin zu MP3-Systemen. Im Grunde bleiben die Märkte gleich, doch die angebotenen Technologien sind völlig neu. Im Fall des Walkman hatte Sony wahrscheinlich keine Wahl und musste diese Weiterentwicklung in Angriff nehmen. Doch in manchen Fällen kann Produktentwicklung auch hochgradig teuer und riskant sein. Dafür gibt es mindestens zwei Gründe:

- *Neue strategische Fähigkeiten.* Bei der Produktentwicklung geht es häufig darum, sich neue Technologien anzueignen, mit denen die Organisation bisher noch nicht vertraut ist. So begannen viele Banken nach dem Jahr 2000 damit, Online-Banking anzubieten, erlitten aber viele Rückschläge, da die dafür nötigen neuen Technologien sich so radikal von der üblichen Art und Weise unterschieden, wie sie ihre Dienstleistungen bisher in ihren Filialen anboten. Oft hing der Erfolg von der Bereitschaft ab, sich neue technologische und das Marketing betreffende Fähigkeiten anzueignen, wozu oft die Hilfe spezialisierter IT- und E-Commerce- Berater notwendig war.[3] Also erfordert Produktentwicklung meist hohe Investitionen und birgt das Risiko von Fehlschlägen.
- *Risiken beim Projektmanagement.* Auch auf vertrautem Terrain bergen Projekte, bei denen es um Produktentwicklung geht, viele Risiken, etwa in Bezug auf zeitliche Verzögerungen und höhere Kosten aufgrund von höherer Komplexität und sich verändernden Spezifikationen. Ein berühmtes Beispiel aus jüngster Zeit ist der € 11 Mrd. teure Airbus A380, dessen Auslieferung sich Mitte der 2000er Jahre aufgrund von Produktionsfehlern um zwei Jahre verzögerte. Airbus hatte zwar bereits einige Entwicklungsprojekte neuer Flugzeugtypen geleitet, das hohe Maß der speziellen Anpassung jedes einzelnen Flugzeugs an die Wünsche der jeweiligen Kunden sowie die damit verbundene fehlende Kompatibilität der computergestützten Design-Software gestalteten das Projekt jedoch so komplex, dass das Managementteam der Firma diesem nicht mehr gewachsen war.

Strategien zur Produktentwicklung werden in *Kapitel 9* nochmals aufgegriffen.

7.2.4 Marktentwicklung

Marktentwicklung

Marktentwicklung findet statt, wenn bereits existierende Produkte auf neuen Märkten angeboten werden.

Ist die Strategie der Produktentwicklung zur riskant und zu teuer, so bietet sich als Alternative die Marktentwicklung an. **Marktentwicklung** findet statt, wenn bereits existierende Produkte auf neuen Märkten angeboten werden. Auch hier ist die Ausweitung der Reichweite des Unternehmens eingeschränkt. Und auch hier muss ein gewisses Maß an Produktentwicklung vorliegen, wenn es auch nur um Verpackung oder Kundendienst geht. Die Marktentwicklung kann dreierlei Formen annehmen:

3 Siehe zum Beispiel J. Huang, M. Enesi und R. Galliers, „Opportunities to learn from failure with electronic commerce: A case study of electronic banking“, *Journal of Information Technology*, Bd. 18, Nr. 1 (2003), S. 17–27.

- *Neue Segmente.* Auf dem öffentlichen Sektor kann etwa eine Hochschule ihre Hörsäle auch für ältere Studenten öffnen und etwa Abendkurse anbieten.
- *Neue Nutzer.* Ein Beispiel aus diesem Bereich ist Aluminium, das ursprünglich zur Herstellung von Verpackungsmaterial und Besteckteilen verwendet wurde, mittlerweile aber auch bei der Produktion von Flugzeugen und Autos Verwendung findet.
- *Neue Regionen.* Das wichtigste Beispiel hier ist die Internationalisierung, doch auch die Ausweitung eines kleinen Einzelhandelsunternehmens auf neue Städte fällt in diese Kategorie.

In jedem Fall ist es besonders wichtig, dass sich Strategien zur Marktentwicklung auf Produkte und Dienstleistungen stützen, die die *kritischen Erfolgsfaktoren* neuer Märkte (siehe *Abschnitt 2.4.4*) erfüllen.

Strategien, die nur darauf abzielen, traditionelle Produkte oder Dienstleistungen einfach unverändert auf neuen Märkten anzubieten, sind meist zum Scheitern verurteilt. Außerdem gibt es bei der Marktentwicklung ähnliche Probleme wie bei der Produktentwicklung. Den zuständigen Teams fehlen häufig die richtigen strategischen Fähigkeiten in Bezug auf Marketing. Auch ein guter Markenname fehlt häufig, um auf einem Markt mit neuen Kunden erfolgreich zu sein. Auf der Seite des Managements besteht die Herausforderung darin, die verschiedenen Segmente, Nutzer und Regionen, die alle unterschiedliche Anforderungen mit sich bringen können, richtig zu koordinieren. Die Strategie der Entwicklung internationaler Märkte wird in *Kapitel 8* behandelt.

7.2.5 Diversifikation

Diversifikation bezeichnet eine Strategie, welche die Marktabdeckung und das Produktprogramm einer Organisation ausweitet (Quadrant D in *Abbildung 7.1*). So gesehen vergrößert sich dadurch die Reichweite einer Organisation erheblich. Tatsächlich aber ist eine Diversifikation oft nicht so extrem, wie dies der streng definierte Quadrant der Ansoff-Matrix nahe legt. Quadrant D steht für eine unverbundene oder Mischkonzern-Diversifikation (siehe *Abschnitt 7.3.2*), doch ein Großteil der in der Praxis stattfindenden Diversifikationen baut auf bereits bestehenden Märkten und Produkten auf. Oft beinhalten Marktdurchdringung und Produktentwicklung einige Anpassungen von Produkten oder Märkten, die auch als Diversifikationen verstanden werden können. Hier kommt es auf das Ausmaß der Veränderung an.

Diversifikation

Diversifikation bezeichnet eine Strategie, welche die Marktabdeckung und das Produktprogramm einer Organisation ausweitet.

Dennoch geht aus der Ansoff-Matrix klar hervor, dass eine Organisation umso mehr Neues lernen muss, je weiter sie sich von ihrem Ausgangspunkt bestehender Märkte und Produkte entfernt. Eine Diversifikation ist nur eine Richtung, in die sich eine Organisation entwickeln kann und muss immer im Zusammenhang mit mehreren Alternativen gesehen werden. Die Antriebskräfte der Diversifikation, ihre unterschiedlichen Formen sowie das Management dieser Strategie sind die Hauptthemen dieses Kapitels.

7.3 Gründe für eine Diversifikation

Was die Ansoff-Matrix betrifft, so ist die Diversifikation die radikalste aller strategischen Ausrichtungen.[4] Man kann sich aus vielerlei Gründen für eine Diversifikation entscheiden, die mehr oder weniger Mehrwert schaffen können. Drei mögliche Gründe, die für eine Steigerung des Unternehmenswerts sorgen können, sind folgende:

Synergien

Synergien bezeichnen die Vorteile, die erzielt werden können, wenn Aktivitäten oder Vermögenswerte sich so ergänzen, dass die Vorteile aus ihrer gemeinsamen Nutzung größer sind als die Summe der Einzelvorteile.

- Eine *Steigerung der Effizienz* kann erreicht werden, wenn die bestehenden Ressourcen und Fähigkeiten einer Organisation auf neue Märkte, Produkte oder Dienstleistungen übertragen werden. Dies wird oft als Verbundvorteile – im Gegensatz zu Größenvorteilen – bezeichnet.[5] Verfügt ein Unternehmen über ungenutzte Ressourcen und Kompetenzen, die nicht gewinnbringend an andere potenzielle Nutzer verkauft werden können, so kann es sinnvoll sein, diese Ressourcen und Kompetenzen in Form einer Diversifikation zu nutzen. Es können anders ausgedrückt Einsparungen und Vorteile erlangt werden, indem die Reichweite der Organisation vergrößert wird. So verfügen viele Universitäten beispielsweise über umfangreiche Ressourcen in Form von Studentenwohnheimen, die sie ihren Studenten zur Verfügung stellen müssen, die aber in den langen Semesterferien ungenutzt bleiben. Dieser Wohnraum wird effektiver genutzt, wenn die Universitäten ihre Aktivitäten ausweiten und ihn in Ferienzeiten an Konferenzteilnehmer und Touristen vermieten. Die Verbundvorteile können sich auf *materielle* Ressourcen wie etwa Studentenwohnheime und auch auf *immaterielle* Ressourcen und Kompetenzen wie Markennamen und Mitarbeiterfähigkeiten, beziehen. Manchmal werden diese Effekte auch als die Vorteile von **Synergien** bezeichnet.[6] Damit ist gemeint, dass Aktivitäten oder Vermögenswerte gemeinsam effektiver sind als einzeln (die berühmte Gleichung 2+2=5). So wären ein Filmproduzent und ein Musiklabel synergetisch, wenn sie gemeinsam erfolgreicher wären als einzeln. Beispiel 7.2 zeigt, wie die französische Firma Zodiac diesem Schema folgend eine Diversifikation durchgeführt hat.
- Die *Fähigkeiten der Unternehmenszentrale* auf neue Märkte, Produkte oder Dienstleistungen *auszuweiten,* kann Grundlage für weitere Gewinne sein. Dies ist in gewissem Sinne eine Erweiterung des oben genannten Aspekts der Anwendung bestehender Kompetenzen auf neue Bereiche. Dieser Punkt betont jedoch Fähigkeiten der Unternehmenszentrale, die üblicherweise leicht vernachlässigt werden. Manager aus der Unternehmenszentrale können meist sehr kompetent eine Reihe verschiedener Produkte und Dienstleistungen managen, die sich sogar auf Unternehmen ausdehnen, die auf operativer Ebene keine gemeinsamen Ressourcen nutzen. C.K. Prahalad und R. haben diese Fähigkeiten der Unternehmenszentrale als „dominante Logik des übergeordneten Managements“ oder kurz als „dominante Logik“

4 Für Abhandlungen über die Herausforderungen zur Wahrung von Wachstum und Diversifikation siehe A. Campbell und R. Parks, The Growth Gamble, Nicholas Brearly, 2005, und D. Laurie, Y. Doz und C. Sheer, „Creating new growth platforms“, Harvard Business Review, Bd. 84, Nr. 5 (2006), S. 80–90.

5 Siehe zu diesem Thema D.J. Teece, „Towards an economic theory of the multi-product firm“, *Journal of Economic Behavior and Organization*, Bd. 3 (1982), S. 39–63.

6 M. Goold und A. Campbell, „Desperately seeking synergy“, *Harvard Business Review*, Bd. 76, Nr. 2 (1998), S. 131– 145.

beschrieben.[7] So schließt der französische Konzern LVMH eine Reihe ganz verschiedener Unternehmen mit ein – vom Champagnerproduzenten über Mode- und Parfümmarken bis hin zu Finanzmedien –, die alle nur wenig gemeinsame operative Ressourcen oder Kompetenzen nutzen. LVMH steigert den Unternehmenswert dieser spezialisierten Firmen, indem es seine Fähigkeiten der Unternehmenszentrale beisteuert – etwa die Unterstützung klassischer Marken und den Aufbau hochkreativer Mitarbeiter. Solche Fähigkeiten sind für jedes einzelne Unternehmen relevant. (siehe *Abschnitt 7.4.1*).

- Eine *Steigerung der Marktmacht* kann entstehen, wenn ein Konzern eine große Vielfalt an verschiedenen Unternehmen umfasst. Hat ein Unternehmen viele Einzelbereiche, so kann es sich erlauben, eine Tochtergesellschaft mit den Überschüssen einer anderen zu subventionieren – etwas, das Konkurrenten nicht vermögen. Dadurch kann ein Unternehmen für die unterstützte Tochtergesellschaft einen Wettbewerbsvorteil erlangen, was langfristig gesehen andere Wettbewerber vom Markt vertreibt und der zurückbleibenden Organisation eine Monopolstellung sichert, sodass hohe Gewinne garantiert sind. Diese Angst bewog auch die Europäische Kommission im Jahr 2001 dazu, das $ 43 Mrd. (€ 37 Mrd.) schwere Übernahmeangebot, das General Electric für die Firma Honeywell's (einen Hersteller von elektronischen Steuersystemen) abgegeben hatte, abzulehnen. General Electric hätte mit dieser Übernahme seine Düsentriebwerke mit der Flugelektronik von Honeywell's zu einem billigen Gesamtpaket schnüren können, mit dem konkurrierende Motorenbauer niemals hätten mithalten können. Da viele Flugzeugbauer und Fluggesellschaften immer häufiger nach dem billigen Gesamtpaket verlangt hätten, hätte das das Aus für alle anderen Konkurrenten bedeutet. Somit hätte General Electric die alleinige Marktmacht besessen und hätte – ohne die Bedrohung durch Konkurrenz – seine Preise beliebig wählen können.

Oft werden auch noch andere Gründe für eine Diversifikation genannt, hier ist aber die Wertsteigerung für das Unternehmen weniger offensichtlich; außerdem stehen dabei häufig nicht die Interessen der Aktionäre, sondern die der Manager im Vordergrund:

- *Reaktion auf einen schrumpfenden Markt* – dies ist ein häufig genannter, aber dennoch zweifelhafter Grund für eine Diversifikation. Man kann argumentieren, dass die Diversifikation der Firma Microsoft in den Bereich Computerspiele mit der Xbox – deren Startkosten allein im Bereich Marketing bei stolzen $ 500 Mio. lagen – eine Reaktion auf das sich verlangsamende Wachstum ihres Kerngeschäfts Software war. Vielen Aktionären wäre es allerdings sicherlich lieber gewesen, das in die Xbox investierte Geld wieder ausbezahlt zu bekommen. So hätte man Sony und Nintendo das Feld der Computerspiele überlassen, während Microsoft sich in Würde verkleinert hätte. Microsoft verteidigt allerdings seine verschiedenen Diversifikationen als notwendige Reaktionen auf die Konvergenz der Elektronik mit den Computermedien.

7 Siehe C.K. Prahalad und R. Bettis, „The dominant logic: A new link between diversity and performance", *Strategic Management Journal*, Bd. 6, Nr. 1 (1986), S. 485–501; und R. Bettis und C.K. Prahalad, „The dominant logic: Retrospective and extension", *Strategic Management Journal*, Bd. 16, Nr. 1 (1995), S. 5–15.

Beispiel 7.2 Zodiac: Die Schlauchboot-Diversifikation

Der Zodiac-Konzern führt seit fast einem Jahrhundert ein großes Portfolio verschiedenster Geschäftsbereiche; dazu nutzt Zodiac sowohl die Strategie der Diversifikation als auch der „Ent-Diversifikation“.

Am bekanntesten ist der Zodiac-Konzern wohl für seine Schlauchboote, die schon Jacques Cousteau verwendete und die immer noch in allen Häfen der Welt zu sehen sind. 2007 jedoch verkaufte Zodiac all seine Geschäftsbereiche, die mit maritimen und mit Freizeitprodukten zu tun hatten und konzentrierte sich voll und ganz auf die Luftfahrtindustrie.

Die Firma Zodiac wurde 1896 von Maurice Mallet in der Nähe von Paris gegründet, kurz nachdem der Firmengründer seine erste Fahrt mit dem Heißluftballon absolviert hatte. 40 Jahre lang produzierte Zodiac nur lenkbare Luftschiffe. 1937 kam es zum Absturz des deutschen Zeppelins *Hindenburg* in der Nähe von New York – eine Katastrophe, die den Markt für Luftschiffe von heute auf morgen auslöschte. Da Zodiacs traditioneller Markt nun nicht mehr existierte, entschloss sich das Unternehmen, sein technisches Fachwissen zu nutzen und sich von lenkbaren Luftschiffen auf aufblasbare Boote zu verlegen. Diese Diversifikation erwies sich als höchst erfolgreich: 2004 – über 50 Jahre später – hatte Zodiac über eine Million Boote verkauft, und sein Schlauchboot (mit einem Preis von etwa € 10.000) war weltweit äußerst beliebt.

Da jedoch die Konkurrenz, besonders italienische Hersteller, immer stärker wurde, diversifizierte Zodiac auch seine Unternehmensbeteiligungen. 1978 übernahm es Aerazur, eine auf Fallschirme, Rettungswesten und aufblasbare Rettungsboote spezialisierte Firma. Diese Produkte wiesen viele Markt- und Technologiesynergien mit Zodiacs Schlauchbooten auf, und die Hauptkunden waren Flugzeughersteller. Zodiac bekräftigte diese Verlagerung auf einen neuen Markt 1987 durch die Übernahme von Air Cruisers, einem Unternehmen, das aufblasbare Notrutschen für Flugzeuge herstellte. Durch diese Weiterentwicklung wurde Zodiac zu einem wichtigen Zulieferer für Boeing, McDonnell Douglas und Airbus. Zodiac verstärkte seine Position zusätzlich durch die Übernahme von zwei führenden Herstellern von Flugzeugsitzen: Sicma Aero Seats aus Frankreich und Weber Aircraft aus den USA. 1997 folgte die Übernahme von MAG Aerospace, dem weltweit führenden Hersteller von Vakuumentsorgungsanlagen für Flugzeuge, zu einem Preis von € 150 Mio. 1999 schließlich übernahm Zodiac Intertechnique, einen bedeutenden Hersteller von Aktivteilen für Flugzeuge (Systeme für den Treibstoffkreislauf, die Hydraulik, die Sauerstoffversorgung, Stromversorgung, Cockpit- und Displaykontrolle und Flugüberwachung, etc.). Zodiac kombinierte diese Kompetenzen mit seinem traditionellen Fachwissen auf dem Gebiet aufblasbarer Boote und konnte so einen neuen Geschäftsbereich ins Leben rufen: Airbags für die Automobilindustrie.

Parallel zu diesen Diversifikationsaktivitäten baute Zodiac auch seine Position im Bereich der aufblasbaren Boote aus, indem es mehrere Konkurrenten übernahm: Bombard-L'Angevinière 1980, Sevylor 1981 sowie Hurricane und Metzeler 1987. Schließlich gründete Zodiac auch ein Unternehmen im Bereich Schwimmbecken. Die erste Produktgruppe, die 1981 auf den Markt kam, basierte auf Technologien für aufblasbare Becken. Später verlagerte sich Zodiac allerdings – wieder durch Übernahmen – auf feste, aufstellbare Schwimmbecken sowie auf im Boden eingelassene Becken, Wasserreinigungssysteme, aufblasbare Schwimmhilfen und Luftmatratzen.

Im Jahr 2007 jedoch machten die Produkte für die Flugzeugindustrie 80 Prozent des Gesamtumsatzes aus. Zodiac besaß für manche Produkte zur Ausstattung von Flugzeugen einen weltweiten Marktanteil von 40 Prozent; so etwa für das Stromversorgungssystem des neuen A380 und der Boeing 787. Zodiac schaffte es sogar bis zum Mars: *Spirit* und *Opportunity*, die Marssonden der NASA, wurden mit Produkten der Firma Zodiac ausgestattet, die von dessen amerikanischer Tochtergesellschaft Pioneer Aerospace entwickelt worden waren.

Der Vorstandsvorsitzende des Konzerns, Jean-Louis Gérondeau, erklärte den Verkauf der Geschäftsbereiche Freizeit und Schwimmbecken so:

> *Die angestrebte Transaktion ... würde es Zodiac ermöglichen ... seine Übernahmekapazitäten im Bereich der Luftfahrtindustrie zu verstärken.*

Doch auch die Finanzanalysten hatten Zodiac zu einem Verkauf gedrängt, denn sie hielten den Konzern für zu diversifiziert. Dem Verkauf folgten 2008 in schneller Folge drei weitere Übernahmen von Flugzeuginnenraumausstattern: Driessen, Adder und TIA.

Zusammengestellt von Frédéric Fréry, ESCP-EAP European School of Management.

Kontrollfragen

1. Erklären Sie, wie die Verbundenheit von Zodiacs Geschäftsbereichen dessen Diversifikationsstrategie über die Jahre hinweg unterstützt hat.
2. Wo liegen die Vorteile und potenziellen Gefahren der Entscheidung, sich auf die Luftfahrtindustrie zu konzentrieren?

- Die *Risikostreuung* über eine Reihe verschiedener Geschäftsbereiche ist eine weitere häufig angeführte Rechtfertigung einer Diversifikation. Die konventionelle Finanztheorie ist jedoch mehr als skeptisch, was den Erfolg einer solchen Risikostreuung betrifft. Hier wird argumentiert, dass Investoren eine viel effektivere Diversifikation ihrer Risiken erreichen können, wenn sie in ein vielfältiges Portfolio aus ganz unterschiedlichen Unternehmen investieren. Manager schätzen vielleicht die Sicherheit diversifizierter Geschäftsbereiche, Investoren jedoch legen weniger Wert darauf, dass jedes der Unternehmen, in das sie investiert haben, in sich ebenfalls diversifiziert ist. Sie würden es vorziehen, wenn sich die Manager so gut wie möglich auf ihr Kerngeschäft konzentrieren würden. Auf der anderen Seite kann es für Privatunternehmen, in denen die Eigentümer einen Großteil ihrer Vermögenswerte investiert haben, durchaus sinnvoll sein, das Risiko auf eine Reihe unterschiedlicher Aktivitäten zu verteilen, sodass das ganze Unternehmen nicht untergeht, wenn ein Geschäftsbereich in Schwierigkeiten steckt.

- Die *Erwartungen mächtiger Interessengruppen*, darunter auch die der Top Manager, können manchmal eine unangemessene Diversifikation veranlassen. Nachdem der amerikanische Stromversorger Enron von Analysten der Wall Street dahingehend unter Druck gesetzt worden war, ein anhaltendes Wachstum der Einnahmen vermelden zu können, diversifizierte der Konzern seine Beteiligungen vom Kerngeschäft der Stromversorgung hin zum Handel mit anderen Rohstoffen wie Petrochemikalien, Aluminium und sogar Bandbreiten.[8] Dies stellte zwar die Analysten kurzfristig zufrieden, wodurch der Aktienkurs in die Höhe schoss und die Stellung des Top Managements gefestigt wurde. Bald stellte sich jedoch heraus, dass diese Diversifikation zum Großteil keinerlei Gewinne einbrachte. 2001 schließlich brach Enron völlig zusammen – der spektakulärste Konkurs, den es jemals gegeben hatte.

Um eine Entscheidung treffen zu können, ob solche Gründe sinnvoll sind und den Erfolg der Organisation steigern, ist es wichtig, sich über die verschiedenen Formen der Diversifikation im Klaren zu sein, besonders in Bezug darauf, wie stark die einzelnen Geschäftsbereiche des Portfolios miteinander verbunden sind. Im nächsten Abschnitt geht es um die verbundene und unverbundene Diversifikation.

7.3.1 Verbundene Diversifikation

> **Verbundene Diversifikation**
>
> Bei verbundener Diversifikation weitet eine Organisation ihr Produkt- oder Leistungsprogramm über bestehende Produkte und Märkte hinaus aus, kann sich dabei jedoch weiterhin auf dieselben Fähigkeiten oder Wertschöpfungsaktivitäten stützen.

Bei **verbundener Diversifikation** weitet eine Organisation ihr Produkt- oder Leistungsprogramm über bestehende Produkte und Märkte hinaus aus, kann sich dabei jedoch weiterhin auf dieselben Fähigkeiten oder Wertschöpfungsaktivitäten stützen (siehe *Abschnitt 3.4* und *3.8.1*). So sind etwa Procter & Gamble und Unilever diversifizierte Konzerne, doch sind so gut wie all ihre Produkte schnelllebige Verbrauchsgüter, die im Einzelhandel vertrieben werden. Ihre verschiedenen Geschäftsbereiche profitieren daher von den gemeinsamen Fähigkeiten in den Bereichen F&E, Verbrauchermarketing, Bildung von Geschäftsbeziehungen mit mächtigen Einzelhandelsunternehmen und der globalen Entwicklung aller Markennamen.

Das Wertnetzwerk stellt eine Möglichkeit dar, sich die verschiedenen Formen der verbundenen Diversifikation vorzustellen, wie in *Abbildung 7.3* dargestellt:

8 Für eine theoretische Diskussion und eine empirische Studie über Managerinteressen und Diversifikation siehe M. Goranova, T. Alessandri, P. Brandes und R. Dharwadkar, „Managerial ownership and corporate diversification: A longitudinal view“, *Strategic Management Journal*, Bd. 28, Nr. 3 (2007), S. 211–226.

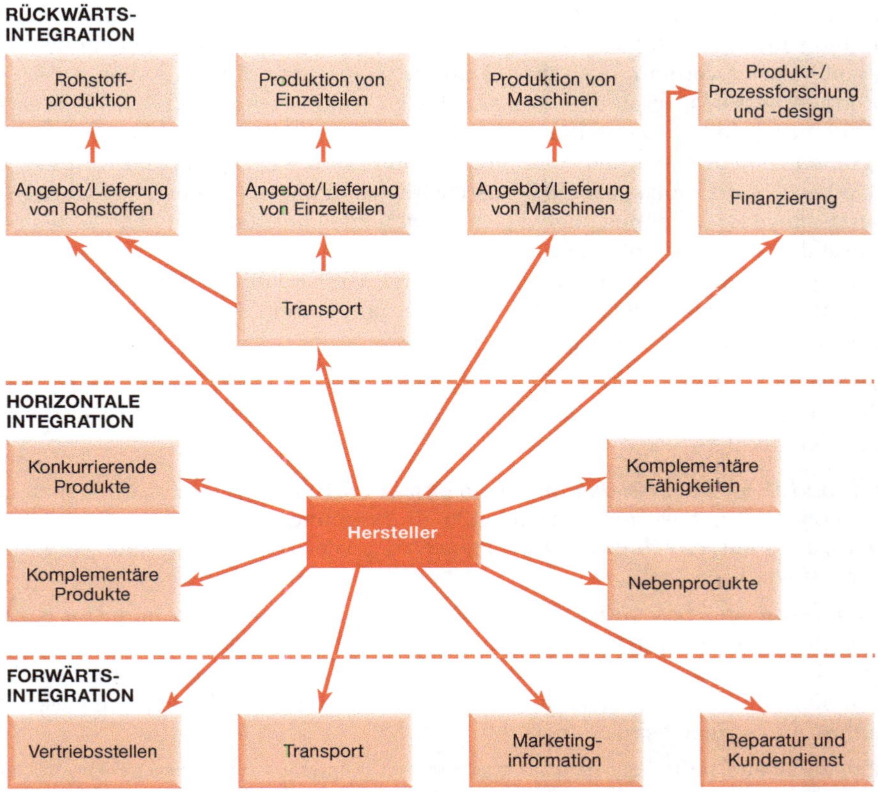

Abbildung 7.3: Optionen einer verbundenen Diversifikation für einen Hersteller

Vertikale Integration
Die vertikale Integration bezeichnet die Vorwärts- oder Rückwärtsintegration in angrenzende Aktivitäten der Wertschöpfungskette.

Rückwärts-integration
Bei der Rückwärts-integration weitet eine Organisation ihre Aktivitäten um Inputs zu ihrer bisherigen Geschäftstätigkeit aus.

Vorwärts-integration
Bei der Vorwärts-integration weitet ein Unternehmen seine Aktivitäten der eigenen Wert-schöpfungskette auf bislang nachgelagerte Aktivitäten aus.

Horizontale Integration
Die horizontale Integration weitet die Aktivitäten eines Unternehmens um solche aus, die kom-plementär zu aktuel-len Aktivitäten sind.

- Die **vertikale Integration** bezeichnet die Vorwärts- oder Rückwärtsintegration in angrenzende Aktivitäten der Wertschöpfungskette. Bei der **Rückwärtsintegration** weitet eine Organisation ihr Produkt- und Leistungsprogramm um Inputs zu ihrer bisherigen Geschäftstätigkeit aus (d.h. diese befinden sich weiter hinten in der Wertschöpfungskette). Kauft beispielsweise ein Automobilhersteller einen Zulieferer von Einzelteilen auf, so wird dies als eine verbundene Diversifikation durch Rückwärtsintegration bezeichnet. Bei der **Vorwärtsintegration** weitet ein Unternehmen seine Aktivitäten um auf der eigenen Wertschöpfungskette bislang nachgelagerte Aktivitäten aus (diese befinden sich also weiter vorne in der Wertschöpfungskette). Für den Automobilhersteller hieße das eine Ausweitung seiner Aktivitäten auf Vertrieb, Reparatur und Kundendienst.
- Die **horizontale Integration** weitet die Aktivitäten eines Unternehmens um solche aus, die komplementär zu aktuellen Aktivitäten sind. So betreibt die Internetsuchmaschine Google horizontale Integration, indem sie neben anderen Dienstleistungen auch Nachrichten, Bilder und Land- und Straßenkarten anbietet. (Ein weiteres Beispiel ist Zodiac – siehe Beispiel 7.2.)

Man muss außerdem erkennen, dass Fähigkeiten und wertschöpfende Verbindungen zwei verschiedene Dinge sind. Eine Verbindung innerhalb der Wertschöpfungskette bedeutet nicht zwangsläufig, dass auch die entsprechenden Fähigkeiten vorhanden sind. Einige Automobilhersteller etwa begannen Ende der 1990er Jahre mit einer Vorwärtsintegration, indem sie der Logik der Wertschöpfungskette folgend auch Reparaturen und Kundendienst anboten. Die Autofirmen gingen davon aus, sie könnten mithilfe von Vorwärtsverbindungen ihren Unternehmenswert erhöhen, indem sie so dem Kunden ein besseres Gesamterlebnis mit dessen Auto anboten. Schnell mussten die Unternehmen jedoch erkennen, dass für diese neuen Geschäftsbereiche völlig andere Fähigkeiten gebraucht wurden: Hier ging es nicht um die Fertigung von Autos in großen Werken, sondern um spezielle Dienstleistungen in vielen kleinen, weit verstreuten Niederlassungen. Schließlich überwogen die fehlenden notwendigen Fähigkeiten doch das zusätzliche Gewinnpotenzial dieser neuen Dienstleistungen und die Automobilhersteller zogen sich aus diesen Initiativen der Vorwärtsintegration wieder zurück. Synergien zu realisieren ist oft ein schwierigerer und kostenintensiverer Prozess, als so manche Manager zugeben würden.[9]

Außerdem muss berücksichtigt werden, dass neue Beziehungen potenziell auch Nachteile haben. Die verbundene Diversifikation kann aus mindestens zwei Gründen zum Problem werden:

- *Zeit und Kosten auf Gesamtunternehmensebene.* Top Manager müssen versuchen, sicherzustellen, dass die Vorteile, die die verbundene Diversifikation bringen kann, auch tatsächlich durch Teilhabe oder Transfer zwischen Geschäftsbereichen erreicht werden.
- *Komplexität der Geschäftsbereiche.* Die Manager der einzelnen Bereiche müssen sich auch um die Anforderungen anderer Geschäftsbereiche kümmern, mit denen sie z.B. Ressourcen teilen oder eine gemeinsame Marketingstrategie betreiben. Es ist also nicht möglich, sich ausschließlich auf die Bedürfnisse der eigenen Geschäftseinheit zu konzentrieren.

Zusammenfassend sei gesagt, dass eine vereinfachte Aussage wie etwa: „Verbundenheit zählt" unbedingt hinterfragt werden muss.[10] Es gibt zwar Belege dafür, dass sich eine solche Verbundenheit positiv auf die Unternehmensleistung auswirkt (siehe *Abschnitt 7.3.3*), doch bei jeder einzelnen Diversifikationsentscheidung muss genau bedacht werden, was Verbundenheit in diesem Fall bedeutet und woraus Leistungssteigerung entsteht.

7.3.2 Unverbundene Diversifikation

Unverbundene Diversifikation

Bei unverbundener Diversifikation weitet eine Organisation ihr Produkt- und Leistungsprogramm in neue Bereiche aus, die mit dem bestehenden Produkt- und Leistungsprogramm wenig gemeinsam haben.

Geht es bei der verbundenen Diversifikation um die Entwicklung bereits bestehender Fähigkeiten oder des bereits bestehenden Wertnetzwerks, so weitet eine Organisation bei der **unverbundenen Diversifikation** ihr Produkt- und Leistungsprogramm in neue Bereiche aus, die mit dem bestehenden Produkt- und Leistungsprogramm wenig gemeinsam haben. Die unverbundene Diversifikation wird häufig als *Mischkonzernstrategie* bezeichnet. Da hier für die einzelnen Geschäftsbereiche keine offensichtlichen Verbundvorteile vorliegen, sondern im Gegenteil der Unternehmenszentrale noch zusätzliche Kosten entstehen, erleidet der Aktienkurs der betroffenen Organisation häufig den sogenannten „Mischkonzernabschlag", eine geringere Bewertung also als ihn die einzelnen Geschäftsbereiche erhalten würden, wenn sie unabhängig wären. Im Jahr 2003 belief sich dieser Abschlag bei dem französischen Mischkonzern Vivendi-Universal, der in den vielfältigsten Branchen von Stromversorgung über Mobiltelefonie

9 A. Pehrson, „Business relatedness and performance: A study of managerial perceptions", *Strategic Management Journal*, Bd. 27, Nr. 3 (2006), S. 265–282.

10 A. Campbell and K. Luchs, *Strategic Synergy*, Butterworth–Heinemann, 1992.

bis hin zu Medien aktiv ist, auf ganze 15 bis 20 Prozent. Natürlich setzten die Aktionäre das Konzernmanagement dahingehend unter Druck, den Mischkonzern in seine höher bewerteten Einzelunternehmen aufzuspalten.

Solche Argumente gegen Mischkonzerne können aber auch stark überzeichnet werden, und selbstverständlich hat eine unverbundene Diversifikation unter bestimmten Umständen auch potenzielle Vorteile:

- Die *Konzentration auf die dominante Logik* und nicht auf die konkreten operativen Beziehungen kann für einen Mischkonzern eine Schaffung von Mehrwert bedeuten. Wie im Fall von Berkshire Hathaway kann ein fähiger Investor wie etwa Warren Buffet, das sogenannte Orakel von Omaha und einer der reichsten Männer der Welt, in der Lage sein, innerhalb seiner dominanten Logik den Unternehmenswert vieler diversifizierter Geschäftsbereiche zu steigern.[11] Berkshire Hathaway umfasst Unternehmen aus verschiedenen Bereichen der Fertigung, den Bereichen Versicherungen, Vertrieb und Einzelhandel. Buffet konzentriert sich jedoch auf reife Unternehmen, die er versteht und deren Management er vertraut. Während des Internetbooms der späten 1990er Jahre vermied Buffet ganz bewusst den Einstieg in High-Tech-Unternehmen, da er genau wusste, dass diese außerhalb seiner dominanten Logik lagen (siehe Beispiel 7.3).

Beispiel 7.3

Berkshire Hathaway Inc.

Ein Portfolio-Manager kann danach streben, im Namen seiner Aktionäre eine Reihe hochgradig diversifizierter Geschäftseinheiten zu verwalten.

Warren Buffet, einer der reichsten Männer der Welt, ist Vorstandsvorsitzender von Berkshire Hathaway; Charles Munger ist sein Stellvertreter. Die Unternehmensbeteiligungen seines Portfolios sind hochgradig diversifiziert. Zum Konzern gehören Versicherungsunternehmen, darunter GEICO, der sechstgrößte Autoversicherer der USA, sowie Hersteller von Teppichen, Bauprodukten, Kleidung und Schuhen. Außerdem gehören auch Dienstleistungsunternehmen (die Ausbildung für das Fliegen und Navigieren von Flugzeugen und Schiffen), Einzelhändler für Einrichtungsgegenstände und Schmuck, eine Tages- und Sonntagszeitung und der größte Direktverkäufer von Haushaltswaren der USA dazu.

Der Geschäftsbericht von Berkshire Hathaway gewährt einen Einblick in Denkweise und Management des Unternehmens. Warren Buffet erklärt, wie er und sein Stellvertreter ihre Geschäfte betreiben:

11 Siehe Prahalad und Bettis, Fußnote 7.

Charlie Munger und ich sehen unsere Aktionäre als teilhabende Partner und uns selbst als Partner, die für das Management zuständig sind. (Aufgrund der Größe unserer Beteiligungen halten wir auch die Kontrollmehrheit – in guten wie in schlechten Tagen.) Wir sehen nicht das Unternehmen als letztendlichen Eigentümer unserer Vermögenswerte an, sondern betrachten es vielmehr als eine Art Vermittler, durch den unsere Aktionäre die Vermögenswerte halten … Unser langfristiges wirtschaftliches Ziel … ist es, die durchschnittliche jährliche Zuwachsrate an inhärentem Unternehmenswert pro Aktie gerechnet zu maximieren. Wir messen die wirtschaftliche Bedeutung oder den Erfolg von Berkshire nicht an seiner Größe; wir betrachten immer den Fortschritt jeder einzelnen Aktie.

Am liebsten erreichen wir unser Ziel durch direktes Eigentum an einer Reihe diversifizierter Unternehmen, die Bargeld erzeugen und ständig überdurchschnittliche Kapitalrenditen erzielen. Unsere zweite Wahl ist es, uns Unternehmensbeteiligungen meist durch den Kauf von Stammaktien durch unsere Versicherungstöchter anzueignen.

… Charlie und ich interessieren uns nur für Übernahmen, die unserer Meinung nach den inhärenten Wert der Berkshire-Aktien, gemessen pro einzelne Aktie, steigern werden.

Gleichgültig, welche Preise auch geboten werden, wir sind nicht am Verkauf irgendeines gut laufenden Geschäftsbereichs interessiert. Auch Unternehmen, die unterdurchschnittliche Erfolge erzielen, verkaufen wir nur sehr zögernd, wenn wir davon ausgehen können, dass sie zumindest etwas Geld abwerfen und wenn Management und Mitarbeiterbeziehungen auf uns einen guten Eindruck machen. … Ein Management nach den Regeln von Gin Rummy, in jeder Runde die schlechteste Karte abzuwerfen, ist nicht unser Stil. Lieber nehmen wir in Kauf, dass unser Gesamtergebnis etwas schwächer ausfällt als so ein Verhalten an den Tag zu legen.

Dann erklärt Buffet, wie das Management der Tochtergesellschaften aussieht:

… wir delegieren so weit als möglich: Obwohl Berkshire etwa 45.000 Mitarbeiter hat, arbeiten nur zwölf davon in der Unternehmenszentrale … Charlie und ich kümmern uns vorwiegend um Kapitalzuteilungen und um die Betreuung unserer wichtigsten Manager. Die meisten dieser Manager sind am glücklichsten, wenn sie ihre Geschäfte in Alleinverantwortung führen können, und das ermöglichen wir ihnen auch. Sie sind also für alle operativen Entscheidungen sowie für die Zuleitung des von ihnen erwirtschafteten überschüssigen Kapitals an die Zentrale selbst verantwortlich. Da sie dieses Überschusskapital an uns senden, werden sie nicht von den verschiedensten Verlockungen abgelenkt, die sich auftun würden, wenn sie auch für den Einsatz des Kapitals, das ihr Geschäft abwirft, selbst verantwortlich wären. Außerdem ergeben sich für Charlie und mich viel umfangreichere Investitionsmöglichkeiten für diese Gelder als sie unsere Manager in ihrer jeweiligen Branche vorfinden würden.

Kontrollfragen

1. Inwiefern entspricht Berkshire Hathaway dem Stereotyp des in *Abschnitt 7.4.2* beschriebenen Portfolio-Managers (oder auch nicht)?
2. Machen Sie mithilfe der in Abschnitt 7.4 erklärten Checkliste Vorschläge, wie Berkshire Hathaway den Unternehmenswert für seine Aktionäre steigern könnte oder auch nicht.

- *Länder mit unterentwickelten Märkten* können für Mischkonzerne ein fruchtbarer Boden sein. In Ländern, wo die Märkte für externes Kapital und Arbeitskräfte noch nicht richtig funktionieren, bieten Mischkonzerne innerhalb der Grenzen ihrer eigenen Organisation einen Ersatzmechanismus für die Zuteilung und Entwicklung von Kapital oder Managementfachwissen. So waren etwa koreanische Mischkonzerne (die Chaebol) in der schnellen Wachstumsphase der koreanischen Wirtschaft auch deshalb so überaus erfolgreich, weil sie in der Lage waren, Investitionen so zu tätigen und Manager so zu unterstützen, wie einzelne Unternehmen in Südkorea dazu niemals in der Lage gewesen wären. Auch reduzierte die weitreichende kulturelle Übereinstimmung bei den Managern in diesen Konzernen die Kosten für Koordinierung und Überwachung, die in einem westlichen Mischkonzern anfallen würden, wo man den Managern allgemein weniger vertraut.[12] Dasselbe kann heute auch für andere schnell wachsende Volkswirtschaften gelten, in denen die Märkte für Kapital und Arbeit noch unterentwickelt sind.

Man muss außerdem erkennen, dass die Unterscheidung zwischen verbundener und unverbundener Diversifikation oft nur graduell zu treffen ist. Obwohl es vielleicht, wie im Fall von Bershire Hathaway, nur sehr wenige operative Beziehungen zwischen den einzelnen Geschäftsbereichen gibt, besteht doch eine Beziehung zwischen ihnen in Bezug auf ähnliche Anforderungen der Unternehmenszentrale (siehe *Abschnitt 7.4.4*). Wie im Beispiel der Autohersteller, die eine Vorwärtsdiversifikation in scheinbar verwandte Bereiche wie Reparatur und Kundendienst vorgenommen haben, können sich hier operative Beziehungen als weitaus weniger wertvoll erweisen als dies zunächst den Anschein machte. Die verschwommenen Grenzen zwischen verbundener und unverbundener Diversifikation sind wichtig bei der Beurteilung der Konsequenzen, die eine Diversifikation auf den Erfolg eines Unternehmens hat.

7.3.3 Diversifikation und Erfolg

Da die meisten großen Konzerne heute diversifiziert sind, aber da eine solche Diversifizierung auch manchmal im Selbstinteresse der Manager liegen kann, haben viele Wissenschaftler und auch politische Entscheidungsträger Schwierigkeiten damit, eindeutig festzulegen, ob diversifizierte Unternehmen nun tatsächlich bessere Leistungen erbringen als nicht diversifizierte Unternehmen. Schließlich wäre es höchst beunruhigend, wenn große Konzerne die Diversifikation wählten, nur um das Risiko für die

12 Siehe C. Markides, „Corporate strategy: The role of the centre", in A. Pettigrew, H. Thomas und R. Whittington (Hrs.), *Handbook of Strategy and Management*, Sage, 2002. Für eine Abhandlung über neuere Veränderungen bei den Chaebol siehe J. Chang und H.-H. Shin, „Governance system effectiveness following the crisis: The case of Korean business group headquarters", *Corporate Governance: An International Review*, Bd. 14, Nr. 2 (2006), S. 85–97.

Manager zu streuen, um die Arbeitsplätze der Manager auch in Zeiten des Rückgangs zu sichern oder um das Image eines wachsenden Unternehmens zu wahren wie im Fall von Enron.

Wissenschaftliche Studien zum Thema Diversifikation zeigen in den meisten Fällen einige Vorteile für größere Erfolge, wobei Firmen, die eine *verbundene Diversifikation* betreiben, besser abschneiden als solche, die weiterhin *spezialisiert* bleiben oder aber eine *unverbundene Diversifikation* betreiben.[13] Das Verhältnis von Diversifikation und Erfolg folgt anders ausgedrückt einer umgekehrten U-Kurve, wie in *Abbildung 7.4* dargestellt. Daraus lässt sich ableiten, dass ein gewisses Maß an Diversifikation gut ist – aber nicht zu viel.

Abbildung 7.4: Vielfalt und Erfolg

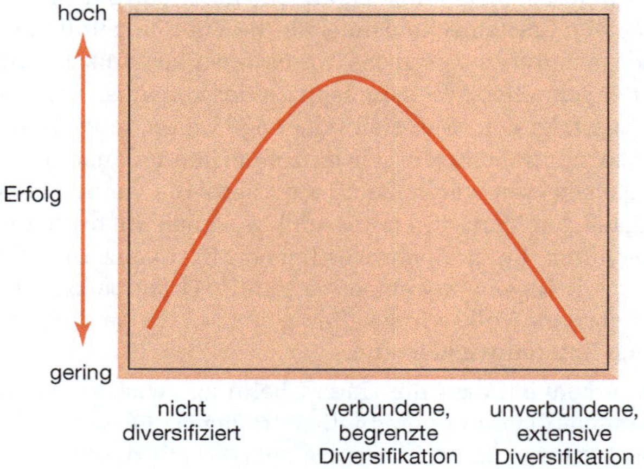

Diese Studien über Unternehmenserfolge ergeben allerdings immer nur statistische Durchschnittswerte. Einige Strategien verbundener Diversifikation schlagen fehl wie im Beispiel der vertikal integrierenden Autohersteller, während einige Mischkonzerne erfolgreich sind wie im Fall von Berkshire Hathaway. Die Argumentation gegen die unverbundene Diversifikation ist nicht eindeutig, und effektive dominante Logik sowie besondere nationale Umstände können sich positiv auswirken. Aus diesen Erfolgsstudien lässt sich ableiten, dass, obwohl die verbundene Diversifikation im Durchschnitt bessere Ergebnisse bringt als die unverbundene, jegliche Diversifikationsstrategie genauestens auf jeweilige spezifische Vorteile geprüft werden muss.

---

13 L.E. Palich, L.B. Cardinal und C. Miller, „Curvilinearity in the diversification-performance linkage: An examination of over three decades of research", *Strategic Management Journal*, Bd. 21 (2000), S. 155–174. Die Beziehung des umgekehrten U ist der Konsens dieser Wissenschaftler, obwohl viele Studien dem widersprechen, da sich besonders im Laufe der Zeit und im Ländervergleich Abweichungen ergeben. Für neue kontextsensitive Studien siehe M. Mayer und R. Whittington, „Diversification in context: A cross national and cross temporal extension", *Strategic Management Journal*, Bd. 24 (2003), S. 773–781, und A. Chakrabarti, K. Singh und I. Mahmood, „Diversification and performance: Evidence from East Asian firms", *Strategic Management Journal*, Bd. 28 (2007), S. 101–120.

Sitzung 10: Geschäftsbereichsstrategien

10

ÜBERBLICK

Lernziele

Nach der Lektüre dieses Kapitels sollten Sie in der Lage sein,

- strategische Geschäftsbereiche (SGB) in Organisationen zu identifizieren.
- zu erklären, wie Wettbewerbsvorteile anhand der „Varianten" der strategischen Uhr erreicht werden können.
- einzuschätzen, inwieweit diese einen nachhaltigen Wettbewerbsvorteil erzeugen können.
- Strategien zu identifizieren, die für die Bedingungen eines Hyperwettbewerbs geeignet sind.
- die Beziehung zwischen Wettbewerb und Zusammenarbeit zu erklären.
- die Prinzipien der Spieltheorie in Bezug auf die Wettbewerbsstrategie zu erklären.

6.1 Einführung

In diesem Kapitel geht es um grundlegende strategische Wahlmöglichkeiten: Mit welcher Wettbewerbsstrategie kann auf Geschäftsbereichsebene ein Wettbewerbsvorteil erzielt werden? Sollte beispielsweise British Airways, die mit zunehmender Konkurrenz von Niedrigpreis-Fluggesellschaften konfrontiert wird, versuchen, über den Preis zu konkurrieren, oder ihre Differenzierungsstrategie beibehalten und weiter ausbauen? Abbildung 6.1 zeigt die Hauptthemen auf, die die Struktur dieses Kapitels vorgeben:

- Zunächst geht es um *strategische Geschäftsbereiche (SGB)*. Die meisten Organisationen verfügen über mehrere SGB, da sie in verschiedenen Märkten oder Marktsegmenten konkurrieren. Unabhängig davon, ob diese SGB organisatorisch voneinander getrennt sind, kann es notwendig sein, zu prüfen, ob unterschiedliche Wettbewerbsstrategien erforderlich sind. Daher ist es hilfreich, die SGB einer Organisation zu identifizieren.
- Im Folgenden werden die *Grundlagen der Wettbewerbsstrategien* der SGB behandelt. Zu diesen gehören preisbasierte Strategien, Differenzierungsstrategien, Hybridstrategien und fokussierte Strategien.
- In den folgenden Abschnitten geht es darum, *wie Wettbewerbsvorteile erreicht werden können*. *Abschnitt 6.4* betrachtet die Grundlagen der *Nachhaltigkeit von Wettbewerbsstrategien.*
- In einer sich schnell verändernden und unsicheren Welt ist die Nachhaltigkeit von Wettbewerbsvorteilen jedoch fraglich, und deshalb werden auch andere Möglichkeiten für einen erfolgreichen Wettbewerb angesprochen. Die Idee des *Hyperwettbewerbs* (eingeführt in *Abschnitt 2.3.2*) wird in *Abschnitt 6.5* wieder aufgenommen, um Lektionen für strategische Wahlmöglichkeiten zu berücksichtigen.
- *Abschnitt 6.6* befasst sich mit den potenziellen Vorteilen *kooperativer* Strategien mit Konkurrenten.

- In *Abschnitt 6.7* wird die *Spieltheorie* als Möglichkeit eingeführt, um einen Vorteil durch das Verständnis wechselseitiger Abhängigkeiten von Handlungen des Konkurrenten zu erreichen.

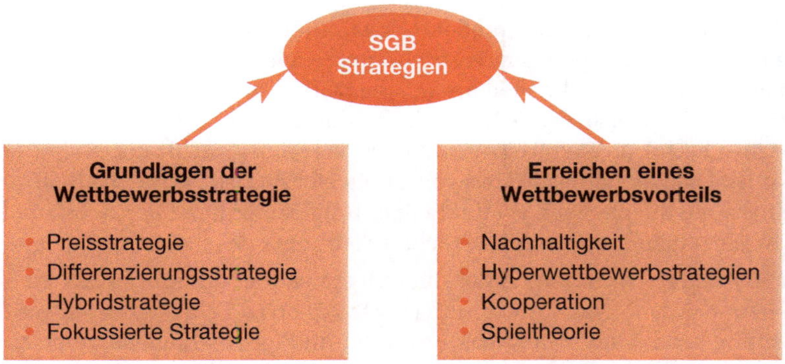

Abbildung 6.1: Strategien auf Geschäftsbereichsebene

6.2 Die Identifizierung strategischer Geschäftsbereiche

Ein **strategischer Geschäftsbereich (SGB)** ist ein Teil einer Organisation für den es einen abgegrenzten externen Markt für Güter oder Dienstleistungen gibt, der sich von anderen SGB unterscheidet. Die Identifizierung der SGB einer Organisation ist für die Entwicklung von Strategien auf Geschäftsbereichsebene hilfreich, da diese zwischen den SGB variieren können. Die Konzepte in den nachfolgenden Abschnitten dieses Kapitels beziehen sich daher auf identifizierte SGB. Die Identifizierung der SGB greift drei andere Punkte auf, die hier, aber auch an anderer Stelle des Buches, berücksichtigt werden:

- *Eine Konfusion der SGB.* Da sich die Grundlagen der Wettbewerbsstrategie durch Märkte (oder Marktsegmente) unterscheiden können, sollten die SGB dies reflektieren. Manager könnten Märkte auf Grundlage unterschiedlicher Kriterien (siehe Abbildung 2.10) in viele Segmente untergliedern. Das Ergebnis wäre für die Identifizierung kompatibler Wettbewerbsstrategien unüberschaubar. Daher müssen sinnvolle Entscheidungen darüber getroffen werden, welche SGB für strategische Ziele geeignet sind.
- *Unternehmenskomplexität.* Auch zu viele SGB können übermäßige Komplexität bei der Entwicklung von Strategien auf Gesamtunternehmensebene erzeugen (siehe *Kapitel 7*).
- *Organisationsstruktur.* Ein SGB ist ein organisatorischer Bereich für Strategiezwecke. Eine Organisation ist allerdings meist nicht auf der Grundlage von SGB strukturiert, und daher muss die Beziehung zwischen den SGB und dem organisatorischen Aufbau berücksichtigt werden (siehe *Kapitel 13*).[1] Im öffentlichen Sektor zeigt die regelmäßige „Umstrukturierung" von Ministerien der Zentralregierung, wie schwierig diese Beurteilungen sein können. In Großbritannien war das Kultusministerium

1 Für eine detaillierte Erklärung, wie organisatorische Strukturen die verschiedenen SGB einer Organisation adressieren sollten, siehe M. Goold und A. Campbell, *Designing Effective Organisations: How to create structured networks*, Jossey Bass, 2002. Ebenso K. Eisenhardt und S. Brown, „Patching", *Harvard Business Review*, Bd. 77, Nr. 3 (1999), S. 72.

in den letzten Jahrzehnten zuerst Partner des „Wissenschaftsministeriums", dann des „Arbeitsministeriums" und später des „Ministeriums für Weiterbildung".

Externe und interne Kriterien können bei der Identifikation zweckmäßiger SGB hilfreich sein:

- *Marktbasierte Kriterien.* Verschiedene Teile einer Organisation, die den gleichen *Kundentyp* durch die gleichen *Vertriebskanäle* ansprechen und gleichen *Konkurrenten* gegenüberstehen, können als gleiche SGB angesehen werden. So unterscheidet sich beispielsweise ein SGB, der individuelle Produkte oder Dienstleistungen für spezifische lokale Bedürfnisse anbietet, von einem SGB, der einheitliche Produkte oder Dienstleistungen weltweit anbietet. Dies gilt auch für SGB, die einer Kundengruppe die gleichen Produkte über unterschiedliche Vertriebskanäle anbieten (z.B. Einzelhandel gegenüber Direktverkauf über das Internet).
- *Fähigkeitsbasierte Kriterien.* Teile einer Organisation sollten nur als gleiche SGB angesehen werden, wenn sie ähnliche strategische Fähigkeiten aufweisen. Ein Lebensmittelproduzent sollte Markenwaren und Eigenmarken als unterschiedliche SGB ansehen, selbst wenn sie durch die gleichen Kanäle an die gleichen Endverbraucher verkauft werden.

6.3 Die Grundlagen des Wettbewerbsvorteils: Die „strategische Uhr"

Wettbewerbsstrategie

Die Wettbewerbsstrategie befasst sich mit der Art und Weise, in der eine Geschäftseinheit Wettbewerbsvorteile in ihrem Markt realisieren kann.

Thema dieses Abschnitts ist die **Wettbewerbsstrategie**, die sich mit der Art und Weise befasst, in der eine Geschäftseinheit Wettbewerbsvorteile in ihrem Markt realisieren kann. Für öffentliche Dienstleistungsorganisationen geht es entsprechend um die Frage, wie eine Organisation im Wettbewerb mit anderen um die Finanzierung eine hohe Qualität ihrer Dienstleistungen anbieten kann.

Michael Porter[2] formulierte drei „generische" Strategien, durch die eine Organisation Wettbewerbsvorteile erreichen kann: „Kostenführerschaft", „Differenzierung" und „Konzentration". Es herrscht eine große Debatte darüber, was jede dieser Kategorisierungen bedeutet. Viele verwechseln insbesondere Porters „Kostenführerschaft" mit „niedrig im Preis". Um solche Verwechslungen zu vermeiden, verwendet dieses Buch marktorientierte generische Strategien, ähnlich denen von Cliff Bowman und Richard D'Aveni.[3] Diese basieren auf dem Prinzip, dass ein Wettbewerbsvorteil dann erreicht wird, wenn Kunden das erhalten, was sie wünschen oder benötigen, und dies besser oder effektiver als durch die Konkurrenz. Auf dieser Behauptung aufbauend stellt die strategische Uhr (Abbildung 6.2) neben dem Preis auch Porters Kategorien der Differenzierung und Konzentration dar.

In einer Wettbewerbssituation treffen Kunden Entscheidungen auf der Grundlage ihrer Wahrnehmung des Gegenwertes und der Kombination von Preis und wahrgenommener Leistung des Produktes/der Dienstleistung. Die strategische Uhr repräsentiert verschiedene Positionen auf einem Markt, in dem Kunden (oder potenzielle Kunden) unter-

2 M. Porter, *Competitive Advantage*, Free Press, 1985.

3 Siehe D. Faulkner und C. Bowman, *The Essence of Competitive Strategy*, Prentice Hall, 1995. Eine ähnliche Rahmenkonstruktion wird auch von Richard D'Aveni verwendet, *Hypercompetitive Rivalries: Competing in highly dynamic environments*, Free Press, 1995.

schiedliche Ansprüche in Bezug auf den Gegenwert haben. Diese Positionen stellen auch eine Reihe generischer Strategien dar, wie ein Wettbewerbsvorteil erreicht werden kann. Beispiel 6.1 zeigt unterschiedliche Wettbewerbsstrategien, die von Firmen anhand unterschiedlicher Positionen auf der strategischen Uhr verfolgt werden. Die folgenden Erläuterungen jeder dieser Strategien gehen auch auf die Bedeutung der Kosten für eine Organisation ein, besonders in Bezug auf Konkurrenten. Kosten stellen für alle Strategien der Uhr eine strategische Abwägung dar – nicht nur für diejenigen, bei denen an erster Stelle der niedrige Preis steht.

Da diese Strategien marktorientiert sind, ist es wichtig, die entscheidenden Erfolgsfaktoren jeder Position zu verstehen. Die Kunden der Positionen 1 und 2 sind zwar vor allem am Preis interessiert, allerdings nur, wenn der Nutzen des Produkts/der Dienstleistung ihre Schwellenanforderungen, wie in *Kapitel 2* (*Abschnitt 2.4.3*) erläutert, erreicht. Dies bedeutet, dass Kunden mehr Wert auf Funktionalität legen als auf Service oder Aspekte wie Design oder Verpackung. Im Gegensatz dazu verlangen die Kunden der Position 5 ein kundenspezifisches Produkt oder eine Dienstleistung, für die sie bereit sind, den Höchstpreis zu bezahlen. Es ist unwahrscheinlich, dass das Nachfragevolumen eines Marktes gleichmäßig auf alle Positionen der Uhr verteilt ist. Bei Märkten für Gebrauchsgüter konzentriert sich die Nachfrage vorwiegend auf Position 1 und 2. Bei vielen öffentlichen Versorgungseinrichtungen ist die Gewichtung ähnlich. Andere Märkte verzeichnen eine große Nachfrage bei Position 4 und 5. Historisch gesehen gehören auch Dienstleistungen zu diesem Typus. Märkte verändern sich jedoch im Lauf der Zeit. Märkte für Gebrauchsgüter entwickeln Mehrwertnischen, die mit dem verfügbaren Einkommen wachsen. Ein Beispiel ist der Getränkemarkt mit Premium-Bieren und Bierspezialitäten. Und kundenspezifische Märkte können zu Märkten für Gebrauchsgüter werden, insbesondere wenn durch die Informationstechnologie der professionelle Inhalt der Produkte entmystifiziert und zur Gewohnheit wird wie beispielsweise bei Finanzdienstleistungen.

Die strategische Uhr kann Managern dabei helfen, die wechselnden Bedürfnisse der Märkte und die Wahlmöglichkeiten hinsichtlich Positionierung und Wettbewerbsvorteil zu verstehen. Im Folgenden wird jede Position der Uhr erläutert.

Abbildung 6.2: Die strategische Uhr: Konkurrenzfähige Strategieoptionen

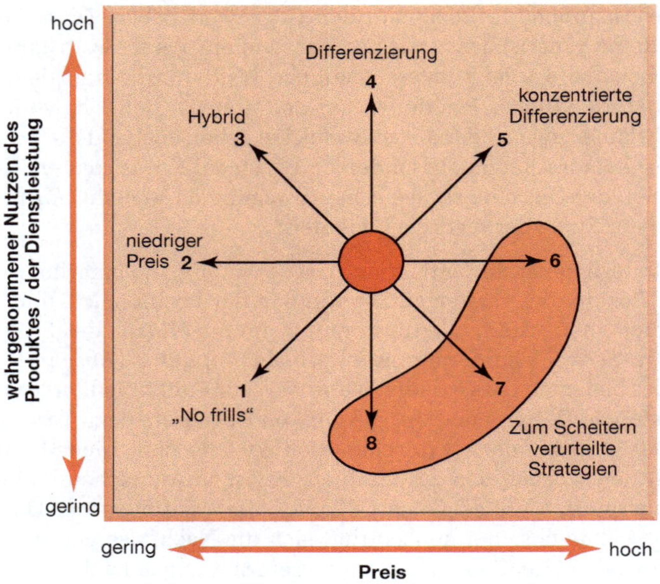

		Anforderungen/Risiken	
1	„No frills“	wahrscheinlich Segmentspezifisch	
2	niedriger Preis	Risiko eines Preiskriegs und niedrige Gewinnspannen; Notwendigkeit Kostenführer zu sein	
3	Hybrid	niedrige Kostenbasis und Reinvestition in niedrigen Preis und Differenzierung	Differenzierung
4	Differenzierung		
	(a) ohne Aufpreis	vom Kunden wahrgenommene zusätzliche Vorteile, die Marktanteile bringen	
	(b) mit Aufpreis	wahrgenommener zusätzlicher Wert ausreichend für Höchstpreis	
5	konzentrierte Differenzierung	wahrgenommener zusätzlicher Vorteil für ein bestimmtes Segment; das den Höchstpreis rechtfertigt	
6	erhöhter Preis/Standardwert	höhere Gewinnspanne, wenn Konkurrenten nicht nachziehen; Risiko den Marktanteil zu verlieren	voraussichtlicher Misserfolg
7	erhöhter Preis/niedriger Wert	nur in Monopolsituation möglich	
8	niedriger Wert/Standardpreis	Verlust des Marktanteils	

Beispiel 6.1

Wettbewerbsstrategien der strategischen Uhr

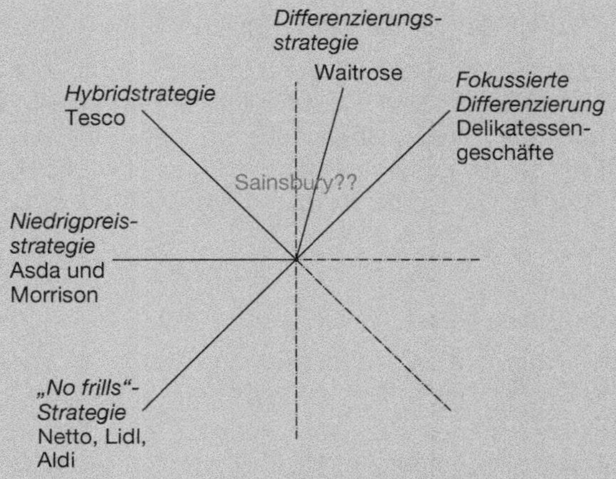

Die Wettbewerbsstrategien britischer Lebensmittelhändler haben sich in den letzten drei Jahrzehnten verändert.

Die Supermarkt-Revolution in Großbritannien begann in den späten 1960ern und den 1970ern, als zunächst Sainsbury Supermärkte eröffnete. Die vorherrschende Form des Einzelhandels war damals der kleine Lebensmittelladen an der Ecke. Die Supermärkte von Sainsbury stellten eine Hybrid-Strategie dar. Sie unterschieden sich in Anordnung und Größe der Geschäfte sowie in der Qualität und dem niedrigeren Preis der Ware klar vom Laden an der Ecke.

Als mehr und mehr Händler Supermärkte eröffneten, entwickelte sich allmählich ein Muster. Sainsbury war der marktbeherrschende abgegrenzte Supermarktbetreiber. Tesco wuchs als „No frills"-Anbieter mit der Devise „die Waren hoch aufstapeln und billig verkaufen". Daneben gab es eine Reihe weiterer Anbieter, die preisgünstigere, aber geringere Qualität als Sainsbury anboten.

Mitte der 90er Jahre fand eine Veränderung statt. Unter der Leitung von Ian Maclaurin änderte Tesco seine Strategie. Die Größe und Anzahl der Supermärkte wurde deutlich erhöht, die Devise „Waren hoch aufzustapeln und billig zu verkaufen" aufgegeben und Tesco begann, ein größeres Warensortiment anzubieten. Auch wenn Tesco qualitativ noch nicht als gleichwertig mit Sainsbury wahrgenommen wurde, so wuchs doch sein Marktanteil auf Kosten anderer Ketten und Tesco begann, die Vorherrschaft von Sainsbury herauszufordern. Der große Durchbruch für Tesco kam jedoch erst mit einer Verlagerung auf Waren höherer Qualität, deren Preis als niedriger als der von Sainsbury wahrgenommen wurde. Tesco verfolgte eine Hybridstrategie und gewann einen großen Marktanteil. Anfang 2007 erreichte dieser 30 Prozent des Lebensmitteleinzelhandels in Großbritannien. Sainsburys Marktanteil war dagegen auf knapp 16 Prozent gefallen und Sainsbury versuchte, sein differenziertes Qualitätsimage wiederzubeleben.

Währenddessen hatten sich andere Wettbewerbsstrategien konsolidiert. Die Niedrigpreisstrategie wurde von Asda (Wal-Mart) (mit einem Marktanteil von 16 Prozent) und Morrison (11 Prozent) verfolgt. Im „No frills"-Segment etablierten sich mit einem Marktanteil von etwa 6 Prozent die Handelsunternehmen Netto, Aldi und Lidl, die in den 90er Jahren aus Europa gekommen waren.

Eine reine Differenzierungsstrategie gab es nicht mehr. Dieser kam Waitrose (mit einem Marktanteil von knapp 4 Prozent) am nächsten, die ein höheres Qualitätsimage betonten und einen ausgewählten oberen Mittelstand an ausgewählten Standorten ansprachen. Die fokussierte Differenzierung blieb die Domäne der Spezialisten: Delikatessengeschäfte und natürlich die Harrods Food Hall in London.

Kontrollfragen

1. Wer ist „in der Mitte eingekeilt"? Warum?
2. Kann eine Differenzierungs- oder eine Niedrigpreisstrategie verteidigt werden, wenn es eine erfolgreiche Hybridstrategie gibt, wie sie von Tesco verfolgt wird?
3. Was hält Konkurrenten davon ab, der Strategie von Tesco zu folgen und erfolgreich mit Tesco zu konkurrieren? (D.h. verfügt Tesco über strategische Fähigkeiten, die einen nachhaltigen Wettbewerbsvorteil darstellen?)
4. Entwerfen Sie anhand der strategischen Uhr die strategischen Positionen der Konkurrenten für einen Markt Ihrer Wahl.

6.3.1 Preisbasierte Strategien (Varianten 1 und 2)

„No frills"-Strategie (ohne-Schnick-schnack-Strategie)

Die „No frills"-Strategie (ohne-Schnickschnack-Strategie) kombiniert ein Niedrigpreisangebot eines Produktes oder einer Dienstleistung, welche/s vom Kunden als wenig leistungsstark wahrgenommen wird, mit einer Konzentration auf ein preisempfindliches Marktsegment.

Variante 1, die **„No frills"-Strategie (ohne Schnickschnack-Strategie)** kombiniert ein Niedrigpreisangebot eines Produktes oder einer Dienstleistung, welche/s vom Kunden als wenig leistungsstark wahrgenommen wird, mit einer Konzentration auf ein preisempfindliches Marktsegment. Diese Segmente existieren aus folgenden Gründen:

- Die Existenz von *Warenmärkten*. Dabei handelt es sich um Märkte, in denen Kunden Unterschiede in den Angeboten verschiedener Lieferanten nicht wertschätzen oder wahrnehmen, sodass der Preis zum entscheidenden Wettbewerbsfaktor wird. Ein Beispiel sind Grundnahrungsmittel, vor allem in Entwicklungsländern.
- *Preissensible Kunden* können es sich nicht leisten oder legen keinen Wert darauf, Waren besserer Qualität zu kaufen. Dieses Marktsegment mag für einige Anbieter uninteressant sein, bietet aber anderen (wie beispielsweise Aldi, Lidl und Netto in Beispiel 6.1) eine Chance. Im öffentlichen Sektor könnten Geldgeber mit einem engen Budget entscheiden, nur die Grundvorsorge (zum Beispiel subventionierte Brillen oder Zahnmedizin) zu unterstützen.
- Käufer verfügen über *große Macht und/oder niedrige Wechselkosten*, so gibt es zum Beispiel bei Ausschreibungen für Regierungsaufträge wenig Auswahl.
- Die Möglichkeit, *wichtige Wettbewerber zu umgehen*. Wenn wichtige Anbieter auf anderen Grundlagen konkurrieren, kann das Niedrigpreissegment eine Möglichkeit für kleinere Spieler oder neue Marktteilnehmer sein, um Nischen zu finden oder Position 1 als Brückenkopf zu nutzen und Volumen aufzubauen, bevor andere Strategien verfolgt werden.

Variante 2, die **Niedrigpreisstrategie**, beinhaltet das Angebot eines geringeren Preises als die Konkurrenz bei als ähnlich wahrgenommenen Produkt- oder Leistungseigenschaften. Diese Wettbewerbsstrategie wurde im britischen Supermarktsektor zunehmend von Asda (Wal-Mart) und Morrisons (siehe Beispiel 6.1) verfolgt. Im öffentlichen Sektor ist der Preis einer Dienstleistung für den Geldgeber (normalerweise die Regierung) mit den Kosten der Organisation, die das Budget erhält, gleichzusetzen und so ist das Äquivalent der im Jahresvergleich erreichte Effizienzgewinn, der ohne einen Verlust der wahrgenommenen Leistung erreicht wird.

Niedrigpreisstrategie

Die Niedrigpreisstrategie beinhaltet das Angebot eines geringeren Preises als die Konkurrenz bei als ähnlich wahrgenommenen Produkt- oder Leistungseigenschaften.

Ein Wettbewerbsvorteil durch eine Niedrigpreisstrategie kann durch Konzentration auf ein für Wettbewerber unattraktives Marktsegment erreicht werden, sodass vermieden wird, dass die Preise durch Wettbewerbsdruck erodieren. Eine geläufigere und auch schwierigere Situation liegt vor, wenn es einen preisbasierten Wettbewerb wie beispielsweise im öffentlichen Sektor und in Warenmärkten gibt. Beim Wettbewerb über den Preis müssen zwei Gefahren beachtet werden:

- *Reduzierung der Gewinnspanne für alle.* Durch die Reduzierung des Preises können zwar taktische Vorteile erreicht werden, jedoch wird diese Strategie wahrscheinlich von Konkurrenten übernommen, sodass die Gewinnmargen für alle geringer werden.
- *Die Unfähigkeit zu reinvestieren.* Geringe Gewinnmargen reduzieren die verfügbaren Mittel zur Entwicklung von Produkten oder Leistungen und führen zu einem Verlust des wahrgenommenen Nutzens des Produkts.

Langfristig können daher weder die „No frills"-Strategie noch die Niedrigpreisstrategie ohne eine *kostengünstige Grundlage* verfolgt werden. Aber kostengünstig an sich ist noch kein Vorteil. Manager verfolgen oftmals eine Strategie der niedrigen Kosten, die ihnen aber keinen Wettbewerbsvorteil verschafft. Die Herausforderung besteht also darin, Kosten so zu reduzieren, dass andere nicht gleichziehen können und die Niedrigpreisstrategie einen nachhaltigen Vorteil bietet. Dies ist schwierig, aber in *Abschnitt 6.4.1* werden Möglichkeiten erläutert, wie dies erreicht werden kann.

Beispiel 6.2 Volvos neue Busse für Indien

Volvos Strategie ist es, Busse für nahezu das Vierfache des gängigen Marktpreises zu verkaufen.

Der Markt für Busse in Indien wurde lange Zeit von zwei einheimischen Unternehmen dominiert, beides Tochtergesellschaften großer indischer Mischkonzerne: Tata Motors und Ashok Leyland. Beide Firmen stellten seit Jahrzehnten die gleichen einfachen Fahrzeuge her. Grundlage war ein LKW-Fahrgestell mit einem einfachen Bus-Oberbau. Die verwendeten Motoren leisteten magere 110-120 PS und röhrten laut, wenn sie ihre schwere Fracht die steilen indischen Berge hinauf hievten. Der Motor saß vorne unter der Haube, und die Hitze, die er während der Fahrt entwickelte, strömte ungehindert durch den ganzen Bus. Offene Fenster ersetzten die Klimaanlage, sodass auch Staub und Straßenlärm zu den Fahrgästen drangen. Die Stoßdämpfer waren bestenfalls altmodisch und sorgten für eine unruhige Fahrt auf den löchrigen Straßen des Landes. Gepäck wurde meist einfach auf das Dach des Busses geschnallt, wo es schnell dreckig wurde und leicht gestohlen werden konnte. Aber immerhin waren diese Busse billig – sie kosteten die lokalen Transportgesellschaften gerade einmal Rs 1,2 Mio. (€ 15.000).

1997 entschloss sich der schwedische Autohersteller Volvo mit eigenen Bussen mit einem Verkaufspreis von Rs 4 Mio. – fast viermal so teuer wie die einheimische Konkurrenz – auf den indischen Markt zu gehen. Akash Passey, Volvos erster indischer Angestellter, beauftragte eine Unternehmensberatung damit, die Erfolgsaussichten für diese Geschäftsidee zu prüfen. Die Beratungsfirma riet Volvo, die Finger von diesem Markt zu lassen. Passey zur *Financial Times*: „Meine Antwort war einfach – ich nahm ihren Bericht und warf ihn in den am nächsten stehenden Papierkorb." Passey brachte die teuren Luxus-Busse 2001 auf den indischen Markt.

Passey nutzte die Jahre vorher zur Entwicklung einer ganz besonderen Strategie. Sein Grundprodukt war erstklassig ausgerüstet. Volvos Standardmotoren hatten 240-250 PS und saßen im hinteren Teil des Busses, um so eine schnellere und ruhigere Fahrt zu gewährleisten. Auch eine Klimaanlage gehörte selbstverständlich zur Grundausstattung. Durch die Position des Motors und das verwendete, speziell für Busse gebaute Fahrgestell wurde der Innenraum des Busses geräumiger und man konnte Gepäck ebenfalls im Bus verstauen. Passey war sich aber schnell im Klaren darüber, dass all dies nicht ausreichen würde. Der *Financial Times* gegenüber sagte er: „Man musste sehr viel tun, um mit dem gewöhnlichen Geschäftsmodell zu brechen."

Volvo bot Wartungs- und Kundendienste nach dem Kauf der Busse an, sodass sich die Lebensdauer der Busse von drei auf zehn Jahre erhöhte. Außerdem waren die Transportgesellschaften so nicht mehr auf die eigenen teuren Werkstätten angewiesen. Die Fahrer erhielten kostenloses Fahrtraining, fuhren dadurch sicherer und achteten auch mehr auf ihre Busse. Volvo warb für die Vorteile seiner Busse direkt beim Kunden, indem es Kinowerbung schaltete, und konzentrierte sich nicht nur auf die Transportgesellschaften. Um den Markt anzukurbeln, stellte Volvo ausgewählten Transportfirmen ca. 20 Fahrzeuge zu einem extrem niedrigen Preis zur Verfügung. Volvo-Mitarbeiter waren in der Anfangszeit bei jeder Fahrt dabei, sodass sie ihre Firma beim kleinsten Problem sofort informieren konnten. Volvo schickte dann umgehend seine Ingenieure. Da die Busse nun schneller und zuverlässiger fuhren und die Fahrt bequemer wurde, konnten die Transportgesellschaften auch höhere Preise verlangen. Eine Fahrt in einem Volvo-Bus kostete bald 35 Prozent mehr.

Geschäftsleute und Angehörige der Mittelklasse waren begeistert von den Volvo-Bussen. Nach einer schnelleren und bequemeren Fahrt kamen sie ausgeruht an ihrem Zielort an und sparten unter Umständen sogar die Kosten für eine Übernachtung. Mittlerweile stellten auch Tata und Ashok Leyland eigene Luxusbusse her, und auch Mercedes und Isuzu folgten Volvo auf den indischen Markt. Und dennoch ist der Satz „Nimm einen Volvo" in Indien mittlerweile zum Synonym für eine Reise im Luxusbus geworden, so wie man hierzulande das Wort „Tempo" für jede Marke Papiertaschentücher verwendet.

2009 eröffnete Volvo ein neues, hochmodernes Produktionswerk für Busse in Bangalore. Dies ist Volvos produktivstes Werk weltweit – für die Fertigstellung eines Busses werden nur 20 bis 25 Tage benötigt. Die jährliche Produktionskapazität liegt bei 1000 Bussen.

Quelle: J. Leahy, Volvo takes a lead in India, Financial Times, 31. August 2009.

Kontrollfragen

1. Erstellen Sie eine Rangfolge aller Elemente von Passeys Strategie für Volvo, beginnend mit dem wichtigsten. Hätte man auf irgendeines dieser Elemente verzichten können?
2. Wie nachhaltig ist Volvos Luxusbusstrategie?

6.3.2 (Umfassende) Differenzierungsstrategien (Variante 4)

Die nächste Option ist eine umfassende **Differenzierungsstrategie**, die Produkte und Dienstleistungen anbieten möchte, die sich von anderen Produkten und Dienstleistungen durch einen spezifischen Nutzen unterscheiden und daher von Käufern hoch geschätzt werden.[4] Das Ziel ist es, einen Wettbewerbsvorteil durch das Angebot besserer Produkte oder Dienstleistungen zum gleichen Preis zu erreichen oder Gewinnspannen durch leicht erhöhte Preise zu verbessern. Im öffentlichen Sektor ist das Äquivalent das Erreichen des Status eines Kompetenzzentrums, was zu einer höheren Finanzierung durch den Staat führt (Universitäten versuchen beispielsweise zu zeigen, dass sie in Forschung oder Lehre besser als andere Universitäten sind).

Differenzierungsstrategie

Die Differenzierungsstrategie möchte Produkte und Dienstleistungen anbieten, die sich von denen anderer Produkte und Dienstleistungen durch einen spezifischen Nutzen unterscheiden und daher von Käufern hoch geschätzt werden.

Der Erfolg einer Differenzierungsstrategie hängt von zwei Schlüsselfaktoren ab:

- *Identifizierung und Verständnis des strategischen Kunden.* Das Konzept des strategischen Kunden ist hilfreich, da es sich darauf konzentriert, auf wen die Strategie abzielt. Dies ist allerdings nicht immer klar ersichtlich (siehe *Abschnitt 2.4.3*). Ist es für eine Zeitung der Kunde (der Leser der Zeitung), der Werbekunde oder beide? Sie haben unterschiedliche Bedürfnisse und suchen verschiedene Leistungen. Ist für einen Produzenten von Markenartikeln der Endverbraucher oder der Einzelhändler der strategische Kunde? Organisationen des öffentlichen Sektors bieten wahrgenommene Leistungen an, aber für wen? Handelt es sich um denjenigen, der die Leistung in Anspruch nimmt, oder den Geldgeber? Was aber vom strategischen Kunden geschätzt wird, kann von Managern als selbstverständlich angesehen werden, was wiederum an die Bedeutung der Identifizierung entscheidender Erfolgsfaktoren (*Abschnitt 2.4.2*) erinnert.
- *Identifikation der wichtigsten Wettbewerber.* Gegen wen konkurriert die Organisation? In der Brauereiindustrie gibt es nur wenige bedeutende globale Wettbewerber, aber viele lokale oder regionale Brauereien. Unternehmen jeder strategischen Gruppe (siehe *Abschnitt 2.4.1*) müssen entscheiden, wen sie als Konkurrenten anse-

4 B. Sharp und J. Dawes, „What is differentiation and how does it work?", *Journal of Marketing Management*, Bd. 17, Nr. 7/8 (2001), S. 739–759 bewertet die Beziehung zwischen Abgrenzung und Rentabilität.

hen und welche Grundlagen der Differenzierung in Betracht kommen. Heinekens Konkurrenten sind die globalen Brauereien Carlsberg und Anheuser-Busch. SAB-Miller baute seine globale Reichweite durch die Übernahme und Weiterentwicklung lokaler Marken aus und konkurriert auf der Grundlage lokaler Vorlieben und Traditionen, hat aber vor kurzem auch Miller übernommen, um weltweit wettbewerbsfähig zu sein.

Die in *Abschnitt 2.4.4* (und Abbildung 2.11) erklärte Wettbewerber-Analyse kann in den folgenden Fällen hilfreich sein:

- *Die Schwierigkeit der Nachahmung.* Der Erfolg einer Differenzierungsstrategie hängt davon ab, wie leicht sie von Konkurrenten imitiert werden kann. Dies hebt die Bedeutung der in *Abschnitt 3.4.3* erläuterten, nicht-imitierbaren strategischen Fähigkeiten hervor.
- Das Ausmaß der *Anfälligkeit für preisbasierten Wettbewerb.* Auf einigen Märkten sind Kunden preissensibler als auf anderen. So kann es sein, dass die Grundlagen der Differenzierung angesichts niedriger Preise nicht ausreichen. Manager beschweren sich häufig, dass Kunden den von ihnen gebotenen besseren Service nicht wertschätzen. Auch das Beispiel des britischen Lebensmittelhandels (siehe Beispiel 6.1) verdeutlicht dies: Sainsbury unterschied sich von seinen Konkurrenten durch die angebotene Qualität, aber inzwischen sind Kunden der Meinung, dass Tesco vergleichbar gute Qualität und niedrigere Preise anbietet.

6.3.3 Die Hybridstrategie (Variante 3)

Hybridstrategie
Die Hybridstrategie möchte zugleich Differenzierungs- und Preisvorteile gegenüber der Konkurrenz erreichen.

Die **Hybridstrategie** möchte zugleich Differenzierungs- und Preisvorteile gegenüber der Konkurrenz erreichen. Der Erfolg dieser Strategie hängt von der Fähigkeit ab, Kunden verbesserte Leistungen zu niedrigen Preisen anzubieten und gleichzeitig ausreichende Gewinnspannen für Reinvestitionen zu erreichen, um so die Grundlagen der Differenzierung zu erhalten und auszubauen. Diese Strategie wird von Tesco verfolgt. Es könnte argumentiert werden, dass im Fall einer Differenzierung keine Notwendigkeit bestehen sollte, einen niedrigen Preis anzubieten, sondern Preise zu verlangen, die zumindest denen der Wettbewerber entsprechen, wenn nicht sogar höhere. Vielfach wird darüber diskutiert, ob eine Hybridstrategie eine erfolgreiche Wettbewerbsstrategie sein kann oder eher als suboptimaler Kompromiss zwischen niedrigem Preis und Differenzierung angesehen wird.[5] In letzterem Fall ist es sehr wahrscheinlich, dass sie ineffektiv ist. Eine Hybridstrategie kann jedoch erfolgreich sein, wenn

- *die Absatzmenge erhöht* werden kann, sodass die Gewinnspanne dank einer kostengünstigen Basis immer noch besser als die der Konkurrenten ist, wie es auch bei Tesco angesichts seines Marktanteils in Großbritannien der Fall ist.
- *Kostensenkungen außerhalb der Differenzierungsaktivitäten möglich sind.* IKEA beispielsweise konzentriert sich darauf, seine Differenzierung auf Grundlage seiner Marketingstrategie, Produktpalette, Logistik und des Betriebs der Filialen auszubauen. Geringe Erwartungen der Kunden in Bezug auf den Service ermöglichen

5 Siehe zum Beispiel D. Miller, „The generic strategy trap“, *Journal of Business Strategy*, Bd. 13, Nr. 1 (1992), S. 37–42; C.W.L. Hill, „Differentiation versus low cost or differentiation and low cost: A contingency framework“, *Academy of Management Review*, Bd. 13, Nr. 3 (1998), S. 401–412; und S. Thornhill und R. White, „Strategic purity: A multi-industry evaluation of pure versus hybrid business strategies“, *Strategic Management Journal*, Bd. 28, Nr. 5 (2007), S. 553–561.

Kostensenkungen, da die Kunden bereit sind, die Produkte selbst zu transportieren und aufzubauen.

- sie als *Eintrittsstrategie* in einem Markt mit etablierten Konkurrenten verwendet wird. Um beispielsweise eine globale Strategie zu entwickeln, kann ein Unternehmen einen schlecht geführten Geschäftsbereich im Portfolio eines Wettbewerbers in einer geografischen Region[6] angreifen und in diesen Markt mit einem besseren Produkt zu einem geringeren Preis eindringen, um Fuß zu fassen um dann weitere Strategien zu entwickeln.

6.3.4 Fokussierte Differenzierung oder Nischenstrategie (Variante 5)

Eine **fokussierte Differenzierungsstrategie** ist dadurch charakterisiert, dass eine Organisation – meist in einem ausgewählten Marktsegment (Nische) – ein als besonders leistungsstark wahrgenommenes Produkt oder eine Dienstleistung anbietet, das/die einen erheblichen Preisaufschlag rechtfertigt. Dabei handelt es sich beispielsweise um Premium- oder Markenprodukte. So versuchen die Hersteller von Premium-Bieren, Single Malt Whisky und hochwertigen Weinen, Kunden davon zu überzeugen, dass sich die Qualität ihrer Produkte hinreichend von Produkten der Konkurrenten unterscheidet, um erheblich höhere Preise zu rechtfertigen. Im öffentlichen Sektor erhalten Kompetenzzentren (wie beispielsweise Spezialmuseen) höhere Förderungen als universelle Anbieter. Die fokussierte Differenzierung bringt wichtige Themen zur Sprache:

Fokussierte Differenzierungsstrategie

Die fokussierte Differenzierung ist dadurch charakterisiert, dass eine Organisation – meist in einem ausgewählten Marktsegment (Nische) – ein als besonders leistungsstark wahrgenommenes Produkt oder eine Dienstleistung anbietet, das/die einen erheblichen Preisaufschlag rechtfertigt.

- Es muss eine *Entscheidung* zwischen einer fokussierten Differenzierung (Position 5) und einer umfassenden Differenzierung (Position 4) getroffen werden. Ein Unternehmen, das eine Strategie des internationalen Wachstums verfolgt, muss sich entscheiden, ob es einen Wettbewerbsvorteil aufgrund eines allgemeinen globalen Produkts und einer Marke (Position 4) ausbaut oder sein Angebot an spezifische Märkte (Position 5) anpasst. Dieser Punkt wird in *Kapitel 8* nochmals aufgegriffen (*Abschnitt 8.4*).
- *Spannungen zwischen einer fokussierten Differenzierung und anderen Strategien.* So erwarb zum Beispiel der breit aufgestellte Automobilhersteller Ford Automarken wie Jaguar und Aston Martin, musste aber bald feststellen, dass sich das Management dieser Unternehmen wesentlich von dem der Hersteller unterschied, die für den Massenmarkt produzierten. 2007 hatte sich Ford daher wieder von Aston Martin getrennt und versuchte, sich auch von anderen zu trennen. Solche Spannungen begrenzen das Ausmaß strategischer Positionierung, die eine Organisation aufrechterhalten kann – ein wichtiger Punkt für eine Strategie auf gesamtunternehmerischer Ebene, die in *Kapitel 7* diskutiert wird.
- *Möglicher Konflikt mit den Erwartungen der Interessengruppen.* Eine öffentliche Bücherei könnte kosteneffizienter arbeiten, wenn sie ihre Entwicklungsbemühungen auf computergestützte Online-Informationsdienstleistungen konzentrieren würde. Dies stünde jedoch mit der Aufgabe der sozialen Einbeziehung im Widerspruch, da Menschen ohne Computer ausgeschlossen wären.
- *Wachstumsdynamik für neue unternehmerische Vorhaben.* Neue Unternehmungen beginnen oft sehr konzentriert, indem innovative Produkte oder Dienstleistungen

6 Siehe G. Hamel und C.K. Prahalad, „Do you really have a global strategy?", *Harvard Business Review*, Bd. 63, Nr. 4 (1985), S. 139–148.

angeboten werden, die besondere Bedürfnisse erfüllen. Es kann jedoch schwierig sein, diese neuen unternehmerischen Projekte zu entwickeln. Die Veränderung von Position 5 zu Position 4 bedeutet eine Reduzierung des Preises und somit der Kosten, während die Differenzierungsmerkmale beibehalten werden.

- *Veränderungen des Marktes können Unterschiede zwischen Segmenten aushöhlen* und die Organisation einem gesteigerten Wettbewerb aussetzen. Kunden könnten nicht länger gewillt sein, einen Aufpreis zu bezahlen, da die Leistungsmerkmale regulärer Angebote zunehmen. Oder der Markt wird durch immer differenziertere Angebote der Konkurrenten weiter segmentiert. Restaurants der gehobenen Preisklasse wurden beispielsweise durch das allgemein steigende Leistungsniveau und das Aufkommen von Spezialitätenrestaurants hart getroffen.

6.3.5 Misserfolgsstrategien (Varianten 6, 7 und 8)

Misserfolgsstrategie

Die Misserfolgsstrategie liefert den Kunden nicht den für den Preis erwarteten Wert aufgrund der Produkteigenschaften, des Preises oder beidem.

Eine **Misserfolgsstrategie** liefert den Kunden nicht den für den Preis erwarteten Wert aufgrund der Produkteigenschaften, des Preises oder beidem. Die Strategien 6, 7 und 8 sind daher vermutlich zum Scheitern verurteilt. Position 6 schlägt vor, den Preis zu erhöhen ohne den Nutzen des Produkts/der Dienstleistung zu verbessern; eine Strategie, die Monopolorganisationen vorgeworfen wird. Sofern die Organisation nicht durch die Gesetzgebung oder durch hohe wirtschaftliche Barrieren geschützt wird, werden Konkurrenten den Marktanteil für sich einnehmen. Position 7 ist eine noch verhängnisvollere Ausweitung von Position 6, da hier der Nutzen des Produkts/der Dienstleistung reduziert wird, während der Preis erhöht wird. Position 8, die Reduzierung des Nutzens bei gleich bleibendem Preis ist ebenfalls gefährlich, auch wenn Firmen versucht haben, diese Strategie zu verfolgen. Es besteht ein großes Risiko, dass Wettbewerber ihren Anteil erheblich ausdehnen. Auch ein Unternehmen, das sich nicht im Klaren über seine grundlegende generische Strategie ist und „eingekeilt" ist, ist zum Scheitern verurteilt.

6.4 Die Bewahrung eines Wettbewerbsvorteils

Organisationen, die versuchen, einen Wettbewerbsvorteil zu erreichen, hoffen, diesen auch aufrechtzuerhalten. Viele Veröffentlichungen zum Thema Wettbewerbsstrategie beschreiben die Notwendigkeit der Nachhaltigkeit als zentrale Erwartung. Dieser Abschnitt baut auf den in *Kapitel 3* (*Abschnitt 3.3.2*) beschriebenen strategischen Fähigkeiten auf und stellt Überlegungen an, wie Nachhaltigkeit möglich sein könnte. Immer wieder wird die Frage aufgeworfen, inwieweit eine Nachhaltigkeit des Wettbewerbsvorteils möglich ist. In *Abschnitt 6.5* geht es um Wettbewerbsstrategien unter Bedingungen, die eine Nachhaltigkeit unmöglich oder sehr schwierig machen.

6.4.1 Die Bewahrung eines preisbasierten Vorteils

Eine Organisation, die einen Wettbewerbsvorteil durch niedrige Preise verfolgt, kann diesen auf verschiedene Weise aufrechterhalten (siehe Abbildung 6.3):

- *Geringe Gewinnspannen* sind für ein Unternehmen möglich, wenn das Umsatzvolumen größer als das der Konkurrenten ist oder wenn ein Geschäftsbereich durch eine andere Stelle des Portfolios subventioniert werden kann.

- *Eine einzigartige Kostenstruktur.* Einige Unternehmen haben Zugang zu kostengünstigen Vertriebsstrukturen, beziehen Rohmaterialien zu günstigeren Preisen als Wettbewerber oder sind in einer Gegend ansässig, in der Lohnkosten niedrig sind.
- *Unternehmensspezifische Fähigkeiten* könnten für ein Unternehmen in der Art existieren, dass die Kosten in der gesamten Wertkette heruntergefahren werden können. Michael Porter definiert Kostenführerschaft als „den kostengünstigsten Produzenten seiner Branche … der alle Quellen des Kostenvorteils finden und ausschöpfen muss“.[7] (siehe *Abschnitt 3.3* und Abbildung 3.2)

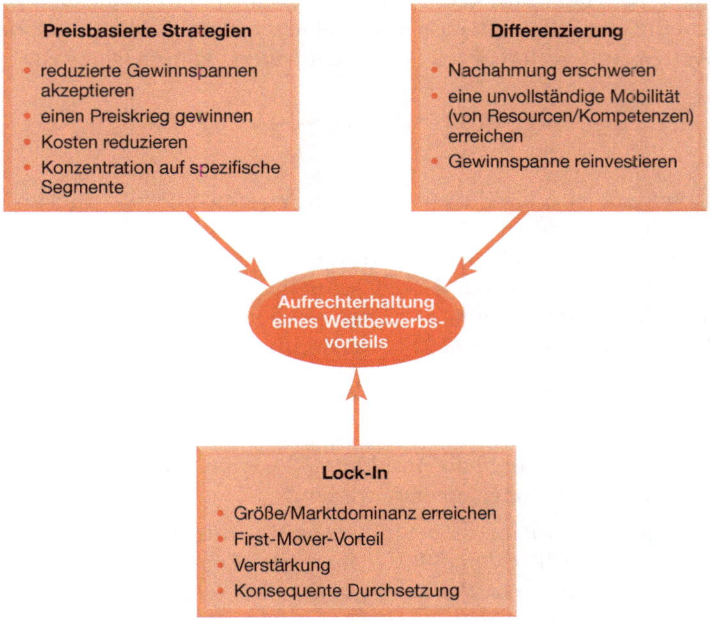

Abbildung 6.3: Aufrechterhaltung von Wettbewerbsvorteilen

Sollte eine der beiden letzten Vorgehensweisen verfolgt werden, ist es von Bedeutung, dass die kostengünstigen Betriebsbereiche echte Kostenvorteile liefern, um reale Preisvorteile über den Wettbewerb zu unterstützen. Wie bereits in *Kapitel 3* angesprochen, sollte es für Wettbewerber schwierig sein, diese Vorteile zu imitieren. Dies erfordert eine Mentalität, bei der Innovation in Bezug auf Kostenreduzierung als überlebenswichtig angesehen wird. Ein Beispiel ist im „No frills“-Segment die Billigfluglinie Ryanair, die 2006 erklärte, ihr Ziel sei es, ihren Passagieren irgendwann kostenlose Flüge anzubieten.

- *Konzentration auf Marktsegmente*, in denen Kunden vor allem einen geringen Preis schätzen, aber keinen Wert auf andere Eigenschaften legen. Ein Beispiel ist der Erfolg von Handels-Eigenmarken in Supermärkten. Die Produzenten können die Preise niedrig halten, da sie die hohen Gemeinkosten und Marketingkosten bedeutender Markenhersteller umgehen. Dies funktioniert jedoch nur, solange sie sich auf diese Produkte und Marktsegmente konzentrieren.

7 Die Quoten betreffend die Wettbewerbsstrategien von Porter sind seinem Buch *Competitive Advantage*, Free Press, 1985, S. 12–15 entnommen.

Mit der Niedrigpreisstrategie sind jedoch auch Gefahren verbunden:

- *Wettbewerber könnten in der Lage sein, das Gleiche zu tun.* Es macht keinen Sinn, einen Vorteil durch niedrige Kosten auf der Basis von Kostensenkungen zu erreichen, wenn Wettbewerber dies auch können.
- Kunden beginnen, einen *niedrigen Preis mit einem geringen Nutzen des Produkts/der Dienstleistung gleichzusetzen*, und eine geplante Strategie nach Position 2 verschiebt sich zu Position 1.
- Kostensenkungen könnten zur *Unfähigkeit führen, eine Differenzierungsstrategie zu verfolgen*. Beispielsweise könnte die Auslagerung von IT-Systemen aus Gründen der Kosteneffizienz bedeuten, dass niemand einen strategischen Blick darauf wirft, wie ein Wettbewerbsvorteil durch IT erreicht werden könnte (siehe *Abschnitt 12.3*).

6.4.2 Die Bewahrung eines auf Differenzierung basierenden Vorteils

Es macht wenig Sinn, nach einer Unterscheidung zu streben, wenn sie von Wettbewerbern schnell nachgeahmt werden kann; es bedarf vielmehr der Nachhaltigkeit des Vorteils. Viele Firmen, die versuchen, einen Vorteil durch die Einführung neuer Produkte oder Dienstleistungen zu erlangen, werden schnell von Konkurrenten kopiert. Beispiel 6.3 beschreibt, wie Weinproduzenten in Frankreich und Australien über Jahre hinweg versucht haben, Grundlagen für eine Differenzierung zu finden.

Zu den Möglichkeiten, einen nachhaltigen Vorteil durch Differenzierung zu erreichen, gehören die folgenden (siehe Abbildung 6.3):

- *Die Nachahmung erschweren.* In *Abschnitt 3.3* werden Faktoren angesprochen, die eine Nachahmung der Strategien erschweren.
- *Unvollständige Mobilität* in dem Sinn, dass das die Differenzierung aufrechterhaltende Potenzial nicht *gehandelt* werden kann. Ein Pharmakonzern kann durch seine führenden Wissenschaftler Vorteile erreichen oder ein Fußballverein durch seine Starspieler, aber sie können von Konkurrenten abgeworben werden; sie sind handelbar. Andere Vorteile können dagegen nur schwer gehandelt werden:
  - *Immaterielle Werte* wie eine Marke, das Image oder die Reputation oder die in der Kultur einer Organisation verwurzelte Kompetenz sind schwer zu imitieren oder zu erreichen. Und selbst wenn ein Konkurrent die Firma erwirbt, übertragen sich diese nicht automatisch mit dem neuen Inhaberverhältnis.

Beispiel 6.3 Der Strategiekampf in der Weinindustrie: Australien gegen Frankreich

Von der Schwierigkeit, den Nutzen einer erfolgreichen Differenzierungsstrategie aufrechtzuerhalten.

Jahrhunderte lang galten französische Weine als Weine bester Qualität. Aufbauend auf dem System der Appellation d' Origine Contrôlée (AOC) lag der Schwerpunkt auf der Regionalität der Weine und der Markenbildung durch die verschiedenen Schlösser. In dem AOC System ist der Winzer der Hüter des Territoriums und seiner Traditionen. Die Qualität der Weine und die ausgeprägten lokalen Unterschiede sind in den unterschiedlichen Böden und Klimazonen begründet sowie in den Fähigkeiten der Winzer und ihren jahrelangen Erfahrungen.

Im Jahr 2001, als die Absatzzahlen australischer Weine die der französischen Weine zum ersten Mal übertrafen, schien die traditionelle Dominanz französischer Weine auf dem britischen Markt zu enden. Dies ging mit einem signifikanten Anstieg des Weinkonsums einher, nachdem dieser vermehrt auch in Supermärkten erhältlich war, wo australische Weine besonders erfolgreich waren. Der Erfolg australischer Weine hatte mehrere Gründe. Zum einen war die Qualität, anders als bei französischen Weinen, die je nach Jahr und Lage unterschiedlich sein konnte, konstant. Während die Franzosen immer das Anbaugebiet des Weines hervorgehoben hatten, vermarktete Australien das Land als solches als Weinanbaugebiet und konzentrierte sich auf Rebsorten wie Shiraz oder Chardonnay. Dadurch wurden unübersichtliche Angaben wie die Lage der Weinberge und die Namen der Schlösser vermieden, die viele Kunden verwirrten. Die Herangehensweise der Neuen Welt an die Weinproduktion hinsichtlich Stil, Qualität und Geschmack basierte auf der Nachfrage der Kunden und nicht auf den lokalen Produktionsbedingungen. Für ein zuverlässiges Produkt wurden Trauben aus dem ganzen Land beschafft. Französische Weine sind hingegen oft schwer einschätzbar, was für Weinkenner reizvoll, aber für Gastgeber ärgerlich ist, die das erhalten möchten, wofür sie bezahlt haben.

Zwischen 1994 und 2003 verlor Frankreich 84.000 Weinbauern. Im Jahr 2001 setzte die französische Regierung deshalb eine Kommission zur Untersuchung des Problems ein. Die Vorschläge der Kommission lauteten, dass Frankreich zum einen die Qualität seiner Weinbezeichnungen verbessern sollte und zum anderen mit generischen Weinen auch ein völlig neues Qualitätsangebot schaffen sollte, sogenannten „Vins de Cepage“ (Weine einer Rebsorte). Das Unternehmen OVS plante die Vermarktung der Marke Chamarré, was so viel wie ordengeschmückt heißt, zu Preisen zwischen € 7,25 und € 10,15 pro Liter, der Preislage, in denen die Weine der Neuen Welt am stärksten am Markt präsent waren. OVS Präsident Pascal Renaudat, der über mehr als 20 Jahre Erfahrung im Weinhandel verfügt, erklärte: „Wir müssen unser Produkt vereinfachen und die uns vielleicht natürlich erschienene, arrogante Herangehensweise ablegen. Es ist wichtig, Weine zu produzieren, die dem entsprechen, was die Kunden trinken möchten, und das zu einem guten Preis ... Hier geht es nicht um Wein für Weinkenner, sondern um Genuss.“

„Es ist an der Zeit den angestaubten Pomp, der französischen Wein umgibt, abzulegen", sagte Renaud Rosari, Weinhersteller bei Charmarré: „Bei Charmarré geht es darum, die Weine für unsere Kunden mit Leben zu füllen, unsere Marke ist temperamentvoll, unkompliziert und offen und steht für durchweg hohe Qualitätsweine mit dem frischen, einfachen Stil, den die Kunden suchen."

Doch der Optimismus ist eingeschränkt. Jamie Goode von winanorak.com sah es als mutige kommerzielle Entscheidung: „Das Problem ist, dass es alle tun ... Zugang zum Markt ist der Schlüssel. Man muss in den Supermärkten präsent sein und eine starke Marke haben, mit der man handeln kann, oder aber die anderen attackieren über den Preis."

Quelle: Adaptiert aus Financial Times vom 11. Februar und 3./4. März 2001, aus Independent vom 4. August 2003, aus Sunday Times vom 5. Februar 2006 und aus Guardian Unlimited vom 7. Februar 2006.

Kontrollfragen

1. Erklären Sie die gute und herausragende Reputation französischer Weine in der Vergangenheit in Bezug auf die Grundlagen nachhaltiger Differenzierung, wie in *Abschnitten 6.4.2* und *3.4* dargelegt.
2. Was waren die Gründe für den Erfolg australischer Weine? Sind diese nachhaltig?
3. Welche Wettbewerbsstrategie setzt Chamarré ein, um auf die Herausforderungen der Weine aus Australien (und anderen Ländern der Neuen Welt) zu reagieren?

- *Umstellungskosten.* Die tatsächlichen oder wahrgenommenen Kosten, um die Bezugsquelle eines Produktes oder einer Dienstleistung zu ändern, können hoch sein. Vielleicht ist der Käufer auch auf einen Lieferanten aufgrund bestimmter Bestandteile, Leistungen oder Fähigkeiten angewiesen. Oder aber die Vorteile der Umstellung lohnen nicht die Kosten oder Risiken.
- *Ko-Spezialisierung.* Die Betriebsmittel oder Bestandteile einer Organisation sind eng mit dem Betrieb des Käufers verknüpft. Zum Beispiel werden Elemente der Wertschöpfungskette einer Organisation wie Vertrieb oder Herstellung von einer anderen abgewickelt.
- Eine *kostengünstigere Position* ermöglicht einer Organisation höhere Gewinnspannen, die reinvestiert werden können, um eine Differenzierung zu erreichen und zu erhalten. Kellogs oder Mars gehören zu den kostengünstigsten Produzenten in ihren Märkten, aber sie reinvestieren ihre Gewinne in die Markenpolitik und Produkt- und Servicedifferenzierung und nicht in niedrigere Preise.

6.4.3 Strategisches Lock-In

Ein anderer Ansatz zur Nachhaltigkeit preisbasierter Strategien oder Differenzierungsstrategien ist die Schaffung eines **strategischen Lock-In**.[8] Hier erlangt eine Organisation eine Sonderposition innerhalb ihrer Branche; ihre Produkte oder Dienstleistungen werden zum Branchenstandard wie beispielsweise bei Microsoft. Viele argumentieren, dass Apple Macintosh im Prinzip ein besseres Betriebssystem hatte, aber Microsoft Windows wurde zum Industriestandard, indem es sicherstellte, dass sich die „Architektur" der Branche um Microsoft herum aufbaute. Andere Unternehmen mussten diesem Standard entsprechen, um Erfolg zu haben.

Strategisches „Lock-In"

Beim strategischen „Lock-In" erlangt eine Organisation eine Sonderposition innerhalb ihrer Branche; ihre Produkte oder Dienstleistungen werden zum Branchenstandard.

Das Erreichen eines Lock-In hängt von folgenden Voraussetzungen ab (siehe Beispiel 6.3):

- *Größe oder Marktdominanz.* Es ist unwahrscheinlich, dass andere Unternehmen einem solchen Standard entsprechen, es sei denn, die Organisation die ihn vorantreibt, wird als marktdominierend angesehen.
- *Vorherrschaft des First Mover.* Solche Maßstäbe werden meist schon zu Beginn der *Lebenszyklen eines Marktes* gesetzt. Angesicht der Unbeständigkeit der Wachstumsmärkte ist die zielstrebige Verfolgung eines Lock-In durch *First Mover* eher erfolgreich als nach Sättigung des Marktes. So konnte zum Beispiel Sky durch die finanzielle Unterstützung der News Corporation Konkurrenten unterbieten und trotz erheblicher jahrelanger Verluste in die Technologie und einen schnellen Marktzuwachs investieren, um die Vorherrschaft zu erreichen.
- *Selbstverstärkendes Engagement.* Wird der Standard durch ein oder mehrere Unternehmen unterstützt, kommen weitere dazu, und andere fühlen sich gezwungen, dasselbe zu tun, usw.
- *Beharren auf dem Erhalt der Lock-In-Position.* Das Beharren auf Übereinstimmung mit dem Standard ist konsequent, und Rivalen wird aufs Schärfste begegnet. Dies kann jedoch auch zu Problem führen, wie Microsoft erfahren musste, als amerikanische Gerichte entschieden, dass es gegen die Interessen des Marktes handelt.

6.4.4 Reaktionen auf eine Wettbewerbsgefahr[9]

Die Wahrung eines Wettbewerbsvorteils angesichts von Konkurrenten, die auf Grundlage einer unterschiedlichen Wettbewerbsstrategie auf Kunden abzielen, kann eine ernsthafte Bedrohung darstellen. Meist handelt es sich um Niedrigpreiskonkurrenten, die in Märkte eindringen, die durch Unternehmen dominiert werden, die sich durch Differenzierung eine starke Position geschaffen haben. So haben sich zum Beispiel Niedrigpreis-Fluggesellschaften einen erheblichen Marktanteil von den weltweit führenden Fluggesellschaften gesichert. Eine entsprechende Situation entsteht im öffentlichen Sektor durch das Beharren der Geldgeber auf Effizienzgewinne im Jahresvergleich. Dies bietet neuen Teilnehmern die Möglichkeit, die existierenden Dienstleister zu unterbieten oder Dienstleister sehen sich gezwungen, selbst zu unterbieten.

8 Das Delta-Modell wird in „The Delta Model" von A.C. Hax und D.L. Wilde II, erklärt und illustriert, *Sloan Management Review*, Bd. 40, Nr. 2 (1999), S. 11–28.

9 Dieser Abschnitt basiert auf Untersuchungen von N. Kumar, „Strategies to fight low cost rivals", *Harvard Business Review*, Bd. 84, Nr. 12 (2006), S. 104–113.

In Abbildung 6.4 geht es um die Fragen, die sich stellen, wenn ein Niedrigpreis-Konkurrent in den Markt eindringt, und es werden auch die entsprechenden Antworten geliefert. Zudem enthält sie auch einige allgemeine Richtlinien. Zunächst geht es darum, ob eine *Differenzierungsstrategie* als Grundlage der Gegenmaßnahme *beibehalten* wird (oder ob im öffentlichen Sektor der Status eines Kompetenzzentrums beibehalten wird):

- *Mehrere Differenzierungsgrundlagen schaffen.* Die relativen Vorteile eines Produkts werden eher hervorgehoben, wenn mehrere davon vorhanden sind. So ist zum Beispiel das Design der Hi-Fi-Systeme von Bang und Olufson neben Produktinnovationen auch mit ihren Beziehungen zu Einzelhändlern verbunden, um sicherzustellen, dass die Produkte deutlich in den Geschäften platziert werden.
- *Sicherstellung einer sinnvollen Differenzierungsgrundlage.* Kunden müssen einen sinnvollen Nutzen erkennen können. Für Gillette war es schwierig, Kunden von den Vorteilen langlebiger Duracell-Batterien zu überzeugen, und das nicht nur, weil Niedrigpreis-Konkurrenten Mehrstückpackungen billiger Batterien anboten, sondern auch weil die Nachfrage nach Batterien zurückging.
- *Preisunterschiede* für bessere Produkte oder Leistungen *minimieren.* Dies ist ein Grund, warum eine Hybridstrategie so erfolgreich sein kann.
- *Konzentration auf weniger preissensible Marktsegmente.* So hat British Airways seinen strategischen Fokus auf Langstreckenflüge mit einem Schwerpunkt auf Geschäftsreisende verlagert.

Zweitens, wenn Differenzierer sich entschließen, ein *Niedrigpreis-Unternehmen zu gründen*:

- *Einführung* einer *eigenen Marke* für das Niedrigpreis-Unternehmen, um eine Verwirrung der Kunden zu vermeiden.
- *Das Unternehmen getrennt führen* und eine *ausreichende Finanzierung sicherstellen.* Es besteht die Gefahr, dass die Niedrigpreis-Alternative als „zweitklassig" angesehen wird oder durch die Abläufe und Kultur des traditionellen Unternehmens übermäßig eingeengt wird.
- *Dem abgegrenzten Angebot der Niedrigpreis-Alternative Leistungen zusichern.* So verlangen beispielsweise Banken, deren Tochterfirmen Internet-Banking anbieten, für dieses geringere Gebühren. Diese Niedrigpreis-Alternativen erreichen Kunden, die die traditionellen Banken nicht erreichen, und bringen Gelder, die sie sonst nicht einnehmen würden.
- *Dem Unternehmen erlauben, zu konkurrieren.* Ein Niedrigpreis-Unternehmen rein defensiv zu starten, ist kaum effektiv. Es sollte als rentabler, separater SGB konkurrieren können und als solches könnte es zur Substitution eines Angebots durch ein anderes kommen. Manager sollten dies in ihren Strategieplänen und finanziellen Hochrechnungen bedenken.

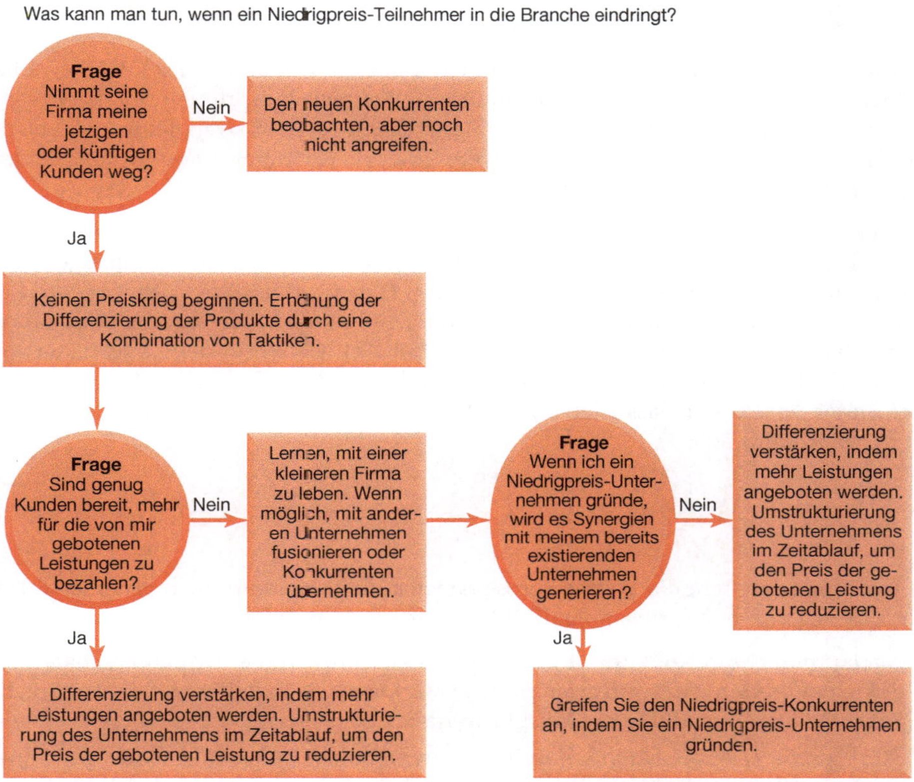

Abbildung 6.4: Ein Rahmenwerk wie auf Niedrigpreis-Konkurrenten reagiert werden kann

Eine dritte Möglichkeit besteht darin, dass abgegrenzte Unternehmen ihr *Geschäftsmodell ändern* und beispielsweise

- *zu Lösungsanbietern werden.* Niedrigpreis-Teilnehmer konzentrieren sich eher auf Grundprodukte, und so könnte es möglich sein, das Geschäftsmodell zu rekonstruieren um sich auf hochwertigere Leistungen zu konzentrieren. Viele technische Betriebe haben beispielsweise die hochwertigeren Potenziale von Design- und Beratungsdiensten im Gegensatz zu arbeitsteiligen technischen Arbeitsprozessen erkannt, die im Preis leicht unterboten werden können.
- *zu Niedrigpreis-Anbietern werden.* Die radikalste Antwort wäre, die Abhängigkeit von der Differenzierung aufzugeben und zu lernen, frontal mit dem Niedrigpreis-Anbieter zu konkurrieren[10]. Es wird nicht überraschen, dass es kaum Nachweise für den Erfolg einer solchen Reaktion gibt, was nicht zuletzt daran liegt, dass es bedeuten würde, auf der Grundlage von Kompetenzen zu konkurrieren, die vom etablierten Betreiber besser verstanden werden sollten.

10 Für eine Erörterung, wie man unter solchen Umständen konkurrieren kann, siehe A. Rao, M. Bergen und S. Davis, „How to fight a price war", *Harvard Business Review*, Bd. 78, Nr. 2 (2000), S. 107–115.

6.5 Wettbewerbsstrategie im Hyperwettbewerb

Die Inhalte der *Abschnitte 6.3* und *6.4* basieren auf der Annahme, dass Wettbewerbsstrategien durch die Suche nach nachhaltigen Wettbewerbsvorteilen vorangetrieben werden. Es gibt jedoch Beweise, die nahe legen, dass dies nicht zwangläufig möglich ist und dass andere Grundlagen der Wettbewerbsstrategie existieren. Diese werden in den *Abschnitten 6.5, 6.6* und *6.7* angesprochen.

Wie bereits in *Abschnitt 2.3.3* dargelegt, sehen sich viele Organisationen turbulenten und sich schnell ändernden, unsicheren wirtschaftlichen Rahmenbedingungen und zunehmenden Ebenen des Wettbewerbs oder *Hyperwettbewerbs*[11] gegenüber. Das bedeutet, dass Nachahmung, Innovation oder Änderungen der Kundenpräferenzen bestenfalls einen kurzfristigen Vorteil bringen. Ein Wettbewerbsvorteil hängt daher von der Fähigkeit der Organisationen ab, sich schnell zu ändern, flexibel und innovativ zu sein. Dieser Abschnitt befasst sich mit Wettbewerbsstrategien unter solchen Bedingungen (siehe Abbildung 6.5).

6.5.1 Die Überwindung des strategischen Wettbewerbsvorteils eines Konkurrenten

Zu den Möglichkeiten, die Wettbewerbsstrategien eines Konkurrenten zu untergraben oder sich gegen das Eindringen von Konkurrenten zu verteidigen, gehören:

- *Nachahmung.* Ein Konkurrent kann versuchen, durch die Entwicklung neuer Produkte oder durch das Eindringen in neue Märkte einen Vorteil zu erreichen. Solche Schritte können relativ leicht imitiert werden.
- *Strategische (Neu-)Positionierung.* Ein Unternehmen kann ein anderes mit einer anderen Wettbewerbsstrategie angreifen wie beispielsweise einer Niedrig-Preisstrategie gegen einen abgegrenzten Konkurrenten. Ein Konkurrent, der eine Niedrigpreis-Strategie verfolgt, kann versuchen, einen anderen abzuwehren indem eine Differenzierungsstrategie ohne Preissteigerung eingesetzt wird (d.h. ein Schritt zu Position 3 auf der strategischen Uhr). Wird dieser Schritt imitiert, müssen neue Quellen der Differenzierung gesucht werden. Innovation und Wendigkeit sind entscheidend.
- *Blockierung von First-Mover-Vorteilen.* Ein Konkurrent kann versuchen, einen Vorteil als First Mover zu erreichen. In diesem Fall ist die wichtigste Lektion, dem Konkurrenten nicht zu ermöglichen, eine beherrschende Stellung einzunehmen, bevor eine Erwiderung erfolgt. Anstatt ein Nachahmungsprodukt auf den Markt zu bringen, könnte die Antwort ein Produkt mit erweiterten Funktionen sein, mit dem man den First Mover überspringen oder strategisch umgehen kann.
- *Eintrittsbarrieren überwinden.* Versuche, Barrieren aufzubauen, um ein Eindringen in den Markt zu verhindern, können verschiedene Formen annehmen. Sie können wie folgt überwunden werden:

11 Das Ausmaß, zu dem Hyperwettbewerbsbedingungen existieren wird, diskutiert. Beweise dafür: R.W. Wiggins und T.W. Ruefli, „Schumpeter's ghost: Is hypercompetition making the best of times shorter?", *Strategic Management Journal*, Bd. 26 (2005), S. 887–911. Beweise dagegen: G. Mcnamara, P.M. Vaaler und C. Devers, „Same as it was: The search for evidence of increasing hypercompetition", *Strategic Management Journal*, Bd. 24 (2003), S. 261–278.

– *Unterminierung des Bollwerks des Konkurrenten.* Wettbewerber können versuchen, ein geografisches Gebiet oder ein Marktsegment zu dominieren. Dies kann jedoch unterminiert werden. So können zum Beispiel in globalisierten Märkten die in einem Gebiet aufgebauten Skaleneffekte durch einen Konkurrenten unterminiert werden, der unter Verwendung der Skaleneffekte des eigenen Heimatgebietes in einen Markt eindringt. Im Bildungsbereich gefährden IT/Internet-basierte Schulen, die die Kosten der Materialentwicklung in ihren heimischen Märkten bereits abgeschrieben haben, etablierte Institutionen. Und wo eine Organisation Bollwerke aufgebaut hat, indem Vertriebskanäle blockiert wurden, können Marktteilnehmer einen Zugang über andere Vertriebskanäle wie beispielsweise den Internethandel versuchen.
– *Deep Pockets entgegenwirken.* Einige Konkurrenten verfügen über erhebliche Ressourcen (manchmal Deep Pockets genannt), mit denen sie versuchen, einem intensiven Konkurrenzkampf standzuhalten (siehe *Abschnitt 6.4.1*). Solche Vorteile können überwunden werden, wenn Konkurrenten fusionieren oder Allianzen bilden, sodass sie auf einer stärkeren Basis konkurrieren können.

Abbildung 6.5: Wettbewerbsstrategien in Hyperwettbewerbsbedingungen

6.5.2 Merkmale erfolgreicher Strategien im Hyperwettbewerb

Die von Richard D'Aveni[12] vorgeschlagene radikale Behauptung zielt nicht nur darauf ab, dass Manager ihre Einstellung zu Strategien auf Geschäftsbereichsebene überdenken sollten, weil es nicht länger möglich sein könnte, nachhaltige Positionen des Wettbewerbsvorteils zu planen, sondern auch, dass die Planung einer langfristigen Nachhaltigkeit Wettbewerbsvorteile durch eine verlangsamte Reaktionszeit zerstören könnte. Manager müssen lernen, schneller als ihre Konkurrenten zu sein. Er liefert einige Leitlinien hierzu:

- *Grundlagen des Erfolges ausschlachten.* Die Aufrechterhaltung alter Vorteile lenkt von der Entwicklung neuer Vorteile ab. Eine Organisation muss bereit sein, die Grundlagen ihres Erfolges auszuschlachten.
- *Die Schwächen von Konkurrenten anzugreifen kann unklug sein,* da sie dadurch lernen, wie ihre Stärken und Schwächen wahrgenommen werden und entsprechende Strategien entwickeln können.

12 Siehe D' Aveni, Fußnote 3.

- *Viele kleine Schritte können effektiver sein als größere*, da die längerfristige Ausrichtung von Konkurrenten nicht so leicht erkannt werden kann und kleinere Schritte mehr Flexibilität und damit *temporäre Vorteile* ermöglichen.
- *Der Bruch des Status quos* ist strategisches Verhalten und kein Unsinn. Die Fähigkeit, ständig aus den vorgefertigten Formen auszubrechen, könnte eine Kernkompetenz darstellen.
- *Nicht vorhersehbar sein.* Wenn Konkurrenten ein Muster erkennen, können sie die nächsten Schritte vorhersehen und lernen, eine Organisation schnell zu imitieren oder strategisch zu umgehen. Deshalb sind Überraschung, Unvorhersehbarkeit und selbst scheinbare Irrationalität wichtig. Manager müssen lernen, gegenüber der Außenwelt unvorhersehbar zu erscheinen, während sie intern ihre Strategien planen.
- *Täuschung der Wettbewerber.* Nach den Lehren der Spieltheorie (siehe *Abschnitt 6.7*) kann ein Stratege Schritte signalisieren, die der Konkurrent erwartet, die jedoch nicht dem entsprechen, was tatsächlich erfolgt. Oder der Stratege kann den Erfolg in einem Markt verschleiern.[13]

6.6 Wettbewerb und Zusammenarbeit[14]

Bisher lag der Schwerpunkt auf Wettbewerb und Wettbewerbsvorteil. Aber ein Vorteil wird nicht immer durch Wettbewerb erreicht. Auch durch die Kooperation von Organisationen kann ein Vorteil erreicht oder Wettbewerb vermieden werden. Eine Kooperation zwischen potenziellen Wettbewerbern oder zwischen Käufern und Verkäufern ist voraussichtlich dann von Vorteil, wenn die kombinierten Kosten für Beschaffung und Einkauf (wie Verhandlungen und Vertragsabschluss) durch die Kooperation niedriger sind als die Kosten alleinigen Handelns. Kooperationen sind auch bei Umstellungskosten hilfreich. Dies zeigt sich bei einer Rückkehr zum Five-Forces-Modell von *Abschnitt 2.3.1* (siehe Abbildung 6.6):

- *Kooperation zur Stärkung der Vertriebskraft.* In der Raumfahrtindustrie könnten Komponentenhersteller versuchen, enge Bindungen zu Kunden aufzubauen. Es ist zwar schwer, einen akkreditieren Lieferantenstatus zu erreichen, aber ist er einmal erreicht, kann dies die Vertriebsstärke erheblich erhöhen. Dies ist auch bei Forschungs- und Entwicklungsaktivitäten hilfreich sowie bei der Reduzierung des Lagerbestands und der gemeinsamen Planung zur Entwicklung neuer Produkte.
- *Kooperation zur Erhöhung der Kaufkraft.* Die Stärke und Rentabilität pharmazeutischer Unternehmen wurde durch die Fragmentierung der Käufer, einzelnen Ärzten und Krankenhäusern gefördert. Viele Regierungen haben deshalb eine Kooperation zwischen den Käufern der Arzneimittel und zentralisierte Arzneimittelagenturen gefördert oder gefordert, was zu einer koordinierteren Kaufkraft geführt hat.

---

13 Weitere Beispiele irreführender Signale siehe G. Stalk Jr, „Curveball: Strategies to fool the competition“, *Harvard Business Review*, September 2006, S. 115–122.

14 Nützliche Literatur über gemeinschaftliche Strategien: Y. Doz und G. Hamel, *Alliance Advantage: The art of creating value through partnering*, Harvard Business School Press, 1998; *Creating Collaborative Advantage*, Chris Huxham (Hrs.), Sage, 1996; und D. Faulkner, *Strategic Alliances: Co-operating to compete*, McGraw-Hill, 1995.

- *Kooperationen um Eintrittsbarrieren aufzubauen oder Substitutionen zu vermeiden.* Angesichts eines drohenden Markteintritts oder Alternativprodukten könnten Unternehmen eines Industriezweigs zusammenarbeiten, um gemeinsam in Forschung und Entwicklung oder Marketing zu investieren. Wirtschaftsverbände können die generischen Eigenschaften einer Branche wie Sicherheitsstandards oder technische Spezifikationen fördern, um Innovation zu beschleunigen und der Möglichkeit der Substitution zuvorzukommen.
- *Kooperation, um Marktzugang und Wettbewerbsmacht zu gewinnen.* Organisationen, die sich über ihre traditionellen Grenzen hinaus entwickeln möchten (zum Beispiel geografische Expansion), könnten mit anderen kooperieren, um Eintrittsmöglichkeiten in neue Märkte zu gewinnen. Auch für den Erwerb lokaler Marktkenntnisse kann die Kooperation mit lokalen Betreibern erforderlich sein. In einigen Ländern fordern Regierungen eine solche Kooperation. Kooperationen können auch bei der Entwicklung der erforderlichen Infrastruktur wie etwa Vertriebskanälen, Informationssystemen oder Forschungs- und Entwicklungsaktivitäten hilfreich sein. Eine Kooperation kann auch notwendig sein, weil Käufer lieber mit lokalen Managern als mit ausländischen Managern verhandeln. Insbesondere in Hi-Tech- oder Hyperwettbewerbssituationen gibt es eine zunehmende Auflösung (oder Entflechtung) von Wertketten, da auf jeder Stufe dieser Kette innovativer Wettbewerb herrscht. Unter solchen Umständen gibt es auch eine zunehmende Notwendigkeit kooperativer Strategien zwischen Wettbewerbern, um den Kunden einheitliche Lösungen anzubieten.[15]
- *Kooperation zur Arbeitsteilung mit Kunden.* Ein wichtiger Trend im öffentlichen Sektor ist die *Gemeinschaftsproduktion* mit Kunden[16] wie zum Beispiel die Selbstveranlagung zur Einkommensteuer. Zu den Motiven gehören Kosteneffizienz, Verbesserung der Qualität/Zuverlässigkeit oder zunehmende „Verantwortung" der Kunden. Auch Webseiten erleichtern die Selbstbedienung der Kunden (der virtuelle Einkaufskorb ist ein Beispiel) oder erlauben ihnen ein Produkt oder eine Leistung nach ihren eigenen Spezifikationen zu entwickeln oder anzupassen (zum Beispiel beim Erwerb eines neuen Computers).
- Im öffentlichen Sektor kann der *Einfluss auf öffentliche Investitionen* eine Zusammenarbeit erfordern, um die allgemeinen Standards anzuheben oder soziale Punkte anzusprechen, die mehrere professionelle Gebiete kreuzen (wie Drogen oder kommunale Sicherheit). Ein Unterschied zum privaten Sektor besteht darin, dass Wissenstransfer und die Weitergabe der bewährtesten Methode als Pflicht oder Voraussetzung angesehen wird.

Die Kooperation mit Konkurrenten ist jedoch nicht so leicht, wie es sich anhört. Beispiel 6.4 beschreibt ein Beispiel der Kooperation des öffentlichen/privaten Sektors.

15 Dieser Fall der Kooperation in Hi-Tech-Industrien wird von V. Kapur, J. Peters und S. Berman in „High tech 2005: The horizontal, hypercompetitive future", *Strategy and Leadership*, Bd. 31, Nr. 2 (2003), S. 34–47 erörtert und dargestellt.

16 Siehe J. Brudney und R. England, „Towards a definition of the co-production concept", *Public Administration Review*, Bd. 43, Nr. 10 (1983), S. 59–65; und J. Alford, „A public management road less travelled: Clients as co-producers of public services", *Australian Journal of Public Administration*, Bd. 57, Nr. 4 (1998), S. 128–137.

Abbildung 6.6: Wettbewerb und Kooperation

Fallstudie
Globale Kräfte und die europäische Brauindustrie

Madonna: Ist sie noch immer die Queen of Pop?

Phyl Johnson, Strathclyde University Business School

Sie ist die höchstbezahlte Sängerin aller Zeiten. Im Jahr 2009 brachte eine ihrer Tourneen die höchsten Einnahmen ein, die ein Solokünstler jemals erzielen konnte. Mit elf Nummer-eins-Alben in Großbritannien muss sie sich hier nur den Beatles geschlagen geben. Doch die Musikindustrie war schon immer Kulisse für „One-Hit-Wonder“ und kurze Karrieren. Nur wenige Popstars bleiben jahrzehntelang an der Spitze. Madonna ist eines dieser Phänomene. Nach mehr als 25 Jahren an der Spitze lautet die Frage: Wie lange noch?

Vom Billboard Magazine als klügste Geschäftsfrau im Show Business beschrieben, begann Madonna Louise Ciccone ihre Musikkarriere 1983 mit der Hit Single „Holiday“ und hatte auch 2008 großen Erfolg mit ihrem Album „Hard Candy“ mit der Hit Single „4 Minutes“ mit Justin Timberlake. In der Zwischenzeit feierte sie mit Singles und Alben beständig Erfolge in den Charts, gewann 18 Music Awards, war Stilikone für eine Produktpalette, die von Pepsi und Max Factor bis Gap und H&M reichte, und wurde Bestsellerautorin von Kinderbüchern.

Die Grundlage von Madonnas Erfolg ist ihre Fähigkeit, ihre Herrschaft als „Queen of Pop“ seit 1983 aufrechtzuerhalten. Neben anderen argumentierte Phil Quattro, Präsident von Warner Brothers, dass sie „es immer schafft, an der Spitze zeitgenössischer Musik zu sein. Jeder etablierte Künstler steht vor dem Dilemma, sein Ansehen und seine Bedeutung zu behaupten, aber Madonna ist stets aktuell“. Das Markenzeichen ihres Erfolgs ist Madonnas chamäleonartige Fähigkeit, ihre Rolle und damit auch ihren Musikstil zu verändern und trotzdem Rekordumsätze zu erreichen.

Madonnas früherer poppiger Stil zielte auf junge Teenies ab. Das Image, das sie mit Hits wie „Holiday“ und „Lucky Star“ 1983 verkörperte, wurde von dem amerikanischen Kaufhaus Macy’s aufgegriffen, das eine Produktpalette mit Madonna-Bekleidung produzierte, die Mütter für ihre Töchter kauften. Ein Jahr später, 1984, vollzog Madonna ihren ersten Imagewechsel und lieferte damit den ersten Hinweis auf die intelligente Geschäftsfrau hinter ihrem Medien-Image. In dem Video für ihren Hit „Material Girl“ spiegelte sie bewusst das glamouröse, sexy Image von Marilyn Monroe, während sie gleichzeitig den zunehmenden Materialismus der späten 1980er Jahre und die sich-anbiedernden Männer verspottete. Die Medienanalysten Sam und Diana Kirschner kommentierten, dass Madonna auf diese Weise den Plattenfirmen ermöglichte, mit einem marktgängigen „Marilyn Image“ eine neue Fangemeinde zu erreichen, während sich ihre ursprünglichen Fans, die mittlerweile heranwachsenden Teenager, die kritische Botschaft ihrer Musik zu eigen machen konnten. Das Dilemma, ihre Fans kontrovers zu umwerben, aber vermarktbar zu bleiben, war ein wiederkehrendes Thema ihrer Karriere, auch wenn es sich mit der Zeit abschwächte.

Madonnas nachfolgende Imagewechsel waren noch drastischer. In ihrem Video „Like a Prayer" aus dem Jahr 1989 legte sie sich mit der katholische Kirche an und küsste als rot gekleidete Sünderin einen schwarzen Heiligen, der leicht als Jesusfigur interpretiert werden konnte. Ihr Image wurde zunehmend sexuell, während sie auch an kritischen sozialen Themen festhielt wie zum Beispiel ihr Hinweis auf die Bildersprache der katholischen Kirche, in der nur Weiße dargestellt sind. An diesem Punkt ihrer Karriere übernahm Madonna die volle Kontrolle über ihr Image und gründete in einem € 48 Mio.-Deal mit Time Warner ihr Plattenlabel Maverick. 1991 veröffentlichte sie einen Softporno-Bildband mit dem Titel „Sex", der ausschließlich Fotos von ihr in erotischen Posen enthielt. Auch ihr Image und ihre Musik reflektierten das erotische Thema. Auf ihrer „Girlie"-Tour, den Singles „Erotica" und „Justify my Love" und ihrem Film „In bed with Madonna" spielte sie Szenen sadomasochistischer und lesbischer Fantasien aus. Auch wenn es angeblich eine Zeit war, die sie lieber vergessen würde, überstand Madonna sie mehr als gut. In der Tat gewann sie eine neue Fangemeinde, die nicht nur ihren künstlerischen Mut bewunderte, sondern auch nicht übersah, dass Madonna in ihrer Botschaft konsequent war: Ihre Sexualität gehörte ihr allein und benötigte keine männliche Aufmerksamkeit. Nachdem MTV das Video „Justify my Love" verboten hatte, nutzte sie ihre guten Beziehungen zu den Medien und ihren Celebrity-Status, um für ihre Botschaft zu werben, dass die Sexualität und Freiheit von Frauen genauso wichtig und gesellschaftsfähig wie die von Männern ist.

Im Jahr 1996 stand Madonna im Mittelpunkt, als sie die Hauptrolle in dem Film „Evita" ergatterte, die sie über fünf Jahre angestrebt hatte. Sie schlug Hollywood-Größen wie Meryl Streep und Elaine Page, die beide eine akzeptablere Vergangenheit aufweisen konnten. Dennoch schaffte sie den Imagewechsel von Erotika zur als Heiligen verklärten Eva Peron und bekam hervorragende Kritiken. Ein anderes Vertrauensvotum kam von Max Factor, das sie 1999 als Covergesicht für seine Werbekampagne gewann. Procter and Gamble (Besitzer des Max Factor Make-Up Sortiments) argumentierte, dass für sie Madonna „die Frau der 90er Jahre ist, die einer klassischen Hollywood-Diva am nächsten kommt ... sie ist eine echte Frau."

Mit vielen Vorveröffentlichungen kam 1998 Madonnas mit Spannung erwartetes Album „Ray of Light" auf den Markt. Radiosender auf der ganzen Welt versuchten, das Album zu ergattern, das als bis dato erfolgreichste musikalische Reise angekündigt wurde. Madonna hatte sich mit dem Techno-Pionier William Orbit zusammengetan, um das Album zu schreiben und zu produzieren. Das Album wurde ein großer Erfolg und brachte Madonna in den angesagten Techno-Bereich, nicht unbedingt das übliche Genre eines Pop-Stars der 80er Jahre. Madonna nahm ein „spirituelles Mutter Erde"-Image an und begründete damit einen Trend für alles, was mit fernöstlicher Mode und Musik zu tun hatte. Diese Phase war mehr als nur ein Imagewechsel, da dies den Beginn ihres Glaubens in die Kabbalah-Tradition der fernöstlichen Spiritualität markiert.

Im Jahr 2001 zeigte sich mit der Veröffentlichung ihres Albums „Music" ihr nächster Imagewechsel. Ihr Stil hatte sich zu Acid Rock weiterentwickelt. Durch ihre Heirat mit dem britischen Filmregisseur Guy Ritchie wurde das ultimative „American Pie" zum eigenständigen „Brit Babe" und bekam von der britischen Presse den Spitznamen „Madge".

2003, als Madonna ihr durch Che-Guevara inspiriertes Image lancierte, deuteten einige Kommentatoren an, dass sich eine interessante Wende der Ereignisse andeutete und dass die „wegbereitende“, „furchtlose“ Madonna darüber nachdachte, Teil des Establishments zu werden, statt weiter gegen das Establishment anzukämpfen. Anstatt das Potenzial dieses Images mit seinem politischen und sozialen Symbolismus während des zweiten Golfkrieges zu maximieren, zog sie im April 2003 ihr militärisches Image und ihr Video für das Album „American Life“ zurück. Diese Aktion geschah zeitgleich mit der Veröffentlichung ihres Kinderbuchs „The English Roses“, in dem es um Mitgefühl und Freundschaft geht, was in der Presse Fragen wie „ist Madonna weich geworden?“ aufwarf.

Ende 2003 hatte Madonna ihr militärisches Image mit einer glamourösen hochkarätigen Werbekampagne für die Bekleidungskette Gap aus dem kollektiven Gedächtnis des Westens ausgelöscht. Mit dem Rapper Missy Elliot tanzte sie zu einem Remix ihres Titels „Get into the Groove“. Damit stellte Madonna ihre Fans ab dreißig zufrieden, die sich an den Titel aus der ersten Veröffentlichung erinnerten. Sie konnten Jeans für sich und ihre Töchter im Tenageralter kaufen, während sie gleichzeitig auch gleich die neue CD sowie ein Exemplar des Kinderbuchs „The English Roses“ erwerben konnten.

Ende 2005 wurde das Album „Confessions on a Dance Floor“ veröffentlicht, das nach dem am schlechtesten verkauften Album „American Life“ als ihr Comeback-Album vermarktet wurde. Das Album und die damit verbundene Tour markieren einen Gipfel ihrer Karriere. Mit dem Album brach sie einen Weltrekord als Solokünstlerin, nachdem es in 41 Ländern als Nummer eins debütierte. Bis Februar 2007 wurden mehr als acht Millionen CDs verkauft. In diesem Album konzentrierte sich Madonna in ihrer symbolischen Neuerfindung von der Künstlerin zum DJ hauptsächlich auf umsatzstarke Remix-Songs und Disco Hits von Abba und Giorgio Moroder, die bei Homosexuellen Kultstatus erreicht haben.

Im Laufe des Jahres 2008 durchlebte Madonna eine persönlich wie professionell durchwachsene Zeit. Die Scheidung von ihrem zweiten Ehemann ebenso wie die Adoption ihres jüngsten Kindes Malawi brachten ihr viel negative Kritik ein. Auch auf die Werbeaufnahmen für ihr Album Hard Candy reagierte die Presse eher skeptisch, denn Madonna war wieder einmal zu erotischer Höchstform aufgelaufen: Außer engen Stiefeln, die bis über das Knie reichten, trug sie kaum etwas und brachte ihren durchtrainierten Körper voll zur Geltung. Da sie immerhin schon 51 Jahre alt war, kommentierten einige Pressevertreter: „Ist das nun sexy oder schmutzig? Hat Madonna Würde nötig?“ Wie dem auch sei, auch dieses Mal kam sie mit ihrem Image, das zweifelsfrei immer noch heiß und sexy war, sehr gut an.

Als 2009 für die Musikwelt eine Phase anbrach, in der man nicht mehr mit vielen Plattenverkäufen, sondern mit erfolgreichen Tourneen das meiste Geld machen konnte, steuerte Madonna weiterhin auf Erfolgskurs. Ihre Welttournee „Sticky and Sweet“ brach mit Einnahmen in Höhe von $ 242 Mio. alle Rekorde. Damit hatte sie $ 100 Mio. mehr Einkünfte erzielt als die Nummer zwei in dieser Rangfolge, Bon Jovi. Auch zeigte sich, dass sie mit ihrer Einschätzung, ihre Alben seien nur Werbung für ihre Tourneen, genau richtig gelegen hatte. Auch Madonna hatte wie alle anderen Künstler Einbußen bei ihren Plattenverkäufen hinnehmen müssen. Doch schon als die Musikumsätze über das Internet noch relativ gering waren, hatte sie erkannt, dass sie mit live gespielter Musik und Merchandising-Produkten in Zukunft am meisten Geld verdienen konnte. Sie unterschrieb einen neuen 10-Jahres-Vertrag mit Live Nation, dem größten Konzertveranstalter weltweit, der ihr 90 Prozent der Einnahmen aus allen Konzerten sicherte.

Ausverkaufte Tourneen sind sehr stark auf eine große Fangemeinde angewiesen, die gleich mehrere Konzerte besucht. Madonna nutzte das Erscheinen ihres Albums „Celebration“ (eine Sammlung von Hit Singles), um diese Fangemeinde bis zur nächsten Tournee bei der Strange zu halten. Doch sie ist mittlerweile über 50 – wie lange kann sie wohl noch so weitermachen? Die gute Nachricht ist, dass sowohl die Eagles als auch Neil Diamond, The Police und Billy Joel alle noch gut im Musikgeschäft sind und es 2008 alle in die Top 20 geschafft haben. Die schlechte Nachricht wiederum ist, dass diese Künstler alle männlich sind und ihre Erfolge vielmehr auf Nostalgie und weniger auf dem eigenen, sexuell geprägten Image beruhen. Das Image einer allmählich alternden Frau verkauft sich sicherlich sehr viel schwerer, und Madonna betritt hier völlig neues Territorium, denn es gibt keinerlei Vorbilder oder Vorreiterinnen. Und dennoch triumphiert sie, ist immer noch ganz oben mit dabei und eine der einflussreichsten Prominenten der Welt.

Veröffentlichung	Jahr	Image	Zielpublikum
Lucky Star	1982	Trashy Pop	Junge Teenie-Girls zwischen der endenden Disco-Ära und der aufkommenden Club-Szene
Like a Virgin Like a Prayer	1984	Zuerst glamouröses Marilyn Image, dann Heilige und Sünderin	Heranwachsende, rebellische Fan-Gemeinde, kritisches weibliches Publikum und männliche Verehrer
Vogue Erotica Bedtime Stories	1990 1992 1994	Erotischer Pornostar, sadomasochistisch, sexuelle Kontrolle, mehr Minelli in Cabaret als Monroe	Merkwürdige Mischung des Zielpublikums, schwule Club-Szene, Frauen der 1990er Jahre, die ihr Leben selbst in die Hand nehmen, aber auch Voyeure
Something to Remember Evita	1995	Weicheres Image, Balladen, die auf das glamouröse Image der Filmrolle als Evita vorbereiten	Breites Zielpublikum, das von potenziellem Filmpublikum bis zur regulären Fangemeinde reicht, konventionelles Image, Max Factor vermarktete später mit dieser Mischung aus Marilyn und Eva Peron sein Glamour Image
Ray of Light	1998	Erdmutter, fernöstliche Mystik, Dance Music Fusion	Club-Szene der 90er Jahre, neue Fans und die ursprüngliche Fangemeinde der inzwischen Dreißigjährigen, die versuchen, trendy zu bleiben
Music	2000	Acid Rock, ironisches Miss USA/ Cow Girl, Cool Britannia	auf die sich wandelnde Club-Szene und britische Fans ab dreißig zugeschnitten
American Life	2003	Militaristisches Image, Che Guevara, Anti-Konsumerismus des amerikanischen Traums	Nicht klar definiertes Publikum, abhängig von der existierten Fan-Gemeinde
Confessions on a Dance Floor	2005	Retro 1980er Disco Image, High-Motion Dance-Pop-Sound	Publikum der Schwulen-Szene, Pop-Disco Publikum, Dance Publikum
Hard Candy	2008	Pop, Dance, Elektro-Pop	Bewusster Schritt in Richtung R&B durch Zusammenarbeit mit Justin Timberlake und Kayne West, die ein neues junges Publikum anziehen sollten
Celebration	2009	Queen of Pop	Zusammenstellung von Hits ihrer gesamten Karriere für ihre langjährige Fangemeinde/Tourneebesucher

Quellen: „Bennett takes the reins at Maverick“, Billboard Magazine, 7. August (1999); „Warner Bros expects Madonna to light up international markets“, Billboard Magazine, 21. Februar (1998); „Maverick builds on early success“, Billboard Magazine, 12. November 1994; A. Jardine „Max Factor strikes gold with Madonna“, Marketing, Bd. 29, (1999), S. 14–15; S. Kirschner and D. Kirschner, „MTV, adolescence and Madonna: A discourse analysis“, in Perspectives on Psychology & the Media, American Psychological Association, Washington, DC, 1997; „Warner to buy out maverick co-founder', Los Angeles Times, 2. März (1999); „Why Madonna is back in Vogue', New Statesman, 18 September (2000); „Madonna & Microsoft“, Financial Times, 28. November 2000, „Power of Goodbye: Madonna`s Split May Herald Record Industry`s Death“, The Times Online, 12. Oktober 2007.

Kontrollfragen

1. Beschreiben und erklären Sie die von Madonna verfolgte Strategie in Bezug auf die in *Kapitel 6* erklärte Wettbewerbsstrategie.
2. Warum hatte sie über die letzten drei Jahrzehnte nachhaltigen Erfolg?
3. Kann Madonna weiterhin erfolgreich sein?

Sitzung 11: Internationalisierungsstrategien

Lernziele

Nach der Lektüre dieses Kapitels sollten Sie in der Lage sein,

- das Potenzial verschiedener Märkte für die Internationalisierung zu beurteilen unter Berücksichtigung von Variationen im Laufe der Zeit.
- Quellen eines Wettbewerbsvorteils in einer internationalen Strategie zu identifizieren durch globale Beschaffung und die Ausnutzung lokaler Faktoren, die durch den Porter-Diamant verkörpert werden.
- zwischen vier Hauptarten der internationalen Strategie zu unterscheiden.
- Märkte in Bezug auf Neueintritt oder Expansion anhand der Kriterien Attraktivität, kulturelle und andere Formen der Distanz sowie Risiko eines Vergeltungsschlags der Konkurrenz zu bewerten.
- die relativen Vorteile verschiedener Markteintrittsformen zu beurteilen, darunter Joint Ventures, Lizenzierung und direkte Auslandsinvestition.

8.1 Einführung

Im letzten Kapitel wurde Marktentwicklung anhand der Ansoff-Matrix als Strategie vorgestellt. Dieses Kapitel konzentriert sich auf eine spezifische, aber wichtige Form der Marktentwicklung: Auf die Einbeziehung verschiedener geografischer Märkte. Aus dieser Form der Internationalisierung ergeben sich Wahlmöglichkeiten bezüglich der Länder, in denen man am Wettbewerb teilnehmen möchte, inwieweit das Angebot an Produkten oder Dienstleistungen einer Organisation modifiziert werden soll und wie grenzüberschreitendes Management gestaltet werden soll. Solche Fragen sind heute für eine ganze Reihe von Organisationen von Bedeutung. Natürlich sind da zum einen die großen internationalen Konzerne wie Nestlé, Toyota oder McDonalds, doch auch mehr und mehr kleinere Unternehmen sind von Anfang an international aktiv. Auch auf Organisationen der öffentlichen Hand kommen Entscheidungen über Zusammenarbeit, Ausgliederung oder sogar Konkurrenz mit internationalen Unternehmen zu. Die Gesetze der Europäischen Union schreiben Organisationen des öffentlichen Sektors vor, auch Angebote von internationalen Anbietern zu berücksichtigen.

Abbildung 8.1 setzt das Thema internationale Strategie ins Zentrum des Kapitels. Sie hängt jedoch letztendlich sowohl vom externen Umfeld (siehe *Kapitel 2*) als auch von den Fähigkeiten der Organisation (siehe *Kapitel 3*) ab. Im Bereich des Umfelds hebt die Abbildung Antriebskräfte der Internationalisierung hervor; im Bereich der Fähigkeiten werden internationale und nationale Quellen eines Wettbewerbsvorteils betont. Die Wahl der internationalen Strategie beeinflusst wiederum häufig die Auswahl der Landesmärkte sowie die Form des Markteintritts.

Abbildung 8.1: Das Rahmenwerk internationaler Strategie

In diesem Kapitel werden die folgenden wichtigen Aspekte im Zusammenhang mit internationaler Strategie untersucht: Im nächsten Abschnitt werden die *Antriebskräfte der Internationalisierung* vorgestellt. Dann werden internationale und nationale Quellen des Wettbewerbsvorteils betrachtet, besonders Vorteile der *globalen Beschaffung* und die spezifischen nationalen Faktoren, die in Michael Porters *Diamant* gezeigt werden. Vor dem Hintergrund dieser Antriebskräfte und Quellen des Wettbewerbsvorteils werden dann verschiedene *Formen internationaler Strategie* beschrieben. Da verschiedene geografische Märkte meist erhebliche Modifikationen der angebotenen Produkte oder Dienstleistungen erfordern, führen einige internationale Strategien die Organisation ausgehend von einer einfachen Marktentwicklung hin zu immer diversifizierteren Strategien.[1] Weiterhin befasst sich das Kapitel mit der Analyse der Marktauswahl und des Markteintritts. Hier betont es die Abhängigkeiten von Marktattraktivität mit *verschiedenen Arten der Distanz* und dem Risiko eines *Vergeltungsschlags der Konkurrenz*. Die relativen Vorteile verschiedener *Markteintrittsformen* werden dann betrachtet, darunter Joint Ventures, direkte Auslandsinvestition und Lizenzierung. *Eintrittssequenzen* werden besprochen, zum Beispiel bei neuen Unternehmen oder internationalen Unternehmen in Schwellenländern. Die letzten beiden Abschnitte befassen sich mit Aspekten, die parallel zu den in *Kapitel 7* betrachteten Themen der Diversifikation zu sehen sind: Internationalisierung und *Leistungs-* und *Portfolio-Management*.

8.2 Antriebskräfte der Internationalisierung

Es gibt viele allgemeine Faktoren, die zu immer mehr Internationalisierung führen. Die Beschränkungen des internationalen Handels und internationaler Investitionen sowie die Einschränkungen bei der Migration sind heute allesamt wesentlich geringer als noch vor einigen Jahrzehnten. Internationale Regelwerke und Organisationsstrukturen haben sich verbessert, sodass Auslandsinvestitionen und -handel weniger Risiken bergen. Verbesserungen im Bereich Kommunikation – von billigeren Flügen bis hin zum Internet – erleichtern die Mobilität und die Verbreitung neuer Ideen weltweit. Und

1 Tatsächlich beschreiben viele Autoren Internationalisierung einfach als „internationale Diversifikation“, siehe N. Capar und M. Kotabe, „The relationship between international diversification and performance in service firms“, *Journal of International Business Studies*, Bd. 34 (2003), S. 345–355.

auch der Erfolg neuer starker Wirtschaftsräume, der sogenannten BRICs – Brasilien, Russland, Indien und China – sorgt für neue Chancen und Herausforderungen für die internationale Geschäftswelt.[2]

Diese Trends der Internationalisierung weisen jedoch nicht alle in dieselbe Richtung. Auch gelten sie nicht für alle Branchen. So wird die Migration zwischen bestimmten Ländern heutzutage wieder schwieriger. Dank Internet und billiger Flugreisen können im Ausland Arbeitende leichter mit ihrer heimischen Kultur in Kontakt bleiben – so kommt es oft nicht zu einer globalen Vermischung aller Meinungen und Ideen. Viele sogenannte multinationale Unternehmen konzentrieren sich in Wahrheit auf ganz bestimmte einzelne Märkte wie etwa Nordamerika und Westeuropa oder haben ein sehr begrenztes Netzwerk an internationalen Verbindungen, etwa Zuliefer- und Auslagerungsabkommen mit einem oder zwei weiteren Ländern. Auch die Bedürfnisse der Verbraucher lassen sich je nach Markt und Produkt mehr oder weniger leicht standardisieren – man vergleiche nur einmal PC-Betriebssysteme mit verschiedenen Schokoladensorten. Manager müssen sich also kurz gesagt vor „globalem Geschwätz" hüten, das die wirtschaftliche Integration zu einer einzigen homogenisierten Wettbewerbswelt schamlos übertreibt (siehe Beispiel 8.6). So wie auf dem chinesischen Einzelhandelsmarkt (siehe Beispiel 8.1) sind eben internationale Antriebskräfte auch anderswo meist sehr kompliziert.

Beispiel 8.1 Einzelhandel in China: Global oder lokal?

Internationalisierung ist kein einfacher Prozess – das haben die Supermarktketten Carrefour und Wal-Mart in China herausgefunden.

China ist heute ein Anziehungspunkt für ambitionierte westliche Supermarktketten. Mit einer jährlichen Wachstumsrate von 13 Prozent soll der chinesische Markt nach Vorhersagen von Business Monitor zwischen 2009 und 2014 um etwa € 0,84 Bio. wachsen. Bis zum Jahr 2025 soll die gehobene Mittelschicht in China etwa 520 Millionen Menschen umfassen.

Im Jahr 1995 trat die französische Supermarktkette Carrefour als erstes westliches Unternehmen in großem Umfang in den chinesischen Markt ein. Diesem Schritt gingen sechs Jahre Erfahrung im benachbarten Taiwan voraus. 2009 war Carrefour bereits der fünftgrößte Einzelhändler in China, angesichts der Besonderheiten des chinesischen Marktes bedeutete dies aber einen Marktanteil von lediglich 0,6 Prozent. Das weltgrößte Einzelhandelsunternehmen Wal-Mart (USA) kam wenig später nach China, wobei der wichtigste Schritt hierzu die Übernahme einer taiwanesischen Kette mit Geschäften auf dem Festland war. Diese beiden Rivalen verfolgen sehr unterschiedliche Strategien. Wal-Mart arbeitete ursprünglich mit seiner angestammten zentralisierten Einkaufs- und Vertriebsstrategie und liefert

2 T. Friedman, The World is Flat: The Globalized World in the Twenty First Century, Penguin, 2006, und P. Rivoli, The Travels of a T-Shirt in the Global Economy: An Economist Examines the Markets, Power and Politics of World Trade, Wiley, 2006.

so viele Waren wie möglich aus seinem neuen hochmodernen Vertriebszentrum in Shenzen. Carrefour verfolgt dagegen eine dezentralisierte Strategie: Mit Ausnahme von Shanghai, wo Carrefour mehrere Geschäfte betreibt, gestattet das Unternehmen den anderen Geschäftsführern vor Ort, die über viele verschiedene Regionen Chinas verteilt sind, ihre eigenen Einkaufs- und Vertriebsentscheidungen zu treffen. Seit 2009 experimentiert nun auch Wal-Mart mit einem kleineren Ladenformat, das es im ganzen Land einsetzen möchte.

Schon sehr früh musste Wal-Mart feststellen, dass chinesische Verbraucher gerne sehr häufig einkaufen gehen und jedes Mal nur wenig kaufen. Ursprünglich hatte das Unternehmen angenommen, die Chinesen würden, ähnlich wie die Amerikaner, einmal pro Woche zu außerhalb gelegenen Geschäften fahren, um dort ihre Autos mit Großpackungen an tiefgefrorenen Produkten vollzuladen. Tatsächlich aber rissen die chinesischen Kunden die Großpackungen im Supermarkt auf und nahmen nur so viel heraus, wie sie gerade brauchten. Heute bietet Wal-Mart seine tiefgefrorene Ware offen an. So können die Käufer per Schöpfkelle genau die Menge entnehmen, die sie kaufen möchten. Außerdem lässt Wal-Mart mittlerweile auch die Bildung von Gewerkschaften zu, was sich sehr von seiner Einstellung im Rest der Welt unterscheidet.

Eine weitere Entdeckung westlicher Einzelhandelsunternehmen bezieht sich auf die großen regionalen Unterschiede in diesem riesigen und multiethnischen Land. Im Norden Chinas ist Sojasauce besonders wichtig, in Zentralchina werden vermehrt Chili-Pfeffer-Saucen gekauft, und im Süden sind vor allem Austernsaucen gefragt. Auch bei Obst gibt es solche Unterschiede: Im Norden bevorzugt man Datteln, während Südchinesen lieber Litschis essen. Im Norden wird aufgrund der größeren Kälte vermehrt rotes Fleisch nachgefragt, und auch die Einkaufsgänge in den Läden müssen breiter sein, da viele Menschen viele Kleiderschichten übereinander tragen. Im Norden haben viele Menschen keinen regelmäßigen Zugang zu heißem Wasser und waschen ihr Haar daher seltener; daher verkaufen sich hier kleine Shampoo-Portionen besser also große Flaschen. Auch scheinen die Bewohner der Provinz Zhejiang – anders als die übrigen Chinesen – Toilettenpapier zu bevorzugen, das „rau ist wie Sandpapier"

Das Wachstum von Unternehmen wie Carrefour und Wal-Mart sowie von lokalen Ketten zeigt, dass es bereits einen großen Markt gibt, auf dem westliche Supermärkte Erfahrungen sammeln konnten. So übernahm Carrefour etwa bei der Einführung von Produkten eigener Marke in China eine Pionierrolle. Wal-Mart dagegen bringt logistisches Fachwissen mit. Doch noch geht es nur langsam voran. Wal-Mart wartet noch auf seinen ersten Gewinn in China; Carrefour schreibt bereits schwarze Zahlen, doch die Gewinnmargen von zwei bis drei Prozent liegen weit unter den fünfprozentigen Margen in Frankreich. 2008 gab es einen Boykott der Carrefour-Märkte in China, nachdem es in Paris im Vorfeld der Olympischen Spiele in Peking zu Protesten und Demonstrationen bezüglich der Tibet-Problematik gekommen war. 2009 musste Carrefour unter Zwang bestätigen, in China bleiben zu wollen.

Quellen: Financial Times, Wall Street Journal und Euromonitor (verschiedene Daten).

Kontrollfragen

1. Welche Vor- und Nachteile haben die von Carrefour und Wal-Mart in China verfolgten Strategien?
2. Welche Risiken können sich für ein großes westliches Einzelhandelsunternehmen ergeben, wenn es dem chinesischen Markt fern bleibt?

Angesichts der Komplexität der Internationalisierung sollte einer Internationalisierung eine sorgfältige Analyse der Stärke und Richtung vorliegender Trends auf den relevanten Märkten vorausgehen. George Yip's System der „Antriebskräfte der Globalisierung" liefert die Basis für eine solche Analyse (siehe Abbildung 8.2).[3] Obwohl dieses System jedoch den Bedarf einer *globalen Strategie* erwähnt, bei der alle Geschäftsbereiche international sorgfältig koordiniert werden, lassen sich die meisten der genannten Antriebskräfte auch auf weiter gefasste *internationale Strategien* anwenden, die auch bei Auslandsgeschäften in geringerem Umfang und einer geringeren Koordination dieser Auslandsverbindungen angewendet werden können (siehe *Abschnitt 8.4*). Also kann man die von Yip zusammengestellten Antriebskräfte einfach als „Antriebskräfte der Internationalisierung" verstehen. Es gibt folgende vier Kräfte:

Abbildung 8.2: Antriebskräfte der Internationalisierung

3 G. Yip, *Total Global Strategy II*, Prentice Hall, 2003.

- *Marktkräfte.* Ein Faktor, der die Internationalisierung klar erleichtert, ist die Standardisierung der Märkte. Diese Kraft besteht aus drei Komponenten. Zunächst ist hier das Vorliegen *ähnlicher Kundenbedürfnisse und -wünsche* zu nennen: Die Tatsache dass die Verbraucher in den meisten Ländern ein Verlangen nach schnellen und einfachen Krediten haben, sorgte für den weltweiten Erfolg einiger Kreditkartenunternehmen wie etwa Visa. Zum zweiten gibt es den *globalen Kunden*: So sind die Hersteller von Autoteilen inzwischen noch internationaler geworden, denn ihre Kunden wie etwa Toyota oder Ford, sind ebenfalls international aktiv und brauchen standardisierte Teile für all ihre Fabriken rund um die Welt. Und schließlich sorgt *übertragbares Marketing* für eine Globalisierung der Märkte: Marken wie Coca-Cola werden in ganz ähnlicher Weise überall auf der Welt erfolgreich vermarktet.
- *Kostenkräfte.* Durch Internationalisierung können Kosten gesenkt werden. Auch hier gibt es drei wesentliche Elemente. Zunächst kann ein größeres Produktionsvolumen, das über den Bedarf des nationalen Marktes hinausgeht, für *Größenvorteile* sowohl im Bereich Produktion als auch im Bereich Einkauf sorgen. Unternehmen aus kleineren Ländern wie etwa Holland oder der Schweiz neigen daher dazu, schneller international aktiv zu werden als Unternehmen aus den USA, die über einen großen Heimatmarkt verfügen. Größenvorteile sind besonders in Branchen mit hohen Produktentwicklungskosten von Bedeutung. Ein Beispiel ist die Flugzeugindustrie, wo die ursprünglichen Kosten über das große Volumen internationaler Märkte verteilt werden müssen. Zum zweiten wird Internationalisierung dort gefördert, wo Unternehmen von *länderspezifischen Unterschieden* profitieren können. Es macht also durchaus Sinn, die Produktion von Textilien nach China oder Afrika zu verlagern, wo die Arbeitskraft immer noch vergleichsweise billig ist. Designerarbeiten sind dagegen besser in Städten wie Mailand, New York, Paris, oder London aufgehoben, wo viel Fachwissen über Mode vorhanden ist. Das dritte Element ist eine *positive Logistik*, d.h. die Transportkosten von Gütern oder Dienstleistungen über Grenzen hinweg im Verhältnis zu deren Endwert. Aus dieser Sicht lassen sich Mikrochips leicht international produzieren, während das bei sperrigen Gegenständen wie etwa montierten Möbelstücken schon schwieriger ist.
- *Staatliche Kräfte.* Sie können eine Internationalisierung sowohl fördern als auch hemmen. Die hier relevanten Elemente sind sehr zahlreich und umfassen Zollbarrieren, technische Standards, Subventionen an einheimische Firmen, Beschränkungen des Eigentumsrechts, lokale Inhaltsbestimmungen, Kontrolle des Technologietransfers, Regelungen zu geistigem Eigentum (Patente) sowie Kontrolle von Währungen und Kapitalfluss. Keine Regierung lässt eine vollständige wirtschaftliche Öffnung ihres Landes zu. Auch variiert der Grad der Öffnung stark je nach Branche, wobei etwa die Landwirtschaft und auch High-Tech-Branchen aus dem Bereich nationale Verteidigung meist besonders stark reglementiert sind. Trotzdem fordert die Welthandelsorganisation weiter wachsende Offenheit und die Europäische Union sowie das Nordamerikanische Freihandelsabkommen (NAFTA) haben in ihren jeweiligen Regionen auch schon beträchtliche Fortschritte in diese Richtung erzielt.[4]
- *Wettbewerbskräfte.* Diese beziehen sich speziell auf die Globalisierung als eine integrierte weltweite Strategie und nicht auf einfachere internationale Strategien. Solche Kräfte haben zwei Elemente. Zum einen erhöht die *Abhängigkeit* der einzelnen Län-

4 Aussagekräftige branchenspezifische Daten über Trends zur Offenheit gegenüber Handel und Investitionen sind auf der Internetseite der Welthandelsorganisation *www.wto.org* zu finden.

deraktivitäten untereinander den Druck für eine globale Koordination. So muss ein Unternehmen mit einem Werk in Mexiko, das sowohl den amerikanischen als auch den japanischen Markt beliefert, seine Aktivitäten an allen drei Orten sorgfältig koordinieren: Schnellen die Umsatzzahlen in einem Land nach oben oder gibt es in einem anderen einen wirtschaftlichen Zusammenbruch, so wirkt sich das auch erheblich auf die anderen Länder aus. Das zweite Element bezieht sich unmittelbar auf die Strategien der Konkurrenten. Gibt es *globalisierte Konkurrenten*, so steigt dadurch der Druck, auch eine globale Strategie zu verfolgen, denn Konkurrenten könnten die Gewinne aus einem Land dazu verwenden, ihre Aktivitäten anderswo zu finanzieren. Ein Unternehmen mit einer locker strukturierten internationalen Strategie bietet globalisierten Konkurrenten Angriffsfläche, denn es ist nicht in der Lage, seine Tochterunternehmen in den verschiedenen Ländern zu unterstützen, wenn sie ins Visier eines zielgerichteten, gut koordinierten und finanzierten Konkurrenzunternehmens geraten. Die Gefahr besteht darin, dass sich so betroffene Unternehmen allmählich aus den diesbezüglich gefährlichen Ländern zurückziehen, sodass die ursprünglich gewählte Strategie der Größenvorteile immer mehr ausgehöhlt wird.[5]

Die wichtigste Erkenntnis aus Yips Kräftesystem besteht darin, dass das Potenzial verschiedener Branchen für eine Internationalisierung sehr variabel ist. Es gibt viele verschiedenen Faktoren, die diese begünstigen oder beeinträchtigen können; und ein wichtiger Schritt zur Entwicklung einer Internationalisierungsstrategie besteht in der realistischen Einschätzung des tatsächlichen Potenzials für eine Internationalisierung in der jeweiligen Branche. Beispiel 8.2 erklärt einige Gründe, warum die Deutsche Post seit den späten 1990er Jahren immer stärker eine Strategie der internationalen Vielfalt verfolgt.

Beispiel 8.2

Die zunehmenden internationalen Aktivitäten der Deutschen Post

Globale Märkte sowie politische und rechtliche Veränderungen sind nur einige der Gründe für die zunehmenden internationalen Aktivitäten eines Unternehmens.

Die Globalisierung der Deutschen Post hängt eng mit den Chancen und Risiken zusammen, die sich aus der Deregulierung nationaler und internationaler Märkte sowie aus der damit verbundenen Globalisierung der Transport- und Logistikbranche ergeben haben. Der Grundstein wurde mit der „Urknall"-Reform des deutschen Postsystems im Jahr 1990 gelegt. Das „Poststrukturgesetz" erhielt zwar den Status der Deutschen Post als staatliches Unternehmen, hatte aber zum Ziel, das Unternehmen auf eine schrittweise Privatisierung vorzubereiten (im Jahr 2000 ging die Deutsche Post an die Börse, wobei anfänglich 29 Prozent des Aktienkapitals verkauft wurden). In den folgenden Jahren durchlief das Unternehmen eine Phase der Konsolidierung und Umstrukturierung. Dabei wurde auch die ehemalige Deutsche Post (DDR) integriert wurde. Bis 1997 der Postmarkt liberalisiert wurde, hatte das Unternehmen den Grundstein für eine rasche internationale Expansion gelegt.

5 G. Hamel und C.K. Prahalad, „Do you really have a global strategy?", *Harvard Business Review*, Bd. 63, Nr. 4 (1985), S. 139–148.

Die folgende Globalisierung der Aktivitäten der Deutschen Post wurde zum Großteil durch die Anforderungen einer immer größeren Zahl an Geschäftskunden vorangetrieben. Diese wollten einen Dienstleister, der integrierte nationale und internationale Transport- und Logistikleistungen bot. Die Deutsche Post reagierte und übernahm in den folgenden fünf Jahren wichtige Unternehmen auf dem internationalen Markt für Transport und Logistik, darunter vor allem Danzas und DHL. Man verfolgte das Ziel, „der weltweit führende Anbieter von Express und Logistik-Dienstleistungen zu werden". Diese internationale Expansion ermöglichte es der Deutschen Post – die sich inzwischen in Deutsche Post World Net (DPWN) umbenannt hatte, um ihre globalen Ziele hervorzuheben –, z.B. einen umfangreichen Vertrag mit BMW über Transport, Lagerung und Auslieferung von Autos an dessen asiatische Vertragshändler abzuschließen. Als Teil ihres sogenannten „START"-Programms leitete DPWN im Jahr 2003 ein Projekt in die Wege, das die Produkt- und Verkaufsstrukturen des Unternehmens harmonisieren, integrierte Netzwerke schaffen und ein neues Prozessmanagementsystem im gesamten Konzern einführen sollte. Auf diese Weise sollten die durch die Globalisierung erlangten Größenvorteile optimal genutzt werden. Gleichzeitig setzte DPWN sein Motto „Eine Marke – ein Gesicht für den Kunden" um und machte die Marke DHL zum globalen „öffentlichen Gesicht" des gesamten Unternehmens. Man hoffte, dass dieser „bekannte und Vertrauen erweckende Markenname uns bei der weiteren Entwicklung unserer globalen Dienstleistungen helfen kann".

Deregulierungen und weitere politische Veränderungen, etwa in Form des Abbaus von Handelsbeschränkungen, trieben die internationale Expansion weiter voran. Der Eintritt Chinas in die Welthandelsorganisation steigerte das Wachstumspotenzial auf dem internationalen Postmarkt. DPWN engagierte sich also verstärkt auf diesem immer wichtiger werdenden Markt und wurde zwischen 2002 und 2004 mit einer Wachstumsrate von 35 Prozent belohnt. Darüber hinaus konnte das Unternehmen durch ein Joint Venture mit Sinotrans einen Marktanteil von 40 Prozent im Bereich chinesischer grenzüberschreitender Expressdienste erlangen. Auch in Europa wollte DPWN politische Veränderungen nutzen. Die Tochtergesellschaft Deutsche Post Global Mail (UK) erlangte eine langfristige Lizenz für die unbegrenzte Zustellung von Postwurfwendungen von der britischen Aufsichtsbehörde Postcomm. DPWN sah in Großbritannien weiteres Wachstumspotenzial und weitete seine Präsenz auf dem britischen Postmarkt durch die Übernahme des Postzustellers Speedmail weiter aus.

Quellen: www.dpwn.de/enrde/press/news; DPWN Jahresbericht 2002.

Zusammengestellt von Michael Mayer, Bath University.

Kontrollfragen

1. Welche Antriebskräfte der Internationalisierung spielten bei der Strategie von DPWN eine Rolle?
2. Wägen Sie das Für und Wider einer multinationalen Strategie sowie einer globalen Strategie für DPWN ab.

8.3 Nationale und internationale Grundlagen für Wettbewerbsvorteile

Wie aus der vorangegangenen Diskussion über die Kostenkräfte der internationalen Strategie deutlich hervorgeht, stellt der Standort verschiedener Aktivitäten eine wichtige Grundlage für einen potenziellen Vorteil dar und ist eines der entscheidenden Merkmale einer internationalen Strategie im Vergleich zu anderen Diversifikationsstrategien. Wie Bruce Kogut erklärt, kann eine Organisation die Zusammensetzung ihrer Wertkette und ihres Wertnetzwerks[6] verbessern, indem sie länderspezifische Unterschiede nutzt (siehe *Abschnitt 3.6.1*). Hier bieten sich zwei grundlegende Chancen: Die Nutzung bestimmter *nationaler Vorteile*, oft im Heimatland des Unternehmens, sowie Auslagerungsvorteile im Ausland im Rahmen eines *internationalen Wertnetzwerks*.

8.3.1 Der Porter-Diamant[7]

Wie jede andere Strategie muss auch die Internationalisierung auf bestimmten nachhaltigen Wettbewerbsvorteilen basieren (siehe *Kapitel 3*). Ein solcher Wettbewerbsvorteil muss meist außerdem recht beachtlich sein. Schließlich hat ein Konkurrent, der auf einem ausländischen Markt aktiv wird, zunächst oft mit erheblichen *Nachteilen* gegenüber heimischen Unternehmen zu kämpfen, denn diese verfügen über bessere Marktkenntnisse, stabile Beziehungen zu lokalen Kunden, starke Zuliefererketten, etc. Ein ausländischer Neueinsteiger muss beträchtliche Wettbewerbsvorteile haben, um solche Nachteile wettmachen zu können. Das Beispiel des amerikanischen Einzelhandelsriesen Wal-Mart dient hier als Veranschaulichung: Wal-Mart ist auf vielen asiatischen Märkten mit relativ wenig entwickelten Einzelhandelsmärkten sehr erfolgreich, war aber gezwungen, sich 2006 nach einem knappen Jahrzehnt voller Misserfolge vom reiferen deutschen Markt wieder zurückzuziehen. In Deutschland verfügt Wal-Mart anders als auf den meisten asiatischen Märkten über keinen großen Wettbewerbsvorteil gegenüber einheimischen Einzelhändlern.

Porter-Diamant

Der Porter-Diamant behauptet, dass es besondere Gründe gibt, warum manche Staaten wettbewerbsfähiger sind als andere und warum einige Branchen innerhalb eines Staates wettbewerbsfähiger sind als andere.

Kapitel 3 behandelt Wettbewerbsvorteile im Allgemeinen, doch durch den internationalen Kontext ergeben sich spezielle nationale Grundlagen für einen Wettbewerbsvorteil, die erheblich und außerdem schwer zu imitieren sein können. Länder und Regionen werden oft mit ganz speziellen dauerhaften Wettbewerbsvorteilen in Verbindung gebracht. Beispiele hierfür sind die Schweizer und ihre Privatbanken, die Italiener und ihre Leder- und Pelzmode und die Taiwanesen und ihre Laptop-Computer. Mithilfe von Michael **Porters Diamant** lässt sich erklären, warum einige Nationen in bestimmten Branchen viele Unternehmen mit einem erheblichen Wettbewerbsvorteil hervorbringen (siehe Abbildung 8.3). Das Ausmaß des nationalen Vorteils variiert von Branche zu Branche.

Der Porter-Diamant legt nahe, dass es vier miteinander verbundene Faktoren gibt, die den nationalen oder heimischen Vorteil in bestimmten Branchen bestimmen. (Diese vier Faktoren lassen zusammen einen diamantförmigen Körper entstehen.) Die bestimmenden Faktoren des nationalen Vorteils lauten wie folgt:

6 B. Kogut, „Designing global strategies: Comparative and competitive value added changes", *Sloan Management Review*, Bd. 27 (1985), S. 15–28.

7 M. Porter, The Competitive Advantage of Nations, Macmillan, 1990.

- *Faktorbedingungen.* Diese beziehen sich auf „Produktionsfaktoren", die in die Produktion einer Ware oder Dienstleistung einfließen (also Rohstoffe, Land und Arbeit). Vorteile bezüglich der Faktorbedingungen auf nationaler Ebene können für nationale Unternehmen auf internationalen Märkten zu allgemeinen Wettbewerbsvorteilen führen. So bieten die sprachlichen Fähigkeiten der Schweizer ihnen einen beachtlichen Vorteil für ihre Bankenbranche. Billige Energie ist traditionell für die nordamerikanische Aluminiumproduktion von Vorteil.

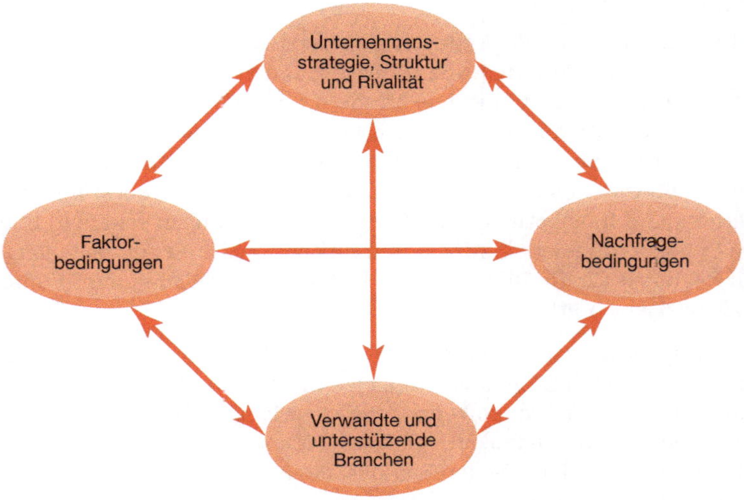

Abbildung 8.3: Der Porter Diamant – die bestimmenden Faktoren eines nationalen Vorteils

- *Bedingungen der heimischen Nachfrage.* Heimische Kunden und ihre Besonderheiten können ebenso einen Wettbewerbsvorteil bedeuten. Sind die Kunden zuhause anspruchsvoll und erwarten viel, so schult dies das betreffende Unternehmen auch für den ausländischen Markt. So boten die hohen Erwartungen, die japanische Kunden an elektrische und elektronische Geräte hatten, einen wichtigen Antrieb für die betreffenden Branchen in Japan, der so zu deren globaler Dominanz auf den Märkten führte. Anspruchsvolle Kunden in Frankreich und Italien verschaffen den Modefirmen dieser Länder seit Jahrzehnten eine Spitzenposition auf dem Modemarkt.
- *Verwandte und unterstützende Branchen.* Lokale „Cluster" aus verwandten und sich gegenseitig unterstützenden Branchen können eine wichtige Grundlage für einen Wettbewerbsvorteil sein. Diese Cluster sind oft regionaler Natur, sodass persönliche Kontakte leicht herzustellen und zu halten sind. So haben sich in Norditalien beispielsweise die Lederschuhbranche, die Branche für Maschinen zur Lederbearbeitung und die dazugehörigen Designunternehmen alle in der gleichen Region angesiedelt, um sich gegenseitig zu nutzen. In Silicon Valley hat sich ein Cluster aus Hardware- Software- Forschungs- und Risikokapitalunternehmen gebildet, die zusammen eine sehr fruchtbare High-Tech-Gemeinschaft sind.
- *Unternehmensstrategie, Branchenstruktur und Rivalität.* Die typischen Strategien, Branchenstrukturen und Rivalitäten in verschiedenen Ländern können auch Basis eines Wettbewerbsvorteils sein. Die Strategie deutscher Firmen, in technisches Fachwissen zu investieren, verleiht ihnen einen charakteristischen Vorteil in der Maschinenindustrie und erzeugt einen großen Wissenspool. Ist die lokale Bran-

chenstruktur vom Wettbewerb geprägt, ist auch das hilfreich, denn lokale Unternehmen, die zuhause eine zu dominante Stellung innehaben, können selbstgefällig werden und so international ihren Vorteil einbüßen. Eine gewisse Rivalität zuhause kann also durchaus von Vorteil sein. So basiert der langfristige Erfolg der japanischen Autoindustrie zum Teil darauf, dass einige nationale Unternehmen vom Staat gefördert werden (anders als in Großbritannien, wo sie alle zu einem Großunternehmen zusammengeschlossen wurden). Auch die Pharmaindustrie in der Schweiz verdankt ihren Erfolg teilweise der Tatsache, dass jede Firma mit mehreren starken lokalen Rivalen zu kämpfen hatte.

Der Porter-Diamant wird von Regierungen eingesetzt, die den Wettbewerbsvorteil ihrer lokalen Industriezweige fördern wollen. Das Argument, dass sich Rivalität durchaus positiv auswirken kann, führte in viele Ländern zu einem radikalen Kurswechsel in der Politik. So bewegte man sich weg vom Protektionismus heimischer Branchen in Richtung einer Förderung des Wettbewerbs. Regierungen können heimische Industrien auch unterstützen, indem sie Sicherheitsstandards oder Grenzwerte für die Umweltbelastung erhöhen (d.h. anspruchsvolle Nachfragebedingungen schaffen) oder Kooperationen zwischen Zulieferern und Käufern auf nationaler Ebene begünstigt (d.h. in bestimmten Regionen für die Bildung von Clustern aus verwandten und unterstützenden Industriezweigen sorgt).

Für einzelne Organisationen besteht der Wert des Porter-Diamanten darin, dass er eine Aussage darüber ermöglicht, inwieweit die Organisation auf heimische Vorteile bauen kann, um auch global einen Wettbewerbsvorteil zu erlangen. So profitieren etwa holländische Brauereien wie z.B. Heineken von ihrer frühen globalen Ausrichtung aufgrund der Besonderheiten des holländischen Marktes. Benetton, der italienische Bekleidungshersteller, hat weltweiten Erfolg erreicht, indem er seine heimischen Erfahrungen mit einem Netzwerk aus weitgehend unabhängigen, oft kleinen Familienbetrieben nutzte, um sein Netzwerk an Franchise-Läden aufzubauen. Bevor Manager eine Strategie zur Internationalisierung entwickeln, sollten sie also zunächst Grundlagen für einen allgemeinen nationalen Vorteil ausfindig machen, um die individuellen Grundlagen für die eigenen Vorteile ihrer Organisation zu untermauern.

8.3.2 Das internationale Wertnetzwerk

Globale Beschaffung

Globale Beschaffung bezeichnet den Einkauf von Dienstleistungen und Komponenten bei den geeignetsten Zulieferern auf der ganzen Welt, gleichgültig, wo sie sich befinden.

Die Grundlagen eines Wettbewerbsvorteils müssen jedoch nicht immer nur vom Heimatmarkt kommen. International aktive Unternehmen können auch durch eine internationale Gestaltung ihres *Wertnetzwerks* einen Vorteil erlangen. Hier können die verschiedenen Fähigkeiten, Ressourcen und Kosten der Länder weltweit systematisch ausgenutzt werden, um jedes Element der Wertkette in dem Land oder der Region zu platzieren, wo es am effektivsten und effizientesten kontrolliert werden kann. Dies kann sowohl durch Auslandsdirektinvestitionen und Joint Ventures als auch durch **globale Beschaffung** erreicht werden, d.h. durch den Einkauf von Dienstleistungen und Komponenten bei den geeignetsten Zulieferern auf der ganzen Welt, gleichgültig, wo sie sich befinden. So rekrutiert der britische staatliche Gesundheitsdienst medizinisches Fachpersonal aus dem Ausland, um ein Defizit an heimischem Fachwissen und Fähigkeiten auszugleichen.

Es können verschiedene standortbezogene Vorteile identifiziert werden:

- *Kostenvorteile* schließen beispielsweise Arbeitskosten, Transport- und Kommunikationskosten sowie Steuer- und Investitionsanreize mit ein. Arbeitskosten sind hier von besonderer Bedeutung. So verlagern amerikanische und europäische Firmen die Programmierung ihrer Softwares mehr und mehr nach Indien, denn dort belaufen sich die Kosten für einen Softwareprogrammierer nur etwa auf ein Viertel des Gehalts, das ein amerikanischer Angestellter mit entsprechendem Fachwissen erhalten würde. Doch auch in Indien sind die Löhne gestiegen, sodass dort ansässige IT-Firmen schon damit begonnen haben, ihre Aktivitäten in Länder mit noch geringeren Kosten wie etwa China zu verlagern. Einige Experten gehen sogar davon aus, dass Tochtergesellschaften indischer Firmen auf diese Weise bald bis zu 40 Prozent der chinesischen Exporte aus dem Bereich IT-Dienstleistungen kontrollieren werden.
- *Einzigartige Fähigkeiten* können es einer Firma ermöglichen, ihren Wettbewerbsvorteil auszubauen. Ein Grund, warum Accenture eine schnell wachsende Softwareentwicklungsfirma in der chinesischen Stadt Dalian eröffnete, bestand darin, dass so die Kommunikation mit potenziellen japanischen und koreanischen multinationalen Unternehmen, die in dieser Region tätig waren, leichter war als dies mit dem Standort Indien oder Philippinen der Fall gewesen wäre. Ebenso können Organisationen Vorteile bezüglich spezieller technologischer und wissenschaftlicher Fähigkeiten nutzen. So platzierte etwa Boeing sein größtes Technikzentrum außerhalb der USA in Moskau, um so leichteren Zugang zu russischem Fachwissen aus dem Bereich der Aerodynamik zu haben. Organisationen wie Boeing setzen also ihre Fähigkeiten zunehmend selektiv ein, um besondere Standortvorteile zu nutzen und so ihre bestehenden strategischen Fähigkeiten auszubauen und zu stärken. Anders ausgedrückt geht es bei der Internationalisierung immer mehr nicht nur um die Nutzung vorhandener Fähigkeiten auf neuen nationalen Märkten, sondern um die Entwicklung neuer strategischer Fähigkeiten durch den Aufbau von Fähigkeiten in anderen Regionen der Welt.
- *Nationale Merkmale* können es Organisationen ermöglichen, gegeneinander abgegrenzte Produkte anzubieten, die an verschiedene Marktsegmente gerichtet sind. Der amerikanische Gitarrenhersteller Gibson komplimentiert seine in den USA hergestellten Produkte mit oft ähnlichen, aber günstigeren Alternativen, die in Korea unter dem Markennamen Epiphone produziert werden. Aufgrund der amerikanischen Musiktradition profitieren die teureren Gibson-Produkte aber immer noch vom Ruf der Marke und der Kennzeichnung „made in USA".

Natürlich kann dieser Versuch einer Organisation, die Standortvorteile verschiedener Länder zu nutzen, dazu führen, dass ein komplexes Netzwerk aus inter- und intraorganisationalen Beziehungen entsteht. So hat Boeing beispielsweise durch seine Tochtergesellschaften und Partnerschaften mit anderen Unternehmen ein globales Netz an F&E-Aktivitäten entwickelt (siehe Beispiel 8.3).

Beispiel 8.3 Boeings globales F&E-Netzwerk

Organisationen können danach streben, Standortvorteile auf der ganzen Welt zu nutzen.

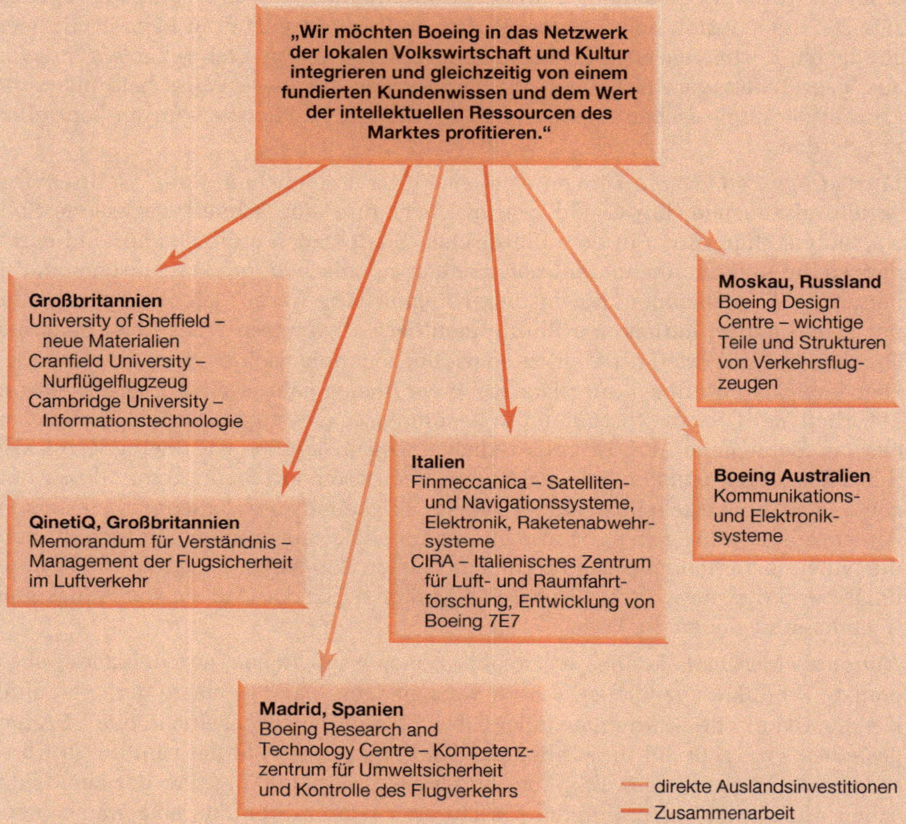

Quellen: www.boeing.com, Boeing Jahresbericht 2002, Aviation International News Online.

Zusammengestellt von Michael Mayer, Bath University.

Kontrollfragen

1. Welche Gründe könnte es für die Internationalisierungsbestrebungen von Boeings F&E-Aktivitäten geben?
2. Welchen Herausforderungen muss sich Boeing bei der Internationalisierung seiner F&E-Aktivitäten stellen?

8.4 Internationale Strategien

Organisationen sind zwar in der Lage, durch Faktoren ihres Heimatmarktes oder durch internationale Wertnetzwerke Grundlagen für internationale Wettbewerbsvorteile zu erlangen, doch sie müssen sich dennoch der schwierigen Frage stellen, welche Strategien sie auf ihren Märkten verfolgen sollen. Hier besteht das Hauptproblem typischerweise im sogenannten **Global-lokal-Dilemma**. Dies bezieht sich darauf, inwieweit Produkte und Dienstleistungen über nationale Grenzen hinweg standardisiert werden dürfen oder an die Anforderungen spezifischer Landesmärkte angepasst werden müssen. Für einige Produkte und Dienstleistungen wie etwa Fernseher scheinen alle Märkte weltweit sehr ähnlich zu sein, sodass sich große potenzielle Größenvorteile ergeben können, wenn Design, Produktion und Auslieferung zentralisiert werden können. Bei anderen Produkten oder Dienstleistungen wie etwa den Fernsehprogrammen sind die nationalen Vorlieben sehr verschieden, sodass die Unternehmen ihre Aktivitäten dezentralisieren und so genau wie möglich auf den lokalen Markt abstimmen müssen. Dieses Global-lokal-Dilemma kann bei Unternehmen, die internationale Strategien verfolgen, zu den verschiedensten Reaktionen führen, von der Dezentralisierung bis hin zur totalen Zentralisierung mit mehreren Positionen dazwischen.

Global-lokal-Dilemma

Ein Global-lokal-Dilemma bezieht sich darauf, inwieweit Produkte und Dienstleistungen über nationale Grenzen hinweg standardisiert werden dürfen oder an die Anforderungen spezifischer Landesmärkte angepasst werden müssen.

Dieser Abschnitt stellt vier verschiedene Arten der internationalen Strategie vor, die auf den Wahlmöglichkeiten bezüglich der *Konfiguration* der verschiedenen Aktivitäten einer Organisation basieren. Außerdem wird berücksichtigt, inwieweit diese Aktivitäten dann international *koordiniert* werden (siehe Abbildung 8.4). Genauer gesagt bezieht sich die Konfiguration auf die geografische Ausbreitung oder Konzentration der Aktivitäten wie etwa Fertigung oder F&E, während sich die Koordination darauf bezieht, inwieweit das Management der Aktivitäten in den einzelnen Ländern dezentral oder zentral gestaltet wird. Es gibt grundsätzlich folgende vier internationale Strategien[8]:

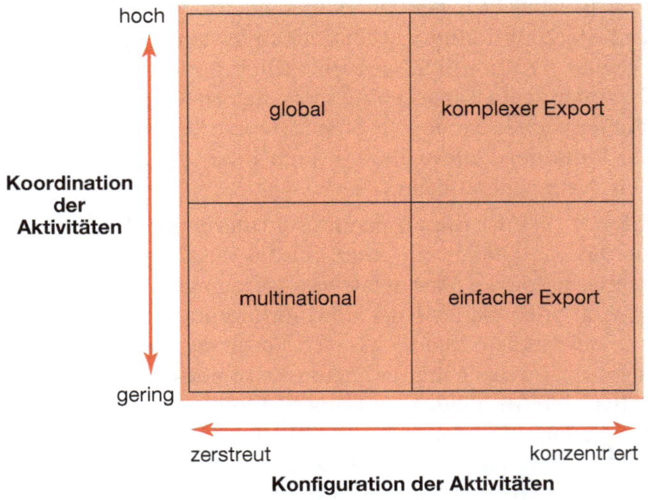

Abbildung 8.4: Vier internationale Strategien

8 Diese Typologie baut auf dem System Michael Porters auf, „Changing patterns of international competition“, *California Management Review,* Bd. 28, Nr. 2 (1987), S. 9–39, wobei die vier Strategien mit leichter verständlichen Begriffen belegt wurden. Es sei besonders darauf hingewiesen, dass sich der Begriff „globale Strategie“ hier auf das linke obere Feld bezieht, während das rechte obere Feld mit dem Begriff „komplexer Export“ bezeichnet ist.

- *Einfacher Export.* Diese Strategie beinhaltet eine Konzentration der Aktivitäten (besonders der Fertigung) auf ein Land, meist das Ursprungsland der Organisation. Gleichzeitig ist das Marketing des exportierten Produkts im Ausland nur sehr locker koordiniert und wird auf den verschiedenen Märkten vielleicht von unterschiedlichen Verkaufsagenturen betreut. Es kann sein, dass Richtlinien zu Preisbildung, Verpackung, Vertrieb und sogar zur Imagebildung lokal festgelegt werden. Diese Strategie wird häufig von Organisationen mit großem Standortvorteil gewählt, wie er beispielsweise durch den Porter-Diamanten bestimmt werden kann. Gleichzeitig fehlen solchen Organisationen aber meist die Managementfähigkeiten, um ihre Marketingaktivitäten international zu koordinieren, oder aber ein solches koordiniertes Marketing würde wenig Mehrwert bringen, z.B. wenn es um landwirtschaftliche Erzeugnisse oder Rohstoffe geht.
- *Multinational.* Diese Strategie ist auf internationaler Ebene ähnlich locker koordiniert, beinhaltet aber gleichzeitig eine globale Verteilung verschiedener Aktivitäten wie Fertigung oder Produktentwicklung. Güter und Dienstleistungen werden also nicht exportiert, sondern vor Ort auf jedem nationalen Markt produziert. Jeder Markt wird als unabhängige Einheit gesehen, wobei die Bedürfnisse jedes Marktes vor Ort Priorität haben – daher die Bezeichnung „multinational". Lokale Anpassungen können dafür sorgen, dass das Unternehmensportfolio zunehmend diversifiziert wird. Diese Strategie eignet sich am besten für Unternehmen, die Größenvorteile nur in geringem Maß nutzen können und großen Nutzen aus der Anpassung an lokale Bedürfnisse ziehen. Besonders attraktiv ist diese multinationale Strategie für professionelle Dienstleistungen, wo es besonders auf persönliche Beziehungen ankommt. Andererseits stehen auch der Markenname und der Ruf des gesamten Unternehmens auf dem Spiel, wenn die Praktiken national zu sehr voneinander abweichen.
- *Komplexer Export.* Bei dieser Strategie sind die meisten Aktivitäten in einem Land angesiedelt, doch das internationale Marketing ist stärker koordiniert. In der Fertigung und im Bereich F&E können immer noch Größenvorteile genutzt werden, die Preis- und Markenbildung werden jedoch systematischer gesteuert. Natürlich ist hier der Bedarf an Koordination beträchtlich höher und komplexer als bei der einfachen Exportstrategie. Dies ist eine typische Strategie für Volkswirtschaften der Schwellenländer, die einige eigene Standortvorteile nutzen, gleichzeitig aber mit zunehmender Reife des Unternehmens auch international einen starken Markennamen und ein Netzwerk aufbauen.
- *Globale Strategie.* Dies ist die ausgereifteste internationale Strategie mit hochgradig koordinierten Aktivitäten, die rund um die Welt verteilt sind. Unter optimaler Ausnutzung internationaler Wertnetzwerke werden geografische Standorte für jede einzelne Aktivität entsprechend der dort vorliegenden speziellen Standortvorteile ausgewählt, so dass es sein kann, dass sich Fertigung, Produktentwicklung, Marketing und der Hauptsitz des Unternehmens alle in verschiedenen Ländern befinden. So entwarf etwa der Autohersteller General Motors, dessen Hauptsitz Detroit ist, seinen Pontiac Le Mans bei der deutschen Tochter Opel, denn dort verfügt man über gute Kenntnisse im Bereich Ingenieurwesen. Das Marketing übernahm eine britische Werbeagentur im kreativen London. Viele der komplizierteren Einzelteile wurden in Japan hergestellt, wo die ausgereiften Fähigkeiten im Bereich Technologie und Fertigung genutzt wurden. Montiert wurde das Auto schließlich in Korea, denn dort waren billige Arbeitskräfte verfügbar, die dennoch über genügend Fachwissen verfügten. All dies erforderte natürlich hohe Investitionen und große Koordinationsfähigkeiten (siehe auch die Diskussion über transnationale Strukturen in *Kapitel 12*).

In der Praxis lassen sich diese vier internationalen Strategien nicht immer voneinander unterscheiden. Managementkoordination und geografische Konzentration liegen meist in verschiedenen Abstufungen vor und können nicht immer scharf abgegrenzt werden. Oft pendeln Organisationen zwischen den vier Strategien hin und her. Ihre Entscheidungen werden auch von Veränderungen der oben beschriebenen Antriebskräfte der Internationalisierung beeinflusst. In Branchen, wo die Vorlieben der Kunden sehr standardisiert sind, werden die betreffenden Organisationen eher den komplexen Export oder die globale Strategie wählen. Sind die Größenvorteile dagegen nur gering, spricht vieles für eine multinationale Strategie.

8.5 Marktselektion und Eintritt

Hat sich ein Manager nun für eine internationale Strategie entschieden, die auf gesicherten Grundlagen eines Wettbewerbsvorteils basiert und von starken Antriebskräften der Internationalisierung gestützt wird, muss er sich entscheiden, in welchen Ländern seine Organisation aktiv werden soll. Denn nicht alle Länder sind gleich attraktiv. Bis zu einem gewissen Grad können Länder aber anfänglich mittels der standardisierten Umfeldanalysetechniken verglichen werden, etwa gemäß den Dimensionen der PESTEL Analyse (siehe *Abschnitt 2.2.1*) oder der Five-Forces-Analyse (siehe *Abschnitt 2.3*). Es gibt jedoch gewisse Bestimmungsgrößen der Marktattraktivität, die bei der Wahl der Internationalisierungsstrategie berücksichtigt werden müssen. Diese können anhand zweier Kriterien analysiert werden: Zum einen die spezifischen Eigenschaften des Marktes, zum anderen die Art des herrschenden Wettbewerbs. Hier kommt es vor allem darauf an, wie die ursprüngliche Einschätzung eines Marktes sich durch verschiedene Maßnahmen der *Distanz* und durch die Wahrscheinlichkeit eines *Vergeltungsschlags* durch die Konkurrenz verändern kann. Der Abschnitt schließt mit der Betrachtung verschiedener Eintrittsmöglichkeiten auf nationale Märkte.

8.5.1 Merkmale des Marktes

Mindestens vier Elemente der PESTEL Analyse sind bei einem Ländervergleich besonders wichtig, wenn es um den Markteintritt geht:

- *Politisch.* Das politische Umfeld vieler Länder ist sehr verschieden und kann sich auch schnell verändern. So hat Russland seit dem Ende des Kommunismus häufige und schnelle Veränderungen erlebt, die Aktivitäten ausländischer Unternehmen begünstigen oder behindern. Regierungen können also erhebliche Chancen für Organisationen schaffen. So gewährte die offizielle schottische Unternehmensförderungsagentur Scottish Enterprise eine finanzielle Förderung, um 2003 die MTV Music Awards in die schottische Hauptstadt Edinburgh zu holen. Auch politische und rechtliche Veränderungen können zur Chance für eine internationale Expansion werden, wie am Beispiel der Deutschen Post beschrieben (siehe Beispiel 8.2). Trotzdem ist es wichtig, das aktuelle *politische Risiko* eines Landes zu bestimmen, bevor man dort aktiv wird.
- *Wirtschaftlich.* Wichtige Vergleichswerte bei der Entscheidung für oder gegen einen Markteintritt sind das Bruttoinlandsprodukt und das verfügbare Einkommen, die zur Einschätzung des potenziellen Marktvolumens dienen können. Schnell wachsende Volkswirtschaften bieten natürlich große Chancen, und in Schwellenländern wie

China entsteht durch das Marktwachstum eine immer größer werdende Mittelschicht an Konsumenten mit aktivem Kaufverhalten. Trotzdem müssen Unternehmen auch auf die Stabilität der jeweiligen Landeswährung achten, die dessen Einkommensfluss beeinträchtigen könnte. Es könnte ein erhöhtes *Währungsrisiko* bestehen.

- *Sozial.* Soziale Faktoren sind natürlich auch von großer Bedeutung, so etwa die Verfügbarkeit gut ausgebildeten Personals oder die Größe der demografischen Marktsegmente – alt oder jung – die für die Unternehmensstrategie relevant sind. Kulturelle Schwankungen, etwa Trends und Modeerscheinungen auf dem Markt, müssen ebenfalls berücksichtigt werden.
- *Rechtlich.* Die Rechtssysteme der verschiedenen Länder sind sehr unterschiedlich und sie bestimmen, inwieweit Unternehmen Verträge durchsetzen, geistiges Eigentum schützen oder Korruption vermeiden können. Auch für die Sicherheit am Arbeitsplatz sind rechtliche Bestimmungen wichtig. Dies ist ein Aspekt, der einige ausländische Unternehmen in der Vergangenheit vor einem Markteintritt in manche Länder Südamerikas zurückschrecken ließ.

Es ist üblich, die einzelnen nationalen Märkte gemäß solcher Kriterien gegeneinander abzugleichen und dann die Länder für einen Markteintritt auszuwählen, die relativ gesehen am besten abschneiden. Pankaj Ghemawat weist jedoch darauf hin, dass es nicht nur auf die Attraktivität verschiedener Länder im Verhältnis zu anderen ankommt. Auch die Kompatibilität der möglichen Länder mit dem Unternehmen, das eine Internationalisierung anstrebt, spielt eine Rolle.[9] Er argumentiert, dass manche Länder für Unternehmen aus einem bestimmten Land „weiter entfernt", d.h. weniger kompatibel sind als andere. Unternehmen aus verschiedenen Ländern passen also nicht alle gleich gut zu den Ländern, die für sie an oberster Stelle für einen Markteintritt stehen. So kann ein Markt in einem südamerikanischen Land ebenso attraktiv sein wie ein Markt in Ostafrika, doch eine spanische Firma würde sich wohl eher in Südamerika zuhause fühlen. Ein Unternehmen muss also nicht nur eine relative Reihenfolge gemäß der Attraktivität festlegen, sondern auch bestimmen, wie „nahe" ihm bestimmte Länder stehen. Um seine Argumentation zu stützen, dass es auch auf die Distanz ankommt, hat Ghemawat das sogenannte CAGE-System zusammengestellt, bei dem jedes Element für eine Dimension der Distanz steht

- *Kulturelle Distanz.* Hier bezieht sich die Distanz auf Sprache, Volkszugehörigkeit, Religion und soziale Normen. Bei der kulturellen Distanz geht es nicht nur um Ähnlichkeiten bei den Vorlieben der Konsumenten, sie erstreckt sich auch auf die wichtige Kompatibilität, was das Verhalten von Managern betrifft. Hier fühlen sich amerikanische Unternehmen vielleicht Kanada näher als Mexiko, was für spanische Firmen wiederum eher kompatibel erscheinen mag.
- *Administrative und politische Distanz.* Hier bezieht sich die Distanz auf inkompatible administrative, politische und rechtliche Traditionen. Verbindungen aus der Kolonialzeit können solche Unterschiede vermindern; so schafft das gemeinsame Erbe Frankreichs und seiner ehemaligen westafrikanischen Kolonien ein gewisses Verständnis füreinander, das über die sprachlichen Vorteile hinausgeht. Institutionelle Schwächen – etwa langsame oder korrupte Administration – können aber für Distanz zwischen Ländern sorgen. Bei politischen Unterschieden verhält es sich ebenso: Chinesische Unternehmen sind mehr und mehr in der Lage, in Teilen der

9 P. Ghemawat, „Distance still matters", *Harvard Business Review*, September 2001, S. 137–147.

Welt aktiv zu werden, die für amerikanische Firmen schwer zu erschließen sind, so etwa in Teilen des Mittleren Ostens und Asiens.

- *Geografische Distanz.* Hier geht es nicht nur darum, wie viele Kilometer die Länder voneinander trennen. Auch andere geografische Merkmale der Länder spielen eine Rolle wie etwa Größe, Zugang zum Meer und die Qualität der Kommunikationsinfrastruktur. So haben etwa die Schwierigkeiten, die Wal-Mart in Europa hat, damit zu tun, dass dessen Logistiksysteme für enorm große Distanzen entwickelt wurden, wie sie eben in Nordamerika vorliegen. Für kleinere, dichter besiedelte europäische Länder waren sie dagegen weit weniger gut geeignet. Die Transportinfrastruktur kann physische Distanzen sowohl vermindern als auch verschärfen. So ist Frankreich großen Teilen des europäischen Kontinents viel näher als Großbritannien, denn der Ärmelkanal ebenso wie das relativ schlecht ausgebaute Straßen- und Schienennetz Großbritanniens bilden hier eine Barriere.
- *Wirtschaftliche Distanz.* Das abschließende Element des CAGE-Systems bezieht sich insbesondere auf die durch Wohlstand verursachte Distanz. Anstatt einfach davon auszugehen, dass ein wohlhabender Markt für einen Eintritt attraktiv ist, während ein ärmerer Markt dies nicht ist, weist das System hier auf die verschiedenen Fähigkeiten von Unternehmen aus unterschiedlichen Ländern hin. Multinationale Unternehmen aus reichen Ländern tun sich meist schwer damit, Verbraucher in ärmeren Ländern zu bedienen (siehe Beispiel 8.4; hier wird beschrieben, wie bei Unilever mit diesem Problem umgegangen wurde). In Entwicklungsländern konzentrieren sich Unternehmen aus reicheren Ländern schließlich meist auf kleine wirtschaftliche Eliten. Umgekehrt brauchen Unternehmen aus Entwicklungsländern auch oft sehr lange, um sich alle Anforderungen anzueignen, die Konsumenten der Mittelschicht aus reicheren Ländern ganz selbstverständlich erwarten.[10]

Beispiel 8.4

Strategische Innovation bei Hindustan Lever Limited

Große internationale Unternehmen müssen ihre Produkte und Dienstleistungen oft den Bedürfnissen des lokalen Marktes anpassen.

Unilever ist einer der größten Konsumgüterhersteller der Welt. Das Unternehmen möchte seine Marken weltweit etablieren und diese mit hochmoderner Forschung und Entwicklung stützen. Man ist sich jedoch durchaus der Tatsache bewusst, dass viele Märkte sehr unterschiedlich sind und dass man sich lokalen Marktbedingungen anpassen muss, will man wirklich global aktiv sein. Das Unternehmen hat auch erkannt, dass es seine Produkte sowohl in reichen als auch in ärmeren Regionen vermarkten muss. Schätzungen zufolge sollen bis 2010 sogar die Hälfte aller Umsätze in Entwicklungsländern erzielt werden – ein Anstieg um 30 Prozent seit 2000.

10 Für eine gute Analyse von Unternehmen aus Entwicklungsländern und ihren Chancen siehe T. Khanna und K. Palepu, „Emerging giants: Building world-class companies in developing countries", *Harvard Business Review*, Oktober 2006, S. 60–69.

In den ländlichen Gegenden Indiens bemüht sich Hindustan Lever Unilevers, Markenprodukte auf lokal geeignete Art und Weise zu vermarkten.

Dabei konzentriert man sich vor allem darauf, diese Markenprodukte auf den einheimischen „Haats" oder Märkten anzubieten, wo Vertreter von Unilever ihre Produkte von den Ladeflächen von Lastwagen aus verkaufen und mithilfe von Lautsprechern die Marken anpreisen. Einheimische Führungskräfte argumentieren, dass die Menschen zwar „arm sind, sich jedoch trotzdem nicht mit der Wegwerfversion eines Markenprodukts begnügen wollen, sofern die Firma, die das Markenprodukt herstellt, sich die Mühe macht, ihnen den Unterschied zu erklären".

Um die entsprechenden Fähigkeiten für diese Strategie zu entwickeln, verbringen die Management Trainees von Lever zunächst viele Wochen in ländlichen Gegenden, wo sie mit den Einheimischen essen, sprechen und leben:

> *Hat man einmal Zeit mit den Menschen verbracht, erkennt man, dass sie eigentlich das Gleiche wollen wie man selbst. Sie wollen hohe Lebensqualität.*

Dieselben Führungskräfte haben auch die Vermarktung ihrer Produkte weiter verbessert. Sie haben direkte Verkaufsmodelle entwickelt, bei denen Frauen, die Selbsthilfegruppen angehören, welche Mikrokredite gewähren, Lever-Produkte verkaufen, damit ihre kollektiven Ersparnisse anwachsen. In Regionen, wo es nur wenige Fernseher gibt, haben Marketingexperten außerdem tausende Live-Präsentationen auf Vieh- und Handelsmärkten organisiert, bei denen auch einheimische Folklore gezeigt wird. Hier sollen nicht nur die Lever-Marken beworben werden, man will auch darauf hinweisen, wie wichtig regelmäßiges Waschen und bessere Hygiene sind. Das Verkaufspersonal besucht sogar religiöse Feiern und nutzt ultraviolettes Licht auf den Händen der Menschen, um die Gefahren von Keimen und Schmutz aufzuzeigen.

Doch nicht nur das Marketing der Produkte ist speziell auf das ländliche Indien zugeschnitten. Auch die Produktentwicklung ist hier anders. So sind indische Frauen beispielsweise sehr stolz auf ihr Haar und betrachten Haarpflege als Luxus. Trotzdem nutzen sie meist für die Reinigung des Körpers und der Haare dieselbe Seife. Also forschte Lever, um eine kostengünstige Seife zu entwickeln, die für Haut und Haare verwendet werden kann und auf die Verbraucher in kleineren Städten und ländlichen Gegenden zugeschnitten ist.

Keki Dadiseth, ein führender Mitarbeiter von Hindustan Lever meint dazu:

> *Jeder möchte Markenware kaufen. Und auf der Welt gibt es viel mehr Arme als Reiche. Um wirklich international aktiv zu sein, ... muss ein Unternehmen auf allen Segmenten zuhause sein.*

Quellen: Rekha Balu, „Strategic innovation: Hindustan Lever Ltd.", FastCompany.com (www.fastcompany.com/maganzne), Ausgabe 47, Juni 2001.

Kontrollfragen

1. Welchen Herausforderungen muss sich ein international aktives Unternehmen wie Unilever stellen, wenn es globale Marken entwickeln und gleichzeitig lokal Erfolg haben will?
2. Welche anderen Beispiele für lokal angepasste globale Marken kennen Sie?
3. Internationale Unternehmen werden immer wieder dafür kritisiert, in armen Entwicklungsländern teure Markenprodukte anzubieten. Wie denken Sie über die ethischen Dimensionen der Aktivitäten von Hindustan Lever?

8.5.2 Merkmale des Wettbewerbs

Eine Einschätzung der relativen Attraktivität verschiedener Märkte mithilfe der PESTEL und der CAGE-Analyse sind meist nur der erste Schritt. Ein zweites wichtiges Element bezieht sich auf den Wettbewerb. Hier kann natürlich die Five-Forces-Analyse von Porter helfen (siehe *Abschnitt 2.3*). So sind nationale Märkte mit vielen etablierten Konkurrenten, mächtigen Käufern (etwa große Einzelhandelsketten wie in Nordamerika und Nordeuropa) und niedrigen Eintrittsbarrieren für weitere internationale Konkurrenten meist eher unattraktiv.

Ein weiterer Gesichtspunkt ist jedoch die Wahrscheinlichkeit eines Vergeltungsschlags anderer Konkurrenten.

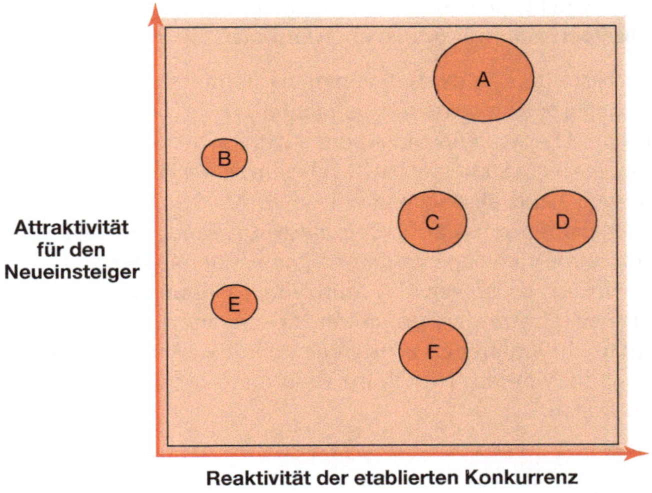

Abbildung 8.5: Vergeltungsschlag internationaler Konkurrenten

Innerhalb des Systems der fünf Kräfte bezieht sich potenzielle Vergeltung auf die Rivalität, doch Manager können diesen Aspekt ausdehnen und dazu Erkenntnisse nutzen, die direkt aus der „Spieltheorie" stammen (siehe *Abschnitt 6.7*). Hier werden Wahrscheinlichkeit und Heftigkeit potenzieller Reaktionen der Konkurrenz zur einfachen Kalkulation der relativen Marktattraktivität addiert. Wie in Abbildung 8.5 dargestellt, werden die Ländermärkte anhand von zwei Achsen angeordnet.[11] Die erste Achse zeigt die *Marktattraktivität* für den Neueinsteiger an, ausgehend z.B. von der PESTEL, CAGE und der Five-Forces-Analyse. In der Abbildung sind also die Länder A und B für den Einsteiger am attraktivsten. Die zweite Achse zeigt die *Reaktivität der etablierten Konkurrenz* an, die wahrscheinlich von der Attraktivität des Marktes für den Konkurrenten, aber auch davon beeinflusst wird, inwieweit dieser eine global integrierte anstelle einer multinationalen Strategie verfolgt. Ein etabliertes Unternehmen wird stärker reagieren, wenn die betroffenen Märkte für es wichtig sind und es über die Managementfähigkeiten verfügt, seine Reaktionen zu koordinieren. Hier ist die Reaktivität der etablierten Konkurrenz in den Ländern A und D besonders hoch. Das dritte Element ist die *Schlagkraft* (d.h. die Macht), die die etablierte Konkurrenz aufbringen kann, um zurückzuschlagen. Diese Schlagkraft ist meist eine Funktion des jeweiligen Marktanteils, kann aber durch Verbindungen zu anderen mächtigen lokalen Marktteilnehmern wie etwa Einzelhändlern oder der Regierung beeinflusst werden. In Abbildung 8.5 ist die Schlagkraft durch die Größe der Blasen dargestellt. Also verfügt die etablierte Konkurrenz in den Ländern A, C, D und F über die größte Schlagkraft.

Die Wahl des Eintrittslandes kann sich erheblich verändern, wenn man zu den Überlegungen bezüglich der Attraktivität auch noch die Reaktivität und die Schlagkraft hinzurechnet. Betrachtet man nur die Attraktivität, so wäre das beste Eintrittsland in Abbildung 8.5 Land A. Leider ist dort die Reaktivität der etablierten Konkurrenz auch mit am höchsten, und auch die Schlagkraft ist hier besonders groß. So wird Land B zur besseren Entscheidung für eine Internationalisierung. Land C wiederum eignet sich besser als Land D, denn trotz gleicher Attraktivität ist hier die Reaktivität der Konkurrenz geringer. Land E sorgt für eine Überraschung, wenn man Reaktivität und Schlagkraft in die Bewertung mit einbezieht. Obwohl es in Bezug auf Attraktivität auf dem letzten Rang liegt, schneidet es doch am zweitbesten ab, wenn man alle Kriterien berücksichtigt.

Diese Analyse ist besonders sinnvoll, wenn man die internationalen Aktivitäten zweier voneinander abhängiger Konkurrenten betrachtet wie etwa Unilever und Procter and Gamble oder British Airways und Singapore Airlines. In solchen Fällen ist diese Analyse für jeden aggressiven Strategieschritt relevant, etwa die Ausweitung bestehender Aktivitäten in einem Land ebenso wie ein neuer Markteintritt. Besonders bei global integrierten Konkurrenten muss außerdem dessen gesamte Schlagkraft berücksichtigt werden. Denn er könnte sich entscheiden, in ganz anderen Märkten als dem ursprünglich betroffenen zurückzuschlagen und dort einen Gegenangriff starten, wo er genügend Schlagkraft besitzt, um dem Angreifer zu schaden. Natürlich kann eine solche Analyse auch auf die Interaktionen zwischen diversifizierten und internationalen Konkurrenten angewendet werden: Jede Blase kann dann für verschiedene Produkte oder Dienstleistungen stehen.

8.5.3 Formen des Markteintritts

Hat sich ein Unternehmen dann für den Eintritt auf einem bestimmten Markt entschieden, muss es wählen, wie dieser Markteintritt ablaufen soll. Eintrittsformen variieren je nachdem, wie viele Ressourcen an einem bestimmten Standort eingesetzt werden und inwieweit die Organisation sich in die betrieblichen Abläufe dort einbringt. Die

11 Dieses System wird erklärt bei I. Macmillan, A. van Putten und R. McGrath, „Global gamesmanship“, *Harvard Business Review*, Bd. 81, Nr. 5 (2003), S. 62–71.

wichtigsten Formen des Markteintritts sind: Export, vertragliche Vereinbarungen durch Lizenzen und Franchising, Joint Ventures, Allianzen und Auslandsdirektinvestitionen, was wiederum die Übernahme etablierter Unternehmen oder Firmenansiedlungen auf der grünen Wiese bedeuten kann. Diese alternativen Methoden der Strategieentwicklung werden in *Abschnitt 10.3* näher erläutert, doch die spezifischen Vor- und Nachteile eines internationalen Markteintritts sind in Abbildung 8.6 zusammengefasst.

Die Eintrittsform auf einen neuen Markt wird oft anhand der Phasen der organisationalen Entwicklung ausgewählt. Die Internationalisierung führt eine Organisation auf neues und oft unbekanntes Terrain, sodass die Manager ihre Arbeit oft neu lernen müssen.[12] Die Internationalisierung wird daher traditionell als mehrstufiger Prozess gesehen, wobei Unternehmen ihr Engagement für neue Märkte mehr und mehr steigern und gleichzeitig ihr Wissen und ihre Fähigkeiten ausbauen. Diese Strategie der **gestuften internationalen Expansion** bedeutet, dass Firmen anfangs Formen des Markteintritts wie Lizenzierung oder Export nutzen, die ihnen erlauben, maximales Wissen zu erwerben, während ihre Vermögenswerte so wenig wie möglich beansprucht werden. Haben die Firmen dann ausreichend Vertrauen und Wissen angesammelt, können sie stufenweise immer mehr Ressourcen einsetzen und vielleicht zunächst ein Joint Venture arrangieren und später Auslandsdirektinvestitionen leisten. Ein Beispiel ist der Eintritt des Automobilherstellers BMW in den amerikanischen Markt. Nach einer langen Exportphase deutscher Autos in die USA baute BMW ein Fertigungswerk in Spartanburg, South Carolina, um so seine Wettbewerbsposition auf dem strategisch wichtigen amerikanischen Markt zu stärken.

Gestufte internationale Expansion

Bei der gestuften internationalen Expansion nutzen Firmen Formen des Markteintritts, die es ihnen erlauben, den Wissenserwerb zu maximieren und die Vermögenswerte einem möglichst geringem Risiko auszusetzen.

Im Gegensatz zu dieser allmählichen Internationalisierung, die ursprünglich von vielen großen und etablierten Unternehmen betrieben wurde, werden einige kleine Firmen heute sehr schnell und zu einem sehr frühen Zeitpunkt in ihrer Entwicklung international aktiv. Dabei nutzen sie mehrere Eintrittsformen für verschiedene Länder. Dies sind die sogenannten „Born Globals"[13]. Anhand des „Mini-Multinationals" aus Beispiel 8.5 wird dieser Prozess eines Born Global verdeutlicht. Um eine schnelle Internationalisierung zu erreichen, müssen die Born Globals ihren Internationalisierungsprozess managen und gleichzeitig ihre diesbezügliche Strategie und Infrastruktur entwickeln, obwohl ihnen oft die Erfahrung und das Wissen fehlen, das in solchen Fällen für gewöhnlich vorausgesetzt wird.

12 Für detailliertere Diskussionen über die Rolle, die Erfahrung und Lernen bei einem Markteinritt spielen, siehe M.F. Guillén, „Experience, imitation, and the sequence of foreign entry: Wholly owned and joint-venture manufacturing by South Korean firms and business groups in China, 1987–1995", *Journal of International Business Studies*, Bd. 83 (2003), S. 185–198; und M.K. Erramilli, „The experience factor in foreign market entry modes by service firms", *Journal of International Business Studies*, Bd. 22, Nr. 3 (1991), S. 479–501.

13 G. Knights und T. Cavusil, „A taxonomy of born-global firms", *Management International Review*, Bd. 45, Nr. 3 (2005), S. 15–35.

Abbildung 8.6: Formen des Markteintritts: Vorteile und Nachteile

Export

Vorteile:

- Keine betrieblichen Einrichtungen im Exportland nötig.
- Größenvorteile können genutzt werden.
- Über das Internet können kleine/unerfahrene Firmen Zugang zu internationalen Märkten erlangen.

Nachteile:

- Die Firma kann nicht von den Standortvorteilen des Exportlandes profitieren.
- Die Möglichkeiten, Kenntnisse über lokale Märkte und Konkurrenten zu erwerben, sind begrenzt.
- Es kann eine Abhängigkeit von Exportzwischenhändlern entstehen.
- Handelsbarrieren wie etwa Importzölle können hinderlich sein.
- Transportkosten fallen an.
- Schnelle Reaktionsfähigkeit auf Kundenbedürfnisse ist eingeschränkt.

Joint Ventures und Allianzen

Vorteile:

- Investitionsrisiko wird von mehreren Partnern getragen.
- Komplementäre Ressourcen und Know-how wird gemeinsam genutzt.
- Kann eine Bedingung des Staates für den Markteintritt sein.

Nachteile:

- Die Identifizierung möglicher Partner sowie das Aushandeln geeigneter Verträge kann schwierig sein.
- Die Beziehung zu einem ausländischen Partner kann schwer zu managen sein.
- Wettbewerbsvorteile können durch Imitation verloren gehen.
- Die Fähigkeit, Aktivitäten grenzüberschreitend zu integrieren und zu koordinieren ist eingeschränkt.

Lizenzierung

Vorteile:

- Vertraglich festgelegtes Einkommen durch den Verkauf von Produktions- und Vermarktungsrechten
- Der Einsatz wirtschaftlicher und finanzieller Ressourcen ist begrenzt.

Nachteile:

- Die Identifizierung möglicher Partner sowie das Aushandeln geeigneter Verträge kann schwierig sein.
- Wettbewerbsvorteile können durch Imitation verloren gehen.
- Standortvorteile des Gastgeberlandes können nur begrenzt genutzt werden.

Auslandsdirektinvestitionen

Vorteile:

- Vollständige Kontrolle über Ressourcen und Fähigkeiten
- Die Koordination und Integration grenzüberschreitender Aktivitäten wird erleichtert.
- Übernahmen ermöglichen einen schnellen Markteintritt.
- Firmengründungen auf der grünen Wiese ermöglichen die Entwicklung modernster Einrichtungen und können so die finanzielle Unterstützung des Gastgeberstaats anziehen.

Nachteile:

- Es sind erhebliche Investitionen und Engagement im Gastgeberland notwendig, sodass viele wirtschaftliche und finanzielle Ressourcen eingesetzt werden müssen.
- Firmenübernahmen können zu Integrations- und Koordinationsproblemen führen.
- Firmengründungen auf der grünen Wiese sind im Ausland zeitraubend; die Kosten sind schwer vorhersagbar.

Multinationale Unternehmen aus Schwellenländern nutzen auch oft verschiedene Facetten aller Markteintrittsformen aus. Bekannte Beispiele sind der chinesische Haushaltswarenhersteller Haier, das indische Pharmaunternehmen Rambaxy Laboratories und die mexikanische Zementfirma Cemex. Die internationalen Strategien dieser Unternehmen basieren nicht einfach nur auf Exporten oder Kosten.[14] Sie entwickeln meist *einzigartige Fähigkeiten* auf ihren heimischen Märkten, die von etablierten internationalen Firmen oft vernachlässigt werden. Dann machen sie sich daran, „Außenposten" in weiter entwickelten Ländern aufzubauen. Aufgrund der besonderen Bedürfnisse des chinesischen Marktes erwarb Haier besonders fundierte Kenntnisse in der effizienten Fertigung einfacher Haushaltsgeräte. Dies verlieh der Firma einen Kostenvorteil, der sich auch auf Produktionsstätten außerhalb Chinas übertragen ließ. 1999 eröffnete Haier ein Werk in South Carolina, USA, und arbeitet nun in direkter Konkurrenz mit westlichen Großkonzernen wie General Electric oder Whirlpool auf deren heimischem Terrain.

Beispiel 8.5 Das „Mini-Multinational"

GNI, ein junges Unternehmen aus dem Bereich Biotechnologie, hat zwar nur knapp 100 Mitarbeiter, ist aber in fünf Ländern auf vier Kontinenten aktiv.

Christopher Savoie ist ein amerikanischer Unternehmer, der ursprünglich in Japan Medizin studierte, auf diese Weise fließend Japanisch sprechen lernte und außerdem die japanische Staatsbürgerschaft annahm. 2001 gründete er GNI, ein Biotechnologieunternehmen, das bis zum Jahr 2006 Investmentgelder in Höhe von drei Milliarden Yen (€ 20 Millionen) gesammelt hatte, darunter auch ein Beitrag der renommierten internationalen Investmentbank Goldman Sachs. Das Unternehmen ist bereits in Tokio und Fukuoka, Japan, sowie in Shanghai, China, in Cambridge und London, UK, sowie in San Jose, Kalifornien, vertreten. Außerdem arbeitet es mit einem Labor in Auckland, Neuseeland, zusammen. Savoie kommentiert: „Wir suchen uns in jedem Land die Besten der Besten und bringen sie zusammen."

Die Strategie von GNI besteht darin, sich auf verstärkt in Asien vorkommende Krankheiten zu konzentrieren, die von großen westlichen Pharmakonzernen vernachlässigt werden wie etwa Magenkrebs und Hepatitis. Savoie zufolge „kommt Asien seit langem zu kurz. Als kleines Unternehmen mussten wir uns eine Marktnische suchen, und wir dachten, Hilfe für die Hälfte der gesamten Menschheit sei ein guter Ausgangspunkt".

Die Wissenschaftler von GNI arbeiten daran, aus der Nabelschnur Genmaterial zu gewinnen, das durch die Umwelt noch praktisch nicht verändert wurde. Allerdings behalten japanische Eltern traditionsgemäß die Nabelschnüre ihrer Kinder. Deshalb arbeitet GNI mit dem Rosie Maternity Hospital in Cambridge zusammen,

14 Für eine Analyse von multinationalen Unternehmen aus Schwellenländern siehe T. Khanna und K. Palepu, „Emerging giants: Building world-class companies in developing countries", *Harvard Business Review*, Oktober 2006, S. 60–69; und J. Sinha, „Global champions from emerging markets", *McKinsey Quarterly*, Nr. 2 (2005), S. 26–35.

um genügend Genmaterial verfügbar zu haben. Andererseits hat GNI in Japan jederzeit Zugang zu großen Supercomputern, und japanische Wissenschaftler haben die Algorithmen entwickelt, die zur Analyse der genetischen Codes erforderlich sind. Auch wurde in Japan ein Großteil des Investmentkapitals aufgebracht, denn hier sind die Regelungen für Start Ups relativ locker. In China wiederum können neue Behandlungsmethoden effektiv an Patienten getestet werden. Aufgrund regulativer Vorteile können klinische Versuchsreihen hier schneller durchgeführt werden. Außerdem liegen die Kosten hierfür in China nur rund bei einem Zehntel der Kosten in Japan. Im Jahr 2005 fusionierte GNI mit Genomics, einer Start Up-Firma aus Shanghai, die von zwei Unternehmern geleitet wird, die ebenfalls in den USA studiert haben. Außerdem befindet sich in San Jose ein Büro, das sich um die Unternehmensentwicklung kümmert und Beziehungen zu großen amerikanischen Pharmakonzernen knüpft.

Savoie beschreibt sein Geschäftsmodel als grundlegend einfach:

> *Wir haben eine chinesische Kostenstruktur, japanische Supercomputer und, in Cambridge, Zugang zu Genmaterial (Nabelschnüre) sowie zu sehr fähigen klinischen Wissenschaftlern. Mithilfe dieses Netzwerks können wir anspruchsvolle Wissenschaft betreiben und so quasi auf Molekularebene mit den großen Akteuren konkurrieren.*

Quellen: D. Pilling, „March of the mini-multinational", Financial Times, 4. Mai 2006; www.gene-networks.com.

Kontrollfragen

1. Analysieren Sie das Wertnetzwerk von GNI im Hinblick auf dessen Kostenvorteile, einzigartigen Fähigkeiten und lokalen Merkmale.
2. Welchen Herausforderungen im Bereich Management muss sich GNI mit zunehmendem Unternehmenswachstum stellen?

8.6 Internationalisierung und Erfolg

Ebenso wie bei der in *Abschnitt 7.2.3* besprochenen Produkt- und Dienstleistungsvielfalt wurde auch die Beziehung zwischen Internationalisierung und Leistung genauestens untersucht.[15] Einige der wichtigsten Ergebnisse dieser Untersuchungen sind folgende:

- *Eine nach unten offene U-Kurve.* Einerseits bringt eine Internationalisierung beträchtliche potenzielle Leistungsvorteile, da die betreffenden Unternehmen dadurch Größen- und Diversifikationsvorteile nutzen können und außerdem von den weltweit vorhandenen Standortvorteilen profitieren. Andererseits birgt die Kombination aus unterschiedlichsten Standorten und verschiedenen Geschäftsbereichen auch eine große organisatorische Komplexität. Ab einem gewissen Punkt könnten die Kosten,

15 Eine nützliche Übersicht der internationalen Dimension ist bei M. Hitt und R.E. Hoskisson, „International diversification: Effects on innovation and firm performance in productdiversified firms", *Academy of Management Journal*, Bd. 40, Nr. 4 (1997), S. 767–798 zu finden.

die diese Komplexität verursacht, die Vorteile der Internationalisierung übersteigen. Dementsprechend deuten Theorie und praktische Beweise auf eine nach unten offene U-Kurve hin, die die Beziehung zwischen Internationalisierung und Leistung beschreibt (ähnlich den Ergebnissen der Produkt/Dienstleistungsdiversifikation in Abbildung 7.4 und der Darstellung in *Abschnitt 7.2.3*). Eine gemäßigte Internationalisierung erzeugt also die größte Leistung. Allerdings legen die neuesten von Yip durchgeführten Forschungsarbeiten über große britische Unternehmen nahe, dass Manager immer besser mit der Internationalisierung ihrer Organisationen umgehen können, sodass hochgradig internationalisierte Firmen sogar eine Leistungsverbesserung beobachten, sobald die internationalen Umsätze bei über 40 Prozent der Gesamtumsätze liegen.[16] Viel Erfahrung und großes Engagement für die Internationalisierung können bei hoch internationalisierten Unternehmen für gute Leistungen sorgen.

- *Nachteile auf dem Dienstleistungssektor.* Eine Reihe verschiedener Studien ergab, dass eine Internationalisierung für Unternehmen des Dienstleistungssektors – im Gegensatz zu Firmen, die Güter produzieren – nicht zu einer Leistungsverbesserung führen könnte. Es gibt drei mögliche Gründe für einen solchen Effekt. Zunächst sind die Aktivitäten ausländischer Dienstleistungsunternehmen in manchen Bereichen (etwa bei der Wirtschaftsprüfung oder im Bankwesen) immer noch streng reguliert und in manchen Ländern sogar eingeschränkt. Zweitens sind immaterielle Dienstleistungen oft stärker kulturellen Unterschieden unterworfen als gefertigte Waren und verursachen so höhere Lernkosten. Zum dritten schließlich erfordern Dienstleistungen meist eine hohe lokale Präsenz und eignen sich nicht zur Nutzung wesentlicher Größenvorteile, wie dies in der Produktion gefertigter Waren der Fall ist.[17]
- *Internationalisierung und Produktvielfalt.* Ein wichtiger Aspekt ist hier auch die Interaktion zwischen Internationalisierung und Produkt-/Dienstleistungsdiversifikation. Vergleiche mit Unternehmen mit nur einem Geschäftsbereich haben ergeben, dass produktdiversifizierte Unternehmen häufig stärker von einer internationalen Expansion profitieren, denn sie haben bereits die notwendigen Fähigkeiten und Strukturen für das Management ihrer internen Vielfalt entwickelt. Am anderen Ende des Spektrums ist man sich weitgehend einig, dass Unternehmen, die bezüglich ihrer Produkte und ihrer Märkte hochgradig diversifiziert sind, meist hohe Kosten für Koordination und Kontrolle tragen müssen, sodass ihre Leistung darunter leidet. Da bei vielen Unternehmen, die eine Internationalisierung anstreben, bisher noch die negativen Auswirkungen die positiven Zugewinne überwiegen und auch aufgrund der aktuellen Skepsis bezüglich des Nutzens einer ausgeprägten Produktdiversifikation, entscheiden sich viele Firmen aktuell für eine Reduzierung ihrer Produktvielfalt, während sie aber ihre internationale Reichweite ausbauen. So kombiniert Unilever beispielsweise eine Strategie zunehmender Internationalisierung mit reduzierter Diversifikation.

---

16 Für detaillierte Ergebnisse über britische Unternehmen siehe G. Yip, A. Rugman und A. Kudina, „International success of British companies", *Long Range Planning*, Bd. 39, Nr. 1 (2006), S. 241–264.

17 Siehe N. Capar und M. Kotabe, „The relationship between international diversification and performance in service firms", *Journal of International Business Studies*, Bd. 34 (2003), S. 345–355; und F.J. Contractor, S.K. Kundu und C. Hsu, „A three-stage theory of international expansion: The link between multinationality and performance in the service sector", *Journal of International Business Studies*, Bd. 34 (2003), S. 5–18.

8.7 Die Positionen in einem internationalen Portfolio

Ebenso wie bei der Produktdiversifikation ergeben sich auch aus einer internationalen Strategie verschiedene Beziehungen zwischen den Aktivitäten einer Tochtergesellschaft und der Zentrale. Die Komplexität der Strategien von Organisationen wie General Motors oder Unilever kann zu hochgradig differenzierten Netzwerken von Tochtergesellschaften führen, die alle unterschiedliche strategische Positionen haben. Die Positionen der Tochtergesellschaften unterscheiden sich je nachdem, in welchem Maß ihnen lokale Ressourcen und Fähigkeiten zur Verfügung stehen und je nach der strategischen Bedeutung ihres lokalen Umfelds (siehe Abbildung 8.7):[18]

Abbildung 8.7: Die Positionen der Tochtergesellschaften internationaler Unternehmen

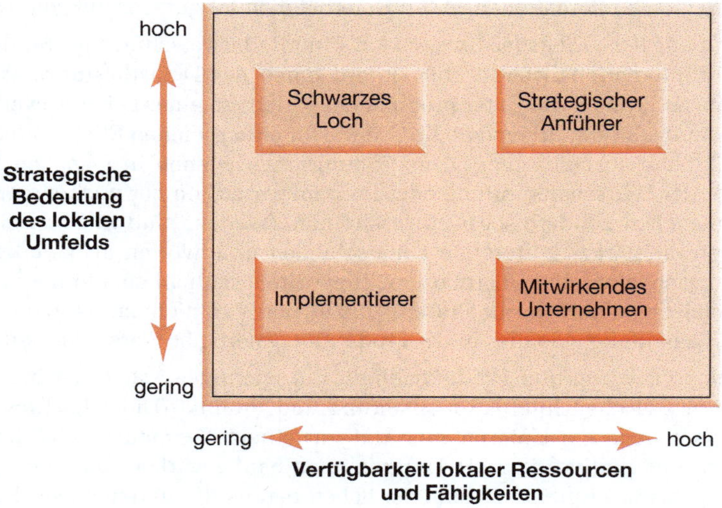

- **Strategische Anführer** sind Tochtergesellschaften, die nicht nur wertvolle Ressourcen und Fähigkeiten besitzen, sondern sich auch in Ländern befinden, die für den Wettbewerbserfolg wichtig sind, z.B. aufgrund der Größe ihrer Märkte oder aufgrund des Zugangs zu wichtigen Technologien. Japanische und europäische Tochtergesellschaften in den USA sind oft in dieser Position
- **Mitwirkende Unternehmen** sind Tochtergesellschaften internationaler Firmen mit wertvollen internen Ressourcen, die sich in Ländern mit geringer strategischer Relevanz befinden, aber dennoch einen wichtigen Beitrag zum Wettbewerbserfolg des internationalen Unternehmens leisten. Die australische Tochtergesellschaft der schwedischen Telekommunikationsfirma Ericsson befand sich in dieser Position, als sie spezielle Systeme für den Mobilfunkbereich des Unternehmens entwickelte.

Mitwirkende Unternehmen

Mitwirkende Unternehmen sind Tochtergesellschaften internationaler Firmen mit wertvollen internen Ressourcen, die sich in Ländern mit geringer strategischer Relevanz befinden, aber dennoch einen wichtigen Beitrag zum Wettbewerbserfolg des internationalen Unternehmens leisten.

18 C.A. Bartlett und S. Ghosal, *Managing Across Borders: The Transnational Solution*, The Harvard Business School Press, 1989, S. 105–111; A.M. Rugman und A. Verbeke, „Extending the theory of the multinational enterprise: Internalization and strategic management perspectives“, *Journal of International Business Studies*, Bd. 34 (2003), S. 125–137.

- **Implementierer** tragen zwar nicht wesentlich zur Steigerung des Wettbewerbsvorteils einer Firma bei, sind aber dennoch sehr wichtig, da sie essenzielle finanzielle Ressourcen erzeugen In diesem Sinn haben sie Ähnlichkeiten mit den Cash Cows der BCG-Matrix. Die Gefahr besteht darin, dass sie sich zu Dogs entwickeln.
- **Schwarze Löcher** sind Tochtergesellschaften, die in für den Wettbewerbserfolg entscheidenden Ländern angesiedelt sind, aber nur geringe Ressourcen oder Fähigkeiten besitzen. In dieser Position befanden sich viele amerikanische und europäische Unternehmen in Japan über einen langen Zeitraum. Sie weisen einige der Merkmale von Fragezeichen in der BCG-Matrix auf und erfordern hohe Investitionen (wie die schwarzen Löcher aus der Astrophysik, die Materie ansaugen). Möglichkeiten, diese unattraktive Position zu überwinden, bieten sich durch die Entwicklung von Allianzen und die selektive und zielgerichtete Entwicklung wesentlicher Ressourcen und Fähigkeiten.[19]

Diese Positionen beziehen sich natürlich auch darauf, wie Management und Kontrolle der Tochtergesellschaften gestaltet sind. Dies wird in *Kapitel 12* weiter ausgeführt. Siehe auch Beispiel 8.6.

Implementierer

Implementierer sind Tochtergesellschaften internationaler Unternehmen, die Strategien ausführen, die an anderer Stelle entwickelt wurden und möglicherweise finanzielle Überschüsse erwirtschaften, die Initiativen in anderen Gesellschaften finanzieren.

Schwarze Löcher

Schwarze Löcher sind Tochtergesellschaften, die in für den Wettbewerbserfolg entscheidenden Ländern angesiedelt sind, aber nur geringe Ressourcen oder Fähigkeiten besitzen.

ZUSAMMENFASSUNG

- Das Potenzial für Internationalisierung auf einem beliebigen Markt wird durch vier Antriebskräfte bestimmt: Markt, Kosten, Staat und Strategien der Konkurrenz.
- Grundlagen für Vorteile einer internationalen Strategie können sich aus globaler Beschaffung, durch das internationale Wertnetzwerk sowie durch nationale Grundlagen für Vorteile ergeben, wie im Porter-Diamanten dargestellt.
- Es gibt vier Hauptarten der internationalen Strategie, die je nach ihrer Koordination und ihrer geografischen Gestaltung variieren: Einfacher Export, komplexer Export, multinational und global.
- Die Auswahl der Märkte für den internationalen Eintritt oder eine Expansion sollte auf Attraktivität, multidimensionalen Messwerten der Distanz und den Erwartungen bezüglich eines Rückschlags der Konkurrenz basieren.
- Eintrittsmöglichkeiten in neue Märkte sind Export, Lizenzierung, Joint Ventures und Allianzen und Auslandsdirektinvestitionen.
- Es besteht eine unsichere Beziehung zwischen Internationalisierung und finanzieller Leistung. Eine nach unten offene U-Kurve warnt vor einer übermäßigen Internationalisierung.
- Tochtergesellschaften können ebenso wie Geschäftsbereiche einer diversifizierten Firma mittels Portfolio-Methoden verwaltet werden.

ZUSAMMENFASSUNG

19 Für eine umfassendere Untersuchung der Positionen von Tochtergesellschaften in multinationalen Unternehmen siehe J. Birkinshaw, *Entrepreneurship and the Global Firm*, Sage, 2000.

Beispiel 8.6 Global, lokal oder regional?

Es wird viel darüber diskutiert, ob Unternehmen nun wirklich globaler werden, oder ob der lokale oder gar regionale Einfluss immer noch die bestimmende Kraft ist.

Ted Levitt, Professor an der Harvard Business School und ehemaliges Aufsichtsratsmitglied der internationalen Werbeagentur Saatchi & Saatchi, hat in provokativer Weise für ein tiefgehendes Engagement für globale Strategie auf allen Märkten argumentiert. Er geht davon aus, dass moderne Kommunikationstechnologien homogene Marktbedürfnisse schaffen, während Fertigungstechnologien vorhandene Größenvorteile zusätzlich steigern. Angesichts der Kosteneinsparungen durch Größenvorteile und der schwindenden Bedeutung unterschiedlicher Kundenwünsche sind Unternehmen, die sich wahrhaft globalen Strategien verschreiben, in der Lage, mithilfe konkurrenzlos niedriger Preise alle Rivalen auszustechen, die sich noch auf lokale Bedürfnisse konzentrieren. Er argumentiert:

> *Das globale Unternehmen wird danach streben, sein Angebot überall zu standardisieren ... Firmen, die sich den neuen globalen Realitäten nicht anpassen, werden denen zum Opfer fallen, die es tun.*

Er nennt Coca-Cola, Rolex, Sony und McDonalds als Beispiele für diesen Trend. Firmen sollten sich nicht in detaillierte Unterschiede verzetteln, die aus der Vergangenheit übrig geblieben sind, sondern vielmehr das Gesamtbild der kommenden Globalisierung wahrnehmen.

Auf Levitts provokative Argumentation folgte postwendend eine energisch Reaktion der amerikanischen Akademiker Gerry Wind und Susan Douglas, die darin vor dem „Mythos Globalisierung“ warnten. Sie stellen sowohl den Trend in Richtung einer Homogenisierung als auch die wachsende Bedeutung von Größenvorteilen infrage. Selbst scheinbar globale Unternehmen passen sich an die speziellen Bedürfnisse der einzelnen Länder an. So verkauft beispielsweise Coca-Cola in Japan neben seinen klassischen Getränken auch lokale Produkte, und in den USA ist das von Coca-Cola vertriebene Dasani-Mineralwasser ein großer Erfolg, während es sich in Europa nur schlecht verkaufen ließ. Was das Argument der Größenvorteile betrifft, können neue flexible Automationstechnologien sogar dafür sorgen, dass die Stückzahlen einzelner Bestellungen zurückgehen, sodass sich die Produktionszeiten verkürzen, um mehr auf lokale Bedürfnisse eingehen zu können. Außerdem lässt das Preisbewusstsein der Verbraucher mit zunehmendem weltweiten Wohlstand immer mehr nach, sodass sie bereit sind, für die Erfüllung ihrer persönlichen Wünsche auch etwas mehr zu bezahlen. Wind und Douglas warnen, dass blindes Vertrauen in die Unvermeidbarkeit der Globalisierung unweigerlich zu wirtschaftlichen Enttäuschungen führen wird.

Zwischen den beiden Extremen global und lokal gibt es eine dritte, die regionale Position. Pankaj Ghemawat weist darauf hin, dass ein Großteil des internationalen Handels auf intra-regionaler Ebene stattfindet. So treiben viele europäische Länder meist fast ausschließlich untereinander Handel. Und dieser Trend in Richtung des intra-regionalen Handels wächst sogar – von etwa 40 Prozent des gesamten Handelsvolumens vor etwa 40 Jahren auf 55 Prozent zu Beginn des 21. Jahrhunderts. Dies zeigt sich auch an der Ausrichtung multinationaler Unternehmen. Alan Rugman rechnet vor, dass in den Anfangsjahren des 21. Jahrhunderts über 300 der weltweit größten Konzerne immer noch mehr als die Hälfte ihres Gesamtumsatzes in ihrer Heimatregion erzielen. Eine scheinbar globale Firma wie McDonalds ist eigentlich lediglich bi-regional aktiv, denn 80 Prozent ihrer Umsätze werden in Nordamerika und Europa erzielt. Etablierte multinationale Konzerne wie General Electric oder Procter and Gambel erwirtschaften jeweils 60 und 55 Prozent ihrer Umsätze auf ihrem Heimatmarkt Nordamerika.

Es könnte sein, dass Ted Levitt einfach über solche empirischen Details hinwegsieht. Für ihn lautet die entscheidende Frage:

> *Wohin entwickeln sich die Dinge in der Zukunft? Natürlich wird es auch weiterhin lokale Unterschiede bei Kundenwünschen geben, doch werden diese Unterschiede insgesamt gesehen geringer? Vielleicht wächst der intra-regionale Handel tatsächlich, doch ist dies nicht nur ein Übergangsphänomen, das sich aus der Gründung des nordamerikanischen Freihandelsabkommens (NAFTA) und der vermehrten Importe nach China entwickelt? Wir sollten uns durch vorübergehende Abweichungen nicht von der großen Hauptstraße in Richtung der globalen Integration abbringen lassen.*

Quellen: T. Levitt, „The globalization of markets“, Harvard Business Review, Mai-Juni 1983, S. 92–102; S. Douglas und G. Wind, „The myth of globalization“, California Journal of World Business, Bd. 22, Nr. 4 (1987), S. 19–30; P. Ghemawat, „Regional strategies for global leadership“, Harvard Business Review, Dezember 2005, S. 98–108; A. Rugman, The regional multinationals, Cambridge University Press, 2005.

Kontrollfragen

1. Erstellen Sie eine Liste mit Produkten und Dienstleistungen, die im Laufe der Zeit immer „globaler" geworden sind; erstellen Sie dann eine zweite Liste mit Produkten und Dienstleistungen, die immer weniger „global" werden.
2. Wie viele Länder der Welt haben Sie bereits besucht? Wie viele Länder hatten Ihre Eltern bereits besucht, als sie in Ihrem Alter waren?

Aufgaben

*Kennzeichnet schwierigere Aufgaben.

8.1 Vergleichen Sie mithilfe von Abbildung 8.2 (Yips Antriebskräfte der Globalisierung) zwei Märkte, die Ihnen vertraut sind, und analysieren Sie, wie stark jede der Antriebskräfte dort in Richtung einer stärkeren internationalen Strategie wirkt.

*8.2 Wenden Sie die vier bestimmenden Faktoren des Porter-Diamanten (Abbildung 8.3) auf eine Ihnen vertraute Branche an, die in Ihrem Heimatland erfolgreich ist (zum Beispiel Mode in Frankreich, Automobile in Deutschland) und erklären Sie den nationalen Vorteil dieser Branche.

8.3 Klassifizieren Sie die internationale Strategie eines multinationalen Konzerns, der Ihnen bekannt ist, anhand der in Abbildung 8.4 dargestellten vier internationalen Strategien.

*8.4 Verwenden Sie das CAGE-System (*Abschnitt 8.5.1*) zur Beurteilung der relativen Distanz potenzieller internationaler Märkte, die für ein kleines Unternehmen Ihrer Wahl zum Markteintritt infrage kommen. Welche Eintrittsmöglichkeiten (Export, Allianzen, Lizenzierung oder Direktinvestition) würden Sie für die attraktivsten Märkte empfehlen?

*8.5 Erklären Sie anhand eines beliebigen Bereichs des öffentlichen Sektors (zum Beispiel Bildung, Gesundheit), inwieweit sich die Internationalisierung auch hier bereits auf das Management ausgewirkt hat und wie weit diese Auswirkungen in Zukunft noch gehen werden.

Integrative Aufgabe

8.6 Verwenden Sie wie in Aufgabe 8.3 die vier internationalen Strategien aus Abbildung 8.4 zur Klassifizierung der internationalen Strategie eines Unternehmens Ihrer Wahl. Wie passt die Organisationsstruktur dieses Unternehmens zu dessen Strategie? Nehmen Sie zur Beantwortung dieser Frage Bezug auf *Abschnitt 12.2*.

Literaturempfehlungen

- Eine aufschlussreiche Einführung in die detaillierten Funktionsweisen (und Mängel) der heutigen globalen Wirtschaft bietet P. Rivoli, *The Travels of a T-Shirt in the Global Economy: An Economist Examines the Markets, Power and Politics of World Trade*, Wiley, 2006. Eine optimistischere Einschätzung gibt T. Friedman, *The World is Flat: The Globalized World in the Twenty First Century*, Penguin, 2006.
- Eine positive Perspektive internationaler Strategie liefert G. Yip, *Total Global Strategy II*, Prentice Hall, 2003. Ein umfassendes allgemeines Lehrbuch ist von A. Rugman und S. Collinson, *International Business*, 4. Aufl., FT/Prentice Hall, 2006.
- Eine nützliche Sammlung akademischer Artikel über internationale Aktivitäten liefern A. Rugman und T. Brewer (Hrs.), *The Oxford Handbook of International Business*, Oxford University Press, 2003.
- Für Informationen über finanzielle Überlegungen bezüglich internationaler Entwicklungen siehe G. Arnold, *Corporate Financial Management*, 3. Aufl., FT/Prentice Hall, 2005, Kap. 7.

Fallstudie
Lenovo Computers: East meets west

Einführung

Im Mai 2005 übernahm Lenovo, weltweit auf Platz 13 der Liste der größten PC-Hersteller, den weltweit drittgrößten Geschäftsbereich für Personal Computers, den PC-Geschäftsbereich von IBM. Lenovo, das zu diesem Zeitpunkt ausschließlich in China tätig war, zahlte $ 1,75 Mrd. (€ 1,4 Mrd.) für die Kontrolle über einen Unternehmensbereich, der überall auf der Welt präsent war und eigentlich im Jahr 1981 den Personal Computer erfunden hatte. Michael Dell, Gründer des weltgrößten PC-Unternehmens kommentierte knapp: „Es wird nicht funktionieren.“

Lenovo war im Jahr 1984 von Liu Chuanzhi, einem 40-jährigen Wissenschaftler, gegründet worden. Chuanzhi hatte zuvor für das Computer Institute of the Chinese Academy of Sciences gearbeitet. Zu Beginn seiner Karriere hatte er während des Vietnamkriegs von den Amerikanern beschlagnahmte Radarsysteme auseinandergebaut und zur Zeit der Kulturrevolution in China Reis angebaut. Liu Chuanzhi begann mit $ 25.000 Startkapital vom Computer Institute und versprach seinem Chef, er werde ein Unternehmen aufbauen, das Einkünfte in Höhe von $ 250.000 erzielen würde. Liu arbeitete zunächst im ehemaligen Pförtnerhaus des Computer Institutes und lieh sich auch von dort seine Büroausstattung. Anfangs versuchte er sein Glück mit dem Wiederverkauf von Farbfernsehgeräten. Wirklich erfolgreich wurde er aber erst 1987, als Lenovo als eine der ersten Firmen Software mit chinesischen Schriftzeichen im Paket mit importierten PCs verkaufte.

Nun startete Lenovo durch, wobei Liu die Unterstützung seines Vaters annahm, der eine gute Stellung in der chinesischen Regierung hatte. So konnte er die PCs billig via Hongkong importieren. Im Jahr 1988 gab Liu seine ersten Stellenanzeigen auf und stellte 58 junge Mitarbeiter ein. Während die Gründergeneration von Lenovo bereits um die 40 war, waren die neuen Teammitglieder alle erst Anfang 20, denn durch die Kulturrevolution gab es in China in einem Zeitraum von zehn Jahren keine Universitätsabsolventen. Einer der neuen Mitarbeiter war Yang Yuanqing, der vor Vollendung seines 30. Lebensjahrs Lenovos Geschäftsbereich PCs übernehmen und später, mit 41, sogar Geschäftsführer des neuen Gemeinschaftsprojekts mit IBM werden sollte. Mithilfe dieses neuen Teams konnte Lenovo im Jahr 1990 die Produktion seines ersten PCs starten, mit dem das Unternehmen bis zum Jahr 2005 seinen Marktanteil in China auf 30 Prozent steigern sollte. Ein Teilbörsengang an der Hongkong Stock Exchange erfolgte im Jahr 1994.

Die Übernahme

Die Arbeit an dem Abkommen mit IBM zur Übernahme begann bereits 2004, wobei die Unternehmensberatung McKinsey & Co sowie die Investmentbank Goldman Sachs Lenovo als Berater zur Seite standen. IBM wollte sein PC-Geschäft loswerden, denn sein Marktanteil in den USA betrug lediglich vier Prozent. Außerdem warf der von Dell und Hewlett Packard dominierte Markt nur geringe Margen ab. Für IBM lag die Zukunft im Dienstleistungsbereich und bei Großrechnern. Neben Lenovo war das Privatunternehmen Texas Pacific Group auch an der Übernahme interessiert. Lenovo bot zwar den besten Preis, doch auch Texas Pacific übernahm einen Anteil des neuen Konzerns, während IBM zu 13 Prozent Eigentümer war. Die staatliche Chinese Academy of Sciences hielt immer noch 27 Prozent der Aktien und war damit der größte Einzelaktionär des Konzerns.

Der neue Geschäftsführer Yang Yuanqing hatte eine klare Vision dessen, was das neue Unternehmen erreichen sollte, erkannte aber auch einige Herausforderungen:

> *In fünf Jahren soll sie (Lenovo) eine sehr bekannte PC-Marke sein, und unsere Wachstumsraten sollen etwa doppelt so hoch sein wie die der Branche. Ich möchte eine ordentliche Gewinnmarge sehen und vielleicht auch andere weltweit präsente Geschäftsbereiche neben den PCs. Mit unserem Unternehmen stehen wir nun ganz am Anfang und können somit die Grundlagen seiner Unternehmenskultur festlegen. Ich beschreibe sie mit drei Worten: Vertrauen, Respekt, Kompromiss.*

Er fuhr fort:

> *Vielleicht müssen wir als globaler Konzern einige Abstriche bei der Geschwindigkeit machen, besonders in der Anfangsphase. Wir brauchen mehr Kommunikation. Und wir müssen uns Zeit nehmen, einander zu verstehen. Doch Geschwindigkeit lag der alten Firma Lenovo quasi in den Genen. So hoffe ich, dass es auch dem neuen Unternehmen in den Genen liegt.*

IBM gab seinen ehemaligen Geschäftsbereich nicht völlig auf oder frei. Lenovo hatte das Recht, den Markennamen IBM fünf Jahre lang für seine eigenen PCs zu verwenden, somit auch den wertvollen Namen ThinkPad. Das IBM-Vertriebspersonal würde Anreize zum Verkauf von Lenovo PCs erhalten, wie sie diese auch zum Verkauf der eigenen IBM-Computer erhalten hatten. IBM Global Services sollte vertraglich zur Wartung und zum Kundendienst verpflichtet werden. IBM würde zwei Beobachter ohne Stimmrecht in den Vorstand von Lenovo entsenden. Außerdem sollte Stephen Ward, der 51-jährige ehemalige Leiter des PC Bereichs von IBM, CEO von Lenovo werden.

Das Management des neuen Riesen

Es war nicht wirklich überraschend, dass der neue CEO von IBM kam. Schließlich hatte der $ 13 Mrd. schwere Geschäftsbereich zu fast 80 Prozent IBM gehört, und Kunden sowie Mitarbeitern sollte Kontinuität vermittelt werden. Dennoch ergaben sich für das Management des neuen Konzerns einige beträchtliche Herausforderungen.

Schon der Start misslang gründlich. Als das chinesische Team zum ersten Mal nach New York flog, um das Team von IBM kennenzulernen, wurden sie nicht wie erwartet am Flughafen empfangen. Dies gehörte in China zum guten Ton. Yang und Ward konnten sich auf keinen Standort für den neuen Hauptsitz des Unternehmens einigen. Während Yang einen Doppelsitz in Peking und New York bevorzugte, setzte sich schließlich doch Ward durch, und Yang musste mit seiner Familie nach New York umziehen. Die neue Organisationsstruktur sah den alten Geschäftsbereich von IBM und die ursprünglichen Aktivitäten von Lenovo als separate Bereiche vor. Doch auch die neue Firma stand in engem Kontakt zu China, das einen langen, 13-stündigen Flug und zwölf Zeitzonen entfernt lag. Telefonkonferenzen zwischen der US-Ostküste und China wurden zur täglichen Routine, wobei die Amerikaner meist entweder um 6 Uhr morgens oder um 23 Uhr abends im China anriefen, um ihre Kollegen dort im Büro anzutreffen. Die Telefonate wurden stets auf Englisch geführt, obwohl viele Chinesen diese Sprache ganz und gar nicht beherrschten und Körpersprache ausgeschlossen war.

Die chinesische Unternehmenskultur war für einige US-Wähler ein Problem. IBM hatte viele Aufträge von der US-Regierung bekommen, und so starteten einige populistische Kongressabgeordnete nun eine Angstkampagne gegen chinesische Computer, die angeblich in sensible Bereiche eindringen könnten. In Deutschland erlaubte das Arbeitsgesetz einen freiwilligen Übertritt der IBM-Mitarbeiter zu Lenovo, doch viele deutsche Angestellte entschlossen sich gegen einen Übertritt, sodass dem Unternehmen dort schnell Mitarbeiter fehlten. In Japan fühlten sich viele Angestellte unter der neuen chinesischen Führung nicht wohl. Und natürlich gab es auch zwischen den beiden dominanten Unternehmenskulturen USA und China erhebliche Reibungspunkte. Qiao Jian, Vizepräsident des Personalwesens kommentierte:

> *Amerikaner reden gern, Chinesen hören lieber zu. Zuerst fragten wir uns, warum sie denn immerzu weiterredeten, obwohl sie doch gar nichts zu sagen hatten. Doch inzwischen haben wir gelernt, direkter zu sein, wenn wir ein Problem haben. Und die Amerikaner lernen, zuzuhören.*

Doch die kulturellen Unterschiede beschränkten sich nicht nur auf die nationale Ebene. Lenovo war eine neue und relativ einfache Firma – ein Produkt, ein Land. Der multinationale Großkonzern IBM, gegründet 1924, war weitaus komplexer. Das Management-Team von Lenovo, meist in den 30ern, war viel jünger als das von IBM, und das Durchschnittsalter der Firma lag bei 28. IBM war berühmt für seinen besonderen Managementprozess und seine Arbeitsabläufe. Qiao Jian kommentierte:

> *IBM setzte eine Telefonkonferenz für einen bestimmten Zeitpunkt an und hielt sich jede Woche genau daran. Warum soll man aber telefonieren, wenn es nichts zu berichten gibt?*

Andererseits neigten die Mitarbeiter von IBM dazu, sich bei Meetings zu verspäten, etwas, das bei Lenovo absolut nicht gern gesehen war.

Einige Ergebnisse

Zunächst waren die Reaktionen auf das neue Lenovo-Unternehmen durchaus positiv. Kunden von IBM blieben der Firma treu und der Aktienkurs begann zu steigen (siehe Abbildung 8.8). Verbliebene Führungskräfte von IBM erkannten, dass sie nun zumindest in einem Unternehmen tätig waren, dass sich der Produktion von PCs verschrieben hatte, anstatt nur das Aschenputtel im großen IBM-Imperium zu sein. Die Tatsache, dass ein in China hergestellter Lenovo-PC Arbeitskosten von lediglich $ 3,00 verursachte, barg große Erfolgschancen.

Doch der Marktführer Dell reagierte auf die neue Konkurrenz mit kräftigen Preisnachlässen und verlangte durchschnittlich $ 100 weniger für seine Computer. Als der Marktanteil auf dem so wichtigen amerikanischen Markt allmählich zu sinken begann, wurde CEO Stephen Ward im Dezember 2005 von William Amelio abgelöst. Amelio war ein Glücksfall für Lenovo, denn er hatte zuvor die Geschäfte im Asien-Pazifik-Raum für Dell geleitet. So kannte er nicht nur Lenovos Hauptkonkurrenten ganz genau, er war auch mit den Geschäften in Asien bestens vertraut und lebte seit einigen Jahren in Singapur:

> *In den fünf Jahren, die ich bisher in Asien verbracht habe, habe ich eines gelernt ...: Man muss viel Geduld haben. Ich muss zwar in meiner Arbeit viel Antriebskraft mitbringen und auch Druck ausüben, doch ich habe gelernt, diese Eigenschaften im Umgang mit verschiedenen Kulturen zu zügeln, um so bessere Ergebnisse zu erzielen.*

Amelio wandte sich zunächst den Kosten zu, strich 1000 Arbeitsstellen, d.h. zehn Prozent der nichtchinesischen Belegschaft. Er integrierte die Bereiche von IBM und Lenovo und schuf eine homogene Unternehmensstruktur. Die Firma brachte eine neue Produktreihe an Lenovo-PCs heraus, die für kleine und mittelständische amerikanische Firmen bestimmt waren, ein Markt, den IBM traditionell ignoriert hatte. Um seinen Zugriff auf dieses Marktsegment zu verbessern, weitete Lenovo seine Verkäufe an große amerikanische Einzelhandelsketten wie etwa Office Depot aus. Allmählich erholte sich der Marktanteil in den USA und stieg schließlich wieder über vier Prozent. Lenovo begann, einen Markteintritt in Indien in Erwägung zu ziehen.

Amelios Aktivitäten schienen sich auszuzahlen. Nach einem steilen Absturz während der ersten Jahreshälfte von 2006 stieg auch der Aktienkurs wieder. Doch man konnte nicht verleugnen, dass der Kurs auch im Herbst 2006 noch immer unter dem Niveau von vor fünf Jahren war, und dass man immer noch der Entwicklung des amerikanischen High-Tech-NASDAQ-Index nachlief.

Quellen: L. Zhijun, The Lenovo Affair, Wiley, Singapur, 2006; Business Week, 7. August 2006, 20. April 2006, 22. Dezember 2006 und 9. Mai 200; Financial Times, 8. November 2005, 9. November 2005 und 10. November 2005.

Kontrollfragen

1. Welche nationalen Grundlagen für einen Wettbewerbsvorteil kann Lenovo aus der chinesischen Basis ziehen? Welche Nachteile ergeben sich daraus?
2. Beziehen Sie sich auf das CAGE-System und den Ansatz von MacMilan u.a. über einen Rückschlag der Konkurrenz (Abbildung 8.5) und kommentieren Sie Lenovos Eintritt in den amerikanischen Markt.
3. Welche generische internationale Strategie sollte Lenovo nun verfolgen, da es international aktiv ist – einfachen Export, multinational, komplexen Export oder global?

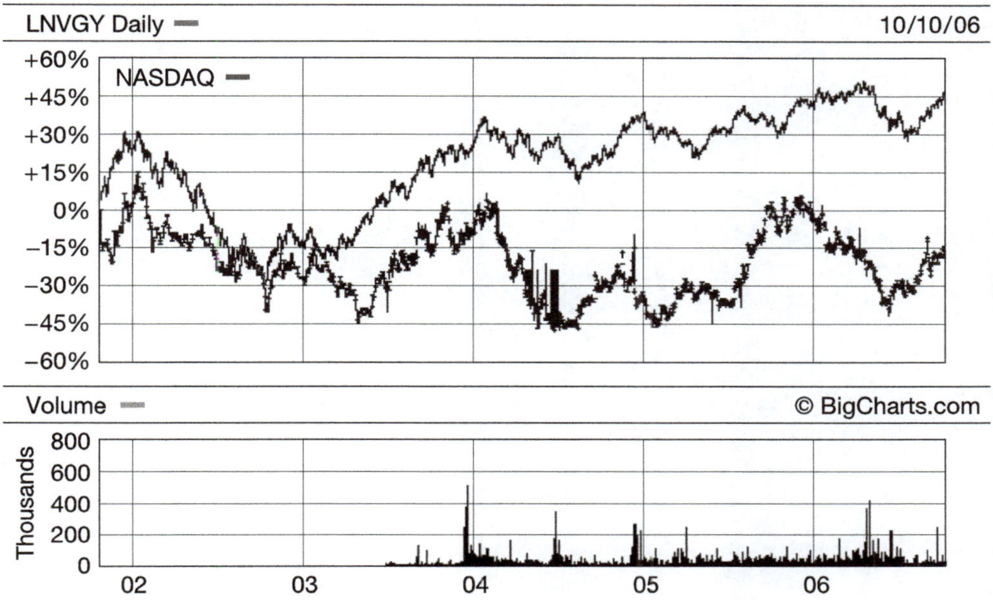

Abbildung 8.8: Der Aktienkurs des Lenovo Konzerns 2001–2006 im Vergleich zum NASDAQ Index

Quelle: www.bigcharts.com (11. Oktober 2006). Marketwatch. Online von BigCharts.com. Copyright 2006 von Dow Jones & Company, Inc. Abgedruckt mit Erlaubnis von Dow Jones & Company, Inc. Im früheren Lehrbuch via Copyright Clearance Center.

TEIL II

Aus „Strategisches Management“ Reisinger, Gattringer und Strehl

Sitzung 12: Strategieimplementierung

12

ÜBERBLICK

Kapiteleinstieg

Die Implementierung einer Strategie zählt zu den herausforderndsten Aufgaben der Unternehmensleitung. Sie geht mit dem Management von Veränderungen einher und dafür gibt es kein allgemeingültiges Patentrezept. Dies wird nicht zuletzt durch Studien belegt, denen zufolge nicht einmal ein Drittel aller Strategien erfolgreich umgesetzt wird[1]. Damit scheitert die Mehrheit der Strategen nicht daran, erfolgversprechende Strategien zu formulieren, sondern daran, diese im Unternehmen zu implementieren. Eine Gegebenheit, die vielen Menschen nicht fremd sein dürfte: Pläne zu machen, ist die eine Sache, diese tatsächlich umzusetzen, die andere.

Die Strategieimplementierung wurde lange Zeit in Theorie und Praxis vernachlässigt. Heute gilt sie als wesentliche Erfolgsvoraussetzung für strategisches Management. Denn erst wenn eine Strategie umgesetzt und operativ wirksam wird, hat sich die Zeit und Mühe für die strategische Analyse und die Strategieformulierung gelohnt. Aus diesem Grund ist es zweckmäßig, mehr über Veränderungen zu wissen:

- Wie und wodurch verändern sich Unternehmen?
- Wie können diese Veränderungen gezielt beeinflusst werden?
- Was ist bei der Gestaltung von Veränderungsprozessen zu beachten?
- Was unterstützt eine erfolgreiche Strategieimplementierung?
- Wer hat welche Aufgaben im Rahmen einer Strategieimplementierung?

In diesem Kapitel erfahren Sie, wie in Unternehmen aus Ideen, Plänen und Absichten konkrete Taten und Ergebnisse werden.

Jede Strategieimplementierung geht einher mit Veränderungen. Selbst wenn ein Unternehmen eine Stabilisierungsstrategie verfolgt und die bestehende Wettbewerbsposition erhalten will, ist es gezwungen sich zu verändern. Warum? Unternehmen existieren in einer sich permanent weiterentwickelnden Umwelt, ohne adäquate Anpassung können sie weder ihren aktuellen Status aufrechterhalten noch diesen verbessern.

Veränderung ist erforderlich

Veränderung ist demnach in einer dynamischen Umwelt eine Voraussetzung für das langfristige Überleben von Unternehmen. Das zeigen Peters und Waterman bereits im Jahr 1982 in ihrem Buch „In Search of Excellence“ auf: Den Autoren zufolge sind insbesondere sieben Faktoren in angemessener Weise immer wieder an die Erfordernisse einer sich wandelnden Umwelt anzupassen. Konkret nennen sie drei harte und vier weiche Faktoren: Strategie, Struktur und Systeme zählen zu den harten Faktoren; Spezialkenntnisse, Personal, Stil und Selbstverständnis zu den weichen Faktoren. Da im englischen Originaltext alle sieben Faktoren mit dem Buchstaben „S“ beginnen, wird das Modell häufig als „7-S-Modell“ bezeichnet (▶Abbildung 5.1[2]):

7-S-Modell

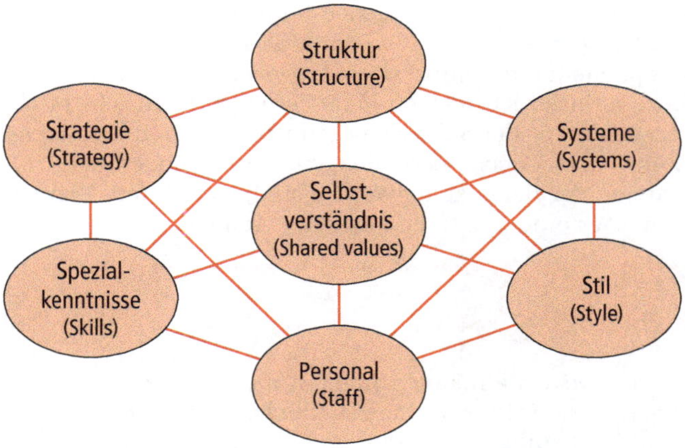

Abbildung 5.1: 7-S-Modell

Eine Besonderheit des auch als McKinsey-Modell[3] bekannt gewordenen Modells ist die dargestellte Vernetzung der einzelnen Faktoren. Sie verdeutlicht, dass bei der Anpassung einzelner Faktoren darauf zu achten ist, dass sich diese wechselseitig beeinflussen. Die Veränderung nur eines einzelnen Faktors ist damit ausgeschlossen. Eine neue Strategie kann dementsprechend nur dann realisiert werden, wenn sich auch alle anderen Faktoren verändern und sich daraus ein neuer FIT bzw. eine neue Konfiguration (siehe *Kapitel 2*) ergibt. Anders ausgedrückt: Die Implementierung kann scheitern, wenn nur einem Faktor zu wenig Beachtung zukommt.

Erfolgsrelevante Gestaltungserfordernisse

Folgt man den Erkenntnissen von Peters und Waterman, ist die erste Aufgabe im Rahmen einer Strategieimplementierung die Überprüfung der Anpassungs- bzw. Abstimmungserfordernisse zwischen den relevanten Faktoren. Welche dies konkret sind, dazu finden sich neben den Erkenntnissen von Peters und Waterman eine Reihe anderer Beiträge in der Literatur.[4] In einer umfassenden, viel zitierten Literaturrecherche orteten Welge und Al-Laham[5] vier wiederkehrende Bereiche an erfolgsrelevanten Gestaltungserfordernissen: Organisationsstruktur und Prozesse, Managementsysteme, Unternehmenskultur sowie Personal und Führungskräfte. Wie Peters und Waterman in ihrem 7-S-Modell, betonen auch Welge und Al-Laham, dass eine erfolgreiche Implementierung die Stimmigkeit der Strategie mit allen georteten Faktoren voraussetzt. Dem folgend, bedarf es einer umfassenden Auseinandersetzung mit diesen Faktoren in Bezug auf die mit der Implementierung einer Strategie einhergehenden Erfordernisse.[6]

Strukturen (siehe *Kapitel 5.1.1*) und Unternehmenskultur (siehe *Kapitel 5.1.2*) stellen im gesamten Strategieprozess besonders beachtenswerte Faktoren dar. In der Phase der Implementierung sind jedoch zwei weitere Faktoren von großer Bedeutung: Konkret handelt es sich um Managementsysteme (siehe *Kapitel 5.1.3*), folgend kurz als Systeme bezeichnet und Führungskräfte, die Veränderungsprozesse gestalten und steuern (siehe *Kapitel 5.1.4*). Diese vier Faktoren können als die organisatorischen Rahmenbedingungen einer gelungenen Implementierung bezeichnet werden. Mit Bezug zu einer spezifischen Strategie determinieren sie den konkreten Implementierungsprozess. Bedarf es nur weniger Adaptierungen mit einem geringen Ausmaß an Veränderungen kann sehr rasch mit der Operationalisierung der Strategie begonnen werden (inkrementaler Wandel). Zeigt sich jedoch, dass tiefgreifende Veränderungen in einem oder mehreren der Bereiche notwendig sind, ist ein umfassender strategischer Wandel erforderlich (fundamentaler Wandel).

! Inkrementaler und fundamentaler Wandel

Die Entwicklung von Unternehmen umfasst stabilere und turbulentere Phasen. Daher finden wir unterschiedliche Formen des Wandels. Innerhalb der stabileren Phasen kommt es zur Optimierung des bestehenden Geschäftsmodells (inkrementaler Wandel). Diese langsame, schrittweise Form des Wandels verläuft im Rahmen der vorherrschenden Grundauffassungen (Paradigma) und ist rational planbar.

Fundamentaler Wandel bedeutet hingegen umfassende Veränderungen, dies inkludiert das scheinbar Selbstverständliche, die Grundannahmen darüber, wie das Geschäft funktioniert, wie Führungskräfte und Mitarbeiter agieren und interagieren. Diese Art von Wandel geht einher mit einer substanziellen Veränderung von Strategien, Strukturen, Systemen, Prozessen und Routinen. Ausgelöst wird ein derart radikaler Wandel in aller Regel durch unvorhergesehene Ereignisse innerhalb oder außerhalb des Unternehmens. Sie zwingen das Unternehmen, neue Erfolgsmodelle zu etablieren. Fundamentaler Wandel kann daher – wie in ▶Abbildung 5.2 dargestellt – als eine Übergangsphase von einem Erfolgsmodell zu einem anderen bezeichnet werden.[7]

Inkrementaler und fundamentaler Wandel

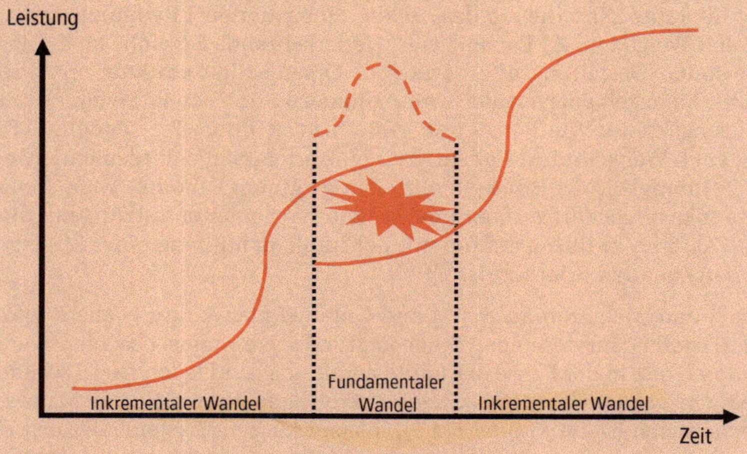

Abbildung 5.2: Fundamentaler und inkrementaler Wandel

In ▶Abbildung 5.2. werden vier zentrale Erkenntnisse aus der Wandelforschung aufgezeigt: Erstens, die Möglichkeiten, durch inkrementalen Wandel das Leistungsniveau innerhalb eines Erfolgsmodells anzuheben, verringern sich im Zeitverlauf. Zweitens, eine neue Kurve (ein neues Erfolgsmodell) beginnt auf einem deutlich niedrigeren Leistungsniveau (es fehlt an Erfahrung, an etablierten und effizienten Prozessen). Drittens, fundamentaler Wandel stellt eine Phase dar, in der das bisherige und das neue Erfolgsmodell miteinander konkurrieren. Viertens, es kommt in dieser Phase des Übergangs zu erhöhter Unsicherheit und Instabilität. Dadurch verringert sich die Handlungsfähigkeit des Unternehmens. Der Preis der Transformation liegt in dieser Zeit in verringerter Produktivität und damit geringerer Performance der regulären Geschäftstätigkeit. Ein Grund, diese Phase durch systemgerechte Interventionen so kurz wie möglich zu halten. Wie dies gelingen kann, lesen Sie in *Kapitel 5.3 Strategischer Wandel*.

Die Aufgaben im Rahmen der Implementierung

In ▶Abbildung 5.3 werden die grundlegenden Aufgaben im Rahmen der Strategieimplementierung skizziert. Sie umfassen die Bestimmung der Anpassungs- und Abstimmungserfordernisse im Bereich der organisatorischen Rahmenbedingungen (siehe *Kapitel 5.1*), die Operationalisierung der Strategie (siehe *Kapitel 5.2*) und die Steuerung des strategischen Wandels bei tiefgreifenden Anpassungserfordernissen (siehe *Kapitel 5.3*).

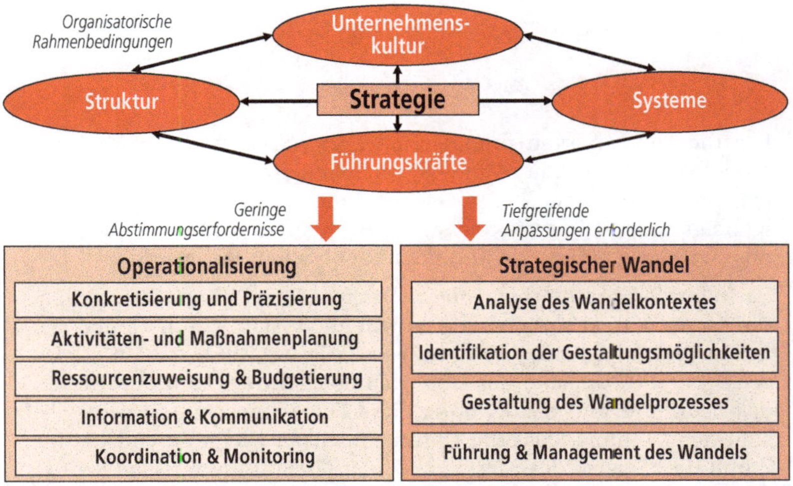

Abbildung 5.3: Aufgaben im Rahmen der Strategieimplementierung

Organisatorische Rahmenbedingungen

In vielen Fällen finden sich die Gründe für das Scheitern bereits am Beginn der Implementierung. Oft wird unter dem Motto, „nur keine Zeit verlieren" sofort mit der Umsetzung der Strategie begonnen, werden Maßnahmen gesetzt und Projekte initiiert. Im Übereifer wird nicht darauf geachtet, was eigentlich im konkreten Fall erforderlich ist, damit die Strategie erfolgreich implementiert werden kann. Das ist vergleichbar mit einem Untrainierten, der einen Marathon laufen will. Das Scheitern ist vorprogrammiert, denn sein Körper ist auf die plötzliche andersartige Belastung nicht vorbereitet.

Ein Unternehmen, mit seinen spezifischen Strukturen, Systemen und Führungskräften sowie seiner einzigartigen Kultur, ist zunächst einmal jenes, das man vorfindet. Es ist mehr oder weniger gut in der Lage (ähnlich dem Marathonläufer) die geplante Veränderung umzusetzen. Eine gute Strategie ist daher realistisch in Bezug auf das Wandelvermögen des Unternehmens und seiner Beteiligten, sie wird diese im Rahmen der Implementierung zwar fordern, aber nicht überfordern. Damit wirken Strategien auf ein Unternehmen wie ein Fitnessprogramm auf einen Menschen.[8] Die erforderlichen Aktivitäten und Maßnahmen ergeben sich aus der Differenz zwischen dem, was derzeit IST, und dem, was zukünftig werden SOLL (siehe *Kapitel 5.1 Rahmenbedingungen*). Ist die Kluft groß, bedarf es eines umfassenden strategischen Wandels, ist sie klein, kann direkt mit der Operationalisierung der Strategie begonnen werden.

Operationalisierung

Die **Operationalisierung** einer Strategie umfasst Aktivitäten und Maßnahmen der primär sachorientierten Strategieumsetzung. Da die Strategie nur einen grundlegenden Handlungsrahmen festlegt, ist es erforderlich, diesen Rahmen mit konkreten Inhalten zu füllen. In der Praxis wird dies oft als „Herunterbrechen der Strategie" bezeichnet (siehe *Kapitel 5.2 Strategieoperationalisierung*). Die notwendige Verzahnung der Strategie mit der operativen Planung erfolgt im Rahmen der mittel- bis kurzfristigen Aktivitäten- und Maßnahmenplanung sowie der Ressourcenzuweisung und Budgetierung.

! Gestaltbarkeit von Unternehmen

Voluntarismus vs. Determinismus

Um die von Experten propagierten Erklärungs- und Gestaltungsmodelle strategischen Wandels verstehen und situationsadäquat anwenden zu können, ist es erforderlich, deren Grundannahmen zu beleuchten. Die erste relevante Frage lautet: Können Unternehmen willentlich gestaltet und damit auch verändert werden?

Vertreter des Voluntarismus bejahen diese Frage. Ihnen zufolge hat die Unternehmensleitung die Möglichkeit, das Unternehmen zu lenken. Dies wird u.a. durch die Funktion (Macht) bzw. die Persönlichkeit (Charisma) der Unternehmensleitung erklärt. Vertreter des Determinismus beantworten diese Frage hingegen mit nein. Sie sind der Meinung, dass die Unternehmensentwicklung vollständig durch die Gesetze des Markts bzw. der Organisation gelenkt wird, quasi vorherbestimmt ist.

Zwischen beiden Extrempositionen liegt der „gemäßigte Voluntarismus". Seine Vertreter gehen davon aus, dass Unternehmen in einem gewissen Ausmaß willentlich gestaltet werden können. Machbarkeitsbeschränkungen ergeben sich jedoch aus der Eigendynamik des Unternehmens (Geschichte, Unternehmenskultur, ...) und den Erwartungen von Stakeholdern.

Ferner unterliegt das Topmanagement eigenen Begrenzungen (z.B. begrenzter Informationsverarbeitungskapazität, subjektiver Wahrnehmung, ...).[9] Die Position des gemäßigten Voluntarismus liegt vielen aktuellen Wandelkonzepten zugrunde, so auch diesem Buch.

Strategischer Wandel

Ist ein fundamentaler Wandel erforderlich, damit Strategien operativ wirksam werden können, bedarf es dessen Gestaltung und Steuerung. Dies ist für die Unternehmensleitung umso herausfordernder, je tiefgreifender die erforderlichen Veränderungen sind. Fundamentaler Wandel ist dann gegeben, wenn neue Denk-, Sicht- und Verhaltensweisen in weiten Teilen des Unternehmens bisher etablierte ablösen müssen. In diesem Fall reichen geringfügige Adaptierungen von Strukturen oder Systemen nicht aus, damit die Strategie operationalisiert werden kann. Es bedarf eines strategie- und kontextspezifischen Wandelmanagements,[10] damit die Interventionen im Rahmen der Operationalisierung nicht ins Leere laufen. Wie dieses konkret aussieht, ist davon abhängig, wie groß die Herausforderungen sind, die mit der Gestaltung, Steuerung und Durchsetzung eines derartigen Wandels einhergehen. Daher gibt es keine allgemeingültige Konzeption strategischen Wandels. Es bedarf eines eigenen Wandeldesigns, das die spezifischen Gegebenheiten des Unternehmens und die mit der Strategie einhergehenden Anforderungen berücksichtigt. Um die dafür relevanten Gestaltungsfaktoren besser zu verstehen, ist es erforderlich, Grundsätzliches über strategischen Wandel zu wissen (siehe *Kapitel 5.3*).

5.1 Rahmenbedingungen

Strategien werden nicht dadurch Realität, dass sie vom Führungsteam verabschiedet und zu Papier gebracht werden oder von der Unternehmensleitung als wünschenswert angesehen werden. Sie setzen sich nicht von alleine um. Strategien werden nur dann operativ wirksam, wenn Führungskräfte und Mitarbeiter im Sinne dieser handeln. Es ist jedoch sehr unwahrscheinlich, dass Menschen ihr Verhalten einfach verändern, nur weil eine neue Strategie verlautbart wurde. Wir wissen seit geraumer Zeit, dass sich die meisten Menschen nur sehr ungern verändern, viele zumeist nur unter enormen Leidensdruck bereit sind, ihre „Wohlfühlzone" zu verlassen.[11] Eben darum kommt der Strategieimplementierung eine ganz besondere Rolle im Strategieprozess zu. Hier gilt es u.a. organisatorische Rahmenbedingungen zu schaffen, die es den Betroffenen ermöglichen, ihr Verhalten zu verändern. Es stellen sich folgende Fragen:

- Erstens, wie sind die organisatorischen Rahmenbedingungen (Strukturen, Unternehmenskultur, Systeme, Führungskräfte) im Hier und Jetzt (IST)?
- Zweitens, wie müssen sie sein, damit sich mit der Strategie ein FIT ergibt und die spezifische Strategie operationalisiert werden kann (SOLL)?

- Drittens, wie groß ist die Kluft zwischen IST und SOLL und wie kann diese Kluft möglichst reibungslos geschlossen werden? Was ist zu tun, damit die erforderlichen Adaptierungen bzw. Transformationen ehestmöglich erfolgen?

In diesem Kapitel werden diese Fragen in Bezug auf jeden einzelnen Faktor erörtert. Diese Vorgehensweise dient einer besseren Verständlichkeit und soll keinesfalls über die zahlreichen Wechselwirkungen (▶Abbildung 5.3) zwischen den einzelnen Faktoren hinwegtäuschen.

5.1.1 Strukturen

Gewachsene Strukturen und Strukturgestaltung

Eine neue Strategie bedingt die Anpassung der Strukturen (Aufbau- und Ablauforganisation). Chandler hat bereits 1962 in seinen Werken auf diesen Zusammenhang verwiesen. Eine Erkenntnis, die nicht ohne Widerspruch blieb, wirken doch bestehende Strukturen auch auf die Formulierung einer Strategie mit ein. Eine Diskussion, die über mehrere Jahrzehnte anherrschte, wie Schewe in seinen umfassenden Studien aufzeigt.[12] Darüber hinaus beeinflussen bzw. begrenzen gewachsene Strukturen auch die Möglichkeiten der zukünftigen Strukturgestaltung, indem sie die Rahmenbedingungen für die Prozesse der Neustrukturierung bilden.[13]

▶Abbildung 5.4 verdeutlicht, dass die Gestaltung von Strukturen (Neustrukturierung) immer im Kontext etablierter (gewachsener) Strukturen stattfindet. Innerhalb dieser erscheint manches als sinnvoll und möglich, anderes jedoch als unangemessen und sinnlos. Es sind demnach nicht nur Menschen, die Einfluss auf die Prozesse der Neustrukturierung nehmen, meint Rüegg-Stürm, sondern auch die vorhandenen Strukturen wirken auf die Ausformung zukünftiger Strukturen ein.[14]

Abbildung 5.4: Strukturgestaltung

Im Rahmen der Implementierung stellt sich die Frage, inwieweit die gewachsenen Strukturen die Operationalisierung der Strategie unterstützen bzw. behindern. Um diese Frage zu beantworten, ist es erforderlich, die mit der Strategierealisierung einhergehenden Anforderungen an die Strukturen des Unternehmens zu kennen. Verfolgt ein Unternehmen beispielsweise eine Preis- und Kostenstrategie, bedingt dies den effizienten Umgang mit Ressourcen, klare Kostenverantwortungen und eine strikte Kostenkontrolle. Bei einer Differenzierungsstrategie sind hingegen spezifische Funktionen wie Innovation oder Marketing bzw. eine umfassende Marktorientierung besonders relevant für die Erreichung der strategischen Ziele.

Folgt man den Erkenntnissen zahlreicher Strategen, so sind die Strukturen an den spezifischen Aufgaben und Erfolgsfaktoren, die mit der Umsetzung einer bestimmten Strategie einhergehen, auszurichten.[15] Somit stellt sich die Frage: Welche Strukturen sind erforderlich, um Märkte und Zielgruppen bestmöglich zu erreichen, um Kernkompetenzen optimal zu nutzen und im Wettbewerb zu punkten? Für die Bewältigung dieser komplexen Aufgabe kann eine Matrix eingesetzt werden. Mittels dieser werden die Aufbauorganisation (Organigramme, Stellenbeschreibungen etc.), Ablauforganisation (Prozesslandkarte und -abbildungen, Schnittstellenbeschreibungen etc.) und die Wandelorganisation (Verantwortungen, Zuständigkeiten und Aufgaben) hinsichtlich ihrer unterstützenden bzw. behindernden Wirkung näher beleuchtet.

Ergeben sich bei der Analyse Differenzen, sind adäquate strukturelle Anpassungen erforderlich oder ist falls nötig die Strategie anzupassen. Letzteres ist dann anzuraten, wenn die erforderlichen Änderungsmaßnahmen mit den vorhandenen zeitlichen, finanziellen bzw. personellen Ressourcen nicht durchgeführt werden können. Ist die geortete Kluft zwischen gegenwärtiger und erforderlicher Struktur überbrückbar, sind adäquate Maßnahmen zu setzen. Dabei sollen vorteilhafte Strukturen gefestigt und hinderliche eliminiert bzw. ersetzt werden.

+ Wandelorganisation

Die Implementierung einer Strategie bedarf bei komplexeren Veränderungen einer eigenen Wandelorganisation. Diese umfasst die Einrichtung einer eigenen Task Force bzw. die Bildung von Projekt- und Prozessteams.[16] Sie sind für das Management der Projekte im Rahmen der Strategieimplementierung verantwortlich. Handelt es sich um große komplexe Veränderungsprojekte, wird die Wandelorganisation zahlreiche unterschiedliche Projektteams umfassen, die sich jeweils mit unterschiedlichen Bereichen bzw. Aufgaben der Implementierung auseinandersetzen. Ihre Koordination erfolgt in aller Regel durch einen eigenen Change Manager bzw. Change Agent.

Die Projektorganisation ist für die im Rahmen der Strategieimplementierung zu bearbeitenden komplexen einzig- und neuartigen Aufgaben besonders zweckdienlich. Sie ermöglicht eine zeitlich befristete Form der Zusammenarbeit über etablierte Strukturen und Hierarchien hinweg. Darüber hinaus ist es möglich, das kreative Potenzial von jungen vielversprechenden Nachwuchskräften („High-Potentials“) im Strategieprozess zu nutzen.

5.1.2 Unternehmenskultur

Sind Unternehmenskultur und Strategie im Einklang? Inwieweit dies der Fall ist, kann mit geeigneten Werkzeugen wie dem im Rahmen der Unternehmensanalyse vorgestellten kulturellen Netz von Johnson[17] oder dem Kulturrad von Denison[18] festgestellt werden. Dabei wird zuerst die IST-Kultur analysiert und dann eine SOLL-Kultur aus der Strategie abgeleitet. Die Differenz aus IST und SOLL verdeutlicht, wie groß der spezifische Veränderungsbedarf ist. Steht die Unternehmenskultur mit der Strategie prinzipiell in Einklang, gibt es aus kultureller Sicht keine Hindernisse für die Operationalisierung der Strategie (siehe *Kapitel 5.2*). Ist dies nicht der Fall, zeigen sich in der Praxis immer wieder folgende vier Vorgehensweisen:[19]

Potenzielle Vorgehensweisen in der Praxis

- **Ignorieren:** Ist die Unternehmenskultur mit der Strategie nicht kompatibel, ist es äußerst gefährlich, diese zu ignorieren. Leider kommt dies in der Praxis immer wieder vor. Viele Implementierungsprozesse scheitern daran, dass die verhaltenssteuernde Funktion vorherrschender Einstellungen, Meinungen, Routinen oder Traditionen unterschätzt bzw. ignoriert wird.
- **Andere Wege finden:** Sollte die Operationalisierung im bestehenden Unternehmen aufgrund der vorhandenen Unternehmenskultur nicht möglich sein, ist es mitunter auch zweckmäßig, andere Wege zu finden (zum Beispiel ein neues Unternehmen gründen bzw. ein anderes Unternehmen kaufen und dieses mit der Umsetzung betrauen).
- **Unternehmenskultur anpassen:** Eine herausfordernde Aufgabe ist die Anpassung einer historisch gewachsenen Unternehmenskultur an die Anforderungen einer neuen Strategie. Dies gilt insbesondere für einen tiefgreifenden Wandel starker Unternehmenskulturen. Hier muss davon ausgegangen werden, dass ein derartiger Wandel langfristig, schwierig und schmerzvoll ist und ohne adäquates Wandelmanagement nicht zu bewältigen ist.
- **Strategie anpassen:** Erscheint die Diskrepanz zwischen IST und SOLL zu groß, ist es mitunter zweckmäßig, die neue Strategie in dieser Form zu verwerfen bzw. an die Unternehmenskultur anzupassen.

Starke und schwache Unternehmenskulturen

Die Schaffung strategiekonformer kultureller Rahmenbedingungen gilt dann als besonders herausfordernd, wenn es sich um starke Unternehmenskulturen handelt. Die **Stärke einer Unternehmenskultur** kann gemäß dem Management- und Organisationsforscher Schreyögg anhand von drei Dimensionen (▶Tabelle 5.1) bewertet werden: Prägnanz, Verbreitungsgrad und Verankerungstiefe:[20]

Faktor	Zentrale Frage	Starke Unternehmenskultur	Schwache Unternehmenskultur
Prägnanz	Wie eindeutig sind die Orientierungsmuster und Wertehaltungen?	Klare Vorstellungen, welches Verhalten angemessen bzw. nicht angemessen ist. Konsistente Werte, Standards, Symbole, …	Unklare Regelungen darüber, welches Verhalten adäquat ist und welches nicht passt. Schafft Freiräume und zugleich Verunsicherung.
Verbreitungsgrad	In welchem Ausmaß teilt die Mitarbeiterschaft die Unternehmenskultur?	Das Handeln sehr vieler Mitarbeiter, idealerweise aller, wird von denselben Orientierungsmustern und Werten geleitet.	Die Mitarbeiter orientieren sich an unterschiedlichen Werten. Es gibt zahlreiche unterschiedliche Sub-Kulturen.
Verankerungstiefe	Inwieweit sind die kulturellen Muster internalisiert, selbstverständlicher Bestandteil des täglichen Handelns?	Verhaltensmuster werden ohne Bedenken übernommen. Sie sind tief verwurzelt und selbstverständlicher Bestandteil des täglichen Handelns.	Kulturkonformes Verhalten hat keine große Bedeutung im täglichen Handeln bzw. wird falls, dann kalkulierend eingesetzt.

Tabelle 5.1: Starke und schwache Unternehmenskulturen

Vorteile und Grenzen einer starken Unternehmenskultur

Einer **starken Unternehmenskultur** werden zahlreiche positive Eigenschaften zugeschrieben. Sie wirke Sinn stiftend, motivierend, Komplexität reduzierend, Effizienz fördernd, stabilisierend und schaffe eine gemeinsame Orientierung (ausrichtend). Im Falle der Implementierung einer neuen Strategie kann eine starke Unternehmenskultur jedoch aus eben diesen Eigenschaften zu einem großen Hemmnis werden. Allzu konformes Denken und Handeln kann dazu führen, dass Neues und anderes überhaupt nicht mehr wahrgenommen bzw. von vornherein abgelehnt wird. Einstmals erfolgversprechende Verhaltensweisen und Routinen werden oft weiterhin gepflegt, unabhängig davon, ob sie noch immer zu den gewünschten Effekten führen. Eine starke Unternehmenskultur birgt die Gefahr einer mangelnden Veränderungsfähigkeit in sich, was im Falle der Implementierung einer neuen Strategie problematisch sein kann. Dennoch zeigen viele Beispiele aus der Praxis, dass kultureller Wandel plan- und implementierbar ist.[21] Es bedarf jedoch dazu eines umfassenden Wandelmanagements (siehe *Kapitel 5.3*), Konsequenz und Ausdauer sowie eines adäquaten Umgangs mit vorhandenen Widerständen.

In der Literatur finden sich zahlreiche Belege für die positive Wirkung einer starken Unternehmenskultur auf den Erfolg von Unternehmen.[22] Ist die Unternehmenskultur mit der Strategie in Einklang, unterstützt eine starke Kultur die Implementierung der Strategie durch ihre koordinierende, integrierende und motivierende Wirkung. Aus diesem Grund ist es wichtig, entweder jene Strategien auszuwählen, die mit der Unternehmenskultur in Einklang stehen oder falls möglich die Unternehmenskultur entsprechend den Erfordernissen einer neuen Strategie anzupassen.

5.1.3 Systeme

Informations-, Kommunikations-, Planungs- und Kontrollsysteme

Adäquate Managementsysteme, hier kurz als Systeme bezeichnet, sind eine weitere wichtige Grundlage für eine erfolgreiche Strategieimplementierung. Der Begriff der Managementsysteme bezieht sich primär auf Informations-, Kommunikations-, Planungs- und Kontrollsysteme.[23] Sie unterstützen das Management bei der Analyse, Planung, Steuerung und Kontrolle der betrieblichen Aktivitäten, indem sie interne und externe Vorgänge abbilden und die aufbereiteten Daten als Informationen zur Verfügung stellen. Managementsysteme determinieren, wie Informationen gewonnen und für die Unternehmensleitung aufbereitet werden. Damit ist ihr Einfluss auf die Wahrnehmung und Bewertung der betrieblichen Aktivitäten nicht zu unterschätzen. Denn eine spezifische Situation kann aus unterschiedlicher Perspektive durchaus unterschiedlich wirken und eingeschätzt werden. Aus diesem Grund ist es besonders bedeutsam, dass die jeweiligen Systeme möglichst vollständige und zugleich klare und nachvollziehbare Informationen über das betriebliche Geschehen und den Fortschritt der Implementierung liefern.

Anreiz- und Belohnungssysteme

Eine wichtige Rolle im Rahmen der Strategieimplementierung wird überdies **Anreiz- und Belohnungssystemen** zugeschrieben. Sie gelten neben intrinsischen Anreizen als wichtiger Einflussfaktor (extrinsische Motivatoren) auf das Verhalten der Mitarbeiter, indem sie Geld, Macht, Status etc. verteilen. Dabei wird davon ausgegangen, dass sich jene Verhaltensweisen durchsetzen, die als positiv erachtet und belohnt werden. Im Rahmen der Implementierung soll strategiekonformes Verhalten positiv honoriert bzw. abweichendes oder boykottierendes Verhalten negativ sanktioniert werden. Demnach gilt: Je besser Anreiz- und Belohnungssysteme auf die Strategie abgestimmt sind, desto rascher und umfassender wird sich ein für die Strategieimplementierung förderliches Verhalten im Unternehmen manifestieren.[24] Eine scheinbar banale Forderung, die jedoch in der Praxis zahlreiche Probleme mit sich bringt.

Erstens ist es nicht immer möglich, das im Unternehmen etablierte Anreiz- und Belohnungssystem an eine neue Strategie anzupassen. Gründe können in der wirtschaftlichen Situation des Unternehmens, in gesetzlichen Rahmenbedingungen bzw. in einem unverhältnismäßig hohen administrativen Aufwand liegen. Zweitens kann die Wirksamkeit strategischer Aktivitäten oft nicht eindeutig gemessen bzw. den einzelnen Akteuren zugeordnet werden. Drittens können Fehlsteuerungseffekte eintreten: Eine positive Sanktionierung des ROI kann zum Beispiel Führungskräfte veranlassen, langfristige Investitionen in den Aufbau von Kernkompetenzen zu reduzieren. Dies schwächt wiederum die nachhaltige Wettbewerbsfähigkeit des Unternehmens.

Das wohl größte Problem von Anreiz- und Belohnungssystemen liegt in ihnen selbst begründet. Aufgrund ihrer extrinsischen Motivationswirkung untergraben bzw. vernichten sie die intrinsische Motivation, erklärt der bekannte Unternehmensberater Sprenger. Er warnt vor der zerstörerischen Wirkung von Prämien und anderen „Motivationsspritzen“. Seiner Ansicht nach verliert dadurch die Arbeit ihren eigentlichen Sinn und Zweck. Unweigerlich bleibt Eigeninitiative, Kreativität und Engagement um der Sache willen auf der Strecke, weil nur mehr das Erreichen einer Prämie im Vordergrund steht und nicht mehr die eigentliche Tätigkeit.[25] Im Rahmen der Implementierung kann dies dazu führen, dass wichtige Bottom-up-Initiativen fehlen und dadurch die Implementierung sabotiert wird.

Da aber trotz aller Probleme Anreiz- und Belohnungssysteme in vielen Unternehmen als unterstützender Faktor im Rahmen der Implementierung eingesetzt werden, sei hier auf einige wichtige **Anforderungen** verwiesen:[26]

Anforderungen

- Anreize immer in Zusammenhang mit den kurz-, mittel- und langfristigen kritischen Erfolgsfaktoren einer Strategie setzen
- Belohnungen unmittelbar nach dem Erreichen bestimmter Meilensteine verteilen: Dies können sowohl materielle (z.B. Bonuszahlung) als auch immaterielle Belohnungen (z.B. Lob, Beförderung, Mitsprache) sein
- Konsequente Leistungsorientierung in Zusammenhang mit den zu erreichenden Etappenzielen: in Zielvereinbarungsgesprächen gemeinsam Ziele vereinbaren
- Für Transparenz, Nachvollziehbarkeit und Gerechtigkeit sorgen, dabei die Problematik des subjektiven Gerechtigkeitsempfindens bedenken
- Flexibilität sicherstellen, um sowohl individuelle Präferenzen als auch Veränderungen im Unternehmen oder seiner Umwelt berücksichtigen zu können
- Wirtschaftlichkeit gewährleisten: Einführungs- und Durchführungskosten inkl. Überprüfung sollen deutlich niedriger sein als der generierte Nutzen

Informations- und Kommunikationssysteme

Die angeführten Anforderungen an Anreiz- und Belohnungssysteme in Bezug auf die Strategieimplementierung machen deutlich, dass die Einführung bzw. Adaptierung eines strategiekonformen Systems eine herausfordernde Aufgabe darstellt. Ähnliches gilt für die erforderlichen **Informations- und Kommunikationssysteme**, auf welche in *Kapitel 5.2.4* näher eingegangen wird.

Planungs- und Kontrollsysteme

Planungs- und Kontrollsysteme stehen im Zentrum vieler Managementinformationssysteme, da sie Informationen über bzw. für die originären Aufgaben des Managements beinhalten und regeln, wie diese bearbeitet und bereitgestellt werden.[27] Planungs- und Kontrollsysteme sind eng miteinander verbunden, denn Planung bedingt Kontrolle und umgekehrt. Entsprechende Informationen ermöglichen es dem Management zu überprüfen, ob und inwieweit sie auf dem angestrebten Weg vorangekommen sind. Sie können dadurch feststellen, ob Ressourcen effizient und effektiv eingesetzt werden, und gegebenenfalls Korrekturen vornehmen. Planungs- und Kontrollsysteme sind zumeist in umfangreichen IT-Lösungen eingebunden. Dementsprechend kommt der Informationstechnologie und den damit einhergehenden Gestaltungsmöglichkeiten mittlerweile eine wichtige Rolle zu.

Zusammenfassend kann festgehalten werden, dass Managementsysteme aufgrund ihres direkten und indirekten Einflusses auf die Operationalisierung einer Strategie eine besondere Bedeutung zukommt. Strategien werden nicht durch Pläne, sondern durch Taten realisiert. Dazu bedarf es strategiekonformer Allokationen von Ressourcen und deren Kontrolle, adäquater Informationen und ausreichender Kommunikation sowie geeigneter Führungsinterventionen (z.B. in Form von Anreizen und Belohnungen). Bei der konkreten Ausgestaltung von Informations-, Kommunikations-, Planungs- und Kontrollsystemen sowie Anreiz- und Belohnungssystemen ist zu berücksichtigen, dass sich diese gegenseitig beeinflussen. Die damit einhergehende Komplexität bei deren Adaptierung ist daher nicht immer einfach zu bewältigen.

5.1.4 Führungskräfte

Führung in Stabilität vs. Führung im Wandel

Die Steuerung eines Implementierungsprozesses geht einher mit dem Führen von Veränderungsprozessen. Hierzu bedarf es spezifischer Fähigkeiten, da das Führen im Wandel mit anderen Anforderungen einhergeht als das Führen in Stabilität. Vielfach ist es erforderlich, Widerstände abzubauen, Vertrauen aufzubauen und für Neues zu begeistern. Hier geht es nicht darum, etablierte Prozesse weiter zu optimieren, die Effizienz zu erhöhen oder die Qualität zu verbessern, sondern darum, Neues zu wagen, Risiken einzugehen und aus Fehlern zu lernen. Es gilt Ängste zu überwinden, Barrieren abzubauen und Neuland zu betreten. Kommt es zu Machtverschiebungen innerhalb des Unternehmens ist ferner mit Widerständen aus den betroffenen Bereichen zu rechnen. Dementsprechend wichtig ist es, dass Führungskräfte über die Fähigkeiten verfügen, aufkeimende Widerstände rasch abzubauen, Akzeptanz herzustellen und strategiekonformes Verhalten zu fördern.

Management vs. Leadership (Führung)

Kotter differenziert in diesem Zusammenhang zwischen Management und Leadership (Führung).[28] Zu den wichtigsten Managementaufgaben zählt er Planung, Budgetierung, Organisation, Personalauswahl, Controlling und Problemlösung. Durch sie entsteht Ordnung, Effizienz und ein gewisses Maß an Vorhersagbarkeit. Im Sinne einer planungsorientierten Perspektive liegt der Fokus des „Managens“ auf rational-analytischen Aufgaben.

Im Rahmen einer Implementierung fallen jedoch auch zahlreiche andere Aufgaben an. Sie betreffen das Führen von Menschen, die Bildung von umsetzungsstarken Teams, die Kommunikation der neuen Strategie, die Motivation und Inspiration der Mitarbeiter usw. Dafür bedarf es entsprechender Fähigkeiten (Qualifikationen), die in vielen Unternehmen nicht vorhanden sind. Dies ist wenig erstaunlich, stehen doch analytische Managementaufgaben sowie spezifische fachliche Kompetenzen im Zentrum der meisten Managementausbildungen. Aus diesem Grund ist es notwendig, in einem ersten Schritt die erforderlichen Qualifikationen im Unternehmen zu entwickeln bzw. Führungskräfte mit entsprechenden Qualifikationen zu akquirieren. Denn ohne entsprechend qualifizierte Führungskräfte scheitert die Strategieimplementierung meistens bereits in ihren Anfängen.[29]

Wie im Falle der drei anderen Faktoren, ist auch hier ein FIT mit der Strategie herzustellen. Dazu ist es erforderlich, die mit der Implementierung einhergehenden qualitativen (Kreativität, Motivationsfähigkeit,

Überzeugungskraft, Planungsfähigkeit, ...) und quantitativen Anforderungen (Anzahl der Führungskräfte) zu bestimmen.[30] Zeigt sich eine Lücke, ist diese mit adäquaten Maßnahmen (Akquisition bzw. Entwicklung) zu schließen. Ist die Lücke allerdings zu groß, kann es erforderlich sein, die Strategie zu überdenken bzw. den Implementierungsprozess anzupassen.

5.2 Strategieoperationalisierung

Im Rahmen der Operationalisierung wird eine Strategie real. Aus Ideen, Plänen und Absichten werden wahrnehmbare Ergebnisse.

In einem ersten Schritt wird die Strategie konkretisiert und präzisiert, damit sie auf allen Ebenen verstanden wird (siehe *Kapitel 5.2.1*). Danach ist es erforderlich, die Strategie stufenweise in bereichsbezogene Einzelmaßnahmen zu transformieren. Erst dann ist eine Strategie konkret genug, um auf den einzelnen Ebenen handlungsleitend zu wirken (siehe *Kapitel 5.2.2*). Eine weitere Aufgabe ist die Verzahnung der Strategie mit der faktorbezogenen operativen Planung sowie der Budgetierung (siehe *Kapitel 5.2.3*).

Zu informieren und zu kommunizieren zählt zu den wichtigsten Aufgaben im Rahmen der Operationalisierung. Erst wenn die Führungskräfte und Mitarbeiter die Strategie verstehen und akzeptieren, können sie zu ihrer Umsetzung beitragen (siehe *Kapitel 5.2.4*). Da die Operationalisierung einer Strategie zahlreiche Aktivitäten und Projekte auf unterschiedlichsten hierarchischen Ebenen, Funktionen und Bereichen umfasst, ist es erforderlich, diese zu koordinieren (siehe *Kapitel 5.2.5*). Es gilt sicherzustellen, dass die Maßnahmen zielgerichtet und aufeinander abgestimmt sind.

5.2.1 Konkretisierung und Präzisierung

Funktionalstrategien

Die Konkretisierung von Unternehmens- und Geschäftsbereichsstrategien erfolgt u.a. mittels **Funktionalstrategien** (z.B. Beschaffungsstrategie, Produktionsstrategie). Sie bilden die Schnittstelle zum operativen Management und sind die Basis für die Ableitung funktionsspezifischer Ziele und Maßnahmen.[31] Sind bereits funktionale Strategien ausgearbeitet, dann ist die Konkretisierung gleichbedeutend mit der Überarbeitung und Präzisierung dieser Teilstrategien, erläutern die Strategieprozessexperten Welge und Al-Laham.[32] Welche Funktionalstrategien im Einzelfall von Bedeutung sind, hängt von der Strukturierung der Leistungsprozesse im Unternehmen sowie der zu konkretisierenden Strategie ab. In aller Regel sind dies die Primärfunktionen entlang der Wertkette (z.B. Forschung & Entwicklung, Produktion, Marketing & Vertrieb) sowie zentrale unterstützende Funktionen (z.B. Infrastruktur, Beschaffung, Personal).

Funktionalstrategien zeigen die Konsequenzen von Unternehmens- und Geschäftsbereichsstrategien für die Funktionsbereiche. Dadurch können sie die operative Machbarkeit in Frage stellen und eine Neuformulierung der übergeordneten Strategien erforderlich machen. Die Abstimmung der Strategien auf der Unternehmens- und Geschäftsbereichsebene mit den Funktionalstrategien ist eine wichtige Voraussetzung für eine erfolgreiche Implementierung. Nur wenn, die in den Funktionen angesiedelten Produktionsfaktoren und operativen Routinen die übergeordneten Strategien widerspiegeln, können diese wirksam werden. ▶Tabelle 5.2 zeigt exemplarisch anhand eines Produktionsunternehmens, den Zusammenhang von Wettbewerbsstrategie und einzelnen Funktionalstrategien.[33]

Abstimmung der Strategien

	Beschaffung	Produktion	F&E	Marketing & Vertrieb
Preis- und Kosten-strategie	Einkauf von großen Mengen zu niedrigen Preisen; effizientes Lagerwesen	Fokus auf effiziente Fertigungsprozesse; Skaleneffekte und andere Kosteneffekte nutzen	Fokus auf Prozessentwicklung zur Kostenreduzierung von Fertigung und Distribution	Kostengünstiger Vertrieb, Werbung, aggressive Preispolitik
Differenzierungs-strategie	Einkauf von qualitativ hochwertigen Materialien; sorgfältiges Lagerwesen	Fokus auf hohe Qualität, flexible Technologien, Einsatz von TQM: Qualitätsmanagement	Fokus auf Produktentwicklung Ziel: von der Konkurrenz abheben	Differenzierte Ausgestaltung von Vertrieb, Kommunikation und Preispolitik
Nischen-strategie	Einkauf von besonderen Materialien; sorgfältiges Lagerwesen	Fokus auf hohe Qualität, Einsatz außergewöhnlicher Methoden (z.B. Handarbeit)	Fokus auf Entwicklung exklusiver und innovativer Produkte	Zielgerichtete Kommunikation, abgestimmte Vertriebs- und Preispolitik

Tabelle 5.2: Abstimmung der Funktionalstrategien

Die einzelnen Funktionalstrategien sind außerdem aufeinander abzustimmen. Einerseits, um einen reibungslosen Ablauf der Wertschöpfungsprozesse zu garantieren, andererseits, um potenzielle Synergien nutzen zu können (z.B. Know-how). Letzteres ist vor allem interessant in Bezug auf die bereichsübergreifende Nutzung vorhandener Kernkompetenzen.

Methoden der Strategieverfolgung

Ein weiterer Schritt im Rahmen der Konkretisierung ist die Festlegung der grundsätzlichen Art und Weise der Strategierealisierung. Dabei werden aus den unterschiedlichen strategischen Methoden der Strategieverfolgung jene ausgewählt, die am geeignetsten erscheinen, die Strategie in der gewünschten Form zu realisieren. Die dem Unternehmen zur Verfügung stehenden Methoden der Strategieverfolgung können wie folgt gruppiert werden:[34]

- **Selbst aufbauen & entwickeln**
  Für die Umsetzung ihrer strategischen Vorhaben bauen viele Unternehmen auf eigene Ressourcen und Fähigkeiten. Sie nehmen in Kauf, dass sich organisches bzw. internes Wachstum langsam vollzieht, sehen jedoch Vorteile in Bezug auf die Generierung von Know-how und den Aufbau potenzieller Kernkompetenzen. Überdies ist es vielfach die einzige Möglichkeit, neue Märkte zu erschließen.

- **Kaufen (Fusionen & Übernahmen)**
  Andere Unternehmen zu übernehmen bzw. mit ihnen zu fusionieren, stellt eine weitere häufig genutzte Möglichkeit zur Verfolgung einer Strategie dar. In Zeiten erhöhter Dynamik versprechen sich viele Strategen durch das Kaufen bestehender Unternehmen zeitliche Vorteile (z.B. schneller Markteintritt, umgehender Zugang zu strategisch relevanten Ressourcen und Fähigkeiten, rasche Kosteneffekte durch Synergienutzung). Leider können die erwarteten Effekte oft aufgrund mangelnder Integration, zu unterschiedlicher Unternehmenskulturen oder zu großer Widerstände nicht realisiert werden.
- **Kooperieren (strategische Allianzen)**
  Die gemeinsame Umsetzung einer Strategie mit einem oder mehreren Partnern wird in den letzten Jahren immer beliebter. Ob durch Joint Ventures, formlose Netzwerke oder mittels Langzeitverträgen (z.B. Franchising, Lizenzen), mit den gemeinsam vorhandenen Ressourcen und Fähigkeiten haben Unternehmen die Möglichkeit, komplexe Strategien zu realisieren. Dabei verteilen sich auch die Risiken und Kosten auf die beteiligten Unternehmen.
- **Verkaufen**
  Jene Bereiche eines Unternehmens, die nicht mehr in das strategisch erwünschte Leistungsportfolio passen, zu verkaufen, ist eine Möglichkeit der Desinvestition. Hier stellt sich einerseits die Frage, ob passende Käufer gefunden werden können, und andererseits welche Konsequenzen (z.B. Marke, rechtliche Fragen, Kompetenzen) mit dem Verkauf einhergehen.
- **Rück- bzw. Abbauen**
  Bestehende Geschäftsaktivitäten rück- bzw. abzubauen ist eine in aller Regel langsamere Form der Desinvestition. Hier werden in spezifischen Bereichen die Aktivitäten Schritt für Schritt verringert bzw. beendet. Dies ist immer dann der Fall, wenn ein Verkauf aus strategischen Gründen nicht gewollt ist (z.B. Wettbewerb) bzw. kein adäquater Käufer gefunden wird.

Bei der Auswahl der strategischen Methoden zur Verfolgung einer Strategie sind die Strategie selbst sowie die spezifischen internen und externen Rahmenbedingungen zu berücksichtigen.

5.2.2 Aktivitäten- und Maßnahmenplanung

Die Umsetzung der präzisierten Strategie in die operativen Planungen ist ein weiterer Schritt im Rahmen der Operationalisierung. Hier geht es darum, konkrete Ziele, Aktivitäten und Maßnahmen für die einzelnen Bereiche eines Unternehmens zu formulieren. Dadurch soll sichergestellt werden, dass sich die Aktivitäten der Führungskräfte und Mitarbeiter im Tagesgeschäft an der übergeordneten Strategie ausrichten. Der Planungszeitraum erstreckt sich in aller Regel über mehrere Jahre, wobei die Pläne für das erste Jahr die höchste Detaillierung aufweisen.

Ziele, Aktivitäten und Maßnahmen

Die Aktivitäten- und Maßnahmenpläne für die einzelnen Funktionen beinhalten konkrete Ziele, Aktivitäten und Maßnahmen in Bezug auf die jeweiligen Funktionalstrategien. Die geplanten Ziele beschreiben den erwünschten zukünftigen Zustand. Die geplanten Aktivitäten und Maßnahmen erläutern, auf welchem Weg und mit welchen Mitteln dieser Zustand erreicht werden soll. Im Rahmen der Planung wird festgelegt, wer wofür verantwortlich ist, welche Ressourcen wofür eingesetzt werden und welche Priorität eine bestimmte Maßnahme für die Strategierealisierung hat. Damit erhalten die Mitarbeiter direkte Vorgaben für das Handeln im Alltag.

Die Gliederung der funktionalen Aktivitäten- und Maßnahmenplanung orientiert sich an den unternehmensspezifischen Gegebenheiten und der übergeordneten Strategie. Zumeist werden für jene Funktionen, für die auch Strategien formuliert werden, eigene Planungen durchgeführt. Für ein Produktionsunternehmen betrifft dies primär die Kernaufgaben Beschaffung, Produktion, F&E und Marketing & Vertrieb:[35]

- **Beschaffung**
  Aufbauend auf der Beschaffungsstrategie wird die Planung in Bezug auf Bedarf, Bestand und Beschaffung der wichtigsten Produktionsfaktoren erstellt. Festgelegt wird, zu welchen Zeitpunkten, welche Mengen bestellt und gelagert werden. Dabei sollen Bestellmengen und Lagermengen möglichst effizient sein.
- **Produktion**
  Die konkrete Produktionsprogrammplanung orientiert sich an der Absatz- und Produktplanung sowie an den Kapazitätsgrenzen einzelner Produktionsanlagen und etwaiger Restriktionen in Bezug auf die Verfügbarkeit einzelner Ressourcen (z.B. Material, qualifizierte Mitarbeiter). Die Produktionsprogrammplanung legt fest, welche Produkte in welcher Menge wann hergestellt werden. Dabei kommt der operativen Produktionsprozessplanung die Aufgabe der Optimierung zu.
- **F&E**
  Forschungs- und Entwicklungstätigkeiten sollen zu neuen Produkten bzw. zu neuen/verbesserten Prozessen führen. Damit ergeben sich ein deutlich stärkerer Zukunftsbezug und ein längerfristiger Planungshorizont. Erschwerend kommt das höhere Ausmaß an Unsicherheit hinzu. Durch diese Faktoren wird die Planung im Bereich F&E schwierig und bedarf entsprechender Flexibilität.
- **Marketing & Vertrieb**
  Die Marketingstrategien werden im Rahmen der Marketingplanung (Märkte, Zielgruppen, Produkte, Vertriebswege etc.) präzisiert. Als Bezugsobjekte der Marketingplanung sind außerdem die Absatz-, Umsatz- und Deckungsbeitragsziele für die einzelnen Geschäftsbereiche bzw. Produkte sowie die jeweiligen Wettbewerbsstrategien anzuführen. Ferner berücksichtigt die Marketingplanung Einschätzungen der Vertriebsmitarbeiter über die zu bearbeitenden Zielgruppen sowie Marktdaten aus diversen anderen Quellen (z.B. Marktanalysen). Für die Determinierung und Abstimmung der einzelnen Marketingmaßnahmen für eine adäquate Positionierung bei der jeweiligen Zielgruppe wird in der Praxis vielfach der Marketing-Mix verwendet.[36]

Die hier exemplarisch angeführten Planungen der Kernaufgaben (Funktionen) eines Produktionsunternehmens werden in aller Regel ergänzt um Planungen für wichtige Querschnittsfunktionen (z.B. Qualitätssicherung, Logistik). Zu den einzelnen Funktionen findet der interessierte Leser mannigfaltige Bücher und Beiträge mit einer Vielzahl hilfreicher Instrumente und Vorgehensmodelle. Außerdem gibt es zahlreiche Managementsysteme, die den Transfer von Strategien in Ziele, Aktivitäten und Maßnahmen erleichtern. Die meisten bauen auf den Grundsatzüberlegungen des österreichischen Managementexperten Drucker auf.[37] Er beschrieb bereits 1954 die bekannte Methode „Management by Objectives" (MbO),[38] bei der ein umfassendes Ziel-Beitragssystem im gesamten Unternehmen installiert wird. Dabei werden die individuellen Ziele der Führungskräfte und Mitarbeiter mit den übergeordneten Zielen in Verbindung gebracht. „Management by Objectives" ermöglicht den Transfer der Strategien auf die Individualebene. Damit wird der Implementierungsprozess messbar, steuerbar und überprüfbar.

Balanced Scorecard

Die Balanced Scorecard (BSC) von Kaplan und Norton[39] zählt zu den bekanntesten Vorgehensmodellen im Rahmen der Umsetzung einer Strategie. Die Strategie wird in einem integrierten Modell mittels messbarer Ziele und realisierbarer Maßnahmen operationalisiert. Dabei werden vorhandene Ursache-Wirkungs-Zusammenhänge beachtet. Da die BSC in vielen Unternehmen auch als Kontroll- und Steuerungsinstrument eingesetzt wird, findet sich die Beschreibung im Kapitel 6.4.1.

5.2.3 Ressourcenzuweisung & Budgetierung

Ressourcen stehen einem Unternehmen nie unbegrenzt zur Verfügung. Besonders um knappe Ressourcen (z.B. Personal, Anlagen, IT) besteht ein Wettbewerb zwischen den einzelnen Unternehmensbereichen. Aus strategischer Sicht sind knappe Ressourcen derart zu verteilen, dass die angestrebten Strategien realisiert werden können. Aus diesem Grund ist es zweckmäßig, in Ergänzung zu den funktionalen Planungen bereichsübergreifende ressourcenbezogene Planungen durchzuführen. Dabei gilt es darauf zu achten, dass die Ressourcenallokation mit der Strategie in Einklang steht. Ist dies nicht der Fall, dominiert die Ressourcenallokation die Entwicklung des Unternehmens und die Strategie verbleibt bloß ein Plan, ein Stück Papier mit keiner bzw. geringer Relevanz für das operative Handeln.[40]

Ressourcenbezogene Planungen

Welche ressourcenbezogenen Planungen in einem Unternehmen durchgeführt werden, hängt von folgenden drei Faktoren ab: erstens von der Bedeutung der einzelnen Ressourcen für die unternehmerische Leistungserbringung. Je nach Branche und Unternehmen sind unterschiedliche Ressourcen von zentraler Bedeutung für die Leistungserbringung. Dies können in der Spitzengastronomie das Küchenpersonal oder spezifische Rezepturen sein, in einem Transportunternehmen der Fuhrpark und in einem Forschungsunternehmen die spezifischen Anlagen und Fähigkeiten. Der zweite Einflussfaktor ist die Relevanz der Ressource für die Realisierung der Strategie. Im Sinne der ressourcenorientierten Perspektive sind hier jene Ressourcen von besonderer Bedeutung, die als Kernkompetenzen zur Wettbewerbsfähigkeit des Unternehmens beitragen. Der dritte Faktor ist die Verfügbarkeit einer Ressource auf den jeweiligen Faktormärkten. Dies ist insbesondere dann von Bedeutung, wenn eine Ressource (z.B. seltene Materialien, Raum und Grundstücke, spezifisches Know-how) schwer bzw. überhaupt nicht mehr beschafft werden kann.

Das Hauptaugenmerk in der ressourcenbezogenen Planung liegt damit auf strategie- und geschäftsrelevanten, schwer beschaffbaren Ressourcen. In den meisten Unternehmen sind dies allenfalls Personal sowie spezifische Anlagen und Systeme (Gebäude, Maschinen, IT etc.) und die damit einhergehenden Investitionen. Aufgrund ihrer generell hohen Bedeutung wird nachstehend näher auf die Personalplanung eingegangen.

Personalplanung

Das Personal zählt zu den knappen Faktoren in den meisten Unternehmen. Im Rahmen der Personalplanung ist zunächst der mit der Operationalisierung einhergehende quantitative und qualitative Personalbedarf festzulegen: Erstens, welche Mitarbeiter mit welcher spezifischen Qualifikation werden benötigt? Zweitens, wie viele Mitarbeiter mit einer entsprechenden Qualifikation sind erforderlich?

Der konkrete Personalbedarf (SOLL) wird in aller Regel aus den vorgelagerten Planungen der einzelnen Bereiche abgeleitet. Die Gegenüberstellung mit dem aktuellen Personalbestand (IST) zeigt, inwieweit quantitative bzw. qualitative Defizite oder Überkapazitäten vorhanden sind. Diesen gilt es mit adäquaten Maßnahmen (Personalakquisition, -entwicklung, -umschichtung, -freisetzung) zu begegnen. Für die erfolgreiche Operationalisierung einer Strategie kann auch die Besetzung von strategischen Schlüsselpositionen als erfolgskritisch erachtet werden. Dabei können mit der Auswahl und Aufnahme neuer Mitarbeiter und Führungskräfte wichtige Signale in Richtung Wandel gesetzt werden.

Um die festgestellten Qualifikationslücken bei bestehenden Führungskräften und Mitarbeitern zu füllen, sind die Aktivitäten und Maßnahmen im Rahmen der Personalentwicklung an die Erfordernisse der Strategieimplementierung anzupassen. Qualifizierungsprogramme können dabei sowohl Off-the-Job-Maßnahmen, wie Schulungen und Seminare, Near-the-Job-Aktivitäten (z.B. Qualitätszirkel) und On-the-Job-Training beinhalten.

Monetäre Planungen

Die monetären Konsequenzen der geplanten Maßnahmen zeigen sich in der Kosten- und Erlösplanung, der bilanziellen Ergebnisplanung und der Liquiditätsplanung. Mit diesen monetären Planungen wird ersichtlich, ob mit den konkretisierten Strategien die monetären Ziele erreicht werden können. Ist dies nicht der Fall, kommt es zu neuen operativen und mitunter sogar strategischen Planungen.

- **Kosten- und Erlösplanung**
  Die Kosten- und Erlösplanung gibt Auskunft über die Rentabilität der geplanten betrieblichen Tätigkeiten. Die Basis für die Kostenplanung bilden die Informationen aus den funktionalen Planungen (Beschaffung, Produktion, Marketing etc.). Die erwarteten Erlöse können aus der Absatzplanung abgeleitet werden. Die konkrete Ausgestaltung der Kosten- und Erlösplanung kann auf Basis der Vollkosten, der Teilkosten bzw. aus einer Kombination von beiden (stufenweise Deckungsbeitragsplanung) erfolgen.

- **Ergebnisplanung**
  Die Ergebnisplanung zeigt, wie sich das Unternehmen aus der Finanzperspektive entwickeln wird. Sie basiert auf der Aufwands- und Ertragsrechnung. In der Gewinn- und Verlustplanung wird das zu erwartende operative Ergebnis sichtbar. In der Bilanzplanung werden Vermögen und Kapitel laut Planung dargestellt. Damit wird deutlich, mit welchen Ergebnissen in Zahlen zu rechnen ist, wenn die Strategie, wie in den einzelnen Planungen intendiert, umgesetzt wird.
- **Liquiditätsplanung**
  Im Rahmen der Liquiditätsplanung werden zahlungswirksame Vorgänge als Einzahlungen und Auszahlungen erfasst. Zielsetzung dieser Planung ist die Sicherstellung der Liquidität, damit das Unternehmen jederzeit seinen Zahlungsverpflichtungen nachkommen kann.[41]

Grundlage der Budgetierung

Die einzelnen Planungen werden miteinander verknüpft. Damit wird sichergestellt, dass die einzelnen Teilpläne untereinander abgestimmt sind. Sie bilden die Grundlage der Budgetierung. Diese umfasst die wertmäßige Zusammenfassung der geplanten (erwarteten) Entwicklung in einer Planungsperiode.[42] Dabei werden die Werte für das erste Planjahr so spezifisch wie möglich und für die folgenden Planjahre zumeist in aggregierter Form angegeben. Die einzelnen Budgets präzisieren, über welche Ressourcen ein Bereich verfügen kann, um seine Ziele zu erreichen.

Budgets sind aufgrund ihrer koordinierenden und steuernden Wirkung ein wichtiges Instrument zur Durchsetzung von Strategien. Sie müssen daher in jedem Fall mit der Strategie verzahnt sein. Ist dies nicht der Fall, orientieren sich Führungskräfte und Mitarbeiter an den Zahlen und nicht an der Strategie.[43] Demzufolge müssen sowohl Ressourcenzuweisung als auch Budgets mit der Strategie in Einklang sein, damit Entscheidungen und Handlungen im unternehmerischen Alltag strategiekonform sind.

5.2.4 Information und Kommunikation

Eine Strategie ist natürlich nicht für die breite Öffentlichkeit bestimmt, schließlich soll sie doch das Unternehmen langfristig erfolgreich machen, Wettbewerbsvorteile aufbauen und die Marktposition verbessern. An der Implementierung einer Strategie sind jedoch viele Führungskräfte und Mitarbeiter beteiligt. Sie müssen die für sie relevanten Inhalte der Strategie und der Planung kennen. Nur dann können sie ihre tägliche Arbeit danach ausrichten. Strategie zur Geheimsache zu erklären, ist daher wenig zweckmäßig, lässt sie doch die eigentlichen „Umsetzer" einer Strategie im Dunkeln tappen. Außerdem lässt es sich ohnehin nicht vermeiden, dass externe Berater oder Strategiemeetings von der Belegschaft bemerkt werden. Fehlen Informationen, entstehen Gerüchte und damit Sorgen und Ängste bei den Mitarbeitern. Gleichzeitig besteht die Gefahr, dass sich die Produktivität verringert und ein Klima des Misstrauens entsteht.

Der Kommunikationswissenschaftler und Philosoph Watzlawick[44] stellt fest: *„Man kann nicht nicht kommunizieren“*, denn jedes Verhalten ist eine Form von Kommunikation. Selbst wenn die Geschäftsführung oder das mittlere Management nicht informiert, wird ihr Schweigen von Mitarbeitern wahrgenommen und interpretiert. Erhalten die Mitarbeiter keine bzw. unzureichende Informationen, konstruieren sie ihre eigene Wirklichkeit, basierend auf ihren Erfahrungen und Kenntnissen. Ein Mangel an adäquater Information bereitet damit den Boden für Verschwörungstheorien und Gerüchte aller Art.

Ausreichende Information

Die Bedeutung adäquater, zielgruppengerechter Information steht außer Frage und gleichzeitig zeigt sich in vielen Unternehmen ein großes Manko. Zu informieren scheint für viele etwas Selbstverständliches zu sein, sie denken nicht daran die einzelnen Aktivitäten und Maßnahmen zur Vermittlung einer Strategie zu planen. Ein Grund, warum die Notwendigkeit zu informieren oftmals in der Hektik des Alltags vollkommen untergeht. Mitunter ist auch nicht bekannt, wer welche Informationen benötigt und wie diese Informationen die jeweilige Zielgruppe am besten erreichen. Oft wird auch fälschlicherweise davon ausgegangen, dass das Bereitstellen von Information dazu führt, dass die Betroffenen dadurch bereits informiert sind.

Ein weiterer Grund mangelhafter Informiertheit der Mitarbeiter über die Strategie liegt im Wesen der Strategie selbst begründet: Strategien sind komplex und damit schwer vermittelbar. Dazu kommt, dass die Informationsverarbeitungskapazität des Menschen begrenzt ist und wir ohnehin in Zeiten des Informationsüberflusses leben.

Kommunikationsmaßnahmen

Die angeführte Problematik verdeutlicht, dass es umfassender Kommunikationsmaßnahmen bedarf, damit Führungskräfte und Mitarbeiter über die für sie relevanten Informationen verfügen. Es ist zu klären, wie welche Informationen wem wann mitgeteilt werden bzw. zwischen wem sie ausgetauscht werden. Dabei gilt es zu entscheiden, wie häufig und mit welchen Medien Informationen vermittelt werden.

Vor allem dann, wenn grundlegende Veränderungen mit einer Strategie einhergehen, bedarf es eines integrierten Kommunikationskonzepts, damit die Betroffenen die Strategieinhalte verstehen können. Dabei ist zu beachten, dass Kommunikation funktionale und soziale Aspekte enthält. Funktionale Kommunikation bezieht sich auf die sachliche meist aufgabenbezogene Information. Soziale Kommunikation erfüllt Bedürfnisse nach Anerkennung, Wertschätzung, Zugehörigkeit etc. Damit kommt der Kommunikation auch eine wichtige Rolle in Bezug auf das Erkennen und Abbauen potenzieller Widerstände zu. Dementsprechend ist es zweckmäßig, bereits frühzeitig zu informieren, Mitarbeiter aufzurütteln und ihnen den Weg zu weisen.

Die Grundherausforderung in Bezug auf die Gestaltung adäquater Informations- und Kommunikationsmaßnahmen lässt sich am besten mit der vielzitierten Aussage von Konrad Lorenz verdeutlichen: *„Gesagt ist noch nicht gehört. Gehört ist noch nicht verstanden. Verstanden ist noch nicht einverstanden. Einverstanden ist noch nicht umgesetzt. Umgesetzt ist* *noch nicht beibehalten."* Erfolgreiche Strategieimplementierung beginnt mit erfolgreicher Information und Kommunikation.

Kommunikationskonzept

Ein schriftliches Kommunikationskonzept unterstützt, die Unternehmensleitung und Führungskräfte auf allen Ebenen adäquat zu informieren. Das Kommunikationskonzept sollte allenfalls Antworten auf folgende Fragen geben:[45]

- Wer (welche Person bzw. Zielgruppe) wird informiert?
- Was muss derjenige bzw. diese Zielgruppe wissen?
- Wann und wie oft wird informiert?
- Wie wird informiert (Mitarbeiterversammlungen, Strategieworkshops, Meetings, Mitarbeitergespräch, E-Mail, Intranet, ...)?

Adäquate Information durch gelungene Kommunikation trägt dazu bei, das Vertrauen der Mitarbeiter in die Unternehmensleitung zu erhalten bzw. aufzubauen. Mitarbeiter müssen darauf vertrauen können, dass sie die Unternehmensleitung mit der neuen Strategie in eine vorteilhafte Zukunft führt. Insbesondere in Zeiten der Krise müssen sie sicher sein, dass die Unternehmensleitung fähig ist, die Krise zu bewältigen. Die beiden Transformationsexperten Kohlöffel und August führen dazu zehn Grundregeln für eine gelungene Kommunikation im Rahmen von strategischen Veränderungsprozessen an (▶Abbildung 5.5[46]):

Zehn Grundregeln gelungener Kommunikation

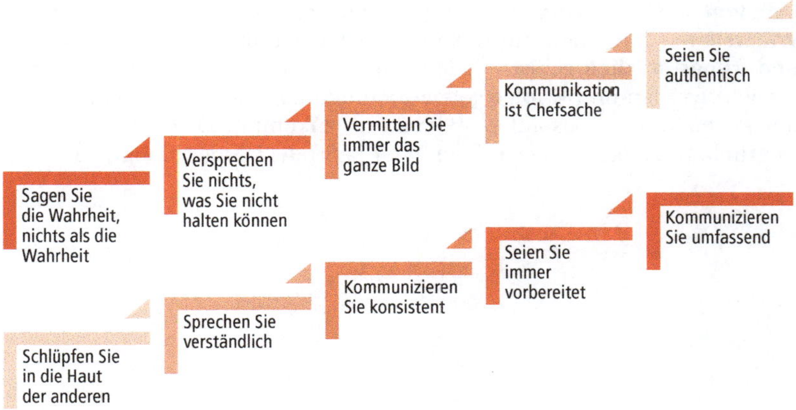

Abbildung 5.5: Zehn Grundregeln gelungener Kommunikation

Es gilt zu bedenken, dass eine gelungene interne Kommunikation nicht nur das Vertrauen und Engagement der Mitarbeiter sichert. Sie wirkt weiter auf das Image des Unternehmens, auf das Vertrauen von Geldgebern, Lieferanten, Kunden und anderen Stakeholdern und somit auf das Wohlergehen des gesamten Unternehmens.

5.2.5 Koordination und Monitoring

Die Operationalisierung einer Strategie löst mannigfaltige Aktivitäten und Maßnahmen aus. Dazu zählen Planungen und Handlungen in unterschiedlichen Bereichen und auf unterschiedlichen Ebenen. Immer dann, wenn Arbeitsteilung praktiziert wird, ist Koordination in zeitlicher und inhaltlicher Hinsicht erforderlich.[47]

Koordination

Die zeitliche Koordination regelt dabei die Reihenfolge der einzelnen Aktivitäten und Maßnahmen (Konkretisierung, operative Planung, Information und Kommunikation, Ressourcenzuweisung und Budgetierung, alltägliche Handlungen im Rahmen der Strategieumsetzung). Die inhaltliche Koordination umfasst die vertikale und horizontale Abstimmung der Aktivitäten und Maßnahmen im Rahmen der Operationalisierung. Dabei umfasst die vertikale Koordination die Abstimmung zwischen den einzelnen Ebenen (Unternehmen, Geschäftsbereiche und Funktionen) und die horizontale Koordination die Abstimmung zwischen den einzelnen Bereichen (z.B. Marketing, Produktion, Beschaffung, F&E).

Monitoring

Ein umfassendes Monitoring (siehe *Kapitel 6 Strategische Evaluierung*) der Operationalisierung dient der raschen Information über den Prozessverlauf. Dadurch können Fehleinschätzungen im Rahmen der Planung der Implementierung so rasch wie möglich erkannt und korrigiert werden. Außerdem kann sichergestellt werden, dass die Fülle an Maßnahmen von den Betroffenen bewältigt werden kann und unvorhergesehene Widerstände bzw. neu auftretende Probleme unmittelbar aufgegriffen und frühestmöglich gelöst werden. Überdies ist ersichtlich, wann Ziele erreicht werden und Erfolge gefeiert werden können, wobei dem Feiern der ersten Erfolge besondere Bedeutung zukommt. Damit wird offensichtlich, dass man bereits erfolgreich die Strategie operationalisiert.

Sitzung 13: Strategischer Wandel

ÜBERBLICK

13

5.3 Strategischer Wandel

Im Fokus der bisherigen Ausführungen standen die schrittweise Operationalisierung einer Strategie und damit die sachbezogenen Aufgaben der Strategieimplementierung. In diesem Kapitel rücken verhaltensbezogene Aufgaben und damit strategischer Wandel in und von Organisationen ins Zentrum des Interesses.

Erklärungs- und Gestaltungsmodelle in Bezug auf strategischen Wandel finden sich in der Literatur wie Sand am Meer. Mitunter unterscheiden sie sich kaum voneinander bzw. bauen aufeinander auf, manche jedoch sind widersprüchlich. Dies erklärt sich aus unterschiedlichen Grundannahmen über die Gestaltbarkeit von Organisationen und die Art und Weise, wie Wandel in und von Organisationen vor sich geht. Überdies gibt es viele Modelle, die sich ausschließlich auf fundamentalen (evolutionären bzw. revolutionären) Wandel beziehen.

Prozesstheorien

Die vielzitierten und grundlegenden Arbeiten von Van de Ven und Poole über vier archetypische Prozesstheorien erlauben einen ersten Einblick in die mitunter unübersichtliche Welt des strategischen Wandels von Organisationen. Basierend auf unterschiedlichen Grundannahmen über Wandel beschreiben sie vier Prozesstheorien mit ihren Implikationen betreffend Gestaltung bzw. Gestaltbarkeit strategischen Wandels (siehe ▶Abbildung 5.6[48]):

Teleologische Prozesstheorien

Den meisten Managementansätzen liegt ein teleologisches Prozessverständnis zugrunde. Man geht davon aus, dass ein Unternehmen über klare Zielvorstellungen verfügt und das Topmanagement adäquate Strategien auswählt, um diese Ziele zu erreichen. Ändert sich die Unternehmensumwelt, sind die Strategien anzupassen, damit das Unternehmen in einer sich verändernden Umwelt seine Ziele erreichen kann. Strategischer Wandel basiert gemäß eines teleologischen Verständnisses auf einer rationalen Auseinandersetzung des Topmanagements mit unterschiedlichen strategischen Möglichkeiten, von denen eine als erfolgversprechend ausgewählt wird. Die strategische Entscheidung ist damit der Motor für die vom Topmanagement bewusst geplanten Veränderungsprozesse im Unternehmen. Entsprechendes ist bereits aus der planungsorientierten Perspektive des strategischen Managements bekannt.

Lebenszyklustheorien

Lebenszyklustheorien bilden einen weiteren Erklärungsansatz für den strategischen Wandel von Organisationen. Hier geht man davon aus, dass die Ursachen für Veränderungen innerhalb der sich entwickelnden Einheit selbst liegen. Vergleichbar mit einem Menschen durchlaufen Unternehmen unterschiedliche Phasen von der Geburt bzw. Gründung bis zum Tod bzw. Niedergang. Innerhalb einer Phase finden sich evolutionäre Veränderungsprozesse, während zwischen diesen Transformationen (revolutionäre Veränderungsprozesse) stattfinden.[49] Dem Topmanagement kommen hier zwei Aufgaben zu. Erstens, das Unternehmen in jeder stabilen Phase adäquat zu konfigurieren (Strategie, Strukturen, Systeme, Führung, ...). Zweitens, die Umbruchphasen (Transformationen) durch gezielte systemgerechte Interventionen zu forcieren und so kurz wie möglich zu halten.

Evolutionäre Prozesstheorien

Evolutionäre Prozesstheorien erklären Wandel als einen kontinuierlichen Prozess der Variation, Selektion und Retention.[50] Dabei verläuft die Variation des Systems bzw. der Formen eher zufällig (neue Varianten entstehen einfach). Die Selektion durch die Umwelt führt zur Auswahl der am besten passenden Variante. Die Retention wirkt in diesem Prozess stabilisierend, sie unterstützt das Verharren in der etablierten bekannten Form (Variante).

Evolutionäre Prozesstheorien werden in unterschiedlichen Perspektiven des strategischen Managements zur Erklärung von Veränderungen genützt, z.B. zur Erklärung der Überlebensfähigkeit von Unternehmen in den jeweiligen Branchen (positionierungsorientierte Perspektive). In der ressourcenorientierten Perspektive, wonach auf Kernkompetenzen beruhende Wettbewerbsvorteile nur so lange bestehen, solange diese für die Umwelt, in denen das Unternehmen operiert, wertvoll sind.[51]

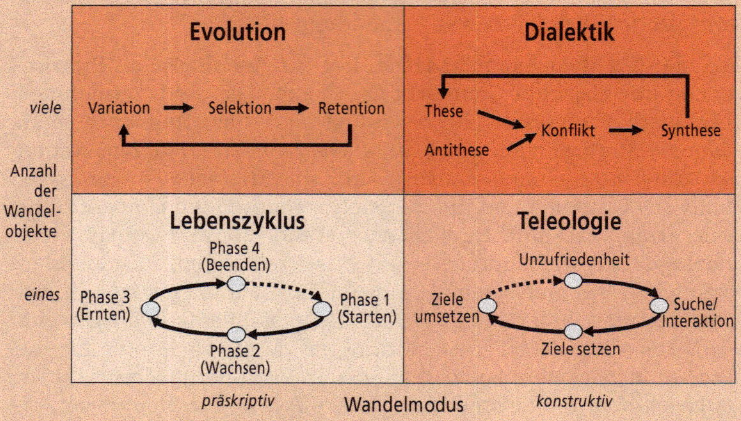

Abbildung 5.6: Prozesstheorien

Dialektische Prozesstheorien

Die Grundannahme dialektischer Prozesstheorien besteht darin, dass Wandel aus Spannungen und Konflikten entsteht, ob nun Mitarbeiter mit ihrer Entlohnung unzufrieden sind oder die Erwartungen anderer Stakeholder nicht erfüllt werden. Wenn Spannungen und Konflikte nach Phasen der Stabilität und dem Aufrechterhalten bekannter Dominanzverhältnisse ausbrechen, folgt oft ein revolutionärer Übergang zu einer neuen Ordnung. Der Motor der Veränderung liegt hier in der Konfrontation und im Konflikt zwischen gegensätzlichen Ereignissen, Kräften, Werten etc. Diese Art des Prozessverständnisses ist vor allem im Umgang mit Komplexität und Diversität relevant, beispielsweise im Stakeholder-Management oder in der Zusammenarbeit heterogener Führungsteams, welche in einer globalisierten und dynamischen Umwelt heute als vorteilhaft erachtet werden.[52]

Resümierend kann festgestellt werden, dass die beschriebenen Prozesstheorien weder in der Praxis noch in der Literatur in reiner Form vorkommen. Vielmehr finden sich unterschiedliche Kombinationen. Wobei der Großteil der strategischen Managementliteratur auf einem teleologischen Prozessverständnis basiert. Viele Autoren und Berater beziehen jedoch auch Aspekte anderer Prozesstheorien in ihre Überlegungen mit ein.

Herausforderungen bei umfassendem (fundamentalem) Wandel

Unabhängig davon, welche Prozesstheorie zugrunde gelegt wird, stellt ein umfassender Wandel eine große Herausforderung für ein Unternehmen dar. Hier greifen bekannte Erfolgsmuster und Führungsinterventionen nicht mehr. Eine reine Operationalisierung der Strategie ist nicht zweckmäßig, geht es doch darum, nicht nur die Dinge anders zu machen, sondern vollkommen andere Dinge zu tun. Damit ist es für die vom Wandel Betroffenen erforderlich, vorhandene Grundauffassungen über die Logik des Geschäfts (z.B. Annahmen darüber, wie man erfolgreich in einem bestimmten Markt bzw. in einer bestimmten Branche agieren kann, welche Produkte und Dienstleistungen gefragt sind, welche Prozesse effizient sind) abzulegen. Dies schließt das Führungsteam mit ein, welches noch dazu mit der herausfordernden Aufgabe konfrontiert ist, einen fundamentalen Wandel zu steuern.

Wie kann ein Unternehmen umfassend gewandelt werden bzw. anders formuliert, wie kann die Gestaltung und Steuerung fundamentalen Wandels gelingen? Folgt man den beiden Wandelexpertinnen Balogun und Hope-Hailey ist es zunächst erforderlich, den spezifischen Wandelkontext (*Kapitel 5.3.1*) zu verstehen und potenzielle Gestaltungsmöglichkeiten zu identifizieren (*Kapitel 5.3.2*). Erst dadurch wird es möglich, einen spezifischen situationsadäquaten Wandelprozess zu entwickeln (*Kapitel 5.3.3*) und die erforderlichen Veränderungen zu realisieren (*Kapitel 5.3.4*).

5.3.1 Analyse des Wandelkontextes

Aufbauend auf den Erkenntnissen aus der Phase der Analyse des Unternehmens und seiner Umwelt (siehe *Kapitel 3*) sowie der Phase der Strategieformulierung (siehe *Kapitel 4*) ist es notwendig, ein tiefes Verständnis für die spezifischen Gegebenheiten des strategischen Wandels in einem bestimmten Unternehmen zu gewinnen. Diese sind naturgemäß in einem kleinen jungen Unternehmen mit einem engagierten Team vollkommen anders als in einem großen Konzern mit strikten Regeln, formalen Strukturen und etablierten Routinen. Durch die Berücksichtigung der spezifischen Kontextfaktoren kann strategischer Wandel in und von Organisation gelingen.

In ihrem Buch „Exploring Strategic Change" präsentieren Balogun und Hope-Hailey acht wesentliche organisationale Kontextfaktoren, die bei der Gestaltung von umfassenden Wandelprozessen zu berücksichtigen sind. Die acht Faktoren – Zeit, Ausmaß, Bewahrung, Vielfalt, Fähigkeiten, Kapazität, Bereitschaft und Macht – sind hinsichtlich ihrer Relevanz für die konkrete Ausgestaltung des Wandels in einem spezifischen Unternehmen zu untersuchen (▶Abbildung 5.7[53]):

Abbildung 5.7: Analyse des Wandelkontextes

Zeit Ein entscheidender Faktor ist die **Zeit**, die einem Unternehmen für den Wandel zur Verfügung steht. Es macht einen Unterschied, ob ein Unternehmen in einer Krise ist oder ob es erfolgreich ist und einen längerfristigen Strategieprozess eingeht. In der Krisensituation ist zwar weniger Zeit vorhanden, dafür ist der Zwang zur Veränderung größer. Dies wirkt sich in aller Regel positiv auf die Bereitschaft zum Wandel aus.

Ist mehr Zeit vorhanden, kann ein Wandel langsamer vollzogen werden. Dies erfordert jedoch aufgrund der fehlenden Dringlichkeit des Wandels mehr Aktivitäten, um die Bereitschaft für den Wandel bei der Belegschaft herzustellen. Der Faktor Zeit kann auch durch mächtige Stakeholder (z.B. Banken, Kunden, Anleger, Behörden) beeinflusst werden, indem sie das Management mit entsprechenden Erwartungen hinsichtlich der Ergebnisse des Wandels konfrontieren.

Ausmaß Das **Ausmaß** des Wandels nimmt Bezug auf die Tiefe und Breite des mit der Strategie einhergehenden Wandels. Dabei bezieht sich die Tiefe auf die Frage, inwieweit sich vorhandene Grundauffassungen, Werte, Routinen etc. (das bestehende Paradigma) verändern müssen (▶Abbildung 5.8 verweist auf die Unterscheidung zwischen Transformation und Neuordnung).

Die Breite des Wandels zeigt, ob das gesamte Unternehmen oder nur einzelne Bereiche (z.B. Abteilungen oder Divisionen) betroffen sind. Ist das Ausmaß des Wandels tief und breit, ist ein umfassendes Wandelprojekt erforderlich, das sich über mehrere Jahre erstrecken kann.

Typen des Wandels

Eine Möglichkeit der Differenzierung strategischen Wandels erfolgt in Anlehnung an Balogun und Hope-Hailey nach dem Tempo (kontinuierlich oder plötzlich) und dem Ergebnis (Transformation oder Neuordnung). Insgesamt können mittels dieser beiden Kriterien vier Typen unterschieden werden (▶Abbildung 5.8[54]).

Tempo \ Ergebnis	Transformation	Neuordnung
kontinuierlich	**Evolution** Langsame, rational planbare Veränderungen, (kontinuierlicher Prozess)	**Adaption** Schrittweiser langsamer Wandel einzelner Teilbereiche (kontinuierlicher Prozess)
plötzlich	**Revolution** Schnelle Veränderungen inkl. strategisches Paradigma (abrupter Prozess)	**Rekonstruktion** Schneller Wandel, kann die Basis für Transformationen sein (abrupter Prozess)

Abbildung 5.8: Typen des Wandels

Ist ein Unternehmen transformiert, hat es sein strategisches Paradigma (Strategien, Routinen, Werte, Annahmen etc.) im Rahmen des Wandelprozesses verlassen. Entweder vollzog sich dieser Wandel Schritt für Schritt (Evolution) oder sehr schnell (Revolution). Die große Herausforderung für Unternehmen liegt im Meistern eines fundamentalen Wandels (Transformation). Dies erweist sich als besonders schwierig, da das menschliche Gehirn darauf ausgerichtet ist, Bestehendes und Bekanntes zu bestätigen.

Wird das Unternehmen hingegen nur neu geordnet, bleibt es in seinem bisherigen strategischen Paradigma. Erfolgt die Neuordnung langsam, spricht man von Adaption, ansonsten von Rekonstruktion. Diese Art von Wandel ist weniger herausfordernd, da die Menschen innerhalb des bekannten Paradigmas agieren.

Bewahrung

Was heute wertvoll ist und auch in Zukunft zum Erfolg des Unternehmens beitragen wird, ist im Wandel zu bewahren. Bei der Analyse des Kontextfaktors „**Bewahrung**" ist zu bestimmen, welche organisationalen Aktiva, Charakteristiken und Praktiken in welchem Ausmaß zu erhalten sind. Hierauf nimmt das Ausmaß des angestrebten Wandels Einfluss. Je umfassender der mit der Strategie einhergehende Wandel, desto weniger wird bewahrt werden und umgekehrt.

Für die meisten Menschen ist es wichtig, dass bestimmte Elemente erhalten werden. Bestehendes gibt ihnen Sicherheit und ermöglicht es ihnen, sich leichter mit den Erfordernissen des Wandels auseinanderzusetzen.

Vielfalt

Der Faktor **Vielfalt** bezieht sich auf die Zusammensetzung der einzelnen Gruppen im Unternehmen. Konkret geht es um die Frage, ob es sich eher um homogene oder heterogene Gruppen handelt. Homogene Gruppen weisen ähnliche Erfahrungen, Wertvorstellungen und Meinungen auf. Sie sind es gewohnt, in gleicher bzw. ähnlicher Weise zu denken, zu entscheiden und zu handeln. Damit kann es im Fall eines fundamentalen Wandels erforderlich sein, in einem ersten Schritt die Vielfalt der Gruppe zu erhöhen. Nur so können in derart stabilen Gruppen neue Erfahrungen, Wahrnehmungs- und Denkmuster entstehen, die den Wandel begünstigen. Diesbezüglich weisen viele international tätige Unternehmen Vorteile aufgrund der Heterogenität ihrer Belegschaft und ihrer Topmanagementteams auf.

Fähigkeiten

Ein wesentlicher Faktor ist die **Fähigkeit,** den für die Strategieimplementierung erforderlichen strategischen Wandel zu gestalten und zu steuern. In vielen Unternehmen müssen diese Fähigkeiten erst aufgebaut werden. Denn umfassende Veränderungsprozesse zu steuern, ist keine alltägliche Aufgabe des Managements. Dies gilt insbesondere für erfolgsverwöhnte Unternehmen. Zu den individuellen Fähigkeiten zählen auch die Flexibilität und Anpassungsfähigkeit der Mitarbeiter. Je höher das Veränderungsvermögen der Mitarbeiter, umso einfacher und rascher kann sich strategischer Wandel vollziehen.

Neben individuellen Fähigkeiten sind es auch organisationale Fähigkeiten, die ein Unternehmen in die Lage versetzen, sich umfassend zu wandeln. Derartige organisationale Fähigkeiten begründen sich in Systemen, Strukturen, Prozessen bzw. Routinen und werden vielfach als Dynamic Capabilities[55] bezeichnet. Sind die erforderlichen Fähigkeiten nicht vorhanden, bedarf es einleitend Maßnahmen der Personal- und Organisationsentwicklung.

Kapazität

Die vorhandenen **Kapazitäten** für Wandel bestimmen das mögliche Ausmaß und das Tempo des Wandels. Zu den relevanten Faktoren zählen finanzielle, zeitliche und personelle Ressourcen. Bei der Beurteilung der vorhandenen Kapazitäten ist darauf zu achten, dass sich ein Unternehmen nicht nur mit sich selbst und dem eigenen Wandel beschäftigen kann. Im Gegenteil, die meisten Ressourcen sind bereits mit den bestehenden Aktivitäten ausgelastet. Damit stellt sich die Frage, wie viele Ressourcen überhaupt für den Wandel bereitgestellt werden können.

Bereitschaft

Die **Bereitschaft** zum Wandel betrifft das Bewusstsein und die Akzeptanz der Notwendigkeit eines Wandels. Ob Führungskräfte oder Mitarbeiter, erst wenn sie akzeptieren, dass es wirklich notwendig ist, sich zu verändern, werden sie bereit sein, den Wandel mitzutragen bzw. mitzugestalten. Die Bereitschaft zum Wandel kann in einzelnen Bereichen des Unternehmens unterschiedlich hoch sein. Es ist durchaus möglich, dass in manchen Bereichen großer Widerstand besteht, hingegen in anderen Bereichen der Wandel freudig begrüßt wird.

Macht

Der Faktor **Macht** ist keinesfalls zu unterschätzen. Einerseits ist der Einsatz von Macht – im Sinne der Durchsetzbarkeit des eigenen Willens – nicht ausreichend, um einen Wandel erfolgreich durchzuführen.[56] Es bedarf in Ergänzung zu der hierarchischen Initiierung bzw. Anweisung und Ressourcenbereitstellung durch Machtpromotoren auch der Unterstützung durch Fach- und Prozesspromotoren. Sie verfügen über das notwendige Know-how. Andererseits können Fach- und Prozesspromotoren einen strategischen Wandel ohne Machtpromotoren nicht durchsetzen. Es bedarf demnach des Beitrags aller „Mächtigen" eines Unternehmens, damit sich dieses erfolgreich wandeln kann.

Die Analyse des Wandelkontextes zeigt auf, welche Möglichkeiten in Bezug auf die Ausgestaltung des strategischen Wandelprozesses in einer spezifischen Situation bestehen. Dabei ist darauf zu achten, dass sich der Wandelkontext im Zeitverlauf verändern kann und daher immer wieder neu zu bewerten ist. Der Aufwand dafür lohnt sich – denn damit können die Aktivitäten und Maßnahmen auf die jeweiligen organisatorischen Gegebenheiten abgestimmt werden.

5.3.2 Identifikation der Gestaltungsmöglichkeiten

Nach der Analyse des Wandelkontextes sind die spezifischen Gestaltungsmöglichkeiten zu identifizieren. Balogun und Hope-Hailey stellen hierzu ein umfassendes Werkzeug, das Change-Kaleidoskop (▶Abbildung 5.9.), zur Verfügung. Damit wird es möglich, einen kontextspezifischen Wandelprozess zu gestalten.[57]

Das Change-Kaleidoskop

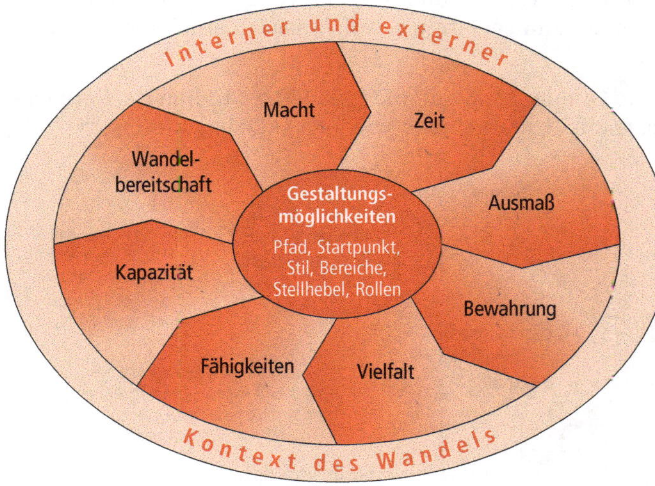

Abbildung 5.9: Change-Kaleidoskop

Im Grunde genommen dient ein Kaleidoskop dem Sehen und Betrachten von Formen und Gestalten. Mit jeder Drehung wird ein anderes Muster bzw. eine andere Form oder Gestalt sichtbar. Ein Kaleidoskop hat keinen Anfang und kein Ende. Das Change-Kaleidoskop von Balogun und Hope-Hailey funktioniert in gleicher Weise:

- Unternehmen sind unterschiedlich: Entsprechend den jeweiligen Kontextfaktoren werden durch das Change-Kaleidoskop unterschiedliche Gestaltungsmöglichkeiten strategischen Wandels für unterschiedliche Unternehmen sichtbar.
- Unternehmen verändern sich im Verlauf der Zeit: Damit ändern sich auch die Gestaltungsmöglichkeiten für ein und dasselbe Unternehmen im Zeitverlauf. Was vor fünf Jahren funktionierte, muss heute nicht mehr passen.

Das Change-Kaleidoskop besteht aus drei Ringen. Der äußere Ring nimmt Bezug auf den übergeordneten Kontext des Wandels und zeigt, in welchem Ausmaß Wandel aufgrund der aktuellen Gegebenheiten von Unternehmen (interner Kontext) und Umwelt (externer Kontext) erforderlich ist (siehe *Kapitel 3 und 4*). Der mittlere Ring enthält die soeben dargelegten Kontextfaktoren des Wandels und der innere Ring beinhaltet die zur Verfügung stehenden Gestaltungsmöglichkeiten. Deren Konkretisierung wird durch die spezifischen Ausprägungen des äußeren und mittleren Kreises bestimmt.[58]

Pfad

Der **Pfad** des Wandels hängt von den Ergebnissen der Analyse der Kontextfaktoren ab. Ist die Zeit beispielsweise knapp und das Erfordernis des Wandels hoch, bedarf es eines revolutionären Wandels. Einer Phase eines fundamentalen Wandels folgt in aller Regel eine Phase des inkrementalen Wandels, in der die neue Konfiguration verfeinert wird. In seinem bereits 1972 veröffentlichten Modell skizzierte Greiner[59] die Entwicklung des Unternehmens im Wachstumsverlauf. Ihm zufolge durchlebt ein Unternehmen fünf verschiedene wachstumsbedingte Krisen, in denen es sich revolutionär wandelt. Jeder umfassenden Wandlung folgt eine Phase inkrementaler Veränderungen, in denen sich das Unternehmen evolutionär entwickelt.

In Anlehnung an Greiner kann aufgrund aktueller Studien die Entwicklung von wachsenden Unternehmen wie folgt skizziert werden:[60]

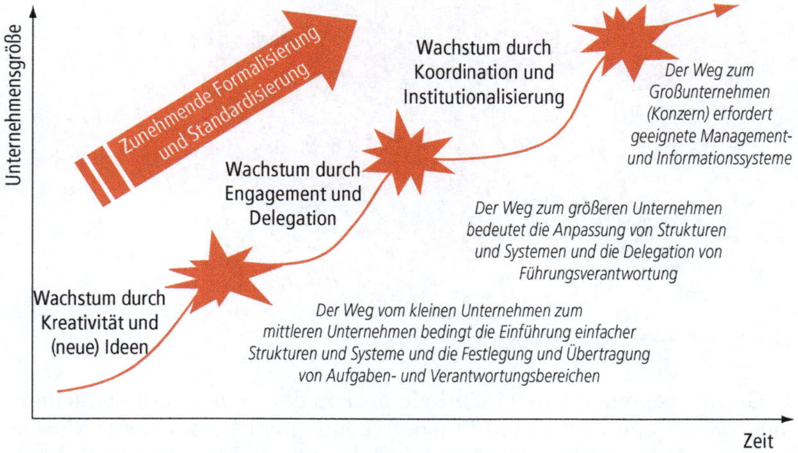

Abbildung 5.10: Unternehmenswachstum, Krisen und deren Bewältigung

Das Erfordernis eines revolutionären Wandels kann sich nicht nur in Wachstumsphasen, sondern auch aus radikalen Umbrüchen in der Unternehmensumwelt ergeben (z.B. technologische Revolutionen, Finanzkrisen). Ein weiterer Grund findet sich im zu langen Ignorieren von Veränderungen am Markt bzw. im Wettbewerb. Wird die Differenz zu groß, sind umfassende Transformationen erforderlich.

Eine zentrale Frage im Rahmen der Strategieimplementierung ist der **Startpunkt** bzw. Ausgangspunkt für die Initiierung strategischen Wandels. Veränderungen können mittels Pilotprojekten in einigen ausgewählten Bereichen oder unternehmensweit gleichzeitig eingeleitet werden. Dabei stellt sich die Frage, ob der Wandel top-down, bottom-up oder im Gegenstromverfahren bzw. durch „gute Praktiken" (pockets of good practice) erfolgt. **Startpunkt**

- **Top-down:** Ausgangspunkt ist die Unternehmensleitung. Die dort formulierten Pläne werden entlang der Hierarchie schrittweise konkretisiert und umgesetzt.
- **Bottom-up:** Die einzelnen Unternehmensbereiche sind selbst verantwortlich für die Gestaltung der aus ihrer Sicht erforderlichen Veränderungen. Diese werden von den jeweils übergeordneten Bereichen koordiniert.
- **Gegenstromverfahren:** Bei der Kombination von top-down und bottom-up gibt die Unternehmensleitung nur einen groben Rahmen vor. Dieser wird durch die untergeordneten Bereiche konkretisiert und gegebenenfalls adaptiert. Die endgültige Vorgehensweise wird idealerweise gemeinsam beschlossen.
- **Gute Praktiken** („pockets of good practice"): Eine Form des Wandels ergibt sich durch das Lernen von jenen, die als Vorbild dienen. Dies kann implizit erfolgen oder explizit in Form des Benchmarking.

Die direkte Steuerungsmöglichkeit durch die Unternehmensleitung ist im Top-down-Prozess am höchsten und im Fall der „guten Praktiken" am geringsten. Insbesondere im Fall radikaler Umbrüche werden aufgrund des schnelleren Tempos häufig Top-down-Prozesse eingesetzt. Allerdings kann es sich bei umfassenden Wandelprozessen als erforderlich erweisen, die betroffenen Führungskräfte und Mitarbeiter in die Gestaltung mit einzubeziehen. Dadurch steigt die Akzeptanz, Identifikation und Motivation und damit das Engagement für den Wandel.

Mit dem **Stil** des Wandels wird die Art und Weise, wie dieser geführt wird, bezeichnet. Es gibt sehr unterschiedliche Führungsstile, diese reichen vom Einsatz von Macht und Zwang zum Wandel, über Partizipation und Einbeziehung der Mitarbeiter bis hin zu Überzeugung und Delegation des Wandels. **Stil**

Je nach situativem Wandelkontext erweisen sich unterschiedliche Führungsstile als zweckdienlich. So erhöhen Mitwirkungsmöglichkeiten die Akzeptanz der Betroffenen und fördern ihre Motivation. Allerdings bedingen sie vermehrte Abstimmung und gehen mit einem höheren Zeitbedarf einher. Je direktiver der Führungsstil, desto geringer ist der Abstimmungsbedarf und der damit verbundene Zeitaufwand. Jedoch ist dann mit größeren Widerständen der Mitarbeiter zu rechnen.

Die Auswahl des Führungsstils hängt natürlich nicht nur vom spezifischen Kontext und dem jeweiligen Strategieinhalt (z.B. Restrukturierung) ab, sondern wird auch durch die spezifischen Persönlichkeitsmerkmale des Topmanagements beeinflusst.[61]

Bereiche

Die Frage, was sich ändern soll, zeigt, in welchen **Bereichen** der Wandel ansetzen soll: Ist der Fokus auf den Ergebnissen, dem Verhalten oder den Einstellungen der Mitarbeiter? Liegt der Ansatzpunkt bei den **Ergebnissen,** wird den Betroffenen nicht vorgegeben, wie sie sich verändern müssen, sondern lediglich welche Ergebnisse (z.B. Erträge, Umsätze, Aufträge) sie erbringen sollen. Der Ausgangspunkt des Wandels liegt hier in der Adaptierung der Vorgaben, Indikatoren und Kontrollsysteme.

Soll das **Verhalten** der Mitarbeiter geändert werden, ist es erforderlich, dass sich das System (Unternehmen), in dem sie tätig sind, verändert. Dadurch erhalten sie neue Rollen, Aufgaben und Verantwortlichkeiten, diese haben Auswirkungen auf das Verhalten. Die derart initiierten Verhaltensänderungen führen zu veränderten Einstellungen.[62] Andererseits können auch neue Erfahrungen (z.B. durch Trainings) dazu führen, dass sich das Verhalten der Mitarbeiter verändert. Veränderungen im Verhalten können wiederum zu inkrementalen Anpassungen des Unternehmens führen.

Müssen sich die **Einstellungen** der Führungskräfte und Mitarbeiter ändern, bedarf es umfassender Maßnahmen im Rahmen der Organisations- und Personalentwicklung. Dies gilt insbesondere dann, wenn es sich um tief verankerte Grundhaltungen handelt. Ist hingegen nur neues Fachwissen (z.B. Kenntnisse über die Funktionsweise neuer Maschinen oder IT-Systeme) erforderlich, kann dies relativ einfach vermittelt werden. Hier liegt die Herausforderung in der Herstellung von Akzeptanz des Neuen.

Stellhebel

Bei der Gestaltung und Steuerung strategischen Wandels stehen unterschiedliche **Stellhebel** und Interventionen zur Verfügung (z.B. Symbole, Rituale). Dabei müssen die unterschiedlichen Subsysteme (Strukturen und Systeme, formale und informale Machtstrukturen, Unternehmenskultur) des Unternehmens und deren Interdependenzen beachtet werden. Hierzu dienen Modelle wie das eingangs vorgestellte 7-S-Modell oder das im Rahmen der Analyse vorgestellte Cultural Web.

Werden grundsätzliche Wertvorstellungen, selbstverständliche Grundannahmen und Überzeugungen (Paradigmen) verändert, bedarf es intensiver Kommunikation, damit die Mitarbeiter verstehen, warum, wozu und weshalb es anders werden muss. Hier reichen Adaptierungen von Strukturen und Systemen bzw. Prozessen und Routinen nicht aus, damit sich Mitarbeiter strategiekonform verhalten. Letztere sind erst dann zweckmäßig, wenn das organisationale Paradigma mit der Strategie übereinstimmt.

Im strategischen Wandel können Interventionen symbolischer Natur besonders förderlich sein. Ob neue Rituale eingeführt oder alte abgeschafft werden, Gebäude neu gestrichen, Logos adaptiert oder die Art der Sprache verändert werden, es wird für die Betroffenen sichtbar und erlebbar, dass es nun anders ist. Eine mögliche Intervention stellt das „Story Telling" dar, indem einfach neue strategiekonforme und verhaltensleitende (Helden-)Geschichten erzählt und weitererzählt werden.

Rollen

Erfolgreicher Wandel bedarf der Mitwirkung zahlreicher Akteure. Sie nehmen unterschiedliche **Rollen** im Wandelprozess ein. Zunächst ist hier die **Unternehmensleitung** anzuführen, in vielen Fällen initiiert und steuert sie strategischen Wandel. Außerdem sind das **mittlere und untere Management** zu nennen. Sie sind insbesondere für die Konkretisierung und Operationalisierung einer neuen Strategie von hoher Bedeutung. Damit sind sie es, die der übergeordneten Strategie in den einzelnen Bereichen einen Sinn geben und damit für die Mitarbeiter nachvollziehbar machen. Sie haben damit eine wichtige Brückenfunktion.

Externe Berater werden nicht nur im Rahmen der Analyse und Formulierung einer Strategie eingesetzt, ihr Know-how wird auch bei der Implementierung genützt. Sie übernehmen planende, koordinierende und vermittelnde Aufgaben. Externe Berater haben den Vorteil, dass sie Ansichten und Annahmen wahrnehmen und hinterfragen können. Außerdem wird ihnen eine gewisse Neutralität und Expertise zugesprochen, was sich bei Konflikten als vorteilhaft erweist. Des Weiteren bringen sie zusätzliche Ressourcen und spezifisches Know-how mit und können dadurch die zuständigen Akteure im Wandelprozess unterstützen.

Schließlich gibt es noch die große Gruppe jener Personen, die vom Wandel betroffen sind. Sie können, je nach ihrer Einstellung, Veränderungsprozesse beschleunigen oder verzögern und mitunter sogar verhindern.

5.3.3 Gestaltung des Wandelprozesses

Situationsadäquate Wandelprozesse gestalten

Die Gestaltung eines situativ adäquaten Wandelprozesses baut auf den Erkenntnissen aus der Kontextanalyse (Schritt 1) und den spezifischen Gestaltungsmöglichkeiten (Schritt 2) auf. Da jede Situation einmalig ist, ist auch jeder Transformationsprozess einzigartig und bedarf eines spezifischen Wandeldesigns.

Bewusst initiierte Wandelprozesse ist eines gemein, sie durchlaufen alle die von Lewin und anderen Wandelexperten dargelegten drei Phasen:[63] (1) „Auftauen" – die Mobilisierung für den Wandel einleiten; (2) „Verändern" – das Bewegen des Unternehmens bzw. seiner Angehörigen in die laut Strategie gewünschte Richtung und (3) „Einfrieren" – die Integration des neu Erlernten sicherstellen.

3-Phasen-Modell von Lewin

3-Phasen-Modell von Lewin

Die Mehrzahl der Phasenmodelle zu strategischem Wandel baut auf den Erklärungen von Lewin[64] auf. Ihm zufolge muss jede Organisation, die auf Dauer überleben will, über ein Gleichgewicht an stabilisierenden Kräften (lehnen Veränderung ab und wollen das Bestehende erhalten) und verändernden Kräften (initiieren und drängen auf Wandel) verfügen (▶Abbildung 5.11[65]):

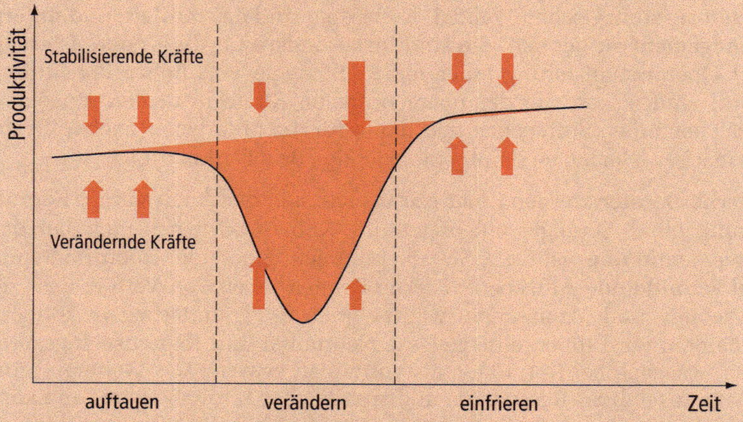

Abbildung 5.11: Das 3-Phasen-Modell von Lewin

Im Fall des Wandels gilt es nun dieses Gleichgewicht in einem ersten Schritt zu stören. Das System muss „aufgetaut" (mobilisiert) werden, bevor Erneuerungen durchgeführt werden können. Sobald genügend verändernde Kräfte aktiviert sind, können neue Lösungen entwickelt und neue Arbeitsweisen erlernt werden. Diese Phase des „Veränderns" sollte aufgrund der reduzierten Produktivität und damit einhergehenden geringeren Performance so kurz wie möglich sein. Die letzte Phase beinhaltet das „Einfrieren" und damit Aufrechterhalten des neuen Gleichgewichts.

Das skizzierte Modell basiert auf der Annahme eines geplanten Wandels. Es ist Grundlage für zahlreiche weitere Verlaufsmodelle des Wandels. Diese unterscheiden sich in der Anzahl und Benennung der einzelnen Phasen. Darüber hinaus gibt es deutliche Unterschiede in Bezug auf das Ausmaß und die Art der Einbeziehung der Betroffenen sowie die Fokussierung auf harte bzw. weiche Faktoren des Wandels.[66]

Für jede dieser drei Phasen sowie die Prozessvorbereitung finden sich in der Literatur zahlreiche Tipps und Anregungen.[67] Wichtige Hinweise für die Gestaltung gelungener Transformationsprozesse werden nachstehend entlang der Einteilung (siehe ▶Abbildung 5.12) der beiden Expertinnen für strategischen Wandel Balogun und Hailey ergänzt um die Phase der Vorbereitung dargelegt:[68]

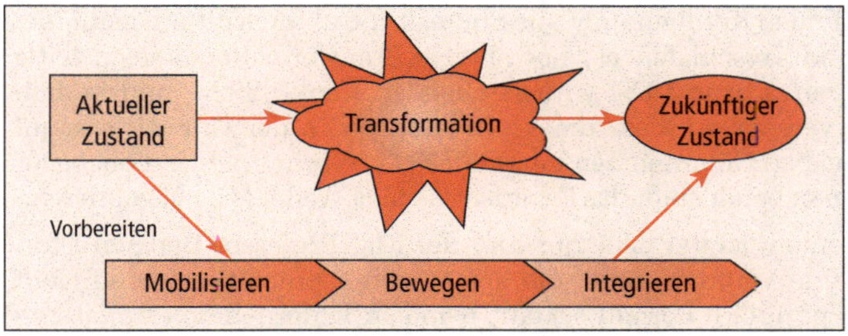

Abbildung 5.12: Gestaltung von Wandelprozessen

Vorbereiten

Ein erfolgreicher Transformationsprozess basiert auf einer guten **Vorbereitung**. Wie bei jedem Vorhaben sind die Voraussetzungen für einen guten Start zu schaffen.

Effektives Team zusammenstellen

Zu den Vorbereitungen eines gelungenen Wandels zählt die Zusammenstellung eines effektiven Teams, das die Belegschaft durch den Wandel führt. Kotter empfiehlt ein Team mit Führungsqualitäten, Glaubwürdigkeit, analytischen und kommunikativen Fähigkeiten, Durchsetzungskraft, Engagement und Ausdauer.[69] Außerdem ist darauf zu achten, dass das Team über ausreichende Entscheidungsbefugnisse verfügt.

Klare Vision

Sollte die Strategie keine klare, kommunizierbare Vision des zukünftigen Zustands beinhalten, ist die Strategie dahingehend zu konkretisieren. Dabei ist es wichtig, dass der beschriebene zukünftige Zustand für die vom Wandel Betroffenen anstrebenswert ist, sie aktiviert und ihre Handlungen darauf ausrichtet. Besonders sollten die für den Wandel Verantwortlichen darauf achten, dass die Vision auf allen Ebenen und in allen Bereichen verstanden wird.

Wandelbarrieren identifizieren

Mit der Kenntnis des zukünftigen Zustands können die Barrieren des Wandels diagnostiziert werden. Hierzu ist es zweckmäßig, frühzeitig herauszufinden, wie sich einzelne Stakeholder im Rahmen der Transformation verhalten werden. Es ist davon auszugehen, dass nicht alle den Wandel befürworten und insbesondere potenzielle Verlierer diesen boykottieren werden. Dies gilt es bei der Gestaltung und Steuerung des Wandels zu berücksichtigen. Neben den Widerständen von einzelnen Personen und Stakeholder-Gruppen können strukturelle oder kulturelle Barrieren existieren. Diese gilt es abzubauen bzw. falls dies nicht möglich ist, im Wandeldesign entsprechend zu berücksichtigen.

Phase 1 – Mobilisieren

Menschen aus ihrer „Wohlfühlzone“ (aus dem, was ihnen bekannt und vertraut ist) zu locken, sie für eine neue Strategie zu begeistern und für den damit verbundenen Wandel zu mobilisieren, ist alles andere als einfach. Dies erklärt sich dadurch, dass sich die Mehrzahl der Menschen nur dann ändert, wenn für sie der Leidensdruck zu groß wird.[70] Sie ändern sich nicht aus eigener Überzeugung oder aufgrund vernünftiger Gründe, sondern weil die aktuelle Situation für sie unerträglich wird.

Unzufriedenheit als Ausgangsbasis

Ähnliches gilt für Unternehmen. Sie können in eine existenzbedrohende Situation schlittern, weil sie die Zeichen der Zeit (z.B. Markt- und Branchenveränderungen) ignorieren. Sie verharren in der etablierten, bislang Erfolg bringenden Konfiguration aus Strategie, Struktur, Kultur, Positionierung etc. und verschlafen es, notwendige Transformationen rechtzeitig durchzuführen. Warum? Die vorherrschenden Denk-, Sicht- und Verhaltensweisen verhindern, dass die Veränderungen in der Umwelt erkannt werden. In vielen Unternehmen muss die Not erst sehr groß werden, bevor die Betroffenen bereit sind, das Erfordernis eines Wandels zu akzeptieren.

Formel für Wandel

Der Managementberater Gleicher und der MIT-Professor Beckhard formulierten eine Wandelformel, die später von Dannemiller vereinfacht wurde. Die populäre Formel erklärt, wann in Unternehmen umfassender Wandel möglich ist (▶Abbildung 5.13[71]):

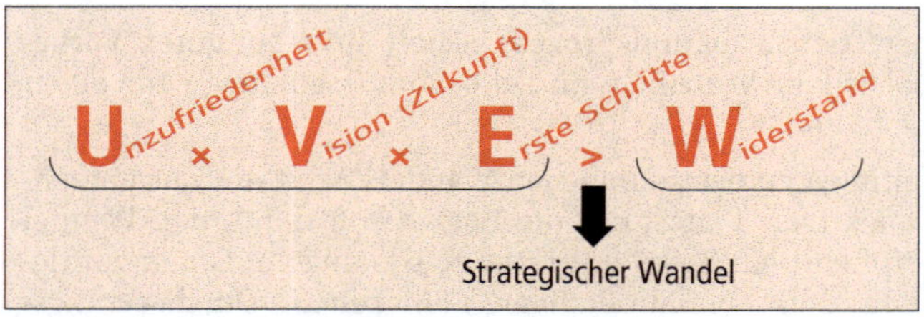

Abbildung 5.13: Formel für Wandel

Die Formel besagt, dass **strategischer Wandel** nur dann eintritt, wenn die **Unzufriedenheit** mit dem Status quo multipliziert mit der **Vision** der Zukunft multipliziert mit verstandenen und akzeptierten **ersten Schritten** der Veränderung größer ist als der **Widerstand** aufgrund der **angenommenen Kosten der Veränderung**.[72] Wenn nur eine der drei Bedingungen null ist, wird das Produkt null und der intendierte strategische Wandel findet nicht statt.

Dringlichkeit und Notwendigkeit

Aus diesem Grund ist es entscheidend, bei den Betroffenen das Gefühl der Notwendigkeit und Dringlichkeit eines Wandels zu erzeugen. Sie müssen verstehen, wozu sie sich verändern sollten und welchen potenziellen Nutzen sie daraus ziehen. Dazu ist es erforderlich, den Status quo zu hinterfragen, mit der Vergangenheit zu brechen und Dinge anders zu machen. Mitunter bedarf es drastischer Maßnahmen, ist sogar ein Schockerlebnis, eine Krise erforderlich, damit die NOT-Wendigkeit und Dringlichkeit eines Wandels breitflächig begriffen und akzeptiert wird.

Informieren und kommunizieren

Um Akzeptanz und Unterstützung aufzubauen, bedarf es ausreichender Information und intensiver Kommunikation über die neue Strategie, über die Vision von einer besseren Zukunft. Man sollte die Vision überall hören, sehen, spüren und riechen können. Dazu bedarf es nicht nur einer einfachen und klaren Sprache und der Nutzung verschiedener Kommunikationsplattformen, sondern auch eines adäquaten Verhaltens der Führungskräfte.[73] Ein strategiekonformes Verhalten der Führungskräfte macht das Erfordernis des Wandels für die betroffenen Mitarbeiter glaubhaft und nachvollziehbar. Im Wandelmanagement zählen Taten mehr als Worte. Daher bewirken beispielsweise vorgelebte Einsparungen mehr als Einsparungsappelle.

Bei der Gestaltung des Wandeldesigns kommt der schriftlichen, verbalen und nonverbalen Kommunikation im Rahmen der Mobilisierung große Aufmerksamkeit zu. Hier geht es darum, glaubwürdig die Notwendigkeit und Dringlichkeit des Wandels zu vermitteln, eine Vision der Zukunft zu zeichnen und die ersten Schritte darzulegen. Dazu bedarf es eines sensiblen und abgestimmten Umgangs mit Worten, Taten, Symbolen etc.

Phase 2 – Bewegen

Empowerment

Damit Führungskräfte und Mitarbeiter die Strategie umsetzen können, benötigen sie entsprechende Handlungsspielräume. Sie müssen Neues ausprobieren, Fehler machen und daraus lernen können. Dazu muss die Unternehmensleitung Kreativität, Risiko- und Experimentierfreude fördern. Es gilt jene Kräfte zu unterstützen, die die Umsetzung der Strategie vorantreiben. Sie sind es, die eine Bewegung in Gang setzen, zu der im Idealfall jeden Tag mehr Mitarbeiter dazustoßen. Indem den Antreibern des Wandels der erforderliche Freiraum eingeräumt wird, können sie Veränderungen innerhalb des gesetzten Rahmens selbstständig forcieren (Empowerment).

Konstruktive Auseinandersetzung

Neben den Befürwortern und Vorantreibern des Wandels finden sich auch Gegner. Sie sind von der Unternehmensleitung enttäuscht, lehnen die Strategie ab und bekämpfen bzw. ignorieren die eingeleiteten Veränderungen. Das Wandeldesign sollte aktive Möglichkeiten einer konstruktiven Auseinandersetzung bzw. adäquater Gegenmaßnahmen (z.B. Ressourcenentzug) vorsehen.

Kurzfristige Erfolge

Das Erreichen der ersten Ziele motiviert und unterstützt den weiteren Wandel. Kurzfristige Erfolge zu feiern und die dafür verantwortlichen Führungskräfte und Mitarbeiter zu belohnen, mobilisiert Nachahmer und schwächt die verbliebenen Gegner der Veränderung. Es ist deswegen förderlich, im Wandeldesign kurzfristig erreichbare Ziele und publikumswirksame Feiern vorzusehen.

Engagement, Kraft und Ausdauer

Umfassende Veränderungsprojekte erstrecken sich über mehrere Jahre. Es ist daher empfehlenswert, bei der Gestaltung des Wandeldesigns darauf zu achten, dass genügend Engagement, Kraft und Ausdauer für den gesamten Wandelprozess vorhanden ist. Ein zu ambitionierter Start führt mitunter dazu, dass die Änderungen von Strukturen, Systemen und insbesondere der Unternehmenskultur nur in Ansätzen vollzogen werden und damit die erfolgreiche Implementierung der Strategie zum Scheitern verurteilt ist. Erfolgreicher umfassender Wandel bedarf eben nicht nur einer großen Entschlossenheit, sondern auch eines langfristigen Durchhaltens.

Phase 3 – Integrieren

Wandel im Unternehmen verankern

Mit der Zeit entwickeln sich im Unternehmen neue Denkmuster, Meinungen und Handlungsweisen. Jetzt geht es darum, diese ins Unternehmen zu integrieren und in der Unternehmenskultur nachhaltig zu verankern. Dies erfolgt im Rahmen der Feinabstimmung der etablierten Konfiguration aus Strukturen, Systemen, Unternehmenskultur, Positionierung etc. Darüber hinaus gilt es im Rahmen des Wandels erworbene Know-how gilt es für zukünftige Wandelprozesse zu sichern.

! 8-Stufen-Modell von Kotter

Ein populäres Erklärungs- und Gestaltungsmodell strategischen Wandels ist das 8-Stufen-Modell des Harvard-Professors Kotter.[74] Es basiert auf acht Kardinalfehlern, die der Experte im Rahmen seiner umfassenden Studien als Gründe für das Scheitern von Wandelprojekten geortet hat. Sein daraus abgeleitetes 8-Stufen-Modell zeigt, wie Wandel erfolgreich gemeistert werden kann (▶Abbildung 5.14[75]).

Kotter betont die weichen Faktoren des Wandelmanagements. Gemäß seiner Erkenntnisse geht es nicht nur um Analyse, Planung und Durchsetzung, sondern vielmehr um überzeugen, begeistern, inspirieren und motivieren. Für den Leser wird dies besonders offensichtlich in der populärwissenschaftlichen Version seiner Arbeit, in der im Rahmen einer Fabel über eine Pinguinkolonie erklärt wird, wie in acht Schritten Veränderungen gemeistert werden können.[76]

Das 8-Stufen-Modell orientiert sich an den Betroffenen des Wandels, sie müssen überzeugt und motiviert werden. Damit verdeutlicht Kotter, dass im Fall eines fundamentalen Wandels das Augenmerk auf verhaltensbezogenen Aufgaben der Implementierung liegt.

In den meisten Unternehmen verfügt das Topmanagement nicht über ausreichende Kapazitäten, um den Wandel zu begleiten. Immerhin bedarf strategischer Wandel zusätzlicher Ressourcen zur normalen Geschäftstätigkeit. Aus diesen Gründen werden häufig neue Führungskräfte bzw. speziell ausgebildete Wandelexperten angeworben und/oder externe Unternehmensberater engagiert.

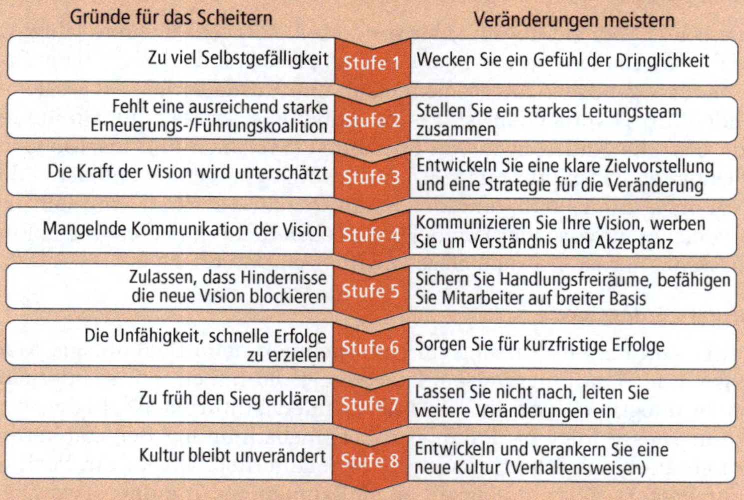

Abbildung 5.14: Das 8-Stufen-Modell von John Kotter

5.3.4 Führung und Management des Wandels

Führungs- und Managementaufgaben

Unterschiedliche Führungs- und Managementaufgaben gehen mit der Leitung eines strategischen Wandels einher. Da die meisten Menschen nicht alle geforderten Aufgaben exzellent beherrschen,[77] bedarf es zumeist eines ausbalancierten Teams aus charismatischen überzeugenden Führungskräften und effizienten Managern, um einen strategischen Wandel erfolgreich zu meistern.

Sieben Phasen von Veränderungsprozessen

Zu den Aufgaben des Leitungsteams gehört es, die Betroffenen durch den Wandel zu leiten. Um die damit einhergehenden Anforderungen besser verstehen zu können, wird von den meisten Autoren auf das bekannte Sieben-Phasen-Modell individueller Veränderungsprozesse verwiesen. Dieses zeigt, wie sich die wahrgenommene eigene Kompetenz der Betroffenen im Verlauf eines nicht selbst initiierten Wandelprozesses verändert (siehe ▶Abbildung 5.15). Dabei ist die Dauer der jeweiligen Phasen je nach Mensch und Situation unterschiedlich lang:[78]

- **Phase 1: Schock**
  Unerwartete Veränderungserfordernisse erleben Menschen als Schock. Die wahrgenommene eigene Handlungskompetenz sinkt, denn die eigenen Fähigkeiten werden in der neuen Situation als unzureichend erachtet. Damit setzt die Leugnung und Verneinung ein.
- **Phase 2: Ablehnung**
  Ist der erste Schock überwunden, werden die etablierten Werte, Glaubenssätze und Einstellungen aktiviert. Sie stärken die Überzeugung, dass eine Veränderung überhaupt nicht notwendig ist. Dies bewirkt, dass die wahrgenommene eigene Kompetenz kurzfristig wieder ansteigt, das Selbstvertrauen gestärkt wird und die Handlungsfähigkeit zunimmt. Die Sündenböcke sind meist schnell gefunden und die vermeintlich neue Situation wird nur als Übergangsphase betrachtet.
- **Phase 3: Rationale Einsicht**
  Da das Erfordernis der Veränderung nicht einfach verschwindet, werden zunächst schnelle Lösungen gesucht, die die unangenehme Situation beenden bzw. lindern. Damit werden jedoch nur die Symptome behandelt. Die eigentlichen Ursachen des Problems werden nach wie vor vernachlässigt, da der Wille zur Veränderung fehlt. In dieser Phase sinkt die wahrgenommene Kompetenz, da sich das Individuum als inadäquat versteht, um den neuen Anforderungen gerecht zu werden. Festgefahrene Denkmuster und Grundwerte verhindern den emotionalen Zugang. Es kommt zu erhöhter Frustration.
- **Phase 4: Emotionale Akzeptanz**
  Sobald es dem Individuum möglich ist, seine eigenen (alten) Einstellungen, Werte und Glaubenssätze in Frage zu stellen, kann es neue entwickeln. Diese Phase ist kritisch, denn aufgrund der emotionalen Akzeptanz der veränderten Situation sinkt die Einschätzung der eigenen Kompetenz weiter und das Selbstvertrauen verringert sich erheblich. In dieser Phase wird der Verlust der vermeintlich goldenen Zeiten betrauert. Die Gefahr, dass man im Tal des Jammerns und der

Melancholie verharrt, ist groß. Insbesondere dann, wenn eine erneute Ablehnung der neuen Situation erfolgt und der Veränderungsprozess dadurch stoppt.

- **Phase 5: Üben**
  Ist die Phase der Trauer durchlebt, müssen neue Fähigkeiten und Fertigkeiten sowie Verhaltensweisen ausprobiert und geübt werden. Hier ist es wichtig, dass es zulässig ist, zu experimentieren und zu üben. Mit jeder erfolgreichen Übung steigen die wahrgenommene Kompetenz und das Selbstvertrauen.
- **Phase 6: Erkenntnis**
  Der Mensch lernt durch seine Erfolge und Misserfolge und versteht zunehmend, warum manche Handlungsweisen funktionieren und andere nicht. Das Verhalten kann derart immer genauer und zufriedenstellender an die neue Situation angepasst werden. Durch die Erweiterung der Denk- und Verhaltensweisen entsteht eine größere Verhaltensflexibilität. Damit steigen das Vertrauen in die eigenen Fähigkeiten und die wahrgenommene eigene Kompetenz über das ursprüngliche Niveau.
- **Phase 7: Integration**
  Mit der Integration der neuen Denk- und Verhaltensweisen werden diese als selbstverständlich erachtet und weitgehend unbewusst vollzogen. Jetzt kann sich das Individuum wieder auf seine eigentlichen Aufgaben konzentrieren und muss keine Ressourcen für Veränderungsarbeit aufbringen.

Das operative Geschäft ist ebenfalls zu bewältigen

Bei der Implementierung einer Strategie und der dafür notwendigen Veränderungen ist es entscheidend zu berücksichtigen, dass ein Sinken der wahrgenommenen Kompetenz zu einem entsprechenden Einbruch der Performance des Unternehmens führt.[79] Da neben der Veränderung auch das weiterlaufende operative Geschäft zu bewältigen ist, gilt es dies bei der Leitung der Betroffenen zu berücksichtigen. Ein Unternehmen kann sich eben nicht wie eine Raupe verpuppen, um dann nach einer gegebenen Zeit der Metamorphose als Schmetterling zu erscheinen. Weder Kunden noch Lieferanten hätten dafür Verständnis. Aus diesem Grund sollte die Dauer der Transformation so kurz wie möglich und das Absinken der wahrgenommenen Kompetenz so gering wie möglich sein. Dabei müssen die vom Wandel Betroffenen den gesamten Prozess durchlaufen, nur so können sie die neuen Denkweisen, Fähigkeiten und Verhaltensweisen integrieren. Ein etwaiges Abkürzen des Prozesses ist den Experten zufolge nicht möglich.

Bringt man das auf Individuen bezogene Sieben-Phasen-Modell der Veränderung in Zusammenhang mit den oben erörterten drei Phasen strategischen Wandels in und von Unternehmen, so zeigt sich, dass Individuen durch geeignete Interventionen im Durchleben des Prozesses unterstützt werden können (▶Abbildung 5.15[80]):

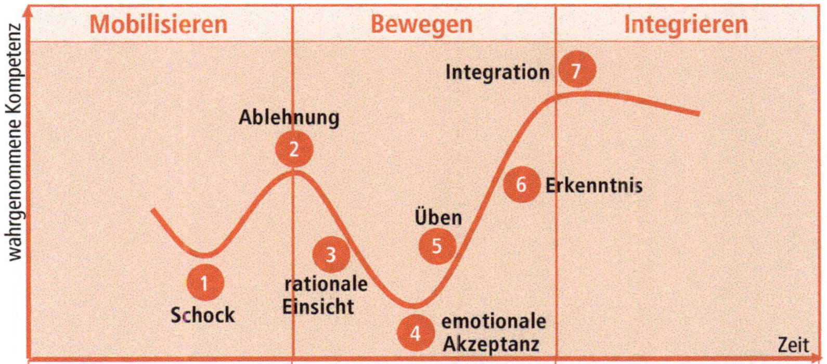

Unterstützung beim Loslassen der Vergangenheit und dem Akzeptieren der Gegenwart So bald als möglich über Zweck und Ziele informieren Widerstände erwarten	Unterstützung bei Veränderung (zuhören, ermuntern, anleiten, diskutieren, coachen etc.) Personalentwicklung, Training, Schulungen, neue Systeme und neue Arbeitsmethoden	Unterstützung in den neuen Rollen und Funktionen Ermutigen zu Reflexion der Veränderung und des Lernens Erfolge feiern und neue Verhaltensmuster stärken

Abbildung 5.15: Strategischer Wandel und Veränderungen auf Individualebene

Mobilisieren

Im Rahmen der Mobilisierung sind Interventionen nützlich, die das Individuum dabei unterstützen, den Wandel anzunehmen und sich von alten, nunmehr inadäquaten Verhaltensmustern zu lösen. Dazu ist ein aktiver Umgang mit vorhandenen Ängsten und Widerständen empfehlenswert.

Bewegen

Von der Einsicht über die Akzeptanz bis hin zum Finden und Einüben neuer Denk- und Verhaltensmuster durchlaufen Individuen viele kritische Momente und Phasen. Ein breites Spektrum an Interventionen, von Weiterbildung und Training bis hin zu umfassenden Personalentwicklungsmaßnahmen sowie Coaching und Beratung können unterstützend wirken. Besonders wichtig ist die Etablierung einer „Fehlerkultur“, in der die Betroffenen etwas Neues ausprobieren und üben dürfen.

Integrieren

Zu Interventionen, die die Integration von Verhalten fördern, zählen die Unterstützung von Individuen bei der Ausfüllung neuer Rollen, bei der Reflexion des Wandels und der damit einhergegangenen Lernprozesse. Darüber hinaus können bzw. sollen Erfolge gefeiert werden und neue Heldengeschichten etabliert werden.

Sitzung 14: Strategische Kontrolle

14

ÜBERBLICK

Kapiteleinstieg

Der Pionier moderner Managementlehre Drucker verwies bereits im Jahr 1954 auf die herausragende Bedeutung der Evaluierung und Messung. In seinem einflussreichen Werk „The Practice of Management" erklärt er, dass Menschen sich an den Dingen orientieren, die evaluiert bzw. gemessen werden.[1] Andere Aspekte haben für ihre Entscheidungen und Handlungen hingegen kaum Relevanz. Die im Rahmen der strategischen Evaluierung generierten Informationen geben damit nicht nur ex-post Auskunft über das Erreichen von Zielen. Sie liefern wertvolle Informationen für die strategische Analyse, beeinflussen die strategische Entscheidung und unterstützen die Strategieimplementierung.

Die beiden Begründer der Balanced Scorecard, Kaplan und Norton, bringen es in ihrem gleichnamigen Buch auf den Punkt: *„If you can't measure it, you can't manage it."*[2] Ihrer Aussage folgend bedarf die gelungene Steuerung von Strategieprozessen einer adäquaten strategischen Evaluierung. Was hierbei zu berücksichtigen ist, wird in den ersten beiden Kapiteln erörtert. Dem folgt die Darlegung konkreter Kennzahlen und etablierter Instrumente. Dabei wird das Augenmerk auf jene Evaluierungsinstrumente gelegt, die das Management im gesamten Strategieprozess, von der Analyse über die Entscheidung bis hin zur Implementierung, unterstützen.

6.1 Grundsätze und Ziele

Unterschiedliche Perspektiven und spezifische Anforderungen

Je nach Perspektive des strategischen Managements ergeben sich unterschiedliche Grundsätze und Ziele der strategischen Evaluierung. Mit Fokus auf die strategische Analyse bzw. Strategieformulierung rückt die planungsorientierte Perspektive die Informationsbedürfnisse des Topmanagements in den Mittelpunkt der strategischen Evaluierung. Sie benötigen einerseits Informationen für die Strategieformulierung (Planung) und andererseits darüber, inwieweit die Strategien (Pläne) von den Mitarbeitern umgesetzt und die angestrebten Ziele erreicht werden.

Für die Eigentümer eines Unternehmens (Shareholder) stellt sich die Frage, welchen Einfluss die vom Topmanagement ausgewählten Strategien auf den ökonomischen Unternehmenswert haben. Sie wollen mittels der strategischen Evaluierung erkennen, ob das Topmanagement in ihrem Sinne handelt und den Wert ihrer Anteile am Unternehmen steigert.[3] Die strategische Evaluierung orientiert sich in diesem Fall am Shareholder Value und informiert darüber, inwieweit mit dem zur Verfügung stehenden Kapital Wert geschaffen bzw. vernichtet wird.

Aus stakeholderorientierter Perspektive hat die strategische Evaluierung die Informationsbedürfnisse aller relevanten Anspruchsgruppen zu berücksichtigen. Da die Interessen der Stakeholder äußerst unterschiedlich sind, ist es jedoch aufgrund der Informationsvielfalt nicht möglich, für alle Stakeholder die jeweils relevanten Informationen systematisch aufzubereiten.[4] Aus diesem Grund sollte man sich bei der Konzeption und Erhebung auf die bedeutendsten Stakeholder konzentrieren.

! Shareholder vs. Stakeholder

Shareholder-Value-Ansatz

Nach dem Shareholder-Value-Ansatz ist das primäre Ziel der Unternehmensführung die Steigerung des Aktionärsvermögens. Dabei geht man davon aus, dass der Aktionär sein Engagement in einem Unternehmen aus Sicht der zukünftig ihm zufließenden Zahlungen beurteilt. Weiter in der Zukunft liegende Zahlungen werden niedriger bewertet als Zahlungen, die zu einem früheren Zeitpunkt zufließen.[5] Damit steigt der ökonomische Wert eines Unternehmens, wenn ein Unternehmen in der Lage ist, zusätzlichen Wert – über die Kapitalkosten hinaus – zu generieren. Die strategische Evaluierung aus wertorientierter Sicht überprüft die Strategie und die im Rahmen ihrer Implementierung gesetzten Maßnahmen aus Sicht der Eigenkapitalgeber.[6] Ziel ist die langfristige Steigerung des ökonomischen Werts des Unternehmens bzw. die Steigerung der Rendite – das heißt die Erzielung eines nachhaltigen finanziellen Erfolgs für das Unternehmen und für die Anteilseigner. Die strategische Evaluierung aus wertorientierter Sicht fokussiert daher auf Kennzahlen basierend auf dem Cashflow.[7]

Stakeholder-Value-Ansatz

Als Erweiterung einer reinen Shareholder-Orientierung wurden in den letzten Jahren die Konzepte der Stakeholder-Orientierung[8] und damit in Zusammenhang der Corporate Social Responsibility[9] (gesellschaftliche Verantwortung) entwickelt. Sie erweitern die traditionelle Ausrichtung der strategischen Evaluierung um die Interessen anderer Anspruchsgruppen. Diese sind von unternehmerischen Aktivitäten entweder (passiv) betroffen oder können das Unternehmen selbst (aktiv) beeinflussen. Damit haben Stakeholder ein Interesse am Unternehmen, an dessen Strategie und an den getroffenen Maßnahmen und Aktivitäten. Um diese bewerten zu können und zu wissen, inwieweit ihre Anliegen ernst genommen werden, benötigen Stakeholder Informationen. Die gewünschten Informationen reichen von finanziellen Kennzahlen zur Beurteilung der aktuellen Wirtschaftskraft[10] über Indikatoren zur Bewertung des Verhaltens gegenüber Stakeholdern, bis hin zu Informationen über den Umgang mit natürlichen Ressourcen oder die Wahrnehmung der gesellschaftlichen Verantwortung. Mit derart unterschiedlichen Informationsanforderungen wird die Konzeption und Implementierung einer strategischen Evaluierung eine komplexe Herausforderung.

Aus ressourcenorientierter Perspektive hat die strategische Evaluierung Informationen über strategierelevante Ressourcen und Fähigkeiten bereitzustellen. Kennzahlen und Indikatoren sollen darüber informieren, inwieweit Ressourcen und Fähigkeiten aufgebaut, genützt und immer wieder neu kombiniert werden. Jene Aspekte, die einem Unternehmen die Differenzierung vom Mitbewerb und Positionierung am Markt ermöglichen, stehen im Zentrum einer positionierungsorientierten strategischen Evaluierung. Darüber hinaus sollte die strategische Evaluierung Rückschlüsse über die Zweckmäßigkeit der Aktivitäten im Rahmen der Strategiearbeit (aktivitätenorientierte Perspektive) und deren Auswirkungen auf das Unternehmen und seine Umwelt erlauben (konfigurations- und systemorientierte Perspektiven). Denn nur durch eine umfassende strategische Evaluierung wird es möglich, Strategien und die Aktivitäten im Verlauf von Strategieprozessen zu beurteilen.

Die Herausforderung bei der Auswahl geeigneter Kennzahlen, Indikatoren und Instrumente der strategischen Evaluierung liegt zuallererst im Erkennen erfolgsrelevanter Informationserfordernisse. Es ist zu klären, wem welche Informationen in welcher Form zur Verfügung gestellt werden sollen. Daraus ergeben sich die spezifischen Anforderungen an die Ausgestaltung der strategischen Evaluierung und der damit einhergehenden Auswahl von Kennzahlen und Instrumenten.

Allgemeine Anforderungen

Als allgemeine Anforderungen an die Konzeption einer strategischen Evaluierung können folgende genannt werden (▶Tabelle 6.1[11]):

Anforderung	Erläuterung
Stakeholder berücksichtigen	Relevante Stakeholder und deren Zielvorstellungen sind bei der Konzeption der strategischen Evaluierung zu berücksichtigen.
Ausgeglichene breite Informationsbasis	Die eingesetzten Kennzahlen sollten ausgeglichen sein und eine breite Basis an Information bereitstellen: z.B. finanziell und nicht-finanziell, kurzfristig und langfristig, Vergangenheit und Zukunft, interner und externer Bezug
Anpassungsfähigkeit	Die strategische Evaluierung muss derart konzipiert sein, dass sie bei Veränderung externer Rahmenbedingungen einfach adaptiert werden kann.
Unterstützung im gesamten Strategieprozess	Bei der Konzeption ist zu berücksichtigen, dass die strategische Evaluierung die Strategieimplementierung unterstützt und erforderliche Informationen für die strategische Analyse und Strategieformulierung generiert.
Organisational FIT	Die eingesetzten Messmethoden und berechneten Kennzahlen müssen auf die spezifische Struktur und Unternehmenskultur abgestimmt werden.
Wirtschaftlichkeit	Es geht um effiziente Zweckerfüllung. Ungebührlicher Messaufwand, komplexe unverständliche Kennzahlen und Datenflut sind zu vermeiden.
Zuverlässigkeit der Messmethoden	Ziel ist die inhaltlich korrekte Darstellung relevanter Informationen. Dazu bedarf es eindeutiger Definitionen, korrekter Messung bzw. Berechnung.
Akzeptanz	Breite Akzeptanz ist die Voraussetzung für die Nutzung der Information. Benutzerfreundlichkeit, Verständlichkeit und Transparenz fördern diese.

Tabelle 6.1: Allgemeine Anforderungen an die strategische Evaluierung

In aller Regel wird bei der Konzeption strategischer Evaluierungssysteme auf die Bedürfnisse des Managements, der Mitarbeiter, der Shareholder und ausgewählter Stakeholder (z.B. Behörden, Förderinstitutionen, Kunden, Lieferanten) geachtet. Dabei ist sicherzustellen, dass die generierten Informationen für die einzelnen Anspruchsgruppen nützlich, verständlich und nachvollziehbar sind. Die Ziele der strategischen Evaluierung orientieren sich damit an den Informationsbedürfnissen der als relevant erachteten Stakeholder.

Aktuelle Strömungen

Die Ziele der strategischen Evaluierung werden überdies durch unterschiedliche Strömungen in Forschung, Beratung und Politik sowie andere Umweltbedingungen beeinflusst. Besondere Schwerpunkte der strategischen Evaluierung finden sich beispielsweise in Bezug auf Total

Quality Management (TQM) und kontinuierliche Verbesserungsprozesse (KVP), die prozessbezogene Steuerung unternehmerischer Aktivitäten sowie unternehmensübergreifendes Supply-Chain-Management. Außerdem zeigt sich ein vermehrtes Interesse an einer erweiterten Rechenschaftslegung von Unternehmen in Bezug auf die Nachhaltigkeit ihrer Aktivitäten und die Wahrnehmung der gesellschaftlichen Verantwortung.

+ CSR und Triple Bottom Line

Corporate Social Responsibility

Corporate Social Responsibility (CSR)[12] bedeutet die Übernahme gesellschaftlicher Verantwortung durch Unternehmen und das Beachten der Auswirkungen unternehmerischen Handelns auf die unterschiedlichen Anspruchsgruppen in der Gesellschaft und auf die ökologische Umwelt. In diesem Zusammenhang hat der Begriff der Nachhaltigkeit (Sustainability)[13] bzw. des nachhaltigen Wirtschaftens an Bedeutung gewonnen. Damit spielen nicht nur die ökonomischen Dimensionen der Leistung, sondern auch die gesellschaftlichen und ökologischen Dimensionen eine zentrale Rolle für die Positionierung am Markt und in der Gesellschaft. Dementsprechend ist die Performance eines Unternehmens aus diesen drei Dimensionen zu evaluieren. Damit kommt es zu einer Erweiterung der „Bottom Line". Dies wird unter dem Begriff „Triple Bottom Line"[14] diskutiert.

- **„Bottom Line"** bedeutet im Englischen unternehmerischer Erfolg im Sinne des Nettogewinns nach Steuern in der unternehmerischen Erfolgsrechnung, also die Darstellung des Ergebnisses eines Geschäftsjahrs „unter dem Strich".
- **„Triple Bottom Line"** umfasst ein wesentlich erweitertes Spektrum von Werten und Erfolgskriterien: Neben den ökonomischen werden auch die gesellschaftlichen und ökologischen Dimensionen der Leistungen des Unternehmens mit Bezug auf Nachhaltigkeit in die Bewertung mit einbezogen.

Nachhaltigkeit

Im Prinzip geht es um die Frage, wie eine dauerhafte und zukunftsfähige Entwicklung der drei Dimensionen ermöglicht werden kann und welche Rolle Unternehmen im Wirtschafts- und Gesellschaftssystem spielen können und müssen: **Ökonomische Nachhaltigkeit** bedeutet, dass Unternehmen ihre Aktivitäten so gestalten, dass sie dauerhaft betrieben werden können. Diesbezüglich kommt der Frage, was wirtschaftliches Wachstum bedeutet, wie es definiert wird und welche Faktoren zu dessen Messung herangezogen werden, große Bedeutung zu. **Gesellschaftliche Nachhaltigkeit** bedeutet, dass ein Gesellschaftssystem so organisiert sein soll, dass sich soziale Spannungen in Grenzen halten und Konflikte nicht eskalieren. **Ökologische Nachhaltigkeit** bedeutet, dass durch die Aktivitäten des Unternehmens kein Raubbau an der Natur betrieben wird. Die natürlichen Lebensgrundlagen sollten demnach nur so weit beansprucht werden, dass sie sich regenerieren können und auch für zukünftige Generationen erhalten bleiben.

Erweiterte Rechenschaftslegung

Die Erweiterung der Verantwortung und Rechenschaftslegung von Unternehmen ist als Reaktion auf Trends und Forderungen gegenüber Politik und Gesellschaft zu sehen und nicht nur als Wiederentdeckung der Bedeutung von Ethik und Moral in der BWL und im Management. Unternehmen befinden sich damit zunehmend im Spannungsfeld zwischen Shareholder und Stakeholder Value. Dabei spielen auch Social Media mit ihren positiven und negativen Auswirkungen eine zentrale Rolle.

Heute geht man davon aus, dass für die langfristige Erzielung eines Mehrwerts für die Shareholder die Beachtung der Interessen und Anliegen der Stakeholder – vor allem jener, die das Unternehmen beeinflussen können – wichtig ist.

Die strategische Evaluierung wird zunehmend schwieriger, erklärt der Strategieexperte David. Die Gründe dafür ortet er in der Erhöhung der Komplexität und Dynamik der Umwelt, den ökonomischen Rahmenbedingungen und Märkten, in kürzeren Zeitrahmen für Planung, Produktentwicklung und ganz generell in der Beschleunigung des technologischen Fortschritts. Aus Sicht des Experten sind damit genaue Vorhersagen von zukünftigen Entwicklungen auf Basis erhobener Daten schwieriger und die Auswirkungen nationaler und internationaler Ereignisse für Unternehmen kaum mehr abzusehen.[15]

? Performance Measurement

In Zusammenhang mit der strategischen Evaluierung wird häufig der Begriff „Performance Measurement" bzw. „Performance-Messung" verwendet. Die primäre Zielsetzung des Performance Measurement besteht darin, Leistungen innerhalb eines Unternehmens systematisch zu erfassen und zu verfolgen, um durch deren Evaluation einen kontinuierlichen Verbesserungsprozess zu fördern.[16] Damit kann Performance Measurement als Leistungsmessung verstanden werden, die primär aus Leistungskennzahlen und Leistungsindikatoren in Bezug auf die Zielerreichung des Unternehmens besteht. Der Begriff wird jedoch vielfach auch umfassender ausgelegt. Müller-Stewens und Lechner nennen als Ziel einer Performance-Messung die umfassende und rechtzeitige Information, wie sich Strategien auf unternehmerische Einheiten auswirken. Die dazu eingesetzten Instrumente unterstützen Entscheidungen und Handlungen, indem sie systematisch Informationen über die Leistungskraft eines Unternehmens sammeln, analysieren und Interessierten zur Verfügung stellen.[17] Performance Measurement bezieht sich damit wie die strategische Evaluierung auf die Effektivität und Effizienz strategischen Handelns.

Resümierend kann festgehalten werden, dass Grundsätze und Ziele einer strategischen Evaluierung vor dem Hintergrund der spezifischen Anforderungen zu beurteilen sind. Dies inkludiert die Frage wessen Informations-, Steuerungs- und Kontrollinteressen wie Berücksichtigung finden. Konkret geht es darum welche Anspruchsgruppen in welcher Form Auskunft über die Grundannahmen, Fortschritte und Konsequenzen einer Strategie erhalten. In aller Regel sind dies jene, die auch im Rahmen der strategischen Entscheidung (siehe *Kapitel 4*) berücksichtigt bzw. bedacht wurden. Die jeweiligen Grundsätze und Ziele einer strategischen Evaluierung bilden die Basis für die unterschiedlichen Funktionen, welche im folgenden Abschnitt dargelegt werden.

6.2 Funktionen

Die strategische Evaluierung mit ihren Instrumenten, Kennzahlen und Indikatoren ermöglicht die Abbildung unternehmerischer Handlungen, ihre Erfassung, Messung und Beurteilung. Mit Hilfe der strategischen Evaluierung werden die Konsequenzen einer Strategie offensichtlich. Komplexe Sachverhalte können in simplifizierter Form kurz und prägnant aufgezeigt werden. Dadurch kann die strategische Evaluierung vielfältige Funktionen übernehmen. Neben der klassischen Kontrolle (*Kapitel 6.2.1*) dient sie der Information und Steuerung (*Kapitel 6.2.2*), der Motivation (*Kapitel 6.2.3*) und dem organisationalen und individuellen Lernen (*Kapitel 6.2.4*).

6.2.1 Planung und Kontrolle

Die vielzitierte Aussage von Jürgen Wild *„Planung ohne Kontrolle ist sinnlos, Kontrolle ohne Planung unmöglich.“*[18] verdeutlicht, dass Planung und Kontrolle wie die zwei Seiten einer Medaille sind. Im Rahmen der strategischen Planung werden Annahmen über die Relevanz einzelner Aspekte des Unternehmens (Stärken und Schwächen) und seiner Umwelt (Chancen und Risiken) sowie deren zukünftige Entwicklung getroffen. Dies reduziert Komplexität und Unsicherheit, wodurch handlungsleitende Strategien formuliert werden können. Die strategische Kontrolle stellt damit das natürliche Gegengewicht zur Selektivität der strategischen Planung dar und unterstützt dadurch organisationales Lernen.[19]

Strategische Kontrolle

Die strategische Kontrolle beinhaltet mehrere eng miteinander verbundene Formen der Kontrolle. Je nach ihrem Fokus spricht man von Input-Kontrollen (orientieren sich an den eingesetzten Ressourcen, Fähigkeiten etc.), Output-Kontrollen (orientieren sich an den erzielten Ergebnissen) und Verhaltenskontrollen (orientieren sich an Regeln, Verfahren und Richtlinien).[20] In ▶Abbildung 6.1 werden wesentliche Formen der strategischen Kontrolle in Anlehnung an die grundlegenden Arbeiten von Schreyögg und Steinmann sowie die Weiterentwicklungen von Hasselberg, Bea und Haas, Lombrisser und Abplanalp skizziert und nachfolgend erläutert:[21]

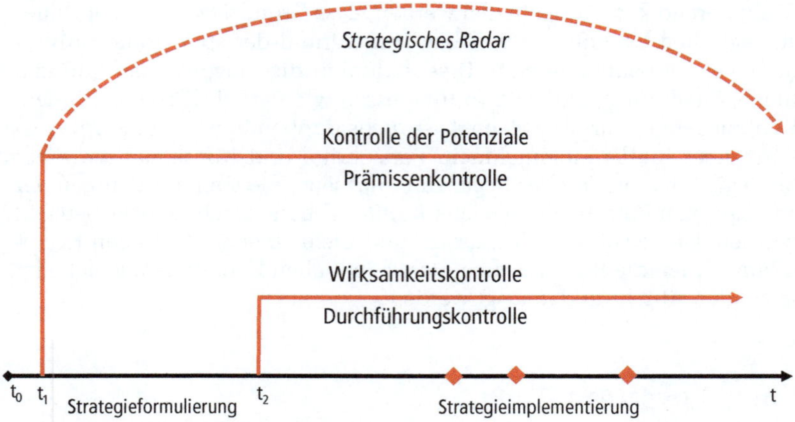

Abbildung 6.1: Strategische Kontrolle

Durchführungskontrolle

Die **Durchführungskontrolle** (Umsetzungs- oder Fortschrittskontrolle) flankiert die Strategieimplementierung. Sie gibt Auskunft, inwieweit die geplanten Aktivitäten und Maßnahmen durchgeführt wurden bzw. umgesetzt werden. Es zeigt sich damit, wie gut die Pläne ausgeführt werden und ob die gesetzten Meilensteine erreicht werden. Im Rahmen der Durchführungskontrolle werden unerwartete Probleme, Widerstände, Zeitverzögerungen, Qualifikationsmängel, Budgetüberschreitungen etc. offenkundig. Die potenziellen Folgen derartiger Probleme können dadurch rechtzeitig erkannt werden. Bei geringfügigen Abweichungen schaffen adäquate Gegenmaßnahmen rasch Abhilfe. Im Fall erheblicher Differenzen zwischen IST und SOLL ist jedenfalls eine Anpassung der Umsetzungsplanung und gegebenenfalls der Strategie erforderlich.

Wirksamkeitskontrolle

Im Rahmen der **Wirksamkeitskontrolle** wird überprüft, ob mit der verfolgten Strategie die übergeordneten Ziele bestmöglich erreicht werden können. Dabei stellt sich die Frage, welche Erkenntnisse aus den bisherigen Aktivitäten gewonnen werden können. Gibt es vielleicht bessere Wege (Strategien)? Dies könnte der Fall sein, wenn sich im Rahmen der Umsetzung neue Möglichkeiten eröffnen (z.B. durch neue Technologien, Veränderungen im Konsum, Ausscheiden eines Wettbewerbers). Andererseits könnten sich Strategien im Zeitverlauf als inadäquat erweisen, wenn beispielsweise neue Konkurrenten in den Markt eintreten oder ein Strategiewechsel bestehender Mitbewerber die Strategieimplementierung torpediert. Durch die Wirksamkeitskontrolle wird offensichtlich, ob die Strategie noch passt, sie adaptiert oder verworfen werden muss.

Prämissenkontrolle

Die **Prämissenkontrolle** nimmt Bezug auf die der Strategie zugrunde liegenden Annahmen über die Umwelt, potenzielle Brachenentwicklungen, Strategien der Mitbewerber etc. Strategen beziehen ihre dafür erforderlichen Informationen aus der Umwelt- und Unternehmensanalyse. Sie bewerten diese aufgrund ihrer Erfahrungen und Wertvorstellungen und legen damit die Prämissen einer Strategie fest. Ändern sich Analyseergebnisse und/oder die Einschätzungen der Strategen, dann ändern sich die Prämissen der Strategie. Dies bedarf einer Auseinandersetzung mit den erwarteten Auswirkungen der georteten Veränderungen. Sind sie substanziell, kann die Strategie nicht weiterverfolgt werden, da sie ihrer Grundlage beraubt ist.

Kontrolle der Potentziale

Die **Kontrolle der Potenziale** untersucht, inwieweit die Entwicklungsfähigkeit eines Unternehmens gegeben ist. Diese von Bea und Haas thematisierte Form der Kontrolle ist in Zeiten erhöhter Dynamik von großer Bedeutung. Sie überprüft, inwieweit das Unternehmen auf Veränderungen angemessen reagieren kann, inwieweit die erforderlichen Ressourcen und Fähigkeiten vorhanden sind.[22] Eine große Herausforderung bei der Kontrolle der Potenziale stellt die Auswahl geeigneter Messverfahren und Messgrößen dar. Da sich die sogenannten weichen Faktoren nur schwer quantifizieren bzw. bewerten lassen, ist es teilweise schwierig, die vorhandenen Leistungspotenziale (z.B. Personal, Kapital, Forschung und Entwicklung, Produktion, Beschaffung) und Führungspotenziale (Strukturen, Systeme, Unternehmenskultur) zu bestimmen bzw. zu überprüfen.

Strategisches Radar

Mit Hilfe eines **strategischen Radars** wird die Umwelt praktisch flächendeckend auf strategierelevante Informationen hin überwacht. Ziel ist eine kontinuierliche Beobachtung der internen und externen Umwelt auf bisher vernachlässigte oder unvorhergesehene Ereignisse. [23] Es interessieren dabei einerseits jene Ereignisse, die die Implementierung einer Strategie beeinflussen könnten. Andererseits klammern strategische Entscheidungen immer einen Großteil strategischer Alternativen aus. Angesichts der dynamischen Veränderungen der Rahmenbedingungen können aber gerade diese Alternativen relevant werden.[24]

6.2.2 Information und Steuerung

Steuerung von Entscheidungen und Handlungen

Die größte Bedeutung kommt den im Rahmen der strategischen Evaluierung generierten Informationen in Bezug auf die Unternehmenssteuerung zu. Rechtzeitig zu wissen, welche Strategien zum Erfolg eines Unternehmens beitragen können, ist eine Voraussetzung für eine zielgerichtete Steuerung. Die Unternehmensleitung hat daher ein Interesse, frühzeitig zu erfahren, welche Strategien in welchem Ausmaß Erfolg bringen und einen Wertbeitrag für das Unternehmen leisten (können).

Die im Rahmen der strategischen Evaluierung erhobenen Informationen ermöglichen eine gezielte Lenkung von Führungskräften und Mitarbeitern. Deren Verhalten wird überdies durch die eingesetzten Instrumente, Kennzahlen und Indikatoren selbst gelenkt. Denn Menschen richten ihre Entscheidungen und Handlungen an dem aus, was gemessen wird (z.B. Rüstzeiten, Fehlerquoten). Der strategischen Evaluierung kommt daher in mehrfacher Hinsicht eine steuernde Funktion zu. Die steuernde Funktion der einzelnen Instrumente, Kennzahlen und Indikatoren ergibt sich einerseits aus der spezifischen Auswahl und andererseits durch das Bestimmen der konkreten Referenz- bzw. Vergleichswerte (Soll-Werte). Das sind vorgegebene bzw. vereinbarte Zielwerte, mit denen die tatsächlichen Ist-Werte verglichen werden. Der Vergleich gibt Feedback und erlaubt Lernen.

Unterschiedliche Informationsbedürfnisse der Stakeholder

Die im Rahmen der strategischen Evaluierung generierten Informationen interessieren nicht nur strategische Entscheidungsträger, sondern auch andere Anspruchsgruppen. Wie in *Kapitel 6.1 Grundsätze und Ziele* aufgezeigt, haben viele Stakeholder ein Interesse an Informationen über ein Unternehmen und die Auswirkungen der verfolgten Strategien. Die Unterschiedlichkeit ihrer Anliegen spiegelt sich in den jeweiligen Informationsbedürfnissen wider.

6.2.3 Motivation

Extrinsische und intrinsische Motivation

Der strategischen Evaluierung wird auch eine motivierende Wirkung zugesprochen. Dies gilt insbesondere dann, wenn jene Faktoren, die evaluiert werden, in Zusammenhang mit Anreiz- und Belohnungssystem stehen. Dabei geht man davon aus, dass Menschen ihr Verhalten (Entscheidungen, Handlungen) daran orientieren, was evaluiert und belohnt wird. Diese Annahme ist allerdings nicht unumstritten (siehe *Kapitel 5.1.3 Systeme*).

Seit geraumer Zeit ist bekannt, dass die Kombination von Zielerreichung mit finanziellen und anderen Belohnungen durchaus sehr gut funktionieren kann, dies allerdings nicht zwangsweise der Fall sein muss. Außerdem ist mittlerweile erwiesen, dass extrinsische Motivation (Anreize und Belohnungen) die intrinsische Motivation (Eigenantrieb) reduzieren bzw. zerstören kann. Ein Effekt, der ebenso wenig erwünscht ist, wie ungeplante, auf falschen Einschätzungen beruhende Fehlsteuerungseffekte strategischer Evaluierungssysteme.

6.2.4 Organisationales und individuelles Lernen

Die strategische Evaluierung fördert organisationales und individuelles Lernen. Menschen erhalten Feedback über die Konsequenzen ihrer Entscheidungen und Handlungen. Damit wird es ihnen möglich, ihr Verhalten zu reflektieren und zu verändern. So können sie Verbesserungen in der Zielerreichung herbeiführen.

Reflexions- und Lernprozesse

Unternehmensweit löst die strategische Evaluierung Reflexions- und Lernprozesse aus. Während eine reine Ergebniskontrolle nur darauf abzielt, Abweichungen zwischen Ziel oder Plan festzustellen, richtet die Durchführungskontrolle den Blick auf die Aktivitäten und Maßnahmen der Implementierung. Sie zeigt, inwieweit der geplante Implementierungsprozess realisiert wird, und gibt Hinweise auf potenzielle Ursachen, warum geplante Maßnahmen nicht umgesetzt werden (z.B. unvorhergesehene Widerstände). Die Prämissenkontrolle setzt bereits bei den grundlegenden Annahmen einer Strategie an. Damit können frühzeitig Probleme erkannt und Gegenmaßnahmen durchgeführt werden.

Feedback- und Feedforward-Informationen

Beim Ergreifen von Korrekturmaßnahmen ist es wichtig, dass nicht nur die momentan aufgetretenen Abweichungen korrigiert werden, betont Bresser in seinem Grundsatzwerk über die Entwicklung des strategischen Managements. Vielmehr sollte sichergestellt werden, dass sich die konstatierten Fehleinschätzungen bzw. Abweichungen zukünftig nicht wiederholen.[25] Damit generiert ein gutes strategisches Evaluierungssystem immer Feedback- und Feedforward-Informationen. Feedback-Informationen beziehen sich auf bereits vorgefallene Ereignisse, Fehler bzw. Abweichungen. Hier kann ein möglicher Schaden nicht mehr verhindert, sondern bestenfalls im Nachhinein behoben werden. Feedforward-Informationen antizipieren hingegen mögliche in der Zukunft liegende Entwicklungen bzw. Ereignisse.

Single-loop-learning
Double-loop-learning

Feedback- und Feedforward-Informationen ermöglichen zwei unterschiedliche Formen des Lernens: „single-loop-learning" und „double-loop-learning". „Single-loop-learning" bezieht sich auf das kontinuierliche Verbessern und Optimieren, auf das Ausbessern dessen, was fehlerhaft ist, ohne die zugrunde liegende Strategie in Frage zu stellen. „double-loop-learning" löst eine Überprüfung der Strategie aus, die mitunter mit ihrer Anpassung einhergeht. Damit wird es möglich, frühzeitig zu agieren und erforderliche Anpassungen rechtzeitig vorzunehmen. Derart ermöglicht die strategische Evaluierung sowohl einen individuellen als auch einen kollektiven Lernprozess, in dem Strategien formuliert, geprüft, bestätigt, angepasst oder revidiert werden.

6.3 Kennzahlen

Finanzielle und nichtfinanzielle Kennzahlen

Finanzielle und nichtfinanzielle Kennzahlen bilden den Kern jeder strategischen Evaluierung. Sie werden in übersichtlicher Form in geeigneten Kennzahlensystemen bzw. Instrumenten der strategischen Evaluierung (siehe *Kapitel 6.4*) gruppiert. Finanzielle Kennzahlen informieren primär über die aktuelle Situation des Unternehmens in Bezug auf Rentabilität, Liquidität und Kapitalstruktur. Nichtfinanzielle Kennzahlen beschreiben darüber hinausgehende Aspekte in Bezug auf Märkte und Kunden, Mitarbeiter, Lieferanten, Prozesse etc. Bei der Auswahl und Zusammenstellung einzelner Kennzahlen sind die begrenzte Informationsverarbeitungskapazität von Menschen und der meist enge Terminplan vieler Führungskräfte zu berücksichtigen. Eine zu große Menge unterschiedlicher Informationen kann in aller Regel nicht verarbeitet werden. Der Fokus sollte daher auf jenen Kennzahlen liegen, die einen Bezug zu den kritischen Erfolgsfaktoren aufweisen und unmittelbar in Zusammenhang mit der Strategie, den Zielen und den Aufgaben des Unternehmens stehen.

Kennzahlen sind nützlich, da sie Informationen über die finanzielle Lage, die Wettbewerbsposition, die Wertschöpfung, die Produktivität, die Qualität der Produkte, die Zufriedenheit der Kunden oder Mitarbeiter, den Innovationsgrad etc. verdichten und dadurch die vorhandene Komplexität reduzieren. Werden jedoch zu viele Kennzahlen erhoben, können relevante Informationen in der Kennzahlenflut untergehen. Aus diesem Grund ist es zweckmäßig, sich auf einige strategisch relevante und aussagekräftige Kennzahlen zu beschränken. Welche dies konkret sind, ist abhängig von den unternehmensspezifischen Grundsätzen und Zielen und ist im Einzelfall festzulegen.

Kennzahlensysteme

Kennzahlensysteme sind eine Zusammenstellung aus verschiedenen Einzelkennzahlen, die in einer sinnvollen Beziehung zueinander stehen, sich gegenseitig ergänzen und erklären.[27] Sie geben schnelle und verdichtete Informationen über die Leistung eines Unternehmens. Das wohl bekannteste Kennzahlensystem ist das Du-Pont-Kennzahlensystem (▶Abbildung 6.2).

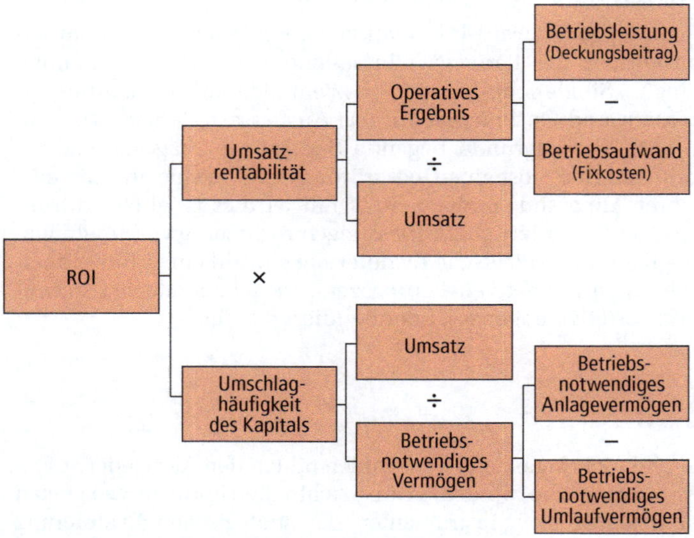

Abbildung 6.2: Du Pont-Kennzahlensystem (ROI-Baum)

Das Kennzahlensystem des ROI wird in Literatur und Praxis unterschiedlich weit aufgegliedert. ▶Abbildung 6.2 zeigt die ersten vier Ebenen der auch als ROI-Baum bekannten Rentabilitätsdarstellung.

Indem aufgezeigt wird, wie sich einzelne Faktoren gegenseitig beeinflussen, können Kennzahlensysteme sowohl zur Analyse als auch für die Steuerung im Rahmen der Implementierung eingesetzt werden.

6.3.1 Finanzielle Kennzahlen

Ausgangspunkt der strategischen Evaluierung

Ausgangspunkt der strategischen Evaluierung sind in aller Regel finanzielle Kennzahlen. Sie bilden den Kern vieler Instrumente und Kennzahlensysteme. Finanzielle Kennzahlen informieren über den aktuellen Zustand des Unternehmens und den Fortschritt der Strategieimplementierung, da sich – wenn auch mit einer gewissen Zeitverzögerung – alle unternehmerischen Aktivitäten in den Finanzen widerspiegeln.[26]

Vorsicht ist geboten

Grundsätzlich sollten finanzielle Kennzahlen mit Vorsicht verwendet und interpretiert werden, da insbesondere traditionelle finanzielle Kennzahlen des Finanz- und Rechnungswesens beeinflusst werden können. Zudem sind die Praktiken und Standards mitunter sehr unterschiedlich, woraus sich unterschiedliche Kennzahlenwerte ergeben können.[28] Da die meisten finanziellen Kennzahlen isoliert betrachtet einen geringen Aussagewert besitzen, entwickelten sich im Lauf der Zeit Kennzahlensysteme (▶Abbildung 6.2[29]). Sie sollen über das Unternehmen in seiner Gesamtheit informieren und dabei Abhängigkeiten und Querverbindungen aufzeigen. Eine andere Möglichkeit, den **Bedeutungsgehalt** von finanziellen Kennzahlen zu erhöhen, ist durch einen Vergleich von Plan- und Ist-Werten, Vergangenheitswerten oder Branchenstandards.

Rentabilitätskennzahlen

Für die strategische Evaluierung sind insbesondere Rentabilitäts-, Liquiditäts- und wertorientierte Kennzahlen interessant. Nachstehend werden wichtige Kennzahlen vorgestellt. Zunächst zu den **Rentabilitätskennzahlen**:

Kennzahl	Formel	Strategische Relevanz
Eigenkapitalrentabilität Return on Equity (ROE)	$ROE = \frac{Gewinn}{Eigenkapital} \times 100$	Zeigt die Verzinsung des eingesetzten Kapitals durch seinen Einsatz im Unternehmen. Eine wichtige Kennzahl für bestehende und potenzielle Investoren
Gesamtkapitalrentabilität Return on Assets (ROA)	$ROA = \frac{Gewinn + Fremdkapitalzinsen}{Gesamtkapital} \times 100$	Gibt Auskunft über die Fähigkeit eines Unternehmens Gewinne zu erzielen – inkludiert Eigen- und Fremdkapital, eignet sich damit für Unternehmensvergleiche
Umsatzrentabilität Return on Sales (ROS)	$ROS = \frac{operatives\ Ergebnis}{Umsatz} \times 100$	Informiert über den Erfolg der betrieblichen Tätigkeit, der beim Verkauf von Produkten und Dienstleistungen erzielt wird, zeigt den Anteil vom Umsatz, der als Gewinn dem Unternehmen verbleibt
Betriebsrentabilität Return on Investments (ROI)	$ROI = \frac{operatives\ Ergebnis}{betriebsnotwendiges\ Vermögen} \times 100$	Gibt Auskunft über die Verzinsung des tatsächlich im betrieblichen Bereich des Unternehmens investierten Kapitals; informiert damit über den Erfolg der eigentlichen Geschäftstätigkeit

Tabelle 6.2: Rentabilitätskennzahlen

Die in ▶Tabelle 6.2 angeführten **Rentabilitätskennzahlen** sind Beziehungszahlen, bei denen eine Ergebnisgröße zu einer das Ergebnis maßgebend beeinflussenden Größe in Relation gesetzt wird. Damit können Aussagen darüber getroffen werden, ob sich der Einsatz des Kapitals in der durch die Strategie determinierten Form tatsächlich lohnt. Hinsichtlich der Berechnung von Rentabilitätszahlen finden sich in Literatur und Praxis unterschiedlichste Varianten. Dies gilt insbesondere für den ROI, der auch als Produkt von Umsatzrentabilität und Umschlaghäufigkeit des Kapitals definiert wird. Der ROI wird überdies als Spitzenkennzahl in Kennzahlensystemen verwendet.[30]

Liquiditätskennzahlen

Liquiditätskennzahlen informieren über die aktuelle bzw. zukünftige Zahlungsfähigkeit eines Unternehmens. Dazu werden Vermögenswerte und Verbindlichkeiten gegenübergestellt. Die Liquidität ist gleichsam eine Grundvoraussetzung für die Realisierung einer Strategie.

Die kurzfristige Liquidität stellt flüssige Mittel (Kassa, Bankguthaben, Schecks,...), kurzfristige Forderungen und Vorräte den kurzfristigen Verbindlichkeiten gegenüber. Insgesamt gibt es drei Grade an kurzfristiger Liquidität (siehe ▶Tabelle 6.3). Die langfristige Liquidität untersucht die Deckungsrelationen bzw. Deckungsgrade des Anlagevermögens. Deckungsgrad 1 bis 3 (siehe ▶Tabelle 6.3) informieren über die finanzielle Stabilität eines Unternehmens. Bei der Bewertung werden oftmals Branchenkennzahlen als Vergleichswerte herangezogen.[31]

Kennzahl	Formel	Strategische Relevanz
Liquidität 1. Grades (L1)	$L1 = \frac{Flüssige\ Mittel}{Kurzfristige\ Verbindlichkeiten} \times 100$	Die drei Liquiditätsgrade informieren über die kurzfristige Liquiditätssituation eines Unternehmens. Sie zeigen, ob das Unternehmen seinen kurzfristigen Verbindlichkeiten nachkommen kann.
Liquidität 2. Grades (L2)	$L2 = \frac{Flüssige\ Mittel + kurzfristige\ Forderungen}{Kurzfristige\ Verbindlichkeiten} \times 100$	
Liquidität 3. Grades (L3)	$L3 = \frac{Flüssige\ Mittel + kurzfristige\ Forderungen + Vorräte}{Kurzfristige\ Verbindlichkeiten} \times 100$	
Deckungsgrad 1 (D1)	$D1 = \frac{Eigenkapital}{Anlagevermögen} \times 100$	Zeigt, inwieweit Anlagevermögen (und Vorräte) langfristig finanziert sind Goldene Finanzierungsregel: D1 = 100 % Goldene Bilanzregeln enge Fassung: D1 = 100 % weitere Fassung: D2 bzw. D3 = 100 %
Deckungsgrad 2 (D2)	$D2 = \frac{Eigenkapital + langfristiges\ Fremdkapital}{Anlagevermögen} \times 100$	
Deckungsgrad 3 (D3)	$D3 = \frac{Eigenkapital + langfristiges\ Fremdkapital}{Anlagevermögen + Vorräte} \times 100$	

Tabelle 6.3: Liquiditätskennzahlen

Die goldene Finanzierungsregel ist aus der goldenen Bankregel abgeleitet und besagt, dass die Dauer der Kapitalbindung der Dauer der Kapitalüberlassung entsprechen soll. Damit ist Fristenkongruenz zwischen Investition und Finanzierung gegeben. Die goldenen Bilanzregeln übertragen die Forderung der Fristenkongruenz auf die Bilanz. Sie beziehen sich auf die Einhaltung bestimmter Relationen zwischen spezifischen Vermögensarten (z.B. Grundstücke, Anlagen, Lizenzen) und Kapitalarten (z.B. Eigenkapital, Darlehen), da sonst mitunter Liquiditätsengpässe drohen.[32]

Kennzahlen zur Kapitalstruktur

Kennzahlen zur Kapitalstruktur liefern weitere wichtige Informationen über die Finanzsituation eines Unternehmens. Sie beschreiben unter anderem das Verhältnis von Eigen- zu Fremdkapital. Dies gibt Aufschluss über die Finanzierung eines Unternehmens. Weitere wichtige Informationen beziehen sich auf den Einsatz und die Verfügbarkeit des Kapitals. Diese Kennzahlen geben Hinweise auf den strategischen Entscheidungs- und Handlungsspielraum des Unternehmens. ▶Tabelle 6.4 enthält einige relevante Kennzahlen zur Kapitalstruktur.

Kennzahl	Formel	Strategische Relevanz
Eigenkapitalquote (EQ)	$EQ = \frac{Eigenkapital}{Bilanzsumme} \times 100$	Gibt Aufschluss über die Kreditwürdigkeit und Unabhängigkeit des Unternehmens
Verschuldungsgrad (VG)	$VG = \frac{Fremdkapital}{Eigenkapital} \times 100$	Ein höherer Verschuldungsgrad erschwert es, Kredite zu erhalten
Entschuldungsdauer (ED)	$ED = \frac{Fremdkapital - liquide\ Mittel}{operativer\ Cashflow}$	Zeigt, wie viele Jahre die Rückzahlung des Fremdkapitals dauern würde
Umschlaghäufigkeit des Kapitals (UHK)	$UHK = \frac{Umsatzerlöse}{Durchschnittliches\ Gesamtkapital}$	Informiert über den produktiven Einsatz des Kapitals. Zeigt, wie oft sich das Gesamtkapital im Jahr umschlägt
Free Cash Flow (FCF)	$FCF = Operativer\ Cashflow - Investitionszahlungen$	Zeigt, inwieweit ein Cash-Überschuss aus den operativen Tätigkeiten zur Deckung des Investitionsvolumens eines Jahres zur Verfügung gestanden ist
Capital Employed (CE)	$CE = Gesamtkapital - kurzfristige\ Verbindlichkeiten - liquide\ Mittel$	Informiert über das langfristig investierte Kapital ohne Berücksichtigung kurzfristiger Schwankungen

Tabelle 6.4: Kennzahlen zur Kapitalstruktur

Wert- und zahlungsorientierte Kennzahlen

Wertorientierte Kennzahlen informieren darüber, ob ein Unternehmen mit dem zur Verfügung stehenden Kapital Wert schafft oder Wert vernichtet. **Zahlungsorientierte Kennzahlen** stellen Transparenz in Bezug auf die Zahlungsmittelströme dar. Die Bedeutung von wert- und zahlungsorientierten Kennzahlen hat in den letzten Jahren zugenommen. Die Gründe dafür liegen in den Mängeln traditioneller rechnungslegungsorientierter Kennzahlen (Vergangenheitsorientierung, Bewertungsspielräume, Einperiodenfokussierung etc.). In ▶Tabelle 6.5 werden einige der im Rahmen der strategischen Evaluierung häufig verwendeten Kennzahlen dargestellt:[33]

Kennzahl	Formel	Strategische Relevanz
Earnigs before Interest and Taxes (EBIT)	$EBIT = Jahresüberschuss + Steueraufwand - Steuerertrag + Zinsaufwand - Zinsertrag \pm außerordentliche\ Ergebnis$	Zeigt das operative Ergebnis (Gewinn/Verlust) vor Zinsen und Steuern. Abgebildet wird das Ergebnis der eigentlichen betrieblichen Tätigkeit.
Earnigs before Interest, Taxes, Depreciation and Amortization (EBITDA)	$EBITDA = EBIT + Abschreibungen - Zuschreibungen\ auf\ Sachanlagen\ und\ immaterielle\ Vermögensgegenstände$	Zeigt den operativen Erfolg ohne bilanzielle, steuerliche und finanzielle Sondereinflüsse. Ziel ist die globale Vergleichbarkeit der Erfolgszahl.
Net Operating Profit After Tax (NOPAT)	$NOPAT = EBIT - tatsächlicher\ Steueraufwand\ auf\ EBIT$	Geschäftsergebnis (operativer Gewinn) nach Steuern. Aus Sicht der Kapitalgeber kann dieser ausgeschüttet werden.
Return on Capital Employed (ROCE)	$ROCE = \frac{EBIT, EBITDA\ oder\ NOPAT}{Capital\ Employed\ (CE)} \times 100$	Informiert über Effizienz und Profitabilität des Kapitaleinsatzes. Dazu wird eine Gewinngröße im Verhältnis zum eingesetzten Kapital gestellt.
Economic Value Added (EVA)	$EVA = NOPAT - WACC\ (gewichtete\ durchschnittliche\ Kapitalkosen) \times Capital\ Employed$	Informiert über die Werte, welche in einer Periode tatsächlich erwirtschaftet wurden
Market Value Added (MVA)	$MVA = \frac{EVA_1}{1+i} + \frac{EVA_2}{(1+i)^2} + \cdots = \sum_{t=1}^{\infty} \frac{EVA_t}{(1+i)^t}$	Gibt an, welchen Wert ein Unternehmen seit seiner Gründung über das eingesetzte Kapital hinaus geschaffen hat.

Tabelle 6.5: Wert- und zahlungsorientierte Kennzahlen

Eine Hauptkennzahl in der wertorientierten Unternehmensführung ist neben dem Economic Value Added (EVA) der Return on Capital Employed (ROCE). Diese Kennzahl ist eine Weiterentwicklung der Kapitalrentabilität und kann wie der ROI als Spitzenkennzahl eines Kennzahlensystems eingesetzt werden.[34]

6.3.2 Nichtfinanzielle Kennzahlen

Nichtfinanzielle Kennzahlen über Märkte und Kunden, Mitarbeiter, Lieferanten, Prozesse, Innovationen oder Veränderungen haben in den letzten Jahren durch die Etablierung umfassender strategischer Evaluierungsinstrumente (z.B. Balanced Scorecard, Performance Pyramide, Performance Prisma) an Bedeutung gewonnen. Die Gründe dafür sind vielschichtig: Einerseits richtete sich – bedingt durch das Scheitern vieler Strategien – das Augenmerk vermehrt auf die Phase der Implementierung. Dabei stellte man fest, dass man für die Steuerung der Implementierung frühzeitig Informationen über Angemessenheit und Wirkung der einzelnen Aktivitäten benötigt. Die klassischen Finanzkennzahlen aus dem Rechnungswesen waren hier nur teilweise von Nutzen. Sie informieren über das Ergebnis und nicht über den Prozess, der das Ergebnis bewirkt. Damit liefern sie weder die erforderlichen Informationen noch kommt ihnen eine motivierende Wirkung zu.

Ein weiterer Grund, warum nichtfinanzielle Kennzahlen an Bedeutung gewonnen haben, findet sich im Erfordernis, die Entscheidungen und Handlungen der Führungskräfte und Mitarbeiter auf die Strategie abzustimmen. Durch das Herunterbrechen der Strategie bis auf Kennzahlen wird direktes und schnelles Feedback möglich – eine Voraussetzung für die Verhaltensanpassung an die Erfordernisse der Strategie. Die Weiterentwicklung der Informations- und Kommunikationstechnologien machte es möglich, damit einhergehende Informationsbedürfnisse zu befriedigen.

Nicht nur interne Anspruchsgruppen profitieren von den Möglichkeiten neuer Technologien. Ob Geldgeber, Kunden, Lieferanten oder Behörden, sie alle wollen frühzeitig über die Entwicklung eines Unternehmens informiert werden. So können sie einschätzen, ob ihre Anliegen berücksichtigt und ihre Bedürfnisse befriedigt werden. Je nach Bewertung der zur Verfügung stehenden Informationen werden sie ihre Entscheidungen treffen. Aus diesem Grund kommt einer zielgruppengerechten Aufbereitung der vorhandenen Informationen und der Auswahl geeigneter – und hier insbesondere nichtfinanzieller – Kennzahlen eine große Bedeutung zu.

Wichtiger Bestandteil der strategischen Evaluierung

Nichtfinanzielle Kennzahlen sind heute ein unverzichtbarer Bestandteil einer strategischen Evaluierung. Ob Markt-, Wettbewerbs-, Kunden- oder Mitarbeiterkennzahlen, kein Unternehmen kann es sich auf Dauer leisten, wertvolle Informationen sowohl aus seiner Umwelt als auch über die Bewertung seiner Leistungen zu ignorieren. In diesem Kapitel werden einige Kennzahlen vorgestellt. Dabei ist darauf hinzuweisen, dass bei der konkreten Auswahl die spezifischen Gegebenheiten (z.B. relevante Stakeholder, bestehende IT-Systeme und vorhandene Datenqualität, Zugang zu Markt- bzw. Wettbewerbsinformationen) und die konkreten Anforderungen der Strategie (z.B. Differenzierungsmerkmale) zu berücksichtigen sind.

Märkte und Kunden

Informationen über **Märkte, Zielgruppen** und die Bedürfnisse von (potenziellen) **Kunden** sind eine wichtige Voraussetzung für die Formulierung erfolgreicher Strategien. Nur so können passende Produkte und Dienstleistungen entwickelt und in angemessener Form (Marketing-Mix) angeboten werden. Im Rahmen der Implementierung unterstützten adäquate Kennzahlen die Forcierung jener Aktivitäten und Maßnahmen, die zur Erreichung der gesetzten Marktziele führen. Aus der Vielzahl möglicher Kennzahlen werden in ▶Tabelle 6.6 einige strategisch bedeutsame vorgestellt.

Einige markt- und vertriebsorientierte Kennzahlen können direkt aus der Struktur bzw. Entwicklung der Umsätze gewonnen werden. Die Informationen für die Mehrzahl der markt-, zielgruppen- bzw. kundenrelevanten Kennzahlen müssen jedoch zusätzlich erhoben bzw. von Marktanalysten zugekauft werden. Ein Grund, warum vielen Unternehmen verwertbare Informationen über ihre (potenziellen) Kunden sowie die von ihnen bearbeiteten Zielgruppen fehlen. Das Fehlen konkreter Informationen zeigt sich oft auch in Bezug auf die aktuelle Wettbewerbssituation und deren Entwicklung. Es fehlen in vielen Unternehmen Kennzahlen, die zeigen, wie gut bzw. schlecht man im Verhältnis zur Konkurrenz abschneidet.

Kennzahl	Bestimmung / Formel	Strategische Relevanz
Marktpotenzial (MP)	*MP = potenzielle Verbraucher x potenzielle Menge*	Informiert über die gesamte mögliche Absatzmenge auf einem Markt
Marktvolumen (MV)	*MV = Summe aller Absätze bzw. aller Umsätze aller Anbieter*	Zeigt die Höhe der erzielten Absätze/Umsätze. Die konkrete Höhe ist durch Marketingmaßnahmen beeinflussbar.
Absatzvolumen (AV)	*AV = Summe aller Absätze bzw. aller Umsätze eines Unternehmens*	Zeigt die Höhe der erzielten Absätze/Umsätze eines Unternehmens.
Marktanteil (MA)	$MA = \frac{Absatzvolumen\ bzw.\ Umsatz}{Marktvolumen\ (Umsätze)} \times 100$	Informiert über den Anteil des Unternehmens am Marktvolumen
Relativer Marktanteil	$Relativer\ MA = \frac{Eigener\ MA}{MA\ des\ Marktführers} \times 100$	Gilt als Indikator für die Marktstellung bzw. Marktmacht des Unternehmens
Marktwachstum (MW)	$MW = \frac{MV\ aktuell\ - MV\ Vorjahr}{MV\ Vorjahr} \times 100$	Zeigt das Wachstum des Marktes innerhalb des letzten Jahres
Neukundenanteil (NKA)	$NKA = \frac{Anzahl\ an\ Neukunden}{Gesamtkundenanzahl} \times 100$	Informiert, wie viele neue Kunden akquiriert wurden bzw. wie schnell sich der Kundenstamm verändert
Kunden-/Zielgruppen-profitabilität (KP)	*KP = Erträge – Kosten je Kunden- bzw. Zielgruppe in einer spezifischen Periode*	Zeigt die Attraktivität von Kunden- bzw. Zielgruppen in einer spezifischen Periode
Kundenzufriedenheit	*Erhebung mittels Befragung oder indirekt über Kennzahlen (z. B. Wiederkäufer, Beschwerden)*	Informiert über das Ausmaß der Zufriedenheit der Kunden mit den Produkten und Leistungen

Tabelle 6.6: Kennzahlen zu Märkten, Zielgruppen und (potenziellen) Kunden

Der Mangel an verfügbaren Informationen für die Generierung entscheidungs- und handlungsleitender Kennzahlen in Bezug auf Märkte, Zielgruppen und (potenzielle) Kunden hängt unter anderem damit zusammen, dass das Wissen einzelner Mitarbeiter nicht systematisch erfasst wird. Informationen von Verkäufern, Transporteuren oder Beschwerdemanagern stehen eben nur dann für die strategische Evaluierung zur Verfügung, wenn sie in entsprechenden Systemen erfasst werden und in Form adäquater Kennzahlen und Indikatoren verarbeitet werden.

Mitarbeiter Es sind die **Mitarbeiter**, die eine Strategie im Alltag umsetzen. Damit liegt es an ihren Fähigkeiten und ihrem Willen, inwieweit eine Strategie tatsächlich realisiert werden kann. Wichtige Kennzahlen im Bereich des Personals sind die Bestimmung der Mitarbeiterproduktivität und der Mitarbeiterzufriedenheit. Letztere wird in aller Regel mittels Befragung erhoben.

Kennzahl	Bestimmung / Formel	Strategische Relevanz
Personalintensität (PI)	$PI = \frac{Personalaufwand}{gesamte\ Aufwendungen} x\ 100$	Informiert über die Intensität des Personaleinsatzes bei der Leistungserbringung
Fluktuationsquote (FQ)	$FQ = \frac{Anzahl\ der\ Austritte\ im\ Jahr}{durchschnittliche\ Beschäftigte} x\ 100$	Informiert über die Austritte, gilt als Indikator für fehlende Entwicklungsmöglichkeiten und Unzufriedenheit
Fehlzeitenquote (FZQ)	$FZQ = \frac{Fehlstunden}{Sollarbeitszeit\ in\ Stunden} x\ 100$	Gibt Auskunft über den Umfang der beanspruchten Fehlzeiten, gilt als Indikator der Mitarbeiterzufriedenheit
Krankenstandsquote (KQ)	$KQ = \frac{Anzahl\ der\ Krankenstandstage}{Summe\ der\ Sollarbeitstage} x\ 100$	Gibt Auskunft über den Umfang der beanspruchten Krankenstandstage; gilt als Indikator der Mitarbeiterzufriedenheit
Mitarbeiterproduktivität (MP)	$MP = \frac{Umsatz\ bzw.\ Ertrag\ oder\ Wertbeitrag}{durchschnittliche\ Beschäftigte}$	Gibt Auskunft über den Umsatz bzw. Ertrag pro Mitarbeiter und damit über die Produktivität seiner Leistungen.
Mitarbeiterzufriedenheit	*Erhebung mittels Befragung oder indirekt über Kennzahlen (z. B. Fluktuationsquote, Fehlzeiten)*	Gilt als Voraussetzung für die Leistungsbereitschaft der Mitarbeiter

Tabelle 6.7: Kennzahlen zu Mitarbeitern

Prozess In jedem Unternehmen finden wir eine Vielzahl an **Prozessen**. Welche Prozesse von Relevanz sind, determiniert sich durch die Branche (z.B. Industrie, Handwerksbetrieb, Dienstleistungsunternehmen) und die spezifische Strategie (z.B. Kosten-/Preisführer, Innovationsführer). Kennzahlen werden insbesondere für die Steuerung bzw. Optimierung erfolgskritischer Prozesse erstellt. Sie betreffen den erforderlichen Mitteleinsatz, die Durchlaufzeit sowie die Quantität und Qualität des Outputs. Eine Auswahl häufig angewandter Kennzahlen wird in ▶Tabelle 6.8 gezeigt:

Kennzahl	Bestimmung / Formel	Strategische Relevanz
Time-to-market (TTM)	*TTM = Dauer von der Produktentwicklung bis zur Platzierung des Produkts am Markt in Tagen*	Informiert über die Zeitdauer in Tagen, in der Kosten entstehen, aber kein Umsatz und keine Erträge generiert werden
Cash-to-Cash-Cycle (CCC)	*CCC = Lagerdauer in Tagen + Kundenzahlungsdauer in Tagen - Lieferantenzahlungsdauer in Tagen*	Gibt Auskunft über die Kapitalbindung in Tagen im operativen Bereich und damit über die Finanzierungserfordernisse
Produktivitätskennzahlen	$\frac{Ertrag\ der\ Faktoreinsatzmengen\ (Output)}{Faktoreinsatzmengen\ (Input)}$	Produktivität wird für einzelne Bereiche berechnet (Arbeit, Anlagen, Material, ...)
Kapazitätsauslastungsgrad (KAG)	$KAG = \frac{Fertigungsstunden}{Kapazitätsstuden} x\ 100$	Informiert über das Ausmaß der Nutzung der vorhandenen Anlagen etc.
Reklamationsquote (RQ)	$RQ = \frac{reklamierte\ Menge}{(gelieferte) Gesamtmenge} x\ 100$	Informiert über Qualität der Produkte. Ist ein Indikator für Kundenzufriedenheit
Neuproduktanteil (NPA)	$NPA = \frac{Umsatz\ mit\ neuen\ Produkten}{Gesamtumsatz} x\ 100$	Zeigt jenen Anteil des Umsatzes, der mit neuen Produkten erwirtschaftet wird. Indikator für realisierte Innovationskraft
Erlösminderungen (EM)	$EM = \frac{gewährte\ Skonto + gewährte\ Boni}{Bruttoumsatz} x\ 100$	Die gewährten Erlösminderungen durch den Vertrieb sind ein Indikator des Preisgestaltungsspielraums (Macht)
Wareneinstandsminderung (WM)	$WM = \frac{erhaltene\ Skonto + erhaltene\ Boni}{Gesamteinkaufsvolumen} x\ 100$	Indikator für den Umfang des finanziellen Erfolgs der Gestaltung der Lieferantenbeziehung

Tabelle 6.8: Kennzahlen zu Prozessen

Im Rahmen der strategischen Evaluierung interessieren zahlreiche weitere Kennzahlen. Welche dies konkret sind, ist für den Einzelfall festzulegen. So kann die Liefertreue (Zeitpunkt, Menge, Qualität) von Lieferanten dort eine wichtige Kennzahl sein, wo der Produktionsprozess von knappen Ressourcen bestimmt wird. Wird die Erhöhung der Produktivität in der Herstellung angestrebt, können Rüstzeiten oder Durchlaufzeiten wichtige Kennzahlen darstellen. Soll die Innovationskraft gesteigert werden, können die Anzahl der eingebrachten Ideen, vorgestellte Neuentwicklungen oder die Anzahl an Patenten interessante Werte darstellen.

Kennzahlen liefern simplifizierte Teilinformationen

Resümierend kann hier festgestellt werden, dass jede Kennzahl komplexe Sachverhalte vereinfacht und simplifizierte Teilinformationen liefert. Es ist vergleichbar mit der Bestimmung des Blutdrucks eines Menschen. Die Werte für sich haben nur einen geringen Informationsgehalt in Bezug auf den Gesamtzustand. Erst durch den Vergleich mit anderen oder vergangenen Werten erhöht sich ihre Aussagekraft. Kennzahlen öffnen den Blick auf einen spezifischen Teilaspekt eines Unternehmens und liefern zu diesem simplifizierte, erfassbare und handlungsleitende Informationen. Dies kann zu erwünschten und unerwünschten Lenkungseffekten führen. Dementsprechend sorgfältig sollte man bei der Auswahl vorgehen.

6.4 Instrumente

Instrumente der strategischen Evaluierung sind Systeme, die den gesamten Strategieprozess von der Analyse über die Formulierung bis hin zur Implementierung mit Kennzahlen und Indikatoren unterstützten. Dabei liegt der Fokus der einzelnen Instrumente auf unterschiedlichen Aspekten und Prozessphasen. In diesem Kapitel werden drei in der Praxis bedeutsame Instrumente vorgestellt.

6.4.1 Balanced Scorecard

Die Balanced Scorecard (BSC) wurde von Kaplan und Norton[35] als ein Instrument des strategischen Managements entwickelt, das die Umsetzung von Strategien unterstützt und deren Wirkung abbildet. Dabei geht man davon aus, dass in Zeiten eines intensiven Wettbewerbs mit hohem Innovations-, Kosten- und Qualitätsdruck die traditionellen, finanziellen Kennzahlensysteme alleine nicht ausreichen, um eine Strategie und deren Implementierung zu bewerten. Die reine Finanzperspektive wird daher um erfolgskritische Dimensionen (Leistungstreiber) wie Kundenbeziehungen, Prozesse oder Mitarbeiter erweitert, damit ein integriertes Gesamtbild entstehen kann.

Vier Perspektiven

Eine Balanced Scorecard besteht grundsätzlich aus vier Perspektiven, die mit entsprechenden Kennzahlen und Indikatoren abgebildet werden:[36]

- **Finanzperspektive:** Für gewinnorientierte Unternehmen ist diese eine zentrale Dimension der Evaluierung und Erfolgskontrolle.
- **Kundenperspektive:** Die Kundenorientierung und das spezifische Leistungsangebot für definierte Kundengruppen sind Basis für den Unternehmenserfolg.

- **Interne Prozessperspektive:** Die effiziente Gestaltung der internen Prozesse ist ein weiterer Schlüssel für den unternehmerischen Erfolg. Es geht um die Identifikation derjenigen Prozesse, die große Bedeutung für den Erfolg haben und in denen Verbesserungsnotwendigkeiten bestehen.
- **Lern- und Entwicklungsperspektive:** Der Aufbau und die Weiterentwicklung von Wissen und Technologien und die Erhöhung der Innovationskraft sind zentral für die Realisierung der Ziele der Kunden- und der internen Prozessperspektive.

Im Bedarfsfall können diese vier Perspektiven auch verändert bzw. ergänzt werden. Da ihnen jedoch in der Praxis große Bedeutung zukommt, werden sie häufig in der ursprünglichen Konstellation eingesetzt. ▶Abbildung 6.3 zeigt das Grundmodell, bei dem jede Perspektive mit einer Schlüsselfrage umrissen wird:[37]

Grundmodell

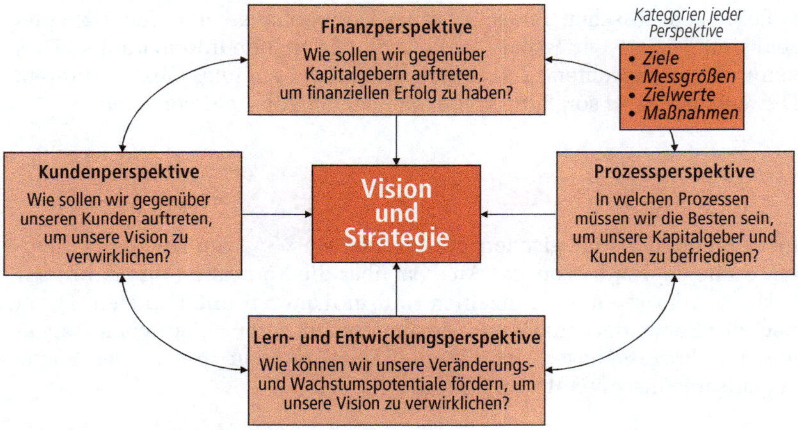

Abbildung 6.3: Grundmodell der Balanced Scorecard

Der Balanced Scorecard liegt eine einfache Kausallogik zugrunde. Beispielsweise kann eine hohe Gesamtkapitalproduktivität (Finanzperspektive) nur durch effiziente interne Prozesse (Prozessperspektive) erreicht werden. Für diese benötigt das Unternehmen innovative Mitarbeiter (Lern- und Entwicklungsperspektive), die Ideen für Prozessinnovationen einbringen, um beispielsweise Prozessdurchlaufzeiten oder Prozesskosten zu reduzieren. Dies bindet Kunden an das Unternehmen und veranlasst sie dazu, weiterhin das Produkt zu kaufen (Kundenperspektive).[38]

In der Balanced Scorecard werden innerhalb jeder Perspektive jeweils vier Kategorien zur Konkretisierung und Präzisierung festgelegt. Diese Kategorien sind:

- Formulierung der strategischen Ziele (in Zusammenhang mit der Vision)
- Entwicklung von Messgrößen (Kennzahlen/Indikatoren) für die Feststellung des Zielerreichungsgrads („Key Performance Indicators")

- Festlegung von Zielwerten in Form von operativen Zielen als Soll-Werte. Sie sind die Grundlage für einen späteren Soll-Ist-Vergleich, d.h. die Evaluierung des Zielerreichungsgrads.
- Festlegung von Maßnahmen (Aktivitäten): Wer erledigt welche Aufgaben, (bis) wann, mit welchem Budget und mit wem.

Beispiel einer BSC

▶Tabelle 6.9 verdeutlicht die Zusammenhänge zwischen den vier Perspektiven und den vier Kategorien an einem Beispiel, in dem die übergeordnete Vision bzw. Strategie „Marktführerschaft in der Produktgruppe XY“ heruntergebrochen wird.

	Strategische Ziele	Messgrößen	Zielwerte	Maßnahmen
Finanzwirtschaft	• Ertragssteigerung • Kostenstruktur halten	• ROCE • Strukturkostenanteil	40 Mio € 20%	• Rationalisierungspotenzial ausschöpfen
	• Schneller als der Markt wachsen	• Prognostiziertes Marktwachstum = 5 % + 2 %	7 %	• Werbung/Vertrieb intensivieren
Kunden	• Kundenzufriedenheit steigern	• Kundenbefragung	+ 5 %	• Aus Ergebnissen Maßnahmen setzen
	• Marktanteil erhöhen	• Relativer Marktanteil	+ 3 %	• Marketing intensivieren
Prozesse	• Marken stärken	• Gestützte Markenbekanntheit	35 %	• Werbung optimieren
	• Qualitätssicherung stärken	• Fehlerhafte Produkte	< 3 %	• Qualitätsmanagement evaluieren
Lernen & Entwicklung	• Optimierung der Fertigung	• Durchlaufzeit in Tagen	- 10 %	• Fertigungsprozesse analysieren
	• Intensivierung der Weiterbildung	• Tage pro Jahr pro Mitarbeiter	+ 3 Tage	• Weiterbildungsangebot überarbeiten
	• Mitarbeitermotivation steigern	• Partizipation	-	• Intensivierung Feedback
	• Vertriebskompetenz stärken	• Anzahl Kundenkontakte	+ 5 %	• Qualifikation und Effektivität im Vertrieb stärken

Tabelle 6.9: Beispiel einer Balanced Scorecard

Strategy Map

Die Übersetzung der Strategie (Vision) in operative Ziele und Aktivitäten erfolgt in einer ergänzenden Weiterentwicklung, der sogenannten Strategy Map.[39] Sie zeigt Ursache-Wirkungs-Beziehungen zwischen den Perspektiven und Zielen.

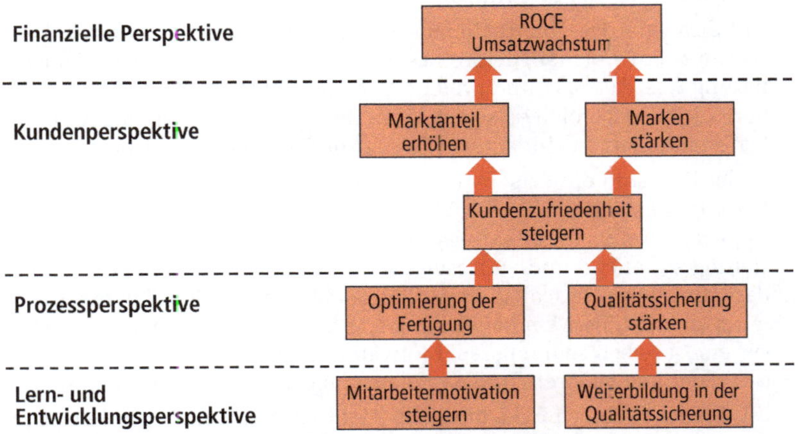

Abbildung 6.4: Strategy Map: Ursache-Wirkungs-Zusammenhänge in der BSC

In Weiterführung des obigen Beispiels zeigt ▶Abbildung 6.4 die wichtigsten Wirkungszusammenhänge zwischen strategischen Zielen und den daraus abgeleiteten Zielen in den vier Perspektiven. Die finanzielle Perspektive wird hier durch die Kapitalrentabilität und die dafür eingesetzte Kennzahl ROCE (Return on Capital Employed) definiert. Diese Kennzahl misst die Rendite auf das eingesetzte Kapital und zeigt, wie effektiv bzw. profitabel das Unternehmen dieses verwendet hat. Durch die Strategy Map wird überdies erkennbar, dass die der Balanced Scorecard zugrunde liegende Kausallogik eng an den Wertsteigerungsansatz (Shareholder Value) angelehnt ist.[40]

Insgesamt kann die Balanced Scorecard als ein wichtiges und nutzenstiftendes Instrument der strategischen Evaluierung und der Strategieimplementierung gesehen werden. Sie lenkt durch die Verwendung der vier Perspektiven den Fokus auf die drei zentralen und durch das Management beeinflussbaren Haupttreiber des Wertsteigerungsansatzes: Umsatzwachstum und Umsatzzusammensetzung, Kostenreduktion und Produktivitätsverbesserung sowie Nutzung der Vermögenswerte.[41] Sie führt zu einer Balance zwischen extern orientierten Messgrößen für Geldgeber und Kunden und internen Messgrößen für kritische Geschäftsprozesse, Innovation, Lernen und Wachstum. Die Kennzahlen sind außerdem in einer Balance zwischen vergangenheitsorientierten Messgrößen und Werten in Bezug auf zukünftige Leistungen. Die Scorecard ist überdies ausgewogen in Bezug auf objektive quantitative und subjektiv eingeschätzte Ergebniskennzahlen für Leistungstreiber.[42] Daher ist sie in der Praxis ein überaus weitverbreitetes Instrument.

Flexibles Rahmenkonzept

Die Balanced Scorecard ist ein flexibles Rahmenkonzept, das unternehmensspezifisch gestaltet und angepasst werden kann bzw. muss. Sie wird weltweit von vielen Unternehmen eingesetzt. Entsprechend vielfältig sind die in der Praxis vorzufindenden Konzepte und die eingesetzten Kennzahlen.

Herausforderungen

Bei der Einführung einer Balanced Scorecard ergeben sich unter anderem folgende Herausforderungen:[43]

- Die Strategie des Unternehmens muss eindeutig sein. Es muss klar sein, wer auf welcher Hierarchieebene welche Beiträge zur Implementierung leisten muss und welche Schwerpunkte im Verantwortungs- und Tätigkeitsbereich zu setzen sind. Die Ressourcen- und Budgetallokation muss einen eindeutigen Bezug zur Strategie aufweisen.
- In der BSC sind die Perspektiven und Kennzahlen vernetzt und sie sollen das Verständnis für die Unternehmensstrategie unterstützen. Die Kennzahlen müssen allerdings die Perspektiven bzw. deren Konkretisierung zutreffend und verlässlich abbilden. Dabei ist darauf zu achten, dass die Zielwerte realistisch und erreichbar sind. Die Zielerreichung muss sich für die Mitarbeiter lohnen, d.h. dass entsprechende Anreizsysteme gegeben sein müssen. Motivation und Leistung der Mitarbeiter sind Schlüsselfaktoren für die erfolgreiche Umsetzung einer Strategie.
- Die Existenz einer BSC kann noch nicht als Motivation zur Leistung gesehen werden. Sehr häufig wird die BSC von der Unternehmensleitung entwickelt und top-down eingeführt. Wenn die Mitarbeiter nicht eingebunden werden, kann dies zu einer Akzeptanzfrage füh-

ren und Widerstände auslösen. Transparenz der Wirkungsweise der BSC und Kommunikation der Strategie sind wichtige Voraussetzungen für Akzeptanz und Umsetzung.

6.4.2 EFQM-Excellence-Modell

Die European Foundation for Quality Management (EFQM) wurde 1988 von einer Reihe führender europäischer Unternehmen in Brüssel gegründet. Hintergrund war einerseits der internationale Wettbewerbsdruck auf Europa und damit verbunden die Auseinandersetzung mit den Konzepten des Total Quality Management aus den USA bzw. Japan.[44] Andererseits beruht das Modell auf europäischen Werten in Bezug auf eine nachhaltige und sozial orientierte Unternehmensführung.

Ein zentrales Ziel des EFQM-Ansatzes ist die Erhaltung bzw. Steigerung der nachhaltigen Wettbewerbsfähigkeit von Unternehmen. Dazu werden bestimmte Kriterien und Treiber von Qualität in den Prozessen und Aktivitäten der Unternehmen evaluiert. Das EFQM-Excellence-Modell basiert auf einer ganzheitlichen Sicht des Unternehmens und ist ein Leitfaden für den Aufbau und die Weiterentwicklung einer umfassenden strategischen Evaluierung. Das EFQM-Excellence-Modell (Version 2013) besteht aus drei integrierten Komponenten: a) Grundkonzepte der Excellence, b) Kriterienmodell und c) RADAR-Logik (dynamische Bewertung).[45]

Die Grundkonzepte der Excellence

Die „acht Grundkonzepte der Excellence" (▶Abbildung 6.5) bilden den Kern des EFQM-Modells. Auf ihnen basieren jene Überlegungen, die es einem Unternehmen ermöglichen, nachhaltige Exzellenz zu erreichen:[46]

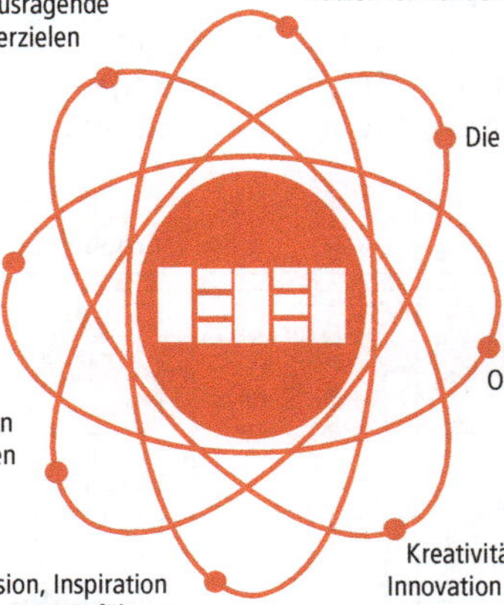

Abbildung 6.5: Die Grundkonzepte der Excellence

- **Nutzen für Kunden schaffen:** Exzellente Unternehmen schaffen konsequent Kundennutzen durch Verstehen, Antizipieren und Erfüllen von Bedürfnissen, Erwartungen sowie das Nutzen von Möglichkeiten.
- **Die Zukunft nachhaltig gestalten:** Exzellente Unternehmen haben eine positive Wirkung auf ihre Umwelt. Sie verbessern ihre Leistung

und fördern die ökonomischen, ökologischen und gesellschaftlichen Bedingungen in ihrem Umfeld.

- **Die Fähigkeiten der Organisation entwickeln:** Exzellente Unternehmen erhöhen ihre Fähigkeiten durch effektives Management.
- **Kreativität und Innovation fördern:** Exzellente Unternehmen schaffen Wert und Leistung durch kontinuierliche Verbesserungen und systematische Innovationen, indem sie sich die Kreativität ihrer Stakeholder zu Nutze machen.
- **Mit Vision, Inspiration und Integrität führen:** Exzellente Unternehmen verfügen über Führungskräfte, die die Zukunft gestalten und ermöglichen, indem sie Vorbilder für Werte und Ethik sind.
- **Veränderungen aktiv managen:** Exzellente Unternehmen identifizieren Chancen und Risiken und reagieren effizient und effektiv.
- **Durch Mitarbeiterinnen und Mitarbeiter erfolgreich sein:** Exzellente Unternehmen schätzen ihre Mitarbeiter und kreieren eine Kultur der Autonomie und Selbstverantwortung der Mitarbeiter für die Erreichung sowohl unternehmerischer als auch persönlicher Ziele.
- **Dauerhaft herausragende Ergebnisse erzielen:** Exzellente Unternehmen erzielen nachhaltig hervorragende Leistungen, die die kurz- und langfristigen Bedürfnisse ihrer Stakeholder befriedigen.

Das Kriterienmodell

Aufbauend auf diesen Grundprinzipien unterstützt das EFQM-Modell bei der strategischen Evaluierung und Optimierung. Dabei werden neun Gestaltungsbereiche (Kriterien) eines Unternehmens mittels zahlreicher Teilkriterien durchleuchtet.

Fünf Kriterien werden als „Befähiger" bezeichnet und vier Kriterien zeigen die „Ergebnisse". Die Befähiger beziehen sich darauf, was ein Unternehmen tut und wie es das tut. Die Ergebnisse zeigen die Leistungen. Im Modell werden die Ursache-Wirkungs-Beziehungen zwischen dem, was das Unternehmen tut, und den erzielten Ergebnissen sichtbar (▶Abbildung 6.6[47]):

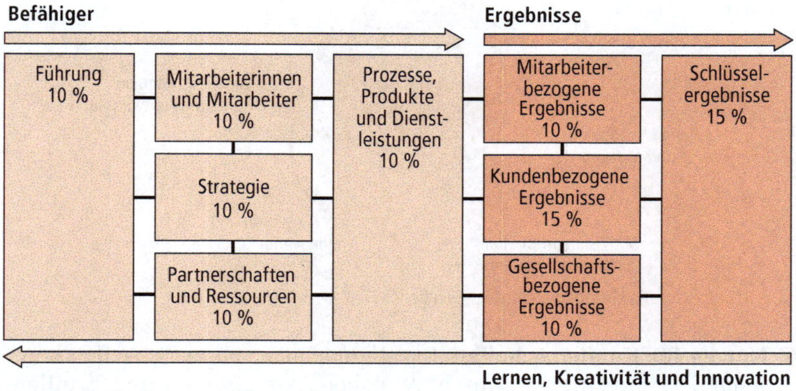

Abbildung 6.6: Das EFQM-Kriterienmodell

Die übergeordneten neun Kriterien (mit Gewichtung für den Europäischen Qualitätspreis) werden mittels Teilkriterien erläutert. Im EFQM-Excellence-Modell 2013 werden dazu Aspekte verwendet, die häufig in exzellenten Unternehmen vorgefunden werden und im Rahmen einer strategischen Evaluierung berücksichtigt werden sollen:[48]

- **Führung:** Führungskräfte gestalten und realisieren die Zukunft, sie sind Vorbild für Werte, Ethik und Vertrauen. Sie ermöglichen, dass das Unternehmen flexibel und proaktiv agieren kann.
- **Mitarbeiterinnen und Mitarbeiter** werden wertgeschätzt, die unternehmerische und persönliche Zielerreichung wird gefördert. Fähigkeiten werden entwickelt, Fairness und Gleichheit werden gefördert. Anerkennung und Belohnung sollen motivieren und Engagement für die Leistungen fördern.
- **Strategie:** Vision und Mission werden über eine stakeholderorientierte Strategie implementiert. Pläne, Ziele und Prozesse werden für die Umsetzung eingesetzt.
- **Partnerschaften und Ressourcen:** Planung und Management sowohl externer Partnerschaften und Lieferantenbeziehungen als auch interner Ressourcen unterstützen die Umsetzung der Strategie und die effektive Gestaltung der Prozesse.
- **Prozesse, Produkte, Dienstleistungen:** Optimierung der Prozesse, Produkte und Dienstleistungen fördern die Nutzenstiftung für Kunden und andere Stakeholder.
- **Ergebnisse:** Die Erzielung und nachhaltige Beibehaltung hervorragender Ergebnisse in allen dargestellten Bereichen steht im Mittelpunkt der Betrachtung. Dabei liegt das Hauptaugenmerk auf den Bedürfnissen und Erwartungen der Mitarbeiter, Kunden und der Gesellschaft.

RADAR-Logik

Die RADAR-Logik ist das dritte Element des EFQM-Excellence-Modells in Form eines dynamischen Bewertungsinstruments. Es unterstützt bei der systematischen Weiterentwicklung und Verbesserung in allen Bereichen. Es erlaubt eine strukturierte Analyse, Evaluierung und Hinterfragung der Performance eines Unternehmens. Der Begriff „RADAR" setzt sich aus den ersten Buchstaben der englischen Begriffe Results, Approaches, Deployment, Assessment und Refinement zusammen. Die RADAR-Logik empfiehlt folgendes Vorgehen:[49]

- Verankerung der angestrebten Ergebnisse (**Results**) in der Strategie
- Integrierte Ansätze für fundiertes Vorgehen planen und entwickeln (**Approaches**), um die angestrebten Ergebnisse erreichen zu können
- Systematische Umsetzung (**Deployment**) der Methoden
- Bewertung und Verbesserung der erzielten Ergebnisse durch kontinuierliche Überprüfung und Analyse (**Assessment** and **Refinement**) und Aufrechterhalten von Lernprozessen

Das EFQM-Excellence-Modell ist in einer Welt, die von hoher Dynamik und Komplexität sowie hohen Interdependenzen zwischen Unternehmen, Märkten und Ländern geprägt ist, ein adäquates Instrument der strategischen Evaluierung und kontinuierlichen Verbesserung eines Unternehmens.